KB039066

한국의 예언

국립중앙도서관 출판시도서목록(CIP)

한국의 예언 / 류정수 편역. -- 파주 : 한울, 2007
p. ; cm

권말부록 수록
참고문헌 수록
ISBN 978-89-460-3757-1 03100

187.3-KDC4
133.3-DDC21 CIP2007002149

한국의 예언

豫言

류정수 편역

머리말

첨단 과학으로도 도저히 납득이 되지 않는 불가사의한 영감(靈感)의 세계가 있다. 현대 과학은 사람의 두뇌에서 미래의 일을 볼 수 있는 특이한 구조를 발견했다고 한다. 어느 시대를 막론하고 미래를 내다보는 예언자들이 계셨다. 아마도 그들은 보통 사람들보다 더 뛰어난 예시적 능력을 지니고 있었을 것이다. 그 능력은 자신의 이익을 찾는 것에 쓰이면 없어지거나 오히려 화(禍)를 당한다고 한다. 다른 사람들보다 특별한 능력을 가진 사람은 많은 사람들을 위해 봉사하고 기여하라고 그 능력이 주어진 것이므로 거기에 합당하게 행동해야 한다고 한다. 그렇지 않으면 그에 대한 대가(代價)를 치르게 된다는 것이 예언세계의 불문율(不文律)이다. 또 예언은 다른 사람들을 위해 일을 할 때나 좋은 일을 할 때 그 능력 또한 향상된다고도 한다. 참으로 위대한 예언자들은 한결같이 개인이나 가족의 차원을 뛰어넘어 민족 또는 인류의 미래에 대해 예언하고 있다. 그들은 모두 순결한 영혼의 소유자들이었으며 사람들에 대해 진심으로 연민의 정을 지니고 있었다. 그들은 타인을 위한 삶을 살다 간 인물들로 대자연이 선택한 사람들이었다고 할 수 있다.

유신론(有神論)과 유물론(唯物論)의 세계는 밑창을 드러낸 채 황금만능과 향락지상으로 흐르고 권력자들의 일그러진 야욕(野慾)에 떠밀려 통일조차 멀리한 채 우리는 분단의 고통 속에서 허덕이고 있을 뿐이다. 사실 우리나라는 까마득히 먼 옛날부터 '동방의 죽지 않는 신선의 나라'로 알려져 『산해경(山海經)』에도 깍듯이 '동방예의지국(東方禮義之國)'이라 지칭되었다. 이 말은 중국인들 뇌리에 아로새겨진 지 오래되어 공자(孔子)께서도 "인(仁)의 나라"라 불렀으며 "욕거구이(欲居九夷)하여 군자거지(君子居地)"란 말씀을 남겨 언젠가는 군자들이 살고 있는 구이(九夷)[1] 땅에 가보고 싶은 심정을 털어놓아 당(唐)나라 사람들은 우리를 '선국(善國)'백성이라 여겼다.

인도(印度)의 타고르(Tagore, 1861~1941)가 우주 천리(天理)에 입각한 인류의 화합을 외치면서 우리나라를 '동방의 등불'이라 치켜세운 사유도 그럴 만하고, 토인비(A. Toynbee, 1899~1975)의 예상대로 '동북아시대'가 도래(到來)한 지금 20세기의 온갖 고통을 도맡아 치러낸 백성답게 21세기의 새로운 천지를 여는 주역이 되어야겠다. 직관적인 순수 자연과학을 새롭게 꽃피워 밝은 유리광명(琉璃光明)의 새 세상으로 인도해야 할 우리들의 책무가 자못 크다.

오늘날 전 세계에 만연(蔓延)된 인류의 여러 가지 문제점들을 또 다른 시각과 관념으로 풀어나가 온 인류 구원의 길로 나서야 될 때이다. 소리〔國樂〕로 내뿜는 독특한 민족답게 자연의 곧은 이치를 세상에 펴는 일에 주저함이 있어선 안 될 것이다.

오늘날 우리 사회는 복잡화·전문화·고도화됨으로써 대다수의 사람들이 인간이 갖춰야 할 보편적인 가치관과 자질을 도외시한 채 오직 한 분야에만 전념하고 있는데, 이로 인해 말썽과 싸움이 끊이지 않고 간사하고 고루하면서도 독살스러운 사람들이 늘어나고 있다. 환경 파괴로 인해 산천이 훼손되고 오염되어 심지(心地)가 깨끗하지 못한 사람들이 날로 더하고 있기 때문이다.

편자가 이 책을 펴내게 된 것은 사회가 혼란하여 복잡함이 더할수록

---

1) 옛날, 중국에서 부르던 동쪽의 아홉 오랑캐. 곧 견이(畎夷)·간이(干夷)·방이(方夷)·황이(黃夷)·백이(白夷)·적이(赤夷)·현이(玄夷)·풍이(風夷)·양이(陽夷).

참서(讖書)의 반사작용이 너무나 커서 세상의 흐름이 잘못되고 별수 없는 사람들이 천명(天命)을 받은 것처럼 구세주·정도령(正道令)·재림 예수·미륵불(彌勒佛)을 자처해 세상을 속이고 양민(良民)을 우롱하는 사례가 너무나도 많음을 안타깝게 여겼기 때문이다.

우주를 직관한 통찰력을 바탕삼아 하늘의 도리〔眞理〕대로 자연과 더불어 친화적인 삶을 굳게 지켜온 선현(先賢)들의 예지(叡智)가 너무나 아쉬워진다. 이런 연유로 정복이나 파괴가 아닌 대자연 속에서 모두가 조화롭게 사는 이치를 터득한 삶의 지혜가 새삼 놀랍고 동양의 보고(寶庫)인 역(易)이 남겨놓은 예언은 과연 무엇인지, 있다면 무엇을 제시해놓고 있는지 매우 궁금해진다. 사람의 길흉화복(吉凶禍福)을 예견하여 불운이 닥치면 이를 피해가고, 행운이 오면 이를 맞이하는 이치를 역의 목적이라 할 수 있다. 선현들의 명철(明哲)만 살아남아 앞으로의 세계를 정확하게 예고해주었다. 우리들의 낡아빠진 고정관념들을 모두 내던지고 새로운 예지의 맘〔心〕과 뜻〔意〕 그리고 눈〔眼目〕을 밝힐 때이니 간방(艮方)을 굳게 지켜온 동이족의 긍지를 찾는 길이 '동방의 죽지 않는 나라'의 영예를 지키는 길이 될 것이다.

비결(秘訣)이란 '숨겨온(감춰온) 비밀스러운 방법'으로, 역(譯)하는 분의 의사(意思)가 끼어들어 올 수 있다. 그러나 그것에는 한계가 있고 적어도 원문(原文)과 지은이가 전하려는 뜻을 그르치지 않는 범위 안에서 이루어져야 한다. 신(神)이나 부처〔佛〕가 아닌 이상 어떻게 360도(度)의 전체를 보고 알 수 있겠는가? 천기(天機)를 누설하면 수명을 덜고 망한다는 옛님들의 말씀이 전해지지만 알고 느끼고 깨달은 것을 남겨놓아야만 후생(後生)들이 더 향상시켜 개인, 가정, 사회, 국가 더 나아가 온 누리에 화평이 깃든 대동세계(大同世界)를 이룰 수 있을 것이다.

1589년(선조 22) 정여립(鄭汝立)의 모반(謀叛)을 계기로 일어난 기축옥사

(己丑獄事) 때에 『정감록(鄭鑑錄)』이 만들어져 비밀로 전해오지 않았나 생각된다. 『비변사등록(備邊司謄錄)』에는 조선 영조(英祖) 15년(1739) 5월 15일 평안도 삼등현에서, 『조선왕조실록(朝鮮王朝實錄)』에는 정조(正祖) 6년(1782) 음력 11월 20일 충청도 진천(鎭川)의 '이경래(李京來)·문인방(文仁邦) 사건'에서 처음으로 『정감록』이라는 용어가 등장한다. 『정감록』을 금지시키지 말고 인쇄·반포(頒布)했으면 화(禍)를 예방했을 것을, 비장(秘藏)되어 전해오면서 첨삭(添削)과 부연(附椽) 그리고 필사(筆寫)로 인한 오기(誤記) 등 더 피해를 보지 않았나 생각한다. 특히 신흥 종교 집단에서 많이 이용해 폐해(弊害)가 많았다.

네덜란드의 철학자 베네딕트 드 스피노자(Spinoza, Baruch de, 1632.11.24.~1677.2.21.)의 "비록 내일 지구의 종말(終末)이 온다 해도 나는 오늘 한 그루의 사과나무를 심겠다"라는 명언처럼 주어진 공간과 지어진 시간에서 최선을 다하는 것이 올바르다고 생각한다. 난(亂)을 구해야 함이 옳은데 피하려는 사람만 있다면 어떻게 되겠는가?

편자는 개략적으로 참서를 정리해 독자들이 각자 삶과 자연에 대해 생각해볼 수 있는 기회를 제공하고자 노력했다. 그러나 워낙 학문이 깊지 못하고 글재주가 비범하지 못하여 졸고(拙稿)에 그치고 말았다. 이 점에 대해 편자는 독자들에게 너그러운 양해를 구하며, 미흡하나마 이 책을 통해 독자들의 삶에 새로운 희망과 활력이 더해지기를 비는 바이다.

『한한대사전대자원(漢韓大辭典大字源)』을 주신 김선일(金善一) 선생님, 『달마보전(達摩寶傳)』을 주신 소진거사(小眞居士) 김재호(金在昊) 선생님, 『하늘의 도 I·II』를 보내주신 서천석 선생님, 민중서관 판 『국어대사전』을 전해준 남문서점 윤한수 사장, 책을 내는 데 격려해주신 선문대학교 최중현(崔重炫) 교수님, 음양(陰陽)으로 도와주신 영빈당(迎賓堂) 장영희(張英姬) 여사님, 『부천지명유래집』과 『기독교도리학해설』을 전해주신 정정조 목사님과 21세기심리연구원 이정희(李貞姬) 교수님, 오복서점 안정철 사장, 『악마의 계시 최후의 심판』을 전해주신 라종우(羅鍾宇) 선생, 금전적으로 도움을 준 천안의 김기봉 씨, 청학동에 관한 비결(秘訣)과 울진문화원(蔚珍文化院) 본(本)인 「홍수지(紅袖誌)」와 『동방천보결(東方天步訣)』을 전해준 심광 강덕영 씨, 『천강비서(天降秘書)』와 『신격암유록(新格庵遺錄)』을 전해준 신승오 씨, 고견(高見)과 함께 컴퓨터를 전해주신 유정식(柳正植) 선생님, 이 글이 나오기까지 큰 깨달음을 주신 야인(野人) 송영식(宋榮植) 존사(尊師)님, 화선(化仙)하신 여문업(呂門業) 존사님과 봉우(鳳宇) 권태훈(權泰勳) 존사님, 어려운 생활 속에서 묵묵히 도와주신 나의 어머님께 고마움을 올립니다. 출판에 노고를 아끼지 않은 출판사 직원들께 깊은 감사와 성업(盛業)을 빌면서 이만 머리말을 갈음합니다.

단기 4340년(2007) 양력 7월 5일

묘묘단(玅玅壇)에서

덕화(德和) 류정수(柳定秀) 삼가 씀

차례

설총결(薛聰訣)

1. 설총

설총(薛聰)은 신라(新羅) 경덕왕(景德王) 때의 대학자로 자(字)는 총지(聰智)이고, 호(號)는 빙설헌(氷雪軒) 또는 빙월당(氷月堂)이다. 경주(慶州) 설씨(薛氏)의 시조(始祖)인 원효(元曉)대사 설사(薛思)가 아버지이고, 요석궁 공주(瑤石宮公主)가 어머니이다. 신라 10현(賢) 가운데 한 사람이며 강수(强首), 최치원(崔致遠)과 더불어 신라 3문장(三文章)의 한 사람으로 벼슬은 한림(翰林)을 지냈고 왕의 자문(諮問) 역할을 했다.

유학(儒學)과 문학을 깊이 연구하여 유학 발전에 기여했으며, 중국 문자(文字)에 토(吐)를 다는 방법을 창제(創製), 방언(方言)으로써 9경(經)을 풀었고 이두(吏讀)를 집대성(集大成)한 것으로 유명하다. 「화왕계(花王戒)」로써 신문왕(神文王)을 충고한 일화가 전한다. 고려 현종(顯宗) 13년(1022) 1월에 홍유후(弘儒侯)라는 시호(諡號)를 추증(追贈)받았다. 문묘(文廟) 동(東)에 신라 2현(賢)이라 하여 최치원(崔致遠)과 함께 종향(從享)되었으며, 경주 서악서원(西岳書院)[1]에 제향(祭享)되었다.

---

1) 조선 명종 16년(1561)에 세우고 인조 1년(1623)에 사액(賜額)하였다.

2. 설총결

漢陽之運過去際龍華世尊末代來
한 양 지 운 과 거 제 용 화 세 존 말 대 래

金剛山上大石立一龍萬虎次第應
금 강 산 상 대 석 립 일 룡 만 호 차 제 응

한양(漢陽)의 운(運)이 다 끝날 즈음 용화세존(龍華世尊)이 말대(末代)에 오리라. 금강산(金剛山) 위에 큰 돌이 서 있으니 하나의 용(龍)에 온갖 범〔虎〕이 차례로 응하였도다.

一萬二千文明花瑞氣靈峰運氣新
일 만 이 천 문 명 화 서 기 영 봉 운 기 신

根於女姓成於女天道固然萬古心
근 어 여 성 성 어 녀 천 도 고 연 만 고 심

일만 이천 봉우리에 문명(文明)의 꽃이 피니, 상서로운 기(氣)가 신령스런 봉우리에 깃들어 하늘의 운과 땅의 기가 새롭구나! 인류의 성씨(姓氏)가 여자 성씨에서 시작되고(姵氏, 姬氏, 姜氏) 다시 여자 성씨에서 이루어지니 하늘의 도(道)가 굳고, 그러하니 만고(萬古)에 마음이라.

艮地太田龍華園三十六宮皆朝恩
간 지 태 전 용 화 원 삼 십 육 궁 개 조 은

百年後事百年前先聞牛性道不通
백 년 후 사 백 년 전 선 문 우 성 도 불 통

지구의 동북(東北) 간방(艮方: 대한민국) 큰 밭이 용화(龍華)의 동산 36궁(宮)에 모두 다 은혜를 조회(朝會)하리라. 백 년 뒤의 일은 백 년 앞의 일이니 먼저 소 울음소리를 들었으나 도는 통하지 못하였다.

前步至急後補緩時劃方寸緩步何
전 보 지 급 후 보 완 시 획 방 촌 완 보 하

背恩忘德無義兮君師之道何處歸
배 은 망 덕 무 의 혜 군 사 지 도 하 처 귀

無禮無義人道絶可憐蒼生自盡滅
무 례 무 의 인 도 절 가 련 창 생 자 진 멸

앞의 걸음은 지극히 급하였고 뒤의 걸음은 더디니 남겨진 시간은 방촌(方寸)에 지나지 않는데 걸음이 어째서 더딘고. 은혜를 등지고 덕(德)을 잊음이 의리(義理)가 없음이여! 군자와 스승의 도는 다 어디로 갔는가? 예절도 의리도 없어 인륜의 도가 다 끊어졌으니, 아아! 불쌍하도다. 창생(蒼生)이여! 제가 스스로 죽는구나.

청학동결(青鶴洞訣)

1. 옥룡자 도선

옥룡자(玉龍子)란 도선국사(道詵國師)의 자(字)이고 신라 흥덕왕 2년(丁未年, 단기 3160, 서기 827)에 낭주(朗州) 구림촌(鳩林村)에서 태어나니 속성(俗姓)은 김(金)이다. 15세에 중이 되어 월유산(月遊山) 화엄사(華嚴寺)에서 대경(大經)을 공부하여 바로 대의(大義)를 통하니 수많은 불학도(佛學徒)들이 신(神)으로 추앙했다(846년, 문성왕 8).

그 뒤 수도행각(修道行脚)에 나서서 동리산(桐裏山)의 혜철(惠徹) 대사를 찾아 이른바 무설설(無說說)·무법법(無法法)을 배워 크게 깨닫고 23세에 천도사(穿道寺)에서 구계(具戒: 불교의식)를 받았다. 운봉산(雲峰山)에 굴을 파고서 불도(佛道)를 닦고 태백산(太白山) 앞에 움막을 치고 여름을 보내면서 수도생활을 하다가 드디어 희양현(曦陽縣) 백계산(白鷄山)의 옥룡사(玉龍寺)에 자리 잡고 거기서 생을 마칠 뜻으로 말없이 수양(修養)했다.

헌강왕(憲康王)이 그의 명성을 듣고 사람을 보내 궁중(宮中)으로 모셔갔고, 이에 도선국사는 왕에게 여러 가지 정신적 영향을 주었으나 얼마 뒤 다시 산으로 돌아왔다.

음양지리설(陰陽地理說)과 풍수상지법(風水相地法)은 고려·조선을 통해 크게 영향을 준 학설이다. 효공왕(孝恭王) 2년(戊午年, 단기 3231, 서기 898)

72세에 입적(入寂)했다. 입적한 뒤 효공왕은 요공선사(了空禪師)라는 시호를 내렸고 제자들이 스승을 기념하여 옥룡사에 세운 탑은 증성혜증(證聖慧證)이라 명명(命名)했다.

고려 숙종(肅宗)은 대선사(大禪師)를 추증(追贈)하여 왕사(王師)의 호(號)를 추가하고 인종(仁宗)은 선각국사(先覺國師)로 추봉(追封)했고 의종(毅宗)은 비(碑)를 세웠다.

2. 청학동

지리산 청학동은 옛날에 푸른 두루미가 깃들어 있었기 때문에 붙여진 이름이다. 고려 때의 이인로(李仁老)는 『파한집(破閑集)』에서 "(지리산의) 사이에 청학동이 있으니 길이 매우 좁아 사람이 겨우 지날 수 있는데 기어서 몇 리(里)를 가야 넓고 빈 곳에 이르게 되고 사방이 모두 좋은 밭과 기름진 땅으로 씨를 뿌리고 나무를 심을 만하며 오직 푸른 두루미만이 그 가운데 깃들어 살므로 청학동이라 부르게 된 것이라. 대개 옛적에 속세를 등진 사람이 살던 곳으로 허물어진 담과 구덩이가 아직도 가시덤불에 싸인 빈 터에 남아 있다. 옛날에 종과 당형(堂兄)인 최상국(崔相國, 崔滋)과 함께 세상을 떨쳐 인연을 끊을 생각으로 대그릇에 송아지 두세 마리를 담아 청학동으로 가려고 했다"라고 썼다.

이 이상향(理想鄕)은 여러 다른 나라에 나타난 유례[1]와 비교해 청학동의 특색을 찾을 수 있다.

---

1) 중국인의 화서국(華胥國)·봉래도(蓬萊島), 인도인의 희견성(喜見城), 히브리인의 에덴 동산, 도교(道敎)의 상청옥청(上淸玉淸), 불교의 안양정토(安養淨土), 그리스도교의 천국(天國).

시(詩)를 지어 말하기를,

頭流山向暮雲低 萬壑千巖似會稽
두 류 산 향 모 운 저 만 학 천 암 사 회 계

策杖欲尋青鶴洞 隔林空聽白猿啼
책 장 욕 심 청 학 동 격 림 공 청 백 원 제

樓臺缈缈三山遠 苔蘚微茫四字題
누 대 묘 묘 삼 산 원 이 선 미 망 사 자 제

試問仙源何處是 落花流水使人迷
시 문 선 원 하 처 시 낙 화 유 수 사 인 미

두류산 높고 저녁 구름은 나직한데, 첩첩이 겹쳐진 깊고 큰 골짜기와 수많은 바위들이 마치 회계(會稽)[2]와 비슷하네. 지팡이 짚고 산길을 걸어 청학동을 찾으려는데, 건너편 숲에선 헛되이 흰 잔나비 울음 들리네. 누각(樓閣)은 아득하고 삼산(三山)[3]은 멀고 이끼엔 넉 자 글씨〔花開洞天〕 아직도 희미해라. 선원(仙源)이 어디메뇨? 물어 보았더니, 떨어진 꽃 흐르는 물이 사람을 어지럽히는구나!

라고 하였고, 도연명(陶淵明, 五柳先生)의 『도화원기(桃花源記)』를 말하기도 했다.

조선 중기의 대학자이신 지봉(芝峰) 이수광(李睟光)이 상재(上梓)한 『지봉유설(芝峰類說)』에는 "골〔洞〕이 청학이라는 이름을 얻은 것은 오래이다. 살고 있는 승려가 나를 위해 이야기하기를, '태평(太平)했을 때에 한 호협

---

2) 중국 절강성(浙江省) 소흥현(紹興縣) 동남쪽에 있는 산.

3) 봉래(蓬萊)·영주(瀛洲)·방장(方丈)의 세 신산(神山).

(豪俠)한 젊은이가 돌을 던져 두루미의 날개를 상하게 한 일이 있었는데 두루미는 그 때문에 다시 오지 않았으며 두루미가 떠나간 지 얼마 안 되어 임진왜란(壬辰倭亂)이 있었다'고 했다. 아마 기틀을 미리 살피고 떠나간 것이리라"라는 구절이 있다.

지봉 이수광 읊음

七佛何年去 三仙今日來
칠 불 하 년 거 삼 선 금 일 래

孤雲一去後 青鶴柿徘徊
고 운 일 거 후 청 학 시 배 회

일곱 부처가 어느 해에 갔는고? 세 신선이 오늘 오도다.
외로운 구름이 한 번 간 뒤에 푸른 두루미가 오락가락 하노라.

고운(孤雲) 최치원(崔致遠) 읊음

東國花開洞 壺中別有天
동 국 화 개 동 호 중 별 유 천

仙人推玉枕 身世倏千世
선 인 추 옥 침 신 세 숙 천 세

동쪽 나라의 화개동(花開洞)은 항아리 속의 별천지라.
선인(仙人)이 옥베개를 밀어 잠을 깨니, 이 몸이 속세에서 홀연히 천 년이 지났구나.

萬壑雷聲起 千峰雨色新
만 학 뇌 성 기 천 봉 우 색 신

山僧忘歲月 惟記葉間春
산 승 망 세 월 유 기 엽 간 춘

많은 골짜기에 우렛소리 일어나니 많은 봉우리에 빗줄기 몰려오네.
산승(山僧)은 세월을 잊어 나뭇잎 보고 봄을 알 뿐이네.

雨餘多竹色 移坐白雲開
우 여 다 죽 색 이 좌 백 운 개

寂寂仍忘我 松風枕上來
적 적 잉 망 아 송 풍 침 상 래

비가 넉넉히 내려 대나무 파릇파릇, 자리를 옮기니 흰 구름 걷히네.
고요히 그대로 나를 잊으니 솔바람 베갯머리에 불어오누나.

春來花滿地 秋去葉飛天
춘 래 화 만 지 추 거 엽 비 천

至道離文字 元來在目前
지 도 리 문 자 원 래 재 목 전

봄이 오면 꽃이 대지에 가득하고, 가을 가면 낙엽이 하늘에 나네.
지극한 도는 문자(文字)를 떠난 것이며 원래의 모습 눈앞에 있도다.

澗月初生處 松風不動時
간 월 초 생 처 송 풍 부 동 시

子規聲入耳 幽興自應知
자 규 성 입 이 유 흥 자 응 지

시냇가 달이 처음 뜨는 곳, 솔바람 불어오지 않는 때.
소쩍새 울음소리 들리니, 그윽한 흥취 절로 알겠네.

擬說林泉興 何人識此機
의 설 림 천 흥 하 인 식 차 기

無心見月色 默然坐忘歸
무 심 견 월 색 묵 연 좌 망 귀

산수 간(山水間) 흥취를 시로 읊조리니, 그 누가 이 기미를 알랴.
무심히 달빛을 바라보며 묵묵히 앉아 돌아갈 줄 모르네.

密旨何勞舌 江澄月影通
밀 지 하 로 설 강 징 월 영 통

長風生萬壑 赤葉秋山空
장 풍 생 마 학 적 엽 추 산 공

은밀한 뜻 어찌 구구하게 말하리! 맑은 강물에 달그림자 드리웠네.
긴 바람이 온 골짜기에서 일어 단풍 든 가을 산이 텅 비었네.

松山青蘿結 澗中流白月
송 산 청 라 결 간 중 유 백 월

石泉吼一聲 萬壑多飛雪
석 천 후 일 성 만 학 다 비 설

소나무 위엔 푸른 칡이 얽히고, 냇물 속엔 하얀 달이 떠가네. 바위틈 퐁퐁 솟는 샘물 소리뿐, 온 골짜기엔 새까맣게 눈이 내리네.

3. 청학동결

조선 현종 때의 실학자인 오주(五洲) 이규경(李圭景)이 우리나라와 중국을 비롯한 여러 나라의 고금(古今)의 사물에 대해 고증(考證)하고 해설한 『오주연문장전산고(五洲衍文長箋散稿)』(60권 60책) 중 35권 『청학동변증설(青鶴洞辨證說)』 속에 있는 것을 주로 하여 풀이했다.

東國三洞 待世之寶 積善幾家 入此移裔
동 국 삼 동 대 세 지 보 적 선 기 가 입 차 이 예

一回青鶴 運吉千年 三奇降照 五星聚會
일 회 청 학 운 길 천 년 삼 기 강 조 오 성 취 회

우리나라에 세 승지(勝地)가 있으니 기다리는 세상에서 보배로다. 착함을 쌓은 집이 몇 집인가? 후손들아 이사하여 이곳으로 들어오라. 한 번 푸른 두루미가 돌아오니 길한 운이 천 년이라. 삼기(三奇)[4]가 내리 비치고 오복성(五福星)이 태방(兌方)[5]에서 모여서 하나로 합치도다.

周四十里 石門鎖之 天守文昌 地應黑鼠
주 사 십 리 석 문 쇄 지 천 수 문 창 지 응 흑 서

北首東高 壬坐迎瑞 分明三台 廣開平坦
북 수 동 고 임 좌 영 서 분 명 삼 태 광 개 평 탄

---

4) 기문(奇門)의 용어로 천기(天奇)·지기(地奇)·인기(人奇) 또는 을기(乙奇)·병기(丙奇)·정기(丁奇)를 말한다.

5) 정서(正西)를 중심으로 45°의 각 거리로 이루어진 방향.

40리를 둘렀으니 돌문이 자물쇠라. 하늘의 문창성(文昌星)이 지켜주고 땅에서는 임자(壬子: 黑鼠)에 응한다. 북쪽 머리에 동쪽이 높으니 임좌(壬坐)[6]를 상서롭게 맞이했노라. 큰곰자리에 딸린 자미성(紫微星)을 지키는 별인 삼태성(三台星)[7]이 흐리지 않고 또렷하며 땅바닥이 평평하여 넓게 열렸도다.

白雲正案 甲坐次吉 開之何禩 黃鷄鳴天
백 운 정 안 갑 좌 차 길 개 지 하 사 황 계 명 천

此天胡天 戴天墜地 首創廿歲 石門震破
차 천 호 천 대 천 추 지 수 창 입 세 석 문 진 파

흰 구름 바로 맞은편에 있는 산이 안산(案山)[8]이 되니 갑좌(甲坐)[9]가 둘째로 길하다. 열리는 해는 어느 해인가? 누런 닭〔己酉: 黃鷄〕이 하늘에 울 때로다. 이 하늘이 어찌 하늘인가? 하늘을 이고 땅에 떨어졌도다. 수도(修道)를 우두머리로 건설한 지 20년 만에 돌문이 깨쳐 떨친다.

雖曰小邦 勝於中華 傳三十載 駟馬客之
수 왈 소 방 승 어 중 화 전 삼 십 재 사 마 객 지

孔門私淑 闡之誰也 國家師傅 任之幾人
공 문 사 숙 천 지 수 야 국 가 사 부 임 지 기 인

---

6) 건방(乾方)의 북쪽 둘째 15° 이내의 방위를 등진 좌향(坐向).

7) 상태성(上台星)·중태성(中台星)·하태성(下台星).

8) 집터나 묏자리의 맞은편에 있는 산.

9) 갑방(甲方)을 등지고 경방(庚方)을 향하여 앉은 자리.

비록 작은 나라라고 말하나 중국보다 더 낫도다. 30년을 전하니 네 필의 말〔駟馬〕을 타고 손님이 오리라. 유교(儒敎)의 학문을 직접 가르침 받을 수는 없으나 공자님의 인격이나 학문을 본으로 삼고 배우는 것을 밝힐 사람이 누구이더냐? 나라에 스승을 맡길 사람이 몇이나 될까?

卿相多出 名賢倍之 最作名勝 別天地耶
경 상 다 출 명 현 배 지 최 작 명 승 별 천 지 야

재상(宰相)이 많이 나오시고 이름 높은 현인(賢人)이 곱으로 나오시도다. 가장 경치 좋기로 이름났으니 속된 세상과는 아주 다른 세상이구나!

仙鶴中往 柳之卜地 鶴背吹笛 姜之占地
선 학 중 왕 류 지 복 지 학 배 취 적 강 지 점 지

仙鶴下田 鄭之受地 鶴下玉女 徐之主地
선 학 하 전 정 지 수 지 학 하 옥 녀 서 지 주 지

牛臥鶴林 盧之傳地
우 와 학 림 노 지 전 지

두루미가 가운데로 가니 류씨(柳氏)가 살 곳을 가려서 정한 땅이요, 두루미 등에서 피리를 부니 강씨(姜氏)가 본래 있었던 땅이도다. 신선 두루미가 밭에 내려오니 정씨(鄭氏)가 받을 수 있는 땅이요, 두루미 아래에 옥녀(玉女: 仙女)가 있으니 서씨(徐氏)가 주인인 땅이도다. 두루미 숲에 소가 누우니 노씨(盧氏)가 전할 땅이도다.

走獐顧母 金之照地 黃龍負舟 河之守之
주 장 고 모 김 지 조 지 황 룡 부 주 하 지 수 지

鷹下逐雉 張之應地 仙人舞袖 李之任之
응 하 축 치 장 지 응 지 선 인 무 수 이 지 임 지

玉燈掛壁 千之入地 五仙圍碁 朴之入地
옥 등 괘 벽 천 지 입 지 오 선 위 기 박 지 입 지

달리는 노루가 어미를 돌아보니 김씨(金氏)가 빛나는 땅이도다. 누런 용이 배를 지니 하씨(河氏)가 머무를 땅이며, 매 아래에 쫓기는 꿩이니 장씨(張氏)가 승낙한 땅이며, 신선의 소매가 춤추니 이씨(李氏)가 믿을 땅이며, 구슬 등불을 벽에 거니 천씨(千氏)가 들어올 땅이며, 다섯 신선이 바둑을 두니 박씨(朴氏)가 들어올 땅이로다.

4. 무학 박자초

무학대사(無學大師)는 고려 충숙왕(忠肅王) 14년(丁卯年, 단기 3660, 서기 1327)에 경상도(慶尙道) 진주목(晋州牧) 합주군(陜州郡) 삼기현(三岐縣)에서 태어나 18세에 출가(出家)하여 소지선사(小止禪師)에게서 머리를 깎고 중이 되었다. 용문산(龍門山) 혜명국사(慧明國師)에게 불법(佛法)을 배운 뒤 묘향산(妙香山) 금강굴 등을 찾아 수도했다. 고려 공민왕(恭愍王) 때 연경(燕京)에 가서 지공대사(指空大師)를 찾고 이듬해 원주(原州) 법천사(法泉寺)에 가 있는 나옹화상(懶翁和尙)을 찾고 오대산(五臺山) 등지를 순례한 뒤 서산(西山) 영암사(靈巖寺)에서 나옹화상을 만나 수년간 머물다가 공민왕 5년(丙申年, 단기 3689, 서기 1356)에 돌아왔다. 얼마 뒤 나옹화상도 돌아와 왕사(王師)가 되었을 때 수좌(首座)[10])로 초대했으나 응하지 않고 나옹화상이 입적(入寂)한 뒤에 공양왕(恭讓王)이 왕사로 모시려 했으나 끝내 사양하

고 함길도(咸吉道) 안변(安邊) 땅에 숨어 살았다. 이때 이성계(李成桂)란 청년이 찾아와 '문(問)' 자(字)를 집어 파자점(破字占)을 풀어 달라고 요청했다.

"좌군우군 왕인지상(左君右君 王人之相)"

"곧 문(問) 자 형상이 좌편으로 보아도 임금 군(君) 자요, 우편으로 보아도 임금 군(君) 자이오니 임금이 되실 신분이올시다."

이성계란 청년이 다시 묻기를,

"내가 지난 밤 꿈에 서까래 세 개를 짊어졌고 꽃이 떨어지고 거울이 깨어짐을 보았으니 그 길흉(吉凶)이 어떤지 잘 해몽(解夢)하여 의심을 깨뜨려 주오."

라고 하자 선사께서 고개를 숙이고 잠깐 생각하다가 대답하시기를,

"대몽(大夢)이옵니다. 등에 서까래 세 개를 지고 보면 '임금 왕(王)' 자 형상이옵고, 꽃이 떨어지면 능히 열매가 열릴 것이요, 거울이 깨어지면 어찌 소리가 없겠소이까? 조만간 인군(人君)이 될 징조이오니 대몽입니다."

하니 이성계란 청년은,

"그리하여 무어 그러리."

하고 부인하자 선사는 다시 절하며,

"소승(小僧)의 법명(法名)은 무학이옵니다. 소승이 용우(傭愚)하오나 약간 법술(法術)이 있사와 오늘 귀인이 강림하실 줄 알고 있었습니다. 하문(下問)하옵는 일에 대해서는 기망(欺罔)치 못하와 아뢰었사오나 의심마시고 대사(大事)를 성취하신 후에 이곳에 절 하나를 이룩하시어 천세(千歲)를 축수(祝壽)하는 원당(願堂)으로 삼게 해주옵소서."

하시니, 이성계는 그제야 무학이 범상(凡常)한 스님이 아님을 알았고 끝내 사양할 필요가 없음을 깨닫자 엄숙하게 말하기를,

---

10) 고려시대 승려(僧侶)의 법계(法階)의 하나.

"대사의 말같이야 어찌 바라리오만, 만약 그렇게 된다면 원당 하나야 문제가 되겠소."

그가 조선(朝鮮)을 개국(開國)했으니 대사의 파자와 해몽은 참으로 신통(神通)하다 하겠다. 이성계가 임금이 되자 관원(官員)을 안변에 보내 무학대사와 만났던 곳에 절을 짓고 절 이름을 석왕사(釋王寺)라고 했다. 석왕사란 이름은 이성계가 인군이 될 것이라 해석했다는 데서 기인한 것이다.

대사가 새로 도읍할 터를 잡기 위해 지상(地上)을 보려고 태조대왕과 함께 먼저 공주(公州) 계룡산(鷄龍山)과 삼각산(三角山) 등지를 답습(踏襲)하였고 그 후 한양을 두루 살피고 있었을 때의 일이다. 소를 몰며 밭을 갈고 있던 한 노인이,

"이랴, 이놈의 소야! 무학같이 미련한 놈의 소야!"

하고 소리를 쳤다. 이 소리에 귀가 번쩍 뜨인 무학은 그 노인 곁으로 다가가서

"노인장 제가 바로 무학이란 사람인데 어찌하여 소같이 미련한 놈이라고 꾸짖으시오?"

하고 물으니,

"왔던 길로 10리만 돌아가면 좋은 터가 있는데, 딴 곳을 찾고 있으니 소같이 미련할 수밖에요."

라고 했다.

"노인장은 뉘시오?"

"소를 모는 것을 보고도 누구냐고 묻는 것을 보니 스님은 아직까지 소 울음소리도 듣지 못했습니까?"

라고 했다. 이 말을 들은 무학은 '일깨워 주셔서 감사합니다'는 인사를 남기고 10리 길을 되돌아 와서 자리를 잡으니 이때부터 이곳을 '왕십리(往十里)'라고 부르게 되었다는 전설도 있다. 왕십리에 터를 잡고 역사(役事)를 시작했는데 땅을 파자 '往十里'라고 돌에 새겨진 도선(道詵)의 비기(秘記)가 나왔다. 도선은 고려 초엽의 유명한 도사(道士)이다. 몇 백 년

후에 무학이란 스님이 그곳에 와서 도읍터를 잡을 줄 알고 '왕십리'란 비기를 만들어 묻었으니 그 뜻인즉 10리를 더 가라는 것이다. 그의 높은 도술(道術)을 가히 이로써도 짐작할 수 있다. 무학선사는 그 비기를 보고 10리를 더 가서 한양에 터를 잡았다. 그때에 무학재에 올라서서 도성(都城)을 세울 터전을 측량했다. 왕십리와 무학재는 그때 생겨난 땅이름이다.

선사는 인왕산(仁王山)을 주산(主山)[11]으로 삼아 인왕산 아래에다 궁궐을 짓자고 했고 삼봉(三峰) 정도전(鄭道傳)은 북악산(北岳山)을 주산으로 삼아 북악산 아래에다 지어야 한다고 주장했다.

북악산 아래에 지으면 남향(南向)이 되어 남산(南山)과 관악산(冠岳山)을 바라보게 되고 인왕산 아래에 지으면 동향(東向)으로 낙타산〔지금의 낙산(駱山)〕과 멀리 불암산(佛巖山)을 바라보게 된다. 정도전은 "자고(自古)로 제왕(帝王)들은 남쪽을 바라보며 정사(政事)를 폈소. 동향으로 궁궐을 지었다는 말은 들어 보지 못했소"라며 북악산 아래를 고집했다.

결국 정도전의 뜻대로 궁궐터를 북악산 아래로 잡았다. 이에 무학선사는 "2백 년 후에 내 말을 다시 생각하리라"하며 가까이 지내던 사람들에게 임진왜란을 암시적으로 전했다. 그리고 수구문(水口門)에다 창엽문(蒼葉門)이란 이름을 지었다.

이 이름을 지어주고 사람들에게 "이씨 왕조의 운수(運數)가 저 이름에 들어 있다"고 말했다.

창(蒼) 자를 파자(破字)하면 '十十八一君'이 된다. 곧 '이십구 임금'이란 뜻이다. 이는 전주(全州) 이씨(李氏) 왕조가 29명의 왕으로 끝맺는다는 이야기이다. 무학선사의 예언은 그대로 들어맞았다. 실제로 이씨 왕조가 배출한 왕은 29명[12]이다.

---

11) 마을의 뒤쪽에 자리 잡고 있는 큰 산.

12) 太祖, 定宗, 太宗, 世宗大王, 文宗, 端宗, 世祖, 睿宗, 成宗大王, 燕山主, 中宗, 仁宗, 明宗, 宣祖, 光海主, 元宗(仁祖壬申追尊), 仁祖, 孝宗, 顯宗, 肅宗, 景宗, 英祖, 眞宗(正祖丙申追尊), 莊祖(純宗皇帝己亥追尊), 正祖大王, 純祖, 文祖(憲宗

선사는 이성계가 조선을 창업하자 왕사가 되어 양주(楊州) 회암사(檜巖寺)에 기거하다가 태종(太宗) 5년(乙酉年, 단기 3788, 서기 1405), 79세를 일기로 금강산 금장암(金藏庵)에서 입적했다. 비석(碑石)이 경기도 양주군 회천읍 옥정리에 있다.

예언서로는 『무학연대록(無學筵對錄)』과 『무학전(無學傳)』 등이 있으나 과연 무학선사가 상재한 것인지에 대해서는 의심이 없을 수 없다.

이 비결(秘訣)은 『조선비결전집(朝鮮秘訣全集)』에 실려 있는 것으로 무학(無學) 박자초(朴自超)가 지었다.

三十五姓 興旺之地
삼 십 오 성 흥 왕 지 지

李柳朴姜鄭趙崔宋金閔許任愼黃河表梁南田洪徐
이 류 박 강 정 조 최 송 김 민 허 임 신 황 하 표 양 남 전 홍 서

禹張吳韓盧孟成林千都薛尹蘇 此中李柳黃先發
우 장 오 한 노 맹 성 임 천 도 설 윤 소 차 중 이 류 황 선 발

35성씨(姓氏)가 성하게 일어나는 곳.

이씨(李氏)·류씨(柳氏)·박씨(朴氏)·강씨(姜氏)·정씨(鄭氏)·최씨(崔氏)·조씨(趙氏)·송씨(宋氏)·김씨(金氏)·민씨(閔氏)·허씨(許氏)·임씨(任氏)·신씨(愼氏)·황씨(黃氏)·하씨(河氏)·표씨(表氏)·양씨(梁氏)·남씨(南氏)·전씨(田氏)·홍씨(洪氏)·서씨(徐氏)·우씨(禹氏)·장씨(張氏)·오씨(吳氏)·한씨(韓氏)·노씨(盧氏)·맹씨(孟氏)·성씨(成氏)·임씨(林氏)·천씨(千氏)·도씨(都氏)·설씨(薛氏)·윤씨(尹氏)·소씨(蘇氏) 등이 가운데 이씨(李氏)·류씨

甲午追尊), 憲宗, 哲宗, 高宗皇帝, 純宗皇帝 가운데 연산주(燕山主)와 광해주(光海主)를 뺀 것.

(柳氏)·황씨(黃氏)가 길을 앞서 떠나온다.

朝鮮史記中 有山智異南麓青鶴洞 燕形 朝鮮名基也
조선사기중 유산지이남록청학동 연형 조선명기야

或云鶴野 或云磧野 或云沙蔘洞 後龍有石負 三峯其下
혹운학야 혹운적야 혹운사삼동 후룡유석부 삼봉기하

有廣石 谷水出南流 洞口下有石門 其内有石泉 名曰壽井[13]
유광석 곡수출남류 동구하유석문 기내유석천 명왈수정

조선 역사 기록 속에 지리산 남쪽 기슭에 제비 형세의 청학동이 있으니 조선의 이름난 터라.
어떤 사람은 학야(鶴野: 두루미들)라고 하며 어떤 사람은 적야(磧野: 돌무더기들)라고 하며 어떤 사람은 사삼동(沙蔘洞: 더덕골)이라 했다.
뒤쪽으로 곧장 내려온 주산에 돌이 있고 삼봉(三峰) 아래 넓은 바위가 있고 골짜기에서 물이 솟아 남쪽으로 흐르고 마을 입구에 석문(石門: 돌문)이 있고 그 안에 석천(石泉: 돌샘)이 있으니 그 이름은 수정(壽井)이다.

上壽百四五十年 中壽百二三十年 下壽九十年矣
상수백사오십년 중수백이삼십년 하수구십년의

壬坐丙向 白雲三峯爲正案 南海水當前可居
임좌병향 백운삼봉위정안 남해수당전가거

可作畓千餘石落 只地高霜晩 升種石出 無限大地矣
가작답천여석락 지지고상만 승종석출 무한대지의

13) 원래는 '정(井)' 자가 없음.

가장 오래 사시는 분은 140~150세이며 다음으로 오래 사시는 분은 120~130세이며 가장 짧게 사시는 분이 90세더라.
임방(壬方: 북방)을 등지고 병방(丙方: 남방)을 향한 좌향(坐向)에 백운산(白雲山) 세 산봉우리가 안산이 되고 남해(南海) 같은 호수가 앞에 생기면 가히 살 만하다.
논은 천여 석 지기를 가히 지을 수 있고 다만 땅은 높으나 서리가 늦게 내리고 한 되를 뿌리면 한 섬의 소출이 나는 무한량(無限量)의 큰 땅이라.

正運正當 地氣自開 自然指路之人出 而嶺湖尊士十餘人會設
정 운 정 당 지 기 자 개 자 연 지 로 지 인 출 이 영 호 존 사 십 여 인 회 설

則 十餘年內成村百餘户 三十年雷破石門 駟馬出入
즉 십 여 년 내 성 촌 백 여 호 삼 십 년 뇌 파 석 문 사 마 출 입

四十年內 卿相名賢達士之輩 文千武萬之地
사 십 년 내 경 상 명 현 달 사 지 배 문 천 무 만 지 지

此外各姓 亦興之地云
차 외 각 성 역 흥 지 지 운

바른 운이 바르게 이르니 땅의 기가 스스로 열리고 저절로 길을 가리켜 안내하는 사람이 나오며 영남(嶺南)과 호남(湖南)의 높은 선비 10여 명이 모임을 만들면 10여 년 안에 백여 집의 마을을 이루고 30년이 되면 우레가 돌문을 깨뜨려 네 마리의 말이 출입할 수 있게 되고 40년 안에 재상과 이름난 현인(賢人)과 달사(達士)[14]가 많이 나오고 문인(文人)이 1,000여 명이 나오고 무인(武人)이 1만여 명이 나오는 곳이다. 이 35성씨 외의 성씨(姓氏)도 또한 일어나는 땅이니라.

---

14) 이치에 밝아서 사물에 얽매이지 않는 선비.

5. 옥계일지

옥계일지(玉溪日誌)는 옥계(玉溪) 노진(盧禛)이 지리산(智異山)의 청학동에 관해 쓴 글이다.

중종 13년(戊寅年, 단기 3851, 서기 1518) 음력 7월 5일(壬寅) 갑진시(甲辰時)에 경상우도(慶尙右道) 진주진(晋州鎭) 함양군(咸陽郡) 지곡면(地谷面) 개평리(介坪里)에서 태어나서 선조 11년(戊寅年, 단기 3911, 서기 1578) 음력 8월 23일에 화선(化仙)[15]하니 향년(享年) 61세였다.

조선 선조 때의 명신(名臣)으로 자(字)는 자응(子膺)이고, 호(號)는 옥계(玉溪)·칙암(則菴)이며 본관(本貫)은 풍천(豊川)이다. 중종 32년(丁酉, 1537)에 생원(生員)에 오르고 명종(明宗) 원년(元年, 丙午) 증광시(增廣試) 을과(乙科)에 급제, 지평(持平, 사헌부 정5품 벼슬)·형조참의(刑曹參議, 정3품) 등 여러 벼슬을 지냈고 대사간(大司諫)·대사헌(大司憲) 등 내직(內職)을 받았으나 모두 사퇴하고 호서(湖西)·전주(全州)·곤양(昆陽) 등지의 지방장관을 역임(歷任) 후 병조판서를 거쳐 이조판서(吏曹判書, 정2품)를 지냈다. 시문집(詩文集)인 『옥계집(玉溪集)』을 아들 노염(盧焰)이 처음 편집하여 판각(板刻)했으나 병화(兵火)를 만나 없어진 것이 많자 손자 노척(盧脊)이 1632년(인조 10) 이를 증보(增補)하여 중간(重刊)했다.

명종 때 청백(淸白)에 뽑혔고 시호는 문효(文孝)이며 남원(南原) 창주서원(滄州書院)[16]과 함양(咸陽) 당주서원(唐州書院)[17]에 배향(配享)되었다.

이 옥계일지는 『정감비록(鄭勘秘錄)』「청학동기(靑鶴洞記)」에 겸암(謙菴) 류운룡(柳雲龍)의 일기(日記)와 함께 실려 있다.

---

15) 신선(神仙)이 된다는 뜻으로 곧 돌아감을 이르는 말이다.

16) 선조(宣祖) 기묘(己卯)년에 세우고 경자(庚子)년에 사액(賜額)하였다.

17) 선조 신사(辛巳)년에 세우고 경자년에 사액하였다.

北高南低抱回四十里 自晋陽城西距一百六十里也
북고남저포회사십리 자진양성서거일백육십리야

東麓有奇巖 山水大房 西麓有義池 南麓有石門 上有神仙巖
동록유기암 산수대방 서록유의지 남록유석문 상유신선암

靑鶴最多處也 或云 鶴野 而別無柴木 最多者王艸也
청학최다처야 혹운 학야 이별무시목 최다자왕초야

白雲三峯爲正案也 若起耕一斗出五石 山雖高而霜最晩
백운삼봉위정안야 약기경일두출오석 산수고이상최만

三災不入處 非志大淸高之士 豈能以踵耶
삼재불입처 비지대청고지사 기능이종야

余當所難入居而 自今我居二百十年後 地運乃周
여당소난입거이 자금아거이백십년후 지운내주

故以待淸高之奇士耳 余問 地理於李先生 先生曰
고이대청고지기사이 여문 지리어이선생 선생왈

居十六年 多産奇才 未滿十六年 高爵連門 地運周時
거십육년 다산기재 미만십육년 고작연문 지운주시

高士入居而 世人或謂 林多不居 六十年後 禁者無後矣
고사입거이 세인혹위 임다불거 육십년후 금자무후의

略記以傳 子孫未知 誰人先着也 非我素知
약기이전 자손미지 수인선착야 비아소지

乃李運遭之圖也 路程記 三宿鳳城 至馬洞 觀奇絶
내이운조지도야 노정기 삼숙봉성 지마동 관기절

再明 至元堂 觀山勞水機 又宿于水市 到靑庵
재명 지원당 관산노수기 우숙우수시 도청암

爲兩水合朝之地 雙馬行走 窮寒士可居之地 宿于墨池
위양수합조지지 쌍마행주 궁한사가거지지 숙우묵지

直上柳嶺 宿于水谷 漸到大威 遊奇巖還溪之地 却至鶴野矣
직 상 류 령 숙 우 수 곡 점 도 대 위 유 기 암 환 계 지 지 각 지 학 야 의

북쪽은 높고 남쪽은 얕아 40리를 빙 돌아 품었도다. 진양(晋陽, 晋州)에서 서쪽으로 거리가 160리이다. 동쪽 산기슭엔 기이한 바위가 있고 뫼〔山〕와 물〔水〕이 큰 방(房)과 같고 서쪽 산기슭엔 의지(義池)란 연못이 있고 남쪽 산기슭엔 석문(石門: 돌문)이 있고 그 위엔 신선암(神仙巖)이 있어 푸른 두루미가 가장 많은 곳이다. 어떤 사람은 학야(鶴野)라 하며 사시나무는 별로 없고 가장 많은 것은 왕초(王艸)이다. 백운산의 세 봉우리가 (바로) 앞산〔案山〕이 된다. 만약 한 말의 씨앗을 심으면 다섯 섬〔石〕을 거두고 뫼는 비록 높으나 서리가 늦게 내리며 삼재(三災)[18]가 들어오지 않는 곳이고 뜻이 크고 인격이 결백하고 기품이 높은 선비가 아니면 어찌 능히 이 청학동을 밟으리오? 내가 이곳에 어렵게 들어와 지금까지 살았다. 210년 뒤에는 땅의 운이 돌아올 것이니 인격이 결백하고 기품이 높은 기이한 선비를 기다린다. 내가 이 선생님께 지리(地理)를 물으니 이 선생님이 말씀하기를 "16년을 살면 뛰어난 재주를 가진 사람이 많이 나오고 16년이 이르기 전에 높은 벼슬을 하는 집안이 연이어 있고 땅의 운이 돌아오는 때는 고사(高士)[19]들이 들어와 살 것이며 세상 사람들은 또한 말하기를 수풀이 많아 살지 못한다 한다. 60년 뒤에 금하는 사람은 대(代)를 이어 갈 자손(子孫)이 끊어진다."
간략하게 기록하여 자손에게 전했으나 알지 못하니 어느 사람이 먼저 정착할 것이다. 노정기(路程記)[20]는 내가 알기로는 이운조(李運遭)

---

18) 도병(刀兵)·기근(飢饉)·역려(疫癘).
19) 세상의 표면에 나서지 않고 또 벼슬길에도 나아가지 않는 탁월한 인물.
20) 여행할 길의 차례와 이수(里數)와 형편 등을 써 넣은 기록.

의 그림이 아닌가 한다.

3일째 봉성(鳳城)에서 잠자고 마동(馬洞)에 이르러 무척 신기함을 보고 그 다음 날 원당(元堂)에 이르러 산을 바라보니 물레방아가 수고롭게 돈다. 또 수시(水市)에서 잠자고 청암(青庵)에 이르니 두 물이 합치는 곳이며 두 필(匹)의 말이 길 위를 달리는 형상이라 아주 가난한 선비가 살 만한 땅이다. 묵지(墨池)에서 잠자고, 바로 그 위가 유령(柳嶺)이며 수곡(水谷)에서 잠자고, 조금 더 나아가니 대위(大威)에 이르러 기이한 바위에서 놀았는데 시냇물이 한 바퀴 빙 도는 땅이라. 뒤로 물러가니 학야에 이르렀다.

6. 류겸재일기

류겸재일기(柳謙齋日記)는 조선 중기 명종 때 문신인 겸재(謙齋) 류종선(柳從善)의 기행문(紀行文)으로 『조선비결전집』에 수록되어 있다. 겸재는 호(號)이고 자(字)는 택중(擇中)이며 본관은 진주(晋州)이다. 중종 14년(己卯年, 단기 3852, 서기 1519)에 태어나서 중종 31년(丙申年, 단기 3869, 서기 1536)에 진사(進士)가 되고 명종 원년(元年, 1546) 4월 증광시 을과에 오르고 한림(翰林), 지평(持平), 문학(文學) 등을 거쳐 명종 14년(단기 3892, 서기 1559)에 장령(掌令), 다음 해에 사간(司諫) 응교(應敎)에 이어서 검상(檢詳) 전한(典翰)을 지내고 명종 18년(1563)에 직제학(直提學)·형조참의·예조참의(禮曹參議)·호조참의를 거쳐 동부승지(同副承旨), 좌부승지(左副承旨)에 이르고 선조 11년(戊寅年, 단기 3911, 서기 1578) 음력 4월 14일 화선하였다.

余 素有山水之癖 一日有僧來訪 頗有識見 語及青鶴洞
여 소유산수지벽 일일유승래방 파유식견 어급청학동

余曰 汝能記得否 僧曰 詳知矣
여 왈 여 능 기 득 부 승 왈 상 지 의

나는 본디 산과 물을 좋아하는 버릇이 있었다. 하루는 스님이 찾아와 보니 사물을 식별하고 관찰하는 능력이 한쪽으로 치우침이 있더라. 이야기를 나누다 청학동에 대해 말하게 되었다.
내가 말하기를 "그대는 능히 옥룡자(玉龍子) 「청학동기」를 아는가?"
스님이 대답하기를 "자세히 알고 있습니다."

翌日 與僧發行 登山到一岩留宿仍發行 第三日 到一石門
익 일 여 승 발 행 등 산 도 일 암 유 숙 잉 발 행 제 삼 일 도 일 석 문

僅容一人之行 谷有一句曰
근 용 일 인 지 행 곡 유 일 구 왈

山鳥驚人巖下樹 桃花流水谷中天
산 조 경 인 암 하 수 도 화 유 수 곡 중 천

다음 날 스님과 더불어 길을 떠나서 산에 오르니 바위가 하나 있어 그곳에서 머물러 잠자고 또 길을 떠난 지 3일째 되는 날 한 돌문에 이르니 간신히 한 사람이 다닐 정도로 좁았다. 골짜기에 글귀 하나가 있으니,
바위 아래 나무의 산새가 사람을 놀라게 하며,
물 위에 복숭아꽃이 흐르니 골짜기 가운데 하늘이 있도다.

步步漸近則 抱回四十里 大開平野 可居千戶 可畓千石
보 보 점 근 즉 포 회 사 십 리 대 개 평 야 가 거 천 호 가 답 천 석

至于當穴 壬坐丙向 白雲三峯爲正案 南海水當前
지 우 당 혈 임 좌 병 향 백 운 삼 봉 위 정 안 남 해 수 당 전

因吟一句曰 萬樹桃花踈屋裏 三秋楓葉澗松邊
인 음 일 구 왈 만 수 도 화 소 옥 리 삼 추 풍 엽 간 송 변

한 걸음 한 걸음 차차 가까이 이르니 40여 리를 품어서 빙 돌아서 평야가 크게 열려 가히 천여 집이 살 만하고 논이 천여 섬을 건을 수 있겠다. 정혈(正穴)에 이르러 보니 임좌병향(壬坐丙向)[21]이며 백운산의 세 산봉우리가 바른 앞산〔案山〕이 되고 남쪽으로 바다 같은 호수가 앞에 응하였다.

이에 말미암아 읊은 한 구절에,

온갖 나무에 복숭아꽃이 집 속에 드물게 있고,

가을의 석 달 단풍잎이 솔가의 산골 물에 흐르더라.

有石井 石面大書曰 高麗樂士 李青蓮書 居之十年
유 석 정 석 면 대 서 왈 고 려 악 사 이 청 련 서 거 지 십 년

不通人世 二十年雷破石門 三十年駟馬出入 卿相大才
불 통 인 세 이 십 년 뇌 파 석 문 삼 십 년 사 마 출 입 경 상 대 재

名賢輩出 名勝之地也
명 현 배 출 명 승 지 지 야

李柳姜鄭朴 最興之地 闢地何禩 黃鶴鳴天
이 류 강 정 박 최 흥 지 지 벽 지 하 사 황 학 명 천

돌우물이 있는데 돌에 큰 글자가 새겨져 있다.

'고려 악사(樂士)[22] 이청련(李青蓮) 쓰다'

머물러 살기를 10년이면 인간 세상과 인연을 끊고 20년이면 우레가

21) 북쪽에 앉아 남쪽을 향함.

22) 고려 전악서(典樂署)의 벼슬 중 하나.

돌문을 깨뜨리고 30년이면 네 필의 말이 들고나며 재상과 출중한 큰 재주꾼과 이름난 현인이 무리지어 나오니 경치 좋기로 이름난 곳이더라.

이씨(李氏)·류씨(柳氏)·강씨(姜氏)·정씨(鄭氏)·박씨(朴氏)가 가장 흥하는 곳이니 어느 해에 열리는가? 황학(黃鶴: 누런 두루미)이 날아와서 크게 하늘에 울 때이다.

7. 류겸암일기

류겸암일기(柳謙菴日記)는 서울대학교 규장각(奎章閣)에 소장된 『정감비록(鄭勘秘錄)』의 「청학동기(青鶴洞記)」와 『조선비결전집』에 있다.

余 素有山水之癖 周覽四方山川
여 소유산수지벽 주람사방산천

至晋州西杜里 幾見青鶴洞 而未果矣
지진주서두리 기견청학동 이미과의

나는 본래 산과 물을 좋아하는 버릇이 있어 동서남북(東西南北)의 자연을 두루 살피다가 진주(晋州) 서두리(西杜里)에 이르러 몇 번 청학동을 보려 했으나 아직 가지 못했다.

一日老僧來訪 頗有識見 語佳山麗水而語及此洞
일일노승래방 파유식견 어가산려수이어급차동

余曰 汝能得記否 僧詳知矣
여왈 여능득기부 승상지의

어느 날 늙은 중이 찾아와 만나보니 자못 사물을 식별하고 관찰하는 능력이 있고, 아름다운 산과 고운 물에 대해 말하다 청학동에 미쳤다.
내가 말하기를 "그대는 비기(秘記)[23]를 얻었는가?"
스님이 대답하기를 "자세히 압니다."

翌日 偕僧 發行十一到河東花開川上店留宿
익일 해승 발행십일도하동화개천상점유숙

又行得一巖穴留宿 午飯于橙山村齋 三日糧艸行露宿
우행득일암혈유숙 오반우등산촌재 삼일양초행로숙

第三日到石門 僅容一人而行 入石門 吟一句
제삼일도석문 근용일인이행 입석문 음일구

啼鳥驚人巖下樹 桃花流水谷中天
제조경인암하수 도화유수곡중천

다음 날 스님과 더불어 같이 길을 떠난 지 11일에 하동(河東) 화개천(花開川) 위의 주막에서 유숙(留宿)하고 다음 날 길을 떠나 하나의 바위굴을 얻어 유숙하고 등산촌재(橙山村齋)에서 점심을 먹고 3일 양초(糧草: 식량과 꼴)를 갖고 가다가 들에서 잠을 자고 3일째 되는 날 석문에 이르렀는데 겨우 한 사람 정도 다닐 수 있었다. 석문에 새겨진 한 구절을 읊으니,
바위 아래 나무에서 새가 울어 사람을 놀라게 하고,
골짜기 가운데 하늘에 복숭아꽃이 물에 흘러가더라.

---

23) 여기서는 도선선사의 「청학동기」를 뜻한다.

步步漸進 抱回四十里 大開平坦 可作畓千餘石
보보점진 포회사십리 대개평탄 가작답천여석

而升種石出之地 可居數千户 至于當穴 壬坐丙向 白雲山
이승종석출지지 가거수천호 지우당혈 임좌병향 백운산

三峯爲正案 因吟一句 萬樹桃花疎竹界 三秋楓葉澗松邊
삼봉위정안 인음일구 만수도화소죽계 삼추풍엽간송변

걷고 걸어 조금씩 나아가니 40여 리를 돌아올 정도의 평탄한 들판이 크게 열렸다. 가히 천석(千石)지기의 논을 만들 수 있고 되〔升〕의 씨를 뿌리면 석〔石〕을 수확할 수 있는 땅이라. 가히 천여 채의 집이 살아갈 수 있겠다. 여기는 마땅히 임좌병향하며 백운산 세 봉우리가 바로 안산이 되어야 한다. 인하여 한 구절을 읊으니,
많은 꽉 들어찬 대나무 속에 복숭아꽃이 있고,
가을의 석 달 단풍잎은 소나무 가의 산골 물에 있도다.

有一石井 而石面大書 高麗樂云居士 李青蓮 居二十年
유일석정 이석면대서 고려낙운거사 이청련 거이십년

不通人世 居三十年 雷破石門 可容駟馬 居四十年
불통인세 거삼십년 뇌파석문 가용사마 거사십년

名公居卿 賢士英才輩出之地 最爲南州名勝 地高霜晩
명공거경 현사영재배출지지 최위남주명승 지고상만

凶年不入 兵火不至 盧李鄭柳張姜 最蕃而六姓俱發之地
흉년불입 병화부지 노이정류장강 최번이육성구발지지

洞中多有青鶴 故有是名 而或云鶴板 一云磧野矣
동중다유청학 고유시명 이혹운학판 일운적야의

돌우물 하나가 있는데 돌 위에 큰 글씨로 "고려 낙운거사 이청련(高麗樂云居士李青蓮)"이라 쓰여 있네. 20년을 살면 인간 세상과 통하지 않고 30년에 이르면 우레가 돌문을 깨뜨려 네 마리의 말이 달릴 수 있는 길이 생기며 40년을 살면 이름난 정승과 판서(높은 벼슬)와 어진 선비와 영걸한 재목이 무리로 나오는 곳으로 남쪽 지방에선 가장 좋은 명승지이다.

땅은 높으나 서리가 늦게 내리며 흉년이 들지 않고 병화가 이르지 않는다. 노(盧)·이(李)·정(鄭)·류(柳)·장(張)·강(姜) 씨들이 가장 번성하고 여섯 성씨가 갖추어 발복(發福)하는 땅이다.

골〔洞〕 가운데 푸른 두루미가 많이 있어 청학동이란 이름을 붙였다. 혹은 학판(鶴板: 두루미 판), 적야(磧野: 돌무더기 들)라고도 했다.

화산결(華山訣)

1. 화담 서경덕

화담 서경덕(徐敬德, 1489~1546)은 조선 중종 때의 학자로 자(字)는 가구(可久)이고 호(號)는 복재(復齋)·화담(花潭)이다. 독학(獨學)으로 『서경(書經)』, 『대학(大學)』을 읽고, 중종 26년(1531) 생원시(生員試)에 합격했으나 벼슬을 단념하고 동문(東門) 밖 화담(花潭)에 초막(草幕)을 짓고 이기론(理氣論)의 본질을 연구, 이기일원론(理氣一元論)을 체계화했다. 노자(老子)철학의 생사분리론(生死分理論)과 불교의 생명 적멸설(寂滅說)을 배격했다. 중종 39년(1544), 벼슬에 추천(推薦)을 받았으나 사양하고 성리학(性理學) 연구에 전심, 도학(道學)을 비롯하여 수학(數學)·역학(易學) 연구로 여생을 보냈다. 황진이(黃眞伊)의 유혹을 물리친 일화가 전하며 박연폭포·황진이와 함께 송도삼절(松都三絶)로 불린다. 선조 8년(1575) 우의정(右議政)에 추증(追贈), 선조 18년(1585) 신도비(神道碑)가 세워졌다. 저서에 『화담집(華潭集)』이 전한다.

2. 청하 권극중

권극중(權克中, 1560~1614)은 조선 선조 때의 학자로 호(號)는 청하(靑霞)이다. 우계(牛溪) 성혼(成渾)에게 배우고 출사(出仕)를 싫어했다. 내시교관(內侍敎官)이 되었으나 우계가 모함에 빠지자 사직하고 경적(經籍)에 침잠(沈潛)했다. 저서에 『청하집(靑霞集)』이 있다.

3. 화산결

화산결(華山訣)은 화담 서경덕이 청하 권극중에게 준 것으로 인간의 화복(禍福)을 살피고, 연사(年事)[1]의 길흉(吉凶)을 논한 것이다.

甲子 鼠毛靑林 金鼎活鳴 太平世界 利在木穀
갑자 서모청림 금정활명 태평세계 이재목곡

若逢午年 國衰可擬 (子恐午)
약봉오년 국쇠가의 (자공오)

갑자(甲子). 쥐〔鼠: 子〕털에 푸른〔靑: 木, 甲〕 숲이니 쇠솥이 살아서 울고, 태평한 세계에 이로움이 나무 곡식〔木穀〕에 있고, 만약 오(午: 말)년을 만나면 나라가 쇠할 것을 헤아릴 수 있다(쥐는 말을 두려워한다).

乙丑 牛入靑艸 目光豊輝 雨順風調 四野放歌
을축 우입청초 목광풍휘 우순풍조 사야방가

1) 일 년 농사. 농사가 잘되고 못된 형편.

을축(乙丑). 소〔牛: 丑〕가 푸른〔靑: 木, 乙〕 풀에 들어오니 눈빛이 넉넉히 빛나고, 농사가 잘 되도록 때맞추어 비가 내리고 바람이 고르게 부니 사방(四方)의 들에는 목소리를 높여 큰 소리로 노래를 부른다.

丙寅 木火合德 萬民相生 歉在旱中 早禾得吉
병인 목화합덕 만민상생 겸재한중 조화득길

병인(丙寅). 나무〔木: 寅〕와 불〔火: 丙〕이 합하여 덕이 되니 모든 사람들이 서로 생해주고, 흉년이 가뭄 안에 있으니 일찍 벼를 심고 거두는 것이 길하다.

丁卯 兎望赤月 吉在王孫 先旱後雨 利在火穀
정묘 토망적월 길재왕손 선한후우 이재화곡

정묘(丁卯). 토끼〔兎: 卯〕가 붉은〔赤: 丁〕 달을 바라니, 길함이 왕손(王孫)에 있으며, 먼저 가물고 뒤에 비가 내리니 이로움이 화곡(火穀)에 있다.

戊辰 時運相違 惶蟲番飛 利在田中 穀價倍前
무진 시운상위 황충번비 이재전중 곡가배전

若占戌年 兵亂可畏
약점술년 병난가외

무진(戊辰). 시대의 운수(運數)가 서로 어그러져 벌레가 바쁘게 차례로 나르며, 이로움이 밭 안에 있으니 곡식 값이 전보다 배(倍)가 되고, 만약 개〔戌〕년을 점치면 병난이 가히 두렵도다.

己巳 黃蛇出林 凶在木花 四月黃梅 小豊之象
기사 황사출림 흉재목화 사월황매 소풍지상

民位受克 民病奈何
민위수극 민병내하

기사(己巳). 누런〔己: 黃〕 뱀〔巳: 蛇〕이 수풀에 나오니 흉함이 목화(木花)에 있으며, 4월의 누런 매화이니 작은 풍년의 형상이며, 백성의 위치가 극(克)함을 받으니 백성들의 병이니 어찌 하리오.

庚午 早禾得利 谷價如糞 霜風害物 一瞬荒野
경오 조화득리 곡가여분 상풍해물 일순황야

若逢子年 六月霜降
약봉자년 유월상강

경오(庚午). 이른 벼는 이로움을 얻으니, 골짜기 값이 똥과 같고, 서릿바람이 물건을 해치니 한번 눈 깜짝할 사이에 황야(荒野)[2]가 되고, 만일 쥐해〔子年〕를 만나면 6월에 서리가 내린다.

辛未 雖有豊運 兵擾國災 古月轉船 旱天小雨
신미 수유풍운 병요국재 고월전선 한천소우

花淚宮中 又恐孝服
화루궁중 우공효복

신미(辛未). 비록 풍년의 운이 있으나 군사가 어지럽고 나라에 재앙이 있으며 옛 달〔또는 오랑캐(胡)〕에 배가 구르니 가문 하늘에 작은

---

2) 거두거나 손질하지 아니하여 거칠게 된 들.

비가 내리며, 꽃(여자)이 궁궐 안에서 눈물을 흘리며 또한 상복(喪服)이 두렵도다.

壬申 以下生上 主得賢臣 七年甘雨 水木得利
임신 이하생상 주득현신 칠년감우 수목득리

猿聲白日 世人皆惑
원성백일 세인개혹

임신(壬申). 아래로써 위를 생하니[3] 임금이 어진 신하를 얻었고, 일곱 해 큰 가뭄에 단비가 내리니 물과 나무에 이롭고, 잔나비 소리가 대낮에 들리니 세상 사람들이 모두 다 의심하도다.

癸酉 運位得決 王上退位 鷄鳴初更 欠在未年
계유 운위득결 왕상퇴위 계명초경 흠재미년

金水相生 年事平平
금수상생 년사평평

계유(癸酉). 자리 움직임이 결정되니 임금의 자리에서 물러나며, 닭이 초경(初更)[4]에 우니 흠이 미년(未年)에 있고, 쇠와 물이 서로 생하니 연사가 평평(平平)[5]하도다.

甲戌 周王世界 風災可念 四季之運 民愁病怪
갑술 주왕세계 풍재가염 사계지운 민수병괴

---

3) 임(壬)은 수(水)이며 신(申)은 금(金)이라 금생수(金生水). 쇠는 물을 생함을 뜻한다.

4) 오경(五更)의 하나. 하룻밤을 다섯 등분한 맨 첫째 부분으로 오후 8시부터 오후 10시까지이다. 갑야(甲夜). 초야(初夜)라고도 한다.

5) ① 높낮이가 없이 바닥이 고름. ② 뛰어남이 없이 평범함.

青狗吠神 古月入東
청 구 폐 신 고 월 입 동

갑술(甲戌). 주(周)임금 세계이니 풍재(風災)[6]를 가히 염려하고, 봄, 여름, 가을, 겨울의 운은 백성들의 근심은 병과 괴이함이며, 푸른 개〔靑拘: 甲戌〕가 신(神)을 짖으니 오랑캐〔胡〕가 동쪽으로 들어온다.

乙亥 王運日非 必有內變 解冠東都 必是智士
을 해 왕 운 일 비 필 유 내 변 해 관 동 도 필 시 지 사

逢年巳申 民哭滿山聲 年事雖豊 利在早禾
봉 년 사 신 민 곡 만 산 성 년 사 수 풍 이 재 조 화

을해(乙亥). 임금의 운이 날마다 그르니 반드시 나라에 사변(事變)이 일어나고, 동도(東都)에서 관(冠)을 풀으니 반드시 이것이 슬기로운 선비이며, 만나는 해가 사(巳)나 오(午)이면 백성의 울음소리가 뫼에 가득하고, 농사가 되어 가는 형편이 비록 풍년이나 일찍 심은 벼에만 이롭다.

丙子 先旱後雨 鼠出赤穴 妖殺入宮 君位逢凶
병 자 선 한 후 우 서 출 적 혈 요 살 입 궁 군 위 봉 흉

雖有欠災 晩禾得吉
수 유 흠 재 만 화 득 길

병자(丙子). 먼저 가물고 뒤에 비가 내리니 쥐〔子〕가 붉은〔丙〕 구멍에서 나오며 요사한 살(殺)이 궁궐에 들어오니 임금의 자리가 흉함을

6) 바람 재앙.

만났고, 비록 부족한 재앙이 있으나 늦은 벼는 길함을 얻는다.

丁丑 赤牛放奔 何處農田 旱災何時 折雨殺林
정축 적우방분 하처농전 한재하시 절우살림

運數得末 半凶半吉
운수득말 반흉반길

정축(丁丑). 붉은〔丁〕 소〔丑〕가 놓아서 달아나니 어느 곳이 농사짓는 밭이고 가뭄의 재앙은 어느 때인가? 장마〔霖〕 때이며, 운수가 끝〔末〕을 얻으니 절반은 흉하고 절반은 길하다.

戊寅 无一之雨 凶年可知 知此秘訣 貯穀南山
무인 무일지우 흉년가지 지차비결 저곡남산

古月入境 兵動墻外
고월입경 병동장외

무인(戊寅). 하나도 없는 비〔雨〕니 흉년을 가히 알리라. 이 비결을 알면 곡식을 남산에 저장하라. 오랑캐가 국경을 넘어 들어오니 담장 밖엔 군사가 움직인다.

己卯 君位逢病 臣得多禍 晩禾小吉 早禾逢害
기묘 군위봉병 신득다화 만화소길 조화봉해

水火不均 年事不足
수화불균 년사부족

기묘(己卯). 임금의 자리는 병을 만나고, 신하는 많은 재앙을 얻었다.

늦은 벼는 조금 길하고 이른 벼는 해(害)를 만나며, 물과 불이 고르지 못하니 농사가 되어 가는 형편이 넉넉하지 못하다.

庚辰 臣民沒冠 國衰可畏 白龍治水 霜先旱綿
경진 신민몰관 국쇠가외 백룡치수 상선한면

金谷得利 麥秋大吉
금곡득리 맥추대길

경진(庚辰). 신하와 백성이 관(冠)을 없애니 나라가 쇠하는 것이 가히 두렵고, 흰 용(龍)이 물을 다스리니 먼저 버리고 가뭄이 끊어지지 않고, 금곡(金谷)이 이로움을 얻으니 보릿가을(음력 4월)[7]이 크게 길하다.

辛巳 白蛇造凶 兵擾一國 月黑雁高 古月入境
신사 백사조흉 병요일국 월흑안고 고월입경

鼠宿狗偸 不足憂也
서숙구투 부족우야

신사(辛巳). 흰 뱀〔白蛇: 辛巳〕이 흉함을 만드니 한 나라의 군사가 어지럽고, 달은 어둡고 기러기 높이 날 때 오랑캐가 국경을 넘어 들어오며, 쥐가 잠자는 것을 개가 훔치려 하나 부족함이 근심이라.

壬午 水火相濟 大谷得害 先雨後旱 年事平平 君怒大呼
임오 수화상제 대곡득해 선우후한 년사평평 군노대호

---

7) 보리가 익어 거두어들이는 철. 음력 4월을 가리킨다.

杜者被害
두 자 피 해

임오(壬午). 물과 불이 서로 건너니 큰 골짜기가 해를 입고, 먼저 비가 내리고 뒤엔 가뭄이니 농사가 되어 가는 형편이 평평하여 기울어지지 않으며 임금이 노하여 크게 부르니 막는 사람은 해를 입는다.

癸未 以下克上 國中大變 田中運傷 百谷虛實
계 미 이 하 극 상 국 중 대 변 전 중 운 상 백 곡 허 실

魚鹽貴價 利在田中
어 염 귀 가 이 재 전 중

계미(癸未). 아래로써 위를 극하니 나라 안에 큰 변이 있고 밭 가운데 운이 상하니 많은 골짜기가 허(虛)하고 실(實)하며 생선과 소금이 귀한 값이니 이로움이 밭 안에 있도다.

甲申 靑猿逐人 一境皆動 風順上下 水中兩分
갑 신 청 원 축 인 일 경 개 동 풍 순 상 하 수 중 양 분

雖曰大豊 一豊一凶
수 왈 대 풍 일 풍 일 흉

갑신(甲申). 푸른 잔나비〔靑猿: 甲申〕가 사람을 좇으니 한 지경이 모두 움직이며, 위아래 바람이 순하니 물 가운데가 둘로 나뉜다. 비록 큰 풍년이라 하지만 한 가지 풍년이고 한 가지는 흉년이라.

乙酉 爲是小凶 米價倍前 春艸色變 王孫含愁
을 유 위 시 소 흉 미 가 배 전 춘 초 색 변 왕 손 함 수

을유(乙酉). 작은 흉년 때문에 쌀값이 전보다 배나 오르고, 봄 풀 색깔이 변하니 임금의 후손이 근심을 머금었다.

丙戌 劉季何人 君隱中山 始皇埋山 李斯奸心
병술 유계하인 군은중산 시황매산 이사간심

日月變雲 禹貢山川
일월변운 우공산천

병술(丙戌). 유계(劉季)[8]가 누구인가? 임금이 중산(中山)에 숨었고, 진

8) 유방(劉邦, BC 247~BC 195)은 중국 한(漢)나라의 제1대 황제(재위 BC 202~BC 195)로 자(字)는 계(季)이고, 묘호(廟號)는 고조(高祖)이며 패〔沛: 강소성(江蘇省) 풍현(豊縣)〕 태생이다. 농가에서 태어났으나 가업을 돌보지 않고 유협(遊俠)의 무리와 교유했다. 장년에 이르러 사수정장(泗水亭長: 하급관리)이 되었으며, 당시 여산(驪山)의 황제릉(皇帝陵) 조영 공사에 부역하는 인부의 호송 책임을 맡았다. 호송 도중에 도망자가 속출하여 그 임무 수행이 어렵게 되자 나머지 인부를 해산시키고 자신도 도망하여 산중에 은거했다. 진(秦)나라 말기에 진승(陳勝)·오광(吳廣)이 반란을 일으키자 각지에서 군웅(群雄)이 봉기했으며, 유방도 향리의 지도자와 청소년층의 추대를 받아 진나라 타도의 기치(旗幟)를 높이 들고 군사를 일으켜 패공(沛公)이라 칭했다(BC 209). 다음 해에 북상(北上)하여 항양(項梁)·항우(項羽)의 군과 만나 연합세력을 구축했다. 그 뒤 항우의 군대가 동쪽에서 진군(秦軍)의 주력부대와 결전을 벌이는 사이, 그는 남쪽으로 관중(關中)을 향해 진격을 계속해 항우보다 앞서 수도 셴양(咸陽)을 함락시키고, 진왕(秦王) 자영(子嬰)으로부터 항복을 받았다. 또 진나라의 가혹한 법률을 폐지하고 법삼장(法三章)을 약속해 인심을 수습했다. 약 1개월 늦게 셴양에 도착한 항우는 그를 살해할 목적으로 홍민(鴻門)에서 대연회를 베풀었으나〔鴻門의 會〕, 장양(張良)과 번쾌(樊噲) 때문에 실패했다. 진나라가 멸망하자 항우는 서초패왕(西楚霸王)이라 칭하고, BC 206년 유방은 항우로부터 한왕(漢王)에 봉해졌다. 그 뒤 4년간에 걸친 항우와의 쟁패전에서, 소하(蕭何)·조참(曹參)·장양(張良)·한신(韓信) 등의 도움으로 해하(垓下)의 결전에서 항우를 대파하고 천하통일의 대업을 실현시켰다. BC 202년 유방은 황제에 오르고 수도를 장안(長安)으로 정했다. 한 왕조 건설에 공이 큰 장수와 부하를 제후왕(諸侯王)과 열후(列侯)로 각지에 봉(封)했으나, 얼마 뒤 이들이 모두 멸망하자 왕실일족(王室一族) 출신으로 대체하여 제후왕은 한실일족(漢室一族) 출신자에

시황(秦始皇[9])을 뫼에 묻으니 이사(李斯[10])의 간사한 맘이며, 해와 달이 변하여 구름이 되니 우공(禹貢)의 자연(自然)이라.

한정된다는 불문율이 성립했다. 유방은 서민 출신이었으나 성격이 대담치밀(大膽緻密)하고 포용력이 있어 부하를 적재적소에 활용하는 데 능숙했으므로 최후의 승리를 거둘 수 있었다.

9) 진시황(秦始皇, BC 259~BC 210)은 중국 진(秦)의 제1대왕(재위 BC 247~210)으로 중국 최초의 통일제국 건설자이다. 이름은 정(政)이고 장양왕(莊襄王)의 아들이다. 일설(一說)에 의하면 친부(親父)는 여불위(呂不韋)라고도 한다. 13세에 즉위, 여불위를 재상으로 임명했으나 10년 만에 물러나게 하고, 이사(李斯)를 승상(丞相)으로 하여 친정(親政)을 폈다. 역대의 국력을 배경으로 6개국을 멸망시킨 다음, BC 221년 천하를 통일했고 또 북으로는 흉노(匈奴)를, 남으로는 광동(廣東) 방면을 정벌하여 국토를 넓혔다. 각지를 돌며 자찬(自讚)의 비석을 세웠으나 BC 210년 순유(巡遊)에서 돌아오다가 병사(病死)했다. 제왕(帝王)만이 가지는 존엄(尊嚴)을 세우기 위해 황제 칭호의 사용, 도량형법과 문자의 통일, 표준화폐의 제정, 분서갱유(焚書坑儒)로 알려진 사상의 통제, 민간 무기 몰수, 도로망(교통로)의 정비, 만리장성의 증축, 아방궁 건립 등 다방면의 업적을 남겼다. 그러나 강압정치에 대한 불만 때문에 사후(死後)에 반란을 초래했다. 섬서성(陝西省)의 여산(驪山) 산록(山麓)에 능(陵)이 있는데, 한 변이 약 350m, 높이 약 50m의 대형(臺型) 2단으로 된 방분(方墳)이다. 주위는 약 3km의 토벽으로 둘러져 있다.

10) 이사〔李斯, BC280(?)~BC 208〕는 중국 진대(秦代)의 승상(丞相)으로 초(楚)의 상채〔上蔡: 지금의 하남(河南)〕 태생이다. 순자(荀子)에게 배운 법가류(法家流)의 정치가로서 여불위(呂不韋)의 사인(舍人)에서 발탁(拔擢)되어 진왕(秦王)의 객경(客卿)이 되었고, 정국거(鄭國渠)라는 운하(運河)를 완성하는 데 노력했고, 시황제가 6국을 통일한 후에는 봉건제(封建制)에 반대하고 군현제도(郡縣制度: 중앙집권제 확립)를 진언(進言)하여 정위(廷尉)에서 승상으로 진급했고, 시황제에게 유학자(儒學者)들의 사상을 통일시키기 위해 전적(典籍)을 태우도록 건의(建議)하여 이를 시행했고 학자 410명을 생매장하도록 건의했다. 주(周)시대로부터 행해진 글씨체 대전(大篆)을 간략화한 소전(小篆)을 창안하여 서도가(書道家)로도 이름을 떨쳤다. 일족(一族)이 왕실과 인척 관계를 맺었고, 통일시대의 진의 정국을 담당한 실력자로, 당시 획기적인 정치는 그에 의해 추진되었다. 시황제가 죽은 후에는 환관(宦官) 조고(趙高)와 공모하여 2세 황제를 옹립하고 시황제의 맏아들 부소(扶蘇)와 장군 몽염(蒙恬)을 자살하게 했으나, 얼마 뒤 조고의 참소(讒訴)로 투옥되어 셴양(咸陽)의 시장터에서 처형되었다.

丁亥 赤猪出野 水谷得位 海變桑田 大谷不利
정해 적저출야 수곡득위 해변상전 대곡불리

醫入宮中 君命逢絶
의입궁중 군명봉절

정해(丁亥). 붉은 돼지〔赤猪: 丁亥〕가 들에 나오니 물 골짜기가 자리를 얻고, 바다가 변해 뽕밭이 되니 큰 골짜기는 이롭지 않고, 의원(醫員)이 궁 안에 들어오니 임금의 목숨이 끊어짐을 만났도다.

戊子 水火相克 蟲勢得位 密雲不雨 必是旱天
무자 수화상극 충세득위 밀운불우 필시한천

早禾小吉 凶年可知
조화소길 흉년가지

무자(戊子). 물과 불이 서로 극하니 벌레 세력이 자리를 얻었고 구름만 자욱이 끼고 비는 오지 않으니 이것은 분명 날씨가 가뭄이며 이른 벼는 조금 길하나 흉년임을 가히 알겠도다.

己丑 以土逢旺 百谷登年 水色變天 小有旱節
기축 이토봉왕 백곡등년 수색변천 소유한절

若逢未年 萬民哭痛
약봉미년 만민곡통

기축(己丑). 흙으로써 왕성함을 만나니 모든 골짜기에 풍년이 들고, 물빛이 변하여 하늘색이 되니 작은 가뭄의 계절이 있고, 만일 미년(未年)을 만나면 모든 백성들이 슬피 울 것이다.

庚寅 太白動東 沈荒則喪 西風吹東 木谷逢害
경인 태백동동 침황즉상 서풍취동 목곡봉해

北方小吉 可謂歉年
북방소길 가위겸년

경인(庚寅). 태백성(太白星)[11]이 움직여 동쪽으로 향하니 거친 데로 가라앉으면 죽음(없어짐)이 있으며, 갈바람〔西風〕이 동쪽으로 부니 목곡(木谷)이 해로움을 만났고, 북쪽 지방은 조금 길하고 흉년이 들었다고 할 만하다.

辛卯 民何變凶 必是貪君 胡人侵干 一國皆愁
신묘 민하변흉 필시탐군 호인침간 일국개수

신묘(辛卯). 백성이 어떠한가? 변화하여 흉함이 되니 반드시 이것은 탐내는 임금이라. 오랑캐들이 나라를 지키는 믿음직한 군대나 인물을 침범하니 한 나라가 모두 다 근심이로다.

壬辰 黑龍治水 大雨濛濛 白鷺飛山 秋月苦雨
임진 흑룡치수 대우몽몽 백로비산 추월고우

一朝之夜 綿花大凶
일조지야 면화대흉

임진(壬辰). 검은 용〔黑龍: 壬辰〕이 물을 다스리니 큰 비가 내려 몽몽(濛濛)[12]하며, 백로(白鷺)가 뫼로 나르니 가을 달에 때 아닌 궂은비가

11) 별의 이름. 금성(金星), 장경성(長庚星)이라고도 한다.

12) 비가 오며 침침한 모양.

내리고, 하루아침(짧은 시간)의 밤에 목화(木花)가 크게 흉년이다.

癸巳 良臣策免 水旱災異 黑蛇造化 萬民疾變
계사 양신책면 수한재이 흑사조화 만민질변

계사(癸巳). 어진 신하가 책문(策問)[13]을 면하고 장마와 가뭄 재앙이 다르고, 검은 뱀〔黑蛇: 癸巳〕이 조화를 부리니, 모든 백성이 질병으로 변하도다.

甲午 靑馬頭北 王孫誕生 四野太平 年登民歌
갑오 청마두북 왕손탄생 사야태평 연등민가

갑오(甲午). 푸른 말〔靑馬: 甲午〕이 머리를 북쪽으로 향하니 임금의 후예(後裔)가 탄생하고, 온 누리가 태평하여 해는 풍년이 들고 백성은 노래한다.

乙未 歲運朶木 日暖風和 木旺土衰 穀實不足
을미 세운타목 일난풍화 목왕토쇠 곡실부족

을미(乙未). 일 년의 운이 나무에서 꽃송이를 세니 날씨가 따뜻하고 바람이 부드럽고, 나무가 왕성하니 흙이 쇠하고 곡식이 열매 맺음이 넉넉하지 못하다.

丙申 龍戰四野 其血玄黃 以此觀之 兵亂可畏
병신 용전사야 기혈현황 이차관지 병난가외

13) 정치에 관한 계책(計策)을 물어 적게 하는 문과(文科) 시문(詩問)의 한 가지.

金穀不利 歲則不足
금 곡 불 리 세 즉 부 족

병신(丙申). 용이 온 누리에서 싸우니 그 피가 검붉고, 이것으로 볼진대 전쟁이 가히 두렵고, 금곡(金穀)이 이롭지 못하니 한 해가 곧 넉넉하지 못하다.

丁酉 西方必亂 先旱後雨 自作之禍 責臣何放
정 유 서 방 필 난 선 한 후 우 자 작 지 화 책 신 하 방

民損勞力 凶在國中
민 손 노 력 흉 재 국 중

정유(丁酉). 서쪽 지방엔 반드시 어지러움이 있고 먼저 가물고 뒤엔 장마가 있고, 자기 스스로가 만든 재앙인데 책임 있는 신하를 어찌하여 놓아 주는고. 백성은 정신적, 육체적 힘을 들여 일했으나 손해가 있으니 나라 안에 흉함이 있다.

戊戌 土旺之年 百谷登豊 人間村中 怪病小欠
무 술 토 왕 지 년 백 곡 등 풍 인 간 촌 중 괴 병 소 흠

三月之時 必有旱期
삼 월 지 시 필 유 한 기

무술(戊戌). 흙이 왕성한 해로 모든 골짜기에 풍년이 들고, 사람이 사는 세상 시골 안에 괴이한 병은 작은 허물이며, 3월에는 반드시 가뭄의 시기가 있다.

己亥 土雨連天 晩禾不吉 君遊天門 聲謝中國
기 해 토 우 연 천 만 화 불 길 군 유 천 문 성 사 중 국

기해(己亥). 흙비가 하늘에 이어져 있어 늦은 벼가 이롭지 않고, 임금이 대궐 문에서 노니시니 사례(謝禮)하는 소리가 중국에 들린다.

庚子 宮樹花明 王孫誕生 擊披農田 雨順風和
경 자 궁 수 화 명 왕 손 탄 생 격 피 농 전 우 순 풍 화

경자(庚子). 궁궐 나무에 꽃이 빛나니 임금의 후손이 태어나시고, 농사짓는 밭에서 북을 치니 농사가 잘 되도록 때를 맞추어 비가 내리고 바람이 부드럽도다.

辛丑 深愁誰知 君位絶命 國內之事 宦者爲智
신 축 심 수 수 지 군 위 절 명 국 내 지 사 환 자 위 지

신축(辛丑). 깊은 근심을 누가 알까? 임금의 자리가 목숨이 끊어지고, 나랏일을 하는 벼슬하는 사람은 슬기롭게 다스려야 한다.

壬寅 吉星照國 君位逢喜 木類得吉 可謂登年
임 인 길 성 조 국 군 위 봉 희 목 류 득 길 가 위 등 년

日消棋局 民歌太平
일 소 기 국 민 가 태 평

임인(壬寅). 길한 별이 나라에 비치니 임금의 자리가 기쁨을 만났고, 나무를 나누어 길함을 얻으니 가히 풍년이 들었다고 말들을 하고, 날마다 바둑을 두며 세월을 보내니 백성들이 노래 부르는 태평한

때로다.

癸卯 雨順風調 晩禾得利 太乙喜移 四野無事
계 묘 우 순 풍 조 만 화 득 리 태 을 희 이 사 야 무 사

계묘(癸卯). 농사가 잘 되도록 때를 맞추어 비가 내리고 바람이 고르게 부니 늦은 벼가 이로움을 얻고, 태을성(太乙星)[14]이 기쁘게 옮기니 온 누리가 아무 탈 없도다.

甲辰 風動數月 早禾得利 青林老龍 水旱不均
갑 진 풍 동 수 월 조 화 득 리 청 림 노 룡 수 한 불 균

갑진(甲辰). 바람이 불어 흔들리기를 몇 달 하니 이른 벼가 이로움을 얻고 푸른 숲〔甲〕 늙은 용〔辰〕이니 장마와 가뭄이 고르지 않다.

乙巳 民謠萬年 堯舜日月 鶴登三月 四方積谷
을 사 민 요 만 년 요 순 일 월 학 등 삼 월 사 방 적 곡

을사(乙巳). 민요가 만년이니 요(堯)임금 순(舜)임금 세월이며, 두루미가 3월에 오르니 온 누리가 골짜기를 쌓아 놓았다.

丙午 夏桀之餘 魚龍欲死 一國之命 在於爐中
병 오 하 걸 지 여 어 룡 욕 사 일 국 지 명 재 어 노 중

耘者何人 田中盡白
운 자 하 인 전 중 진 백

---

14) 하느님. 천제(天帝).

병오(丙午). 하걸(夏桀)[15]의 남음이 있어 물고기와 용이 죽고자 하며, 한 나라의 목숨이 화로 속에 있고, 김매는 사람이 어떤 사람인가? 전(田) 안에 백(白)을 다하다.

丁未 天倉助東 穀無災殃 小有天旱 年登可占
정 미 천 창 조 동 곡 무 재 앙 소 유 천 한 연 등 가 점

정미(丁未). 하늘의 창고가 동쪽 지방을 도우니 곡식이 없는 재앙이며, 작은 하늘의 가뭄이니 농사는 풍년이 드는 것을 가히 점치다.

戊申 歲合金宮 麥秋成位 句陳雙動 一國太平
무 신 세 합 금 궁 맥 추 성 위 구 진 쌍 동 일 국 태 평

秋冬大寒 雨下相先
추 동 대 한 우 하 상 선

무신(戊申). 해가 금궁(金宮)에 합해 보릿가을 자리를 이루고, 구진(句陳)[16]이 쌍으로 움직이니 한 나라가 태평하고, 가을과 겨울이 매우 춥고 그에 앞서 서리가 내린다.

己酉 七八雲霧 本非傷人 旱日後期 谷成晚節
기 유 칠 팔 운 무 본 비 상 인 한 일 후 기 곡 성 만 절

---

15) 하(夏)나라 말기의 폭군(暴君)으로 이름은 계(癸)이다. 은(殷)나라 탕왕(湯王)에게 망했고, 은의 주왕(紂王)과 함께 폭군의 뜻으로 쓰인다.

16) 육임(六壬) 12장(十二將) 중의 하나. 『육임대전(六壬大全)』·십이장석(十二將釋) 12장 가운데 네 번째. 무진(戊辰) 토왕(土旺) 사계(四季)로 흉장(凶將)이며 주로 관송(官訟)·공사(公事)·인신(印信)·호부(虎符)·유달(留達)·피혁(皮革)을 뜻한다.

기유(己酉). 7, 8월의 구름과 안개가 본의 아니게 사람을 상하게 하고, 후반기에는 가물 날이 많고 골짜기는 늦은 계절을 이루었다.

庚戌 奸臣弄權 君無親下 地應天朝 早禾得利
경술 간신농권 군무친하 지응천조 조화득리

一國朝中 必有患天
일국조중 필유환천

경술(庚戌). 간사한 신하가 권력을 희롱하니 임금은 없고 몸소 아래에 임했고, 땅이 천자(天子)의 조정(朝廷)에 응하니 이른 벼가 이로움을 얻었고, 한 나라의 조정에 반드시 하늘이 근심 또는 병이 들었도다.

辛亥 大旱幾時 川中無水 物位受克 古木奈何
신해 대한기시 천중무수 물위수극 고목내하

山客曰豊 野人曰荒 雙火幷動 赤地千里
산객왈풍 야인왈황 쌍화병동 적지천리

신해(辛亥). 큰 가뭄이 어느 때인가? 내〔川〕 안에 물이 없고 사물의 자리가 극을 받으니 옛 나무가 어찌하랴. 산객(山客)[17]이 말하기를 '풍년이오', 야인(野人)이 말하기를 '흉년들었다.' 두 개의 불이 아울러 움직이니 흉년으로 농작물을 거둘 것이 없이 된 땅이 천 리로다.

壬子 野海洪濃 以水被旱 以此逢災 五谷多欠
임자 야해홍농 이수피한 이차봉재 오곡다흠

---

17) 산에 살면서 세상에 나타나지 않는 사람.

梅花弄君 淫樂幾日
매 화 농 군 음 악 기 일

임자(壬子). 들 바다에 큰물이 무르녹듯이 물로써 가뭄을 입고, 이로써 재앙을 만나니 다섯 골짜기(동·서·남·북·중앙)가 흠이 많고, 매화가 임금을 희롱하니 음탕(淫蕩)한 음악이 며칠인가?

癸丑 運亦衰矣 君有疾病 以下克上 早禾不吉
계 축 운 역 쇠 의 군 유 질 병 이 하 극 상 조 화 불 길

孼子已作 鄧禹何罪
얼 자 이 작 등 우 하 죄

계축(癸丑). 운 또한 쇠하니 임금이 질병이 있고 아래로써 위를 극하니 이른 벼가 길하지 않고, 첩자식이 스스로 이미 만들었으니 등우(鄧禹)[18]가 무슨 죄인가?

甲寅 四野青青 豊年可占 木星兼水 必有風災
갑 인 사 야 청 청 풍 년 가 점 목 성 겸 수 필 유 풍 재

木類亦吉 大谷得利
목 류 역 길 대 곡 득 리

갑인(甲寅). 온 누리가 푸르고 푸르니 풍년을 가히 점치고, 목성(木星)

---

18) 후한(後漢) 신야(新野) 사람으로 자(字)는 중화(仲華)이고 시호는 원(元)이며, 고밀후(高密侯)에 봉해졌다. 어려서 장안에 유학(游學)하여 광무(光武)와 친교를 맺었는데 광무가 즉위하자 대사도(大司徒)에 올랐다. 24세에는 나아가 적미(赤眉)를 쳐서 우장군(右將軍)의 임무를 맡았다. 온 누리가 평정(平定)된 후 공을 인정받아 일등공신이 되었고 명제(明帝) 때 태부(太傅)에 올랐으며 영평(永平) 초에 죽었다.

이 물을 겸하니 반드시 바람의 재앙이 있고, 나무를 나누니 또한 길하여 큰 골짜기는 이로움을 얻는다.

乙卯 處處村間 民苦疾病 穀之百穀 欠則大欠
을묘 처처촌간 민고질병 곡지백곡 흠즉대흠

胡人入境 春風甚動
호인입경 춘풍심동

을묘(乙卯). 시골 마을 곳곳마다 백성들은 질병으로 괴로워하며 모든 곡식은 크게 부족한데, 오랑캐 무리들이 국경을 넘어 들어오니 봄바람이 심하게 분다.

丙辰 蕭墻之變 一國皆擾 鄧禹奸邪 霍光無功 地運衰矣
병진 소장지변 일국개요 등우간사 곽광무공 지운쇠의

歲起歉年
세기겸년

병진(丙辰). 나라 안에서 일어나는 대규모의 난리[19] 때문에 한 나라가 모두 다 어지럽고, 등우(鄧禹)가 간사하여 곽광(霍光)[20]이 공(功)이 없고, 땅의 운이 쇠하니 이 해에 흉년이 일도다.

19) 외부의 침략에 의한 것이 아니고 형제지간의 싸움 같은 내부에서 일어난 변란을 말한다. 소장지우(蕭墻之憂), 소장지란(蕭墻之亂)이라고도 한다.

20) 한(漢)나라 평양(平陽) 사람으로 거병(去病)의 이모제(異母弟)이다. 자(字)는 자맹(子孟)이고 시호는 선성(宣城)이며 무제(武帝) 때는 봉거도위(奉車都尉)에, 원나라 초에는 대사마(大司馬) 대장군(大將軍)의 관직에 올랐다. 유조(遺詔)를 좇아 김일(金日) 등과 유주(幼主)를 보익(輔翼)했고 박육후(博陸侯)에 봉해졌다.

丁巳 田中逃水 耘者何人 夏日甚熟 木花大吉
정사 전중도수 운자하인 하일심숙 목화대길

望天謀非 利在田中
망천모비 이재전중

정사(丁巳). 밭 안에 물이 도망가니 밭 가는 사람이 어떤 사람인고? 여름날이 심하게 더우니 목화가 크게 길하고, 하늘을 바라며 꾀함이 그릇되니 이로움이 밭 안에 있도다.

戊午 先旱後雨 田中皆坼 雷火生生 南北皆凶
무오 선한후우 전중개탁 뇌화생생 남북개흉

君位受生 欠在前年
군위수생 흠재전년

무오(戊午). 먼저 가물고 뒤엔 장마가 있으니 밭 가운데가 모두 다 터지고, 번갯불이 생기(生氣)가 왕성하니 남(南)과 북(北)이 모두 다 흉하고, 임금의 자리가 생함을 받으니 부족함은 앞 해〔前年〕에 있다.

己未 句陳喜動 豊年可知 宮門深念 君無喜光
기미 구진희동 풍년가지 궁문심념 군무희광

野田之事 但水不足
야전지사 단수부족

기미(己未). 구진(句陳)[21]이 기쁘게 움직이니 풍년을 가히 알겠고 궁궐 문에서 깊이 생각하니 임금은 기쁨의 빛이 없고 들과 밭의 일은

21) 천문학 용어. 별 이름.

다만 물이 넉넉하지 못하다.

庚申 太白兼殺 狂疾掃人 西方之事 凶年可占
경신 태백겸살 광질소인 서방지사 흉년가점

경신(庚申). 태백성이 겸하여 죽이니 미친병이 사람들을 쓸어가고, 서쪽 지방의 일은 흉년임을 점칠 수 있다.

辛酉 霜降殺物 早禾得吉 胡人入境 金風傷谷
신유 상강살물 조화득길 호인입경 금풍상곡

신유(辛酉). 서리가 내려 식물을 죽이니 이른 벼가 길함을 얻고, 오랑캐들이 국경을 넘어 들어오니 가을바람〔金風: 辛酉〕이 골짜기를 상하게 한다.

壬戌 朝野臣民 變寇何收 宮中相搏 月落西天
임술 조야신민 변구하수 궁중상박 월낙서천

半凶半吉 早禾不吉
반흉반길 조화불길

임술(壬戌). 조정과 민간에 신하와 백성이 떼도둑으로 변하니 어찌 받아들이는가? 궁궐 안에서 서로 치니 달이 서쪽 하늘에 떨어지고, 절반은 흉하고 절반은 길하니 이른 벼는 길하지 않다.

癸亥 今年之事 雨順風調 畢星相會 連月雨下
계해 금년지사 우순풍조 필성상회 연월우하

계해(癸亥). 올해는 바람 불고 비 오는 것이 때와 양이 알맞고, 필성(畢星)[22]이 서로 만나니 달을 이어 비가 내린다.

22) 별 이름. 28수(二十八宿)의 하나. 서방(西方) 백호(白虎)의 7수(七宿)의 다섯 번째 별. 필수(畢宿).

동고비결(東皐秘訣)

1. 동고 이준경

동고(東皐) 이준경(李浚慶)은 조선 명종 때의 청백리(淸白吏)로 자(字)는 원길(原吉)이고 호(號)는 동고(東皐)·홍련(紅蓮)·양와(養窩)·남당(南堂)이며, 시호는 충정(忠正)이고 본관은 광주(廣州)이다. 연산군(燕山君) 5년(己未, 1499) 12월 27일 계미(癸未)일 계축(癸丑)에 태어났으며 수찬(修撰) 수정(守貞)의 아들이다.

1504년(연산군 10) 갑자사화(甲子士禍) 때 부조(父祖)와 함께 화를 만났으며, 어려서부터 열심히 공부하여 1522년(壬午年, 중종 17)에 생원시(生員試)에 합격, 식년시(式年試) 을과 4등으로 문과에 급제했다. 김안로(金安老)·허항(許沆)·채무택(蔡無擇) 등 정유삼흉(丁酉三兇)에게 화를 입었으나 그들이 처형된(1537) 뒤 다시 기용했다. 명종 때 이기(李芑)·임백령(林百齡) 등의 미움을 받고 외직(外職)인 황해도 관찰사가 되었다가 1548년(명종 3) 병조판서에 올랐으나, 1550년(명종 5) 결국 보은(報恩)으로 귀양을 갔으며, 이기가 대신을 그만둔 뒤에야 풀려났다.

1553년(명종 8) 해구(海寇)가 호남 지방에 침입하자 도순찰사(都巡察使)가 되어 이를 격퇴하고 우찬성(右贊成)에 뽑히고, 1558년(명종 13) 우의정이 되고 1565년(명종 20) 영의정이 되었다. 1567년(명종 22) 명종이 승하할 때 밤에 대감을 침상(寢牀)에 불러 눈물을 흘리니 대감도 울면서 왕통(王統)을 이를 후계자를 정하기를 청해서 드디어 중전(中殿: 왕비)에게 의논하여 선조(宣祖: 河城君 鈞)를 맞아 왕으로 세웠다.

1568년(선조 1) 관직에서 물러나고 궤장(机杖)을 받은 뒤 선조에게, 정암(靜菴) 조광조(趙光祖)와 한훤당(寒暄堂) 김굉필(金宏弼)의 참화(慘禍)에 대한 설원(雪冤)과 관작(官爵) 회복을 청해 윤허(允許)되고 포은(圃隱) 정몽주(鄭夢周)의 후손을 기용하고, 이기·정언각(鄭彦慤)의 관작을 추탈(追奪)하고, 재해(災害) 때 세공(稅貢)을 덜고, 옥송(獄訟)을 공정히 다스리고, 정공도감(正供都監)을 두어 대납(代納)의 농간을 없애는 것 등을 부탁해 모두 실시되었다. 어려서 황효헌(黃孝獻)에게 배우고, 자라나서는 종형(從兄) 이연경(李延慶)에게 성리학을 배웠다. 1572년(선조 5) 7월 7일에 졸(卒)하니 74세였다. 묘(墓)는 경기도 여흥도호부(驪興都護府) 양근군(楊根郡) 용진면(龍津面) 명참(鳴岾) 손좌(巽坐)이다. 유고(遺稿) 7권이 전한다. 청안(淸安) 구계서원(龜溪書院)[1]과 종묘(宗廟) 선조실(宣祖室)에 배향(配享)되고 명종조에 청백리(淸白吏)에 기록되었다.

2. 동고비기(東皐秘記)

黑龍之運 五百有一 治世竝聖 生於天冠
흑 룡 지 운 오 백 유 일 치 세 병 성 생 어 천 관

三角山頭 金佛能語 虎渡漢江 三嘯而去
삼 각 산 두 금 불 능 어 호 도 한 강 삼 소 이 거

임진(壬辰)년의 운은 오백 년에 한 번이다. 잘 다스려 태평한 세상에

1) 광해 계축(癸丑)에 세워졌다.

아울러 성인에 주옥(珠玉) 따위로 장식해 만든 좋은 관이 나오도다. 삼각산 머리에 금부처가 능히 말을 한다. 범이 한강(漢江)을 건너니 세 번 울고 가리라.

國家大亂 女君執權 三千里地 閔姓如玉
국가대란 여군집권 삼천리지 민성여옥

癸巳之年 西洋大盛 胡地千里 淸將振威
계사지년 서양대성 호지천리 청장진위

나라에 큰 난리가 있으니 여자 임금이 권력을 잡는다. 삼천리 땅에 민씨(閔氏)가 구슬(임금)과 같도다. 계사(癸巳)의 해엔 서양이 크게 성하리라. 중국 천 리에 청나라 장군이 위엄을 떨친다.

仁富兩界 倭兵大出 三南巨方 白衣何心
인부양계 왜병대출 삼남거방 백의하심

雄鷄盡忠 雌烏求孝 太半小人 朝廷之中
웅계진충 자오구효 태반소인 조정지중

인천(仁川)·부평(富平) 두 경계에 일본 군대가 크게 나오리라. 충청도·전라도·경상도에 벼슬 없는 선비는 어떠한 맘인가?

수탉이 충성을 다하고 암까마귀가 효도를 구한다. 조정에는 반수(半數) 이상이 소인(小人)들이네.

靑馬之年 西洋付倭 吁嗟世人 是何天也
청마지년 서양부왜 우차세인 시하천야

三南以下 千里大荒 水精不多 金精誰知
삼남이하 천리대황 수정불다 금정수지

갑오(甲午)의 해에 서양이 일본에 붙도다. 아, 슬프다. 세상 사람들이여! 이 어찌 하늘인가? 충청도·전라도·경상도 이하는 천 리가 크게 황무지인데 물의 정(精)은 많지 않고 쇠의 정은 누가 알리오?

山谷水谷 白衣大亂 其地有何 谷人文隹
산곡수곡 백의대란 기지유하 곡인문추

青羊之年 三月火中 八道各邑 白衣之亂
청양지년 삼월화중 팔도각읍 백의지란

산골짜기 물 골짜기에 벼슬 없는 사람이 큰 난리로다. 그 땅이 어디에 있나? 속리산(俗離山)이다. 을미(乙未)의 해에 3월이 불 속이다. 팔도(八道)의 각 고을에 벼슬 없는 사람의 난리로다.

活我者誰 都在兩白 殺我者誰 復在兩白
활아자수 도재양백 살아자수 부재양백

血上右鷄 精軍失右 三四之月 大船浮南
혈상우계 정군실우 삼사지월 대선부남

나를 살리는 것이 누구인가? 모두 양백(兩白)에 있다. 나를 죽이는 것이 무엇인가? 다시 양백에 있다. 새〔鳥〕 발에 피〔血〕니 쌀〔米〕이다. 3, 4월에 큰 배가 남쪽에 뜨도다.

赤猴之年 奠乃大呼 如天如地 一呼百諾
적후지년 전내대호 여천여지 일호백락

白衣之弊 是何久也 鷄狗兩性 如羊如猴
백의지폐 시하구야 계구양성 여양여후

병신(丙申)의 해에 정씨(鄭氏)가 크게 부르도다. 하늘 같고 땅 같으니 한 번 부르면 백 사람이 대답(네)하도다. 벼슬 없는 사람의 폐가 이어찌 오래 되는가. 닭〔酉〕과 개〔戌〕의 두 성품이 양〔未〕과 같고 잔나비〔申〕 같도다.

水鼠莫近 天地涵滉 牛虎相鬪 三分其地
수서막근 천지함황 우호상투 삼분기지

兎龍俱化 時事太平 登極之年 乙巳十月
토룡구화 시사태평 등극지년 을사시월

쥐가 모이는 곳은 가까이 말며, 하늘과 땅이 물 깊고 넓어 잠기도다. 소와 범이 서로 싸우니, 그 땅이 셋으로 나뉘도다. 토끼가 갖추어 용이 되니 그 세상이 크게 평안하다. 임금의 자리에 오르는 해가 을사(乙巳)년 10월이다.

퇴계선생비결(退溪先生秘訣)

1. 퇴계 이황

우리 겨레가 낳은 가장 위대한 사상가이며, 학자이자 교육자로서 고매한 인격과 높은 학문을 지녔던 이황(李滉) 선생님의 호(號)가 바로 퇴계(退溪)이다.

연산군(燕山君) 7년(辛酉年, 단기 3834, 서기 1501) 음력 11월 25일 경상도 예안현(禮安縣) 온계리(溫溪里) 곧 현재 경북 안동군(安東郡) 도산면(陶山面) 토계동(土溪洞)에서 이식(李埴)의 막내아들로 태어났다. 초명(初名)은 서홍(瑞鴻)이고 자(字)는 처음엔 계호(季浩), 나중에는 경호(景浩), 호(號)는 퇴도(退陶)·계수(溪叟)·도옹(陶翁)·퇴수(退叟)·퇴계(退溪)·청량산인(淸凉山人)이며, 시호는 문순(文純)이고 본관은 진보(眞寶)이다. 7개월 만에 아버지를 잃고 어머니와 숙부인 송재(松齋) 우(堣)에게 양육되었다.

농암(聾巖) 이현보(李賢輔)에게 수학했고, 1528년(중종 23) 진사에 합격하고, 1532년(중종 27) 성균관(成均館)에 입학, 1534년(중종 29) 갑오(甲午) 식년시 을과 4등으로 급제, 부정자(副正字)·박사(博士)·전적(典籍)·호조 좌랑(戶曹佐郞) 등을 걸쳐 1539년(중종 34) 수찬(修撰)으로 지제교(知製敎)·검토관(檢討官)을 겸직했다.

이어 사헌부(司憲府) 정언(正言)을 거쳐 형조좌랑(刑曹佐郞)으로 승문원

교리(承文院校理)를 겸직했고, 1542년(중종 37) 검상(檢詳)으로 충청도에 암행어사로 나갔고, 사인(舍人)으로 문학(文學)·교감(校勘) 등을 겸직, 사헌부(司憲府) 장령(掌令)을 거쳐 이듬해 사예(司藝)·필선(弼善), 이어 대사성(大司成)이 되었다. 1545년(명종 즉위) 을사사화(乙巳士禍) 때, 이기에 의해 삭직(削職)당했으나 이어 사복시정(司僕侍正)이 되고, 1457년 응교(應敎)를 거쳐 이듬해 단양(丹陽)과 풍기(豊基)의 군수, 1552년 대사성에 재임, 1554년 형조·병조의 참의(參議)에 이어 첨지중추부사(僉知中樞府事), 1556년 부제학(副提學), 2년 후 공조참판(工曹參判), 1566년(명종 21) 공조판서, 이어 예조판서, 1568년(선조 1) 우찬성(右贊成)을 거쳐 양관 대제학(大提學)을 지내고 다음해 고향에 은퇴하여 양진암(養眞庵), 한서암(寒棲菴)을 짓고 1555년에는 사액서원(賜額書院)인 도산서원(陶山書院)을 지어 학문과 사색의 생활을 계속했다.

주자학(朱子學)을 집대성한 대유학자로 이이(李珥)와 함께 유학계의 쌍벽을 이루었으며, 성(誠)을 기본으로 일생 동안 경(敬)을 실천하고 면밀 침착히 조목을 따져 깊이 연구 통찰함을 학문의 기본자세로 했으며, 주자(朱子)의 이기이원론(理氣二元論)을 발전시키고, 이기호발설(理氣互發說)을 사상의 핵심으로 하여 이(理)가 발하여 기(氣)가 이에 따르는 것이 4단(四端)이며, 기가 발하여 이가 이것을 타는(乘) 것이 7정(七情)이라고 주장했다. 사단칠정(四端七情)을 주제로 한 기대승(奇大升)과의 8년에 걸친 논쟁은 사단칠정분이기여부론(四端七情分理氣與否論)의 발단이 되었고, 그의 학풍은 뒤에 그의 이원론을 반박하고 나선 이이의 기호학파(畿湖學派) 대해서 영남학파(嶺南學派)를 이루어 동서 당쟁은 이 학파의 대립과도 관련이 되었다.

풍기군수로 있을 때 교육 사업에 관심을 두어 주세붕(周世鵬)이 세운 최초의 서원인 백운동서원(白雲洞書院)에 소수서원(紹修書院)이라는 사액(賜額)을 내리게 하여 최초의 사액서원(賜額書院)으로 하였고, 도산서원을 창설해 후진 양성과 학문의 연구에 전심, 붕당(朋黨)의 폐해를 상소하는 등 업적을 남겼으나 현실생활과 학문의 세계를 구분해 끝까지 학자적 태도에만 철저했다. 시문(詩文) 「도산십이곡(陶山十二曲)」은 물론 글씨 '퇴계필적(退溪筆迹)'에도 뛰어났다. 겸허한 성격의 대학자로서 중종·명종·선조의 지극한 존경을 받았으며, 특히 명종은 여러 차례 소명(召命)을 내려도 사양하는 그를 그리워해 거소(居所)인 도산(陶山)의 경치를 화공에게 모사(摸寫)시켜 병풍을 만들어 두르고 바라보기도 했다.

주자의 이기이원론(理氣二元論)적 사상을 계승 발전시켰고, 철저한 철학적 사색을 학문의 출발점으로 하여 연역적(演繹的) 방법을 채택, 겸손하고 신중한 태도로 학문에 임하여 어디까지나 독단과 경솔을 배격했고, 우주만물은 이(理)와 기(氣)의 이원적 요소로 구성되어 그중에 하나라도 결핍되면 우주의 만상을 표현할 수 없다고 주장, 이는 순선무악(純善無惡)한 것이고 기는 가선가악(可善可惡)한 것이며, 이는 절대적 가치를 가졌고 기는 상대적 가치를 가진 것이라 했다.

이것이 뒤에 기대승과의 논쟁이 벌어진 유명한 '사단칠정론(四端七情論)'으로 일본에도 큰 영향을 끼쳐 메이지시대(明治時代)의 교육이념의 기본 정신을 형성했다. 진리는 평범한 일상생활 속에 있다는 것이 그의 신념으로 지(知)와 행(行)의 일치를 주장, 그 기본이 되는 것이 성(誠)이요, 그에 대한 노력으로서의 경(敬)이 있을 뿐이라 했다.

「계몽전의(啓蒙傳疑)」, 「주자서절요(朱子書節要)」, 「송계원명이학통록(宋季元明理學通錄)」, 「인심경석의(人心經釋疑)」 및 기대승과 문답한 「사단칠정분리기서(四端七情分理氣書)」와 같은 것은 그 중 대표적 명저이다. 명종 말에 예조판서가 되고 1568년(선조 1) 대제학(大提學)·판중추겸지경연(判中樞兼知經筵) 등이 되어 유명한 「무진육조소(戊辰六條疏)」, 일명 「무진봉사(戊辰封事)」와 「성학십도(聖學十圖)」를 지으니 이는 나라의 은혜에 보답하고 학문을 계발하기 위한 만년의 대표작이다.

선조 3년(庚午年, 단기 3903, 서기 1570) 음력 12월 8일에 그가 죽자 선조는 시호를 내리고 영의정을 추증했으며, 광해군 2년(1610) 문묘(文廟)에 모셨다. 단양(丹陽) 단암서원(丹巖書院), 괴산(槐山) 화암서원(華巖書院), 예안 도산서원을 비롯하여 전국의 수십 개 서원에 제향(祭享)되었다.

저서로는 『수정천명도설(修正天命圖說)』, 『자성록(自省錄)』, 『주서기의(朱書記疑)』, 『심경석의(心經釋義)』, 『주자서절요(朱子書節要)』, 『경서석의(經書釋義)』, 『상례문답(喪禮問答)』, 『사종칠속편(四宗七續編)』 등으로 『퇴계전서(退溪全書)』에 수록되어 있다.

학문·인생관의 최후의 결정은 이 경(敬)에서 찾아볼 수 있는 것으로 이 경을 70세 생애를 통하여 실천했고, 문학·고증학(考證學)에도 조예가 깊었으며 그의 사상과 학풍은 경당(敬堂) 장흥효(張興孝), 갈암(葛菴) 이현일(李玄逸), 밀암(密菴) 이재(李栽), 대산(大山) 이상정(李象靖), 연제(捐齊) 남한조(南漢朝), 정재(定齋) 류치명(柳致明) 그리고 한주(寒洲) 이진상(李震相) 등과 면우(俛宇) 곽종석(郭鍾錫) 등에 이르기까지 끊임없이 이어져 내려오고 있다.

2. 퇴계선생비결

朝鮮五百年 文治之後 自壬辰初 倭洋大出 淸兵守國
조선오백년 문치지후 자임진초 왜양대출 청병수국

是亦大數也 癸巳年運大凶 白衣出則 三南大亂 白衣者
시역대수야 계사년운대흉 백의출즉 삼남대란 백의자

一人抱申也
일인포신야

조선 5백 년을 학문이나 법령으로써 세상을 다스린 뒤에 임진(壬辰)년 초부터 왜(倭: 일본)가 바다에 크게 출현하고, 청나라 병사가 나라를 지켜준다. 이것이 또한 아주 좋은 운수이다.

계사년(癸巳年)의 운이 크게 흉하며, 벼슬이 없는 선비가 나타나면 충청도·전라도·경상도가 크게 어지럽고 벼슬이 없는 사람인 한 사람이 약속을 밝힐 것이다.

木星見東 東學出也 金星見西 西學出也
목 성 견 동 동 학 출 야 금 성 견 서 서 학 출 야

此則 金鳩木兎之理也 其人誰何 山下有隹也 其地誰何
차 즉 금 구 목 토 지 리 야 기 인 수 하 산 하 유 추 야 기 지 수 하

谷人离隹也 三角山則 覆鼎山也 以凶年爲亡云云
곡 인 리 추 야 삼 각 산 즉 복 정 산 야 이 흉 년 위 망 운 운

목성(木星)이 동쪽에 보이니 동학(東學)이 나오고 금성(金星)이 서쪽에 보이니 서학(西學)이 나왔다. 이것은 서쪽의 비둘기와 동쪽의 토끼의 이치니라. 그 사람이 그 누구인가? 최(崔)씨이다. 그 땅은 어디인가? 속리산이다. 삼각산은 솥을 엎어 놓은 산이다. 이로써 흉년으로 망하게 된다. 이러이러하다.

甲午之言難可形言而 白衣之弊 是何大也
갑 오 지 언 난 가 형 언 이 백 의 지 폐 시 하 대 야

君不君臣不臣 上下之分 不知之勢於斯可見而
군 불 군 신 불 신 상 하 지 분 부 지 지 세 어 사 가 견 이

秋九月望間 倭兵大陷於八道
추 구 월 망 간 왜 병 대 함 어 팔 도

갑오(甲午)년은 말로써 가히 형용하여 말하기 어렵고 벼슬 없는 사람이 귀찮고 괴롭고 번거로우니 이것이 어찌 크리오? 임금은 임금이

아니며, 신하는 신하가 아니며 위아래의 분별을 알지 못하는 형세를 가히 볼 것이니 가을인 9월 음력 보름께 일본 병사가 조선 팔도에서 크게 빠질 것이다.

三南千里 禾黍大凶 嗚呼世人何食而生 何衣而生
삼남천리 화서대흉 오호세인하식이생 하의이생

甲午之穀可活 乙丙之人則 積穀鮮矣
갑오지곡가활 을병지인즉 적곡선의

충청도·전라도·경상도 천 리에 벼와 기장이 크게 흉작이니 아아! 슬프다. 세상 사람들이 무엇을 먹고 살 것이며 무슨 옷을 입고 살 것인가? 갑오년의 곡식으로 가히 살아갈 것이며, 을년(乙年)·병년(丙年)의 사람이면 곡식을 쌓아 두는 일이 드물더라.

臘月初入 全羅淸兵出而 淸將滿國則 倭人亦出 相戰
납월초입 전라청병출이 청장만국즉 왜인역출 상전

京城無人凶凶 乙未之年 三月火中而 淸定北 大駕出安東
경성무인흉흉 을미지년 삼월화중이 청정북 대가출안동

假鄭入錦江 三分朝鮮 自此知之而 八道无禾
가정입금강 삼분조선 자차지지이 팔도무화

人民太半餓死則 積穀之人鮮矣 莫嘆世亂 預務農業云云
인민태반아사즉 적곡지인선의 막탄세란 예무농업운운

음력 12월 초에 들어서면 전라도에 중국 병사가 나가고 중국 장군이 나라에 가득하면 일본 사람이 또한 나올 것이니 서로 싸워 서울엔 사람이 없어 흉흉하리라. 을미년에 음력 3월 불〔火〕 가운데에 중국이 북쪽을 정할 것이며, 임금의 수레가 안동(安東)으로 나가고 가짜 정씨가 금강(錦江)에 들어오면 나라가 셋으로 나뉘며, 이것을 알고부터 팔도에 벼가 없고 국민들의 반수 이상이 굶주려 죽고, 곡식을 쌓아 둔 사람은 드물도다. 세상의 난리를 한탄하지 말고 미리 농사짓는 일에 힘쓸지어다. 이러이러하다.

丙申之年 大船浮南 此則 奠乃也 兩湖之間
병신지년 대선부남 차즉 전내야 양호지간

炊煙永絶 而倭兵復入 奠乃大戰于全羅 殺人如麻
취연영절 이왜병복입 전내대전우전라 살인여마

積尸如山 嗚呼 白衣大亡於 青報之間云云
적시여산 오호 백의대망어 청보지간운운

병신(丙申)년에는 큰 배가 남쪽에 뜨면 이것이 정씨이다. 전라도엔 불연기가 오래도록 끊어지며 일본 병사가 다시 들어오고 정씨가 전라도에서 크게 싸워 사람 죽이기를 칼로 삼대를 자르듯 하니 주검 쌓인 것이 산과 같도다. 아아! 슬프다. 벼슬이 없는 선비가 크게 망하는 것은 청양(青陽)과 보은(報恩) 사이일 것이다. 이러이러하다.

莫道十勝之地 但畏無鬚者 無鬚者 倭也
막도십승지지 단외무수자 무수자 왜야

牛鳴之聲 世誰知之
우명지성 세수지지

二十八宿 照臨之外也 人皆入山則 我何不在於野外乎
이십팔수 조림지외야 인개입산즉 아하부재어야외호

殺人者 穀也 非兵也 愼之愼之云
살인자 곡야 비병야 신지신지운

십승지지(十勝之地)를 말하지 마라. 다만 수염 없는 사람이 두려우니, 수염 없는 사람이란 일본이다. 소 우는 소리를 세상에 누가 알리요? 28수(宿) 별이 임하여 비치는 밖이다. 사람이 모두 다 산에 들어가면 나는 어찌 들 밖에 있지 않겠는가? 사람을 죽이는 것은 곡식이지 병사가 아니다. 삼가하고 삼가해야 할 것이다.

丁酉之初 西洋之變 難可避也 避者在田 田者在山中云云
정 유 지 초 서 양 지 변 난 가 피 야 피 자 재 전 전 자 재 산 중 운 운

정유(丁酉)년 초에 서양의 변란을 가히 피하기 어렵도다. 피하는 것은 밭에 있도다. 밭이란 산 안에 있다. 이러이러하다.

戊戌之年 秋八月 法永兩國出 則奠乃之逃 天地紛紛
무 술 지 년 추 팔 월 법 영 양 국 출 즉 전 내 지 도 천 지 분 분

雷雨不一云云
뇌 우 불 일 운 운

무술(戊戌)년 가을 8월에 프랑스〔法〕와 영국〔英〕 두 나라가 나오면 정씨가 도망갈 것이니 세상이 어지럽고 우레와 비가 똑같지 않다. 이러이러하다.

乙未之雷霆 丙申之霜雪或可避而 又值此變則 誰可生乎
을 미 지 뇌 정 병 신 지 상 설 혹 가 피 이 우 치 차 변 즉 수 가 생 호

天命之人 積善之人 必有生道 安心正己之人支保云云
천 명 지 인 적 선 지 인 필 유 생 도 안 심 정 기 지 인 지 보 운 운

을미(乙未)년의 우레와 천둥이고, 병신(丙申)년의 서리와 눈이니 간혹

피하기도 하지만 또한 이와 같은 변란이면 누가 살아날 수 있을까? 하늘의 명령을 받은 사람은 착함을 많이 쌓은 사람이면 반드시 살아날 길이 있다. 맘을 편안하게 하며 몸을 바르게 하면 버티어 오랫동안 보존하리라. 이러이러하다.

己亥庚子兩年 如丁如戊而 辛丑之初 疾病最畏 無藥云云
기해경자양년 여정여무이 신축지초 질병최외 무약운운

기해(己亥)·경자(庚子) 두 해엔 정정하고 무성하며, 신축(辛丑)년 초에 질병이 가장 두렵도다. 약이 없다. 이러이러하다.

壬寅癸卯 五月大雹 僅保大小麥 早種而已 甲辰五月
임인계묘 오월대박 근보대소맥 조종이이 갑진오월

是乃登極之數則 一國安堵而 以後三百年 无城无郭云云
시내등극지수즉 일국안도이 이후삼백년 무성무곽운운

임인(壬寅)·계묘(癸卯)년에는 5월에 우박이 크게 있어 밀과 보리는 겨우 보존하며 일찍 심고 일찍 거두는 것뿐이다. 갑진(甲辰)년 5월에는 천황(天皇)이 임금의 자리에 오르는 운수이면 한 나라가 편안히 살 것이며 이 뒤 3백 년은 성(城)도 없고 성곽도 없다. 이러이러하다.

詠詩云 天下太平何時見 乙巳六月最難過
영시운 천하태평하시견 을사륙월최난과

大水溢入三百里 水中白骨多於石 無穀之人何處求飽
대수일입삼백리 수중백골다어석 무곡지인하처구포

何處求衣 兩白者米鹽也 三豊者牟麥諸也
하처구의 양백자미염야 삼풍자모맥저야

三荄有此者 庶可生乎 嗚呼 我子孫 或有無添者
삼 해 유 차 자 서 가 생 호 오 호 아 자 손 혹 유 무 첨 자

安心守己不失兩白三豊也 大駕之運
안 심 수 기 불 실 양 백 삼 풍 야 대 가 지 운

末入濟州三百餘年 王一州云云
말 입 제 주 삼 백 여 년 왕 일 주 운 운

시(詩)를 읊조리기를, "온 누리가 태평(太平)함을 어느 때 볼 것인고? 을사(乙巳)년 6월은 가장 어렵게 지내야 한다. 큰 홍수로 3백 리가 물이 넘쳐 들어오고, 물속의 흰 뼈가 많아 돌이 되리다."
곡식 없는 사람이 어느 곳에서 배부름을 구하며, 어느 곳에서 옷을 구할까? 양백(兩白)이란 쌀과 소금이다. 삼풍(三豊)이란 메밀·보리·감자이다. 감자, 고구마, 마〔山藥〕 세 풀뿌리로 백성이 살 것이오? 아아! 슬프다. 나의 후손이 간혹 첨가가 있고 또 첨부하는 바가 없다. 맘을 편안히 하고 몸을 지켜 바른 길을 잃지 않으면 이것이 양백삼풍(兩白三豊)이다. 임금의 수레가 끝 무렵에 제주(濟州)에 들어와 3백 년간 머무르니, 왕일주(王一州)라며 이러이러하다고 한다.

홍록지(紅綠誌)

1. 격암 남사고

남사고(南師古)의 자(字)는 경원(景元)·경초(景初)·복초(復初)이고, 호(號)는 격암(格菴)이며, 본관은 영양(英陽)이고 현 강원도 울진군 근남면 수곡리에서 중종 4년(己巳年, 단기 3842, 서기 1509)에 태어났다. 젊었을 때 책상자를 끼고 불영사(佛影寺)로 가는 길에 전대(纏帶)를 진 한 스님이 "빈도(貧道)가 짐이 무거워 가기 어려우니 바라건대 이 짐을 선비가 짊어져다 주었으면 합니다"하니 허락하고 함께 절에 이르러 부용성에 노닐다가 소나무 아래서 바둑을 두었다. 그 스님이 돌연 큰 소리를 내지르고는 보이지 않다가 한참 후에 처음에는 코끝만 보이다가 점차 온몸을 드러내면서 "두렵지 않느냐"하매 격암이 "어찌 두려워하겠는가?"하니 스님이 기뻐하면서 "내가 전대를 다른 사람에게 여러 차례 부탁했는데 매번 채찍으로 매를 맞고, 도술로 많은 사람들을 두려워하게 했는데 선비는 놀라고 두려워하지 않으니 가히 가르칠 만하다"하고는 곧 비술(秘術)을 전수하고 또 이르기를 "선비는 원래부터 범골(凡骨)이 아니니 도를 배워 수양(修養)하면 가히 하거(河車)할 수 있을 것이니 마땅히 힘쓸지니라"하고 말을 마치고는 가버렸다. 이로부터 현기(玄機, 즉 심오한 이치를 환히 내다보고 천문(天文)·지리(地理)·복서(卜書)·상법(相法)이 기묘(奇妙)해 맞지 않는 것이 없었다. 명종 12년(丁巳年, 단기 3890, 서기 1557)에 이미 선조 8년(乙亥年, 단기 3908, 서기 1575)의 동서분당(東西分黨)을 예언했으며 선조 2년(己巳年, 단기 3902, 서기 1569)에 추천(推薦)에 의해 사직서(社稷署)의 참봉(參奉: 종9품)을 거쳐 관상감(觀象監) 천문학(天文學) 교수(敎授: 종6품)로 지내면서 3년 뒤 죽을 때까지 후진을 양성하였다.

고려대학교 도서관의 『격암일고(格菴逸稿)』, 서울대학교 규장각도서관의 「남격암십승지론(南格菴十勝地論)」과 「남사고비결(南師古秘訣)」이 『정감록(鄭鑑錄)』에 실려 있고, 『마상록(馬上錄)』은 태극도(太極道)의 도인(道人)이 1951년 1월 6일에, 대순진리회(大巡眞理會)의 신도가 1968년에 지은 것이고, 『격암유록(格菴遺錄)』은 신앙촌(信仰村)에서 1977년 2월 21일에 국립중앙도서관에 기증한 것과 울진문화원에 소장되어 있는 본 비결서인 『홍록지(紅綠誌)』 등의 예언서가 있지만 후세 사람이 남사고의 명의(名義)를 임시로 빌린 것이다.

어떤 사람은 『마상훈』이 남사고 선생님의 작품이라고 하나 필자는 아니라고 생각한다. 왜냐하면 반계(磻溪) 류형원(柳馨遠)과 초창(蕉窓) 류하(柳昰)의 문답서(問答書)라는 『초창결(蕉窓訣)』에 '여마상훈(余馬上訓)'이라는 구절이 있다. 풀어보면 '나의 마상훈'이란 뜻이다. 아마 모두 후세 사람이 만든 위서(僞書)라고 생각된다.

선조 4년(辛未年, 단기 3904, 서기 1571) 음력 12월 3일 향년(享年) 63세로 화선(化仙)하니 옛집이 있던 성산(城山)마을에 장사지냈다 하며 뒤에 그곳 향인(鄕人)들에 의해 숙종(肅宗) 35년(己丑年, 단기 3982, 서기 1649)에 옥계서원(玉溪書院)에 배향(配享)되었다.

남사고는 강릉에 살았다. 그 고을 사람들에게 이르기를 금년에 반드시 대병(大兵)이 이를 것이라 했다. 고을 사람들이 모두 그 말을 믿어 의심치 않았다. 그래서 모두 피난을 가는데 몇 사람만이 남아 이 말을 듣지 않으므로 서로서로 권하여 고을을 비우기에 이르렀다.

그 해에 전염병이 크게 돌아 무수한 사망자가 생겨 한 고을을 몽땅 쓸어버리니 남사고가 탄식하며 말했다.

"나의 수업이 조잡하기 짝이 없구나. 전염병을 가지고 대병(大兵)이라고 했으니."

한번은 고을에 사는 선비 최운부(崔雲溥[1])가 과거에 급제해 집에서 축하 연회(宴會)를 차리게 되었다. 이를 안 남사고는 고을 사람들에게,

"너희 고을 사람들은 모두 가 보아라. 이 고을에는 앞으로 30년 동안 이런 경사가 없을 것이다"

라고 말했다. 뒤에 이오(李敖[2])가 과거에 급제했는데 이로부터 꼭 31년째였다.

참판(參判) 정기원(鄭期遠)이 일찍이 서울에서 어른을 따라갔다가 남사고를 만난 일이 있었다. 훗날 다시 남사고를 찾아가니 안으로부터 큰 소리로,

"정(鄭) 수재(秀才)가 왔는가?"

소리치면서 엎어질 듯 달려나와 맞이했다. 정기원은 괴이쩍게 여겨 어떻게 내가 오는 줄 알았느냐고 물으니 남사고가 대답하기를,

"내 자네가 올 줄 알고 있었네."

하면서 손가락으로 벽(壁)을 가리켰다. 거기에는 어느 달 어느 날에 정 아무개가 온다고 쓰여 있었다.

가정(嘉靖) 정묘(丁卯, 단기 3900, 서기 1567)년에 남사고는 남산에 올라가 멀리 바라보면서 오랫동안 탄식하기를,

"왕기(王氣)가 흩어져 사라지는구나. 사직동(社稷洞)으로 옮겨질 것이다!"

---

1) 선조 3년(庚午年, 단기 3903, 서기 1570) 식년시 을과에 급제했고, 본관은 강릉(江陵)이며 자(字)는 대중(大中)이고 율곡(栗谷)의 이종매부(姨從妹夫)이다.

2) 선조 33년(庚子年, 단기 3933, 서기 1600) 별시(別試) 을과에 급제했고, 본관은 영해(寧海)이며 뒤에 군수(郡守)를 지냈다.

라고 했다. 그런 지 얼마 지나지 않아서 공헌대왕(恭憲大王, 明宗大王)이 죽으니 뒤를 이을 아들이 없으므로 사직동에 있는 소경대왕(昭敬大王, 宣祖大王)을 맞아 즉위하게 되었다.

―어우당(於于堂) 류몽인(柳夢寅)이 상재한 『어우야담(於于野談)』「선도」 편에서

아계(鵝溪) 이산해(李山海)가 남사고를 송정(松亭)에서 만났다.

남사고가 서쪽으로 안산(鞍山: 仁王山)을 가리키고 동쪽으로 낙봉(駱峰)을 가리키면서 말했다.

"이 다음날에 조정에 반드시 동서(東西)의 분당(分黨)이 있을 것이오. 낙(駱)이란 각마(各馬)로써 끝에 가서는 제각기 흩어지게 마련이고 안(鞍)이란 혁안(革安)으로서 개혁(改革)한 뒤에라야 편안해질 것이요, 또 성 밖에는 그 당(黨)들이 실시(失時)한 사람이 많아서 반드시 시사(時事)의 개혁이 있어야만 일어났다가 마침내는 없어질 것이오."

그 뒤에 과연 서인(西人)의 당은 모두 실시한 사람이 많았다.

처음 심의겸(沈義謙)의 무리는 공헌대왕(恭憲大王)이 즉위할 때에 크게 일어났다가 정철(鄭澈)이 정적(鄭賊)의 변(變)을 진정시킨 뒤에 다시 일어났다. 또 윤두수(尹斗壽)의 무리는 선조가 의주(義州)로 파천(播遷)할 때를 타서 일어났다. 또 몇몇 사람들은 금상(今上)이 즉위하는 초년에 일어났다.

한편 동인(東人)의 당은 남(南)과 북(北), 대북(大北)·소북(小北)·육북(肉北)·골북(骨北)의 이름으로 각각 나뉘었으니 그 말이 과연 맞았다 하겠다.

―어우당(於于堂) 류몽인(柳夢寅)이 상재한 『어우야담(於于野談)』「붕당」 편에서

남사고는 울진(蔚珍) 사람이다. 점을 잘 치고 망기(望氣)[3]를 잘했다. 일찍이 맑은 아침에 동쪽을 향해 저주하기를 "살기(殺氣)가 몹시 성(盛)하니 고약한 일이로군!"했다. 그는 사람들을 보고 말하기를 "임진년(壬辰年)이

---

3) 하늘의 운기(雲氣)를 바라보고 길흉(吉凶)을 점침.

되면 왜병(倭兵)이 반드시 크게 올 것이다. 나는 그것을 보지 못하겠지만 그대들은 조심하라"라고 했다. 그 뒤에 남사고는 이미 죽었으나 그 말은 맞았다고 한다.

— 지봉 이수광의 『지봉유설』 「방술(方術)」 편에서

남사고는 명종 때 사람으로 관동(關東)에 살았다. 그는 풍수(風水)와 천문(天文)·복서(卜筮)·상법(相法)을 잘 알아서 모두 전하지 않는 비결을 얻었으므로 말하면 반드시 맞았다. 명종 말년에 서울에 와 놀면서 판서(判書) 권극례(權克禮)와 서로 친했다. 일찍이 말하기를 "오래지 않아서 조정에 반드시 분당이 생길 것이며 또 오래지 않아서 반드시 왜변(倭變)이 있을 것인데 만일 진년(辰年)에 일어나면 오히려 구할 수 있지만 사년(巳年)에 일어나면 구할 수가 없을 것이다"라고 했다. 또 일찍이 사람에게 말하기를 "사직동(社稷洞)에 왕기(王氣)가 있으니 마땅히 태평한 임금이 그 동네에서 날 것이다"라고 했다. 김윤신(金潤身)과 함께 동교(東郊) 밖을 지나다가 태릉(泰陵) 근처를 가리키면서 말하기를 "명년에 동쪽으로 태산(泰山)을 봉(封)할 것이다"하니 윤신이 괴상히 여겨 다시 물으니 남사고가 말하기를 "내년이면 마땅히 알 것이다"했다.

이렇게 말한 것이 여러 가지라 그 예를 다 들 수 없다. 조정에서 을해년(乙亥年)부터 의논이 두 갈래로 갈라지기 시작해 지금까지 장차 50년이 되어도 그치지 않으며 왜병의 침입은 임진년에 시작되었으며 선조가 사직동(社稷洞) 잠저(潛邸)로부터 들어와서 대통(大統)을 계승했으며 태산(泰山)이란 곧 태릉으로 문정왕후(文定王后)가 그 다음 해에 돌아가서 태릉에 장사 지냈으니 우리나라에도 또한 이 같은 사람이 있다는 것은 이상한 일이라 했다.

— 『대동야승(大東野乘)』 제25권 신흠의 『상촌잡록(象村雜錄)』에서

남사고의 십승기(十勝記)에 "유구(維鳩)와 마곡사(麻谷寺)의 두 강물 사

이가 병란(兵亂)을 피하는 곳이다"라고 했다.

—청화자(青華子) 이중환(李重煥)이 상재한 인문지리서(人文地理書)인
『택리지(擇里志)』의 「팔도총론 충청도」 편에서

남사고가 영천(榮川)인가를 지나다가 흰 구름이 소백산(小白山) 허리에 가로 걸려 있는 것을 바라보고 기쁜 빛이 있으므로 다른 사람이 그 까닭을 물으니 "이것은 상서(祥瑞)로운 구름이나 오래지 않아서 병화(兵火)가 있을 터인데 산하(山下)에 있는 자는 안전할 것이고 풍기(豊基)와 영천(永川)은 복지(福地)가 될 것이다"하더니 이때에 왜구(倭寇)가 이르렀는데 풍기와 영천이 조령(鳥嶺: 새재)에서 멀지 않으므로 수일(數日)이면 올 수 있는데도 적은 끝내 들어오지 않았다.

—효종(孝宗) 때 국당(菊堂) 정태제(鄭泰齊)의 수필집인 『국당배어(菊堂排語)』에서

남사고는 명종 때 사람이다. 강원도에 살았는데 풍수·천문·복서·상법(相法)에 이르기까지 세상에 알려지지 않은 비결을 알아서 '그가' 말하는 것은 반드시 맞추었다. 명종 말년에 일찍이 말하기를 "머지않아 조정에는 당파가 생길 것이며 또 오래지 않아 왜변이 일어날 것인데 만약 진년(辰年)에 일어나면 오히려 구할 길이 있지만 사년(巳年)에 일어나면 구하기 어려울 것이다"하고 또 말하기를 "사직동에 왕기(王氣)가 있어서 세상을 태평케 할 임금이 거기서 나올 것이다"하였다. 이와 같은 것이 이루 다 들 수 없을 만큼 많았다. 조정에는 을해(乙亥)년부터 비로소 당파가 생겼고 왜란은 진년에 일어났고 선조는 사직동 잠저에서 들어와 대통을 이었다.

—『연려실기술(燃藜室記述)』 제15권 「상촌집(象村集)」에서

남사고는 울진 사람으로 학문에 힘써 주역에 달통하여 '그가' 말하는 것은 모두 기이하게 맞았다. 여러 번 향시(鄕試)[4]에 뽑혔으나 끝내 급제는

하지 못했다. 누가 묻기를 "자네는 남의 운명은 잘 알면서 자기 운명은 알지 못하고 해마다 과거에 허행(虛行)하니 어쩐 일인가"하니 웃으면서 "사심(邪心)이 동(動)하면 술법(術法)도 어두워진다"고 했다. 뒤에 천문학 교수로 서울에 있을 때 태사성(太史星)이 흐려졌다. 이때 관상감정(觀象監正)으로 있는 이번신(李蕃臣)이 그 가운데 나이가 가장 많아 이것은 내가 죽을 징조라 하니 남사고가 웃으면서 따로 죽을 사람이 있다 하더니 그 뒤 두어 달 만에 과연 남사고가 죽었다.

—『연려실기술』 제15권 「식소록(識少錄)」에서

남사고는 울진 사람이다. 그는 학문에 힘써 『주역』을 깊이 연구하여 상위(象緯: 天文)·감여(堪輿: 風水地理)·점험(占驗: 占卜)에 통달해 말과 일이 모두 기묘하게 적중했다. 여러 번 고향에서 과거를 보았으나 급제하지 못했다. 그의 친구들은, "자넨 남의 운명은 점칠 줄 알면서 자기의 운명은 헤아리지 못해 해마다 허송세월만 하니 어찌된 일인가?"하였다. 남사고는 웃으면서 "내 뜻이 움직이는 곳은 술수(術數)가 남 몰래 이루어지는 것이네"하였다. 말년에 천문교수(天文敎授)로 서울에 있을 때 태사성이 흐려지므로 관상감정 이번신은 바야흐로 자기가 그 징조에 해당된다고 하니, 남사고는 웃으면서, "제 자신에 그 징조가 해당할 것입니다"라고 하더니 그는 과연 병으로 죽었다.

— 현묵자(玄默子) 장주(長洲) 홍만종(洪萬宗)이 상재한
『해동이적(海東異蹟)』 「무명씨전(無名氏傳)」[5]에서

남사고는 어렸을 때 책을 짊어지고 불영사(佛影寺: 蔚珍)를 찾아가다가 한 중을 만났다. 그는 자루를 짊어지고 길가에 서서 남사고에게 말하기를,

---

4) 각 지방에서 보이는 과거의 예비시험.

5) 이능화(李能和)의 『한국도교사(韓國道敎史)』에서는 허균(許筠)의 『간죽집(看竹集)』을 지칭한다고 했다.

"빈도가 무거운 것을 지고 있어서 걷기가 어려우니, 선생께서 짊어주셨으면 합니다"하므로 남사고는 기꺼이 그 말을 좇아 그 중과 함께 절에 이르렀다.

며칠 후 그 중과 함께 부용성(芙蓉城)에 가서 노니는데 중이 말하기를,

"빈도는 바둑을 좀 둘 줄 아오니 선생은 내기해보겠소?"

하여 남사고는 좋다고 대답했다. 그래서 마침내 두 사람이 소나무 아래에서 바둑을 두는데 내기가 절반도 되지 않아서 중이 갑자기 한 소리를 지르더니 보이지 않았다. 한참 후에 코끝부터 나타나기 시작하더니 차츰 본래의 모습대로 돌아와 하는 말이,

"두렵지 않소?"

한다. 남사고는 웃으면서 대답하기를,

"무어 두려울 게 있소?"

하니 중은 이 말을 듣고 기뻐하면서,

"빈도가 행장(行裝)을 남에게 맡긴 일이 여러 차례 있었소. 그 때마다 매만 맞았는데 선생께서는 기꺼이 들어주셨소. 그리고 술수로써 남을 놀라게 한 적이 여러 번 있었는데 놀라지 않은 사람이 없었으나 선생은 두려워하지 않으니 가르칠 만하겠소."

하고 그에게 비술을 전수하면서 또 말하기를,

"선생은 참으로 평범한 인물이 아니라 도를 배워 수행하면 고상하고 원대해질 수 있으니 부지런히 힘쓰시오."

라고 말을 마치고는 옷소매를 털면서 가버렸다.

남사고는 이로부터 현묘한 이치를 밝게 보아 말한 사실이 모두 신통하게 효험이 있었다. 남사고가 일찍이 영동(嶺東)을 지나가다가 문득 하늘을 쳐다보고 크게 놀라 말에서 떨어지며,

"오늘 조선을 해칠 자가 나타날 것이다."

라고 했다. 후에 들으니 이날 풍신수길(豊臣秀吉)이 태어났다고 한다. 또 일찍이 망기를 하고 맑은 아침에 동쪽을 향해

"살기(殺氣)가 극성(極盛)하니 나쁘도다."

하고서 다른 사람들에게 얘기하기를,

"임진년에 왜구가 반드시 대규모로 침범할 것이다. 나는 그 꼴을 못 보게 될 것이나 그대들은 조심하라."

했다. 남사고가 이내 죽자 그 말은 과연 효험이 있었다.

—『오산설림(五山說林)』[6]에서

이달(李達)[7]이 남격암(南格菴) 조상(弔喪)할 때 "난새를 타고 표연히 약목진(若木津)으로 떠나니, 엄군평(嚴君平)[8]의 발〔簾〕 아래 다시 어떤 사람이 있는가? 침상 동쪽에서 제자가 남긴 초고(草稿)를 거두니, 옥동(玉洞)[9]의 복사꽃이 일만 그루에 핀 봄이로다(鸞馭飄然若木津 君平簾下更何人 床東第子收遺草 玉洞桃花萬樹春)"라고 했다.

격암은 남사고의 호(號)이다. 남사고는 일찍이 이인(異人)을 만나 진결(眞訣)을 얻어 드디어 비술에 통하게 되었다고 한다.

—『지봉유설』「문장부(文章部) 애사조(哀辭條)」에서

남사고가 일찍이 말하기를 임진년에 백마를 탄 자가 남해로부터 오면

---

6) 원명(原名)은 『오산설림초고(五山說林草稿)』로서 조선 선조 때의 오산(五山) 차천로(車天輅)가 지었다. 조선 초에서 성종 때까지의 이야기를 실었다. 『대동야승(大東野乘)』·『광사(廣史)』·『시화총림(詩話叢林)』에 수록되어 있다.

7) 조선 중기의 한시인(漢詩人)으로 자(字)는 익지(益之)이고, 호(號)는 손곡(蓀谷)·쌍매당(雙梅堂)이며 첨(詹)의 후손이다. 어려서부터 독서에 힘써 문장이 능했으며 한리학관(漢吏學官)을 지냈으나 곧 물러났다. 최경창(崔慶昌)·백광훈(白光勳)과 함께 당시(唐詩)에 능해 삼당(三唐)이라 불린다. 『문선(文選)』·『태백시집(太白詩集)』·『성당십이가(盛唐十二家)』의 시를 전부 외울 정도로 한시(漢詩)의 대가였다.

8) 중국 한(漢)나라 촉(蜀)땅 사람으로 이름은 준(遵)이고 자(字)는 군평이다. 성도(成都)에서 점을 쳐 먹고살았는데, 양웅(揚雄)이 그에게 배웠다. 90여 세에 죽었으며 저서로는 『노자지귀(老子指歸)』가 있다.

9) 옥으로 된 동굴. 곧 신선이 사는 곳 또는 은사(隱士)의 거주지를 말한다.

나라가 거의 망한다고 하더니 훗날 왜장(倭將) 가등청정(加藤淸正)이 과연 백마를 타고 왔다. 그는 또 일찍이 말하되, 태백산은 5천 년 안에는 병화가 미치지 않을 것이라 하더니 남사고에게는 그의 서손(庶孫)이 있어서 아직도 그곳 옛날 터에 살고 있다고 태백산의 중〔僧〕 혜능(惠能)이 말한다.

—현묵자(玄默子) 장주(長洲) 홍만종(洪萬宗)이 상재한 『해동이적(海東異蹟)』에서

2. 홍록지

殺我者 小頭無足 退曰山 栗曰水火 土沙曰米 尤曰黨
살아자 소두무족 퇴왈산 율왈수화 토사왈미 우왈당

宋氏問曰 紅綠誌何爲謂也
송씨문왈 홍록지하위위야

曰天下局勢 赤白相沖 世界之戰 始於艮 終於艮故
왈천하국세 적백상충 세계지전 시어간 종어간고

山脈赤白來臨則 自然紅綠爲主 大忌於紅綠 問曰
산맥적백래림즉 자연홍록위주 대기어홍록 문왈

當此時 赤白何物乎 曰西人露人 開城以北紅 以南綠
당차시 적백하물호 왈서인로인 개성이북홍 이남록

나를 죽이는 것은 머리는 작고 발은 없다고 했는데 이것을 퇴계 이황은 뫼〔山〕라고 하고 율곡(栗谷) 이이(李珥)는 물〔水〕과 불〔火〕이라 하며 사계(沙溪) 김장생(金長生)과 토정(土亭) 이지함(李之函)은 쌀〔米〕이라 하고 우암(尤菴) 송시열(宋時烈)은 무리 당(黨) 자라고 했다. 송(宋)씨가 묻기를, 홍록지(紅綠誌)란 어떤 것을 이르는 것입니까? 대답하기를, "하늘 아래 세상이 되어 가는 형편이 공산주의(共産主義) 민주주의(民主主義)가 서로 마주치므로 온 세상의 싸움이 우리나

라〔艮方〕에서 끝날 것이다. 그러므로 산줄기가 남서 방향으로 찾아 왔으니 저절로 홍록(紅綠)으로 주장을 삼고 홍록을 크게 꺼리는 바이다."

묻기를, "이때 적백(赤白)은 무슨 물건입니까?"

대답하기를, "서쪽 러시아 사람〔露人〕이 개성(開城)을 기준으로 하여 북쪽을 홍(紅)이라 하고 남쪽을 록(綠)이라 한다."

問曰 何時乎 曰 靑鷄七七 日力將衰 終亡之時也
문왈 하시호 왈 청계칠칠 일력장쇠 종망지시야

묻기를, "어느 때입니까?"

대답하기를, "을유(乙酉: 靑鷄)년 7월 7일이 되면 일본의 국세(國勢)가 장차 쇠퇴하여 마침내 패망할 것이다."

問曰 赤白入艮 民族安穩乎 曰 嗚呼 蒼生 荒亂之時 忌亂以
문왈 적백입간 민족안온호 왈 오호 창생 황란지시 기란이

北 掠奪民財 富先亡貧後失 平等爲主 以南人心 自稱安穩乎
북 약탈민재 부선만빈후실 평등위주 이남인심 자칭안온호

反嗅親 東奔西走 然而 白人種 外寬內侵 不過數年 全退時勢
반후친 동분서주 연이 백인종 외관내침 불과수년 전퇴시세

十倍取杒 無穀之策 當此時 飢民太半 自暴自棄 人民多死
십배취인 무곡지책 당차시 기민태반 자포자기 인민다사

血流標杵 三年之間 百祖一孫
혈류표저 삼년지간 백조일손

묻기를, "공산주의와 민주주의가 우리나라에 들어오면 우리 민족은 조용하고 편안합니까?"

대답하기를, "슬프다, 세상의 모든 사람이여! 거칠고 어지러운 때에 얽혀 꺼리는 것은 북한은 폭력을 써서 강제로 부잣집 재물을 빼앗으니 먼저 망하고 뒤에는 잃도다. 다 고르고 한결같음을 자기의 주의나 뜻으로 삼는 남한 사람의 맘은 스스로는 일컫기를 조용하고 편안하리오. 친척을 배반하고 냄새를 맡으러 부산하게 이리저리 돌아다닌다. 그러하나 빛이 흰 인종(人種)은 바깥은 순하나 안은 흉하여 3~4년 또는 4~5년을 지나지 않아 모두 물러날 때의 형세는 열 배로 벼를 취해 곡식이 없게끔 책략(策略)을 쓴다. 이때는 굶주리는 사람이 거의 절반이나 되고 절망 상태에 빠져서 스스로 자신을 포기하고 돌아보지 아니하며 한 나라의 백성이 많이 죽고 표목(標木)이나 절구공이가 피에 흐르고 3년 사이에 백 명의 조상 가운데 한 후손이 살아남는다."

問曰 赤白相爭 干戈乎耶 曰 干戈之戰 小小之戰
문왈 적백상쟁 간과호야 왈 간과지전 소소지전

虛空之戰 魚羊人民 雪上加霜 以北人影永絶 以南人命殺害
허공지전 어양인민 설상가상 이북인영영절 이남인명살해

不啻 草木 山川 土石俱焚
불시 초목 산천 토석구분

묻기를, "공산진영과 민주진영이 서로 싸우는 전쟁입니까?"
대답하기를, "병기(兵器)로 싸우는 것은 자질구레한 싸움이며 아무것도 없는 텅 빈 사이에서의 싸움은 조선 백성이 눈 위에 서리가 덮인 격으로 불행한 일이 연거푸 일어남으로써 북한은 사람의 그림자가 영원히 끊어지며 남한은 사람의 목숨을 죽이고 해할 뿐 아니라 풀과 나무 뫼〔山〕와 내〔川〕와 흙과 돌이 아울러 불살라지리라."

問曰 惶悚 人命何處保命乎
문 왈 황 송 인 명 하 처 보 명 호

曰 當此之時 古訣云 穴下弓身 保命之方
왈 당 차 지 시 고 결 운 혈 하 궁 신 보 명 지 방

묻기를, "높은 자리에 눌려 두렵도다. 사람의 목숨을 어느 곳에서 보존하리오?"
대답하기를, "옛 비결에 말한 구멍 아래 몸을 활처럼 굽힘이 생명을 보존할 곳이다."

問曰 化學之戰 何時乎
문 왈 화 학 지 전 하 시 호

曰 赤狗九九之運 初始連連 尤甚於子丑寅卯之間
왈 적 구 구 구 지 운 초 시 연 연 우 심 어 자 축 인 묘 지 간

묻기를, "독가스·발연제(發煙劑)·소이탄(燒夷彈) 등의 화학무기로 싸우는 것은 어느 때입니까?"
대답하기를, "병술(丙戌: 赤狗)년 9월 9일의 운수이니 처음은 죽 연한 모양에서 시작해 자(子)·축(丑)·인(寅)·묘(卯)의 사이에 심하리라."

問曰 化學之戰 何以防之乎
문 왈 화 학 지 전 하 이 방 지 호

曰 艮方走肖將軍 率十二神術一夕
왈 간 방 주 초 장 군 솔 십 이 신 술 일 석

白兎失穴 黑龍失雲 命救之策
백 토 실 혈 흑 룡 실 운 명 구 지 책

全然失路 化學之戰 終止此春
전연실로 화학지전 종지차춘

白兎索穴 靑龍得雲 天時回泰 龍山定業
백토색혈 청룡득운 천시회태 용산정업

묻기를, "화학전쟁은 어떻게 막습니까?"
대답하기를, "우리나라의 조(趙)장군이 12신장(神將)을 거느리고 도술로 하루저녁에 흰 토끼가 구멍을 잃으며 검은 용이 구름을 잃을 것이니 목숨을 구할 방책은 전혀 없다. 화학전쟁은 이 봄에 마침내 그칠 것이다. 흰 토끼가 굴을 찾을 것이며 푸른 용이 구름을 얻고 하늘로부터 도움을 받을 수 있는 시기가 크게 돌아오니 용산(龍山)에 황업(皇王)을 정할 것이다."

問曰 午未之運 龍山基業 果如是乎
문왈 오미지운 용산기업 과여시호

曰 人心卽天心 何敢虛言
왈 인심즉천심 하감허언

묻기를, "오(午)와 미(未)년의 운은 용산에 황업의 기초를 다진다는 것과 같습니까?"
대답하기를, "사람의 맘이 곧 하느님 맘이니 어찌 감히 거짓 말씀이랴."

問曰 魚羊人種 何以保命 惶悚無地
문왈 어양인종 하이보명 황송무지

曰 一曰心 二曰健康 三曰吉星照臨處 四曰勿入黨派官吏
왈 일왈심 이왈건강 삼왈길성조림처 사왈물입당파관리

五曰男耕女織 六曰多目多數穀 七曰杜門不出 埋名隱身
오 왈 남 경 여 직 육 왈 다 목 다 수 곡 칠 왈 두 문 불 출 매 명 은 신

八曰土穴石枕 九曰不入煩土 十曰膽大心弱
팔 왈 토 혈 석 침 구 왈 불 입 번 토 십 왈 담 대 심 약

此枝彼枝 先擦控心 金貨忘動 行用以上十計 保命之方策也
차 지 피 지 선 찰 공 심 금 화 망 동 행 용 이 상 십 계 보 명 지 방 책 야

묻기를, "조선 사람이 어찌해야 목숨을 보존하온지 두렵고 무서워서 몸 둘 바가 없습니다."

대답하기를, "첫째 마음이고, 둘째는 건강이며, 셋째는 길한 별이 임하여 비춰주는 곳이고, 넷째는 당파(黨派)와 관리(官吏)에 출입하지 말 것이며, 다섯째는 사내는 밭 갈고 계집은 길쌈을 할 것이며, 여섯째는 눈이 많은 여러 가지 곡식을 먹을 것이며, 일곱째는 집에만 있고 사회에 나가지 아니하며 이름을 숨기고 몸을 숨기며, 여덟 번째는 흙집에 돌로 베개를 삼고 굴속에 살고, 아홉 번째는 번거로운 땅은 들어가지 아니하며, 열 번째는 맘은 약하고 쓸개는 커야 하며 이 가지 저 가지 먼저 맘을 문지르고 억제하여 금(金)과 돈에 망령되게 움직이지 말 것이다. 이 열 가지 계교를 행하여 쓰는 것이 목숨을 보전할 방법과 꾀이니라."

3. 홍록결[10]

宋氏問曰 紅綠何也
송 씨 문 왈 홍 록 하 야

---

10) 울진문화원본(蔚珍文化院本) 병진원월념육일(丙辰元月念六日). 남사고(南師古)와 송씨(宋氏)가 글로써 묻고 답한 글이다.

曰 天下布局 赤白相沖 世界之戰 始於艮
왈 천하포국 적백상충 세계지전 시어간

終於艮故 山脈赤白來臨則 自然紅綠爲主 大忌紅綠也
종어간고 산맥적백래림즉 자연홍록위주 대기홍록야

송씨(宋氏)가 묻기를, "홍록(紅綠)이란 어떤 것입니까?"
대답하기를, "온 나라 판국이 벌여 놓으니 공산진영과 민주진영이 서로 마주치므로 온 세상의 싸움이 우리나라에서 비롯하여 우리나라에서 끝마치리라. 그러므로 산줄기가 서남 방향으로 내려왔으니 곧 저절로 홍록으로 주장을 삼으나 크게 꺼리는 것은 홍록이니라."

問曰 何乎 曰 西白北赤 開城以北紅 以南爲綠也
문왈 하호 왈 서백북적 개성이북홍 이남위록야

묻기를, "어떤 것입니까?"
대답하기를, "서쪽의 민주진영이며 북쪽의 공산진영이니 경기도 개성을 기준으로 하여 북쪽을 홍(紅)이라 하며 남쪽을 록(綠)이라고 한다."

問曰 何時乎 曰 靑鷄七七 日力將衰 終亡之時
문왈 하시호 왈 청계칠칠 일력장쇠 장망지시

묻기를, "어느 때입니까?"
대답하기를, "을유(乙酉: 靑鷄)년 7월 7일 일본의 국력이 장차 쇠해져 마침내 망할 때이니라."

問曰 赤白入艮 民族安穩乎 曰 嗚呼 蒼生當此荒亂之時
문왈 적백입간 민족안온호 왈 오호 창생당차황란지시

赤白怪動 紅之以北 掠奪民財 平等爲主 富先亡
적 백 괴 동 홍 지 이 북 약 탈 민 재 평 등 위 주 부 선 망

貧亦後失 綠之以南人心 自稱平和 反呼親 東西奔走
빈 역 후 실 녹 지 이 남 인 심 자 칭 평 화 반 호 친 동 서 분 주

然白本 外寬內侵 不過一二 全滅狀態 時勢十倍
연 백 본 외 관 내 침 불 과 일 이 전 멸 상 태 시 세 십 배

又況切取 無爲之策 當此時 泰平飢餓
우 황 절 취 무 위 지 책 당 차 시 태 평 기 아

自暴自棄 人民多死 血流漂杵 不過三年
자 포 자 기 인 민 다 사 혈 류 표 저 불 과 삼 년

百祖一孫 赤白相爭 千祖一孫
백 조 일 손 적 백 상 쟁 천 조 일 손

묻기를, "공산권(共産圈)과 민주권(民主圈)이 우리나라에 들어오면 우리 겨레는 조용하고 편안합니까?"

대답하기를, "애달프다, 세상의 모든 사람이여! 마땅히 이 거친 난리에 공산당(共産黨)과 자유당(自由黨)이 퍽 이상한 행동을 하여 북한은 백성의 재물을 폭력을 써서 강제로 빼앗으며 차별이 없는 세상을 주장으로 삼고 부자가 먼저 망하고 가난한 사람도 또한 뒤에 잃도다. 남한은 사람의 맘은 스스로 평온하고 화목하다며 친척을 배반하며 동쪽과 서쪽을 바삐 다닌다. 그러므로 서양은 밖으로 너그러우나 안으로 침노하여 1~2년 지나지 않아 모조리 망해버리는 형편이다. 그때의 물건 값보다 열 배를 취하고 심지어 남의 물건을 훔쳐 가지니 아무 일도 아닌 꾀이니라.

마땅히 이때에는 나라나 집안이 조용하여 무사하고 평안하면서 굶주림이 있고 맘에 불만이 있어 짐짓 몸가짐이나 행동을 마구 되는

대로 하여 불행한 일이 연이어 일어난다.

백성이 많이 죽어 피가 흘러 절구공이가 떠내려간다. 3년 안에 백 명의 조상 가운데 하나의 손자가 살아남고 공산군과 자유군이 서로 싸우니 천 명의 조상 가운데 하나의 손자가 살아남는다."

問曰 赤白相沖 干戈乎
문왈 적백상충 간과호

曰 干戈小小之戰 化學空戰 魚羊民族
왈 간과소소지전 화학공전 어양민족

雪上加霜 以北則 人影永絶 以南則 人命殺害 莫甚不시
설상가상 이북즉 인영영절 이남즉 인명살해 막심불시

山川俱焚 草木靑矣
산천구분 초목청의

묻기를, "빨갱이와 흰둥이가 서로 싸우는데 병기(兵器)로 합니까?" 대답하기를, "무기(武器)로 싸우는 것은 아주 작은 싸움이며 화학 무기를 이용한 공중전으로 조선(鮮=魚羊) 민족은 불행한 일이 잇달아 일어나니 북한은 사람의 그림자가 오래도록 끊어지며 남한은 사람의 목숨을 죽이고 해치기를 더할 나위 없이 심하게 할 뿐만 아니라 뫼와 내를 같이 불사르니 풀이 푸른 것이 없어라."

問曰 若是則 何居保命乎
문왈 약시즉 하거보명호

問曰 如弓弓乙乙之圖 土穴石枕 保命之方乎 曰 然
문왈 여궁궁을을지도 토혈석침 보명지방호 왈 연

묻기를, "만약 이러하면 어느 곳에 살아야 목숨을 보전합니까?"
또 묻기를, "무극(無極)과 태극(太極)의 그림과 같으니 흙 구멍에서 돌베개로 살아야 목숨을 보전합니까?"
대답하기를, "그렇다."

問曰 化學之戰 何時乎
문 왈 화 학 지 전 하 시 호

曰 始發於艮 赤狗九九之運 運年赤猪
왈 시 발 어 간 적 구 구 구 지 운 운 년 적 저

二人之年間 尤甚於 子丑寅卯之間 化學空戰大發
이 인 지 년 간 우 심 어 자 축 인 묘 지 간 화 학 공 전 대 발

묻기를, "화학 전쟁이 어느 때입니까?"
대답하기를, "우리나라〔艮方〕에서 비로소 출발하는데 병술(丙戌: 赤狗)년 9월 9일의 운수이며 햇수가 돌아 정해(丁亥: 赤猪)까지 2년 사이이니 더욱 심하기는 11월(子)·12월(丑)·1월(寅)·2월(卯)까지이다."

問曰 化學之戰 何以防之乎
문 왈 화 학 지 전 하 이 방 지 호

曰 艮方走肖將軍 率十二神人 神術一朝一夕
왈 간 방 주 초 장 군 솔 십 이 신 인 신 술 일 조 일 석

白兎失穴 黑龍失雲
백 토 실 혈 흑 룡 실 운

물어 말하기를, "독가스·화염방사기의 전쟁을 무엇으로써 막아야 합니까?"

대답하여 말씀하기를, "우리나라에 조(趙)장군이 열두 신인(神人)을 거느리고 신기한 재주로써 짧은 시일에 흰 토끼〔白兎〕가 굴을 잃고 검은 용〔黑龍〕이 구름을 잃도다."

問曰 求恤之策全失 紅紫赤乎
문왈 구휼지책전실 홍자적호

曰 白黑龍得雲 天時泰回 龍山逆龍之下 定都于八百年
왈 백흑룡득운 천시태회 용산역룡지하 정도우팔백년

묻기를, "구제하는 책략(策略)은 전혀 없어 홍색, 자색, 적색[11]입니까?"
대답하기를, "흰 용과 검은 용이 구름을 얻은 격이니 하늘의 도움이 있는 시기가 크게 돌아오니 용산의 주산(主山) 줄기가 거꾸로 치달은 아래에 나라의 도읍을 정하기를 8백 년 동안 하리라."

問曰 午未之間 龍山基業 果是乎
문왈 오미지간 용산기업 과시호

曰 人心卽天心 何敢虛言
왈 인심즉천심 하감허언

물어 말하기를, "오(午)와 미(未)의 사이에 용산의 기초가 되는 사업이라는 게 정말입니까?"
대답하여 말씀하기를, "사람의 맘이 곧 하늘의 뜻이니 어찌하여 구태여 실속 없는 빈말을 하겠소?"

11) 공산주의를 상징하는 빛깔.

問曰 魚羊民族 何以保命乎 曰 惶悚無地 一曰心
문 왈 어 양 민 족 하 이 보 명 호 왈 황 송 무 지 일 왈 심

二曰健康 三曰吉星照臨地 四曰勿入黨派 五曰男戰女耕
이 왈 건 강 삼 왈 길 성 조 림 지 사 왈 물 입 당 파 오 왈 남 전 여 경

六曰多目多穗 七曰埋名隱身 八曰土穴石枕
육 왈 다 목 다 혜 칠 왈 매 명 은 신 팔 왈 토 혈 석 침

九曰勿入煩土 十曰膽大心弱 此地彼地 先察空氣候
구 왈 물 입 번 토 십 왈 담 대 심 약 차 지 피 지 선 찰 공 기 후

勿爲亡動 十戒本卽 保命家也 云云
물 위 망 동 십 계 본 즉 보 명 가 야 운 운

묻기를, "조선 민족은 어찌해야 목숨을 보전하오리까?

대답하기를, "분에 넘치게 고맙고도 송구하여 몸 둘 곳을 모르겠습니다. 첫째로 하느님 맘을 갖고 둘째로 건강해야 하고 셋째로 길하고 상서로운 별이 내리비치는 땅에 살며 넷째로 주의(主義)·주장(主張)과 목적을 같이하는 사람끼리의 단체에 들어가지 말며 다섯째는 남자는 전공(戰功)[12]을 세우고 여자는 의식(衣食)을 위해 힘쓰고 여섯째는 많은 곡식 가운데 눈이 많고 이삭이 많은 것을 심고 가꾸어 거두어들이며 일곱째는 이름도 숨기고 몸도 숨기며 여덟째는 돌베개를 베고 흙으로 된 굴에 살 것이며 아홉째는 번거롭게 뒤섞여 어수선한 곳을 들어가지 말 것이며 열째로는 담력(膽力)은 크게 가지되 주의는 세심(細心)해야 한다. 이 땅 저 땅 가운데 기온·비·눈 등과 공기가 맑은 곳을 먼저 살필지니라. 분별 없이 망령되게 행동하지 말고 열거한 열 가지의 계율(戒律)을 기본으로 하면 가정과 목숨을 보전할지어다." 이러이러하다.

---

12) 싸움에 이겨서 이룬 공로.

4. 경암유록(敬菴遺錄)

文字遊戲經世詩 惑稱 文殊菩薩降魔偈
문 자 유 희 경 세 시 혹 칭 문 수 보 살 강 마 게

石火電光能幾何 可憐恩愛受奔波
석 화 전 광 능 기 하 가 련 은 애 수 분 파

문자(文字)로 즐겁게 놀며 장난함을 혹 일컫기를 문수보살(文殊菩薩)이 마귀를 항복하게 하는 게(偈)[13]이며, 몹시 빠른 번갯불 얼마인가? 가엾다, 은혜를 받은 것이 물결 따라 달아나네.

皮乾常戀資財魔 黃瘦猶貪酒色多
피 건 상 연 자 재 마 황 수 유 탐 주 색 다

夕死朝生那肯息 心魂追去見閻羅
석 사 조 생 나 긍 식 심 혼 추 거 견 염 라

피부를 마르게 함은 늘 생각하고 그리워하는 물자(物資)와 재물이 마귀이며, 누렇게 야위게 함은 오히려 술과 색(色)을 탐함이 많음이라. 저녁에 죽고 아침에 태어남은 찰나 숨 쉬어 즐김이며, 마음과 혼(魂)이 뒤좇아가니 염라대왕을 보리라.

系毫罪孽從頭數 文簿分明定不蹉
계 호 죄 얼 종 두 수 문 부 분 명 정 불 차

嗟途鐵床銅柱獄 言聲哀苦告吟哦
차 도 철 상 동 주 옥 언 성 애 고 고 음 아

---

13) 가타(伽陀)라고도 하며, 부처의 공덕이나 가르침을 찬탄하는 노래 글귀를 이르는 말이다.

터럭같이 이어진 죄악에 대한 재앙은 머리 숫자를 따르니, 문서와 장부(帳簿)에 분명히 정해져 틀림이 없다.

아! 길에는 쇠로 된 바닥에 구리 기둥인 지옥(地獄)이니, 말소리는 슬픔과 괴로움으로 시가(詩歌)를 읊조림을 알리로다.

我今悔恨修行晚 免得輪廻變馬騾
아 금 회 한 수 행 만 면 득 윤 회 변 마 노

累世業寃因自味 未能成佛豈由他
누 세 업 원 인 자 미 미 능 성 불 기 유 타

人人有個眞如性 生死誰能肯鍊磨
인 인 유 개 진 여 성 생 사 수 능 긍 연 마

나는 이제야 수행(修行)이 늦은 것을 뉘우치고 한탄하며, 윤회(輪廻)를 면함을 얻어 말이나 노새〔騾〕로 변하여 볼까.

여러 대(代) 원한의 업(業)으로 인함을 스스로 맛본다. 아직 부처를 이루지 못했거늘 어찌 다른 데에서 구할까?

사람마다 진여(眞如)의 성품을 갖고 있으니 태어나고 죽음을 그 누가 연마(鍊磨)한들 옳지 않겠는가?

토정비결(土亭秘訣)

1. 토정 이지함

토정(土亭) 이지함(李芝菡)은 조선 선조(宣祖) 때의 학자로 기인(奇人)이며 이인(異人)이다. 자(字)는 형중(馨仲)이고 호(號)는 토정(土亭)·수선(水仙)이며 시호는 문강(文康)이고 본관은 한산(韓山)이다. 목은(牧隱) 이색(李穡)의 후손이며 중종(中宗) 12년(1517) 정축(丁丑) 9월 20일생으로 치(穉)의 아들로 태어났으며 어려서 아버지를 여의고 형 지번(之蕃)에게서 글을 배우고 뒤에 화담(花潭) 서경덕(徐敬德)에게 배웠다. 경사자전(經史子傳)에 통달하고 수학(數學)에도 아주 밝았으며 늘 주경궁리(主敬窮理)를 학문의 방법으로 삼았다.

선조 6년(단기 3906, 서기 1573) 명종·선조 양조의 덕행(德行)으로 추천되어 6품 벼슬에 올랐고 포천현감(抱川縣監)을 거쳐 아산현감(牙山縣監)으로 재직 중 화선했다. 선조 11년(1578) 아산현감 재직시 걸인청(乞人廳)을 만들어 관내(管內) 걸인의 수용과 노약자와 기민(飢民)의 구호에 힘썼다. 괴상한 거동을 잘하고 기지(機智)·예언(豫言)·술수(術數)에 관한 일화가 많다. 이이(李珥)와 친하여 성리학을 배우라는 권고를 받았으나 '욕심이 많아 배울 수 없다'고 하였다 한다. 거처하는 곳에 늘 흙담을 쌓았기 때문에 토정이란 호가 붙게 되었다. 숙종 39년(1713)에 이조판서(吏曹判書)가 추

증되고 시호가 내렸으니 도덕박문(道德博聞)하여 문(文), 연원유통(淵源流通)하여 강(康)으로 문강(文康)이다. 보령(保寧)에 화암(花岩)·아산(牙山)에 인산(仁山)·청주(淸州)의 국계서원(菊溪書院)에 향사(享祀)가 있고 세상에서 일 년 신수를 보는 『토정비결(土亭秘訣)』의 저자로 알려져 있다. 토정이 저술을 좋아하지 않아 전해온 것이 2권 1책인 『토정유고(土亭遺稿)』뿐인데, 이것을 현손(玄孫) 정익(禎翊)이 경주부윤(慶州府尹)으로 있을 때 간행하였다.

천문(天文)·지리(地理)·의약(醫藥)·복서(卜筮)·율려(律呂)·산수(算數)로부터 지음(知音: 거문고를 듣고 그 뜻을 헤아리는 것)·관상(觀相)·약방문(藥方文)에 이르기까지 통하지 않음이 없었다.

율곡(栗谷) 이이(李珥)와 우계(牛溪) 성혼(成渾)과 운장(雲長) 송익필(宋翼弼)과 교분(交分)이 있었으며, 탁월한 실학자이며 저명한 의병장(義兵將)인 중봉(重峯) 조헌(趙憲)의 스승이다. 한 세상을 이끌 만한 식견덕량(識見德量)을 가진 큰 인물이었으며 백가(百家)에 통달한 세상을 구할 큰 사람이었다.

『홍연진결(洪煙眞訣)』, 『농아집(聾啞集)』, 『월영도(月影圖)』, 『토정가장결(土亭家藏訣)』, 『농아금방단(聾啞禁方單)』 등을 지었다.

중종 12년(1517)에 태어나 선조 11년(1578) 7월 17일에 화선(化仙)하니 향년(享年)이 62세였다. 훗날 이조판서(吏曹判書)에 추증(追贈)되고 충청도 아산(牙山)의 인산서원(仁山書院)과 보령(保寧)의 화암서원(花巖書院)에 제향(祭享)되었다.

2. 토정선생비결

五百年運 有誰能知 五百年後 無限之年
오 백 년 운 유 수 능 지 오 백 년 후 무 한 지 년

勿限之言 非久之言 壬辰癸巳 聖運復回
물 한 지 언 비 구 지 언 임 진 계 사 성 운 복 회

오백 년 운을 누가 능히 알리오? 오백 년 뒤는 한정(限定)이 없는 해이며 한정이 없는 말씀이니 오래가지 못하는 말씀이다. 임진·계사 년엔 임금의 운수가 다시 돌아온다.

三南大亂 白衣誰知 白衣非難 小頭[1]無足
삼 남 대 란 백 의 수 지 백 의 비 난 소 두 무 족

小頭[2]非難 一人抱申 甲午之秋 天地失位
소 두 비 란 일 인 포 신 갑 오 지 추 천 지 실 위

전라도·경상도·충청도가 크게 어지럽고 벼슬이 없는 선비를 누가 알리오? 벼슬 없는 선비가 어렵지 않으니 재앙이다. 재앙도 어렵지 않다. 한 사람이 잔나비〔申〕를 안았도다. 갑오년 초에 하늘과 땅이 자리를 잃었도다.

日月無光 山岳重淚 到處凶年 人心變革
일 월 무 광 산 악 중 루 도 처 흉 년 인 심 변 혁

避黨者誰 積穀者誰 殺我者穀 活我者穀
피 당 자 수 적 곡 자 수 살 아 자 곡 활 아 자 곡

해와 달이 빛을 잃고 산이 눈물을 받도다. 이르는 곳마다 흉년이고 사람의 맘이 급격히 변해 새롭게 되거나 바뀌 새로워진다. 무리〔黨〕

---

1) 원문에는 '頭'가 '豆'로 잘못 쓰여 있다.
2) 원문에는 '頭'가 '豆'로 잘못 쓰여 있다.

를 피한 사람이 누구인가? 착함을 쌓는 사람이 누구인가? 나를 죽이는 것은 곡식이며, 나를 살리는 것도 곡식이다.

知覺者生 不此兩白 兩白云何 一米一鹽
지 각 자 생 불 차 양 백 양 백 운 하 일 미 일 염

同心者生 異心者死 不失本心 此時爲貴
동 심 자 생 이 심 자 사 불 실 본 심 차 시 위 귀

알아서 깨달은 사람은 살 것이나 이것이 양백이 아니다. 양백이 무엇인가? 하나는 쌀이요 또 하나는 소금이다. 맘이 같은 사람은 살며 맘이 다른 사람은 죽는다. 본마음을 잃지 말지니 이때는 이것이 귀하게 된다.

乙未之運 八道大亂 淸軍如雲 倭軍如雨
을 미 지 운 팔 도 대 란 청 군 여 운 왜 군 여 우

莫近淸倭 反受其厄 假鄭大奮 三年之運
막 근 청 왜 반 수 기 액 가 정 대 분 삼 년 지 운

을미년에는 온 나라가 크게 어지럽도다. 청나라 군사가 구름 같으며 일본을 가까이 말라. 반드시 그 액을 받는다. 가짜 정씨가 크게 분발함이 3년의 운이도다.

莫入小頭 最畏戰亡 莫近山水 不利不利
막 입 소 두 최 외 전 망 막 근 산 수 불 리 불 리

牛鳴之聲 世誰知之 難見天日 不知明暗
우 명 지 성 세 수 지 지 난 견 천 일 부 지 명 암

재앙이 들어오지 않게 하며 가장 두려운 것은 싸움[戰爭]으로 망하는 것이다. 산과 물을 가까이 말라. 이롭지 못하고 이롭지 못하다. 소 울음소리를 세상에 누가 알리오? 하늘에 해를 보기 어려우니 밝고 어두움을 알지 못한다.

風雨大作 先哭性情 求生之道 松葉草根
풍 우 대 작 선 곡 성 정 구 생 지 도 송 엽 초 근

藏米者誰 愼之愼之 丙申之年 奠乃之出
장 미 자 수 신 지 신 지 병 신 지 년 전 내 지 출

바람과 비가 크게 있으니 성정(性情)이 먼저 울도다. 삶을 구하는 길은 솔잎과 풀뿌리이다. 쌀을 감춘 사람 누구인고! 삼가하고 삼가할 것이다. 병신년에는 정씨가 나타난다.

大船浮南 兵馬無數 兩湖之間 人影永絶
대 선 부 남 병 마 무 수 양 호 지 간 인 영 영 절

三南千里 烏鵲而已 父子相別 兄弟相離
삼 남 천 리 오 작 이 이 부 자 상 별 형 제 상 리

큰 배가 남쪽에 뜨니 병마(兵馬)가 셀 수 없이 많도다. 호남(湖南)·호북(湖北) 사이에 사람의 그림자가 오래도록 끊어지리라. 충청도·전라도·경상도 천 리에 까마귀와 까치가 있을 뿐이더라. 아비와 아들이 서로 다른 곳에 있고 형과 아우가 서로 떠나리라.

奠乃大軍 如虎如猴 活我者誰 都在兩白
전 내 대 군 여 호 여 후 활 아 자 수 도 재 양 백

倭兵方退 黑人復出 黑人之患 在山最畏
왜 병 방 퇴 흑 인 복 출 흑 인 지 환 재 산 최 외

정씨의 큰 군사가 범과 같고 잔나비 같다. 나를 살리는 것은 무엇인가? 모두 다 양백에 있도다. 일본의 병사가 바야흐로 물러나며 흑인(黑人)이 다시 나간다. 흑인의 근심은 산에 있으니 가장 두렵도다.

黑人好山 求生者野 人入山中 我出山外
흑 인 호 산 구 생 자 야 인 입 산 중 아 출 산 외

形如乞人 行如病身 雖曰如此 積穀者誰
형 여 걸 인 행 여 병 신 수 왈 여 차 적 곡 자 수

흑인이 산을 좋아하니 삶을 구하는 곳은 들이다. 사람들은 산속으로 들어가나 나는 산 밖으로 나온다. 형상은 빌어먹는 사람 같고 다니는 것은 몸에 병이 있는 것같이 한다. 비록 이르기를 이와 같으면 곡식을 쌓음이 무엇인가?

丁酉戊戌 必如丙申 假鄭已亡 餘殃回後
정 유 무 술 필 여 병 신 가 정 이 망 여 앙 회 후

己亥之年 定是鷄龍 庚子之初 倭洋復出
기 해 지 년 정 시 계 룡 경 자 지 초 왜 양 복 출

정유·무술년은 반드시 병신년과 같도다. 가짜 정씨가 이미 망하고 그 재앙을 회복한 뒤다.

기해년은 정하니 이것이 계룡(鷄龍)이다.

경자년 초에 왜(倭: 일본)가 다시 나타난다.

辛丑之初 全羅陷城 壬寅之初 奠乃復入
신 축 지 초 전 라 함 성 임 인 지 초 전 내 복 입

僅保一邑 其狀可憐 大駕之運 乃任濟州
근 보 일 읍 기 상 가 련 대 가 지 운 내 임 제 주

신축년 초에 전라(全羅)의 성이 무너지고 임인년 초에 정씨가 다시 들어온다. 한 고을이 겨우 보존되니 그 상황이 가련하다. 큰 수레의 운은 제주에 맡기도다.

癸卯甲辰 奠乃大成 四方風動 天朗氣清
계 묘 갑 진 전 내 대 성 사 방 풍 동 천 랑 기 청

乙巳六月 乃爲登極 天下太平 日月朗朗
을 사 육 월 내 위 등 극 천 하 태 평 일 월 랑 랑

계묘년과 갑진년에 정씨가 크게 이루니 온 누리가 바람에 움직이고 하늘은 밝고 기는 맑도다. 을사년 6월에 마침내 천황의 자리에 오르니 온 누리가 크게 평안하고 해와 달이 밝고 밝도다.

석담결(石潭訣)과 이율곡선생결(李栗谷先生訣)

1. 율곡 이이

석담결은 『하락요람(河洛要覽)』에 실려 있다. 그러나 율곡이 상재한 것은 아니고 구한말(舊韓末)에 뜻있는 선비가 짓지 않았나 생각한다.

율곡(栗谷)은 조선 중기의 대학자이며 문신(文臣)이다. 자(字)는 숙헌(叔獻)이고 아명(兒名)은 현룡(玄龍)이며, 호(號)는 석담(石潭)·우재(愚齋)이다. 시호는 문성(文成)이고 본관은 덕수(德水)이며 1536년(중종 31) 강릉(江陵) 출신이다. 강평공(康平公) 명신(明晨)의 5대 손(孫)이며 원수(元秀)의 아들이고 어머니는 사임당 신씨(師任堂申氏)이다. 13세에 진사초시(進士初試)에 합격했으나 16세에 어머니를 잃고 세상의 허무(虛無)를 통탄(痛歎)하여 3년상(喪)이 지난 1554년(명종 9) 금강산에 들어가 불교를 연구했다.

그러나 뜻한 바가 있어 1년 만에 집에 돌아와 성리학 연구에 몰두했고 1558년(명종 13)에 당시 이름을 떨치던 이황(李滉)을 찾아가 학문을 논의하니 이황은 그의 재능에 크게 감탄했다. 1564년(명종 19) 음력 8월 24일 식년시 갑과에 장원(壯元)하여 호조좌랑(戶曹左郎)이 된 후 1568년(선조 1)에는 서장관(書狀官)으로 명(明)나라를 다녀왔으며 1570년(선조 3) 해주(海州) 야두촌(野頭村)에 돌아가 학문의 터를 닦았다. 이듬해 조정의 부름을 받고 청주목사(淸州牧使)가 되었으나 학문 연구를 위해 다시 사직하고 파주(坡州)에 은퇴했다가 1574년(선조 7) 또 조정의 요구로 황해감사(黃海監司)로 약 반 년 동안 재직했다.

그 뒤에도 자주 조정과 고향을 왕복하면서 대사간(大司諫)·대사헌(大司憲)·호조판서(戶曹判書)·대제학(大提學)·이조판서(吏曹判書) 등을 역임했으며 1583년(선조 16)에는 당쟁(黨爭)의 조정을 시도했으나 오히려 탄핵을 받아 한때 퇴직 당했다가 다시 이조판서가 되었다. 보기 드문 천재(天才)로서 기상이 호탕(豪宕)하고 도량이 넓어 학문에 있어서도 분석적인 해석보다는 근본 원리를 자유롭게 종합적으로 통찰했다. 사상은 기발이승일도설(氣發理乘一途說)로 대표되며 23세 때 지은 「천도책(天道策)」에 이미 그 바탕이 드러나 있다.

곧 율곡은 퇴계 이황의 기(氣)와 이(理)는 서로 독립되어 있다는 주장에 대해 이설(異說)을 제기하여 우주의 본체(本體)는 이기이원(理氣二元)으로 구성되었다는 것은 인정하나 이와 기는 공간적으로나 시간적으로나 분리되거나 선후(先後)가 있는 것이 아니라고 보았다. 따라서 이와 기는 최초부터 동시에 존재하며 영원무궁하게 떨어질 수 없는 것이어서 이는 조리(條理), 즉 당연의 법칙으로 우주의 체(體)요, 기는 그 조리를 구체화하는 활동이니 우주의 용(用)이라 주장했다.

그리고 도덕적 가치에 있어서도 인간 심리의 근본은 이와 기의 두 가지 근원이 아닌 일원적(一元的)이라 하여 퇴계의 사단칠정(四端七情)설을 배격했다. 이러한 학설은 서경덕과 이황의 설을 절충하여 집대성한 것으로 자기의 주장을 발전시키면서 이 주장이 주자(朱子)의 뜻과 어긋난다면 주자가 잘못된 것이라고까지 하는 자신을 얻게 되었다. 이같이 학문으로 유명할 뿐 아니라 경세가(經世家)로서도 혁혁한 업적을 남겼다. 저작인 「동호문답(東湖問答)」, 「성학집요(聖學輯要)」, 「인심도심설(人心道心說)」, 「시무육조소(時務六條疏)」 등은 모두 임금의 도리와 시무(時務)를 논한 명저(名著)로 정치에 대한 태도는 유학자의 이상인 요순(堯舜)시대를 실현하는 것이었다. 이밖에 정치적 부패의 타개와 백성의 구제에 대한 방책에 관해서는 한층 구체적인 포부를 가지고 있었다. 「만언봉사(萬言封事)」에서 율곡은 부패의 시정책 7개항을 제시했는데 특히 그 가운데 십만양병설(十萬養兵說)을 주장해 임진왜란을 예언한 것은 유명한 사실이다.

이 밖에도 대동법(大同法)의 실시와 사창(社倉)의 설치 등을 제의한 일은 조선사회정책에 획기적인 혁신을 가져왔으며 일반 민중의 계몽을 위해 「서원향약(西原鄉約)」, 「해주향약(海州鄉約)」, 「사창계약속(社倉契約束)」, 「동거계사(同居戒辭)」, 「학교모범(學校模範)」, 「해주은병정사학규(海州隱屛精舍學規)」 등의 규례(規例)를 많이 만들었다. 제자들에 의해 '동방지성인(東方之聖人)'이라는 칭호를 받고 기호학파(畿湖學派)를 형성, 후세 학계에 강력한 영향을 끼쳤다. 1584년(선조 17)에 정침(正寢) 뒤 1682년(숙종 8)에는 문묘(文廟)에 모셔졌고 황해도 백천(白川)에 문회서원(文會書院)이 건립되어 제사지내었다.

2. 석담결

壬辰兵亂三百年後 庚戌秋月李福歸倭
임 진 병 란 삼 백 년 후 경 술 추 월 이 복 귀 왜

青鷄七七倭賊歸根 雨路水羊得勢分國
청 계 칠 칠 왜 적 귀 근 우 로 수 양 득 세 분 국

一天一地二君何事 一父一母赤白何事
일 천 일 지 이 군 하 사 일 부 일 모 적 백 하 사

南人籬洋北人依露 愚昧人民死於虛動
남 인 리 양 북 인 의 로 우 매 인 민 사 어 허 동

舊班退野新班入朝 庚寅辰日南北相沖
구 반 퇴 야 신 반 입 조 경 인 진 일 남 북 상 충

임진왜란(壬辰倭亂)이 일어나며 3백 년 뒤 경술(庚戌, 단기 4243, 서기 1910)년 가을에 이씨(李氏) 조선왕조(朝鮮王朝)는 망하고 을유(乙酉: 靑鷄, 단기 4278, 서기 1945)년 음력 7월 7일(양력 8월 14일)에 일본(委人=倭)이 망해서 본국으로 돌아갈 것이고 러시아〔露國〕와 미국(美國) 두 나라가 나라를 나누어 세력을 얻으니 하늘도 하나 땅도 하나인데 두 임금(우두머리)이니 어찌된 일이냐? 아버지도 하나 어머니도 하나인데 공산주의〔赤色〕와 자유주의〔白色〕가 되었으니 어찌된 일이냐? 남쪽 사람은 미국이 울타리가 되어주고 북쪽 사람은 러시아를 의지하게 되겠구나! 어리석고 몽매한 인민(人民)은 어떤 일정한 방향이나 방법을 정하지 못해 갈팡질팡하다가 죽으며 옛날 양반(세력)들은 물러나 들에 살 것이며 새로운 양반들은 조정에 들어올 것이며 경인(庚寅, 단기 4283, 서기 1950)년 임진(壬辰, 음력 5월 11일, 양력 6월 26일)일에 남한과 북한이 서로 싸울 것이다.

仁者自仁智者自智 貧者自貧富者自富
인 자 자 인 지 자 자 지 빈 자 자 빈 부 자 자 부

含露李花迎春蓬萊 華花蜂蝶耽香獐山
함 로 이 화 영 춘 봉 래 화 화 봉 접 탐 향 장 산

凉山火明島山歌舞 庚臘辛三西北進退
량 산 화 명 도 산 가 무 경 랍 신 삼 서 북 진 퇴

一枝淸兵空入漢陽 誰能禦之誰能戰之
일 지 청 병 공 입 한 양 수 능 어 지 수 능 전 지

漢江以南抱兒破從 洛東止流呼國呼隣
한 강 이 남 포 아 파 종 낙 동 지 류 호 국 호 린

兩丑月日鮮洋相沖 兩丑不合仰之辰巳
양 축 월 일 선 양 상 충 양 축 불 합 앙 지 진 사

어진 사람은 스스로 어질고 슬기가 많은 사람은 스스로 슬기로우며 가난한 사람은 스스로 가난하며 재산이 넉넉한 사람은 스스로 부유하다. 이슬 먹은 오얏꽃이 금강산(金剛山)[1]의 개나리이며 노루산에 꽃이 피니 벌과 나비가 향기를 탐하고 서울 근처의 산에 불이 밝으니 섬의 산은 춤추도다. 경(庚)년 섣달에서 신(辛)년 3월까지 서북쪽에 나아가고 물러남이 있고 한 가지의 청나라 병사가 텅 빈 한양에 들어오니 누가 능히 막으리오, 누가 능히 싸우리오? 한강(漢江) 이남은 아이를 안고 군사가 패하여 쫓기리라. 낙동강(洛東江) 이남은 나라를 부르고 이웃을 부르리라. 축월(丑月) 축일(丑日)에 조선과 서양이 서로 충(沖)하여 두 축이 합하지 못하니 진사(辰巳)를 믿을지어라.

寧平之間積屍如山 安竹之間僧血滿江
영 평 지 간 적 시 여 산 안 죽 지 간 승 혈 만 강

南火北墜北火南墜 七日火之玉石俱焚
남 화 북 추 북 화 남 추 칠 일 화 지 옥 석 구 분

如此之時從師孰人 二家大村五家茂林
여 차 지 시 종 사 숙 인 이 가 대 촌 오 가 무 림

午未申後生者幾人
오 미 신 후 생 자 기 인

영변(寧邊)과 평양(平壤) 사이에 시체가 산과 같이 쌓이고 안성(安城)과 죽산(竹山) 사이에 중의 피가 강물에 가득하리라.
남쪽에서 불을 발하니 북쪽에 떨어지고 북쪽에서 불을 발하니 남쪽에 떨어져 7일 동안 화전(火戰)에 구슬도 돌도 함께 불에 타고[2] 이때

1) 봉래산은 금강산을 여름에 부르는 이름.
2) 선악(善惡)의 구별 없이 멸망함.

에는 도사(道師)를 따르는 이, 어느 사람인가? 두 집이 큰 마을이 되고 다섯 집이 수풀이 무성함과 같다.
오(午)·미(未)·신(申)년 뒤에 살아 있는 사람은 몇 사람인고?

人神相接不和黑白 病則耶崇藥則水火
인 신 상 접 불 화 흑 백 병 즉 야 숭 약 즉 수 화

天運如是何以活之 壬臘癸四胡運更入
천 운 여 시 하 이 활 지 임 랍 계 사 호 운 갱 입

李花耽羅洋入海州 西北兩道星月皎皎
이 화 탐 라 양 입 해 주 서 북 양 도 성 월 교 교

사람과 신이 서로 만나 흑백을 알지 못하니 야소(耶蘇)를 숭상함이 병이 되고 수승화강(水昇火降)이 약이 되리라. 하늘의 운이 이 같으니 어떻게 살아가리오? 임년(壬年) 섣달과 계년(癸年) 4월 사이에 북쪽 오랑캐가 다시 들어오리라. 이씨(李氏)는 제주도로 옮기고 서양 사람은 해주(海州)에 들어오니 서북쪽의 평안도와 함경도에 별과 달이 교교(皎皎)[3]하리라.

漢陽百里人影永絶 漢陽以北呼父呼國
한 양 백 리 인 영 영 절 한 양 이 북 호 부 호 국

錦江上流呼父呼家 庚寅之間八金可活
금 강 상 류 호 부 호 가 경 인 지 간 팔 금 가 활

辛卯之間萬人可活 辰巳之間家活人人
신 묘 지 간 만 인 가 활 진 사 지 간 가 활 인 인

---

3) 빛나고 밝은 모양.

千沃漢陽三水合處 錦江活者何方錦江
천 옥 한 양 삼 수 합 처 금 강 활 자 하 방 금 강

上流之合水於榮江 平地三千奚山一聲
상 류 지 합 수 어 영 강 평 지 삼 천 해 산 일 성

한양 백 리에 사람의 그림자가 영원히 끊어지고 한양 이북은 나라에서 아버지를 부르고 금강 상류에 사는 사람은 집에서 아버지를 부르리라. 경인(庚寅, 단기 4283, 서기 1950)년엔 부산(釜山: 八金=釜)이 가히 살아날 것이며 신묘년에는 많은 사람이 가히 살아날 것이고 진사년에는 집이 사람들을 살릴 것이니 천 가지 윤택하기로는 한양의 세 냇물이 합하는 곳인데 금강에 살아나는 사람은 어느 곳인가? 금강 상류에. 물이 합하여 영산강(榮山江)이 되는 곳이라. 평평한 땅이 3천 리이니 어찌 산이 한 번 소리인가?

若有智覺望機居上 隱方隱居隨見漂海
약 유 지 각 망 기 거 상 은 방 은 거 수 견 표 해

一曰角也 一曰鬚也 若有智覺積善行仁
일 왈 각 야 일 왈 수 야 약 유 지 각 적 선 행 인

만약 알아서 깨달음이 있으면 하늘의 기틀을 보면서 살 것이며 사는 곳과 사는 집을 숨기고 감추며 바다를 떠다니는 것을 따라서 볼지어다. 한 번 말하기를 뿔이며 또 말하기를 수염이니라. 만약에 지각이 있으면 착함을 쌓고 어짐을 행할지니라.

3. 이율곡선생결

갑신(甲申)

日高西岳 月登西山 日出雲山 大淸還濁
일고서악 월등서산 일출운산 대청환탁

若有知覺 佯狂爲奴 若有知覺 富貴看雲
약유지각 양광위노 약유지각 부귀간운

해는 서쪽 뫼 뿌리 위에 높고 달은 서쪽에 있는 산[4] 위에 오르다. 해가 구름 산에서 나오니 크게 맑으나 도로 탁함으로 돌아온다. 만약 지각(知覺)이 있으면 일부러 미친 척하고 종〔奴僕〕이 되고 만약 지각이 있으면 부귀를 구름처럼 볼 것이다.

을유(乙酉)

法度日出 江山紫色 人以克强 百出無强
법도일출 강산자색 인이극강 백출무강

黑衣何故 白衣何故 小留之國 南北何割
흑의하고 백의하고 소유지국 남북하할

해가 뜨는 데도 법도가 있으니 강산이 자줏빛이더라. 사람으로써 강한 것을 이기니 백 가지가 나와도 강한 것이 없다.
검은 옷은 무슨 까닭인가? 하얀 옷은 무슨 까닭인가? 작은 나라에 그치는 나라가 남북으로 나뉜 것이 무슨 일인가?

---

4) 해지는 쪽의 산.

병술(丙戌)

和溢岸山 風浪極甚 官吏極伐 干戈之貴
화 일 안 산 풍 랑 극 심 관 리 극 벌 간 과 지 귀

一無法令 官吏何用 圍此干戈 殺人如麻
일 무 법 령 관 리 하 용 위 차 간 과 살 인 여 마

화기(和氣)가 건너 산까지 넘치나 풍랑(風浪)이 몹시 심하다. 관원(官員)들의 치는 것이 다하니 간과(干戈)[5]가 귀함이다.
법령이 하나도 없으니 관원이 무엇에 쓰리오? 간과 이것에 둘려 있으니 사람 죽이기가 마〔麻: 삼〕 베는 것과 같다.

정해(丁亥)

無法宮中 無各自居 人人歌婦 道路守岳
무 법 궁 중 무 각 자 거 인 인 가 부 도 로 수 악

出死入生 月下彈琴 處處盜賊 日日極甚
출 사 입 생 월 하 탄 금 처 처 도 적 일 일 극 심

대궐 안에 법이 없으니 스스로 거함이 제각기 없다. 여러 사람이 아낙네 노래 부르니 길을 멧부리가 지키더라.
나가면 죽고 들어오면 사니 달 아래 거문고(가야금)를 뜯는다. 곳곳마다 도적들이 날마다 더욱 심하다.

무자(戊子)

峰起于岳 七國爭雄 家家土匪 村村大陣
봉 기 우 악 칠 국 쟁 웅 가 가 토 비 촌 촌 대 진

---

5) 방패와 창. 전쟁에 쓰는 병장기(兵仗器)의 총칭.

無王君多 無民人筏 殺人生涯 奪財爲業
무 왕 군 다 무 민 인 벌 살 인 생 애 탈 재 위 업

멧부리가 벌처럼 일어나니 일곱 나라가 영웅을 다툰다. 집집마다 토비(土匪)[6]요, 마을마다 대진(大陣: 큰 진)이다.
임금은 없는데 군자(君子)는 많고 백성들은 없는데 사람은 떼로다.
사람 죽이는 것이 한평생이니 재물을 빼앗는 것이 직업이 되다.

기축(己丑)

六月飛霜 必有天變 野山餓莩 轉於丘壑
유 월 비 상 필 유 천 변 야 산 아 부 전 어 구 학

八人三日 生涯無路 論多異變 非僧非俗
팔 인 삼 일 생 애 무 로 논 다 이 변 비 승 비 속

6월의 서리가 날리니 반드시 하늘의 변고(變故)가 있다. 들 근처의 나지막한 산에 굶어 죽는 사람이 언덕과 골짜기로 변했다.
봄(春: 八人三日)의 한평생에 길이 없다. 이변(異變)이라고 논쟁이 많으나 스님도 아니고 속인(俗人)도 아니다.

경인(庚寅)

六月飛霜 必有天變 時疾大致 藥草極貴
유 월 비 상 필 유 천 변 시 질 대 치 약 초 극 귀

城中騰龜 蓬田爲麻 可憐江頭 白骨爲恨
성 중 등 구 봉 전 위 마 가 련 강 두 백 골 위 한

6) 어떤 지방을 중심으로 일어나는 도둑의 떼.

6월에 서리가 날리니 반드시 하늘의 변고이다. 유행 질병이 크게 이르니 약초가 극히 귀하도다.
성 가운데 거북이가 오르니 쑥밭이 삼(麻)이 되었다. 가련(可憐)한 강 머리에 백골(白骨)[7]이 한이 되었다.

신묘(辛卯)

積德積善 有子有孫 如此之歲 生者幾人
적 덕 적 선 유 자 유 손 여 차 지 세 생 자 기 인

貪財在死 貧人自生 若有知覺 何念何憂
탐 재 재 사 빈 인 자 생 약 유 지 각 하 념 하 우

덕을 쌓고 착함을 쌓으니 자손이 있도다. 이와 같은 해에 살아 있는 사람이 몇 사람인고.
재물을 탐하는 데 죽음이 있고 가난한 사람은 스스로 살아간다. 만일 지각이 있으면 무엇을 생각하고 무슨 근심이리오?

임진(壬辰)

海島貴人 天師猛浪 皇命中天 四達大通
해 도 귀 인 천 사 맹 랑 황 명 중 천 사 달 대 통

皇住皇庭 白崩綠衣 陽春布海 綱紀千年
황 주 황 정 백 붕 록 의 양 춘 포 해 강 기 천 년

바다 섬의 귀한 사람이고 천사(天師)가 맹랑(猛浪)하다. 임금의 명(命)이 하늘 한가운데 이르니 동서남북이 크게 통하는 데 이르다.
임금이 머무르는 뜰에 흰 것이 무너지니 푸른 옷이더라. 따뜻한 봄이

---

7) 죽은 사람의 살이 다 썩은 뒤에 남은 흰 뼈.

온 누리에 퍼져 법강(法綱)과 풍기(風紀)가 천 년이다.

계사(癸巳)

八師猛朗 掃除七雄 鼠竊狗偸 四方捕捉
팔 사 맹 랑 소 제 칠 웅 서 절 구 투 사 방 포 착

八人三日 生者幾人 若有知覺 保命何憂
팔 인 삼 일 생 자 기 인 약 유 지 각 보 명 하 우

여덟 스승이 맹랑하니 일곱 영웅을 쓸어 없애더라. 쥐도 도둑질하고 개도 훔치니 사방(四方)에서 꼭 잡는다.
불〔火＝八人〕이 난 3일 동안에 살아남은 사람 몇 사람일꼬? 만일 지각이 있으면 목숨을 보전하는 것이 무슨 근심이리오?

갑오(甲午)

耕者讓畔 仕讓入鄕 與民同樂 醉世太平
경 자 양 반 사 양 입 향 여 민 동 락 취 세 태 평

當世當世 吾亦墓中 後生詳知
당 세 당 세 오 역 묘 중 후 생 상 지

논밭을 갈고 사는 이 밭두둑을 사양하며 벼슬을 사양하고 시골로 들어오다. 백성과 함께 즐기어 태평한 세상에 취하다.
그 시대나 그 세상(바로 지금의 세상)이더라. 나도 또한 묘 속에서 있으나 후생(後生)은 상세히 알리라.

겸암비결(謙菴秘訣)

1. 겸암 류운룡

겸암(謙菴)은 임진왜란 때 충신인 서애(西崖) 류성룡(柳成龍)의 형이 되는 류운룡(柳雲龍)의 호(號)이다.

중종 34년(己亥年, 단기 3872, 서기1539) 음력 8월 6일 사시(巳時) 경상좌도(慶尙左道) 안동부(安東府) 풍산현(豊山縣) 하외리(河隈里)에서 류중영(柳仲郢)과 안동 김씨 사이에서 태어났다. 자(字)는 응견(應見)이고, 초자(初字)는 이득(而得)이며 본관은 풍산(豊山)이다.

6세 때 경오(警悟)함이 보통 아이들과 달랐던 겸암은, 15세에 이미 사서(四書)와 경사(經史)의 대의(大義)를 관통(貫通)했고, 16세에는 친명(親命)에 의해 예안(禮安)으로 가서 퇴계 이황의 문하에서 수업했으나 원래 공명을 달갑게 여기지 않았던 터라 향시(鄕試)에 몇 번 합격하기도 했지만 30세를 조금 넘어서면서 아예 과거(科擧)를 단념하고 오직 학문에 전심했다.

음보(陰補)로 전함사(典艦司) 별좌(別座)를 34세(단기 3905, 선조 5)에 지내고, 54세(선조 25)에 사복첨정(司僕僉正)을 지내고, 그 해 풍기군수(豊基郡守)가 되어 토적(土賊)을 없애는 등 치적(治績)이 있었고, 57세(선조 28, 乙未)에 원주목사(原州牧使)를 지낸 후 선조대왕께 글을 올려 군국(軍國)의 방책(方策)을 진술했다.

류운룡은 학문과 사업에 남다른 자취를 남기면서도 일생 동안 뜻을 굽히거나 현실의 영합에 흐른 적이 없이 오직 소신대로 정도(正道)의 생활을 지키면서 60평생 한 번도 다른 사람의 입담에 오른 적이 없었다. 널리 배우고 많이 보고 들어 아는 것이 많았고 일찍 일어나고 늦게 잠들며 일마다 받드셨다.

선조 34년(辛丑年, 단기 3934) 음력 3월 5일 계묘(癸卯)일 축(丑)시에 화선하니 향년 63세였다.

이 「겸암비결(謙菴秘訣)」에 "癸亥一月三十日獲麟(계해일월삼십일 획린)"이라 기재되어 있으니, 선조 18년(단기 3896) 음력 1월 30일이며, 25세에 지은 것으로 생각된다.

2. 겸암비결

利在哥哥 豕着冠 家下地 雨下横山 顧簷畵狗
이 재 가 가 시 착 관 가 하 지 우 하 횡 산 고 첨 화 구

人口在土天不知 家給千兵 四簷火口 狗性在家
인 구 재 토 천 부 지 가 급 천 병 사 첨 화 구 구 성 재 가

이 첫 구절은 인조 14년(단기 3969) 청나라가 형제국의 사이에서 군신국(君臣國)으로 바꾸기를 요구하면서 청태종(淸太宗: 누루하치)이 10만군을 거느리고 당시 삼국(明·조선·倭)의 명장이었던 임경업(林慶業) 장군이 지키는 백마산성(白馬山城)을 피해 침입한 병자호란(丙子胡亂)을 나타낸다.

'이재가가(利在哥哥)'란 이로움이 가가(哥哥)에 있고 곧 음(音)으로 '집 가(家)' 자를 나타냄이며 '시착관(豕着冠)'은 돼지 시(豕) 자에 관을 쓰면 가(家) 자가 되고 '가하지(家下地)'란 집 아래 땅이니, 즉 집에 있으라는 뜻이며 '우하횡산(雨下横山)'이란 파자(破字)로 우(雨) 자 아래 산(山) 자를

가로하니 설(雪) 자가 되니 눈이 많이 내린다는 뜻이며 '고첨화구(顧簷畵狗)'란 그림으로서 개〔狗〕가 처마를 돌아본다는 것이고 '인구재토천부지(人口在土天不知)'란 인구재토(人口在土)는 파자이니 합자(合字)하면 좌(坐) 자이니 집안에 앉아 있으란 뜻이며 '천부지(天不知)'란 하늘인 것을 알지 못한다는 뜻이며 '가급천병사첨화구(家給千兵四簷火口)'라는 것은 집에 많은 병사를 주었고 사첨(四簷)이란 처마가 넷인 집이라는 뜻이고 화구(火口)란 아궁이를 나타냄이다.

'구성재가(狗性在家)'란 개의 성품은 집에 있으니 집이 피난처이었건만 그 당시 피난한다고 산으로 향한 선인(先人)들께서는 폭설(暴雪)로 인해 눈에 파묻혀 존귀한 생명을 잃었으니 슬픈 일이었다.

利在宋宋 十八公 人地名 松下地 女人戴禾 顧山畵虎
이 재 송 송 십 팔 공 인 지 명 송 하 지 여 인 대 화 고 산 화 호

八口在木人不知 人之夕口 如松之盛
팔 구 재 목 인 부 지 인 지 석 구 여 송 지 성

이 둘째 구절은 지난 선조 25년(단기 3925, 서기 1592) "명나라를 치려고 하니 길을 빌려 달라〔征明假道〕"란 구실로 그 당시 신식무기인 조총(鳥銃)을 갖춘 왜(지금의 일본)의 15만군이 세 갈래(小西行長·加藤淸正·黑田長政)로 침입한 임진왜란을 나타낸다.

'이재송송(利在宋宋)'이란 이로움이 송송(宋宋)에 있다. 즉 음(音)으로 송(松)을 나타냄이며, '십팔공(十八公)'은 글자를 합하면 송(松)이 되며, '인지명(人地名)'이란 사람의 이름과 땅의 이름이니, 사람의 이름은 이여송(李如松) 장군을 뜻하고, 땅의 이름은 송(松) 자가 들어 있는 지명(地名)을 의미한다.

임진왜란 전에 풍신수길(豊臣秀吉)이 군사(軍事)를 낼 때, 그 부인이 점을 쳐보니 "우송즉패(遇松卽敗)"[1]가 나왔다. 그래서 풍신수길은 조선을

침입할 때 지명에 송(松) 자가 있는 곳 또는 소나무가 무성한 곳은 피하도록 명령했다고 전하며, 그 당시 우리 선인들께서는 솔가지를 꺾어 대문에 꽂아 놓고 피난을 하셨으니 지금도 정월 대보름날 청솔가지를 꺾어 대문에 꽂아 두는 풍속은 그로 말미암은 것이다.

'송하지(松下地)'란 소나무 아래 땅이 피난할 곳을 나타냄이고 '여인대화(女人戴禾)'란 파자이니 여인(女人)이 벼〔禾〕를 머리에 이니 나라이름 왜(倭) 자가 되고 '고산화호(顧山畵虎)'란 그림으로써 범이 산을 돌아다본다하니 '호성재산(虎性在山)'은 범의 성품은 산에 있음이니 산의 소나무 아래가 피난처를 일컬음이며 '팔구재목인부지(八口在木人不知)'라는 뜻은 팔구재목(八口在木)은 파자이므로 팔구(八口)를 합하면 '㕣'이란 글자이니 귀 공(公) 자의 본자(本字)가 된다. 거기에다 나무 목(木) 자를 합하면 솔 송(松) 자가 되며 '인부지(人不知)'란 사람인 것을 알지 못한다는 뜻이다. '인지석구여송지성(人之夕口如松之盛)'이란 인지석구(人之夕口)를 줄이면 인지명(人之名) 곧 사람의 이름이란 뜻이고 여송지성(如松之盛)이란 그 당시 명나라 장군(將軍: 提督)이었던 이여송(李如松)을 뜻하며 소나무가 우거진 모양이 있는 곳이다.

利在弓弓 身入穴 草田名 道下地 小頭無足 顧溪 畵牛
이재궁궁 신입혈 초전명 도하지 소두무족 고계 화우

半口在水神不知 茂林矢口 奄宅曲阜
반구재수신부지 무림시구 엄택곡부

이 셋째 구절은 미래 말운(末運)의 예시이다. 풀어 보면 '이재궁궁(利在弓弓)'이란 이로움이 궁궁(弓弓)에 있고, 즉 음(音)으로 궁(窮) 자를 나타냄이며 '신입혈(身入穴)'이란 파자로 구멍 혈(穴) 자에 활 궁(弓) 자와 몸 신

---

1) 송(松)을 만나면 곧 패한다는 뜻이다.

(身) 자가 들어오니 궁할 궁(窮) 자이다. 곧 『역경(易經)』 계사상(繫辭上)에 "窮則變하고 變則通하고 通則久이라"하였으니 궁구(窮究)하면 변화(變化)하고 변화하면 도통(道通)하고 도통하면 장구(長久)한다는 뜻이다. '초전명(草田名)'이란 풀의 이름과 밭의 이름을 뜻하며, '도하지(道下地)'란 피난처를 말함이니 길 아래 땅이며 '소두무족(小頭無足)'이란 작을 소(小) 자가 머리가 되고 없을 무(無) 자의 발(灬=火)이니 합하면 재앙 재(災) 자이다. '고계화우(顧溪畵牛)'란 그림으로서 소〔牛〕가 시내〔溪〕를 돌아본다는 것이고 '우성재야(牛性在野)'이니 소의 성품은 들〔野〕에 있으므로 평야가 피난처임을 암시한다. '반구재수신부지(半口在水神不知)'란 '반구재수(半口在水)'는 파자로 반구(半口)는 새 을(乙) 자에 물 수(氵: 水) 자를 합하여 맘 심(心) 자가 되니 모든 피난이 맘에 있다는 뜻이며 '신부지(神不知)'란 신(神)인 줄을 알지 못한다. '무림시구엄택곡부(茂林矢口奄宅曲阜)'란 무림시구(茂林矢口)는 파자이니 합하면 무림지(茂林知)가 되어 무성한 수풀은 안다는 뜻이며 '엄택곡부(奄宅曲阜)'란 구불구불한 언덕에 드문 집이다.

弓弓非難 利在石井 石井非難
궁 궁 비 란 이 재 석 정 석 정 비 란

寺畓七斗 寺畓非難 精脫其右
사 답 칠 두 사 답 비 란 정 탈 기 우

궁구할 궁(窮) 자도 어렵지 아니하다. 이로움이 연구할 연(硏) 자에 있다. 연구할 연(硏) 자도 어렵지 아니하다. 절논〔寺畓〕 일곱 마지기(七斗)이다. 절논 일곱 마지기도 어렵지 아니하다. 쌀(米)이다. 정(精) 자에 그 오른쪽을 벗는다는 것은 곧 청(靑) 자를 벗으니 쌀 미(米) 자이다.

或曰 養馬之地 金谷人生 害我者小頭無足
혹 왈 양 마 지 지 금 곡 인 생 해 아 자 소 두 무 족

活我者三人一夕[2)]
활 아 자 삼 인 일 석

어떤 사람이 말하기를, 말을 기르는 땅이니 금곡(金谷)에 사람이 산다. 나를 죽이는 것은 재앙(小頭無足=災)이고 나를 살리는 것은 봄(三人一夕=春)이다.

穀之先生 人之人蔘 避難 如聾如啞彼農夫
곡 지 선 생 인 지 인 삼 피 난 여 농 여 아 피 농 부

自得弓弓乙乙利 鳥不離樹 此枝彼枝
자 득 궁 궁 을 을 리 조 불 리 수 차 지 피 지

龍虎定坐 弱山弱水 白虎入尾 黃蛇出尾
용 호 정 좌 약 산 약 수 백 호 입 미 황 사 출 미

곡식의 선생이요, 사람의 인삼(人蔘)이다. 난리를 피함은 귀머거리 같고 벙어리 같은 저 농부요. 스스로 약함(弓弓乙乙=弱)을 얻는 것이 이롭다. 새는 나무를 떠나지 아니하고 이 가지 저 가지. 청룡(靑龍)과 백호(白虎)가 정하여 앉으니 산도 약하고 물도 약하다. 경인(庚寅: 白虎)년에 꼬리가 들어오고 기사(己巳: 黃蛇)년에 꼬리가 나온다.

白玉塗墨 黃金衣紙 三十六黨 莫掛姓名
백 옥 도 묵 황 금 의 지 삼 십 육 당 막 괘 성 명

---

2) 삼인일석(三人一夕)을 '보리 맥(麥)' 자로도 풀 수 있다.

弓弓比如哥哥 畵牛比如畵狗
궁궁비여가가 화우비여화구

흰 구슬이 그을어서 검고 누런 금(金)의 종이 옷이다. 36당(黨)에 이름을 걸지 말지니라. 궁궁(弓弓)을 견주어 가가(哥哥)와 같고 화우(畵牛)를 견주어 화구(畵狗)와 같다.

安東蒼川 金姓[3]不離 靑松老萊 木姓[4]不離
안동창천 금성 불리 청송노래 목성 불리

義城一邑 誰可任之 尙州二處 誰可任之
의성일읍 수가임지 상주이처 수가임지

慶州彦陽 五六道也 漢陽之末 莫踏淸密
경주언양 오륙도야 한양지말 막답청밀

軍比兩邑 聖人獨出 慶蔚兩邑 智者四人
군비양읍 성인독출 경울양읍 지자사인

奉熊兩邑 勇者二人 智者比如張諸 勇者比如關韓
봉웅양읍 용자이인 지자비여장제 용자비여관한

此六人有誰知之 知則非但避亂方
차육인유수지지 지즉비단피난방

경상좌도(慶尙左道) 안동(安東)·창천(蒼川: 지금의 경상도 성주)에는 금

3) 서(徐), 성(成), 황(黃), 원(元), 한(韓), 남(南), 장(張), 신(申), 곽(郭), 노(盧), 배(裵), 문(文), 왕(王), 반(班), 음(陰), 방(方), 온(溫), 백(白), 김(金), 안(安), 장(葬), 두(杜), 여(余), 경(慶), 양(楊), 류(柳), 하(河), 편(片), 강(康), 양(梁).

4) 김(金), 조(趙), 박(朴), 최(崔), 홍(洪), 유(兪), 공(孔), 고(高), 차(車), 조(曺), 강(康), 유(劉), 염(廉), 주(朱), 육(陸), 주(周), 기(奇), 전(全), 동(童), 고(固), 우(虞), 정(鼎), 주(周), 연(延), 화(火), 추(秋), 간(簡).

성(金姓)이 떠나지 아니하고 경상좌도 청송(青松)·노래(老萊: 지금의 청송군 안덕면)에는 목성(木姓)이 떠나지 아니한다.

경상좌도 안동진(安東鎭) 의성현(義城縣)의 한 고을은 누가 가히 맡으리오? 경상우도 상주진(尙州鎭) 상주목(尙州牧)의 두 곳은 누가 가히 맡으리오?

경상좌도 경주진(慶州鎭) 경주부(慶州府) 언양현(彦陽縣)에 30(5×6)명의 도인(道人)이라.

한양(漢陽) 말기에 경상남도 밀양(密陽)과 청도(淸道) 땅을 밟지 말라.

경상좌도 안동진(安東鎭) 군위현(軍威縣)과 비안현(比安縣)의 두 고을에서 성인이 홀로 나온다.

경상좌도 경주진(慶州鎭) 경주부(慶州府)와 울산군(蔚山郡)의 두 고을에서 슬기로운 사람 네 사람이요, 경상좌도 안동진(安東鎭) 봉화현(奉化縣)과 경상우도 김해진(金海鎭) 웅천현(熊川縣)의 두 고을에서 용맹스러운 사람이 두 사람이다.

슬기로운 사람은 견주어 장양(張良)[5)]과 제갈량(諸葛亮)[6)]과 같고 용맹

---

5) 장양(張良, ?~BC 168)의 자(字)는 자방(子房)이고 시호는 문성공(文成公)이다. 한나라 명문 출신으로, BC 218년 박랑사(博浪沙: 河南省 博浪縣)에서 시황제(始皇帝)를 습격했으나 실패, 하비(下邳: 江蘇省 下邳縣)에 은신하고 있을 때 황석공(黃石公)으로부터 『태공병법서(太公兵法書)』를 물려받았다고 한다. 진승(陳勝)·오광(吳廣)의 난이 일어났을 때 유방의 선견지명이 있는 책사(策士)로서 한나라의 서울을 진(秦)나라의 고지(故地)인 관중(關中)으로 정하고자 한 유경(劉敬)의 주장을 지지했다. 소하(蕭何)와 함께 책략에 뛰어나 한나라 창업에 힘썼다. 그 공으로 유후(留侯)에 책봉되었다. 진영에 속했으며 후일 항우(項羽)와 유방이 만난 '홍문의 회(會)'에서는 유방의 위기를 구하기도 했다.

6) 제갈량(諸葛亮, 181~234)의 자는 공명(孔明)이고 시호는 충무(忠武)이며 낭야군 양도현(琅句郡 陽都縣: 山東省 沂水縣)에서 출생했다. 호족(豪族) 출신이었으나 어릴 때 아버지와 사별하여 형주(荊州: 湖北省)에서 숙부 제갈현(諸葛玄)의 손에서 자랐다. 후한 말의 전란을 피해 사관(仕官)하지 않았으나 명성이 높아 와룡선생(臥龍先生)이라 일컬어졌다. 207년(建安 12) 위(魏)의 조조(曹操)에게 쫓겨 형주에

스러운 사람은 견주어 관우(關羽)와 한신(韓信)과 같다.

臥山倒水脫衣童 轉石助土削髮僧
와 산 도 수 탈 의 동 전 석 조 토 삭 발 승

白馬殺狗圍碁翁 黃牛負鵲耕田夫 四人居處
백 마 살 구 위 기 옹 황 우 부 작 경 전 부 사 인 거 처

花舍青煙殺牛者 鳥舞綠楊戢船人 勇者處
화 사 청 연 살 우 자 조 무 녹 양 집 선 인 용 자 처

이 여섯 사람[7]이 누구인가를 알아볼 수 있으리니 알고 본즉 다만 피난하는 지역이다. 산이 눕고 물이 이른 곳에 옷을 벗은 아이〔童子〕이고 돌이 구르고 흙을 돕는 머리 깎은 중〔僧侶〕이다.
흰 말과 개를 죽이며 바둑을 두는 늙은 이〔翁〕이고 누런 소가 까치를 지고 밭 가는 지아비〔農夫〕이다. 옛날 중국의 장양과 제갈량 같은 슬기로운 사람 네 분이 사는 곳이다.
꽃집에 푸른 연기가 나는 곳에 소를 죽이는 사람(백정)과 푸른 버들

와 있던 유비(劉備: 玄德)로부터 '삼고초려(三顧草廬)'의 예로써 초빙되어 '천하삼분지계(天下三分之計)'를 진언(進言)하고 '군신수어지교(君臣水魚之交)'를 맺었다. 이듬해 오(吳)의 손권(孫權)과 연합하여 남하하는 조조의 대군을 적벽(赤壁)의 싸움에서 대파하고, 형주·익주(益州)를 유비의 영유(領有)로 하였다. 그 후에도 수많은 전공(戰功)을 세웠고, 221년(章武 1) 한(漢)의 멸망을 계기로 유비가 제위에 오르자 재상이 되었다. 유비가 죽은 후에는 어린 후주(後主) 유선(劉禪)을 보필하여 재차 오(吳)와 연합, 위(魏)와 항쟁했으며, 생산을 장려하여 민치(民治)를 꾀하고, 윈난(雲南)으로 진출해 개발을 도모하는 등 촉(蜀)의 경영에 힘썼으나 위(魏)와의 국력의 차이는 어쩔 수 없어 국세가 기울어가는 가운데, 위의 장군 사마의(司馬懿)와 오장원(五丈原: 陝西省 郿縣)에서 대진 중 병몰(病沒)했다. 위와 싸우기 위해 출진할 때 올린 『전출사표(前出師表)』, 『후출사표(後出師表)』는 천고(千古)의 명문으로 이것을 읽고 울지 않는 자는 사람이 아니라고까지 일컬어졌다.

7) 슬기로운 사람 네 사람과 용맹스러운 두 사람.

에 새가 춤추는 곳에 배를 이끄는 사람(뱃사공)이다.

용맹이 중국의 옛날 관우(關羽[8])와 한신(韓信[9]) 같은 두 사람이 사는 곳이다.

君莫聞泛然 窮思覓得
군 막 문 범 연 궁 사 멱 득

嗟嗟呼呼 我東方幾方 幾百年社稷 運在幾何
차 차 호 호 아 동 방 기 방 기 백 년 사 직 운 재 기 하

---

8) 관우(關羽, ?~219)는 소설 『삼국지연의(三國志演義)』에서 충신의 전형으로 등장하고 있으며, 송나라 때 이후로 관제묘(關帝廟)를 세워 그를 무신(武神) 또는 재신(財神)으로 모시는 등 중국 민중의 신앙의 대상이 되기도 했다. 금의 산시성(山西省) 윈청현(運城縣)인 하동군(河東郡) 해현(解縣)에서 출생했다. 자(字)는 운장(雲長)이다. 후한말(後漢末)의 동란기에 탁현(褶縣: 河北省 소재)에서 유비(劉備)를 만나 장비(張飛)와 함께 의형제를 맺고, 평생 그 의를 저버리지 않았다. 200년 유비가 조조(曹操)에게 패했을 때, 관우는 사로잡혀 조조의 귀순 종용과 함께 극진한 예우를 받았다. 이에 관우는 조조의 대적(大敵) 원소(袁紹)의 부하 안양(顔良)을 베어 조조의 후대에 보답한 다음, 기어이 유비에게로 돌아갔다. 208년 적벽전(赤壁戰) 때에는 수군(水軍)을 인솔하여 큰 공을 세우고, 유비의 익주(益州: 四川省) 공략 때는 형주(荊州: 湖北省)에 머무르며 촉나라의 동방 방위를 맡는 등 그 무력과 위풍(威風)은 조조와 손권(孫權)마저 두려워했다. 그러나 형주에서 촉나라 세력의 확립을 위해 진력하다가 조조와 손권의 협격(挾擊)을 받아 마침내 사로잡혀 죽음을 당했다.

9) 한신(韓信, ?~BC 196)은 회음(淮陰: 江蘇省) 출생으로 진(秦)나라 말 난세에 처음에는 초(楚)나라의 항량(項梁)·항우(項羽)를 섬겼으나 중용되지 않아 한왕(漢王: 高祖 劉邦)의 군에 참가했다. 승상 소하(蕭何)에게 인정을 받아 해하(垓下)의 싸움에 이르기까지 한군을 지휘하여 제국(諸國) 군세를 격파, 군사면에서 크게 공을 세움으로써 제왕(齊王), 이어 초왕(楚王)이 되었다. 그러나 한제국의 권력이 확립되자 유씨(劉氏) 외의 다른 제왕(諸王)과 함께 차차 밀려나 BC 201년 회음후(淮陰侯)로 격하되고, BC 196년 진희(陳豨)의 난에 통모(通謀)했다하여 여후(呂后)의 부하에게 참살당했다. 불우하던 젊은 시절에 시비를 걸어오는 시정(市井) 무뢰배의 가랑이 밑을 태연히 기어나갔다는 일화로 유명하다.

初運東在干馬 中運北在干鼠月在半士日在昔
초 운 동 재 간 마 중 운 북 재 간 서 월 재 반 사 일 재 석

末運北在干猿 月在川日州 亡興都在於末運
말 운 북 재 간 원 월 재 천 일 주 망 흥 도 재 어 말 운

그대는 뜬소문을 듣지 말라. 그러므로 온갖 힘을 다 들여 고생한 끝에 겨우 찾아내는 것이다.
아아! 슬프도다! 우리나라 몇 백 년의 사직(社稷)의 운이 어떠한가? 첫 운은 갑오(甲午)[10]년이고, 가운데 운은 임자(壬子)[11]년 칠월(七月)[12] 이십일일(廿一日=昔)에 있다. 곧 임자(壬子)년 7월 21일이다. 말운(末運)은 임신(壬申)[13]년 3월(三月)[14] 30일[15]에 있다. 곧 임신년 3월 30일이다. 망하고 흥하는 것은 모두 말운에 있다.

開明還暗 明名不明 開明四十 窮民何生
개 명 환 암 명 명 불 명 개 명 사 십 궁 민 하 생

一地十尺 地圖分明[16]
일 지 십 척 지 도 분 명

개명(開明)된 사회라고 하나 오히려 어둡고 밝은 이름이 났다하나

10) 동(東)은 갑(甲)과 을(乙)이며 마(馬)는 오(午)가 된다.
11) 북(北)은 임(壬)과 계(癸)이며 서(鼠)는 자(子)가 된다.
12) 반사(半士)는 일곱 칠(七)자이다.
13) 북(北)은 임(壬)과 계(癸)이며 원(猿)은 신(申)이 된다.
14) 내 천(川) 자가 누우면 석 삼(三)자이다.
15) 삽(卅)은 삼십 삽(卅)자이다.
16) 이는 단기 4243년(1910)부터 단기 4251년(1918)까지 일본이 한반도를 강점(強占)하고 토지조사사업령(土地調査事業令)을 발포(發布)하여 토지조사사업을 시행한 당시를 예시한 것이다.

밝지 못한다. 개명한 지도 사십 년이나 가난한 백성은 어찌 살리오? 한 땅이 열 자(尺)이니 땅의 그림이 분명하다.

富庫已虛 蘇國不匡 草土人民 名滿天下
부 고 이 허 소 국 불 광 초 토 인 민 명 만 천 하

愚昧童子 無非印官 淸白爲黑 開明爲暗
우 매 동 자 무 비 인 관 청 백 위 흑 개 명 위 암

부자의 창고가 이미 텅 비었으니 나라가 새로 생기나 크지 못한다. 농목(農牧: 草土)의 백성의 이름이 하늘 아래 온 세상에 가득하다. 어리석고 사리(事理)에 어두운 아이도 도장을 갖춘 벼슬 아님이 없다. 청렴하고 결백한 사람이 흑심(黑心)이 되고 사람의 지혜가 계발되고 문화가 발달되었다고 하나 범죄나 부도덕으로 사회가 혼란하고 문화가 쇠퇴한 것이 된다.

鑿山通道 山河何罪 海防通道 蒼海何數
착 산 통 도 산 하 하 죄 해 방 통 도 창 해 하 수

坐論千里外 非其造化也 邪述何當正道乎
좌 론 천 리 외 비 기 조 화 야 사 술 하 당 정 도 호

산을 깎고 통행하는 길을 만드니 산과 물이 무슨 죄인고? 바다를 막고 길을 통하니 푸른 바다가 어떤 셈인고? 앉아서 천 리 밖과 의논하니 그 조화가 아니로다. 사술(邪述)이 어찌 정도(正道)를 당하리오?

雖然 溪近貴畓 凌天歟地 田一斗之一百 畓一斗之五百[17)]
수 연 계 근 귀 답 능 천 여 지 전 일 두 지 일 백 답 일 두 지 오 백

米一斗之十紙 麥一斗之五貫 牛千馬百 鷄三狗九
미 일 두 지 십 지 맥 일 두 지 오 관 우 천 마 백 계 삼 구 구

有錢無用 無錢難生 爲人形之用錢 承鐵繩之通唔
유 전 무 용 무 전 난 생 위 인 형 지 용 전 승 철 승 지 통 오

비록 그러하나 시냇가 가까운 귀한 논이니 하늘과 더불어 땅을 업신여기더라. 밭 한 마지기〔斗落〕가 백의 가치가 되고 논 한 마지기가 5백의 가치가 된다.
쌀 한 말이 종이 열 장이고 보리 한 말이 다섯 관(貫)이다. 소의 가치가 천(千)이고 말의 가치가 백(百)이며 닭의 가치가 삼(三)이고 개의 가치가 구(九)이다.
돈이 있어도 쓸 데가 없고 돈이 없어도 어렵게 산다. 사람의 형상을 그려 돈으로 쓰고 쇠줄을 이어 말을 통한다.[18)]

若夫至此 富不利 道不利 山不利 海不利 嗟實呼
약 부 지 차 부 불 리 도 불 리 산 불 리 해 불 리 차 실 호

毛童百里 人影永絶 相食之盛 日夜盛火
모 동 백 리 인 영 영 절 상 식 지 성 일 야 성 화

만약 대저 이에 이르면, 부자도 이롭지 않고 길도 이롭지 않고 산도 이롭지 않고 바다도 이롭지 않도다. 아! 실로 슬프다.
폭탄[19)]이 떨어져 사방 백 리에 사람의 그림자가 길게 끊어지리라.

---

17) 조선 후기 전에는 밭의 가치가 논보다 높았으나 조선 후기 이앙법(移秧法)이 보급되면서 논의 가치가 밭의 가치보다 높아졌다.

18) 종이돈과 전화를 뜻한다.

19) 털 모(毛) 자를 해자하면 두 이(二) 자와 일곱 칠(七) 자가 된다. 곧 이칠(二七)은 오행(五行) 수리상(數理上) 불 화(火) 자이니 화동(火童)은 폭탄을 뜻한다.

서로 죽이는 소리가 성하더니 한밤에 불이 성하리라.

雖然 六月蒙霜 誰能制之 間間昌義 事事不成
수 연 육 월 몽 상 수 능 제 지 간 간 창 의 사 사 불 성

述夫 上先天而日月照照 下後天而風雨昏昏
술 부 상 선 천 이 일 월 조 조 하 후 천 이 풍 우 혼 혼

甚哀俗士之求生
심 애 속 사 지 구 생

비록 그러하나 6월의 난리를 누가 능히 막으리오? 정의(正義)가 사이사이 창성(昌成)하나 일마다 이루지 못한다.
무릇 짓되, 선천(先天) 위는 해와 달이 조조(照照)[20]하고 후천(後天) 아래는 바람과 비가 혼혼(昏昏)[21]하리라.
심하다, 슬픈 속사(俗士)[22]의 삶을 구함이여.

道岸背立莫飛失路之人 心道未定盡是狂夫之徒
도 안 배 립 막 비 실 로 지 인 심 도 미 정 진 시 광 부 지 도

道定然後可見福德之星 鑑照然後可察生旺之方
도 정 연 후 가 견 복 덕 지 성 감 조 연 후 가 찰 생 왕 지 방

길의 언덕에 등지고 서서 날려고 하지 말라. 길을 잃은 사람이여! 맘의 길을 정하지 못한 이, 모두 미치광이의 무리이니라.
길을 정한 뒤에 옳게 볼지어다! 복덕(福德)의 별을 거울에 비추어본

---

20) 환히 비치는 모양.
21) 흐린 모양.
22) 속세의 선비.

뒤에 가히 살피라, 생왕(生旺)의 방위(方位)를.

福德之星不在天而在於心內之天
복 덕 지 성 부 재 천 이 재 어 심 내 지 천

生旺之方不在地而在於坐下之地 心天何天 坐地何地
생 왕 지 방 부 재 지 이 재 어 좌 하 지 지 심 천 하 천 좌 지 하 지

伊尹顧諟之天 文王敬止之地
이 윤 고 시 지 천 문 왕 경 지 지 지

복덕의 별이 하늘에 있지 않고 맘속에 하늘이 있고, 생왕의 방위가 땅에 있는 것이 아니고 앉아 있는 아래의 땅이니라.
맘의 하늘이 어느 하늘이며 앉은 땅은 어느 땅인가? 이윤(伊尹)[23]을 진실로 돌아보는 하늘이고 문왕(文王)[24]의 공경이 그친 땅이니라.

有能知夫 顧諟敬止之天地則
유 능 지 부 고 시 경 지 지 천 지 즉

何畏乎七年九歲之水旱 何患乎三國五季之風塵
하 외 호 칠 년 구 세 지 수 한 하 환 호 삼 국 오 계 지 풍 진

지아비는 능히 알아야 할지니. 이윤을 진실로 돌아보고 문왕의 공경이 그친 하늘과 땅인즉, 무엇이 두려우랴! 칠년·구년의 홍수와 가뭄을. 무엇이 근심인가! 삼국·오계의 풍진을.

---

23) 중국 은(殷)나라 초기의 전설상의 인물이다. 이름난 재상(宰相)으로 탕왕(湯王)을 보좌해 하(夏)나라의 걸왕(桀王)을 멸망시키고 선정(善政)을 베풀었다.
24) 중국 주(周)나라 무왕(武王)의 아버지로 이름은 창(昌)이다. 태공망(太公望)을 모사(謀士)로 삼아 국정(國政)을 바로잡고 융적(戎狄)을 토벌하여 중국 천하의 반 이상을 통일했다.

戊子黃鼠登山 五穀不勝旱 己丑黃牛臥草 人民飽食煖
무 자 황 서 등 산 오 곡 불 승 한 기 축 황 우 와 초 인 민 포 식 원

庚寅白虎入山 山凶野豐登 辛卯白兎下山 五穀半實免凶已
경 인 백 호 입 산 산 흉 야 풍 등 신 묘 백 토 하 산 오 곡 반 실 면 흉 이

무자(戊子)년. 누런 쥐가 산에 오르니 오곡(五穀)[25]이 가뭄을 이기지 못한다.
기축(己丑)년. 누런 소가 풀에 누우니 백성은 배부르고 따뜻하다.
경인(庚寅)년. 흰 범이 산에 드니 산은 흉하고 들은 농사지은 것이 잘 되었다.
신묘(辛卯)년. 흰 토끼가 산에서 내려오니 오곡을 절반 거두어 이미 흉작(凶作)을 면했도다.

壬辰黑龍成雨 馬後牛山何凄凄
임 진 흑 룡 성 우 마 후 우 산 하 처 처

癸巳黑蛇登屋 鷄啄禾是乾乾
계 사 흑 사 등 옥 계 탁 화 시 건 건

甲午青馬渡江 穀頭入山將頭死
갑 오 청 마 도 강 곡 두 입 산 장 두 사

乙未青鼯隱野 五穀登豊國家紛
을 미 청 오 은 야 오 곡 등 풍 국 가 분

임진(壬辰)년. 검은 용이 비를 내리니, 말 뒤에 소[牛]의 산(山)이라 어찌나 슬픈지.
계사(癸巳)년. 검은 뱀이 집을 오르니, 닭이 벼를 쪼니 바야흐로 톡톡

---

25) 쌀·보리·조·콩·기장으로 모든 곡식을 뜻한다. 곡식의 총칭.

〔乾乾〕 소리가 있다.

갑오(甲午)년. 푸른 말이 강을 건너니, 곡식의 머리가 산에 드니 장차 머리가 죽도다.

을미(乙未)년. 푸른 날박쥐(양)가 들에 숨으니, 모든 곡식의 농사가 아주 잘 되었으나 국가는 어지럽다.

丙申赤猿吹嘯 半是爲寇半是賊
병 신 적 원 취 소 반 시 위 구 반 시 적

丁酉赤鷄鳴昏 童賊無疑入內宮
정 유 적 계 명 혼 동 적 무 의 입 내 궁

戊戌黃狗吠黑 夷賊强盛東出西入
무 술 황 구 폐 흑 이 적 강 성 동 출 서 입

己亥黃猪宿場 五穀豊滿尋常過
기 해 황 저 숙 장 오 곡 풍 만 심 상 과

병신(丙申)년. 붉은 잔나비(원숭이)가 휘파람을 부니, 절반은 떼도둑이 되고 절반은 도둑이다.

정유(丁酉)년. 붉은 닭이 저녁에 우니, 어린[26] 도둑이 의심 없이 궁전(宮殿) 안에 든다.

무술(戊戌)년. 누런 개가 어둠 속에서 짖으니, 오랑캐가 강하고 성하여 동쪽으로는 나아가고 서쪽으로는 들어온다.

기해(己亥)년. 누런 돼지가 마당에서 자니, 곡식이 풍족하고 넉넉하니 대수롭지 않아 예사롭게 지낸다.

---

26) 정신적인 미성숙.

庚子白鼠穿窓 宮中不成眼 城外未堪笑
경자백서천창 궁중불성안 성외미감소

辛丑白牛耕田 沙田穀茂盛 山間穀未發
신축백우경전 사전곡무성 산간곡미발

壬寅黑虎出谷 五穀雖登禍蕭墻
임인흑호출곡 오곡수등화소장

癸卯黑兎吐火 火入家中何免死
계묘흑토토화 화입가중하면사

경자(庚子)년. 흰 쥐가 창을 뚫으니, 궁전 가운데는 눈을 다 이루지 못하고 성문 밖에는 아직 웃음을 견디지 못한다.
신축(辛丑)년. 흰 소가 밭을 가니, 모래밭에는 곡식이 우거져 성하고 산골에는 곡식이 아직 피지 않았다.
임인(壬寅)년. 검은 범이 골짜기에 나오니, 곡식은 비록 익으나 내부에서 일어난 변란의 재앙이 있다.
계묘(癸卯)년. 검은 토끼가 불을 토하니, 온 집안에 불이 들어오니 어찌 죽음을 면할꼬?

甲辰青龍就水 水均豊均魚脱網
갑진청룡취수 수균풍균어탈망

乙巳青蛇横江 種租種澤秧福山
을사청사횡강 종조종택앙복산

丙午赤馬豺行 關羽更對南屛山
병오적마시행 관우갱대남병산

丁未赤鼯登廩 五穀盛實豊均登
정미적오등름 오곡성실풍균등

갑진(甲辰)년. 푸른 용이 물에 나아가니, 물도 고르고 평평하게 풍성한데 고기는 그물을 벗어난다.
을사(乙巳)년. 푸른 뱀이 강을 가로지르니, 씨앗을 세(稅)내어 씨를 못에 심었다가 복산(福山)에 모내기한다.
병오(丙午)년. 붉은 말이 성내면서 다니니, 관우(關羽)가 남병산[27]과 다시 맞섰도다.
정미(丁未)년. 붉은 날박쥐(앙)가 창고에 오르니, 곡식은 잘 익어 성하니 고르게 풍년이 들다.

戊申黃猿孤哭 噫彼蚩蚩累弁人
무 신 황 원 고 곡 희 피 치 치 누 변 인

己酉黃鷄登屋 嵋山草木幷發榮
기 유 황 계 등 옥 미 산 초 목 병 발 영

庚戌白狗守賊 博浪波瀾驚衆徒
경 술 백 구 수 적 박 랑 파 란 경 중 도

辛亥白猪食葛 豆太黍粟四野登
신 해 백 저 식 갈 두 태 서 속 사 야 등

무신(戊申)년. 누런 잔나비(원숭이)가 외롭게 우니 저 어리석은 모양을 한 여럿 삿갓을 쓴 사람이여.
기유(己酉)년. 누런 닭이 지붕에 오르니 아미산(峨嵋山)[28] 풀과 나무가 아울러 피어 성하다.
경술(庚戌)년. 흰 개가 도둑을 지키니 많은 물결이 일어 순조롭지 않게 일어나는 여러 가지 곤란함이나 사건으로 있어 놀란 많은 무리

27) 강원도 평창군(平昌郡)에 있는 산으로 높이 1,150m이다.
28) 경기도 연천군(漣川郡)에 있는 산. 또는 중국 사천성(泗川省)에 있는 산.

들이여.

신해(辛亥)년. 흰 돼지가 칡을 먹으니 팥·콩·조·기장이 온 누리에 아주 잘 익었다.

壬子黑鼠入庫 五穀免凶朝鮮無
임 자 흑 서 입 고 오 곡 면 흉 조 선 무

癸丑黑牛西出 君五吾君臣何去
계 축 흑 우 서 출 군 오 오 군 신 하 거

임자(壬子)년. 검은 쥐가 창고에 드니 곡식은 흉작을 면했으나 아침처럼 신선함〔朝鮮〕은 없다.

계축(癸丑)년. 검은 소가 서쪽에서 나오니 임금은 다섯인데 나의 임금과 신하는 어찌하여 가느냐?

甲寅青虎城越 天下登豊萬民苦
갑 인 청 호 성 월 천 하 등 풍 만 민 고

乙卯青兎過山 不知死生泣誰從
을 묘 청 토 과 산 부 지 사 생 읍 수 종

갑인(甲寅)년. 푸른 범(호랑이)이 재를 넘으니 온 세상 농사지은 것은 아주 잘 되었으나 모든 사람의 노고(勞苦)이다.

을묘(乙卯)년. 푸른 토끼가 산을 지나가니 죽고 사는 것을 알지 못하니 눈물을 흘리며 누구를 따르랴?

丙辰赤龍就水 先水後旱穀不實
병 진 적 용 취 수 선 수 후 한 곡 불 실

丁巳赤蛇橫道 十里行步誰易得
정 사 적 사 횡 도 십 리 행 보 수 이 득

병진(丙辰)년. 붉은 용이 물에 나아가니 먼저 홍수가 있고 뒤에는 가뭄이 있어 곡식이 열매를 맺지 못하도다.
정사(丁巳)년. 붉은 뱀이 길을 가로지르니 십 리 길을 걸어서 다니니 누구나 쉽게 얻는다.

戊午黃馬走北 胡馬長嘶大同江
무 오 황 마 주 북 호 마 장 시 대 동 강

己未黃鼦縮江 銅黨山下樂士斃
기 미 황 오 축 강 동 당 산 하 낙 산 폐

무오(戊午)년. 누런 말이 북쪽으로 달아나니 오랑캐 말이 대동강(大同江)에서 길게 울도다.
기미(己未)년. 누런 날박쥐(양)가 강물을 줄이니 동당산(銅黨山) 아래 즐기던 선비들이 죽는다.

庚申白猿呼徒 山南群蛙聚短兵
경 신 백 원 호 도 산 남 군 와 취 단 병

辛酉白鷄配雉 西洋何國助東國
신 유 백 계 배 치 서 양 하 국 조 동 국

경신(庚申)년. 흰 잔나비(원숭이)가 무리를 부르니 산의 남쪽 편에 개구리와 같은 무리들이 창이나 칼을 갖고 모이리라.
신유(辛酉)년. 흰 닭이 꿩을 짝하니 서양의 어떤 나라가 우리나라(東國)를 돕는다.

壬戌黑狗不吠 毛童百里人影絶
임 술 흑 구 불 폐 모 동 백 리 인 영 절

癸亥黑猪逢虎 風塵世界掘指計
계 해 흑 저 봉 호 풍 진 세 계 굴 지 계

임술(壬戌)년. 검은 개가 짖지 않으니 폭탄〔火童〕이 떨어진 사방 백리에 사람의 그림자가 오래 끊어지리라.
계해(癸亥)년. 검은 돼지가 범을 만났으니 온 세상이 전쟁의 북새통이니 손가락을 꼽아 셈하여 본다.

甲子青鼠入宮 八酉乃大[29]昌義聲
갑 자 청 서 입 궁 팔 유 내 대 창 의 성

乙丑青牛臥岸 穀多人小是何變
을 축 청 우 와 안 곡 다 인 소 시 하 변

갑자(甲子)년. 푸른 쥐가 궁전에 드니 정씨(鄭氏)가 크게 정의를 창성하는 소리가 있다.
을축(乙丑)년. 푸른 소가 언덕에 누웠으니 곡식은 많고 사람은 적으니 이 무슨 변고(變故)인가?

丙寅赤虎共鬪 假鄭眞鄭從何來
병 인 적 호 공 투 가 정 진 정 종 하 래

丁卯赤兎抱卵 三葛八信處處起
정 묘 적 토 포 란 삼 갈 팔 신 처 처 기

29) 팔유내대(八酉乃大)는 파자로 합자하면 정중할 정(鄭) 자가 된다.

병인(丙寅)년. 붉은 범이 서로 다투니 가짜 정(鄭)과 진짜 정(鄭)이 어느 쪽을 쫓아오는가?
정묘(丁卯)년. 붉은 토끼가 알을 안으니 세 제갈량(諸葛亮)과 여덟 한신(韓信)이 곳곳에서 일어나도다.

戊辰黃龍負舟 四海一無先行人
무 진 황 용 부 주 사 해 일 무 선 행 인

己巳黃蛇入蘆 穀貴如金人沒死
기 사 황 사 입 로 곡 귀 여 금 인 몰 사

무진(戊辰)년. 누런 용이 배를 지니 온 나라에 앞서가는 사람이 하나도 없다.
기사(己巳)년. 누런 뱀이 갈 속에 드니 곡식이 귀하기가 금(金)과 같으니 사람이 모조리 다 죽는다.

庚午白馬金鞍 英雄得勢民何生
경 오 백 마 금 안 영 웅 득 세 민 하 생

辛未白鼯登樹 半凶半吉餘存活
신 미 백 오 등 수 반 흉 반 길 여 존 활

경오(庚午)년. 흰 말에 쇠의 안장이니 영웅이 세력을 얻으니 백성이 어찌 살꼬?
신미(辛未)년. 흰 날박쥐(앙)가 나무에 오르니 절반은 흉하고 절반은 길하니 남아 있는 사람은 살 수 있다.

壬申黑猿秋毫 開龍花發鼎盛制
임 신 흑 원 추 호 개 용 화 발 정 성 제

癸酉黑鷄尋晨 不學無識是可歎
계 유 흑 계 심 신 불 학 무 식 시 가 탄

임신(壬申)년. 검은 잔나비에 가을 털이 나니 용산에 나라를 세우니 꽃이 피니 솥과 같이 성하여 법도를 이룬다.

계유(癸酉)년. 검은 닭이 새벽을 찾으니 배우지 않아 아는 것이 없음을 가히 탄식한다.

甲戌青狗知主 邦家太平三月科
갑 술 청 구 지 주 방 가 태 평 삼 월 과

溫土中土從土 浮金冷金從金
온 토 중 토 종 토 부 금 냉 금 종 금

갑술(甲戌)년. 푸른 개가 주인을 아니 여러 나라의 태평(太平)한 3월에 과거가 있도다.

온토(溫土)는 구들이고 중토(中土)는 벽이니 흙(土)을 따르다. 부금(浮金)은 솥이며 냉금(冷金)은 쟁기이니 쇠(金)를 따르라.

※ 냉금은 감(坎: ☵) 가운데 있는 양(陽)을 말한다. 감(坎: ☵) 물속에 잠긴 금(金), 수중금(水中金)으로 이것을 냉금(冷金)이라고 한다. 이 냉금이 뜨게 하려면 정신의 기를 받아 정신에 불인 화(火)로써 감궁(坎宮)에 오래 비추게 되면 감 가운데 양이 떠오르게 된다. 이것을 부금(浮金)이라고 한다. 이 금(金)이야말로 인간을 영원히 장생하게 할 수 있는 선천의 기이며 불사약이니, 이것을 좇아야 된다.

『주역』의 괘로 말한다면 2효와 5효가 서로 통해야만 수승화강(水昇火降)이 되는 것이다.

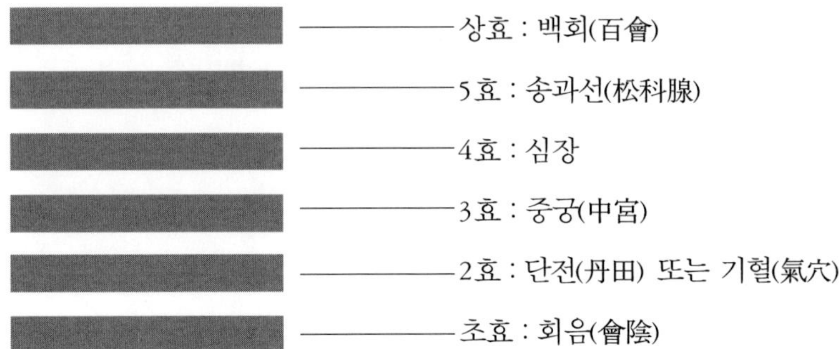

이 그림은 중건괘(重乾卦)로 건괘(乾卦)와 태괘(兌卦)가 오행(五行)에서 금(金)을 뜻하고 중양(重陽)을 상징하고 순양(純陽)을 말한다.

정류문답(鄭柳問答)

鄭龍宮出遇卓道士 受天文訣而通焉
정 용 궁 출 우 탁 도 사 수 천 문 결 이 통 언

庚寅正月晦夜 觀天文知有
경 인 정 월 회 야 관 천 문 지 유

壬辰之變 置妻子於海島中
임 진 지 변 치 처 자 어 해 도 중

遍踏八域山川至安東河回 柳謙菴家
편 답 팔 역 산 천 지 안 동 하 회 류 겸 암 가

정감(鄭堪)은 용왕(龍王)의 궁전을 나온 탁(卓) 도사(道士)에게 천문결(天文訣)을 받아 큰 뜻을 통했다. 경인(庚寅, 단기 3923, 서기 1590, 선조 25)년 음력 1월 그믐날 밤에 천체(天體)의 모든 형상을 보니 임진(壬辰, 단기 3925, 서기 1592, 선조 27)년의 변고를 알 수 있었으며 처와 아들을 바다 섬 가운데 두고서 팔도의 산천을 이곳저곳 두루 돌아다

* 대정 12년(1923) 3월 30일 이문당(以文堂)에서 재판 발행한 『진본 정감록(眞本 鄭堪錄)』 안에 「정류문답(鄭柳問答)」으로 실려 있고, 경전(耕田) 조성기(趙聖紀)의 필사본인 『하락요람(河洛要覽)』에는 '정류결(鄭柳訣)'로 쓰여 있다. 두 본(本)에는 약간의 차이가 있다. 인쇄본(印刷本)을 기본으로 해역(解譯)했다.

니다가 경상좌도 안동부(安東府) 풍산현(豊山縣) 하외리(河隈里)의 겸암 류운룡 댁에 이르렀다.

問曰 壬辰之寇 何以避之
문 왈 임 진 지 구 하 이 피 지

柳曰 安義水城臺 可避八年干戈矣 青鶴洞則
류 왈 안 의 수 성 대 가 피 팔 년 간 과 의 청 학 동 즉

必待後人非仙分不可
필 대 후 인 비 선 분 불 가

정감이 묻기를, "임진년의 도적은 어떻게 피할까?"

류(柳) 선생이 대답하기를, "안의(安義) 수성대(水城臺)에서 8년 난리를 가히 피할 수 있고 청학동이면 반드시 뒤에 사람들이 신선의 나누는 것이 아니면 불가하다."

鄭曰 赤鼠北賊 何以防之
정 왈 적 서 북 적 하 이 방 지

柳曰 此乃一時小寇 何足深慮 然當其時 在家者生
류 왈 차 내 일 시 소 구 하 족 심 려 연 당 기 시 재 가 자 생

出家者死 其後百年安過 至庚寅甲午甲辰己酉國脈
출 가 자 사 기 후 백 년 안 과 지 경 인 갑 오 갑 진 기 유 국 맥

必斷 庚戌辛亥人心如在竿頭 壬子癸丑南北騷擾
필 단 경 술 신 해 인 심 여 재 간 두 임 자 계 축 남 북 소 요

甲寅乙卯值殺 年丙辰之間 眞人出海島中
갑 인 을 묘 치 살 년 병 진 지 간 진 인 출 해 도 중

丁巳干戈不息 庚申辛酉南北分裂 民不安土
정 사 간 과 불 식 경 신 신 유 남 북 분 열 민 불 안 토

壬戌癸亥干戈寢息 甲子十月運移于鷄龍山
임술계해간과침식 갑자십월운이우계룡산

始得太平 自壬子以後至癸亥
시득태평 자임자이후지계해

兵革不息 百里之内 生者必稀 亂賊紛紛
병혁불식 백리지내 생자필희 난적분분

狂風暴雨 兩日時至 自壬辰以前先動 壬寅以前中動
광풍폭우 양일시지 자임진이전선동 임인이전중동

戊己壬子末動 不可言也
무기임자말동 불가언야

정감(鄭堪)이 묻기를, "병자년의 북쪽 도적을 어떻게 막습니까?" 류(柳) 선생이 대답하기를, "한때의 작은 도적이니 어찌 극히 깊이 근심할까? 그러나 그 때를 당하여 집에 있는 사람은 살 것이며 집을 나가는 사람은 죽을 것이다. 그 뒤 백여 년은 탈 없이 평안하게 지내고, 경인·갑오·갑신·기유에 이르면 나라의 명맥(命脈) 또는 수명이 반드시 끊기고 경술·신해에 이르면 맘이 장대나 대막대기 끝에 있는 것과 같고 임자·계축에 이르면 남과 북이 수선스럽고 갑인·을묘에 죽임을 만나고 병진의 기간은 진인(眞人)이 바다 섬 가운데서 나오며, 정사년에는 전쟁이 쉬지 않으며, 경신·신유년에는 남과 북으로 서로 독립한 두 개로 갈라져 나누어지니 백성이 편안치 못하고 임술·계해년에는 전쟁이 떠들썩하던 일이 가라앉아서 그치고 갑자년 10월에 운이 계룡산으로 옮기니 비로소 태평을 얻었다. 임자년부터 계해년까지 무기 또는 전쟁은 쉬지 않아 백 리 안에는 살아남는 사람이 반드시 드물 것이다. 어지러운 도적의 말썽이 많아 뒤숭숭하며 시끄럽고 미친 듯이 휩쓸어 일어나는 바람과 몹시 급하게 별안간 쏟아지는 비가 내리면 일어날 때이다. 임진년에서부터 먼저 움직이고 임인년이 중동이 되며 임자가 끝이니 가히 말할 수 없다."

蓋智異山南麓 龍虎相抱 石門爲城 外案白雲山三峰
개지리산남록 용호상포 석문위성 외안백운산삼봉

壬坐癸向 福星相照 萬山精氣融合于此 我東之首基
임좌계향 복성상조 만산정기융합우차 아동지수기

朝貧暮富 將相疊出 家君子輩出之地也
조빈모부 장상첩출 가군자배출지지야

대저 지리산(智異山) 남쪽 기슭 청룡과 백호가 서로 안고 돌문이 성이 되고 밖의 백운산 세 봉우리가 안산이니 임좌(壬坐)에 계향(癸向)이다. 복성(福星)이 서로 비치며 온 산의 정기가 이곳에 융해하여 화합한다. 우리나라의 첫째의 터이다. 아침에 가난했으나 저녁에 부자가 되며 장수와 재상이 거듭 나오고 군자가 무리로 나오는 곳이다.

若非至誠 豈可言論乎 求禮錦帳里 十二年安過 將星所照
약비지성 기가언론호 구례금장리 십이년안과 장성소조

先難後平之地也 順天月登黃田間 五年安過
선난후평지지야 순천월등황전간 오년안과

谷城木寺洞 青龍内 五年安過 朴川之南 綾州之東
곡성목사동 청룡내 오년안과 박천지남 능주지동

五年安過 坐乾向巽 千基極好 金山馬隔洞 五年安過
오년안과 좌건향손 천기극호 금산마격동 오년안과

當岳寶吉島 綾州千基 木姓火姓 大發
당악보길도 능주천기 목성화성 대발

靈巖月出山用北 珍島桃源浦 五姓俱發 咸平之東
영암월출산용북 진도도원포 오성구발 함평지동

二十里雙嶺上 僧峴下 畓洞千基 走水體倒地木
이십리쌍령상 승현하 답동천기 주수체도지목

十年安過 奎星所照 三災不入 馬場杵東石窟
십년안과 규성소조 삼재불입 마장저동석굴

五姓俱發 其中木姓最吉 咸平靈光兩邑界 松沙間
오성구발 기중목성최길 함평영광양읍계 송사간

可活千人 興扶之向 人跡稀貴 扶安壺巖 五年安過
가활천인 흥부지향 인적희귀 부안호암 오년안과

金堤萬頃平原不見沙 近處千基 極爲文千武萬
김제만경평원불견사 근처천기 극위문천무만

雖三十年兵火 可以保身 此翼星所照 非獨避禍之地
수삼십년병화 가이보신 차익성소조 비독피화지지

蘆峰之下 光羅開陳 長康魚肉 光羅鰲山 血流成川
노봉지하 광라개진 장강어육 광라오산 혈류성천

積尸如山 若非知者 安能避乎 然利在弓弓之事
적시여산 약비지자 안능피호 연이재궁궁지사

以弓得利事 戰中必有神弓 執弓者 以竹習射
이궁득이사 전중필유신궁 집궁자 이죽습사

以待其時則 必免禍厄也 當此之時 恇怯風靡者
이대기시즉 필면화액야 당차지시 광겁풍미자

皆被魚肉之殃 默重如山 而穩者察勢 隱避庶幾免矣
개피어육지앙 묵중여산 이온자찰세 은피서기면의

"만일 지극한 정성이 아니면 어찌 가히 담론(談論)하리오? 구례 금장리는 12년 동안 탈 없이 평안하게 지낼 것이며, 28수(宿)의 하나인 장성(張星)이 비치는 곳이니 먼저는 어렵고 뒤는 평안한 땅이다. 순천의 월등과 황전 사이는 5년 동안 탈 없이 평안하게 지낼 것이며, 곡성 목사동 청룡 안은 5년 동안 탈 없이 평안하게 지낼 수 있고, 박천(朴川)이 남쪽 능주의 동쪽은 5년 동안 아무 탈 없이 평안하게 지낼 수 있고, 건좌손향(乾坐巽向)[1]이 일 천의 터〔千基〕가 아주 좋다. 금산 마격동은 5년 동안 아무 탈 없이 평안하게 지낼 수 있고, 낭주(朗州)의 보길도와 능주의 천기는 목성과 화성이 크게 일으키는 곳이며, 영암의 월출산에는 북쪽의 진도의 도원포는 오성(五姓)이 갖추어 일으키는 곳이고 함평의 동쪽 20리 쌍령의 위 승현 아래 답동의 천기는 흐르는 물과 땅에 나무를 거꾸로 한 체(體)이니 10년 동안 아무 탈 없이 평안할 것이고 28수의 하나인 규성(奎星)이 비치는 곳이며, 삼재(三災)가 들어오지 않는다. 마장저 동쪽 석굴(石窟)은 오성이 갖추어 일으키는데 그 가운데 목성이 가장 길하다. 함평과 영광 두 고을 경계의 송사(松沙) 사이는 가히 일천 사람이 살아날 수 있고, 고흥과 부안 사이에는 사람이 다닌 발자취가 드물어서 진귀할 것이다. 부안의 호암은 5년 동안 아무 탈 없이 평안하게 지낼 수 있으며, 김제 만경 뜰 근처에는 모래를 볼 수 없고 천기는 문인(文人)이 한 명이고 무인(武人)이 일만 명이 지극하게 되고, 30년 병화를 가히 보신(保身)할 수 있으며, 이는 28수의 하나인 익성(翼星)이 비치는 곳이니 혼자 화(禍)를 피하는 땅은 아니다. 노봉의 아래 광주와 나주가 열려 펴지면 장성과 강진이 생선 고기와 짐승 고기가 되리라. 광주·나주·오산은 피가 흘러 내〔川〕를 이루고 시체가 쌓여 산과 같으리라. 만약 지자(知者)가 아니면 어찌 능히 피하리오? 그러나 이로움이 활활〔弓弓〕에 있는 일이며 활〔弓〕을 얻음으로써 이로운 일이며 싸움 속에는 반드시 신궁(神弓)이 있다. 활을 잡은 사람은 대나무로 활쏘기를 익혀 그때를 기다림으로써 곧 재앙과 액(厄)을 반드시 면할

1) 서북 방향에서 동남 방향을 바라보는 방향.

것이다. 마땅히 이때에 겁내어 두려움이나 무서움의 위세(威勢)에 따라서 저절로 쏠리는 사람은 모두 다 아주 짓밟아 결딴내는 재앙을 입으며 말이 아주 적고 무거운 사람은 형세를 살펴 숨어서 피하는 바람을 면하리라."

安東大小白山下 千基極好
안 동 대 소 백 산 하 천 기 극 호

雖當八難 乃太平世界間 出道德之士
수 당 팔 난 내 태 평 세 계 간 출 도 덕 지 사

咸陽長水雲峰界 地名踰十里 白沙場 三災不入
함 양 장 수 운 봉 계 지 명 유 십 리 백 사 장 삼 재 불 입

안동 태백산과 소백산 아래 천기는 아주 좋아 비록 팔난(八難)을 당해도 비로소 태평세계 사이에 도덕의 선비가 나오리라.

함양(咸陽)·장수(長水)·운봉(雲峰)의 경계에 땅 이름이 유십리(踰十里)의 백사장(白沙場)은 삼재가 들어오지 못한다.

長水洞八年安過 又六十里嶺 壯松炭界 八年安過
장 수 동 팔 년 안 과 우 육 십 리 령 장 송 탄 계 팔 년 안 과

南原山東 金盤形 千基極好 八年安過 谷城竹谷下
남 원 산 동 금 반 형 천 기 극 호 팔 년 안 과 곡 성 죽 곡 하

芳場山北 始得安全 玉果開屹後山下 千基能避兵火
방 장 산 북 시 득 안 전 옥 과 개 흘 후 산 하 천 기 능 피 병 화

潭陽破峙下 內院上 三年安過 長城北 羅州北 三四處
담 양 파 치 하 내 원 상 삼 년 안 과 장 성 북 나 주 북 삼 사 처

雖吉不可久留 咸平高麗谷 張星所照 土賊不入
수 길 불 가 구 유 함 평 고 려 곡 장 성 소 조 토 적 불 입

李木洞極好 背山臨水 三災不入 猶勝於畓洞 人棄我取
이 목 동 극 호 배 산 임 수 삼 재 불 입 유 승 어 답 동 인 기 아 취

茂長松沙山下 十二年安過 箕星所照 務安南面
무 장 송 사 산 하 십 이 년 안 과 기 성 소 조 무 안 남 면

四十里海島中 三年安過 靈山旺登 益山用北
사 십 리 해 도 중 삼 년 안 과 영 산 왕 등 익 산 용 북

新平里 文義連山用北 鎭安用北 馬耳山 公州用南
신 평 리 문 의 연 산 용 북 진 안 용 북 마 이 산 공 주 용 남

南平永平 旺氣洞 百年安過 三陟我東名勝之地
남 평 영 평 왕 기 동 백 년 안 과 삼 척 아 동 명 승 지 지

寶蓋山 氐星所照 松都松峴洞 兵火不入也
보 개 산 저 성 소 조 송 도 송 현 동 병 화 불 입 야

장수 고을은 8년 동안 탈 없이 평안하게 지낼 것이며, 또 육십령은 송탄의 경계이고 8년 동안 탈 없이 평안하게 지낼 것이며, 남원의 산 동쪽 금반형(金盤形)이 천기는 아주 좋아 8년 동안 탈 없이 평안하게 지낼 것이며, 곡성 죽곡 아래 방장산 북쪽은 비로소 안전함을 얻었으며, 옥과 개흘후산 아래 천기는 병화를 능히 피할 수 있고, 담양 파치 아래와 내원 위는 3년 동안 탈 없이 평안하게 지낼 것이며, 장성 북쪽과 나주 북쪽의 서너 곳은 비록 길한 곳이나 오래도록 머물 곳은 못된다.

함평 고려곡은 28수의 하나인 장성(張星)이 비추는 곳이라 토적이 들어오지 못하고 이목동이 가장 좋은 곳이니 배산임수로 삼재가 들어오지 못한다. 오히려 답동보다도 좋으니 사람들은 버려도 나는 취해야 한다. 무장 송사산 아래는 12년 동안 아무 탈 없이 평안할 것이니 28수의 하나인 기성(箕星)이 비치는 곳이며, 무안 남면 40리

는 바다 섬 안에 있으며 3년 동안 탈 없이 평안하게 지낼 것이며, 영산 왕등과 익산은 북쪽을 쓰니 신평리이다. 문의와 연산은 북쪽을 쓰고, 진안도 북쪽을 쓰니 마이산이다. 공주는 남쪽을 쓰고 남평과 영평의 왕기동은 백 년 동안 아무 탈 없이 평안히 지낼 것이며, 삼척은 우리 동방의 명승지이다. 보개산은 28수의 하나인 저성(氐星)이 비추는 곳이고 송도의 송현동은 병화가 들어오지 못한다.

鄭又問 國之後事
정 우 문 국 지 후 사

柳曰 王子王孫 泣血秋城 自潭陽 至羅州之向
류 왈 왕 자 왕 손 읍 혈 추 성 자 담 양 지 나 주 지 향

人跡稀貴而 李氏王孫 逐于瀛洲 古阜餘事 不可盡論也
인 적 희 귀 이 이 씨 왕 손 축 우 영 주 고 부 여 사 불 가 진 론 야

遼東地方 七百里 白沙場 王氏復興 八百年之地而
요 동 지 방 칠 백 리 백 사 장 왕 씨 부 흥 팔 백 년 지 지 이

其年數不可詳論 王居遼東民 居青鶴洞可也
기 년 수 불 가 상 론 왕 거 요 동 민 거 청 학 동 가 야

欲識箇中弓弓理 耳耳川川是其土 弓不提人人提弓
욕 식 개 중 궁 궁 리 이 이 천 천 시 기 토 궁 불 제 인 인 제 궁

彎則在前弛則後 官庫空空民庫空 富笑貧人貧笑富
만 즉 재 전 이 즉 후 관 고 공 공 민 고 공 부 소 빈 인 빈 소 부

青牛人道難青童 鵲巢三年返鳩居
청 우 인 도 난 청 동 작 소 삼 년 반 구 거

萬年枝上花千朶 四海雲中月一鑑
만 년 지 상 화 천 타 사 해 운 중 월 일 감

정(鄭)이 또 묻기를, “나라의 앞일은 어떠합니까?”

류(柳) 선생이 대답하기를, “임금의 아들과 임금의 손자가 추성에서 피눈물을 흘리며 담양에서부터 나주까지 가는 길에는 사람의 자취가 드물어서 매우 진귀(珍貴)하고, 이씨 임금의 후손이 제주도로 쫓겨갈 것이고 고부의 남은 일은 가히 논할 수 없다.

요동 지방 7백 리 백사장은 왕씨가 다시 일어나서 8백 년 동안 도읍할 곳이니, 그 햇수는 상세히 논할 수 없으며, 임금이 요동민(遼東民)으로 거하고 청학동에 사는 것이 좋다.

여럿이 있는 그 가운데 궁궁(弓弓)의 이치를 알고자 하면, 이이(耳耳)[2] 하고 천천(川川)[3]한 이것이 그 땅이다.

궁(弓)은 사람을 이끌지 못하고 사람 또한 궁(弓)을 이끌지 못하니, 당기면 앞에 있고 늦추면 뒤에 있네.

관청의 창고가 비워졌으니 백성의 창고도 비었으며, 부자는 가난한 사람을 보고 웃고 가난한 사람은 부자를 보고 웃네.

푸른 소〔己丑〕의 사람의 길이나 푸른 아이〔靑童〕[4]를 만나기 어려우니, 까치둥지가 3년 되니 돌려주어 비둘기가 사네.

만년의 나뭇가지 위에 천개의 꽃이 떨어지니, 온 누리에서 구름 가운데 달을 한 번 볼 것이네.”

松 宋宋 十八公 人之名 松外地 禾人有女 畵虎顧名
송 송송 십팔공 인지명 송외지 화인유녀 화호고명

---

2) ① 매우 성(盛)한 모양 또는 유순(柔順)하게 좋은 모양. ② 이러이러하고 저러저러함. ③ 분명한 모양.

3) 큰 수레가 무겁게 천천히 가는 모양.

4) ① 선인(仙人)의 시종을 드는 사동(使童). 선동(仙童). ② 선인(仙人).

솔(松, 소나무)인데 음으로는 송송(宋宋)이고 송(松)이니 사람의 이름 곧 이여송(李如松)이다. 송(松) 밖의 땅은 죽는 곳을 뜻한다. 왜(倭=禾人有女)가 죽이는 것이니 그림 속의 범〔虎〕이 이름〔名〕을 돌아보고 있다. 곧 임진왜란(壬辰倭亂)을 뜻한다.

家 哥哥 豕着冠 回簷端 門外地 雨下横山 畵狗顧簷
가 가가 시착관 회첨단 문외지 우하횡산 화구고첨

집〔家〕인데 음으로는 가가(哥哥)이고 가(家)이니 돼지〔豕〕가 관〔宀〕을 쓰니 집 가(家)라. 집이 피난처이며 처마 끝을 돌아라. 문(門) 밖이 죽는 곳이다. 눈 설(雪=雨下横山)이 죽이는 것이니 그림 속에 개〔狗〕가 처마〔簷〕을 돌아보고 있다. 곧 병자호란(丙子胡亂)을 뜻함.

窮 弓弓 身入穴 草田名 道牙地 小頭無足 畵牛顧溪
궁 궁궁 신입혈 초전명 도아지 소두무족 화우고계

궁(窮)인데 음으로는 궁궁(弓弓)이고 몸〔身〕이 구멍(穴)에 들어가고 궁(弓)이 더하니 궁할 궁(窮) 또는 가난할 궁(窮), 궁구(窮究)할 궁(窮)이다. 풀의 이름과 밭에 이름이 피난처이다. 길〔道路〕이 죽는 곳(땅)이다. 재앙〔재(災=小頭無足)〕이 죽이는 곳(땅)이다. 그림 속에 소〔牛〕가 시내〔溪〕를 돌아보고 있다. 곧 미래의 난(亂)을 뜻한다.

초창결(蕉窓訣)

1. 반계 류형원

반계(磻溪) 류형원(柳馨遠)은 우리나라 실학(實學)의 비조(鼻祖)로서 토지제도(土地制度)·관료제도(官僚制度)·군사제도(軍事制度)·교육(教育) 및 인재등용법(人材登用法)·노예제도(奴隸制度)의 개혁론(改革論)을 밝혀 모든 나라가 지향하는 복지국가 건설의 이상을 제시한 『반계수록(磻溪隨錄)』은 류형원과 초창(蕉窓) 류하(柳昰)의 부자문답서(父子問答書)로서 미래에 대해 간략하게 기록되어 있다. 여러 가지 본(本)이 전해진다.

이 초창결은 위서(僞書)이다. 왜냐하면 반계 류형원은 천계(天啓=壬戌, 단기 3955, 서기 1622)년 음력 정월 21일 축(丑)시에 태어나 강희(康熙=癸丑, 단기 4006, 서기 1673)년 음력 3월 19일 인(寅)시에 화선했고 아들인 초창 류하는 숭정(崇禎) 임오(壬午, 단기 3975, 서기 1642)년 음력 12월 28일에 태어나서 강희 36년(丁丑年, 숙종 23년, 단기 4030, 서기 1697) 음력 3월 9일 화선했으니 옹정(雍正) 4년(영조 2년, 단기 4057, 서기 1726) 봄에 문답(問答)했다는 건 이치에 맞지 않는다. 혹시 1958년 즈음에 우국지사(憂國志士)가 저술하지 않았나 생각해본다.

초창(蕉窓)이란 호(號)를 가진 사람으로 김성후(金盛後)가 있는데, 자(字)는 중유(仲裕)이고 본관은 안동(安東)으로 정랑(正郎)을 지냈으며, 시(詩)를 잘하고 문집(文集)이 있다. 초창(草窓) 윤동리(尹東里)도 '초창'이란 호를 갖고 있다.

2. 초창록(蕉窓錄)

磻溪翁 余之家親也
반 계 옹 여 지 가 친 야

學觀天人 不求聞達 隱退於永嘉花石山莊
학 관 천 인 불 구 문 달 은 퇴 어 영 가 화 석 산 장

是歲卽 雍正四年春也
시 세 즉 옹 정 사 년 춘 야

반계 옹은 나의 아버지이다.
하늘사람이라 배움에 있어 명성이 세상에 알려지고 입신출세(立身出世)을 좇지 않았다. 할아버지〔휘(諱) 성신(成臣)〕의 명령에 따라 인조 20년(壬午年, 단기 3975, 서기 1642)에 사마시(司馬試)[1]에 입격(入格)했으나 길이 아름답게 안동(安東)의 화석산장(花石山莊)에 숨어 살았다.
이 해는 곧 옹정 4년(영조 2년, 단기 4059, 서기 1726) 봄이었다.

余常侍側 不離須臾 一日伏問 國朝運氣 曰 旣往之事
여 상 시 측 불 리 수 유 일 일 복 문 국 조 운 기 왈 기 왕 지 사

得聞無益 願聞將來之事
득 문 무 익 원 문 장 래 지 사

1) 생원(生員)과 진사(進士)를 뽑는 소과(小科).

나는 매양 모시기를 한 순간이라도 떠나지 아니했는데 어느 날 아버지 앞에 꿇어 엎드려서 조선의 길흉(吉凶)과 화복(禍福)을 물어 보기를 "이미 지나간 일은 얻어 들어도 유익(有益)함이 없으니 바라옵건대 앞으로 올 일을 듣고자 합니다."

翁曰 聞之何爲
옹 왈 문 지 하 위

復曰 使後世子孫 起警修德 以爲保家之一助
복 왈 사 후 세 자 손 기 경 수 덕 이 위 보 가 지 일 조

아버지께서 말씀하시기를, "물어서 무엇하겠느냐?"
내가 다시 말씀드리기를, "뒷세상의 후손에게 이것으로 경계(警戒)를 일으켜 덕(德)을 닦아 집을 보전하는 데 얼마간의 도움이 될 것입니다."

翁曰 保家之道 不在書紳 都在心也 後有修德 天佑神助
옹 왈 보 가 지 도 부 재 서 신 도 재 심 야 후 유 수 덕 천 우 신 조

自然聞道矣 汝之杞憂之甚也 余惶恐無問
자 연 문 도 의 여 지 기 우 지 심 야 여 황 공 무 문

아버지께서 말씀하시길, "한 집안을 보전해 가는 길은 벼슬아치나 책(글)에 있는 것이 아니라 모두 맘〔心〕에 달려 있느니라. 덕을 닦는 사람은 하늘이 돕고 신의 도움이 있어 저절로 도를 들을 것이다. 너의 쓸데없는 근심이 심하구나."
나는 높은 자리에 눌려 두려워서 묻지 못했다.

一日 復問曰 漢陽之運 及於何時盡乎 願聞詳教
일 일 복 문 왈 한 양 지 운 급 어 하 시 진 호 원 문 상 교

翁曰 甚哉問也 漢陽之運則至壬子甲戌主而盡矣
옹 왈 심 재 문 야 한 양 지 운 즉 지 임 자 갑 술 주 이 진 의

어느 날 또다시 묻기를, "한양(漢陽=조선왕조)의 운이 어느 때 다하겠습니까?"
아버지께서 말씀하시기를, "심하다. 너의 물음이. 이씨의 운은 임자생과 갑술생이 주인일 때 끝난다."

問曰 自今至盡 別無難危之事乎
문 왈 자 금 지 진 별 무 난 위 지 사 호

翁曰 豈無艱危 汝看 枯木多年多蟲生
옹 왈 기 무 간 위 여 간 고 목 다 년 다 충 생

내가 묻기를, "지금부터 끝까지 달리 어지럽고 위태로운 일이 없겠습니까?"
아버지께서 대답하시기를, "어찌 어지럽고 위태로움이 없겠느냐? 너는 보아라. 고목(枯木)이 여러 해 되면 벌레가 생기는 것이다."

問曰 運勢將何爲乎
문 왈 운 세 장 하 위 호

翁曰 推之運勢則 四五○九一三運 衰氣始胎 紀綱解弛
옹 왈 추 지 운 세 즉 사 오 영 구 일 삼 운 쇠 기 시 태 기 강 해 이

通商他國 情勢世外 大殿無嗣 鼠龍繼承 遂卽寶位
통 상 타 국 정 세 세 외 대 전 무 사 서 룡 계 승 수 즉 보 위

宮中妖姬 作亂無雙 招入外戚 君子退野 小人滿朝
궁 중 요 희 작 란 무 쌍 초 입 외 척 군 자 퇴 야 소 인 만 조

誘致君主 與賊詐通 豈非亡國之兆乎
유 치 군 주 여 적 사 통 기 비 망 국 지 조 호

내가 묻기를, "운세(運勢)가 장차 어떠하옵니까?"
아버지께서 대답하시기를, "운세를 추산(推算)해본즉, 450913운 「철종(哲宗) 갑인(甲寅)」에 이르면 쇠(衰)한 기가 비로소 잉태하여 기강(紀綱)과 마음의 긴장이나 규율이 풀려 느즈러지고 세상 밖 외국과 교통하여 서로 상업을 영위하고 임금은 후사(後嗣)가 없어 임자생〔壬子生: 고종황제. 임자년 7월 25일 탄강(誕降)〕 임금이 뒤를 이어 받아 마침내 임금의 자리에 오른다. 대궐 안에 요괴한 계집이 어지러움을 지음이 서로 견주어 짝이 될 만한 것이 없고 친척을 불러들이니 군자(君子)가 들로 물러나고 소인(小人)이 조정에 가득하여 임금을 꾀어내며 도적과 간사하게 통하게 되니 어찌 나라가 망할 조짐이 아니겠느냐?"

至二七八五三三運 洋艦浮海 國內大亂 十奸八賊
지 이 칠 팔 오 삼 삼 운 양 함 부 해 국 내 대 란 십 간 팔 적

比肩同謀 稱爲革新 日近外賊 運勢日傾
비 견 동 모 칭 위 혁 신 일 근 외 적 운 세 일 경

278533운 「병인(丙寅)」이 되면 서양의 배가 바다 위에 뜨고 나라 안에 큰 난리가 있으며 간사한 열 사람과 여덟 사람의 적도(賊徒)들이 어깨를 함께 꾀하면서 혁신(革新)을 한다고 하나 날마다 외적들과 가까이 하니 나라의 운세는 어느새 기울어진다.

四六〇二七九運 外賊滿城 軍擾大亂 閣僚相戮
사 육 영 이 칠 구 운 외 적 만 성 군 요 대 란 각 료 상 륙

四三三〇一運 天變犯艮 黑雲貫日 惡疾流行
사 삼 삼 영 일 운 천 변 범 간 흑 운 관 일 악 질 유 행

生民多死 妖星得光 國勢漸衰
생 민 다 사 요 성 득 광 국 세 점 쇠

460279운 「임오(壬午)」에는 외적이 성안에 가득하고 군요(軍擾)가 크게 어지럽히며 각료(閣僚)들은 서로 죽일 것이다.
43301운 「병술(丙戌)」에는 하늘에서 일어나는 온갖 자연의 변동이 간방(艮方)[2]을 범하니 검은 구름이 해를 꿰뚫어 못된 병이 세상에 널리 퍼져 백성들이 많이 죽고 요성(妖星)[3]이 빛을 얻으니 나라의 운세가 차차 쇠약해질 것이다.

三八〇〇一七運 熒惑犯賊 白旗登天 青袍大起
삼 팔 영 영 일 칠 운 형 혹 범 적 백 기 등 천 청 포 대 기

稱爲東學 白日咀呪 殺戮無雙 生民殘傷 犯之則死
칭 위 동 학 백 일 저 주 살 육 무 쌍 생 민 잔 상 범 지 칙 사

380017운에는 형혹성(熒惑星: 火星)이 도적을 범하니 흰 깃발이 하늘로 오른다. 푸른 도포를 입은 사람이 크게 일어나서 동학(東學)이라 일컬으며 대낮에 주문(呪文)을 읽고 사람을 마구 무찔러 죽이기가 견줄 데 없고 천한 사람과 살아 있는 백성을 해하며 그들을 범하면 곧 죽게 된다.

---

2) 동북쪽의 우리나라를 가리키는 말.
3) 나라에 재난이 있을 때 나타나는 별.

四五○七四○十 龍極帝位 年稱光武 官制改革
사 오 영 칠 사 영 칠 용 극 제 위 연 칭 광 무 관 제 개 혁

國條相結 債款如山 國庫空虛 官胥賣買 租稅日增
국 조 상 결 채 관 여 산 국 고 공 허 관 서 매 매 조 세 일 증

蜂起之將 自稱義兵 掠侵人民
봉 기 지 장 자 칭 의 병 약 침 인 민

終至敗亡 國權盡入 伊藤之手
종 지 패 망 국 권 진 입 이 등 지 수

450740십(十) 「정유(丁酉)」에는 임금이 황제 보위에 올라 연호(年號)를 광무(光武)[4]라 하고 정무(政務)를 분담하는 기관에 대한 규정을 다시 뜯어 고치고 다른 나라와 조약(條約)을 서로 맺으며 죽은 송장이 산과 같이 쌓이고 나라의 창고는 텅 비게 되고 서리(胥吏) 관직(官職)을 돈을 주고 사고팔며 세금은 날마다 불어나고 벌떼처럼 일어나는 무리들은 스스로 일컫기를 의병(義兵)이라며 노략질로 백성들을 범한다. 마침내 패망하여 나라의 권력은 다하여 이등(伊藤)[5]의 손으로 들어가리라.

五○○六七○一運 龍榻禪位 戌主昏弱 不守其位
오 영 영 육 칠 영 일 운 용 탑 선 위 술 주 혼 약 불 수 기 위

賊魁弄權 君臣化僧 身着直衫
적 괴 롱 권 군 신 화 승 신 착 직 삼

4) 1897년(단기 4230) 고종황제(高宗皇帝) 즉위(卽位)해.

5) 우리나라를 강점하게 위해 온갖 모략과 술책을 다 쓴 일본 사람. 이등박문(伊藤博文: 이토 히로부미)이며 초대 통감(統監)을 지내고 중국까지 침략하려다가 하얼빈에서 대한국인(大韓國人) 안중근(安重根) 의사(義士)에게 사살되었다.

5006701운 「정미(丁未)」가 되면 임금의 자리를 물려주나 새 임금은 어둡고 약해 그 자리를 지키지 못하고 적의 우두머리가 권력을 농간하니 임금과 신하가 스님이 될 것[6]이며 몸에는 직삼(直衫: 홑태바지)을 입을 것이다.

建隆熙四年 五○三七○一年運 金狗蟬鳴
건융희사년 오영삼칠영일년운 금구선명

白虹貫日 彗星犯境 賊臣揚上 寶位讓賊
백홍관일 혜성범경 적신양상 보위양적

稱韓日聯合 賊掌國權 廢主孤宮 龍榻空虛
칭한일연합 적장국권 폐주고궁 용탑공허

嗟呼 五百年宗祀於斯盡矣 甚哉賊政 尺山度之
차호 오백년종사어사진의 심재적정 척산도지

三角運天 分州合郡 處處兵營 小帽短褐 似人非人
삼각운천 분주합군 처처병영 소모단갈 사인비인

噫呼 祖國年號 何處去之 日月三台 大正何事 末技爲貴
희호 조국년호 하처거지 일월삼태 대정하사 말기위귀

功利大昌 足反居上 首反居下 倫綱喪失 人人相食
공리대창 족반거상 수반거하 윤강상실 인인상식

不尊其父 不知兄弟 豈非不毛禽獸之狄乎 當此時人民
불존기부 부지형제 기비불모금수지적호 당차시인민

但知財利 不知其親 金錢世界 怪哉紙貨白銅 人稱經寶
단지재리 부지기친 금전세계 괴재지화백동 인칭경보

舊學撤廢 新學樹立 男女同進 禮儀安在 東北千里
구학철폐 신학수립 남녀동진 예의안재 동북천리

---

6) 머리털을 자른다는 뜻.

鐵馬來往 成市都會 電火連繩 無面相談 萬國通信
철마래왕 성시도회 전화연승 무면상담 만국통신

天空行船 風雲栖息 異敎竝起 邪敎大起
천궁행선 풍운서식 이교병기 사교대기

露晞日前 狮唱衆哂 租稅如天 人民何生
노희일전 시창중신 조세여천 인민하생

賣屋買身 不酬其稅 土馬嘶寒 鼠龍登天
매옥매신 불수기세 토마시한 서룡등천

牛虎相嗔 戌主朝天 萬民哀聲 民多殺戮
우호상진 술주조천 만민애성 민다살륙

國破君亡 時事可知
국파군망 시사가지

융희(隆熙) 4년에 일제강점이 시작되고, 503701운 「경술(庚戌)」에는 경술(庚戌: 金狗)년 매미가 울고 흰 무지개가 해를 꿰뚫으며 혜성(彗星)[7]이 경계를 범하니 적신(賊臣)들이 상감을 위협해 보위(寶位)를 적에게 옮겨준다. 한일연합(韓日聯合)이라 부르며 적이 나라의 권력을 손아귀에 넣으니 폐위(廢位)된 임금은 궁궐에서 고립되고 임금이 앉는 자리는 주인을 잃고 텅 비었구나. 아아! 슬프다. 5백 년 종묘사직이 여기서 마감한단 말인가!

심하구나, 적국의 정치여! 산을 자로 높이를 재고 땅을 헤아리니 삼각측량법(三角測量法)으로 측량하기 위한 삼각대가 하늘을 연했고 고을을 나누기도 하고 고을을 합하기도 하고 곳곳에 병영(兵營)을 세우고 작은 모자를 쓰고 짧고 천한 사람 옷을 입으니 사람 같으나

---

7) 살별. 옛날에는 천문학이 발달하지 않아서 이 별이 나오면 천하에 재화(災禍)가 있다고 했다.

사람이 아니다.

아아! 조국의 연호는 어느 곳으로 갔는가! 명치(明治: 日月三台)와 대정(大正)이라 하니 어찌된 일인가? 말단 기술(技術)이 귀하게 되고 공리(功利)만 크게 성하게 되니 사물이 거꾸로 됨(발이 오히려 위에 있고 머리가 반대로 아래에 있음)이라. 오륜(五倫)과 삼강(三綱)이 상실되고 사람들은 서로 잡아먹으려 하며 그 아비가 착하지 않고 형제도 알지 못하니 어찌 날짐승 길짐승에 가깝다 하지 않으리오. 위와 같은 상황이 있을 때는 백성들이 다만 재물과 이익만 알고 그 어버이를 알지 못하니 돈만 있으면 만사(萬事)를 다 맘대로 할 수 있다는 세상의 풍조가 만연하리라. 괴이하게 종이돈과 흰 구리돈을 사람들은 말하기를 '살아가는 데 보배'라 한다.

재래의 한학(漢學)을 걷어치우거나 그만두거나 없애고 근래 서양에서 들어온 새로운 학문을 이룩하여 세워 사내와 계집이 함께 나아가니 경의(敬義)를 나타내는 예절과 몸가짐 등은 어느 곳에 있느냐! 동쪽(경부선)과 북쪽(경의선)으로 천릿길에 기차(汽車)가 오가며 저자에는 사람이 많이 사는 번잡한 곳을 이루고 번갯불〔電火〕인 가로등이 서고 줄을 이어서 얼굴 없이 서로 말을 하고(전화) 모든 나라가 서로 소식을 전하며 끝없이 열린 하늘에는 배(비행기)가 다니니 바람과 구름 같이 싸다니며 가르침이 아울러 일어나 사교(邪教)가 크게 일어나며 해(일본)가 비치기에 앞서 이슬(러시아)이 마르고 개가 성나서 짖으니 뭇 개들이 비웃는다. 세금이 많아지니(하늘과 같이 높고) 백성이 어찌 살꼬? 집을 팔아 몸을 사고 그 세금을 갚을 수 없고 흙으로 만든 말이 울고 쥐와 용이 하늘에 오르고 소〔丑〕와 범〔寅〕이 서로 성내니 임금이 조천(朝天[8])하고 많은 백성들의 슬픔에 잠긴 음성, 백성이 많이 죽임을 당하리라. 나라가 망하고 임금이 망하니

8) 하늘에 오름. 승하(昇遐).

그 당시의 일을 알 수 있도다.

問曰 東土三千里 永歸賊國乎
문 왈 동 토 삼 천 리 영 귀 적 국 호

翁曰 此亦 一時之運也 天意安敢逆乎
옹 왈 차 역 일 시 지 운 야 천 의 안 감 역 호

國之運衰 非但我國也 大國亦如是同 運至宣統盡矣
국 지 운 쇠 비 단 아 국 야 대 국 역 여 시 동 운 지 선 통 진 의

묻기를, "동국(東國: 東土) 삼천리는 영구히 적국(賊國: 나라를 도둑질한 나라, 즉 일본)이 됩니까?"
아버지께서 대답하시기를, "이 또한 한때의 운이니라. 하늘의 뜻을 어찌 거스르겠느냐? 중국도 또한 우리와 같은 운이라서 선통(宣統)[9]에 다다르면 중국의 운도 다하게 되느니라."

問曰 宣統何謂也 翁曰 年號也
문 왈 선 통 하 위 야 옹 왈 연 호 야

묻기를, "선통이란 무엇을 일컫습니까?"
말씀하시길, "연호이다."

四八一七三一運 日取東城 蒙古以南 彼日奪之
사 팔 일 칠 삼 일 운 일 취 동 성 몽 고 이 남 피 일 탈 지

稱爲滿蒙國 是亦 日滿連合而廢帝復位 政權幹攝
칭 위 만 몽 국 시 역 일 만 연 합 이 폐 제 복 위 정 권 간 섭

9) 청대(清代)의 마지막 황제인 부의(傅儀)의 연호(1869～1911).

移民滿地 人多疾足
이 민 만 지 인 다 질 족

"481731운이 되면 일본이 동쪽 땅을 빼앗으니(最: 日取) 몽고 남쪽은 저 일본이 탈취해 만몽국(滿蒙國)이라 일컬으며 이것 역시 일본과 만주가 연합하여 청나라의 폐제(廢帝)[10]를 다시 그 지위로 세우고 정권을 간섭해 우리나라 백성들을 빨리 만주로 이주시킬 것이니라."

問曰 入滿勝於東土乎 翁曰 疾足者 雖云 一時之活處
문 왈 입 만 승 어 동 토 호 옹 왈 질 족 자 수 운 일 시 지 활 처

終不免 無頭之鬼 豈非負薪入火耶
종 불 면 무 두 지 귀 기 비 부 신 입 화 야

내가 묻기를, "동토가 이겨서 만주로 들어갑니까?"
아버지께서 답하시길, "발 빠르게 들어간 사람은 비록 한때의 살 곳이 되나 마침내는 머리 없는 귀(鬼)를 면할 수는 없을 것이니 어찌 불을 지고 섶으로 들어가는 격이 아니라고 할 수 있겠느냐?"

運至 一三年二八六○四二 牛羊對沖 完和相爭
운 지 일 삼 년 이 팔 육 영 사 이 우 양 대 충 완 화 상 쟁

太陽雙決 箕鬼無頭 中日起兵 殺戮如山
태 양 쌍 결 기 귀 무 두 중 일 기 병 살 륙 여 산

血流成川 南北失守 兩京空虛 日氣强寒
혈 류 성 천 남 북 실 수 양 경 공 허 일 기 강 한

10) 폐위(廢位)된 임금.

宋蔣孤立 國府移山 雖有一時之微敗 終當回復矣
송 장 고 립 국 부 이 산 수 유 일 시 지 미 패 종 당 회 복 의

"13년에 286042운이 이르니 「정축(丁丑)」은 소〔丑〕와 양〔未〕이 서로 대하여 충(沖)하는 해가 되면 중국과 일본[11]이 전쟁을 시작하고 태양이 둘로 갈라져서 승패를 결정하게 되니 그 귀신의 머리가 없도다. 중국과 일본이 군사를 일으키면 주검이 산과 같으며 피가 흘러서 내를 이루도다. 남쪽 땅과 북쪽 땅을 모두 지킴을 잃어 북경(北京: 베이징)과 남경(南京: 난징)이 텅 비었도다. 일본의 기운(氣運)이 강한(强悍)[12]하면 송장〔宋蔣: 송미령(宋美齡)과 장개석(蔣介石)〕이 남의 도움이 없이 외톨이가 되어 국부군(國府軍)은 산쪽〔西川〕으로 옮겨질 것이다. 중국이 비록 한때의 작은 패배는 있지만 뒤에 가서 마침내 회복할 것이다."

問曰 當此時 安穩乎 翁曰 豈可安穩乎 兩虎相鬪
문 왈 당 차 시 안 온 호 옹 왈 기 가 안 온 호 양 호 상 투

望者失心 人人換心 自願出戰 納錢獻穀 共祝日勝
망 자 실 심 인 인 환 심 자 원 출 전 납 전 헌 곡 공 축 일 승

完如盤石 堯舜世界 此亦將之亡兆耶 運也奈何
완 여 반 석 요 순 세 계 차 역 장 지 망 조 야 운 야 내 하

묻기를, "이때를 당하면 무사하고 편안합니까?"
대답하시기를, "어찌 편안하기를 바랄까? 두 마리의 범이 서로 다투니 바라보던 사람들은 근심 걱정으로 맥이 빠지고 맘이 산란해지리

11) 일본의 일장기(日章旗)도, 중국의 백일청천기(白日靑天旗)도 태양을 상징한다.
12) 세고 사나움. 원본에는 '찰 한(寒)' 자로 잘못 실려 있다.

라. 사람마다 마음이 전보다 막되게 아주 달라져 일본 군대에 스스로 원하여 싸우러 나가며 또한 나가서 싸운다. 돈을 바치고 곡식을 바치며 함께 일본이 이기기를 빈다. 일본이 완전함이 반석(盤石) 같아 요순세계(堯舜世界)라지만 이것 또한 장차 망하려는 조짐이라. 운이니라. 어떠한가?"

問曰 中國致敗 永無濟世之英哲乎
문 왈 중 국 치 패 영 무 제 세 지 영 철 호

翁曰 英雄君子 何代無之 必適時而 出宋蔣用武
옹 왈 영 웅 군 자 하 대 무 지 필 적 시 이 출 송 장 용 무

未免兒戲 若無此理 如獸之狀 累何以除之 急進失敗
미 면 아 희 약 무 차 리 여 수 지 상 루 하 이 제 지 급 진 실 패

緩進回泰 日力將衰 若不如此 必待英哲 而後得治矣
완 진 회 태 일 력 장 쇠 약 불 여 차 필 대 영 철 이 후 득 치 의

묻기를, "중국이 패함에 이르는데 영구히 세상을 구제할 영명(英明)하고 현철(賢哲)한 사람이 없겠습니까?"
대답하시기를, "영웅과 군자가 어찌 없겠느냐? 반드시 필요할 때 오기를 기다린다. 장개석과 송미령의 군사를 부리는 것은 아이들의 장난을 면하지 못했다. 만약에 이러한 이치가 없으면 길짐승의 형상이니 무엇으로써 없애버릴 수 있겠느냐? 급히 나아가면 실패하고 천천히 나아가면 태평함이 돌아오니 일본의 힘이 장차 쇠해진다. 만약 이와 같이 아니하면 반드시 영명하고 현철한 사람을 기다린 뒤에 잘 다스려지리라."

問曰 中國何姓 起業乎
문 왈 중 국 하 성 기 업 호

翁曰 西庄必來 朱氏復業至于四百餘年 一二五八○
옹 왈 서 장 필 래 주 씨 복 업 지 우 사 백 여 년 일 이 오 팔 영

白馬運盡矣
백 마 운 진 의

묻기를, "중국에서는 어떤 성씨가 나라를 세우겠습니까?"
아버지께서 대답하시기를, "서장(西庄) 주씨(朱氏)가 반드시 나와 나라를 일으켜서 4백 년간 이어질 것이며 12580의 백마(白馬: 庚午)운에 가야 끝이 난다."

問曰 中國如此復興 我國附庸 無復興之道乎
문 왈 중 국 여 차 부 흥 아 국 부 용 무 부 흥 지 도 호

翁曰 豈無回運 雖然 運有其運 時有其時 人有其人
옹 왈 기 무 회 운 수 연 운 유 기 운 시 유 기 시 인 유 기 인

我國雖小 山氣英淑 又屬艮野 天地之明 始於艮終於艮
아 국 수 소 산 기 영 숙 우 속 간 야 천 지 지 명 시 어 간 종 어 간

皇極惟一人之運 必先艮野 坤上乾下 地天泰卦
황 극 유 일 인 지 운 필 선 간 야 곤 상 건 하 지 천 태 괘

先天回復之理 若運回則 救世之眞主 出乎艮野
선 천 회 복 지 리 약 운 회 즉 구 세 지 진 주 출 호 간 야

濟之旣濟 濟物旣消以冠天下 美哉此運也
제 지 기 제 제 물 기 소 이 관 천 하 미 재 차 운 야

묻기를, "중국은 이렇게 부흥되는데 우리나라는 남에게 의지하여 따로 독립하지 못하고 부흥할 길이 없습니까?"
아버지께서 말씀하시길, "어찌 회복할 운이 없겠느냐? 비록 그러하

지만 운에도 그 운이 있고 때에도 그 때가 따로 있으며 사람에게도 그 일을 맡아서 처리할 사람이 따로 있는 것이다. 우리나라가 비록 작기는 하지만 산천(山川)의 기운이 신령하게 맑고 팔괘(八卦) 가운데 간괘(艮卦)에 속해 있다. 하늘과 땅의 운이 간(艮, 우리나라)에서 시작하여 간에서 끝마치며 추측하기를 황극(皇極)의 한 가지 운이 반드시 우리나라 간방(艮方)에서 먼저 시작되며 곤(坤)이 위로 가고 건(乾)이 아래로 오는 지천태괘(地天泰卦)[13]를 이룰 것이니 이는 선천(先天)을 회복하는 이치이니 만일 운이 돌아오면 세상을 구제할 진주(眞主)가 우리나라에서 나와 이미 모든 사람들을 구제하고 이미 모든 사물을 구제한 뒤에 천하의 우두머리가 된다. 이런 운이 아름답도다."

問曰 若有眞主 何受敵國之壓迫乎
문 왈 약 유 진 주 하 수 적 국 지 압 박 호

翁曰 是亦運也 一盛一衰 造化先定 以我國 愚昧人民
옹 왈 시 역 운 야 일 성 일 쇠 조 화 선 정 이 아 국 우 매 인 민

若非彼日 豈有進化之道乎 是以高帝 項氏先之
약 비 피 일 기 유 진 화 지 도 호 시 이 고 제 항 씨 선 지

推之玄理 讐反爲恩
추 지 현 리 수 반 위 은

묻기를, "만약 세상을 구제할 진주가 있다면 어찌하여 적국의 압박을 받습니까?"

아버지께서 대답하시기를, "이것 또한 운이니라. 한 번 일어나고 한 번 쇠하는 것은 하늘의 이치에 이미 정해져 있을 뿐이다. 우리나라와 같이 어리석고 사리에 어두운 인민이 저(일본)가 아니었으면

13) 목적을 이루나 도중(途中)에 막힘이 있다.

어찌 개혁(改革)과 진화(進化)의 길을 열 수 있겠느냐? 이것은 한(漢)의 고제(高帝)가 항우(項羽)를 미루어보면 현묘(玄妙)한 이치로 원수가 도리어 은혜가 된 셈이다."

問曰 眞主出於 何方乎
문 왈 진 주 출 어 하 방 호

翁曰 潛於南海 待時而動
옹 왈 잠 어 남 해 대 시 이 동

묻기를, "진주가 나오는 것이 어느 방(方)입니까?"
대답하시기를, "남쪽에서 잠룡(潛龍)[14]으로 계시다가 때를 기다리다 움직일 것이다."

問曰 古訣云 李氏後鄭氏遂成鷄龍山八百年基業 果是乎
문 왈 고 결 운 이 씨 후 정 씨 수 성 계 룡 산 팔 백 년 기 업 과 시 호

翁曰 何有虛言 人心卽天心
옹 왈 하 유 허 언 인 심 즉 천 심

묻기를, "이씨 뒤에 정씨가 계룡산 8백 년 왕업을 이룬다고 하는데 알고 보면 이러합니까?"
대답하여 말씀하시길, "어찌 헛된 말이 있겠느냐? 사람의 맘이 곧 하느님 맘이니라."

問曰 圃隱後乎
문 왈 포 은 후 호

14) 일어설 기회를 아직 얻지 못하고 묻혀 있는 영웅이나 호걸.

翁曰 然
옹 왈 연

묻기를, "포은(圃隱: 鄭夢周)의 후손입니까?"
대답하시기를, "그러하다."

又問曰 圃隱無血孫 何有後孫乎
우 문 왈 포 은 무 혈 손 하 유 후 손 호

翁曰 先生之德 豈保血孫乎 豈致使天朝時 血遺島中
옹 왈 선 생 지 덕 기 보 혈 손 호 기 치 사 천 조 시 혈 유 도 중

또 묻기를, "세상에서 일컫기로는 '포은 선생은 혈통을 이은 족속(族屬)이 없다'고 알고 있는데 어찌 자손이 있다고 하십니까?"
대답하시기를, "선생께서 급하게 화를 당하기는 했지만 어찌 혈손(血孫)을 보전하지 못했겠느냐? 중국에 사신으로 갔을 때에 자손을 바다 섬(島) 가운데 남기신 일이 있느니라."

問曰 英雄乎 聖人乎
문 왈 영 웅 호 성 인 호

翁曰 天從之聖
옹 왈 천 종 지 성

묻기를, "영웅입니까? 성인입니까?"
대답하시기를, "하늘에서 준 덕을 갖춘 성인이니라."

問曰 國運若此 使不肖後孫 欲圖生保家
문 왈 국 운 약 차 사 불 초 후 손 욕 도 생 보 가

用何策乎 願詳教
용하책호 원상교

翁曰 默然良久
옹왈 묵연양구

翁曰 此時保家 在於心一字 然當此末運 勿犯黨派
옹왈 차시보가 재어심일자 연당차말운 물범당파

勿犯官吏 勿貴財錢 勿害人民 勿入滿地
물범관리 물귀재전 물해인민 물입만지

謹避林叢 擇於人棄取 一二未成村處 堀土容膝
근피림총 택어인기취 일이미성촌처 굴토용슬

以爲農業 埋名修身 如獸處之 自然保家
이위농업 매명수신 여수처지 자연보가

묻기를, "국운이 이와 같을 때 저의 후손들이 살아나기를 꾀하며 집을 보전하고자 하면 어떠한 방책(方策)을 써야 합니까? 자상하게 가르쳐주시기를 바랍니다."

아버지께서 말없이 잠잠하게 한참 계시다가 말씀하시길, "이때 집을 보전하는 길은 오직 맘〔心〕 한 글자에 달려 있다. 그러므로 말세가 되거든 당파에 들어가지 말고 관리도 되지 말고 돈이나 재물을 귀하게 여기지 말고 남을 해하지도 말며 사람이 가득 찬 곳에는 들어가지 마라. 삼가하고 사람들이 많이 모여 사는 저자를 피하며 사람이 떠나는 곳을 가려서 살라. 한 집 두 집 사는 작은 마을에서 무릎을 허용할 정도의 흙집을 짓고 농사를 지으면서 이름을 숨기고 몸을 닦아 길짐승처럼 살면 저절로 집이 보전될 것이니라."

問曰 古訣 兵凶疾三難 果是乎
문왈 고결 병흉질삼란 과시호

翁曰 不啻三災 兼於八難故 自古未有之變 卽人文開闢運也
옹 왈 불 시 삼 재 겸 어 팔 난 고 자 고 미 유 지 변 즉 인 문 개 벽 운 야

묻기를, "옛 비결에 이르기를 전쟁·흉년·질병 세 가지의 난리가 있다고 했는데 알고 보면 이러합니까?"
대답하시기를, "삼재(三災)[15]뿐만 아니라 팔난(八難)[16]까지 겹쳐 쌓였으니 지금까지 아직 한 번도 들어보지 못한 큰 변(變)이라고 할 수 있다. 곧 사람과 문물이 개벽(開闢)이니라."

問曰 修本爲農則 可免此難乎
문 왈 수 본 위 농 즉 가 면 차 난 호

翁曰 古今異焉 埋名治農 免於干戈然而 至於凶荒疾兵
옹 왈 고 금 이 언 매 명 치 농 면 어 간 과 연 이 지 어 흉 황 질 병

非積善得人難矣
비 적 선 득 인 난 의

묻기를, "몸을 닦고 농사를 짓게 되면 이 어려움을 면할 수 있습니까?"
대답하시기를, "옛날과 지금은 다르다. 이름을 묻고 농사를 지으면 전쟁(戰爭=干戈)은 면할 수 있을 것이다. 그러나 흉년이나 질병에 이르러서는 착한 일을 많이 하고 사람을 얻지 못하면 어려울 것이니라."

---

15) 천재(天災)·인재(人災)·지재(地災) 또는 수재(水災)·화재(火災)·풍재(風災)를 일컫는다.

16) 배고픔·추위·더위·불·물·병란(兵亂)·목마름·칼의 여덟 가지 어려운 경우.

問曰 積善得人 不在於其心 豈可得以保家乎
문 왈 적 선 득 인 부 재 어 기 심 기 가 득 이 보 가 호

翁曰 愚哉汝之問也 人有善行 自然得人
옹 왈 우 재 여 지 문 야 인 유 선 행 자 연 득 인

묻기를, "착한 일을 많이 하고 어진 것을 행하여 맘을 지극히 남은 사람을 얻는 데 써야 하는데 그 마음이 있지 않으면 어찌 가히 사람을 얻어 집을 보전합니까?"
대답하시기를, "어리석도다, 너의 말이. 사람이 착한 일을 행함이 있으면 저절로 사람을 얻을 것이다."

問曰 智者 安分乎
문 왈 지 자 안 분 호

翁曰 貧賤之中 多在
옹 왈 빈 천 지 중 다 재

묻기를, "슬기로운 사람은 어느 곳에 있습니까?"
대답하시기를, "가난하고 신분이 낮은 가운데 많이 있도다."

問曰 古訣云 求穀種於三豊 何也
문 왈 고 결 운 구 곡 종 어 삼 풍 하 야

翁曰 三豊則水澧處也 末年 雖富者 但好衣好食
옹 왈 삼 풍 칙 수 풍 처 야 말 년 수 부 자 단 호 의 호 식

不能保其命 當以草根木皮保命可也
불 능 보 기 명 당 이 초 근 목 피 보 명 가 야

묻기를, "옛 비결에 이르기를 '곡식의 씨를 삼풍(三豊)에서 구하라' 했는데 무엇 때문입니까?"
대답하시기를, "삼풍이란 물이 넉넉한 곳 또는 단물나는 샘〔澧〕을 뜻한다. 말세에 다다르면 비록 부자일지라도 다만 잘 입고 잘 먹음 때문에 그 집과 생명을 보전하지 못할 것이며 마땅히 풀뿌리와 나무껍질(험한 음식)로써 목숨을 보전해야 옳다."

問曰 願聞 救荒之策
문 왈 원 문 구 황 지 책

翁曰 荒歲保命之方 亦運疾避死之方 詳在於格菴遺錄
옹 왈 황 세 보 명 지 방 역 운 질 피 사 지 방 상 재 어 격 암 유 록

何難之有
하 난 지 유

묻기를, "흉년의 괴로움에서 벗어나게 하는 꾀를 듣기를 바랍니다."
대답하시기를, "흉년에 목숨을 보전하는 방법과 병을 고치고 또한 죽음을 피하는 곳은 『격암유록』에 자세히 실려 있는데 어찌 어려움이 있으리오?"

問曰 幾年災難乎
문 왈 기 년 재 난 호

翁曰 二年疾 三年荒
옹 왈 이 년 질 삼 년 황

묻기를, "재난(災難)이 몇 해입니까?"
말씀하시길, "2년의 질병과 3년의 흉년이니라."

問曰 古訣云 無知覺者死 此非病乎
문 왈 고 결 운 무 지 각 자 사 차 비 병 호

翁曰 如斯之疾 天賜之疾 雖大方局手 無知覺則
옹 왈 여 사 지 질 천 사 지 질 수 대 방 국 수 무 지 각 즉

不保其命 愼之
불 보 기 명 신 지

묻기를, "옛 비결에 이르기를 '지각이 없는 사람은 죽는다'고 했으니 이것은 질병이 아닙니까?"

대답하시기를, "이때의 병은 하늘이 내려 주는 것이다. 비록 대방국수(大方局手)[17]라도 사람을 알아보는 슬기와 능력이 없으면 그 목숨을 보전할 수 없을 것이니 조심하고 삼가해야 하느니라."

問曰 末年之疾病 名何稱乎
문 왈 말 년 지 질 병 명 하 칭 호

翁曰 疾則 無名急死 山嵐海瘴 萬人多死
옹 왈 질 즉 무 명 급 사 산 람 해 장 만 인 다 사

非水升火降之材 不保其命
비 수 승 화 강 지 재 불 보 기 명

묻기를, "말세(末世)[18]에 질병과 질환의 이름은 무엇이라고 부릅니까?"

대답하시기를, "유행병(流行病)이라 하며 산에 가득 찬 안개(아지랑이)와 바다 개펄에서 일어나는 독(毒) 있는 기운이라 많은 사람들이 죽는

17) 문장이나 학술이 뛰어난 사람 대가(大家).

18) 정치·도덕·풍속 따위가 아주 쇠퇴한 시대.

다. 수승화강(水升火降)[19]이 아니면 그 생명을 보전할 수 없느니라."

問曰 國之末運 富死貧生 有此理乎
문왈 국지말운 부사빈생 유차리호

翁曰 豈有古訣之非也 富貴者亡 恒常惡於衆 而衆皆怨之
옹왈 기유고결지비야 부귀자망 항상악어중 이중개원지

但吝財忘義 嗇於周施 不知救恤之道 貧者 視之如奴子
단인재망의 색어주시 부지구휼지도 빈자 시지여노자

身安心泰 不知人急故 親疎遠近 莫不含怨 當此亂世
신안심태 부지인급고 친소원근 막불함원 당차난세

豈能保其家族乎 其可一也 天地之理 本無兼備故
기능보기가족호 기가일야 천지지리 본무겸비고

有史以來 富貴家中 不出大智大賢 又不保其家 聖賢君子
유사이래 부귀가중 불출대지대현 우불보기가 성현군자

英雄豪傑志士奇才多出於貧賤之家 天何富 貴其人
영웅호걸지사기재다출어빈천지가 천하부 귀기인

又兼奇才乎 是有角者 無爪也
우겸기재호 시유각자 무조야

묻기를, "고결(古訣)에 이르기를 '부자는 죽고 가난한 사람은 산다' 고 했는데 이와 같은 이치도 있습니까?"

대답하시기를, "어찌 고결이 그르다고 하겠느냐? 재산이 많고 지위가 높은 사람들은 늘 여러 사람에게 악한 일만 했으므로 많은 사람들이 모두 원망할 따름이라. 다만 재물을 아끼는 것만 하고 의로움을

---

19) 신장(腎臟)의 물〔陰氣〕이 올라가고 심장(心臟)의 불〔陽氣〕이 내려와 성(性)과 명(命)이 합하는 것. 곧 거슬리는 선도(仙道)의 이치.

염두에 두지 아니하고 남을 돕는 데 인색하며 물품을 베풀어 곤궁(困窮)한 사람을 도와주는 것을 알지 못하며 가난한 사람을 사내종으로 보며 몸은 편안하고 맘은 태평해 남의 급한 사정을 알지 못하므로 친척이나 먼 사람이나 가까운 사람이나 누구도 원망을 갖지 않는 사람이 없다. 어지러운 세상을 만나면 어찌 가족을 능히 보전할 수 있겠느냐? 그 가히 하나이다. 하늘과 땅의 이치는 본디 아울러 갖추는 일이 없다. 그런 까닭에 역사가 시작된 뒤로 부귀한 집에서는 대지(大知)와 대현(大賢)이 태어나지 아니하며 또한 집도 보전할 수가 없다. 성인(聖人)과 현인(賢人)이나 군자(君子)와 영웅(英雄)과 호걸(豪傑)이나 지사(志士)·기재(奇才)는 대개 가난하고 천한 집에서 태어난다. 하늘이 그 사람을 부귀하게 해주었으면 그만이지 또 기재(奇才)를 갖추게 하겠느냐? 이런 까닭으로 뿔이 있는 짐승은 이〔齒〕가 없느니라."

問曰 富貴者 何爲則 保其家乎
문왈 부귀자 하위즉 보기가호

翁曰 救難濟急 恤孤憐貧 陰德於冥冥之中 散財救人
옹왈 구란제급 휼고련빈 음덕어명명지중 산재구인

避其林叢之地 人不其量 其財之有無 而先以家族
피기림총지지 인불기량 기재지유무 이선이가족

習惡衣惡食 擇其山野之間 吉星照臨處 土室石枕
습악의악습 택기산야지간 길성조림처 토실석침

埋名隱姓 守其本心 自有保家之道 又有知識者來助
매명은성 수기본심 자유보가지도 우유지식자래조

不違此規 萬無一失 若違此規則 切不保家矣
불위차규 만무일실 약위차규즉 절불보가의

묻기를, "부귀한 사람은 어떻게 해야만 가족을 보전할 수 있습니까?"
대답하시기를, "어려운 사람을 구하며 급한 사람을 도와주며 외로운 사람을 구휼하고 가난한 사람을 불쌍히 여기면서 숨은 덕행(德行)을 남이 모르게 베풀며 재물을 풀어 사람을 구제하고 사람이 많은 곳을 피해서 살며 사람들이 그가 재물이 있다는 것을 알지 못하게 하고 먼저 가족들에게 악의(惡衣: 허름한 옷)와 악식(惡食: 거친 음식)을 배워 익히며 산과 들의 길한 별이 비치는 곳을 가려서 토실(土室: 움집)을 짓고 돌(바위)로 베개를 삼고 성씨와 이름을 숨기고 그 본심을 지키면 저절로 가족을 보존하는 길이 있을 것이다. 또는 아는 사람이 나타나서 도울 것이니 이 말을 어겨서는 아니 된다. 만(萬)에 하나 잃지 않고 이 말을 어기면 절대로 집을 보전할 수가 없을 것이니라."

問曰 富者不散其財 貴者不退其位則 無保家之道乎
문왈 부자불산기재 귀자불퇴기위즉 무보가지도호

翁曰 甚哉汝問 富貴者 豈無好生 怨死之心 但心泰身安
옹왈 심재여문 부귀자 기무호생 원사지심 단심태신안

世無艱苦之事 又不知時勢如何此 比如燕雀處堂
세무간고지사 우부지시세여하차 비여연작처당

子母相呴呴然其樂 不知火及棟宇也 不爲準備生道
자모상구구연기락 부지화급동우야 불위준비생도

倉卒遭亂 無措身策 豈不忘乎 末世之運 國稅日加月增
창졸조란 무조신책 기불망호 말세지운 국세일가월증

民不聊生 牛馬六畜 酒草魚鹽 家屋道路 草木衣裳
민불료생 우마육축 주초어염 가옥도로 초목의상

各有其稅 人無自由 又多無名無理之稅 魚鹽極貴
각유기세 인무자유 우다무명무리지세 어염극귀

土價如糞 租稅如天 何以保家乎 或有祖業 先散救急
토가여분 조세여천 하이보가호 혹유조업 선산구급

避於閑散無名之處 居住上策也 以疾病論之
피우한산무명지처 거주상책야 이질병론지

先亡膏油之腸 施則效果 富貴權力 一時掀天 何有餘福
선망고유지장 시즉효과 부귀권력 일시흔천 하유여복

救亂世耶 然故富貴 不知時勢則 可哀可哀
구난세야 연고부귀 부지시세즉 가애가애

묻기를, "부자가 자기의 재물을 풀지 아니하고 귀한 사람이 그 지위에서 물러나지 아니하고는 집을 보존할 길은 없습니까?"

대답하시기를, "심하다, 너의 물음이. 부귀한 사람이라 해서 삶을 좋아하고 죽음을 싫어하는 맘이 없겠느냐? 그러나 몸이 편안하고 맘이 태평하게 지내면서 어려운 일을 겪지 아니했고 또한 그때의 형세를 알지 못하기 때문에 어찌할 수가 없다. 비유하면 이것이 처마 밑에 깃들여 사는 제비나 참새가 집에 불이 붙어 타는 것도 알지 못하고 어미가 새끼를 보며 기뻐하면서 서로 즐기는 것과 같다. 살아갈 길을 미리 마련해 갖추지 아니하고 있다가 눈 깜짝할 사이에 어려움을 만나게 되니 손 쓸 계략이 없도다. 어찌 이 경계를 잊을 수 있으리오?

말세에는 나라의 세금이 날마다 많아지고 달마다 더해져 백성들은 맘을 놓고 편안히 삶을 보전하지 못한다. 소나 말과 같은 육축(六畜)[20] 등과 술·담배·생선·소금 등과 가옥·도로 등과 풀과 나무와 옷 등에도 각각 세금이 있어서 사람에게 자유란 없다. 또한 명목도 없는 무리한 세금도 많아져서 생선과 소금은 가장 귀하고 조세(租稅)가

20) 집에서 기르는 대표적인 소·말·양·돼지·개·닭의 여섯 가지 가축.

하늘같이 높아지고 땅값은 똥값같이 될 것이니 어찌 집을 보전할 수 있겠느냐? 만약 조상 때부터 대대로 내려오는 가업(家業)이 있어 재물이 있더라도 먼저 풀어 급한 사람을 구해주고 한가하며 고요한 이름 없는 곳으로 피해 가서 사는 것이 가장 좋은 계략이다. 질병으로 말하자면 먼저 기름 낀 창자를 가진 사람이 죽을 것이므로 약을 써도 효력이 있다. 세상에서 부귀(富貴)와 권력(權力)이 한때 세상을 흔들었으니 어찌 남은 복이 있어서 어지러운 세상에 보전하겠느냐? 그러한 까닭으로 부귀한 사람이 세상의 형편을 알지 못하니 슬프고도 슬프도다."

問曰 然富貴者 苟不知時 以兵革疾病凶荒 爲百祖一孫乎
문왈 연부귀자 구부지시 이병혁질병흉황 위백조일손호

翁曰 千祖一孫可也 當此時 日中交鋒 兵起於北
옹왈 천조일손가야 당차시 일중교봉 병기어북

我國則無暇及 或從軍亡者多 生民塗炭 未有若此極甚也
아국즉무가급 혹종군망자다 생민도탄 미유약차극심야

若日力不足終微 彼中得之勢 天安以北 胡兵滿地則
약일력부족종미 피중득지세 천안이북 호병만지즉

漢陽千里 人影永絶 北地魚戮 然此小小之患
한양천리 인영영절 북지어육 연차소소지환

日中之戰 遂及於世界之戰 及成萬國蚌鷸之勢
일중지전 수급어세계지전 급성만국방휼지세

全世大亂矣 庶幾蕩盡之際 范郭兩將 率蒙古瀋陽之兵
전세대란의 서기탕진지제 범곽양장 솔몽고심양지병

捲土東來 日力被敗 所過鷄犬無餘 至坡州二童之于敗亡
권토동래 일력피패 소과계견무여 지파주이동지우패망

八鄭竝起 七李相爭 二趙在中 殺戮無雙 血流標杵
팔 정 병 기 칠 이 상 쟁 이 조 재 중 살 육 무 쌍 혈 류 표 저

嗟呼生民於斯偕亡 八鄭之中 六人敗亡 七李之中
차 호 생 민 어 사 해 망 팔 정 지 중 육 인 패 망 칠 이 지 중

六人敗亡 二趙連交 五人相爭 二人敗走遼東
육 인 패 망 이 조 연 교 오 인 상 쟁 이 인 패 주 요 동

三人鼎峙 未決雌雄 各守一陣 此時千祖一孫矣
삼 인 정 치 미 결 자 웅 각 수 일 진 차 시 천 조 일 손 의

嗟呼 蒼生何處保命 所謂殃及池魚 玉石俱焚
차 호 창 생 하 처 보 명 소 위 앙 급 지 어 옥 석 구 분

擇地潛伏 頭上保角 而衣其白者 可免范郭之亂
택 지 잠 복 두 상 보 각 이 의 기 백 자 가 면 범 곽 지 란

土屋窮居 小食延命 多誦眞經則 可免八鄭七李二趙之亂
토 옥 궁 거 소 식 연 명 다 송 진 경 즉 가 면 팔 정 칠 이 이 조 지 란

묻기를, "그래서 부귀한 것은 때를 알지 못하기 때문에 병혁(兵革)·질병(疾病)·흉년(凶年)으로 백 명의 조상 가운데 한 명의 자손이 살아난다고 하는데 그 말이 맞습니까?"

대답하시기를, "천 명의 조상 가운데 한 명의 손자가 살아난다는 것이 옳을 것이다. 이때는 일본과 중국이 서로 싸우나 전쟁이 북쪽에서 일어나므로 우리나라에는 미칠 겨를이 없다. 혹 군대를 따라 싸움터로 나가서 죽은 사람은 있다. 그러나 전쟁은 없어도 백성들은 몹시 곤궁할 것이다. 만약 일본의 힘이 줄어들고 중국이 세력을 얻어 호병(胡兵)이 들어와서 천안(天安) 이북까지(漢陽) 이르게 되면 천 리의 사람 그림자가 영구히 끊어지고 북쪽은 연못의 고기처럼 죽음을 당하게 된다. 그래도 이것은 조그마한 근심이다. 일본과 중국의 전쟁이

세계대전으로 확대되면서 모든 나라가 기회를 엿보므로 세계가 큰 혼란이 된다. 이럴 즈음에 범씨(范氏)와 곽씨(郭氏), 두 장수가 몽고(蒙古)과 심양(瀋陽)의 군대를 이끌고 동쪽을 향해 쳐들어오게 되면 지나가는 자리에 개와 닭도 남지 않을 것이나 파주(坡州)에 와서 이동(二童)을 만나면 패망할 것이다. 또 정씨(鄭氏) 8명과 이씨(李氏) 7명과 조씨(趙氏) 2명이 서로 다투어서 사람을 마구 죽이는 것이 견줄 데 없고 피가 흘러 내가 될 것이다. 아! 슬프다. 이 나라 운수가 여기에서 끝이 나는구나. 8정(鄭) 가운데 6인이 패망하고 7이(李) 가운데 6인이 패망한다. 2조(趙)를 합쳐 5인이 다투다가 2인은 요동으로 달아나고 3인이 솥발처럼 벌려서 자웅(雌雄)을 결정하지 못하고 각각 한 곳을 지키게 된다. 이때가 되면 천 명의 조상 가운데 한 명의 손자가 되는 시기이다. 아! 슬프다. 세상의 모든 사람이 어디에서 살아나겠느냐? 만일 땅을 가려서 정혈(正穴)에 살지 아니하면 비록 지각이 있는 사람이라도 재앙이 미쳐서 구슬과 돌이 함께 불에 탈 것이다. 땅을 가려 숨어 살며 머리에 상투를 보전하고 흰옷을 입는 사람은 범곽(范郭)의 난을 면할 수 있고 흙집에서 궁하게 살며 음식을 적게 먹으며 겨우 목숨을 이으며 살아가고 진경(眞經)[21]을 많이 외우면 8정(鄭), 7이(李), 2조(趙) 난을 면할 수 있다."

問曰 三人鼎峙 世爲安定乎
문 왈 삼 인 정 치 세 위 안 정 호

翁曰 不然 天厭穢德 命歸眞主
옹 왈 불 연 천 염 예 덕 명 귀 진 주

묻기를, "세 사람이 솥발과 같이 벌여 서면 세상은 안정이 됩니까?"

---

21) 천부경(天符經)·도덕경(道德經)·옥추경(玉樞經).

대답하시기를, "그렇지 않다. 하늘은 더러운 덕을 싫어하는 것이다. 하늘의 명령이 진주(眞主)에게로 돌아가느니라."

問曰 眞主何時來乎
문 왈 진 주 하 시 래 호

翁曰 推數 一五九三八六運 紫雲黃霧 蔽天三日
옹 왈 추 수 일 오 구 삼 팔 육 운 자 운 황 무 폐 천 삼 일

出於南海 泊船河東 至豊川 到完山 設道場金山寺
출 어 남 해 박 선 하 동 지 풍 천 도 완 산 설 도 장 금 산 사

以除三傑而已 蒼生何罪 如保赤子 更逢堯舜世界矣
이 제 삼 걸 이 이 창 생 하 죄 여 보 적 자 갱 봉 요 순 세 계 의

묻기를, "진주는 어느 때에 오십니까?"

대답하시기를, "짐작으로 미루어 셈해보니 15936운 「갑오(甲午)」에 자줏빛 구름과 누런 안개가 사흘 동안 하늘을 가리고 남해(南海)에서 나와 흰 배를 타고 하동(河東)에 배를 정박시키고 풍천(豊川)를 거쳐 완산(完山: 전라북도 전주)에 이른 뒤 도장(道場)을 금산사(金山寺)에 설치하고 세 호걸만 제거할 뿐이니 백성이 무슨 죄가 있겠느냐? 갓난아이같이 보호할 것이며 다시 요순세계와 같은 평화를 만날 것이니라."

問曰 除此三傑 用干戈乎
문 왈 제 차 삼 걸 용 간 과 호

翁曰 大聖何用干戈耶 以道術平定
옹 왈 대 성 하 용 간 과 야 이 도 술 평 정

묻기를, "이 세 호걸을 제거하는 데 병기(兵器)를 씁니까?"
대답하시기를, "이 세 호걸을 제거하는 데 병기를 쓰겠느냐? 정도(正道)로써 정할 것이다."

問曰 三傑神人 莫測之材 何以除之乎
문 왈 삼 걸 신 인 막 측 지 재 하 이 제 지 호

翁曰 天命歸于眞主 逆天者亡 天人之才則 濟世之學
옹 왈 천 명 귀 우 진 주 역 천 자 망 천 인 지 재 즉 제 세 지 학

皆附眞主 二尊士 十二神人 八百法士 用事於談笑之中
개 부 진 주 이 존 사 십 이 신 인 팔 백 법 사 용 사 어 담 소 지 중

不過幾日而平矣
불 과 기 일 이 평 의

묻기를, "세 호걸에게는 신인도 헤아리지 못하는 재주가 있다는데 무엇으로써 제거합니까?"
대답하시기를, "하늘의 명령이 진인(眞人)에게 돌아왔으니 하늘을 거스르는 사람에게는 망함이 있을 뿐이다. 천인(天人)의 재주와 세상을 구제할 학문이 진인에게 따라다니니 곧 3존사(尊士)와 12신인(神人)과 8백 법사(法師)가 웃으면서 이야기 하는 가운데 일을 처리할 것이므로 며칠 걸리지 않고 평정할 것이니라."

問曰 如此之才 何地多出乎
문 왈 여 차 지 재 하 지 다 출 호

翁曰 慶全多出
옹 왈 경 전 다 출

묻기를, "이와 같은 현인(賢人)은 어느 곳에서 많이 나옵니까?"
대답하시기를, "경상도와 전라도에서 많이 나오리라."

問曰 人材 孔孟太公 李如松韓信乎
문왈 인재 공맹태공 이여송한신호

翁曰 愚哉 汝之心量也 武侯韓信 無敢擧論 況如松乎
옹왈 우재 여지심량야 무후한신 무감거론 황여송호

全用神術 故神不可知也
전용신술 고신부가지야

묻기를, "인재(人材)는 옛날의 제갈공명이나 태공망[22]과 같은 사람입니까? 아니면 이여송이나 한신 같은 사람입니까?"
대답하시기를, "바보스럽구나, 너의 맘을 헤아림이. 제갈공명이나 한신 같은 이를 어찌 감히 거론하며 하물며 이여송에게 견주리오. 오로지 신술(神術)만을 사용하므로 '신인(神人)인 줄 알지 못한다'고 하는 것이니라."

問曰 鄭氏之運 興於術 亡於術 此之謂乎
문왈 정씨지운 흥어술 망어술 차지위호

翁曰 然 大抵鄭氏之運 鬼神世界 儒佛仙三字 合爲一家
옹왈 연 대저정씨지운 귀신세계 유불선삼자 합위일가

佛爲主 無殺戮之事 佛之形體 儒之凡節 仙之造化
불위주 무살육지사 불지형체 유지범절 선지조화

22) 태공망(太公望, ?~?)은 주(周)나라 초기의 정치가이자 공신으로 속칭 강태공으로 알려져 있다. 무왕을 도와 은나라 주왕을 멸망시켜 천하를 평정하였으며, 제(齊)나라에 봉함을 받아 그 시조가 되었다. 본명은 강상(姜尙)이다.

龍山運回 白日上昇者 比比有之美哉
용 산 운 회 백 일 상 승 자 비 비 유 지 미 재

此時運 擧世都是蓮花世界
차 시 운 거 세 도 시 연 화 세 계

묻기를, "정씨의 운은 '도술(道術)로 일어나고 도술 때문에 망한다'는 말이 있는데 이것을 일컫는 것입니까?"
대답하시기를, "그러하다. 대체로 정씨의 운은 귀신의 세계로 유(儒), 불(佛), 선(仙)의 3자(字)가 합쳐져 하나의 가(家)가 되는데 불(佛)이 주인이 되어 서로 죽이는 일이 없어진다. 불의 형체와 유의 범절과 선의 조화가 겹쳐서 그 도가 되니 용산의 운에는 낮에도 하늘을 날아다니는 사람이 있을 것이다. 아름답구나, 이때의 운이여! 온 세상이 모두 연화세계(蓮花世界)[23]가 될 것이니라."

問曰 人材如此多數乎 子孫中 或有聖人乎
문 왈 인 재 여 차 다 수 호 자 손 중 혹 유 성 인 호

曰 三人之中 一死二存
왈 삼 인 지 중 일 사 이 존

묻기를, "인재가 이와 같이 많으면 앞으로 자손 가운데도 혹시 거룩한 사람이 있습니까?"
대답하시기를, "세 사람이 있는데 하나는 죽고 둘이 살 것이니라."

問曰 同宗中 或有乎
문 왈 동 종 중 혹 유 호

---

23) 괴로움이 없는 지극히 안락(安樂)하고 자유로운 세상.

翁曰 有四人
옹 왈 유 사 인

묻기를, "동종〔柳氏〕 가운데 혹시 있습니까?"
대답하시기를, "네 사람이 있다."

問曰 行列 何行乎
문 왈 항 렬 하 항 호

翁曰 二萬二鎭一煥二淳
옹 왈 이 만 이 진 일 환 이 순

묻기를, "항렬(行列)로 말한다면 무슨 항렬입니까?"
대답하시기를, "만(萬) 자 항렬의 두 사람, 진(鎭) 자 항렬의 한 사람, 환(煥) 자 항렬의 한 사람, 순(淳) 자 항렬에 두 사람이 있느니라."

問曰 當此時 雖無知者 有能辨時乎
문 왈 당 차 시 수 무 지 자 유 능 변 시 호

翁曰 其時則 龍山赤雲連鎖 鳳凰來鳴 三佛之上
옹 왈 기 시 즉 용 산 적 운 연 쇄 봉 황 래 명 삼 불 지 상

草浦水漲 凉山火明 知其時也
초 포 수 창 량 산 화 명 지 기 시 야

묻기를, "이때가 되면 지각이 없는 사람도 능히 때를 분별할 수 있습니까?"
대답하시기를, "그때가 되면 용산에 붉은 구름이 서로 연이어 맺으며 세 부처 위에 봉황(鳳凰)이 와서 울고 초포(草浦)에 물이 불어나며

양산(凉山)에 불이 밝아지면 그것으로써 때를 알 수 있다."

問曰 眞經何在何乎
문 왈 진 경 하 재 하 호

翁曰 昭載格菴遺錄 然 人無正心則 無驗矣
옹 왈 소 재 격 암 유 록 연 인 무 정 심 즉 무 험 의

묻기를, "진경(眞經)은 어디에 있습니까?"
대답하시기를, "『격암유록』에 환히 실려 있다. 그러나 사람에게 바른 맘이 없으면 좋은 보람이 없다."

問曰 父親 通乎地理 或有子孫之計乎
문 왈 부 친 통 호 지 리 혹 유 자 손 지 계 호

翁曰 地理者 福者逢之 非蔭德者 難以力取 甚難甚難
옹 왈 지 리 자 복 자 봉 지 비 음 덕 자 난 이 역 취 심 란 심 란

紅綠誌有 若干所載 後孫中或有積善者
홍 록 지 유 약 간 소 재 후 손 중 혹 유 적 선 자

不然未可必也 末世擇地則 不知吉凶矣
불 연 미 가 필 야 말 세 택 지 즉 부 지 길 흉 의

묻기를, "아버지께서는 지리(地理)에 막힘이 없이 환히 통했는데 혹시 자손을 위한 계책이 있습니까?"
대답하시기를, "길한 땅은 복이 있는 사람만이 만날 수 있다. 숨은 덕을 쌓지 아니한 사람은 힘으로써는 심히 어렵다. 그러나 『홍록지』에 실려 있으니 후손 가운데 선을 쌓은 사람은 알 것이다. 그러하지 않으면 기어이 꼭 할 수는 없다. 말세에 땅을 가리자면 길하고 흉함

을 알 수 없느니라."

問曰 何處吉星照臨乎
문왈 하처길성조림호

曰 吉地 亦載馬上錄 有福子孫 自然見知矣
왈 길지 역재마상록 유복자손 자연견지의

묻기를, "어느 곳이 길한 별이 내리비치는 곳입니까?"
대답하시기를, "길한 땅도 『마상록』에 실려 있으니 복이 있는 자손이라면 저절로 알게 될 것이다."

問曰 古訣云 利在弓弓乙乙之間 弓乙何乎
문왈 고결운 이재궁궁을을지간 궁을하호

翁曰 大弓武弓 小乙武乙 非知者莫知 然以普通言之則
옹왈 대궁무궁 소을무을 비지자막지 연이보통언지즉

穴下弓身 卽窮居以弱爲本矣
혈하궁신 즉궁거이약위본의

묻기를, "옛 비결에 '이로움이 궁궁을을(弓弓乙乙)에 있다'고 했는데 무엇입니까?"
대답하시기를, "대궁(大弓)은 무궁(武弓)을 말하고 소을(小乙)은 무을(武乙)을 말하나 지각이 있는 사람이 아니면 알 수가 없다. 그러나 일반적으로 말한다면 곧 궁(窮: 穴下弓身)하게 살면서 약(弱)함을 근본으로 한다."

問曰 小頭無足何也
문왈 소두무족하야

翁曰 小頭無足 火也 蒼生皆以火亡也
옹 왈 소 두 무 족 화 야 창 생 개 이 화 망 야

묻기를, "소두무족(小頭無足: 災)은 무엇입니까?"
대답하시기를, "소두무족은 곧 불(火)이니 세상의 모든 사람들이 다 불로써 망할 것이다."

問曰 三人一夕 何謂
문 왈 삼 인 일 석 하 위

翁曰 卽修也 修心修身修道也
옹 왈 즉 수 야 수 심 수 신 수 도 야

묻기를, "삼인일석(三人一夕: 春)은 무엇입니까?"
대답하시기를, "곧 닦을 수(修) 글자이니 맘을 닦고[24] 몸을 닦고 도를 닦는 것[25]이다."

問曰 寺畓七斗落 何也
문 왈 사 답 칠 두 락 하 야

翁曰 擇其水田作農也
옹 왈 택 기 수 전 작 농 야

묻기를, "사답칠두락(寺畓七斗落: 절논 일곱 마지기)은 무엇입니까?"

---

24) 맘을 넓고 둥글게 갖고 삿된 마음을 항복 받는 것.

25) 하단전(下丹田)의 정(精)을 달구어 기를 이루고 중단전(中丹田)의 기를 익혀 양신(陽神)을 이루고 상단전(上丹田)의 양신(陽神)을 단련하여 허(虛: 空·無)로 돌아오고 허를 연마하여 도와 더불어 합하여 늙지도 않고 죽지도 않는 것.

대답하시기를, "가려서 농사를 지으라는 것이다."

問曰 浮金冷金 何也 奄宅曲阜 何也
문 왈 부 금 냉 금 하 야 엄 택 곡 부 하 야

翁曰 浮金冷金 農具 奄宅曲阜 卽曲邑 曲邑卽土穴
옹 왈 부 금 냉 금 농 구 엄 택 곡 부 즉 곡 읍 곡 읍 즉 토 혈

묻기를, "부금냉금(浮金冷金: 뜬 쇠이며 차가운 쇠)[26]은 무엇이며 엄택곡부(奄宅曲阜: 굽은 언덕에 가려진 집)는 무엇입니까?"
대답하시기를, "부금냉금(浮金冷金)은 농업에 사용되는 기구를 말하고 엄택곡부(奄宅曲阜)는 곧 곡읍(曲邑)이다. 곡읍은 곧 토혈(土穴)이다."

問曰 牛性在野 利在田田 何乎 翁曰 牛者見野則止
문 왈 우 성 재 야 이 재 전 전 하 호 옹 왈 우 자 견 야 즉 지

田田卽草田誤錄 都是窮居作農
전 전 즉 초 전 오 록 도 시 궁 거 작 농

묻기를, "'소의 성품은 들에 있다'와 '이로움이 전전(田田)에 있다'는 무슨 뜻입니까?"
대답하시기를, "소는 들을 보면 그치며 전전(田田)은 초전(草田)을 잘못 기록한 것이니 이러니저러니 할 것 없이 아주 궁하게 살면서 농사를 지으라."

---

26) 부금(浮金)은 화중금(火中金)으로 이허중(離虛中)의 리괘(離卦: ☲) 가운데 있는 일음(一陰)인 --이며 진음(眞陰)이고 냉금(冷金)은 수중금(水中金)으로 감중련(坎中連)의 감괘(坎卦: ☵) 가운데 있는 일양(一陽)인 —이며 진양(眞陽)이다. 중단전(中丹田)에서 수화(水火)가 교구(交媾)하여 진종자(眞種子)를 만든다.

問曰 求人種於兩白 何也
문 왈 구 인 종 어 양 백 하 야

翁曰 兩白旨有二焉 皆合其一則 角也 有角之地 有角處
옹 왈 양 백 지 유 이 언 개 합 기 일 즉 각 야 유 각 지 지 유 각 처

卽曰 白字横也
즉 왈 백 자 횡 야

묻기를, "인종구어양백(人種求於兩白: 사람의 씨를 양백에서 구하라)은 무슨 뜻입니까?"
대답하시기를, "양백(兩白)에는 뜻이 둘이 있다. 하나는 모든 것을 한때를 기다려 꼭 알맞게 한다는 뜻이고, 하나는 뿔 각(角) 자인데 뿔 각(角) 자가 들어간 곳을 나타내는 것으로 흰 백(白) 자 두 개를 가로로 합한 것(角: 白白)이다."

問曰 古訣云 十勝之地 果保家乎
문 왈 고 결 운 십 승 지 지 과 보 가 호

翁曰 十勝之地者 但看水源長遠無凶豊 人民安穩也
옹 왈 십 승 지 지 자 단 간 수 원 장 원 무 흉 풍 인 민 안 온 야

雖十勝之地 有適合處不合處 擇其十勝居住
수 십 승 지 지 유 적 합 처 불 합 처 택 기 십 승 거 주

묻기를, "옛 비결에 십승지지가 있다고 했는데 십승지에 들어가서 살면 집을 보전할 수 있습니까?"
대답하시기를, "십승의 땅이란 다만 물의 근원이 긴 것이니 흉년과 풍년을 모르며 백성들이 조용하고 평안하게 살아갈 수 있는 곳이다. 비록 십승지지라도 알맞은 곳과 알맞지 않은 곳을 가려서 살아가야

할 것이다."

問曰 若安穩保家則 世無不保之人矣 有何其理乎
문왈 약안온보가즉 세무불보지인의 유하기리호

翁曰 避亂之本 都在其心 善者生 惡者死 當於末世
옹왈 피난지본 도재기심 선자생 악자사 당어말세

善者幾人耶
선자기인야

문기를, "만일 숨어서 평안하게 집을 보전한다면 세상에 보전하지 못할 사람이 없을 것이니 그런 이치가 있습니까?"
대답하시기를, "피난(避亂)의 근본은 다만 그 맘에 있으므로 착한 사람은 살고 모진 사람은 죽는다. 말세에 착한 사람이 몇이나 되겠느냐?"

問曰 十勝之處吉方乎
문왈 십승지처길방호

翁曰 十勝之地 全吉之地 有治世之地 有亂世之地
옹왈 십승지지 전길지지 유치세지지 유난세지지

문기를, "십승지는 길한 곳입니까?"
대답하시기를, "십승의 곳(땅)이 모두 길한 땅이며 잘 다스려진 태평한 세상의 땅이 있고 어지러운 세상의 땅이 있도다."

問曰 亂世之地 何在 治世之地 何在 全國之內
문왈 난세지지 하재 치세지지 하재 전국지내

幾處治安之地乎
기 처 치 안 지 세 호

翁曰 治亂之地三六 亂世之地二四 載遺錄末篇也
옹 왈 치 란 지 지 삼 육 난 세 지 지 이 사 재 유 록 말 편 야

不言人人之事 勿論當局 愼口焉
불 언 인 인 지 사 물 론 당 국 신 구 언

묻기를, "어지러운 세상의 땅은 어디에 있습니까? 또 잘 다스려진 태평한 세상의 땅은 어디에 있습니까? 온 나라 안에는 몇 곳의 치세(治世)와 난세(亂世)의 땅이 있습니까?"
대답하시기를, "치세의 길한 땅은 36곳이요, 난세의 길한 땅은 24곳이다. 『유록』「말편」에 실려 있다. 사람들 일이니 당국(當局)이 아니면 말할 것도 없으니 입을 삼가하도록 하라."

問曰 治世之地 亂世不可居乎
문 왈 치 세 지 지 난 세 불 가 거 호

翁曰 然
옹 왈 연

묻기를, "잘 다스려지는 태평한 세상의 땅이라도 어지러운 세상에는 살아갈 수 없습니까?"
대답하시기를, "그러하다."

問曰 亂世可居之地 何爲明證乎
문 왈 난 세 가 거 지 지 하 위 명 증 호

翁曰 治世之地 非但 吉星照明 其時賢人知士謀士
옹 왈 치 세 지 지 비 단 길 성 조 명 기 시 현 인 지 사 모 사

自然入居 居民賴安矣
자연입거 거민뢰안의

묻기를, "난세에 살 만한 곳을 무엇으로 명백하게 증명합니까?"
대답하시기를, "치세의 땅은 다만 길한 별이 내리 비칠 뿐만 아니라 그때가 되면 어질고 총명한 사람과 아는 것이 많은 사람이 자연히 들어와서 살게 될 것이며 그 땅에 사는 백성들도 그들로 말미암아 편안하게 살아가게 된다."

問曰 漢江以北 治世何如乎
문왈 한강이북 치세하여호

翁曰 昇平之世 豈有不處之地乎 北方王道未及
옹왈 승평지세 기유불처지지호 북방왕도미급

且山勢不靈故 人民强而 無柔順之風 任官不振
차산세불영고 인민강이 무유순지풍 임관불진

묻기를, "한강 이북은 잘 다스려지는 것입니까?"
대답하시기를, "고요하고 잘 다스려지는 세상이면 어찌 처하지 않음이 있겠느냐? 북쪽은 왕도(王道)가 아직 미치지 못하고 또 산의 형세가 신령하지 않은 까닭에 인민이 강하여 부드럽고 순한 풍습이 없어 관직에 임명되어도 떨치지 못한다."

問曰 全國內吉地 如此多則 南姓大旺之地 有幾處乎
문왈 전국내길지 여차다즉 남성대왕지지 유기처호

翁曰 龍山運回 第一旺地 卽井海也
옹왈 용산운회 제일왕지 즉정해야

묻기를, "전국(全國) 안에 길한 곳이 이와 같이 많으면 남성(南姓)이 크게 왕성할 땅은 몇 곳이나 있습니까?"
대답하시기를, "용산에 운이 돌아오면 가장 좋은 왕성한 땅은 곧 정해(井海)이다."

問曰 復有乎
문 왈 복 유 호

翁曰 此外有七處 昭載格菴遺錄及馬上錄矣
옹 왈 차 외 유 칠 처 소 재 격 암 유 록 급 마 상 록 의

묻기를, "또 있습니까?"
대답하시기를, "이 밖의 7곳이 있는데 상세한 것은 『격암유록』 및 『마상록』에 있다."

問曰 末運富不近云 與富者同處則 受殃禍乎
문 왈 말 운 부 불 근 운 여 부 자 동 처 즉 수 앙 화 호

翁曰 不然 富有德行 達觀者 無妨也
옹 왈 불 연 부 유 덕 행 달 관 자 무 방 야

묻기를, "'말운(末運)은 부자를 가까이 하지 말라' 했는데 부자와 같이 있으면 재앙과 화(禍)를 받습니까?"
대답하시기를, "그렇지 않다. 부자라도 덕행(德行)이 있고 달관(達觀)[27]한 사람은 괜찮다."

---

27) 환경에 좌우되지 않고 기쁨·성냄·슬픔·즐거움을 초월하는 것. 세속을 벗어난 높은 견식(見識).

問曰 此年之運 推數不學則 雖有書字 後生難知
문 왈 차 년 지 운 추 수 불 학 칙 수 유 서 자 후 생 난 지

何以知之戒之乎
하 이 지 지 계 지 호

翁曰 不知無妨 至於後生 當其時 乘運者 自有知識矣
옹 왈 부 지 무 방 지 어 후 생 당 기 시 승 운 자 자 유 지 식 의

汝當積 善行德則 子孫昌盛 其麗無窮矣 愼修德無違
여 당 적 선 행 덕 즉 자 손 창 성 기 려 무 궁 의 신 수 덕 무 위

汝父之言 吾家必有後望 汝當謹守使後生 勿失萬一焉
여 부 지 언 오 가 필 유 후 망 여 당 근 수 사 후 생 물 실 만 일 언

묻기를, "이 해의 운을 앞으로 닥쳐올 운수를 미리 헤아려 알고 배우지 않으면 비록 편지가 있어도 후생(後生)들은 알기 어려운데 무엇으로써 알아서 경계합니까?"

대답하시기를, "알지 못해도 괜찮다. 후생에 이르러서는 마땅히 그때의 운을 탄 사람은 스스로 지식이 있도다. 너는 마땅히 착함을 쌓고 덕을 행하면 자손이 번성하고 잘되며 그 고움이 무궁할 것이다. 삼가하여 덕(德[28])을 닦고 아버지의 말씀을 어김이 없어야 하고 우리 집은 반드시 뒤의 희망이 있을 것이며 너는 응당 후생에게 삼가 지키게 하여 만(萬)에 하나(一)라도 잃으면 안 된다."

身不離弓居其地 生不居方咸地方
신 불 리 궁 거 기 지 생 불 거 방 함 지 방

身不離頭流山 足不踏小頭無足處
신 불 리 두 류 산 족 불 답 소 두 무 족 처

28) 중도(中道)를 행하여 얻음.

寧死不作凶惡事 寧餓死不居不義之處
영 사 불 작 흉 악 사 영 아 사 불 거 불 의 지 처

十里五里相望處 三家五家成一村
십 리 오 리 상 망 처 삼 가 오 가 성 일 촌

몸은 궁하게 사는 그 땅을 떠나지 아니하며 살아서는 함지(咸地)의 방향에는 살지 않는다.
몸은 두류산(頭流山)을 떠나지 않으며 발로는 재앙(小頭無足: 災)이 깃드는 곳을 밟지 말라.
죽임을 당할지라도 흉하고 모진 일은 만들지 않으며 차라리 굶어 죽을지라도 불의(不義)한 곳에는 살지 않는다.
10리(十里: 4km) 또는 5리(五里: 2km)로 서로 바라보는 곳에 세 집 또는 다섯 집이 하나의 마을을 이루었도다.

不求異人千百里 從我身邊賢吉隨
불 구 이 인 천 백 리 종 아 신 변 현 길 수

牛鳴可聞不見處 鳥性此枝彼枝間
우 명 가 문 불 견 처 조 성 차 지 피 지 간

入則桃園閑散處 出則咸陽繁華地
입 즉 도 원 한 산 처 출 즉 함 양 번 화 지

천 리나 백 리에서 이인(異人)[29]을 구하지 않으며 나의 몸 주위에는 어질고 총명한 사람과 길한 사람이 따르도다.
소가 우는 소리가 가히 들리고 보이지 않는 곳에 새의 성품은 이 가지 저 가지 사이를 옮겨 앉는다.

---

29) 보통 사람과는 아주 다르게 재주나 아는 것이 신통한 사람.

복숭아 언덕의 한적하고 쓸쓸한 곳에는 들어가며 함양(咸陽) 땅 같은 번성하고 화려한 곳은 나올 것이다.

庚寅三望世混沌 人心凶凶穀敗水
경 인 삼 망 세 혼 돈 인 심 흉 흉 곡 패 수

八災之中飢最難 誰穀積穀甘藷農
팔 재 지 중 기 최 난 수 곡 적 곡 감 저 농

경인(庚寅). 세 번 세상이 뒤엉켜 갈피를 잡을 수 없는 것을 바라다볼 것이며 사람 맘이 몹시 수선하니 곡식이 물에 의해 실패로다.
여덟 가지의 재난 가운데 배고픔이 가장 어려우니 무슨 곡식이든 곡식을 쌓아두며 감자 농사를 지으라.

壬辰剩曺眞人出 癸巳多水人多死
임 진 승 조 진 인 출 계 사 다 수 인 다 사

古月委人自消滅 虎起四方人多死
고 월 위 인 자 소 멸 호 기 사 방 인 다 사

임진(壬辰)년에 여러 사람 속에서 멀쑥하니 진인(眞人)이 나오며 계사(癸巳)년에 홍수가 있어 사람이 많이 죽는다.
오랑캐(胡=古月)와 일본(倭=委人)은 스스로 사라져 없어지며 범이 사방에서 일어나 사람이 많이 죽는다.

乙酉春三月 於洗心亭
을 유 춘 삼 월 어 세 심 정

辛卯 三分七王 四天八君 東伐西征 西征北伐 積善積德
신 묘 삼 분 칠 왕 사 천 팔 군 동 벌 서 정 서 정 북 벌 적 선 적 덕

百祖一孫 東海溢沒 西山崩却 如是當時 生者幾人
백 조 일 손 동 해 일 몰 서 산 붕 각 여 시 당 시 생 자 기 인

을유(乙酉)년 봄 3월 세심정(洗心亭)에서.
신묘(辛卯). 셋으로 나뉘었으나 일곱 임금이며 하늘이 넷인데 임금이 여덟이라. 동쪽을 치고 서쪽을 치며 서쪽을 치고 북쪽을 친다. 착한 일을 많이 하고 덕을 많이 베풀어 쌓으니 백 명의 조상에 한 명의 자손이 살아난다. 동쪽 바다가 넘치며 서쪽 산이 무너진다. 이와 같은 때를 당하면 살아 있는 사람이 몇 사람인가?

壬辰 山李一枝 照誰保命 四海旣定 創業太祖 鴨綠江邊
임 진 산 이 일 지 조 수 보 명 사 해 기 정 창 업 태 조 압 록 강 변

六車來道 天使猛將 海島眞人
육 차 래 도 천 사 맹 장 해 도 진 인

임진(壬辰). 산속의 오얏나무 한 가지가 누군가에 비치어 목숨을 보전했다. 온 누리가 이미 정해졌으니 태조(太祖)가 왕업(王業)을 세우도다. 압록강(鴨綠江)가에 여섯 수레가 길을 따라 오리라. 천사(天使)와 맹장(猛將)이 해도진인(海島眞人)[30]이다.

癸巳 鳳入鳩群 掃業七王 黃平之間 尸積如山 殺我者誰
계 사 봉 입 구 군 소 업 칠 왕 황 평 지 간 시 적 여 산 살 아 자 수

小頭無足 漢陽百里 人影永絶
소 두 무 족 한 양 백 리 인 영 영 절

30) 바다 섬의 진인(眞人).

계사(癸巳). 봉(鳳)이 비둘기 무리에 들어가니 일곱 왕을 쓸어버린다. 황해도와 평안도 사이에는 시체가 산과 같이 쌓인다. 나를 죽이는 것은 무엇인가? 재앙(小頭無足: 災)이로다. 한양의 백 리에 사람의 그림자가 길게 끊어지리라.

甲午 青馬之歲 利在弓弓 白馬之月 利在乙乙 聖王通運
갑 오 청 마 지 세 이 재 궁 궁 백 마 지 월 이 재 을 을 성 왕 통 운

濟和元年 人影難見 泰士泰學 若于知覺 當世當時
제 화 원 년 인 영 난 견 태 사 태 학 약 우 지 각 당 세 당 시

갑오(甲午). 갑오(甲午: 青馬)년의 5월(庚午: 白馬)에는 이로움이 궁궁을을(弓弓乙乙: 弱)에 있다. 거룩한 임금이 운이 통하니 제화(濟和: 연호)가 시작되는 해이다. 사람의 그림자는 보기 어려우며 태산(泰山)과 같은 신체에 북두(北斗) 같은 학문이어라. 만약 지각이 있으면 좋은 세상과 마땅한 때이니라.

乙未 忠孝烈士 滿溢朝廷 文滿堂春 太平滿科 功利麟閣
을 미 충 효 열 사 만 일 조 정 문 만 당 춘 태 평 만 과 공 리 린 각

分封諸將 青兎不離窟 鷄鳩對田園
분 봉 제 장 청 토 불 리 굴 계 구 대 전 원

을미(乙未). 충신과 효자와 열녀와 사대부가 조정에 가득 넘쳐 있다. 문장(文章)이 가득 찬 초당(草堂)의 봄, 태평을 기리는 과거(科擧)에 인재(人材)가 가득하도다. 공훈(功勳)을 세운 분은 인각(麟閣)에 상(像)을, 그리고 모든 장수는 제후(諸侯)로써 영토를 나누어준다.
푸른 토끼는 굴(窟)을 떠나지 아니하며 닭과 비둘기는 논밭과 동산을 대하였도다.

강산선생비결(薑山先生秘訣)

1. 강산 이서구

강산(薑山) 이서구(李書九)는 조선 후기의 문신(文臣)으로 시인(詩人)이며 학자(學者)이다. 본관은 전주(全州)이고 자(字)는 낙서(洛瑞)이며, 호(號)는 척재(惕齋), 강산(薑山), 소완정(素玩亭), 석모산인(席帽山人)이다. 아버지는 대광보국숭록대부(大匡輔國崇祿大夫) 의정부 영의정을 증직(贈職)받은 원(遠)이며, 어머니는 정경부인(貞敬夫人)을 증직 받은 평산 신씨(平山申氏)로 부사(府使) 사관(思觀)의 딸이다. 1754년(영조 30, 甲戌)에 태어나 1758년(영조 34), 나이 5세 때 어머니를 여의었고, 계비(繼妣)는 진주이씨(晋州李氏)로 한복(漢復)의 딸이며 역시 정경부인이 되었다. 외할머니에게서 자랐으며, 외숙으로부터 당시(唐詩)·『사기(史記)』·『통감(通鑑)』 등을 배웠다. 외가에서 7년을 지내고 12세가 되던 1765년 아버지에게 돌아와 여러 경전(經典)을 읽기 시작했다.

16세부터 연암(燕巖) 박지원(朴趾源)을 만나 문장을 배우기 시작했고, 1770년에는 귀양에서 돌아온 아버지를 잃었다. 이때까지 일정한 스승이 없이 시문(詩文)과 금석(金石)·육서(六書) 등을 읽다가 21세 되던 1774년(영조 50) 가을 갑오(甲午) 정시(庭試) 병과(丙科)에 제11인으로 뽑혔고, 10월에 섭기주(攝記注: 종6품)로 첫 벼슬을 받았다. 22세 때인 1775년(영조

51)부터 5~6년간은 오로지 학문에만 뜻을 두었는데, 특히 사서(史書)를 탐독했다. 1785년(정조 9)에 시강원 사서(侍講院司書: 정6품), 1786년(정조 10)에 홍문관 교리(弘文館校理: 정5품)를 사헌부 지평(司憲府持平: 정5품)·승정원 승지(承政院承旨: 정3품)·전라도관찰사(종2품)·사간원 대사간(司諫院大司諫: 정3품)·이조판서(정2품)·사헌부 대사헌(司憲府大司憲: 종2품)을 거쳐 한성부 판윤(漢城府判尹: 정2품)·평안도관찰사(종2품)·판중추부사(判中樞府事: 종1품) 등의 벼슬을 하며 임금의 총애를 받았다.

문자학(文字學)과 전고(典故)에 조예가 깊고 글씨에 뛰어났다. 왕명(王命)으로 『장릉지(莊陵誌)』, 『춘추(春秋)』, 『정조실록(正祖實錄)』 등의 편찬에 참여했다. 명문장가로서 특히 시명(詩名)이 높아 박제가(朴齊家)·이덕무(李德懋)·유득공(柳得恭)과 함께 조선 후기 사가시인(四家詩人)으로 알려졌으며, 사가시인 중에서는 유일한 적출(嫡出)이었고, 벼슬도 순탄하게 올라갔다.

그러나 어려서 어머니를 여읜 외로움이 일생 동안 영향을 미쳤고, 벼슬보다는 은거(隱居)에 미련을 가졌으며, 아들이 없음과 늙어감과 벼슬을 한 일, 이 세 가지를 평생의 한으로 여겼다. 한 번도 연행(燕行)길에 오르지 않았으나 홍대용(洪大容)과 박지원의 문하에 출입하면서 이덕무·유득공·박제가 등 실학파 문사(文士)들과 사귀며 학문과 문학을 연마하고 시국을 논하였으므로 자연히 독창과 개성, 현실 문제, 조선의 역사와 자연에 대한 관심을 표현하는 문학을 하게 되었다.

22세 때 이덕무 등과 함께 『한객건연집(韓客巾衍集)』에 참가함으로써 사가시인 또는 실학사대가(實學四大家)라는 칭호를 얻게 되었다. 시(詩)는 개인적 성향 관계로 혁신적이거나 현실에만 치우치기보다 온유돈후(溫柔敦厚)하고 사색적이며, 고묘(高妙)한 정신세계를 표현한 것이 많다. 고요하고 아름다운 자연세계와 고귀한 내면의 깊이를 아울러 그려냄으로써 시의 격조를 높이는 데 힘썼다. 시호는 문간(文簡)이다. 1825년(순조 25, 乙酉)에 우상(右相: 정1품)을 배(拜)하여 여러 번 불렀으나 끝내 일어서지 않았다. 그 해 영평(永平)에서 졸(卒)하니 추탈(追奪) 후 신설(伸雪)했다.

서(書)에 공(工)하고 저서(著書)에 『강산초집(薑山初集)』, 『척재선생집(惕齋先生集)』이 전하고, 『여지고(輿地考)』, 『규장전운(奎章全韻)』을 찬수(纂修)하고 『존주휘편(尊周彙編)』, 『장능사보(莊陵史補)』를 편수(編修)했다.

2. 이서구비결

『잡서결(雜書訣)』 안에도 있고 『초창록(蕉窓錄)』 뒤쪽 등 필사본이 여기저기에 산재(散在)해 있는 것을 뽑아 모았다.

世事琴三尺 生涯酒一盃 無文發達一不知
세 사 금 삼 척 생 애 주 일 배 무 문 발 달 일 부 지

세상일이 석 자의 거문고이며, 일생이 술 한 잔일세. 글월 없이 발달이 첫 번째 알지 못함이며,

峯頭捲見日 何處是長安 無君泰平二不知
봉 두 권 견 일 하 처 시 장 안 무 군 태 평 이 불 지

산봉우리 꼭대기의 안개와 구름이 걷히니 해를 볼꼬 어느 곳이 장안(長安)인가? 임금 없이 태평함이 두 번째 알지 못함이며,

胡地無花草 春來不似春 無花江山三不知[1)]
호 지 무 화 초 춘 래 불 사 춘 무 화 강 산 삼 부 지

---

1) 이백(李白)의 「왕소군(王昭君)」 중에서.

오랑캐 땅[2]에 꽃과 풀이 없으니 봄이 와도 봄 같지 아니하네. 꽃이 없는 강산이다. 이것이 세 번째 알지 못함이요,

春水滿四澤 夏雲多奇峯 無豊多穀四不知[3]
춘 수 만 사 택 하 운 다 기 봉 무 풍 다 곡 사 부 지

봄물은 사방 못에 차고, 여름 구름은 산봉우리처럼 아름답다.[4] 풍년 없이 곡식이 많은 것이 네 번째 알지 못함이요,

孤舟蓑笠翁 獨釣寒江雪 無文道通五不知[5]
고 주 사 립 옹 독 조 한 강 설 무 문 도 통 오 부 지

외로운 배에 탄 늙은 어부가 눈 내리는 강 위에서 홀로 낚시질 하네. 글월 없이 도를 통하니 이것이 다섯 번째 알지 못함이요,

可憐江浦望 不見洛橋人 無病急死六不知
가 련 강 포 망 불 견 낙 교 인 무 병 급 사 육 부 지

사랑스러운 강가를 바라보니 낙수(洛水) 다리를 거니는 사람을 볼 수가 없네. 병 없이 갑자기 죽는 것이 여섯 번째 알지 못함이요,

---

2) 중국 북쪽의 이민족인 흉노(匈奴)의 땅.

3) 도연명(陶淵明)의 「사시(四詩)」 중에서.

4) 기이(奇異)한 봉우리.

5) 유종원(柳宗元)의 「강설(江雪)」 중에서.

千山鳥飛絶 萬逕人踪滅 無軍對敵七不知
천 산 조 비 절 만 경 인 종 멸 무 군 대 적 칠 부 지

모든 산엔 새도 날지 않고 모든 길에는 사람 발길이 끊어졌네. 군대 없이 적과 맞서는 것이 일곱 번째 알지 못함이다.

壬午世事日語 癸未代命 甲申年事倭伊 乙酉傷死多
임 오 세 사 일 어 계 미 대 명 갑 신 년 사 왜 이 을 유 상 사 다

丙戌年間濟世雄 造化無窮 丁亥到日亡 戊子 千兵萬馬
병 술 년 간 제 세 웅 조 화 무 궁 정 해 도 일 망 무 자 천 병 만 마

甲午臘月間 眞主渡錦江 辰巳事可知 午未樂堂堂
갑 오 납 월 간 진 주 도 금 강 진 사 사 가 지 오 미 낙 당 당

임오년에는 세상일이 일본 사람 말〔日語〕이네. 계미년에는 대리(代理)로 명(命)하고 갑신년에는 왜(倭)의 이등박문(伊藤博文)의 일이고, 을유년에는 상해 죽는 것이 많으리라. 병술 연간(年間)에는 세상을 구제할 영웅의 조화가 무궁하리라. 정해년에 이르러 일본이 망하리라. 무자년에 많은 병사가 있고, 갑오년 섣달〔臘月〕에 진주(眞主)가 금강을 건널 것이다. 진사년에 세상일을 가히 알 수 있겠고, 오미년에는 즐거움이 집집마다 가득하리라.

3. 궁궁(弓弓) 해의(解意)

鳴牛聞聲不見地 有鳥不移南北枝
명 우 문 성 불 견 지 유 조 불 이 남 북 지

소의 울음소리 들리는데 그곳은 보이지 않고 새는 남쪽 가지와 북쪽 가지를 떠나지 않네.

4. 이강산 서구결 칠언시

日乘青馬渡江來 李花落盡白狗身
일 승 청 마 도 강 래 이 화 낙 진 백 구 신

二七年間無主民 皆爲僧孫不知佛
이 칠 년 간 무 주 민 개 위 승 손 부 지 불

일본이 푸른 말〔甲午〕을 타고 물을 건너오니, 오얏꽃(이씨왕조)이 경술(庚戌: 白狗)에 떨어져 다하는 몸이며, 14년간은 주인과 백성이 없으며 모두 중의 후손이 되었으나 부처를 알지 못하네.

無根無實名教道 朝消暮起倫綱絶
무 근 무 실 명 교 도 조 소 모 기 윤 강 절

蜈蚣往來無江山 九洲同伴大醉客
오 공 왕 래 무 강 산 구 주 동 반 대 취 객

뿌리 없고 열매도 없는 것이 이름 있는 교(教)와 도(道)라 하니 아침에 사라지고 저녁에 일어나는 윤리(倫理)와 기강(紀綱)이 끊어지네. 지네(기차)가 왔다 갔다 하니 강산이 없고 아홉 섬(온 누리)이 동반(同伴)하여 크게 술에 취한 사람일세.

擧世推鑑先動亡 是以難尋中動興
거 세 추 감 선 동 망 시 이 난 심 중 동 흥

秘密浮荒反未信 末動未及由三徑
비 밀 부 황 반 미 신 말 동 미 급 유 삼 경

세상 사람이 모두 옛 것을 거울삼아 추측하면, 먼저 움직이면 망하고 이것으로써 중간에 움직임이 흥함을 어렵게 찾는다. 남몰래 하는 것이 들뜨고 거칠어 오히려 아직 믿지 않고, 끝 무렵에 움직임은 아직 미치지 못함은 세 가지 길로 말미암다.

海外一桃有誰知 善竹橋上節祀孫
해 외 일 도 유 수 지 선 죽 교 상 절 사 손

長城海外伴元曉 引率神兵踏宇宙
장 성 해 외 반 원 효 인 솔 신 병 답 우 주

바다 밖의 한 복숭아를 누가 알고 있는가? 선죽교(善竹橋) 위의 충절(忠節)의 봉사손(奉祀孫)이로다. 길게 둘러쌓은 성의 바다 밖에 원효대사 짝이며, 신이 보낸 군사를 이끌어 거느리고 우주를 거닐도다.

天文術書從何來 黃梁房杜出洞時
천 문 술 서 종 하 래 황 양 방 두 출 동 시

天機漏泄禍及身 秘傳於我六世孫
천 기 누 설 화 급 신 비 전 어 아 육 세 손

천문(天文)과 음양오행 복서(卜筮)의 책이 어느 것을 좇아오는가? 황(黃)·양(梁)·방(房)·두(杜)가 골에 나타나는 때이다. 하늘 기틀의 비밀을 새어 나가게 하는 사람은 재앙이 그 몸에 미치며, 비밀로 전하기를 나의 6세손에게 한다.

5. 우사언(又四言)

鼠未出穴 牛鳴不聞 虎嘯秋山 卯脫跳揚
서 미 출 혈 우 명 불 문 호 소 추 산 묘 탈 도 양

쥐는 아직 구멍에서 나오지 않았고 소는 울었으나 그 소리는 듣지 못했다. 범이 가을 산에서 소리 지르고 토끼는 함정을 뛰어넘어 위험에서 벗어나는 것을 나타낸다.

神驪脫形 午端摭揚 曰朱曰陊 佐理功高
신 려 탈 형 오 단 척 양 왈 주 왈 훼 좌 리 공 고

신기한 뱀장어는 허물을 벗어 모양을 바꾸었고, 말[馬: 午]이 상서롭게 드날리는 것을 취한다. 이르기를 붉다하고 이르기를 이무기라 하니 임금을 잘 보좌하고 정치를 잘하여 공(功)이 높다.

莫誇巾隱 一夜燒盡 富不貪堅 須從先覺
막 과 건 은 일 야 소 진 부 불 탐 견 수 종 선 각

수건이 숨은 것을 자랑하지 말라. 하룻밤에 불살라 없어지도다. 부자는 탐하고 인색하지 말고, 모름지기 남보다 먼저 깨달은 사람을 따르라.

6. 이서구 씨 비결

東方日出西山沒 午未生光申酉移
동 방 일 출 서 산 몰 오 미 생 광 신 유 이

동쪽에서 해가 떠서 서산(西山)에 지고,[6] 오년(午年), 미년(未年)의 살아 있는 빛이 신년(申年), 유년(酉年)으로 옮긴다.

羊觸秋藩誰敢禦(能解) 猿啼(登)春樹鬼難(不)知
양 촉 추 번 수 감 어 (능 해) 원 제 (등) 춘 수 귀 난 (부) 지

양(羊)이 가을 울타리를 받으니 누가 감히 막으리오? 잔나비(원숭이)가 봄 나무에서 우니 귀(鬼)도 알기 어렵다.

一天風雨鷄鳴夜 萬國腥塵我國頭(犬吠時)
일 천 풍 우 계 명 야 만 국 성 진 아 국 두 (견 폐 시)

하루의 바람과 비로 밤에 닭이 울고, 온 누리의 비린내 나는 티끌은 우리나라가 첫째가 된다.

欲識人間生活處 叢(鬱)林飛鳥下疎籬
욕 식 인 간 생 활 처 총 (울) 림 비 조 하 소 리

인간이 살아날 수 있는 곳을 알고자 하면 울창한 수풀에서 새가 날아 성긴 울타리 아래에 앉는다.

一馬二羊笑且啼 可憐人事日斜西
일 마 이 양 소 차 제 가 련 인 사 일 사 서

말 한 마리와 양(羊) 두 마리가 웃고 또한 우니 사람의 일이 가련(可憐)

6) 일본이 서양에 의해 몰락하고.

하여 해가 서산에 빗기었다.

方方谷谷東南畝 乙乙弓弓腹背堤
방 방 곡 곡 동 남 무 을 을 궁 궁 복 배 제

한 군데도 빼놓지 않고 갈 수 있는 모든 곳은 동남쪽 이랑이며, 을을궁궁(乙乙弓弓)은 중토(中土)를 등진 제방일세.

猿嘯聲初風正急 鷄鳴時到雨何凄
원 소 성 초 풍 정 급 계 명 시 도 우 하 처

잔나비 울음소리 처음 바람은 바르게 급하고, 닭이 우는 때에 이르니 비가 어찌나 처량한지.

若厭貧窮從富貴 未着黑土死無棲
약 염 빈 궁 종 부 귀 미 착 흑 토 사 무 서

만약 가난과 궁함을 싫어하면 부귀를 좇으며, 검은 흙에 아직 정착하지 못했으니 죽어서 깃들 곳이 없다.

拜北黃河上帝門 蠻戎世界憤心言
배 북 황 하 상 제 문 만 융 세 계 분 심 언

황하(黃河)의 상제문(上帝門)에 북쪽을 향해 절하니, 남쪽 오랑캐 서쪽 오랑캐 세계에 마음과 말씀이 분하네.

雷電冬臘天機變 雨雪江山地理飜
뇌 전 동 납 천 기 변 우 설 강 산 지 리 번

동지 섣달 천둥 번개에 하늘 기틀이 변하고, 강산에 비와 눈이 내려 지리(地理)가 뒤집히네.

五百餘年星斗眺 文章大海月宮源
오 백 여 년 성 두 조 문 장 대 해 월 궁 원

5백여 년 별과 북두칠성을 바라보니 문장(文章)의 큰 바다는 월궁(月宮)의 근원이네.

明倫禮儀時中執 赤日東南聖道元
명 륜 예 의 시 중 집 적 일 동 남 성 도 원

예의의 밝은 벼리는 때에 가운데를 잡았고, 붉은 날 동남쪽은 성인의 도가 으뜸일세.

非無聖主歲凶憂 各國風塵我國頭
비 무 성 주 세 흉 우 각 국 풍 진 아 국 두

성주(聖主)가 없어 세월이 흉년과 근심이 있는 것이 아니며, 많은 나라의 풍진(風塵) 중 우리나라가 첫 번째네.

讀進春秋思闕里 隱居日月意滄海
독 진 춘 추 사 궐 리 은 거 일 월 의 창 해

『춘추(春秋)』를 읽어 나가면 대궐과 향리를 생각하고, 날마다 달마다 숨어살며 뜻은 푸른 바다 같다.

忠言企望新恩澤 義理難忘正道儔
충 언 기 망 신 은 택 의 리 난 망 정 도 주

충성된 말씀으로 원하는 것이 이루어지기를 바라니 새로운 은혜와 덕택이며, 의리를 잊지 못함은 바른 길〔正道〕이 짝이 되네.

時節陰陽時有變 觀天察地善家謀
시 절 음 양 시 유 변 관 천 찰 지 선 가 모

하늘을 살펴보고 땅을 살펴보니 좋은(어진) 집안을 도모하네.

招竹寧衰烈士貞 泥塗轉玉古眞情
초 죽 영 쇠 열 사 정 니 도 전 옥 고 진 정

대나무를 초래하여 쇠함을 당할지라도 열사(烈士)의 곧음이고, 진흙이 굴러서 옥이 되니 옛 참된 정이더라.

萬事無心秦世業 一生盡力魯時明
만 사 무 심 진 세 업 일 생 진 력 노 시 명

모든 일에 무심함은 진나라 세상의 업이니, 일생 동안 힘을 다하면 노련한 때에 이름을 날릴 것이다.

善宅良人餘有慶 青天白日正分明
선 택 양 인 여 유 경 청 천 백 일 정 분 명

좋은 집에 어진 사람이니 경사가 남아 있고, 푸른 하늘 밝은 날에 분명(分明)이 올바르다.

願爲詩冠滄溟闊 喚崔月鳴鼓吹聲
원 위 시 관 창 명 활 환 최 월 명 고 취 성

시(詩)가 갓을 쓰길 원하면 큰 바다같이 넓고, 달이 울어 새를 부르니 북 치고 피리 부는 소리라.[7)]

餓荒兼備二年間 峽裡生涯暫不閑
아 황 겸 비 이 년 간 협 리 생 애 잠 불 한

굶주림과 흉년을 겸하여 갖추기를 2년간이고, 산골짜기 속의 생애가 잠시도 한가하지 않네.

對客常憂無供饋 逢惠先拍語辛艱
대 객 상 우 무 공 궤 봉 혜 선 박 어 신 간

길손을 늘 근심으로 대하고 윗사람에게 음식을 드리지 못하니, 은혜를 만나도 먼저 두려워서 말이 대단히 어렵다.

---

7) 시가(詩歌)를 북돋음.

酒唯減却平時糧 形亦依俙去歲顔
주 유 감 각 평 시 량 형 역 의 포 거 세 안

술은 오직 평상시의 식량을 덜어버리며, 모양은 또한 어렴풋이 지난 해의 얼굴이 떠오른다.

可惜文章無暇日 鳥啼花落任空山
가 석 문 장 무 가 일 조 제 화 락 임 공 산

문장(文章)이 가히 아깝도다. 쉴 날이 없고, 빈산에 새가 울고 꽃이 지네.

7. 재앙을 피하는 방법

避禍之方 巽方最吉 艮方次吉 莫向雙綠山 須從三扉門
피 화 지 방 손 방 최 길 간 방 차 길 막 향 쌍 록 산 수 종 삼 비 문

손방(巽方: 남동쪽)이 가장 길하고, 간방(艮方: 북동쪽)이 그 다음으로 길하다. 두 푸른 산으로 향하지 말고, 모름지기 세 싸리문을 따르라.

富先亡 謀先亡 半倭先亡 豕登木 事在豕後脚
부 선 망 모 선 망 반 왜 선 망 시 등 목 사 재 시 후 각

부자가 먼저 망하고, 꾀하는 자가 먼저 망하며, 반쪽 왜(일제 앞잡이)가 먼저 망한다. 돼지〔亥〕가 나무에 오르니, 일은 돼지 뒷다리에 있다.

已上危姓云何一 自此以下是可談
이 상 위 성 운 하 일 자 차 이 하 시 가 담

이미 위험 성씨(姓氏)가 위에 있으니 어째서 하나를 말하리오? 이로부터 이하는 이것을 가히 말씀하리라.

8. 팔부지시(八不知詩) 및 팔급시(八急時)

갑신(甲申)

世事琴三尺 生涯酒一盃
세 사 금 삼 척 생 애 주 일 배

無文多士(一本發達)一不知 渡江弟子尋鄉急
무 문 다 사 (일 본 발 달) 일 부 지 도 강 제 자 심 향 급

세상이 석 자의 거문고이고, 살아 있는 한평생 동안은 술 한 잔 일세. 글월 없이 선비가 많은 것이(진보·발전하여 완전한 지경으로 나아감) 첫 번째 알 수 없음이고, 강을 건넌 제자가 고향을 찾는 것이 급하다.

을유(乙酉)

宜此欄在上句節
의 차 란 재 상 구 절

마땅히 이 난간에 있어서는 위의 구절(句節).

병술(丙戌)

舉頭惟見月 何處是長安
거 두 유 견 월 하 처 시 장 안

無君天地(一本泰平)二不知 鼠入鷄時退官急
무 군 천 지 (일 본 태 평) 이 부 지 서 입 계 시 퇴 관 급

머리 들어 오직 달님을 보니, 어느 곳이 장안인가? 임금 없는 세상(나라가 안정되어 아무 걱정 없고 평안함)이 두 번째 알 수 없음이고, 쥐〔子〕가 닭〔酉〕의 홰에 들어가면 관직에서 물러남이 급하다.

정해(丁亥)

胡地無花草 春來不似春
호 지 무 화 초 춘 래 불 사 춘

無花江山三不知 禍及富人施惠急
무 화 강 산 삼 부 지 화 급 부 인 시 혜 급

오랑캐 땅에는 꽃과 풀이 없으니, 봄이 와도 봄 같지 않더라. 꽃이 없는 뫼와 가람이 세 번째 알 수 없음이고, 재앙이 부잣집 사람에게 미치니 은혜를 베푸는 것이 급하다.

무자(戊子)

春水滿四澤 夏雲多奇峰
춘 수 만 사 택 하 운 다 기 봉

無穀豊登四不知 誦經斷絶讀書急
무 곡 풍 등 사 부 지 송 경 단 절 독 서 급

봄물은 온 누리 못에 가득하고, 여름 구름은 기이한 봉우리가 많더라. 곡식은 없는데 농사지은 것이 아주 잘 됨이 네 번째 알 수 없음이고, 글 읽는 것이 끊어졌으니 글 읽는 것이 급하다.

기축(己丑)

可憐江浦望 不見洛橋人
가 련 강 포 망 불 견 낙 교 인

無軍接戰五不知 兵火連天圖命急
무 군 접 전 오 부 지 병 화 연 천 도 명 급

가엾게 강가를 바라보니 낙교(洛橋)에는 사람을 볼 수 없네. 군사 없는데 맞붙어 싸우는 것이 다섯 번째 알 수 없음이고, 난리나 전쟁으로 인해 일어나는 화재가 하늘에 이어지니 목숨을 도모함이 급하다.

경인(庚寅)

千山鳥飛絕 萬逕人跡滅 無病致死六不知 貪無忌已修身急
천 산 조 비 절 만 경 인 적 멸 무 병 치 사 육 부 지 탐 무 기 이 수 신 급

모든 산에는 새가 나는 것이 없고, 모든 길에는 사람의 흔적이 사라졌네. 병은 없는데 죽음에 이르니 여섯 번째 알 수 없음이고, 탐하는 것이 이미 거리끼는 바가 없으니 몸을 닦는 것이 급하다.

신묘(辛卯)

鷄鳴秋夜月 吹簫散殘兵 無物勝地七不知 有意男兒出世急
계 명 추 야 월 취 소 산 잔 병 무 물 승 지 칠 부 지 유 의 남 아 출 세 급

닭이 가을 달밤에 울고, 저〔簫〕를 부니 싸움에 지고 남은 군사들이

흩어지도다. 사물이 없는데 경치가 좋은 이름난 땅이니 일곱 번째 알 수 없음이고, 뜻있는 사나이 사회적으로 높은 지위에 오르거나 훌륭하게 되는 것이 급하다.

임진(壬辰)

孤舟蓑笠翁 獨釣寒江雪 龍飛馬嘶登位急 無學道通八不知
고주사립옹 독조한강설 용비마시등위급 무학도통팔불지

외로운 배에는 도롱이 걸치고 삿갓 쓴 늙은이가 홀로 낚시질하는데 차가운 강에는 눈이 내리네. 용(龍: 辰)은 날고 말(馬: 午)은 우니 자리에 오름이 급하며 배운 것 없이 도를 통하니 여덟 번째 알 수 없음이라.

계사(癸巳)

갑오(甲午)

을미(乙未)

士移射男邦不知
사이사남방불지

선비가 옮기니 화살 쏜 사나이는 나라를 알지 못한다.

9. 팔부지시(八不知詩)

無君太平一不知 擧頭惟見日 何處是長安
무군태평일부지 거두유견일 하처시장안

임금 없는 세상, 나라가 안정되어 아무 걱정 없고 평안함이 첫 번째 알 수 없음이고, 머리 들어 오직 달님을 보니 어느 곳이 장안인가?

無文多士二不知 世事琴三尺 生涯酒一杯
무 문 다 사 이 부 지 세 사 금 삼 척 생 애 주 일 배

글월 없이 선비가 많은 것은(진보·발전하여 완전한 지경으로 나아감) 두 번째 알 수 없음이고, 세상이 석 자의 거문고이고, 살아 있는 한평생 동안은 술 한 잔일세.

無穀豊年三不知 春水滿四澤 夏雲多奇峰
무 곡 풍 년 삼 부 지 춘 수 만 사 택 하 운 다 기 봉

곡식은 없는데 농사지은 것이 아주 잘됨이 세 번째 알 수 없음이고, 봄물은 온 누리 못에 가득하고, 여름 구름은 기이한 봉우리가 많더라.

無花江山四不知 胡地無花草 春來不似春
무 화 강 산 사 부 지 호 지 무 화 초 춘 래 불 사 춘

꽃이 없는 뫼와 가람이 네 번째 알 수 없음이고, 오랑캐 땅에는 꽃과 풀이 없으니 봄이 와도 봄 같지 않더라.

無戟戰爭五不知 可憐江浦望 不見洛橋人
무 극 전 쟁 오 부 지 가 련 강 포 망 불 견 낙 교 인

창(무기)이 없는데 맞붙어 싸우는 것이 다섯 번째 알 수 없음이고, 가엾게 강가를 바라보니 낙교에는 사람을 볼 수 없네.

無名瘧疾六不知 千山鳥飛絶 萬逕人蹤滅
무 명 학 질 육 부 지 천 산 조 비 절 만 경 인 종 멸

이름 없는 학질(瘧疾)이 여섯 번째 알 수 없음이고, 모든 산에는 새가 나는 것이 없고, 모든 길에는 사람의 흔적이 사라졌네.

無人天地七不知 蕭蕭楚客帆 暮入漢江水
무 인 천 지 칠 부 지 소 소 초 객 범 모 입 한 강 수

사람 없는 세상이 일곱 번째 알 수 없음이고, 바람 소리는 나그네가 탄 배의 돛을 아프게 하고 한강 물에 땅거미가 찾아드네.

無書道通八不知 孤舟簑笠翁 獨釣寒江雪
무 서 도 통 팔 부 지 고 주 사 립 옹 독 조 한 강 설

글 없이 도를 통하니 여덟 번째 알 수 없음이고, 외로운 배에는 도롱이 걸치고 삿갓 쓴 늙은이가 홀로 낚시질하는데 찬 강엔 눈이 내리네.

孔氏遺風安在哉四維三綱衰今
공 씨 유 풍 안 재 재 사 유 삼 강 쇠 금

공자(孔子)가 끼친 풍속은 어디에 있는가? 예(禮)·의(義)·염(廉)·치(恥)와 부위자강(父爲子綱)·군위신강(君爲臣綱)·부위부강(夫爲婦綱)이 쇠(衰)한 지금에 …….

所見所指眞可畏擧世諸人那無目
소 견 소 지 진 가 외 거 세 제 인 나 무 목

보는 바와 가리키는 바가 참으로 가히 두려우며 온 세상 모든 사람들이 어찌 눈이 없겠느냐?

出乎爾者反乎爾積害之心勿守
출 호 이 자 반 호 이 적 해 지 심 물 수

선(善)·악(惡)·앙(殃)·경(慶)은 모두 사람이 불러 이르게 하는 것이며, 남을 해하려는 마음은 갖지 말지어다.

睊睊胥讒終不忍一家之人不和
견 견 서 참 종 불 인 일 가 지 인 불 화

눈을 흘겨 보며 참소(讒訴)함은 마침내 참지 못하고, 한집안 사람이 화목하지 못하리라.

瞻彼人間修道士但求清心黑吐
첨 피 인 간 수 도 사 단 구 청 심 흑 토

저 인간들을 쳐다보는 도를 닦는 사람이여, 다만 맑은 마음으로 질투심을 버려라.

永世花長乾坤位大邦日出艮兌宮
영 세 화 장 건 곤 위 대 방 일 출 간 태 궁

오랜 세월 꽃이 길어 건(乾)과 곤(坤)의 자리에, 간방(艮方: 정동)에서 해가 떠서 태방(兌方: 정서)으로 해가 지는 큰 세계가 된다(「금화정역도(金火正易圖)」 기준).

水水山山蓋皆知山水配合誰能知
수 수 산 산 개 개 지 산 수 배 합 수 능 지

산과 산, 물과 물이 모두 다 아노니, 산과 물이 짝되어 합하는 것을 누가 능히 알리오?

一樹花開萬邦源秋月江山二七火
일 수 화 개 만 방 원 추 월 강 산 이 칠 화

한 나무에 꽃이 피니 모든 나라의 근원이며, 강산에 가을 달이 2·7화(火)이다.

鏡投萬里眸先覺月上三更意勿開
경 투 만 리 모 선 각 월 상 삼 경 의 물 개

만 리에 거울을 던지니 눈동자가 먼저 깨닫고, 삼경에 달 위의 뜻을 열지 마라.

淸風明月金山城萬國活計南朝鮮
청 풍 명 월 금 산 성 만 국 활 게 남 조 선

맑은 바람 밝은 달이 금산(金山)의 성(城)에 세계 모든 나라가 살아날 계획이 남조선이다.

心臟天道精神月事統萬邦變化雲
심 장 천 도 정 신 월 사 통 만 방 변 화 운

천도(天道)는 염통〔心臟〕의 달 정신이며 모든 나라를 거느리는 일은 구름의 변화이다.

10. 팔급시(八急詩)

渡江子弟歸來急(一云還家急) 出世男兒濟家急
도 강 자 제 귀 래 급 (일 운 환 가 급) 출 세 남 아 제 가 급

① 징병(徵兵) 또는 징용(徵用)으로 해외에 나갔던 청년자제들이 돌아오기 급하고 ② 출세한 아들은 역(逆)으로 친일파로 몰려 가정 구제하기 급하리라.

富不得人(一云富仁欲得)散財急 貧(一云賢)多亡身修心急
부 부 득 인 (일 운 부 인 욕 득)산 재 급 빈 (일 운 현) 다 망 신 수 심 급

③ 부자는 인심을 얻으려고 재산 처리에 급하고 ④ 빈자는 망신하기가 쉬우니 수심(修心)하기 급하리라.

絃誦廢(一云篇)絶讀書急 疾病流行求藥急
현 송 폐 (일 운 편) 절 독 서 급 질 병 유 행 구 약 급

⑤ 학생들은 군사훈련 또는 근로 동원하느라 공부 못해서 독서하기 급하고 ⑥ 의사는 유행하는 질병이 많으니 약 구하기 급하리라.

鷄鳴狗吠退敵急 龍起馬嘶卽位急
계 명 구 폐 퇴 적 급 용 기 마 소 즉 위 급

⑦ 을유년에 닭이 울자 해방되고 ⑧ 병술년에 개가 짖자 왜적이 철퇴하기 급하리라.

강증산(姜甑山)의 예언과 태전가사(太田歌詞)

1. 증산 강일순

증산(甑山) 강일순(姜一淳)은 단기 4204년(辛未年 음력 9월 19일, 서기 1871 음력 11월 1일, 고종 8년) 전라우도(全羅右道) 전주진(全州鎭) 고부군(古阜郡) 우덕면(優德面) 객망리(客望里, 일명 손바래기), 지금의 전북 정읍군(井邑郡) 덕천면(德川面) 신월리(新月里)에서 출생했다. 증산교(甑山教)의 창시자로 본관은 진주(晋州)이고, 자(字)는 사옥(士玉)이며, 호(號)는 증산(甑山)이다. 일반적으로 증산, 또는 강증산으로 불린다. 아버지는 흥주(興周)요, 어머니는 권씨이다. 가난한 농가의 2남 1녀 중 장남으로 태어났으며 선조들이 이조참의(吏曹參議)와 도승지(都承旨, 정3품) 등의 벼슬을 지낸 것으로 보아 몰락한 양반의 후예라고 할 수 있다.

학문적인 소질이 있었음에도 불구하고 경제적인 어려움 때문에 일찍 학업을 중단하고 14, 15세 때에는 다른 지방으로 가서 남의집살이로 보리를 거두기도 하고 나무꾼 생활도 했으며, 21세에 정씨(鄭氏) 부인을 맞아 결혼한 뒤 24세 때에 처남 정남기(鄭南基) 집에 서당을 열고 아우 영학(永學)과 이웃 아이들을 모아 가르치는 훈장생활도 했다. 동학(東學) 교도가 되었으나 이 해 바로 이웃 마을인 고부에서 전봉준(全奉準)이 동학 혁명을 일으키자 사람들에게 "이 혁명은 실패할 것이니 집으로 돌아가라"고 충고했다고 한다.

1) 증산교의 설립

1897년(광무 1) 27세 때 동학혁명 후에 나타난 사회적 혼란과 참상을 보고서 인간과 세상을 구원할 새로운 종교를 세울 결심을 하게 된 강증산은 이러한 혼란에서 벗어나는 길은 기성종교나 인간의 능력으로는 할 수 없으며 오직 하늘과 땅의 질서를 근본적으로 뜯어고치는 방법밖에는 없다고 판단했다.

따라서 유(儒)·불(佛)·선(仙) 등의 기성종교의 교리와 음양·참위·풍수·복서(卜筮)·의술(醫術) 등을 연구하는 한편, 신명(神明)을 부리는 도술(道術)과 과거·미래를 알 수 있는 공부를 하고 1897년부터 3년간 세상을 보다 널리 알기 위해 전국을 돌아다녔다. 이 기간에 조선 선조 때 충청도 비인(庇仁)에 살았던 도인(道人) 김경흔(金京昕)이 50년간의 도통 공부를 마치고 지은 것이라는 『태을경(太乙經)』, 곧 증산교의 중요한 주문(呪文)이 된 태을주(太乙呪)를 얻었으며, 충남 연산(連山)에서는 당시 『정역(正易)』을 저술한 일부(一夫) 김항(金恒)을 만나 정역에 관한 지식을 얻게 되었다.

1900년(광무 4) 가을 30세 때에 고향 집으로 돌아와 조상들의 공명첩(功名帖)을 태웠고, 1901년(광무 5) 31세에 모든 일을 자유자재로 할 수 있는 권능을 얻지 않고서는 뜻을 이루지 못하리라고 생각하고 모악산(母岳山)에 있는 대원사(大院寺)에 들어가 수도생활을 하던 중, 그 해 7월 5일 하늘과 땅의 원리를 깨닫게 되고 인간의 욕심과 음란·성냄·어리석음의 네 가지를 극복함으로써 성도(成道)하게 되었다고 한다.

집으로 돌아와 그 해 겨울 증산교 교리의 핵심인 천지공사(天地公事)[1]

---

1) 잘못된 천지의 틀을 증산이 구천상제(九天上帝)의 권능으로서 고치는 일종의 종교적 의식.

를 행했으며, 유불선(儒佛仙)의 사상을 토대로 하여 신화일심(神化一心)·의인상생(義仁相生)·거병해원(去病解怨)·수천선경(修天仙境)의 4대강령 아래 1902년부터 1909년까지 7년간 모악산 근방을 중심으로 하여 포교했을 뿐만 아니라 전주·태인·정읍·고부·부안·순창·함열 등 전라북도 각 지역에서도 활동했다. 자신이 세운 종교를 "만고(萬古)에 없는 무극대도(無極大道)"라고만 했을 뿐, 주로 태을주(太乙呪)를 읽어서 훔치교(吽哆教)라고 했으나 사후(死後) 호(號)를 따서 증산교라는 명칭으로 불리게 되었다.

1907년(융희 1) 추종자 20여 명과 함께 고부 경무청에 의병모의(義兵謀議) 혐의로 체포되었다가 증거 불충분으로 추종자들은 15일 만에, 증산은 혹독한 고문을 받고 40여 일 만에 석방되었으나 증산의 능력에 회의를 품고 많은 제자들은 떠나버리고 교단은 크게 위축되었다. 이 손실에서 회복하지 못하고 앞으로 세상을 덮치게 될 괴질 하나만을 남기고 모든 병을 대신해서 앓아 후천세계의 병을 모두 없애는 천지공사를 한 뒤 1909년(융희 3) 음력 8월 9일 세상을 떠났다.

2) 증산교의 난립

추종자 몇 사람이 남아 장례식을 치렀는데 증산으로부터 지정된 법통을 이어받지 못한 58명의 제자들은 교주 화천(化天)의 충격을 극복한 뒤 저마다 교파를 세우기 시작하여 바야흐로 증산교의 난립의 상태로 접어들었다.

1911년 9월 증산의 셋째 부인인 고판례(高判禮)를 중심으로 선도교(仙道教)를 설립했으나 이종사촌동생이며 증산의 제자인 월곡(月谷) 차경석(車京石: 본명은 輪京)이 중추적 구실을 하여 차경석에게 집중되자, 고씨 1914년 태을교(太乙教)라는 교단으로 독립했다. 차경석은 고부인의 교단을 이어 보천교(普天教)를 창립했고, 1914년 1월에 증산의 최초의 제자인 태운(太雲) 김형렬(金亨烈: 본명은 元會)은 미륵불교(彌勒佛教)를 창립했다.

1914년 봄 증산의 제자 경만(敬萬) 안내성(安乃成: 본명은 乃善)은 전남 여수에다 처음에는 태을교(太乙教)라 창립하고, 그 뒤에는 증산대도교(甑山大道教)로 개명했으나 1931년부터 쇠퇴하다가 1949년 안내성이 사망하자 이 교단은 노장파와 소장파, 그리고 1941년 7월 김낙원(金洛元)의 오동정이파 등으로 분파되었다. 증산의 제자 인암(仁庵) 박공우(朴公又)·김경학(金京學)·김광찬(金光贊)·영산(瀛山) 문공신(文公信: 본명은 南龍) 등이 함께 태을교(太乙教)를 창립했으나 김경학은 심기상통(心氣相通)이란 교파를, 김광찬은 도리원파 태을교(桃李園派 太乙教)를, 문공신은 고부파 태을교(古阜派 太乙教)라는 교단을 각각 설립했다. 1916년 석성(石城) 이치복(李致福: 본명은 榮魯)·채사윤(蔡士允)은 교단에서 이탈해 금구 원평에 제화교(濟和教)를 설립했고 뒤엔 1922년 경성 진정원(眞正院)을 설립했다.

1920년 4월 장기준(張基準)이 순천교(順天教)를, 1920년 10월 허욱(許昱)은 삼덕교(三德教)를 창립했고, 1921년 신현철(申鉉喆)은 보천교에서 분파하여 김영두(金英斗)·장궁만(張弓挽)과 함께 태을교(太乙教)를 설립했으나 교세가 부진하여 자멸했다.

1923년 봄에 정산(鼎山) 조철제(趙哲濟)는 보천교에서 분파하여 인천교(人天教)를 창립한 뒤에 1925년 4월에는 무극대도(無極大道)로, 1963년 11월 20일에는 태극도(太極道)로 개명했다. 1969년 4월 우당(牛堂) 박한경(朴漢敬: 본명은 景浩)이 분파해 대순진리회(大巡眞理會)를 설립했다. 1924년 봄에 채경대(蔡京大)가 보천교에서 분파해 삼성교(三聖教)를, 1928년 동지(冬至)에 이상호(李祥昊)가 보천교에서 분파해 동화교(東華教)를, 1929년 겨울 강상백(姜祥伯)이 보천교에서 분파해 수산교(水山教)를, 1931년 7월에 김환옥(金煥玉)이 보천교에서 분파해 보화교(普化教)를, 1934년 1월 정인표(鄭寅杓)가 보천교에서 분파해 금산사미륵불교포정소(金山寺彌勒佛教布政所), 일명 미륵불교(彌勒佛教)를 창립했다.

1937년 11월에 강순임(姜舜任)이 보천교에서 분파해 선불교(仙佛教)를, 1938년 여처자(余妻子)란 여인이 보천교에서 분파해 선도교(仙道教)를 창립했고, 그 뒤 모악교회(母岳教會)로 개명했으나 그녀가 사망한 뒤엔 여러 교파로 다시 나뉘었다. 1942년 9월 김계주(金桂朱)가 보천교에서 분파해 무을교(戊乙教)를, 1945년 5월 김해선(金海仙)이 하늬재 교단을, 1945년 8월에 신언목(申彦穆)이 보천교에서 분파해 객망리, 일명 원군교(元君教)를, 1954년 김종렬(金鍾烈)이 보천교에서 분파해 임무교(壬戊教)를 창립했다. 서상근(徐相根)이 보천교에서 분파해 서상근파를, 1957년 동지(冬至)에 이한우(李瀚雨)가 제화교(濟和教)를, 1963년 김삼일(金三一)이 청도대향원(淸道大享院)을, 1973년 2월에 배용덕(裵容德)이 증산진법회(甑山眞法會)를, 1997년 안세찬(安世燦)이 아들 안중건(安重建)과 대법사증산교(大法師甑山教)를 창립했고, 1984년 교명을 증산도(甑山道)로 바꾸었다.

이와 같이 증산교는 수십 개의 교파로 이어져 내려오고 있다. 증산을 인증하지 않는 사람은 그저 미친 사람으로 볼 것이고 따르는 사람은 이 세계 혹은 우주 최고의 주재자라고 믿고 있어 그 평가에 있어서 천양지차(天壤之差)가 나는 것을 알 수 있다. 그러나 그런 복잡함에도 불구하고 그의 핵심은 해원(解怨)사상에 있다. 증산교에서는 교단의 창시자일 뿐만 아니라 신앙대상으로서의 의미도 지닌다. 태운(太雲) 김형렬(金亨烈)이 쓴 『성화진경(聖化眞經)』이 전한다.

2. 강증산의 예언

➪ 후천(後天)에는 천하가 한 집안이 되어 위무(威武)와 형벌을 쓰지 않고 조화로써 중생을 다스려 화(化)할지니 벼슬아치는 직품(職品)을 따라 화권(化權)이 열리므로 분의에 넘는 폐단이 없고 백성은 원통과 한(恨)과 상극과 사나움과 탐심과 음탕과 노여움 등 모든 번뇌가 그치므로 성음소모(聲音笑貌, 말소리와 웃는 모습)에 화기(和氣)가 무르익고 동정어묵(動靜語默)이 도덕에 합하여 쇠병사장(衰病死葬)을 면하여 불로불사(不老不死)하

며 빈부의 차별이 철폐되고 맛있는 음식과 좋은 옷이 요구하는 대로 서랍 속에 나타나며 모든 일을 자유 욕구에 응하여 신명(神明)이 수종(隨從)들며, 운거(雲車)를 타고 공중에 날아 먼 데와 험한 데를 다니며 하늘이 나직하여 오르내림을 뜻대로 하며 지혜가 밝아서 과거, 미래, 현재, 십방세계(十方世界)의 모든 일을 통달하며 수화풍(水火風) 삼재(三災)가 없어지고 상서(祥瑞)가 무르녹아 청화명려(淸和明麗)한 낙원(樂園)으로 화(化)한다. (『대순전경(大巡典經)』 5-16)

⇨ 내가 출세할 때에는 하루저녁에 주루보각(珠樓寶閣) 36만 간을 지어 각기 닦은 공력에 따라 앉을 자리에 들여앉혀 옷과 밥을 신명들이 받들게 하리니 만일 못 앉을 자리에 앉은 자가 있으면 신명들이 그 목을 끌어 내치리라.

⇨ 후천에는 사람을 해롭게 하는 것은 모두 없애리라.

⇨ 음식과 좋은 옷이 요구하는 대로 서랍(빼다짓간)에 나타나며,

⇨ 모든 일은 자유욕구(自由欲求)에 의해 신명이 수종을 들어준다.

⇨ 운거(雲車)를 타고 공중에 날아 먼 데와 험한 데를 다닌다.

⇨ 하늘이 나직하여 오르내림을 뜻대로 한다.

⇨ 지혜가 밝아서 과거, 현재, 미래의 십방세계의 모든 일을 통달한다.

⇨ 바둑도 한 수만 높으면 이기나니 남모르는 공부를 해두라. 이제 비록 장양, 제갈이 무더기로 날지라도 어느 틈에 끼인지 모르리라. 선천개벽 이후로 수(水), 한(旱), 도병(刀兵)의 겁재(劫災)가 서로 번갈아 그칠 새 없이 세상을 진탕했으나 아직 병겁(病劫)은 크게 없었나니 이 뒤에는 병겁이 온 세상을 엄습해 인류를 전멸케 하되 살아날 방법을 얻지 못하리니 모든 기사묘법을 다 버리고 의통(醫統)을 알아두라.

내가 천지공사를 맡아본 후 이 땅에 모든 큰 겁재는 물리쳤으나 오직 병겁은 그대로 두고 너희들에게 의통을 전해주리니 멀리 있는 진귀한 약품을 중히 여기지 말고 순전한 마음으로 의통을 알아두라. 몸 돌이킬 겨를이 없이 홍수 밀리듯 하리라.

⇨ 후천에는 계급이 많지 않고 두 계급만 있으리라. 그러나 식록(食祿)은 고르리니 만일 급이 낮고 먹기까지 고르지 못하면 원통치 아니하랴. (『대순전경』 5-17)

⇨ 앞으로 오는 좋은 세상에는 불 때지 않고 밥을 지어 먹으리라.

⇨ 손에 흙을 묻히지 않고 농사지으리라.

⇨ 오는 잠 적게 자고 태을주를 많이 읽으라. 하늘에 으뜸가는 임금이니 5만 년 동안 동리(洞里) 각 학교에서 외우리라.

⇨ 도인(道人)의 집마다 등대(燈臺) 한 개씩 세우는데 온 동리가 크게 밝아 햇빛과 같을지니 지금의 전등(電燈)은 그 표본에 지나지 못하느니라.

⇨ 기차도 화통(火桶) 없이 몇 만 리를 삽시간에 통행한다.

⇨ 문고리와 옷걸이는 황금으로 만들고, 신은 금당혜(金唐鞋)를 신으리라.

⇨ 곡식 종자도 한 번 심어서 베어들인 뒤에, 해마다 그 뿌리에서 움을 길러 거두어들이는 것이 생길 것이다.

⇨ 이 뒤로는 적서(敵庶)의 명분과 반상(班常)의 구별이 없어진다. (『대순전경』 3-5)

⇨ 세계(世界)가 잘 살 수 있는 계책(計策)은 남쪽 조선에 있고, 맑은 바람 밝은 달(충청도) 금산사(金山寺)에, 문명(文明)으로 삼천 나라를 열고, 도술(道術)로 구만리(九萬里)의 운을 통했다. (『대순전경』 3-136)

⇨ 나의 일이 장차 초장봉기지세(楚將峰起之勢)로 각 읍(邑)이 혼란스럽게 일어나서 물중전(잡화전) 본을 이루리라. 그러나 다시 진법(眞法)이 나오게 되리라. (『대순전경』 3-167)

⇨ 해원도수(解寃度數)를 붙여 조선 국운을 돌리려 하노라. (『대순전경』 4-28)

⇨ 혼란한 세상을 바루려면 황극신(皇極神)을 옮겨와야 하리니, 황극신은 청나라, 광서제(光緖帝)에게 응기(應氣)되어 있으니 황극신이 이 땅에 옮겨오게 될 인연은 송우암(宋尤庵: 송시열)이 만동묘(萬東廟)를 세움으로부터 시작되었느니라. (『대순전경』 4-101)

⇨ 장차 천지의 모든 신명들이 동방의 조선으로 모여들리라.

⇨ 천지대도를 세우려면 통일신(統一神)이 있어야 하나니 세계통일신은 광서제가 가합(可合)함으로 내가 광서신(光緖神)을 조선에 옮겨왔노라.

⇨ 조선을 장차 세계 상등국(上等國)으로 만들려면 서양 신명을 불러와야 하리라. (『대순전경』 4-168)

⇨ 서교(西敎: 기독교)는 신명 박대(薄待)가 심하므로 능히 성공치 못하리라.

⇨ 장차 일본은 쫓겨 들어가고 호병(胡兵)이 들어오리라. 그러나 한강 이남은 범치 못하리니 …… 미국은 한 손가락을 튕기지 아니해도 쉬 들어가리라. (『대순전경』 5-26)

⇨ 조선은 일본을 지도한 선생국(先生國)이었나니 배은망덕(背恩忘德)은 신도로서 허락하지 아니함이라. (『대순전경』 6-132)

⇨ 오랫동안 중국을 섬긴 것이 은혜가 되어 소중화(小中華)가 장차 대중화(大中華)로 뒤집혀 대국(大國)의 칭호가 조선으로 옮기게 되리라. (『대순전경』 2-5)

⇨ 중국은 동서양의 오고가는 발길에 채어 망하게 되리라.

⇨ 하루는 사람들에게 말하기를 "일본은 너무 강렬한 지기(地氣)가 모여 있으므로 그 민족성이 사납고 탐욕이 많으며 침략열이 강해 조선이 예로부터 그들의 침노를 받아 편한 날이 적었나니 그 지기를 뽑아버려야 조선도 장차 편할 것이요, 저희들도 또한 뒷날 안전을 누리리라."

⇨ 공부하는 자들이 '방위가 바뀐다'고 이르나니 내가 천지를 돌려놓았음을 세상이 어찌 알리오?

⇨ 동양은 불로 치고 서양은 물로 치리라. 세상을 불로 칠 때에는 산도 붉어지고 들도 붉어져 자식이 귀중하지만 손목 잡아 끌어낼 겨를이 없으리라.

⇨ 앞으로 개벽이 될 때는 산이 뒤집어지고 땅이 쩍쩍 벌어져서 푹푹 빠지고 무섭다. 산이 뒤집혀 깔리는 사람, 땅이 벌어져서 들어가는 사람,

갈 데 없는 난리 속이니라. 어제 갔다가 오늘 다시 와서 저 집에 가보면 산더미만 있지 그 집이 없어진다.

⇨ 장차 일청전쟁이 두 번 일어나리니, 첫 번째에는 청국이 패하고 말 것이다(청일전쟁). 두 번째 일어나는 싸움은 10년을 가리니(중일전쟁), 그 끝에 일본은 패해 쫓겨 들어가고(1945년 일본 패망), 호병(胡兵: 되나라 군사, 곧 중공군)이 침노하리라. 그러나 한강 이남은 범치 못할 것이요(6·25 전쟁과 중공군 개입), 그때 질병이 맹습(猛襲)하는 까닭이다. 미국은 한 손가락을 튕기지 않아도 쉬이 들어가게 되리라. 동래 울산이 흐느적흐느적 4국 강산이 콩 튀듯 하리라. (『대순전경』 26)

⇨ 청룡(靑龍)이 동하면 백호(白虎)는 물러가리라.

⇨ 병겁이 들어올 때 약방과 병원에 먼저 침입해 전 인류가 진멸지경에 이르거늘 이때에 무엇으로 살아나기를 바라겠느냐? 귀중한 약품을 구하지 말고 오직 성경신(誠敬信)으로 의통을 알아두라.

⇨ 전 세계가 아기판(아기들이 싸우는 전쟁, 제1차 세계대전), 총각판(총각들이 벌이는 전쟁, 제2차 세계대전)으로 판(전쟁)을 키워오다가 마지막 상씨름판(씨름선수가 막판에 겨루는 결승 전쟁, 제3차 세계대전)이라는 무지막지한 전쟁으로 치닫게 되는데, 이 전쟁은 사람들 손에 의해서가 아닌 대질병에 의해 사람들이 죽어감으로써 끝을 맺게 된다.

⇨ 선천의 악업에 대한 모든 업보가 천하의 병을 지어내어 괴질이 되느니라. 봄·여름에는 없다가 봄·여름의 응보가 가을로 들어가는 환절기를 맞아 병겁을 일으키니, 이때는 천지대운이 열매 맺는 큰 가을철이니라. 곧 닥칠 대병은 상천(霜天)[2]에 있으므로 가히 두려우니라.

⇨ 한 사람이 여쭈기를 "괴병이 온 세계를 휩쓸게 되면 어느 나라에서 먼저 발생하게 됩니까?"하니, 말씀하시기를 "처음 발병하는 곳은 조선이니라. 이는 병겁에서 살리는 구원의 도가 조선에 있기 때문이니라"했다.

---

2) 서리가 내리는 하늘, 즉 가을 개벽 하늘.

⇨ 이 뒤에 병겁이 광라주(光羅州: 광주와 나주)에서 발생하면 전라남도가 어육지경(魚肉之境)이요, 군창(군산)에서 시발하면 전라북도가 어육지경이요, 인천에서 시발하면 온 세계가 어육지경이 되리라. 이후에 병겁이 나돌 때는 군산에서 발생하여 시발처로부터 이레 동안을 빙빙 돌다가 서북으로 펄쩍 뛰면 급하기 이를 데 없으리라. 조선을 49일 동안 쓸고 외국으로 건너가서 전 세계를 3년 동안 쓸어버릴 것이니라. 나주부터 병이 돌면 세상이 다된 줄 알아라. 군창(군산)에서 병이 돌면 밥 먹을 틈이 있겠느냐?

⇨ 후천세계는 사람과 신명이 하나가 되는 세상이니라. 모든 사람이 불로장생(不老長生)하며 자신의 삼생(三生)을 훤히 꿰뚫어보고 제 분수를 스스로 지키게 되느니라[후천세계의 심법(心法)].

⇨ 너희들은 환골탈태(換骨奪胎)되어 지금의 체형이 변화되어 키와 몸집이 커지고 옥골풍체(玉骨風體)가 되느니라. 그때에는 가고 싶은 곳을 경각(頃刻)에 왕래하리라(체형변모).

⇨ 예전에는 억음존양(抑陰尊陽)이 되면서도 항언에 '음양'이라 하여 양(陽)보다 음(陰)을 먼저 이르니 어찌 기이한 일이 아니리오? 이 뒤로는 '음양' 그대로 사실을 바로 꾸미리라. 남녀동권시대(男女同權時代)가 되게 하리라(남녀동등시대).

⇨ 이 뒤로는 예법을 다시 꾸며 여자의 말을 듣지 않고는 함부로 남자의 권리를 행치 못하게 하리라(남녀 예법).

⇨ 앞 세상에는 여자에게 경도(經度: 월경)가 없느니라. 불편이 막심하니 내 세상에는 없애리라(여성).

⇨ 장차 천하만방(天下萬邦)의 언어, 관습, 문자를 하나로 통일하고 인종의 차별을 없애리라.

⇨ 후천에는 자식 못 두는 자는 없으리라. 또 부자는 각 도에 하나씩 두고 그 나머지는 고르게 하여 가난한 자가 없게 하리라(경제).

⇨ '남조선 배가 범파중류(汎波中流)로다'라고 노래하며 말하기를 "상

륙하였으니 풍파는 없으리라" 하더라. (『대순전경』 4-150)

⇨ 매양 뱃소리를 하거늘 종도(從徒)들이 그 뜻을 묻되 "조선을 장차 세계의 상등국(上等國)으로 만들려면 서양 신명을 불러와야 할지라. 이제 배에 실어오는 화물표(貨物票)를 따라서 넘어오게 되므로 그러하노라." (『대순전경』 1-168)

⇨ 현하정세(現下情勢)를 오선위기(五仙圍碁)의 기령(碁靈)으로 돌리나니 두 신선은 바둑을 두고, 두 신선은 각기 훈수(訓手)하고, 한 신선은 주인이라. 주인은 어느 편을 훈수할 수도 없어 수수방관(袖手傍觀)하고 다만 공궤(供饋: 대접)만 하였나니 연사(年事: 일 년 농사)만큼 흠이 없이 공궤만 제대로 하면 주인의 책임은 다할지라. 바둑을 마치고 판이 파하면 바둑판과 바둑은 주인에게 돌려주리니, 옛날 한고조(漢高祖)는 마상(馬上)에서 득천하(得天下)했다.[3)] 허나 너희는 좌상(坐上)에서 득천하하리라.[4)] (『대순전경』 5-125)

⇨ 조선은 바둑판이요. 조선인민은 바둑돌이라. 장차 청나라와 일본이 싸우리니 두 신선이 판을 대함과 같고 서양 사람이 두 쪽이 되어 하나는 청나라를 후원하고 하나는 일본을 후원하리라.

⇨ 이 세상에 조선과 같이 신명 대접을 잘 하는 곳이 없으므로 신명들이 그 은혜를 갚기 위해 각기 소원을 따라 꺼릴 것 없이 공궤하리니 도인들은 거리낌 없이 천하사(天下事)만 생각하게 되리라. (『대순전경』 5-138)

⇨ 조선은 원래 일본을 지도하던 선생국이니 배은망덕은 신도(神道)에서 허락하지 아니하므로 저희들에게 일시 영유(領有)는 허락하나 영원히 영유하지는 못하리라. 시속(時俗)에 중국을 대국이라고 이르나 조선이 오랫동안 중국을 섬긴 것이 은혜가 되어 소중화(小中華)가 장차 대중화(大中

3) 전쟁으로 천하를 얻음.

4) 가만히 앉아서 나라를 찾음.

華)로 뒤집혀 대국의 칭호가 조선으로 옮기게 되리니 그런 언습(言習)은 버리라. (『대순전경』 5-132)

⇨ 시속에 '남조선 사람'이라 하나니 이는 남은 조선 사람을 이름이라. 동서 각 교파에 빼앗기고 남은 조선 사람에게 길운(吉運)이 있다는 말이니라. (『대순전경』)

⇨ 세계만방을 구원할 방법이 남조선에서 나와 금산사는 세계의 성지(聖地)가 될 것이요, 모든 나라의 문명을 크게 열고 지구상의 어디에나 이 큰 도술이 통하지 않는 데가 없으리라. (『대순전경』)

⇨ 그대는 이종(移種)물을 맡으라. 나는 낙종물을 맡을 것이오. 추수할 사람은 다시 있으리라.

⇨ 사람에게는 혼과 넋이 있어 혼은 하늘에 올라가 신이 되어 제사를 받다가 4대가 지나면 영(靈)이 되고 혹 선(仙)도 되며 넋은 땅으로 돌아가 4대가 지나면 귀(鬼)가 되느니라.

⇨ 천지간에 가득 찬 것이 신이니 풀잎 하나라도 신이 떠나면 마르고 흙 바른 벽이라도 신이 떠나면 무너지고 손톱 밑에 가시 하나 드는 것도 신이 들어서 되느니라.

⇨ 전쟁사를 읽지 마라. 전승자의 신은 춤을 추되 전패자의 신은 이를 가나니 도가에서 글 읽는 소리에 신이 응하는 까닭이니라.

⇨ 부인이 천하사에 염주를 딱딱거리는 소리가 구천에 사무쳤으니 이는 장차 여자의 천지를 만들려 함이라.

⇨ 예로부터 처녀나 과부의 사생아와 그 밖의 모든 불의아, 압사신과 질사신이 철천지원(徹天之寃)을 맺어 탄환과 폭약으로 화하여 세상을 진멸케 하느니라.

⇨ 이제 천하에 수기(水氣)가 말랐으니 수기를 돌리리라.

⇨ 일본의 대부분은 바다 속에 침몰하리라.

⇨ 우리 조선은 황해와 남쪽이 중국과 연륙(連陸)되어 원시반본(原始返本)에 의해 만주의 고토(古土)를 되찾아 지금보다 수없이 넓은 방대한

대국이 되리라.

⇒ 선도(仙道)와 불도(佛道)와 유도(儒道)와 서도(西道, 기독교)는 세계 각 족속의 문화의 근원이 되었으니 이제 최수운(崔水雲)은 선도의 종장(宗長)이 되고 진묵(震默)은 불도의 종장이 되고 주회암(朱晦菴)은 유도의 종장이 되고 이마두(理馬竇)는 서도의 종장이 되어 각기 그 진액을 거두며 각 족속 사이에 나타난 여러 갈래 불화(不和)의 정수(精髓)를 뽑아 모아 통일케 하느니라.

⇒ 원래 인간이 하고 싶은 일을 하지 못하면 분통이 터져서 큰 병을 이루나니 이제 모든 일을 풀어 놓아 각기 자유행동에 맡기며 먼저 난법(亂法)을 지은 뒤에 진법을 내리나니 오직 모든 일에 마음을 바르게 하라.

⇒ 이제 하늘도 뜯어고치고 땅도 뜯어고쳐 물샐 틈 없이 도수(度數)를 짜 놓았으니 제한 도에 돌아 닿는 대로 새 기틀이 열리리라.

⇒ 이제 동양 형세가 위급함이 누란(累卵)과 같아서 내가 붙잡지 아니하면 영원히 서양으로 넘어가리라.

⇒ 이제 서양 사람에게 재조를 배워 그들을 대항하는 것은 배은망덕 줄에 범하므로 판 밖에서 의리 없이 남모르는 것으로 일을 꾸미노라. 일본 사람이 미국과 싸우는 것은 배사율(背師律)을 범하는 것이므로 참혹히 망하리라.

⇒ 진주(眞主)노름에 독조사라는 것이 있어 제 돈을 따보지 못하고 바닥이 난 뒤 새벽녘에 개평을 뜯어가지고 본전을 회복하나니 이제 그 도수를 썼노라.

⇒ 현하(現下) 가구(假九)판 노름과 같으니 같은 끗수에 말수가 먹히니라.

⇒ 전쟁은 가족 전쟁이 큰 것이니 한 집안의 난리가 온 천하의 난리를 끌어내느니라.

⇒ 이 뒤에 괴병이 전 세계에 유행하여 자던 사람은 누운 자리에서 일어나지 못한 채 죽고 앉은 자는 그 자리에서 옮기지 못하고 죽고 행인은 노상에 엎드려서 죽을 때가 있으리라. 그러한 위급한 때를 당하더라도

나를 부르면 다 살아나니라.

◈ 동서양 싸움을 붙여 기우는 판을 바로잡으려 하나 워낙 짝이 틀려 겨루기는 어려우므로 병으로써 판이 고르게 되느니라.

◈ 48장(將)을 늘여 세우고 옥추문(玉樞門)을 열 때에는 정신을 차리기 어려우리라.

◈ 또 곡식종자도 한 번 심어서 베어들인 뒤에 해마다 그 뿌리에 움을 길러서 거두어들이는 것이 생기리니 이제와 같이 심고 거두기에 큰 힘이 들지 아니하며 또 아무리 박전(薄田)이라도 옥토(沃土)가 되게 하리니 이는 땅을 석 자 세 치로 태운 까닭이다(지각 대변동의 결과). (『대순전경』 5-18)

3. 태전가사(太田歌辭)

어화세상 사람들아 青槐滿庭 오는때가
청괴만정

많은백성 和해보소 白楊無芽[5] 그時로다.
화 백양무아 시

弓乙弓乙 조화中에 이때두고 이른말이
궁을궁을 중

너도좋고 나도좋네 春風三月 돌아오니
춘풍삼월

時境따라 노래불러 綠水青林 좋을적에
시경 녹수청림

矢口矢口 좋을矢口 봄갈기를 재촉한다.
시구시구 시구

---

5) 청괴(青槐, 음4월)는 가득 찼고 백양(白楊, 음5월)은 싹이 없는 때이니 음력 4월 3일. 청괴는 갑인(甲寅)이고 백양은 신묘(辛卯)로도 풀이한다.

綠水淸陰 좋을矢口 景槪絶勝 좋을矢口
녹수청음 시구 경개절승 시구

松松家家 지낸後에 千峯萬壑 저杜鵑은
송송가가 후 천봉만학 두견

利在田田 밭을갈아 牛性在野 때가온다
이재전전 우성재야

太田을 많이갈아 바쁘도다 바쁘도다
태전

弓乙弓乙 때가오니 어서바삐 밭을갈아
궁을궁을

어느밭을 가잔말가 龍潭水를 많이대어
용담수

十勝之地 알았거든 밭갈기 바쁘도다
십승지지

오곡잡곡 많이심어 草野人民 농부들아
초야인민

쉬지말고 勤農하소 春日迷困 하지마는
근농 춘일미곤

東風三月 乙酉時에 어서어서 깨달아서
동풍삼월 을유시

농사때가 바쁘도다 이런농사 모르고서

곤한잠 깊은꿈을 때가는줄 모르고서

쉬지말고 勤農하소 애달하기 다시없다
근농

天下大本 농사오니 세월이 如流하여
천하대본 여류

실지농사 하게되면 지은농사 없었으니

자세보고 글통하소 그기한을 못면함에

다시할일 바이없네 秋收할때 돌아온들
추수

秋無所業 없을런가 그기한을 면할소냐
추무소업

애야애야 저농부들 그貧形 어이하리
빈형

牛性在野 알았거든 이리저리 깨달아서
우성재야

의심말고 쉬지말고 쉬지말고 勤農하소
근농

天地또한 때가있어 不知德 없는바니
천지 부지덕

平原廣野 너른들에 자네신세 생각커든
평원광야

쉬지말고 근농하면 自古理致 살펴보면
자고이치

雨露之澤 아닐런가 근농않고 되올손가
우로지택

家産饒富 豊登일세 농사때를 잃지말고
가산요부 풍등

懈態한 저농부들 四月南風 좋은바람
해태 사월남풍

근농않고 앉았으니 자네살길 생각커든

부디부디 근농하소 시유시유 月下三月
월하삼월

만물화창 하지마는 다시개벽 정벽하니

大小麥 추수시라 牧丹花를 구경하세
대소맥 모란화

큰농사 바탕때라 태양태음 심도하여

青林시절 좋은경에 萬法歸一 다시되어
청림 만법귀일

대소맥을 추수하면 時和時和 돌아온다
시화시화

야애야 농부들아 근농하던 저농부들

梨花桃花 만발하여 含哺鼓腹[6] 즐겨하네
이화도화 함포고복

완화하는 저소년들 시구시구 좋을시구

時運時境 둘러보니 격양가를 부르면서
시운시경

가지가지 단장이라 太古舜風 좋을시구
태고순풍

꽃을따라 놀다가서 아니놀고 무엇하리

春末夏初 때오거든 놀고놀고 그래보세.
춘말하초

---

6) 잔뜩 먹고 배를 두드린다는 뜻으로, 먹을 것이 풍족하여 여유 있게 즐김.

면우당결(俛宇堂訣)

1. 면우당 곽종석

면우당(俛宇堂) 곽종석(郭鍾錫)은 조선 24대왕 헌종 12년(1846) 음력 6월 24일 경상남도 단성(丹城: 지금의 산청) 출신으로 한말(韓末)의 학자이며 의사(義士)이다. '파리장서(巴里長書)'의 민족대표이며 본관은 현풍(玄風)이고 아명(兒名)은 석산(石山)인데 경술국치(庚戌國恥) 뒤에는 도(鋾)라고 했다. 자(字)는 명원(鳴遠)이고 호(號)는 면우(俛宇)이다. 원조(源兆)의 둘째 아들로 4살 때부터 아버지와 이홍렬(李鴻烈)에게 사서오경(四書五經) 등을 배우고 12살에 아버지를 여의고 난 뒤 선진시대(先秦時代)의 유가경전은 물론, 도가(道家)와 불가(佛家)의 경전까지 섭렵했다.

그 뒤 송학(주자학)에 관심을 가지고 회와(晦窩)라는 당호(堂號)를 짓고 성리학 공부에 전념하여 20대 초반에 이미 학자로서 명성을 떨쳤다. 25세 때 이진상(李震相)의 문하에 들어갔으며, 그 뒤 그의 심즉이설(心卽理說)이 심화되었다. 1883년 안동부 춘양(春陽: 지금의 봉화군 춘양면)으로 옮겨 퇴계학문의 문적(文籍)과 형세를 분석할 기회를 가졌고, 이때 이항로(李恒

* 이 면우당결은 원래 '의정부찬정 곽종석 이해(議政府贊政 郭鍾錫 理解)'라는 이름으로 되어 있었다.

老)의 주리설(主理說)을 변론하면서 기호학계의 논쟁에 뛰어들기도 했다.

1895년(고종 32) 경상좌도(慶尙左道) 안동진(安東鎭) 비안현감(比安縣監: 종6품)에 제수되었으나 사양하고 때마침 을미의병(乙未義兵)이 일어나자 안동과 제천의 의병 진영을 살피고, 1896년(고종 33)에는 거창의 다전(茶田)으로 옮겨 살았다. 옮긴 직후에 미국·영국·러시아·프랑스·독일 등의 공관에 열국(列國)의 각축(角逐)과 일본의 침략을 규탄하는 글을 발송했다. 당시의 유학자(儒學者)들이 위정척사적(衛正斥邪的)이어서 의병을 일으켰던 것과 비교할 때 만국공법(국제법)에 호소하는 특수성을 보이고 있다.

이 무렵 서울에서는 독립협회가 해산 당하면서 전국에서 인재를 구하고 있었는데, 1899년(대한제국 3) 중추원의관(中樞院議官: 정5품)으로 부름을 받았으나 사양하고 학문에만 전념했다. 이때 이진상의 문집인 『한주집(寒洲集)』을 편찬했으며, 조식(曺植)의 문집인 『남명집(南冥集)』도 교열했다. 이는 학문 성향이 주리설의 종통(宗統)인 퇴계학(退溪學)에 묶여 있지 않았음을 말해주는 것으로 그것은 기호학계(畿湖學界)의 논쟁인 호락시비(湖洛是非)의 인물성동이론(人物性同異論)에 관여한 것으로도 알 수 있다.

1903년(광무 7)에 통정대부(通政大夫)에 이르고 비서원승(秘書院丞: 정3품)에 제수되었다. 이때 신기선(申箕善) 등 고관들의 수없는 서찰도 있어 일단 상경하여 10여 일간의 어전(御前) 독대(獨對)로 구국의 의견만을 상주(上奏)했다. 주로 도덕성의 회복과 사회기강의 확립으로 내수자강(內修自疆)하여 대외적으로도 국권을 확립한다는 논리였는데, 고종의 감복을 얻어 곧 의정부참찬(議政府參贊: 정2품)에 임명되고 삼세(三世) 추존(追尊)까지 있었다. 그러나 거듭 사퇴하고 고향으로 돌아왔다. 그 뒤에도 소명(召命)이 있었으나 상소로써 사양하고 있던 중에 을사조약(乙巳條約)이 강제 체결되자 오적(五賊)[1] 처단의 상소를 올리고 상경했으나 배알(拜謁)의

1) 외부대신(外部大臣) 박제순(朴齊純), 내부대신(內部大臣) 이지용(李址鎔), 군부대신(軍部大臣) 이근택(李根澤), 학부대신(學部大臣) 이완용(李完用), 농상공부대신

기회를 얻지 못했다.

1906년(광무 10) 전해에 일어난 을사의병이 확산될 때 기병(起兵) 여부로 논의가 있었으나 기의(起義)하지 않았다. 이듬해에는 신기선이 유교학회 설립을 제의해왔는데(후일의 大東學會) 그것도 사양했다. 1910년(융희 4) 경술국치를 당하자 이름을 도(鍋)라 하고 자(字)를 연길(淵吉)이라 했는데, 그것은 도연명(陶淵明)과 김길보(金吉父)의 성(姓)을 따서 이름을 만들고, 이름을 따서 자(字)로 한 것이다.

그 뒤 영남은 물론, 호남의 전우(田愚)와 기정진(奇正鎭), 기호의 이항로·김복한(金福漢) 등의 유문(儒門)과 또 양명학계(陽明學界)의 황원(黃瑗)과 개성 출신 김택영(金澤榮) 등과도 교유했으며, 그리스 철학과 기독교 교리(教理)까지 탐구하면서 심즉이설을 발전시켜갔다.

한편, 조식과 이진상을 비롯한 경상우도 유림의 문적과 유적을 정리하여 이 지방 학풍의 위치를 확립해 놓았다. 그때『한주집』간행을 계기로 그들의 심즉이설이 주기설(主氣說) 측에서는 물론, 안동을 중심한 주리설 측으로부터 이단시(異端視)되는 논란이 있었지만, 이론적으로 설복(說服)함으로써 자신이 쌓은 학설을 굳혀 놓았다. 이러한 가운데 그의 학자적 명성은 더욱 널리 알려졌고, 1919년 3·1운동이 일어나자 전국 유림들의 궐기를 호소하고, 거창(居昌)에서 심산(心山) 김창숙(金昌淑)과 협의해 137인의 대표로 파리의 만국평화회의(萬國平和會議)에 독립호소문인 '파리장서'를 보내고 그로 말미암아 대구감옥에서 2년형의 옥고(獄苦)를 겪던 중에 옥사(獄死) 직전에 병보석으로 나왔으나 그 여독으로 곧 죽었다.

면우당은 한국유학사를 결산한 학자로 주목된다. 이진상의 학설을 이어 심즉이설을 확립시켰는데 그것이 왕양명(王陽明)의 주기설의 심즉이설과 다른 것은 물론, 같은 주리설이면서도 이황의 심합이기설(心合理氣說)과도 같지 않았다. 그것은 퇴계학설의 수정 또는 발전이라고도 할 수

(農商工部大臣) 권중현(權重顯).

있으나 넓게 보면 한국 유학을 종합했다고 할 수 있다. 이러한 결실은 조식의 학풍이 가득한 고장에서 태어나 자란 성장 배경에서도 알 수 있듯이 조식의 깊은 영향과 이진상 문하에 들어가면서 이황의 성리학이 아우러져 그의 학문세계가 형성되었다고 할 수 있다.

또한 처음에 제자백가(諸子百家)와 불가의 경서까지 탐색한 뒤에 주자학을 공부했으므로 성리학자에게서 흔히 볼 수 있는 교조주의에 함몰할 위험이 적었다. 그러므로 기호학계나 호남학계와 폭 넓게 교우할 수 있었고, 서양철학까지 탐문하는 폭을 보일 수 있었다. 그러한 특징은 을미의병 때 당시의 유학자들이 서양을 오랑캐로 본 것과는 달리 서양 각국에 공한(公翰)을 발송하거나 '파리장서'를 서두른 데에서도 잘 나타난다. 그리고 조선조의 당색(黨色)을 논함에 있어서도 어느 당색에도 속할 이유가 없다는 점까지 밝히면서 어떤 틀에 구속되는 것을 거부했다.

그의 학문은 21세 때의 「회와삼도(晦窩三圖)」와 25세 때의 「사단십정경위도(四端十情經緯圖)」가 기초적인 것이다. 여기에서 마음이란 성(性)과 기(氣)를 합쳐서 말하는 것인데, 기라 함은 오행(五行)의 기이고 성은 인(仁)·의(義)·예(禮)·지(智)의 이(理)로서, 이와 기가 발함에 있어서는 이는 근본이고 기는 수단으로서 이가 기를 타는〔乘〕 것이라 했다. 그리하여 이가 기를 바르게 타면 날〔經〕이 되는 것이니 사단(四端)이고, 그것이 겉으로 나타난 것이 씨〔緯〕로서 십정(十情)이라는 것이다. 이와 같이 사단은 이를 주로 하고 십정은 기를 주로 하는 것인데, 그 모두가 이가 기를 타는 것은 같은 것이니 주리설이다. 그 뒤 32세 때 「이결(理訣)」을, 54세 때 「이기론(理氣論)」을 지으면서 주리설이 강화되었다. 그와 동시에 각종 주기설을 배격했다.

또한 그는 성리학에 머물지 않았다. 특히 전국 유림과의 서한을 통해 남긴 예학(禮學)이나 경학(經學), 그리고 한문학의 업적도 컸을 뿐만 아니라, 지리·농업·산학(算學)·병법에 관한 저술도 남겼다. 양명학자와도 사귀었고, 또 서양의 국제법 책인 『공법회통(公法會通)』이나 『고대희랍철학고

변(古代希臘哲學攷辨)』의 후서(後書)를 쓰는 등 다방면에 관심을 가지고 다양한 문자를 남기고 있다.

경술국치를 전후하여 유학자의 태도는 망명(亡命)·기의(起義)·자정(自靖)의 세 가지 유형으로 분류되는데, 그는 넓은 의미에서 자정론자였다. 을미의병 때 안동에 살았는데, 그때 권세연(權世淵)이나 김도화(金道和)의 의진(義陣)에서 부장(副將)으로 추대되었으나 응하지 않았고, 을사의병 때는 최익현(崔益鉉)의 제의가 있었으나 역시 응하지 않았다.

그의 자정론은 즉각(卽刻)의 죽음을 택하는 것이 아니라 죄인으로서 자중(自重) 고행(苦行)하며 깨끗한 죽음에 이르는 것이다. 때문에 글은 가르쳐도 문인록(門人錄)은 작성하지 못하게 했다.[2] 그리고 국왕의 신하로서 국왕의 군대와 싸울 수 없다는 철저한 군주옹위론(君主擁衛論)의 처지를 지켰으니, 이것은 의병을 일으킨 뒤 순창(淳昌)에서 국왕의 군대에 총을 쏠 수 없어 해병(解兵)한 최익현과 같은 논리였다. 그리고 자정론의 성격에서는 전우(田愚)와 논리적 궤(軌)를 같이 했으나 위정척사의식에 묶여 있지 않았다는 점에서 다르다.

그리고 1908년에 간도(間島)로 망명한 이승희(李承熙)와 그 뒤 장석영(張錫英)이 망명을 제의해 왔을 때 그것도 거절하고 국내에서 죄인으로서 고행의 길을 고집했다. 3·1운동 때 '파리장서'는 74세 때의 일로 최후의 업적이었다.

'파리장서'는 파리강화회의에 보낸 독립청원서로 서양을 가리켜 '대명지조(大明之照), 대화지행(大化之行)'이라 하고 있다. 조선 유학의 전통적 척사의식에서 본다면 서양 오랑캐를 대명, 대화라 한 것이니, 결국 척사의식을 청산한 뜻이고 그 뜻을 문서로 나타낸 것이 '파리장서'이다. 이렇게 보면 조선 후기 이래 고양된 위정척사사상을 청산한 작업을 주도했다는 뜻에서도 그 역사적 위치를 조감할 수 있을 것이다.

---

2) 승교록(承教錄)은 후세에 작성한 것이다.

1917년 음력 8월 24일 죽은 뒤 단성(丹城: 지금의 산청)에 이동서당(尼東書堂), 거창에 다천서당(茶川書堂), 곡성(谷城)에 산앙재(山仰齋)가 그를 기념하여 세워졌으며, 1963년에는 건국공로훈장 단장(지금의 건국훈장 국민장)이 추서(追敍)되었다. 문집은 본집(本集)이 63책 165권, 속집(續集)이 13권, 연보 4권, 승교록 1권 등 모두 183권의 영인본이 나와 있다. 경남 거창군 가조면 장기리에 신도비(神道碑)가 전한다.

2. 면우당결

殺我小頭無足理 此黨彼黨不入中
살 아 소 두 무 족 리 차 당 피 당 불 입 중

谷種取於三豊理 擇其水根川邊畓
곡 종 취 어 삼 풍 리 택 기 수 근 천 변 답

人種取於兩白理 淸白明白知五倫
인 종 취 어 양 백 리 청 백 명 백 지 오 륜

欲識牛性在野理 田與畓間稼穡利
욕 식 우 성 재 야 리 전 여 답 간 가 색 리

나를 죽이는 것은 작은 머리에 발이 없는 이치이며, 이 당 저 당 가운데 들어가지 말라.

골짜기에서 종자(씨앗)를 삼풍의 이치에서 취하여 그 물의 근원인 냇가의 논을 선택해라.

사람의 종자를 양백의 이치에서 취하고, 청백(淸白)과 명백(明白)이 오륜(五倫)을 안다.

소의 성품은 들에 있는 이치를 알고자 하면, 밭과 논 사이의 곡식 농사가 이롭다.

欲知鑿地歲穀理 田穀畓穀多播種
욕 지 착 지 세 곡 리 전 곡 답 곡 다 파 종

不離矢口知家理 各隨其業前日知
불 리 시 구 지 가 리 각 수 기 업 전 일 지

人口有土坐字理 詳審坐處倭勿侵
인 구 유 토 좌 자 리 상 심 좌 처 왜 물 침

身不離於頭流理 細雨邑塵人其地
신 불 리 어 두 류 리 세 우 읍 진 인 기 지

땅을 뚫고 나오는 햇곡식의 이치를 알고자 하면, 밭곡식, 논곡식의 씨앗을 논밭에 많이 뿌리고 심어라.
시구(矢口)를 떠나지 않으려면 집 가(家) 자의 이치를 알며, 그 업(業)을 제각기 따르니 앞날을 알라.
인구유토(人口有土)는 앉을 좌(坐) 자의 이치이니 앉을 곳을 자세히 살펴야 왜가 침범치 못한다.
몸은 두류산(頭流山: 지리산)을 떠나지 않는 이치이니, 가는 비에 티끌이 젖으니 사람이 그 땅이로다.

足不踏於光羅理 不居大村依孤村
족 부 답 어 광 나 리 불 거 대 촌 의 고 촌

此枝彼枝鳥飛理 一片牛耳茂林中
차 지 피 지 조 비 리 일 편 우 이 무 림 중

欲知非山非野理 耕山耕野居其中
욕 지 비 산 비 야 리 경 산 경 야 거 기 중

欲知利在田田理 山田水田幷爲農
욕 지 이 재 전 전 리 산 전 수 전 병 위 농

발로는 광주(光州)와 나주(羅州) 땅을 밟지 말라는 이치이며, 큰 마을에는 살지 말고 외로운 마을에 의지하라.

이 가지 저 가지 새가 나는 이치이니, 한 조각 쇠귀에 무성한 수풀 가운데에, 산도 아니고 들도 아닌 이치를 알고자 하면, 산을 밭 갈고 들을 가는 그 가운데 산다.

이로움이 전전(田田)의 이치에 있다는 것을 알려고 하면, 산밭과 논을 아울러 농사를 지어라.

山不近水不近理 令不入山勿近水
산 불 근 수 불 근 리 영 불 입 산 물 근 수

千里五里牛鳴理 深而不深相望地
천 리 오 리 우 명 리 심 이 불 심 상 망 지

欲知人棄我取理 其見隨處妹曰家
욕 지 인 기 아 취 리 기 견 수 처 매 왈 가

欲知十勝生旺理 都在人心不變中
욕 지 십 승 생 왕 리 도 재 인 심 불 변 중

산 가까이 살지 말며 물 가까이 살지 말라는 이치는 산에 들어가지 말고 물 가까이 하지 말라.

천 리나 오 리에 소 우는 이치는 깊으나 깊지 않으나 서로 바라보는 곳이다.

사람들은 버려도 나는 취하는 이치를 알려고 하면, 그 따르는 곳을 보니 손아래 누이의 집이더라.

십승(十勝) 생왕(生旺)의 이치를 알고자 하면, 모두 다 사람의 마음이 변하지 않는 가운데 있다.

欲知寺畓七斗理 寸土畓農小農家
욕 지 사 답 칠 두 리 촌 토 답 농 소 농 가

東有其弓不有弓 弓非其弓借各弓
동 유 기 궁 불 유 궁 궁 비 기 궁 차 각 궁

弓雖弓矢無用弓 我取其弓不知弓
궁 수 궁 시 무 용 궁 아 취 기 궁 부 지 궁

乙取其弓眞可弓 智知弓理愚難弓
을 취 기 궁 진 가 궁 지 지 궁 리 우 난 궁

'절논 일곱 마지기〔寺畓七斗〕'를 알고자 하면 절 논 농사는 작은 농가(農家)이다.
동쪽에 그 활〔弓〕이 있으나 활이 있지 않고 그 활이 활이 아니라 각각 활을 빌린다.
활이 비록 활이나 화살〔矢〕이 없으면 쏠 수 없는 활이며, 내가 그 활을 취해도 활을 알지 못한다.
그 활이 새〔乙〕를 취하니 가히 참된 활〔眞弓〕이며, 슬기로운 사람은 활의 이치를 알며 어리석은 사람은 활이 어렵다.

斯世人生問其生 貴賤貧富在理弓
사 세 인 생 문 기 생 귀 천 빈 부 재 리 궁

不修仁義自欲生 雖在吉弓豈能旺
불 수 인 의 자 욕 생 수 재 길 궁 기 능 왕

安心守分難自生 吉運隨機必至旺
안 심 수 분 난 자 생 길 운 수 기 필 지 왕

積善之家容易生 無爲化爭自然生
적 선 지 가 용 이 생 무 위 화 쟁 자 연 생

이 세상의 사람들이 그 생(生)을 물으니, 귀하고 천하고 가난하고 부자고 모두 활의 이치에 있다.
인의를 닦지 않고 스스로 살려고 하며, 비록 길한 활이 있다고 하나 어찌 능히 왕(旺)하리오?
마음을 편안히 하고 분수를 지키면 어려워도 스스로 살아가고, 길한 운이 기틀을 따르면 반드시 왕(旺)하는 데 이른다.
착함을 쌓는 집이 살아가기 어렵지 않고, 무위(無爲)로써 일을 하면 자연히 생(生)한다.

弓弓之理在兩月 窮者其弓富難弓
궁 궁 지 리 재 양 월 궁 자 기 궁 부 난 궁

(栗谷先生秘訣 士移射男邦不知)
(율 곡 선 생 비 결 사 이 사 남 방 부 지)

二九田上正冠坐 陽底熟事始漸退
이 구 전 상 정 관 좌 양 저 숙 사 시 점 퇴

烏飛暘谷何紛紛 好訪人良待天命
오 비 양 곡 하 분 분 호 방 인 량 대 천 명

馬羊之前巳有頭 坎離相濟脈事通
마 양 지 전 사 유 두 감 리 상 제 맥 사 통

활활〔弓弓〕의 이치는 벗 붕(朋) 자에 있고, 가난한 사람은 그 활이나 부자는 활이 어렵다.
(율곡 이이 비결에 선비가 옮기고 사내들이 활을 쏘니 화살 쏜 사나이는 나라를 알지 못한다.)
나무 밭 위에 바르게 갓을 쓰고 앉아 볕 아래 묶은 일을 비로소 서서히 물러간다.
까마귀가 해 돋는 곳(해가 처음 뜨는 동쪽)으로 나니 어찌 분분(紛紛)한

가? 좋은 사람들이 좋게 방문하니 천명(天命)을 기다린다.
말〔午〕과 양〔未〕 앞의 사(巳)년이 시작되어 감(坎: ☵)과 리(離: ☲)가 서로 구제하니 맥(脈)이 일을 통했다.

오도인결(吳道人訣)

朝鮮之運 先逆克後逆生 故往往有父子兄弟叔姪之變
조선지운 선역극후역생 고왕왕유부자형제숙질지변

우리나라의 운은 먼저 거꾸로 극(克)한 뒤에 반대로 생(生)하기 때문에 때때로 아버지와 아들, 형과 아우, 작은아버지와 조카의 변(變)이 있다.

至于末葉 逆理雖變而 順理未回
지우말엽 역리수변이 순리미회

天災時變 無年不在 無月不有
천재시변 무년부재 무월불유

말세에 이르면 이치에 어긋나는 것이 비록 변이 있으나 도리에 순종함이 아직 돌아오지 않았고 천재(天災)와 시변(時變)이 없는 해는 있지 않고 없는 달은 있지 않다.

---

* 이문당(以文堂) 판 『정감록(鄭堪錄)』에 실려 있는 글이다.

烏鵲亂操於宗廟之樹 狐虎跳梁於宮闕之路
오 작 난 조 어 종 묘 지 수 호 호 도 양 어 궁 궐 지 로

仙李葉上 蟲吐讖文 王忠穀下 鳥弄嘉粒
선 리 엽 상 충 토 참 문 왕 충 곡 하 조 롱 가 립

御廚之佳 鮮生卵於草川 姬女之美貌 盡家於路邊
어 주 지 가 선 생 란 어 초 천 희 녀 지 미 모 진 가 어 로 변

까마귀와 까치가 종묘의 나무에서 어지럽게 지저귀고 여우와 범이 궁궐의 길에서 뛰어다닌다. 선경(仙境)의 오얏나무 잎사귀 위에 미래를 예언한 글을 벌레가 먹게 하여 왕의 충성스런 곡식 아래에 새가 아름다운 낟알을 희롱하니 임금의 부엌이 아름답도다. 물고기는 풀과 내에 알을 낳고 계집의 아름다운 모양은 집이 다하여 길가에서 변(變)이리라.

只論 鷄龍之石白 不知仁王之氣黯 明知草浦之潮生
지 론 계 룡 지 석 백 부 지 인 왕 지 기 암 명 지 초 포 지 조 생

莫覩漢 江之沙露 富貴者 負薪入火 貧賤者 荷網求魚
막 도 한 강 지 사 로 부 귀 자 부 신 입 화 빈 천 자 하 망 구 어

다만 계룡(鷄龍)의 돌이 희어짐만 논하지 인왕산(仁王山)의 기가 어두운 것을 알지 못하며, 초포(草浦: 공주)에 밀물이 생기는 것은 밝게 알면서도 한강의 모래가 드러나는 것을 보지 못한다.
부한 사람과 귀한 사람은 섶(장작)을 지고 불에 들어가며 가난하고 천한 사람은 그물을 지고 고기를 잡으려 한다.

西白南青北胡東賊 炊骨飲血 山非盡山 水非盡水
서 백 남 청 북 호 동 적 취 골 음 혈 산 비 진 산 수 비 진 수

籠鳥網魚 茫茫汲汲 隋唐鷄不晨唱 兩西人不農作
롱 조 망 어 망 망 급 급 수 당 계 불 신 창 양 서 인 불 농 작

光羅徒有舊路 原橫只見草色
광 라 도 유 구 로 원 횡 지 견 초 색

서쪽 백인(白人), 남쪽 청인(靑人), 북쪽 오랑캐, 동쪽 도적들이 뼈로 밥을 짓고 피를 마시니 산이 다한 산이 없고 물이 다한 물이 없다. 조롱 속의 새와 그물 안의 고기가 지쳐 피곤한 모양과 분주한 모양이더라. 수원(水原)과 당진(唐津) 사이엔 닭이 새벽에 울지 않으며, 황해도와 평안도는 사람들이 농사를 짓지 않고, 광주와 나주에는 옛길에 무리가 있으며 원주(原州)와 횡성(橫城)에는 다만 풀빛〔草色〕만 보인다.

詩曰 南渡困龍無定沼 流水聲中人何生
시 왈 남 도 곤 룡 무 정 소 유 수 성 중 인 하 생

貪祿舊臣從幾人 沙金化爲劍鋒金
탐 록 구 신 종 기 인 사 금 화 위 검 봉 금

시(詩)에 이르기를 "남쪽으로 건너온 곤란한 용이 정한 못(沼)이 없으니 흐르는 물소리 안에서 사람들이 어찌 살까? 녹(祿)을 탐하던 옛 신하를 따르는 사람들은 몇 사람인가? 모래 금〔沙金〕이 검봉금(劍鋒金)이 되었다."

此後十二年 分裂三方 朝得暮失 八域腥塵 百姓塗炭
차 후 십 이 년 분 열 삼 방 조 득 모 실 팔 역 성 진 백 성 도 탄

天命仁聖 奠邑定鼎新基 唐堯卽位之古春
천 명 인 성 전 읍 정 정 신 기 당 요 즉 위 지 고 춘

周武伐殷之舊日 天子錫號 三邦獻貢 衣冠文物 先宋後唐
주무벌은지구일 천자석호 삼방헌공 의관문물 선송후당

이 뒤 12년에 세 나라로 나뉘고, 아침에 얻고 저녁에 잃는다. 팔도가 더러운 티끌이라 백성이 다시 고통스러운 지경에 이른다. 하늘이 준 명(命)이 어진 성인에 있으니 정(鄭=奠邑)씨가 새로운 터에 새로 나라를 세워 도읍을 정하니 요임금이 자리에 오르는 은(殷)나라를 치는 옛날이다. 천자의 주석으로 호(號)를 하여 세 나라가 의관(衣冠)을 바친다. 선송(先宋)과 후당(後唐)과 같은 문물이더라.

惟我子孫 不離於忠慶江三道 庶免魚肉之患也 十勝之中
유아자손 불리어충경강삼도 서면어육지환야 십승지중

南牛腹 北頭流 東橋内 最勝季世 天德在於此地也
남우복 북두류 동교내 최승계세 천덕재어차지야

오직 나의 자손들아! 충청도, 경상도, 강원도를 떠나지 말라. 어육(魚肉)의 근심을 면할 것이다. 십승 가운데 우복동(牛腹洞)[1]의 남쪽과 지리산의 북쪽과 교하(交河)의 동쪽이 가장 좋다. 끝 세상에는 하늘 덕이 이 땅에 있도다.

庚申(慶三京臘) 歲星在金 民唱上瑞 楸掖爭權 國家多事
경신(경삼경랍) 세성재금 민창상서 추액쟁권 국가다사

경신(庚申) (경상도 3월·경기도 12월) 해의 별에 금(金: 庚申)이 있으니 백성이 위가 상서로움을 노래한다. 서얼(庶孼)이 부액하여 권력을

1) 병화(兵火)가 침범하지 못한다는 마을. 경상북도 상주군 화북면 용유리 하산마을.

다투니 나라에 일이 많으리라.

辛酉(咸三京五) 古月云亡 害流魚羊 明年社飯 有誰分食
신 유 (함 삼 경 오) 고 월 운 망 해 류 어 양 명 년 사 반 유 수 분 식

신유(辛酉) (함경도 3월·경기도 5월) 오랑캐가 망했다고 이르니 우리나라(鮮=魚羊)에 해로움이 흐른다. 이듬해 토지에 지내는 제삿밥을 누가 나눌 수 있겠는가?

壬戌(京六慶九) 中山古家 天命寄蜀 壁上江山 臥龍復起
임 술 (경 육 경 구) 중 산 고 가 천 명 기 촉 벽 상 강 산 와 룡 복 기

임술(壬戌) (경기도 6월·경상도 9월) 중산(中山)의 옛 집에 천명이 촉(蜀)에 붙였다. 벽상(壁上: 庚子), 신축(辛丑)의 강산이니 일어설 기회를 아직 얻지 못하고 초야(草野)에 묻혀 있는 영웅호걸이 다시 일어난다.

癸亥(京四京九) 野兎登城 山雉入宮 西人學熾 害及池魚
계 해 (경 사 경 구) 야 토 등 성 산 치 입 궁 서 인 학 치 해 급 지 어

계해(癸亥) (경기도 4월·경기도 9월) 들에 토끼가 재〔城〕에 오르니 뫼에 꿩이 궁에 든다. 서쪽 사람의 학문이 치열하니 해로움이 못 속의 고기에 미친다.

甲子(京八慶五) 杵瓔存趙 樂毅佐燕 重恢大業 庶望湖中
갑 자 (경 팔 경 오) 저 영 존 조 낙 의 좌 연 중 회 대 업 서 망 호 중

갑자(甲子) (경기도 8월·경상도 5월) 외손(外孫)이 조(趙)나라에 있어 연

(燕)나라를 도우니 즐거움이 크도다. 거듭 넓히니 큰 업〔大業〕이라 호남(湖南) 또는 호서(湖西)에서 서자(庶子)를 바란다.

乙丑(慶三京至) 黑子孤城 白首人君 弓矢始張 武夫登樞
을 축 (경 삼 경 지) 흑 자 고 성 백 수 인 군 궁 시 시 장 무 부 등 추

을축(乙丑) (경상도 3월·경기도 11월) 흑자(黑子)[2]에 외로운 성에 머리가 흰 군(君)이다. 활과 살을 비로소 베푸니 무부(武夫)가 권력이나 정치의 중심이 된다.

丙寅(忠五京五) 狐鳴古祠 愚弄一世 龍飛鼎湖 弓劍莫追
병 인 (충 오 경 오) 호 명 고 사 우 롱 일 세 용 비 정 호 궁 검 막 추

병인(丙寅) (충청도 5월·경기도 5월) 옛 사당(祠堂)에 여우가 우니 남을 바보로 만들어 놀려대는 것이 한 세상이로다. 헌원황제(軒轅黃帝)가 정호(鼎湖)의 산에서 솥〔鼎〕을 주조해서[3] 대낮에 용을 타고 하늘로 오르니 활과 칼로 뒤쫓지 말지어다.

丁卯(京十慶三) 干戈難解 人心莫戢 晋代徵士 歸臥栗里
정 묘 (경 십 경 삼) 간 과 난 해 인 심 막 집 진 대 징 사 귀 와 율 리

정묘(丁卯) (경기도 10월·경상도 3월) 전쟁은 풀기 어렵고 사람의 마음은 병기(兵器)를 모으지 말라. 진대(晋代)의 징사(徵士)[4]가 율리(栗

---

2) 지극히 적은 물건이나 좁은 면적.

3) 단(丹)을 이루어서

4) 학문과 덕행이 높아서 임금이 불러도 나아가 벼슬하지 않는 사람.

里)[5]에 돌아와 누웠다.

戊辰(京至忠九) 偏師入城 錦城疲弊 興義之人 自南扶顚
무 진 (경 지 충 구) 편 사 입 성 금 성 피 폐 흥 의 지 인 자 남 부 전

무진(戊辰) (경기도 11월·충청도 9월) 일부의 군대가 성에 들어오니 금성이 피로하고 약해진다. 정의를 일으키는 사람이 스스로 남쪽에서 와서 엎어지는 것을 도우리라.

己巳(忠九慶臘) 天命奎仙 義旅先倡 華山以北 一網打盡
기 사 (충 구 경 랍) 천 명 규 선 의 여 선 창 화 산 이 북 일 망 타 진

기사(己巳) (충청도 9월·경상도 12월) 천명이 서쪽 신선이니 서쪽 오랑캐 어른이 정의로 먼저 인도한다. 화산(華山)[6] 이북은 어떤 무리를 한꺼번에 모조리 다 잡는다.

庚午(京九忠臘) 衰年短祚 伊霍扶顚 青華扶顚 青華舊天
경 오 (경 구 충 랍) 쇠 년 단 조 이 곽 부 전 청 화 부 전 청 화 구 천

古人受祚
고 인 수 조

경오(庚午) (경기도 9월·충청도 12월) 쇠한 해이니 복조(福祚)가 짧고

---

5) 도연명(陶淵明)의 고향인 율리. 고향에 들어가 귀거래사(歸去來辭)를 심경(心境)으로 지었다는 율리유곡(栗里遺曲)의 준말.

6) 경기도 화성군(華城郡) 안용면에 있는 산. 융릉(隆陵: 장헌세자의 능)과 건릉(健陵: 정조 능)이 있다. 조선조 22대 정조(正祖) 20여 년간의 조림(造林) 계획으로 대삼림(大森林)을 이루어 현재 전국적으로 우수한 모범림(模範林)이다.

이곽(伊霍)[7]이 엎어짐을 돕는다. 푸른 빛깔의 옛 하늘에 옛 사람이 복조를 받는다.

辛未(京三慶六) 一隅龜茲 朝暮苟活 弄芝古洞 德星復聚
신 미 (경 삼 경 육) 일 우 구 자 조 모 구 활 농 지 고 동 덕 성 복 취

신미(辛未) (경기도 3월·경상도 6월) 한 모퉁이가 거북이니 아침저녁으로 진실로 활로(活路: 살길)이다. 옛 고을에 지초(芝草)를 희롱하니 덕성(德星)[8]이 다시 모이다.

壬申(京二慶十) 綠林聚群 島夷乘釁 奇士敵愾 擊楫爲誓
임 신 (경 이 경 십) 녹 림 취 군 도 이 승 흔 기 사 적 개 격 즙 위 서

임신(壬申) (경기도 2월·경상도 10월) 녹림(綠林)[9]들의 무리가 모이니 섬 오랑캐〔倭〕가 틈을 탄다. 기사(奇士)[10]가 적과 싸우려는 의기(義氣)가 돛대를 치면서 맹서를 한다.

癸酉(京臘忠五) 忠臣義士 纏骨兵場 眞人臨御 文武咸賓
계 유 (경 랍 충 오) 충 신 의 사 전 골 병 장 진 인 임 어 문 무 함 빈

---

7) 은(殷)나라 탕왕(湯王)의 정승 이윤(伊尹)과 전한(前漢)의 곽광(霍光). 주로 나라를 위해 암군(暗君)을 폐(廢)하고 어진 임금을 세우는 일에 힘썼다.

8) 경성(景星). 나라에 경사(慶事)가 있을 때 나타나는 별로 도덕(道德)이 있는 사람을 이른다.

9) '불한당(不漢黨)·화적(火賊)'을 달리 이르는 말이다. 본래는 산의 이름으로 전한(前漢) 말에 망명자(亡命者)가 이 산에 숨었기 때문에 도둑의 다른 일컬음이 되었다.

10) 기이한 재주를 가졌거나 행동이 기이한 선비.

계유(癸酉) (경기도 12월·충청도 5월) 충성스런 신하와 의로운 선비가 전쟁터에 빼로 얽혀 있다. 진인(眞人)이 임금에 오르니 문관(文官)과 무관(武官)이 다 손님이더라.

봉암가사(鳳庵歌詞)

1. 봉암 김대현

봉암(鳳庵) 김대현(金大顯)의 관향(貫鄕)은 안동(安東)이고 봉암은 별호(別號)이다. 고종(高宗) 경자(庚子, 1899)년 12월 28일에 경상북도 의성군 다인면(多仁面) 삼분동(三汾洞)에서 출생하여 어린 시절 곤궁(困窮)했으나 한학(漢學)을 수학(修學), 농업을 경영하고 때로는 소상업(小商業)까지도 겸해 가정을 일으켰다. 이때 틈만 있으면 명승지를 찾아다니면서 우리나라 강산의 아름다움을 만끽하고 나머지 우리 선조들의 얼이 담긴 유적(遺跡)을 보면서 풍속과 민심이 변하는 것을 보고 개탄하기도 했다.

이때의 심정을 보고 들은 대로 적은 가사체(歌辭體)의 노래로 엮으니 양(量)으로는 무려 5책(冊)이고 내용도 또한 일품(逸品)이었다.

평소 근면과 청빈, 효심과 정직, 접인(接人)과 교자녀(教子女) 등 그의 행적(行蹟)은 가정과 향당(鄕黨)에서 구송(口誦)하는 바가 많았다.

2. 물입당파(勿入黨派)

許多教派 많은中에 어떤教가 正道인지
허다교파 중 교 정도

어떤教가 私道인지 眞짜알기 어렵구나
교 사도 진

傳道바람 넘지마라 아차한번 入道하면
전도 입도

물러서기 어렵구나 世上事를 누가아나
세상사

아는사람 드물도다 垣垣大路 앞에두고
탄탄대로

小路길로 가지마오 一無私心 正道일세
소로 일무사심 정도

虛榮心을 두지말고 내精神에 살아가자
허영심 정신

모르고 지은罪는 容恕하기 쉽건마는
죄 용서

알고도 지은罪는 容恕하기 어렵구나
죄 용서

三十六教 많은中에 골라잡아 했건마는
삼십육교 중

아차한번 몰린다면 敗家亡身 하기쉽고
패가망신

滅門之禍 두렵구나 國初國末 이世上에
멸문지화 국초국말 세상

處身하기 어렵도다 할일이 무엇인고
처신

勿貪富貴 勿入黨派 正心正義 修身齊家
물탐부귀 물입당파 정심정의 수신제가

그럭저럭 살아가세

乙巳春作(1965년 봄 지음)

3. 감결가(鑑訣歌) 16구

利在弓弓是何說穴下弓身卽爲窮
이 재 궁 궁 시 하 설 혈 하 궁 신 즉 위 궁

窮者極也極則反反者本也本則靈
궁 자 극 야 극 즉 반 반 자 본 야 본 즉 영

靈門消息下處在萬事終結本來歸
영 문 소 식 하 처 재 만 사 종 결 본 래 귀

窮無能力作過小弱者柔順本性餘
궁 무 능 력 작 과 소 약 자 유 순 본 성 여

世之三豐貧弱窮小金無名是兩白
세 지 삼 풍 빈 약 궁 소 금 무 명 시 양 백

家窮小金侵害遠身窮無名科罰避
가 궁 소 금 침 해 원 신 궁 무 명 과 벌 피

道窮開闢皇極起世窮混沌聖人來
도 궁 개 벽 황 극 기 세 궁 혼 돈 성 인 래

若有窮極反本理窮者爲達達者窮
약 유 궁 극 반 본 리 궁 자 위 달 달 자 궁

小頭無足黨亦火三人一夕自靈修
소 두 무 족 당 역 화 삼 인 일 석 자 영 수

浮金冷金還本實窮理從金是活路
부 금 냉 금 환 본 실 궁 리 종 금 시 활 로

種白實白唯一靈陰陽解脫人兩白
종 백 실 백 유 일 영 음 양 해 탈 인 양 백

物極必反本宅歸天地人神道下止
물 극 필 반 본 택 귀 천 지 인 신 도 하 지

草田名曰十勝地十勝地云正土中
초 전 명 왈 십 승 지 십 승 지 운 정 토 중

畵牛顧溪聖出云判外化法神不知
화 우 고 계 성 출 운 판 외 화 법 신 부 지

窮道還元自然事計窮力盡然後在
궁 도 환 원 자 연 사 계 궁 역 진 연 후 재

天降大任窮之身應天順人窮者修
천 강 대 임 궁 지 신 응 천 순 인 궁 자 수

乙巳秋作(1965년 가을 지음)

4. 계룡산에 올라(登鷄龍山)

瞻彼鷄龍하니 東國名山이라
첨 피 계 룡 동 국 명 산

峯峯怪石이요 谷谷名勝이라
봉 봉 괴 석 곡 곡 명 승

白頭山脈이 至於茂朱하야
백 두 산 맥 지 어 무 주

長長一脈이 逆龍公州하니
장 장 일 맥 역 룡 공 주

山曰鷄龍이요 水曰錦江이라
산 왈 계 룡 수 왈 금 강

山水相逢하니 陰陽之合이요
산 수 상 봉 음 양 지 합

山乙水乙하니 太極之像이요
산 을 수 을 태 극 지 상

帝字來龍하니 帝王之基라
제 자 래 룡 제 왕 지 기

太祖着工타가 欲成未達하니
태 조 착 공 욕 성 미 달

天下萬物이 物各有主라
천 하 만 물 물 각 유 주

創業眞主가 何時而出고
창 업 진 주 하 시 이 출

鄭運이 通泰하면 八百年基라 하니
정 운 통 태 팔 백 년 기

過若其然耶
과 약 기 연 야

甲辰秋七月作(1964년 가을 지음)

5. 지리산 유람기(智異山遊覽記)

七十以上 네老人이 丹楓놀이 求景次로
칠 십 이 상 노 인 단 풍 구 경 차

智異山을 가는途中 晋州에서 下車하여
지 리 산 도 중 진 주 하 차

義妓門을 찾아가서 晋州名物 矗石樓라
의 기 문 진 주 명 물 촉 석 루

非高非低 此名區가 岳陽樓만 못할손가
비 고 비 저 차 명 구 악 양 루

絶壁밑에 南江水는 半月体로 흘러가고
절 벽 남 강 수 반 월 체

案對앞에 蒼松綠竹 四時不變 春色일세
안대 창송록죽 사시불변 춘색

水中突出 義岩石은 朱論介의 成功處로
수중돌출 의암석 주론개 성공처

興毛谷而 同樂타가 抱倭將이 投死하니
홍모곡이 동락 포왜장 투사

姸弱其軀 金石之志 奪諸將之 首功으로
연약기구 금석지지 탈제장지 수공

忠烈祠를 지어놓고 來人去人 參拜하니
충렬사 래인거인 참배

卓卓之勳 烈烈之忠 流芳百世 壯하시다
탁탁지동 열열지충 유방백세 장

矗石樓에 올라앉아 點心食事 마친後에
촉석루 점심식사 후

南江땜을 求景할제 六十一億 巨額으로
남강 구경 육십일억 거액

八年만에 竣工하니 山을잘라 江이되고
팔년 준공 산 강

江을막아 田畓되니 近代化로 大工事라
강 전답 근대화 대공사

晋州에서 車를타고 西山深谷 險한길로
진주 차 서산심곡 험

八十里를 들어가서 中山里에 下車하니
팔십리 중산리 하차

南山北山은 松奏琴 此谷彼谷은 潤成瑟
남산북산 송주금 차곡피곡 윤성비

紅塵消息을 莫來傳 三公不換 此江山을
홍진소식 막래전 삼공불환 차강산

中山旅館 一泊하고 智異山을 찾아갈제
중산여관 일박 지리산

有形無形 참길이라 돌도집고 나무잡고
유형무형

步步登登 올라가니 白雲中에 있는절이
보보등등 백운중

孤庵白石 千年後에 萬壑丹楓 十月初라
고암백석 천년후 만학단풍 십월초

石逕蒼苔 좁은길로 操心操心 올라가니
석경창태 조심조심

法界寺의 쇠북소리 旅客마음 慰勞한다
법계사 여객 위로

이절에서 一泊하고 朝飯을 마친後에
일박 조반 후

童子僧의 案內로서 上上峯을 올라가니
동자승 안내 상상봉

七千尺 天皇峯은 海拔 千九百十五米라
칠천척 천황봉 해발 천구백십오미

周回로는 八百里요 周邊에는 八郡이라
주회 팔백리 주변 팔군

大刹로는 雙溪華嚴 名刹로는 蓮谷泉隱
대찰 쌍계화엄 명찰 연곡천은

大源寺와 實相寺가 名所마다 자리잡고
대원사 실상사 명소

其外에도 小小庵子 不知其數 흩어있어
기외 소소암자 부지기수

修道精神 熱熱하니 風塵世上 꿈밖이라
수도정신 열열 풍진세상

東으로 흐른물은 晋州南江 되어있고
동 진주남강

西으로 흐른물은 河東으로 굽이쳐서
서 하동

蟾津江이 되었으니 智異山之 一景이라
섬진강 지리산지 일경

亦壯亦雄 이山體가 雲霧中에 잠겼으니
역장역웅 산체 운무중

九名山之 一部이요 三神山之 一方丈이
구명산지 일부 삼신산지 일방장

白頭山 長子脈으로 千枝萬葉 흘러와서
백두산 장자맥 천지만엽

慶尚道에 있는山을 李太祖때 不伏으로
경상도 산 이태조 불복

全羅道로 귀양가니 天下萬物 物各有主
전라도 천하만물 물유각주

野說인지 傳說인지 孰是孰非 누가아리
야설 전설 숙시숙비

長時間을 앉아놀제 童子僧은 바랑메고
장시간 동자승

雲石間에 혼자앉자 저때를 손에잡고
운석간

鳳凰曲을 불러낼제 精神이 陶醉되어
봉황곡 정신 도취

塵世俗客 네老人이 商山四皓 부럽잖다
진세속객 노인 상산사호

安期生은 어디가고 赤松子도 못보겠다
안기생 적송자

武陵桃源 何處尋고 안진곳이 仙境일세
무릉도원 하처심 선경

南牛腹과 北頭流가 이近處에 있다하나
남우복 북두류 근처

明眼修德 아니면은 찾아볼길 漠然하고
명안수덕 막연

細石平田 좋다한들 雲深不知 못찾겠고
세석평전 운심부지

青鶴洞과 白鶴洞이 只在此山 있다하나
청학동 백학동 지재차산

福人이 逢吉地라 十勝地를 누가아리
복인 봉길지 십승지

아는 것이 病痛이요 모른 것이 上策일세
병통 상책

울긋불긋 丹楓葉은 霜葉紅花 二月花라
단풍엽 상엽홍화 이월화

白雲으로 日傘삼고 淸風으로 부채삼아
백운 일산 청풍

꼬불꼬불 굽은길로 조용조용 길을찾아

法界寺에 點心먹고 德山와서 一泊하고
법계사 점심 덕산 일박

晋州行을 잡아타고 大邱로 歸家하니
진주행 대구 귀가

午後 五時五分이라 夕飯을 마친後에
오후 오시오분 석반 후

듣고본바 記錄하니 智異山之 遊覽記
기록 지리산지 유람기

己酉十月十日作(1969년 음력 10월 10일 지음)

경세가(警世歌)

三道合一 後天道라 苦心苦行 救道적에
삼도합일 후천도 고심고행 구도

三天湖에 釣竿놓고 十五星霜 釣魚하니
삼천호 조간 십오성상 조어

天地運數 입질하네 越尺大魚 낚였구나
천지운수 월척대어

어허둥둥 조을시구 道中道歌 지어보자
도중도가

走太公아 肖太公아 무슨大魚 낚었을고
주태공 초태공 대어

天地運氣 兩合中에 浮遊人生 何數濟를
천지운기 양합중 부유인생 하수제

四海大狂 鄭乞方이 歎息하며 노래할때
사해대광 정걸방 탄식

天下第一 鄭道令은 時期適切 大魚로다
천하제일 정도령 시기적절 대어

神仙道人 智慧보소 秘訣方法 이거라오
신선도인 지혜 비결방법

---

* 조칠행의 『해인의 묵시』 부록(附錄)에서.

道令이라 命名하여 世上에다 秘傳하니
도령 명명 세상 비전

鬼神들도 몰랐거늘 人間이야 오죽하리
귀신 인간

어허둥둥 좋을시구 神仙한테 속았구나
신선

此時天下 蒼生님들 鄭道令을 曲解마오
차시천하 창생 정도령 곡해

애초當初 道人兩班 亂法亂道 憂慮해서
당초 도인양반 난법난도 우려

이것같고 저것같이 混同하게 秘傳하니
혼동 비전

道令眞意 錯覺했네 虛像道令 어이할꼬
도령진의 착각 허상도령

神仙道人 心術보소 錯覺하기 십상일세
신선도인 심술 착각

人物같고 總角같은 수수께끼 내어놓고
인물 총각

一千太歲 長久歲月 知覺者를 기다리니
일천태세 장구세월 지각자

옛날道人 그智慧가 無窮無盡 無限일세
도인 지혜 무궁무진 무한

어허둥둥 조을시구 眞假道領 하여보세
진가도령

無知蒙昧 有無間에 如此道令 警戒하오
무지몽매 유무간 여차도령 경계

耳目口鼻 分明하고 움직이면 警戒하고
이목구비 분명 경계

自稱道令 云云하면 이도또한 警戒하고
자칭도령 운운 경계

暖衣飽食 하는道令 이런道令 警戒하고
난의포식 도령 도령 경계

毛髮있고 鬚髥나면 이런道令 警戒하고
모발 수염 도령 경계

食飮하고 睡眠하면 그도역시 아니리니
식음 수면

眞道令은 始終如一 不眠不食 하더이다
진도령 시종여일 불면불식

知識智慧 有無間에 이런道令 警戒하오
지식지혜 유무간 도령 경계

短身體軀 하였거든 그道令도 警戒하고
단신체구 도령 경계

九尺長身 하였거든 그道令도 警戒하고
구척장신 도령 경계

眞人이라 自處커든 이는더욱 警戒하고
진인 자처 경계

그림자가 있거들랑 이도또한 虛像이니
허상

眞道令은 本來부터 手足體軀 없소이다
진도령 본래 수족체구

어허둥둥 조을시구 假道令을 分別하고
가도령 분별

眞道令은 어떠할꼬 細細綿綿 뜯어보세
진도령 세세면면

百歲長壽 恰似하나 갓난아이 恰似하고
백세장수 흡사 흡사

道令이름 뭣이런고 十三字의 姓名이고
도령 십삼자 성명

道令모습 어떻든고 無手無足 無首하고
도령 무수무족 무수

道令나이 몇이던고 先四十에 後四十을
도령 선사십 후사십

이땅와서 轉轉한들 어느누가 알았으리
전전

億兆蒼生 어찌하리 假道令에 속는구나
억조창생 가도령

不遠將來 萬出道令 眞道令이 아닐진대
불원장래 만출도령 진도령

道令이라 確信하고 抑止春香 固執하니
도령 확신 억지춘향 고집

我執固執 其執으로 그대신세 凄凉할세
아집고집 기집 처량

道令내다 하는兩班 眞人내다 하는先生
도령 양반 진인 선생

虛言장난 深思하고 惑世誣民 熟考하소
허언 심사 혹세무민 숙고

天下第一 재주꾼에 遁甲藏身 한다해도
천하제일 둔갑장신

風塵世上 平定時에 眞價黑白 안나리까
풍진세상 평정시 진가흑백

어허둥둥 조을시구 眞價分別 지어놓고
진가분별

天地人前 淸水올려 別訓長님 訓示받고
천지인전 청수 별훈장 훈시

五方之道 삿바잡고 한판씨름 겨뤄볼까
오방지도

푸른蒼空 화폭삼고 海島그림 그려볼까
창공 해도

無窮造化 一長紙에 海印풀이 하여볼까
무궁조화 일장지 해인

白頭大幹 베고누어 浮金從金 노래할까
백두대간 부김종김

이事저歌 뭐니해도 天殃歌가 急하구나
사 가 천앙가 급

如此하면 큰일나네 億兆蒼生 들어보소
여차 억조창생

東西南北 人間世라 四方理致 노래하자
동서남북 인간세 사방이치

子午相沖 卯申이요 東西間에 불놀이라
자오상충 묘신 동서간

애고답답 寒心지고 噫噫悲哉 슬프구나
한심 희희비재

어허둥둥 조을시구 亂法亂道 조심하오
난법난도

惑世誣民 좋아마소 大罪大罪 그거라오
혹세무민 대죄대죄

欺人欺天 道師되면 億兆蒼生 吸血하고
기인기천 도사 억조창생 흡혈

亂法亂道 能熟하면 後天眞人 詐稱하고
난법난도 능숙 후천진인 사칭

一止矢口 못깨치면 非道非行 許多하니
일지시구 비도비행 허다

自省自覺 빨리하소 時놓치고 때놓치고
자성자각 시

此時天下 蒼生님들 正心먹고 正行가소
차시천하 창생 정심 정행

天地父母 人天地를 뉘가감히 흉내낼고
천지부모 인천지

改過自身 마다하고 眞人詐稱 거듭하면
개과자신 진인사칭

聖君子가 出現해서 條目條目 따질적에
성군자 출현 조목조목

逆天者는 大呼令에 뼛마디가 절로튀고
역천자 대호령

得罪者는 別呼令에 三十六計 急急하고
득죄자 별호령 삼십육계 급급

어진蒼生 殺生者는 목숨保全 難保구나
창생 살생자 보전 난보

時節되어 鄭道令이 大發大動 出世하면
시절 정도령 대발대동 출세

保國安民 廣濟令엔 億萬諸神 如律令코
보국안민 광제령 억만제신 여율령

七誠君子 萬呼令엔 惡人惡鬼 大沒하오
칠성군자 만호령 악인악귀 대몰

어허둥둥 조을시구 知化者가 生乙矢口
지화자 생을시구

天殃歌는 이러거늘 大道歌는 어떠할고
천앙가 대도가

얼시구나 절시구나 武陵仙潭 大通運에
무릉선담 대통운

祥瑞로다 慶事로다 大韓國서 大道나고
상서 경사 대한국 대도

아리아리 旌善에서 萬國先生 大出하고
정선 만국선생 대출

어허둥둥 三天道서 聖君子가 萬出하네
삼천도 성군자 만출

世中師國 大韓에서 聖君子가 萬出하면
세중사국 대한 성군자 만출

天子天孫 諸孫婦는 잔치준비 부산하고
천자천손 제손부

萬國萬民 구경꾼이 앞다투어 몰려오네
만국만민

眞道타령 正道타령 接客잔치 벌릴적에
진도 정도 접객

明心으로 술을빚고 誠心으로 안주하고
명심 성심

三天米로 떡쌀하여 聖君子가 방아찧어
삼천미 성군자

大道시루 떡쪄내서 萬聖德을 펴돌리니
대도 만성덕

萬聖德이 웬떡인고 道通德이 이거로세
만성덕 도통덕

眞人찾는 世人이여 道令찾는 비결가여
진인 세인 도령

이말저말 比喩해서 道令眞意 傳하오니
비유 도령진의 전

眞假分別 바로하고 事理밝게 處身하오
진가분별 사리 처신

物質文明 好時節에 어영부영 설마하다
물질문명 호시절

不改過에 得罪하면 聖君子가 꾸짖을 때
불개과 득죄 성군자

餘罪追窮 不號令을 어이堪當 하오리까
여죄추궁 부호령 감당

어허둥둥 좋을시구 鄭道令은 道乙矢口
정도령 도을시구

어허둥둥 속을시구 假道令은 人乙矢口
가도령 인을시구

어허둥둥 슬플시구 億兆蒼生 大沒矢口
억조창생 대몰시구

어허둥둥 誤導시구 惑世諸人 寒心矢口
오도 혹세제인 한심시구

예언도(豫言道)

傳曰[1] 龍則造命水하라 虎則湧湧氣하라 龍虎多情하라
전왈 용즉조명수 호즉용용기 용호다정

相搏則熊得利라 乘天高何去處라 深山入遁空胃로다
상박즉웅득리 승천고하거처 심산입둔공위

群鼠群蠅有處處다
군서군승유처처

전해오는 방언으로 이르노라. "용은 생명수를 창조하라. 범은 기운을 솟구쳐 내라. 용과 범은 다정해야지 상박이면 곰이 득을 볼 것이로다. 하늘 높이 올라가면 어디로 갈꼬. 산중 깊이 숨어드니 배가 고프다. 들쥐떼, 파리떼 곳곳이로구나."

曰 始水風砂天下空 宇旱魃 白衣老女去無定處
왈 시수풍사천하공 우한발 백의노녀거무정처

---

* 야인(野人) 송영식(宋榮植)의 『도심발서(道心發書)』 중에서.

1) 방언록 중 3언(三言)을 실은 것으로 전 세계사의 먼 앞일을 밝힌 것인데 그 날이 되면 이 말이 스스로 풀어질 것이다.

深夜北極星察東便이라 近星有爾恩이다
심 야 북 극 성 찰 동 편 근 성 유 이 은

네게 방언으로 이르노니, "시작이 물이더니 모래 바람 천하로다. 하늘이 타는구나. 백의노녀 어디로 가나? 깊은 밤 북극성 동편을 보라. 은인이 있으리라."

曰 土星和合光明時에 豊心滿足以足壽三百歲라
왈 토 성 화 합 광 명 시 풍 심 만 족 이 족 수 삼 백 세

風龜空胃行盜 急速知雷公이다 黃花白花香氣醉過라
풍 구 공 위 행 도 급 속 지 뇌 공 황 화 백 화 향 기 취 과

네게 방언으로 이르노라. "토성에 밝은 빛 어우러질 때 풍성한 맘 흡족들하고 족히 써 3백 년 누려볼거나. 풍구가 배가 고파 도둑질하네. 재빨리 뇌공에게 연락해라. 노랑꽃, 하얀 꽃 너무 취한다."

동방천보결(東方天步訣)

동방천보결은 정감(鄭鑑)이 예언한 편람론(編覽論)이다. 정감은 신인(神人)으로서 하늘에서 이 땅 위에 내려왔으므로 정포은(鄭圃隱, 정몽주)의 가보(家譜)에서 그의 선조(先祖)에 대한 내력을 찾을 수가 없다.

余嘗聞先生之言 詳察青丘江山之精脈 大抵崑崙山一脈
여상문선생지언 상찰청구강산지정맥 대저곤륜산일맥

自海而渡 擧首伸足於三千餘里矣 豈不壯哉
자해이도 거수신족어삼천여리의 기불장재

내가 일찍이 정감 선생의 말씀을 듣고 동방으로 뻗어온 구릉(丘陵)과 강산의 정맥(精脈)을 자세히 살펴보니 대저 곤륜산(崑崙山)에서 한 맥(脈)이 우주의 바다로부터 건너 머리를 들고 발을 삼천리 남짓 펴고 있다. 어찌 장하지 않으랴?

然則海島雲煙 從瑞而晴 從侵而暗 柵箕以後 自北而濁
연즉해도운연 종서이청 종침이암 책기이후 자북이탁

自南而晴 其應 何由然耶 理之循環 起萌 形隨而背絶
자남이청 기응 하유연야 이지순환 기맹 형수이배절

興盡悲來 理固常然 不難知矣 日傾生陰之格
흥진비래 이고상연 불란지의 일경생음지격

그런즉 바다 섬의 구름연기가 상서로움을 따르면 맑고 침노함을 따르면 어둡다. 기씨(箕氏)가 울타리를 지은 이후 북으로부터 흐렸고 남으로부터 맑음은 그 응함이 어떤 까닭으로 그렇게 되는가? 천체 운행(天體運行)에 따른 기의 순환으로 싹이 트고 형체에 따라서 뒤집어지고 끊기며 흥함이 다하면 슬픔이 오는 것이 우주 본연의 진리요, 그리되게 마련이다. 그러니 어렵지 않게 알 수 있으리라. 해가 기울면 음이 생겨 밤이 되는 격이다.

天傾西北 地坼東南 故 吾東國都南近則文明之治 北近則崇
천경서북 지탁동남 고 오동국도남근즉문명지치 북근즉숭

佛而凌禮 故 松京四百年傳祚 無不出於二道之雜治
불이능예 고 송경사백년전조 무불출어이도지잡치

漢陽五百年之治 無不出於尊聖之政矣
한양오백년지치 무불출어존성지정의

하늘은 서북으로 기울었고(23.5도) 땅은 동남으로 언덕이 되었으니 우리 동국(東國)은 도읍이 남쪽으로 가까우면 문명으로 다스리고 북에 가까우면 불도(佛道)를 숭상함이 예도(禮道)를 능가한다. 고려 송도(松都: 개성)의 4백 년 전조는 불도와 예도를 섞어 다스림에서 나오지 않음이 없고 한양 5백 년의 다스림은 성인을 존경하는 정사(政事)에서 벗어나지 아니했다.

李沁與鄭鑑 上金剛山毗爐峰 論左堪輿之國步 沁曰
이심여정감 상금강산비로봉 논좌감여지국보 심왈

漢陽一基 我子孫昌業之地 鑑曰 黑猿只然則其業充滿耶
한 양 일 기 아 자 손 창 업 지 지 감 왈 흑 원 지 연 즉 기 업 충 만 야

東國分野星宿 本末一天耳
동 국 분 야 성 수 본 말 일 천 이

이심(李沁)이 정감과 함께 금강산 비로봉에 올라 천지의 이치에 따라 나라의 앞날을 논할 때 이심이 말하기를 "한양의 기지(基址: 터전)는 내 자손의 기업이 번창할 땅이로다."
정감이 말하기를 "임신년(壬申年, 1392)에 그렇게 될 뿐 왕업(王業)이 충만할까? 동국(東國) 분야에 천하의 문명이 간방(艮方)에서 끝나고 간방에서 비롯하게 되니 끝과 처음이 한 하늘일 뿐이라."

然則何時衰 曰 黑龍失勢 然則 其扶何力
연 즉 하 시 쇠 왈 흑 룡 실 세 연 즉 기 부 하 력

沁 默默不答 良久 曰中原之松 渡海而出
심 묵 묵 부 답 양 구 왈 중 원 지 송 도 해 이 출

鑑曰 其變 人邊禾女 然則中興之徵 不足憂也 末葉之災
감 왈 기 변 인 변 화 녀 연 즉 중 흥 지 징 부 족 우 야 말 엽 지 재

乃天霜也 沁曰 何葉 曰四七其年 何當 曰先亡於倭人
내 천 상 야 심 왈 하 엽 왈 사 칠 기 년 하 당 왈 선 망 어 왜 인

黑鼠向南 失格未定也
흑 서 향 남 실 격 미 정 야

이심이 말하기를, "그러면 어느 때에 쇠할꼬?"
정감이 말하기를, "임진년(壬辰年, 1592)에 세력을 잃게 된다. 그렇게 되면 무슨 힘이 그를 붙잡아주겠는가?

이심이 잠잠히 대답도 하지 않고 오래 있다가 이르되 "중원(中原)에서 이여송이 바다를 건너서 나올 것이다."

정감이 말하기를, "그 변란은 왜인이다. 그렇게 되어도 중흥(中興)이 될 징조로서 근심할 것 없으리라. 말엽의 재앙은 하늘에서 버리는 서리(아황산가스)이다."

이심이 묻기를, "어느 대(代)일꼬?"

정감이 대답하기를, "28대이다."

이심이 묻기를, "그 해는 무슨 일을 당하게 되는가?"

정감이 대답하기를, "먼저 왜인에게 망한 뒤 임자(壬子)생 주(主)가 남으로 향해 자격을 잃어도 아직 결정적 단계는 아니다."

沁曰 垂淚更嘆曰 繼興君業耶 鑑笑曰 汝子孫 殺我子孫 我
심 왈 수 루 갱 탄 왈 계 흥 군 업 야 감 소 왈 여 자 손 살 아 자 손 아

子孫 殺汝子孫 耳都何處 曰千里行龍 鷄龍抱卵而向陽
자 손 살 여 자 손 이 도 하 처 왈 천 리 행 룡 계 룡 포 란 이 향 양

이심이 눈물을 흘리면서 다시 탄식하며 말하기를, "이어서 그대의 왕업이 흥할 것인가?"

정감이 웃으면서 말하기를, "너의 자손이 나의 자손을 죽이고[1] 나의 자손이 너의 자손을 죽이리라."

이심이 묻기를, "그의 도읍은 어디에 있느뇨?"

정감이 말하기를, "금강산에서 천 리를 행룡(行龍)하여 달과 용이 알을 품고 하늘로 향했도다."

1) 이방원이 선죽교에서 정포은을 죽인 사실을 말한다.

曰 吾今知矣 曰知而何問 沁曰 此事姑捨 何由緣興亡
왈 오금지의 왈지이하문 심왈 차사고사 하유연흥망

可憐蒼生 奈何 鑑曰 知而何憂 沁曰 余雖嘗識
가련창생 내하. 감왈 지이하우 심왈 여수상식

不知其運格也
부지기운격야

이심이 말하기를, “나 이제 알았다.”

정감이 말하기를, “알았으면 어찌 묻느뇨?”

이심이 말하기를, “이 일은 고사하고 무슨 까닭으로 흥망(興亡)하며 가련한 창생들을 어찌하리오?”

정감이 말하기를, “알았으니 무엇을 근심하리오?”

이심이 말하기를, “내가 비록 알았다고 하나 그 운격(運格)을 알지 못했나이다.”

鑑曰 試吾之才意 推數於一掌之中 詳論千載之理氣
감왈 시오지재의 추수어일장지중 상론천재지리기

戒於子孫之鑑矣 天理風雨霜雪豊凶寒暑日月之蝕也
계어자손지감의 천리풍우상설풍흉한서일월지식야

地理人倫富貴貧賤錢穀兵戈之起而已
지리인륜부귀빈천전곡병과지기이이

정감이 말하기를, “나의 재주를 시험 삼아 한 손바닥 가운데에서 천지의 운수를 미루어 천 년 동안의 우주의 기의 흐름을 상세하게 논하여 자손에게 경계하는 거울로 삼으리라. 천리는 바람, 비, 서리, 눈, 풍흉, 춥고 더움, 일식(日蝕), 월식(月蝕), 빈천(貧賤), 금전(金錢),

곡식, 병화(兵火)가 일어날 뿐이다."

東國中原之盛衰 大同小異 以天理論之則大同與小邦昌
동국중원지성쇠 대동소이 이천리논지즉대동여소방창

陰陽氣數之其然故 光緖 入東邦 東國亡耳 末至其時
음양기수지기연고 광서 입동방 동국망이 말지기시

初被患於三羊之毒 再被患於倭人之毒 三被患於靑水之毒
초피환어삼양지독 재피환어왜인지독 삼피환어청수지독

世事 已倒懸而首顧居下 足反居上 汝運將毒
세사 이도현이수고거하 족반거상 여운장독

동국과 중원의 성쇠는 크게는 같고 조금 다를 뿐이다. 천리로 논한다면 대국과 소국이 함께 번창함은 음양의 기수(氣數)가 그렇게 되는 연고로 청나라 광서황제(光緖皇帝)가 망해 만주로 들어감에 우리 동국도 망하게 되는 것이다. 말세에 이르면 처음 서양〔美·蘇〕의 해독을 입게 되고 다시 일본의 해독을 입게 되고 세 번째 중국의 해독을 입게 되나니 세상일은 이미 거꾸로 매달려 아래에 있는 자가 윗자리를 돌아보고 발이 뒤쳐서 위에 있게 될 때 너의 운수는 장차 다함이라.

鑑戒曰 吾子孫 勿隨紫栢紅塵 到二 漢陽之災 如火益烈
감계왈 오자손 물수자백홍진 도이 한양지재 여화익열

如水益深 凶星入艮 人不可生 九年之歉 四年之疾
여수익심 흉성입간 인불가생 구년지겸 사년지질

何以免也 此先困也 李末 松竹先害 誰知湘山之災
하이면야 차선곤야 이말 송죽선해 수지상산지재

정감이 경계하여 가로되 "검붉은 잣과 붉은 티끌에 따르지 말라. 두 번 이르니 한양의 재앙은 불과 같이 매섭고 물과 같이 더욱 깊어서 흉한 별이 간방(우리나라)에 들어오면 사람들은 살아 나갈 수 없으리라. 9년의 흉년과 4년의 질병을 어떻게 모면할 수 있을까? 이는 먼저 당하는 곤궁이라. 조선 말기에 소나무와 대나무가 먼저 아황산가스로 해를 입나니 누가 소상강(蕭湘江)의 비참한 재앙을 알 수 있으리오?"

人多地狹 不知人貴 綱倫頹敗 父子兄弟 相爲鬪爭
인다지협 부지인귀 강륜퇴패 부자형제 상위투쟁

山野盡闢 但貪財利 人倫永絶 雜錢竝用 火賊四起
산야진벽 단탐재리 인륜영절 잡전병용 화적사기

千金之命 死於百金 國用空渴 與夷借貸 賣官買爵
천금지명 사어백금 국용공갈 여이차대 매관매작

如渴赴水
여갈부수

사람은 많고 땅은 좁아서 사람 귀함을 알지 못하고 삼강오륜이 무너져 부자형제가 서로 투쟁하게 되고 산과 들을 모두 개발하여 단지 재물과 이익만 탐내어 인륜이 영영 끊기고 잡전(雜錢)이 아울러 쓰이면서 화적(火賊)이 사방에서 일어나 천금 같은 목숨이 백금(百金)에 죽으며 나라의 쓰임이 바짝 말라 외국에서 빌려 쓰고 관직을 팔고 사며 급한 대로 처리하니 목마를 때 물 있는 곳으로 달려감과 같다.

村村及第 家家進士 富益富貧益貧之際 土價如金
촌촌급제 가가진사 부익부빈익빈지제 토가여금

遠方珍巧之物 奢侈 無貴賤矣 貧笑富之時 土價如糞
원 방 진 교 지 물 사 치 무 귀 천 의 빈 소 부 지 시 토 가 여 분

方出間賀上貫
방 출 간 하 상 관

마을마다 자격증 가진 사람이 많고 집집마다 박사, 석사, 학사들이라. 부자가 더욱 부하게 되고 빈한 자가 더욱 가난하게 될 즈음에 땅값은 금과 같고 먼 곳의 이상하고 교묘한 물건으로 사치가 늘어 귀천이 없게 된다. 가난한 사람이 부자를 비웃을 때가 되면 땅값이 똥 같으며 바야흐로 사이에 시렁을 질러서 위로 달하는 고층 건물이 나오게 된다.

嗚呼 富不近 邑不近 山不近 水不近 路不近 黨不近
오 호 부 불 근 읍 불 근 산 불 근 수 불 근 로 불 근 당 불 근

驛(港)不近 浩浩天地無占處 富者 衆人之怨 十手所指
역 (항)불 근 호 호 천 지 무 점 처 부 자 중 인 지 원 십 수 소 지

十目所視 然專貪利 不知人事 心如毒蛇 結怨衆人而未知
십 목 소 시 연 전 탐 리 부 지 인 사 심 여 독 사 결 원 중 인 이 미 지

冥冥中抱害者也 可嘆可嘆而 貧者 千轉萬死
명 명 중 포 해 자 야 가 탄 가 탄 이 빈 자 천 전 만 사

日月益深 若死若生 無一可取 此時 正是知者商量之時也
일 월 익 심 약 사 약 생 무 일 가 취 차 시 정 시 지 자 상 량 지 시 야

아아! 부를 가까이 말며 읍을 가까이 말며 산을 가까이 말며 물을 가까이 말며 길을 가까이 말며 당(黨)을 가까이 말며 역이나 항구(港口)를 가까이 말지니 넓고 넓은 천지에 점찍을 곳이 없다.

부자는 여러 사람의 원망을 사게 되니 열 손이 가리키며 열 눈이 지켜보는 바라. 그렇게 오로지 재물과 이익만 탐내고 인사(人事)를 모르니 마음이 독사 같아 여러 사람의 원망을 맺게 되어 캄캄하게 모르는 가운데 나를 해칠 자를 알게 된다.
탄식하고 탄식하던 가난한 자는 천 번 구르고 만 번 죽을 고비를 넘겨 날과 달이 갈수록 깊어져 죽을 것도 같고 살 것도 같아 하나도 취할 것이 없게 될 것이니 이때가 바로 아는 자는 요량하고 헤아릴 때니라.

沁曰 旺地何處 當此之時 四夷一家 男女相見 物貨相通
심왈 왕지하처 당차지시 사이일가 남녀상견 물화상통

來往 相殺人命 不知草芥 口不可言 目不可視 朝廷列邑
내왕 상살인명 부지초개 구불가언 목불가시 조정열읍

佩印之官 無非賊數之輩 穢不可言
패인지관 무비적수지배 예불가언

이심이 말하기를, "왕지(旺地)는 어디일까요? 이때를 당하면 세계가 한 집안이요, 남녀가 서로 가까이 하며 물화(物貨)가 서로 통하여 오고 가며 사람 목숨을 죽이는 것이 초개(草芥)만도 못하니 입으로 말할 수 없고 눈으로 차마 볼 수 없습니다. 정부나 각 고을에 사명을 받은 관리들도 도적의 무리 아님이 없으니 더러움이 이루 말할 수 없습니다."

鑑 笑坐南指曰 十勝之地 五臺山俗離山兩白之間
감 소좌남지왈 십승지지 오대산속리산양백지간

德裕山頭流山邊山天冠山九月山三道峰而此外
덕유산두류산변산천관산구월산삼도봉이차외

若干散在旺地 大智可避 中智其次 下智未及
약간산재왕지 대지가피 중지기차 하지미급

정감이 웃으면서 앉아 남쪽을 가리키며 말하기를, "십승지지는 오대산, 속리산 양백 사이 덕유산, 두류산, 변산, 장흥 천관산, 황해도 구월산(九月山), 충청·전라·경상도계에 있는 삼도봉(三道峰) 이외에 약간의 왕지가 흩어져 있다. 크게 지혜로운 자가 피할 수 없고 중지(中智)가 그 다음이고 하지(下智)는 미치지 못한다."

嗟呼 漢陽之末 東有雨隹將軍 西有走肖將軍 如秦末蒼生
차호 한양지말 동유우추장군 서유주초장군 여진말창생

無非項氏之所屠 萬無一生 百祖一孫 嘆無奈何 鑑戒曰
무비항씨지소도 만무일생 백조일손 탄무내하 감계왈

吾子孫汝等 勿忘輕動 依余訣 可也
오자손여등 물망경동 의여결 가야

가엾어라. 한양 말기에 미치면 동쪽에는 곽(霍)장군이 있고 서쪽에는 조(趙)장군이 있어 진(秦)나라 말 백성이 항우에게 죽임을 당한 것처럼 만에 하나 살 수 없어 백조일손(百祖一孫)되니 한탄한들 어찌할 수 없다.
정감이 경계하여 말하기를, "내 자손 너희들은 망령되게 가벼이 움직이지 말고 나의 비결에 의지함이 옳으리라."

沁曰 雨隹將軍 率遼東兵 與方杜之將 去舊從新 清兵 盡爲
심왈 우추장군 솔요동병 여방두지장 거구종신 청병 진위

雨隹將軍之所掃也 淸運已絶而 金陵回運 然則清亡
우추장군지소소야 청운이절이 금능회운 연즉청망

不出於素沙之地
불 출 어 소 사 지 지

이심이 말하기를, "곽장군이 요동의 병사를 거느리고 방두(方杜)의 두 장수와 더불어 옛 것을 청산하고 새 질서를 세워 중국 운을 모두 곽장군이 소탕(掃蕩)한다. 중국 운이 끊겨 발해(渤海)운이 돌아오니 이에 중국이 망하게 되어 새로 솟은 소사의 땅에 나오지 못한다."

鑑曰 白眉之亂 西方肅殺之氣 徒以殺害人命
감 왈 백 미 지 난 서 방 숙 살 지 기 도 이 살 해 인 명

主奪富人之財穀 先殺富貴之人 抗積惡之家
주 탈 부 인 지 재 곡 선 살 부 귀 지 인 항 적 악 지 가

所過無不殘滅 所居無不探掠 首居三南 出自西方
소 과 무 불 잔 멸 소 거 무 불 탐 략 수 거 삼 남 출 자 서 방

西方盡屠 且及南方 洪濫之間 殺人尤甚
서 방 진 도 차 급 남 방 홍 람 지 간 살 인 우 심

정감이 말하기를, "백미(白眉)의 난리에 서방(西方) 숙살(肅殺)의 기운이 함부로 인명을 살해하며 주로 부자의 재물과 곡식을 빼앗고 먼저 부귀한 사람을 죽이며 적악(積惡)한 집안을 꺾으며 지나가는 곳에 잔멸(殘滅) 아님이 없고 그가 있는 곳을 찾아내어 약탈하지 않음이 없다. 처음에 삼남(三南)[2]에 있다가 서방으로 나와 서방을 모두 죽이고 또 남방에 미치니 홍성(洪城) 남포(藍浦) 사이에 살인이 더욱 심하다."

2) 충청도·전라도·경상도

戒曰 吾子孫汝等 勿近此境 走肖將軍 自北方去來
계 왈 오 자 손 여 등 물 근 차 경 주 초 장 군 자 북 방 거 래

雄居三南 本貫則豊壤也 禍起先動 唐洪之間 掃除倭人
웅 거 삼 남 본 관 즉 풍 양 야 화 기 선 동 당 홍 지 간 소 제 왜 인

三羊各國之兵 面面村村 換賜相食 父不父子 妻子婦女
삼 양 각 국 지 병 면 면 촌 촌 환 사 상 식 부 불 부 자 처 자 부 녀

不耐强暴之辱 臥而不起
불 내 강 포 지 욕 와 이 불 기

경계하여 말하기를, 내 자손 너희들은 이 지경에 가까이 말라. 조(趙) 장군이 북방으로부터 나와 삼남에 웅거하니 본관은 풍양(豊壤)이라. 화가 일어나면 먼저 출동하여 당진(唐津)·홍주(洪州) 사이에서 일본인을 청소한다. 서양 각국의 병사가 면마다 마을마다 끌어주며 서로 먹으니 아버지가 아비 노릇 못하고 아들이 아들 노릇을 못하고 아내와 부녀자가 우악스럽고 사나운 능욕에 견디다 못해 누워서 일어나지 못한다.

黃眉赤眉之賊 相爭相殺 幷侵西方 殃及池魚 湖南尤甚
황 미 적 미 지 적 상 쟁 상 살 병 침 서 방 앙 급 지 어 호 남 우 심

完山四面 積尸如山 夜則惡鬼啾啾 各浦諸港
완 산 사 면 적 시 여 산 야 즉 악 귀 추 추 각 포 제 항

海浪不道之賊 浮沒如雲 瑞泰尤甚
해 낭 부 도 지 적 부 몰 여 운 서 태 우 심

황미(黃眉)와 적미(赤眉)의 적이 서로 싸우고 죽이면서 서북으로 아울러 침입해 재앙이 못 속 고기에까지 미치는데 호남 지방이 더욱

심하다. 전주(全州) 사면에 주검이 산과 같이 쌓여서 밤이면 악귀(惡鬼)가 쪽쪽 울며 각 포구와 여러 항구에는 바다 물결과 무도(無道)한 적들의 뜨고 잠김이 구름 같으니 서산(瑞山)과 태안(泰安) 지방이 더욱 심하다.

嗚呼 血流成川 自妙香山南 非僧非俗之徒 頭戴葛冠
오호 혈류성천 자묘향산남 비승비속지도 두대갈관

以女人數千 或習陣法而當此 時則行出之妙像也 誰能知耶
이여인수천 혹습진법이당차 시즉행출지묘상야 수능지야

아아! 피 흘림이 시내를 이루니 묘향산 남쪽으로부터 스님도 아니고 속인(俗人)도 아닌 무리들이 머리에 칡잎으로 위장하고 여인 수천 명으로 간혹 진법(陣法)을 익히면서 여기에 당도하니 때는 묘한 형상이 나와 성행함이라. 누가 능히 알리오?

嗟呼 當此時 興陽將校 自稱鄭姓 自智異山 北據龍禮
오호 당차시 흥양장교 자칭정성 자지리산 북거용례

男女十歲以上 盡被刀戈之患 望風而潰 鎭長茂龍之間
남녀십세이상 진피도과지환 망풍이궤 진장무용지간

未有子遺 井邑古阜 永絶夕煙 高益龍咸臨沃金萬 渾被誅戮
미유자유 정읍고부 영절석연 고익용함임옥금만 혼피주륙

슬퍼라! 이때를 당하여 고흥장교(청미장군)가 자칭 정도령이라 일컬으며 지리산으로부터 북쪽 남원을 거점으로 남녀 10세 이상을 모조리 죽인다는 환란의 소문을 듣고 모두 흩어진다. 진안(鎭安)·장수(長水)·용담(龍潭) 사이에는 씨를 남기지 않으며 정읍(井邑)·고부(古阜) 지역은 해일(海溢)과 용암의 분출로 저녁연기가 영영 끊어졌으며 고산

(高山)·익산(益山)·용안(龍安)·함열(咸悅)·임피(臨皮)·옥구(沃溝)·김제(金堤)·만경(萬頃)에는 뒤범벅으로 죽임을 당한다.

淳昌任實之間 有藏身處 無智可憐 當此之時
순창임실지간 유장신처 무지가련 당차지시

葛公道伯 戰于蘆嶺 淳高長潭之間 尤不能保
갈공도백 전우노령 순고장담지간 우불능보

葛公 初有妄動 山野 非汝之寶也
갈공 초유망동 산야 비여지보야

순창(淳昌)·임실(任實) 사이에(山內面) 몸을 감출 곳이 있으나 지혜가 없으면 가련하다. 이때에 갈(葛)씨의 도지사가 노령(蘆嶺)에서 싸울 제 순창·고창·장성·담양(潭陽) 사이는 더욱 보전하지 못한다. 갈공은 처음 망동(妄動)함이 있으니 산과 들을 빼앗고 싸우나 산과 들이 너의 보배가 아니로다.

又當九鄭共鬪之時 龍浦懷槐忠木之地
우당구정공투지시 용포회괴충목지지

士大夫婦女塡干溝壑 八路富客 以當殺身 無一生計
사대부부녀진간구학 팔로부객 이당살신 무일생계

當此之時 富依貧 饒依窮 庶可免厄者幾人
당차지시 부의빈 요의궁 서가면액자기인

青順安醴之間 草女貫口之賊 如雲施雨 四州之內
청순안예지간 초녀관구지적 여운시우 사주지내

七星垂光 惟有保身之地 非智難也
칠성수광 유유보신지지 비지난야

또 아홉 정씨가 함께 싸우는 때를 당하면 용인(龍仁)·김포(金浦)·회인(懷仁)·괴산(槐山)·충주(忠州)·목천(木川) 등지는 사대부 부녀가 죽어 구렁을 메우고 팔도 부자가 모두 부자라는 이유로 죽임을 당하고 살아나가는 꾀가 하나도 없네. 이때에 부자가 빈자와 궁한 사람에게 의지해 요기하니 겨우 액(厄)을 모면할 자 몇 사람이나 될까? 청산(靑山)·순흥(順興)·안성(安城)·예천(醴泉) 등지에서 남이 지은 농사나 계집을 강취(强取)하고 식사를 강요하는 해적들이 구름에서 비를 베풀 듯하니 네 고을 안에 칠성(七星)이 빛을 드리워 몸을 보전할 곳이 있으나 지혜가 없으면 어렵다.

昏昏之間 魂不付身 狂風走屋 石飛二三里 東釜倭寇
혼혼지간 혼불부신 광풍주옥 석비이삼리 동부왜구

不息 金知安居之間 七星共護開局之地 可活萬人
불식 금지안거지간 칠성공호개국지지 가활만인

然 草女貫口之賊 奈何 非智者 不可也 無論某處
연 초녀관구지적 내하 비지자 불가야 무론모처

吉星所照 抱智之人 能免此厄
길성소조 포지지인 능면차액

해와 달이 빛을 잃어 개이지 않은 동안에는 혼이 몸에 붙어 있지 않고 망동한다. 미친바람은 집을 달아나게 하고 2~3리를 날아가며 동래(東萊) 부산(釜山)에서는 왜인의 도적이 쉬지 않으며 김천(金泉)과 지례(知禮), 안의(安義)와 거창(居昌) 사이에 칠성이 함께 호위하여 국(局)이 열리는 땅에 만인이 살 수 있다. 그러나 농작물과 계집을 마구잡이로 훔쳐가고 줄곧 끼니를 해결하며 눌러 앉는 해적들을 어찌하리오? 지혜로운 자가 아니면 불가하리라. 어떤 곳을 막론하고 길성(吉星)이 비취는 곳에서 지혜가 있는 사람을 안으면 능히 이 액(厄)

을 면할 수 있다.

伽倻十勝地 第一有德 可免 善尚聞豊清咸消滅之間
가야십승지 제일유덕 가면 선상문풍청함소멸지간

可活百人處 弓弓之人 可免 晋泗咸之間 天助之人
가활백인처 궁궁지인 가면 진사함지간 천조지인

居三十六姓也
거삼십육성야

가야산 십승지에 제일 덕이 있으니 면할 만하다. 선산(善山)·상주(尙州)·문경(聞慶)·풍기(豊基)와 청도(淸道)·함양(咸陽)이 소멸되는 사이에 백 사람이 살 곳으로 계룡산 도읍으로 들어갈 사람이면 모면한다. 진주(晋州)·사천(泗川)·함양 사이에 하늘에서 도울 사람 36성(姓)이 산다.

其他外西陽龜龍之間 英雄數人出 谷甕 神女有助處
기타외서양구룡지간 영웅수인출 곡옹 신녀유조처

江伊春通之間 積尸如山 惡鬼蔽天 金剛山周回百里內
강이춘통지간 적시여산 악귀폐천 금강산주회백리내

異人十餘名 居之 此則知時之人也 智異山中 天助之人
이인십여명 거지 차즉지시지인야 지리산중 천조지인

居之 雖千兵萬馬紛鬱之中 能避能隱之 正理運者
거지 수천병만마분울지중 능피능은지 정리운자

그 밖의 서양(西陽)·구룡(龜龍) 사이에 영웅 몇 사람이 나오며 곡산(谷山)·옹진(甕津)에서는 신녀(神女)의 도움이 있을 곳이며 강릉(江陵)·이

천(伊川)·춘천(春川)·통천(通川) 사이에 주검이 산과 같이 쌓이며 악귀(惡鬼)가 하늘을 가린다. 금강산 두루 백 리 안에 십여 사람의 이인(異人)이 살 것이니 이는 때를 아는 사람이라. 지리산 중에 하늘 사람이 도와줄 사람들이 살고 있으니 비록 수없이 많은 군사와 말이 가루같이 빽빽할지라도 능히 피하고 능히 숨나니 바른 진리로 운전한 자라.

同福母后山中 有商山四皓之侶 暗看風塵 筭數歷代
동 복 모 후 산 중 유 상 산 사 호 지 려 암 간 풍 진 산 수 역 대

此山其時南極老人星照應也 又三道峰巒頭之邊
차 산 기 시 남 극 노 인 성 조 응 야 우 삼 도 봉 만 두 지 변

德眞仁抱者二人居之 此樵夫也
덕 진 인 포 자 이 인 거 지 차 초 부 야

화순(和順) 동복(同福)의 모후산(母后山) 중에는 한나라 고조(高祖) 때 상산(商山)에 수염과 눈썹까지 흰 네 사람의 노인이 은거했듯 사리에 밝은 네 사람이 사는데 어두운 가운데 남몰래 풍진(風塵)을 보고 역대의 운수를 수놓아 보나니 이것은 이 산에 그때 남극노인성(南極老人星)이 비추어 응하기 때문이다.

또 삼도봉[3] 산봉우리 가에는 덕(德)과 참〔眞〕과 인(仁)을 안은 두 사람이 사는데 이는 땔나무꾼이다.

京畿道 一炬燒盡 積尸如山 仁富尤甚 通和之峙 雖曰
경 기 도 일 거 소 진 적 시 여 산 인 부 우 심 통 화 지 치 수 왈

壯哉 貴不如乞人之輩 怪變多出 吏奴之輩 殺人尤甚
장 재 귀 불 여 걸 인 지 배 괴 변 다 출 이 노 지 배 살 인 우 심

3) 충청·전라·경상도 경계에 있다.

경기도는 한 차례 횃불로 다 타버리고 주검이 산과 같이 쌓이며 인천(仁川)과 부평(富平)이 더욱 심하다. 통화(通和)의 재가 비록 장하다 하나 귀인이 걸인배(乞人輩)만 못하고 괴변(怪變)이 많이 나와 아전이나 종들의 살인이 더욱 심하다.

惡鬼不伸 黑衣徒先起於龍蛇之年 似兵非兵 似僧非僧
악 귀 불 신 흑 의 도 선 기 어 용 사 지 년 사 병 비 병 사 승 비 승

散合無數 不知人貴 天厭穢德 先滅者此徒
산 합 무 수 부 지 인 귀 천 염 예 덕 선 멸 자 차 도

악귀가 펴지 못해 검은 옷의 무리가 구정란(九鄭亂)에 앞서 일어나 임진 계사(壬辰 癸巳, 2012~2013)년에 병사(兵士) 같으나 병사도 아니요, 스님 같으나 스님도 아닌 자들이 흩어졌다가 합침을 수없이 하면서 사람의 귀함을 모르니 하늘이 더러운 덕을 싫어해 먼저 면할 자가 이 무리들이다.

此際 八道黑衣殺人尤甚 豈無受殃之時耶 完富者不知修德
차 제 팔 도 흑 의 살 인 우 심 기 무 수 앙 지 시 야 완 부 자 부 지 수 덕

但知貪財 積惡者太甚 以惡德衝天故 先亡者完富也
단 지 탐 재 적 악 자 태 심 이 악 덕 충 천 고 선 망 자 완 부 야

이즈음에 팔도의 검은 옷 무리들의 살인이 더욱 심하니 어찌 재앙을 받을 때가 없을 손가? 완연한 부자는 덕을 닦을 줄 모르고 단지 재물만 탐낼 줄 알아 악을 쌓은 자가 크게 심하다. 악덕(惡德)으로 하늘을 충동하니 먼저 망하는 자는 완연한 부자이다.

金萬之間有吉處 非弓弓之智非也 吉中有厄 厄中有吉
금 만 지 간 유 길 처 비 궁 궁 지 지 비 야 길 중 유 액 액 중 유 길

如盲之人何知哉 小微之星 漸照智德之間 酋乃四十代
여 맹 지 인 하 지 재 소 미 지 성 점 조 지 덕 지 간 추 내 사 십 대

昌業之基天文地理千載之事 屈指推合數宿也
창 업 지 기 천 문 지 리 천 재 지 사 굴 지 추 합 수 숙 야

김제(金堤) 만경(萬頃) 사이에 길한 곳이 있는데 계룡산의 궁궁십승(弓弓十勝)에 들어갈 수 있는 지혜를 갖춘 자가 아니면 아니 된다. 길한 곳이지만 바다의 조수(潮水)가 휩쓸 액이 있다. 이러한 액이 있지만 그 시기만 넘기면 길한 곳이니 장님 같은 사람이야 어찌 알 수 있으리오? 작고 가는 별이 점점 지덕(智德)을 비치는 사이에 정씨 40대의 기업(基業)이 번창할 터로써 천문지리로 천 년의 일을 손꼽아 미루어 운수와 맞아 잠들어 있다.

漢陽之末 太公 一去難回黑鼠王孫 泣血秋城 安東華山
한 양 지 말 태 공 일 거 난 회 흑 서 왕 손 읍 혈 추 성 안 동 화 산

不免玉駕來臨之時 魚羊亦亡 光緖之孫 避入長安
불 면 옥 가 내 림 지 시 어 양 역 망 광 서 지 손 피 입 장 안

留八日還出太皇橋 三日間 走素沙而崩 其應何時
유 팔 일 환 출 태 황 교 삼 일 간 주 소 사 이 붕 기 응 하 시

必猴鷄之間也
필 후 계 지 간 야

한양 말기에 강태공(姜太公) 같은 분이 한 번 가면 돌아오기 어려우니 임자(壬子) 왕손(王孫)이 추성(秋城)에서 피눈물을 흘린다. 안동 화

산(華山)에 임금의 수레가 임하는 것을 면치 못하는 때에 조선이 또 한 망하고 청나라 광서(光緖) 황제의 후손이 장안에 들어와 피하여 8일 동안 머물고 대황교로 돌아와 나타나서 3일 만에 소사(素沙)로 달아나다 죽으니 그 응함이 어느 때인가? 반드시 신(申)에서 유(酉)의 사이일 것이다.

壯哉 倭人 縱兵八道 先據長安 屠掠 甚於倭人 此天施之
장 재 왜 인 종 병 팔 도 선 거 장 안 도 략 심 어 왜 인 차 천 시 지

殺氣 倭人亡於魚羊 魚羊亡於假人 假人亡於眞人 誰察
살 기 왜 인 망 어 어 양 어 양 망 어 가 인 가 인 망 어 진 인 수 찰

其眞假耶 嗚呼 秦末漢初 天理奈何 火及崑崙 玉石俱焚
기 진 가 야 오 호 진 말 한 초 천 리 내 하 화 급 곤 륜 옥 석 구 분

此時 入吉保生者幾人
차 시 입 길 보 생 자 기 인

장하도다! 신장(우주인)이 팔도로 병사를 놓아 먼저 장안을 거점으로 죽임과 약탈이 왜인보다 심하니 이는 하늘에서 베푸는 살기(殺氣)라. 왜인은 조선에 망하고 조선은 가정(假鄭, 가짜 정씨)에 망하고 가정은 진인에게 망하니 누가 그 진짜 가짜를 살필 수 있으랴? 아아! 진나라 말, 한나라 초에 하늘의 이치가 어떠했나? 병화가 곤륜산에 미쳐 구슬과 돌이 함께 타니 이때에 길지(吉地)에 들어가 살아날 자가 몇 사람이나 될꼬?

鑑 戒曰 吾子孫汝等 勿爲積惡 勿爲謀富 勿爲隨黨
감 계 왈 오 자 손 여 등 물 위 적 악 물 위 모 부 물 위 수 당

勿行末 世風俗 僅以耕讀 豫習寒暑飢渴 身兼奴僕
물 행 말 세 풍 속 근 이 경 독 예 습 한 서 기 갈 신 겸 노 복

身操版搜 生方 自此生矣
신 조 판 수 생 방 자 차 생 의

정감이 경계하여 말하기를, 나의 자손 너희들은 악한 일을 많이 하지 말고 부를 꾀하지 말며 당을 따르지 말며 말세 세상의 시체(時體)를 행하지 말고 근근(僅僅)히 농사짓고 글을 읽어 미리 춥고 더움과 배고프고 목마름을 익혀 몸은 남자종(奴僕)을 겸하고 몸소 찾아 일하면 사는 방도가 이로부터 스스로 생기리라.

天地肅殺之氣 十二年兵凶之運 何以至生耶 勿爲虛我訣
천 지 숙 살 지 기 십 이 년 병 흉 지 운 하 이 지 생 야 물 위 허 아 결

勿以十勝之地入 勿爲荒野而棄之 殺我者十勝
물 이 십 승 지 지 입 물 위 황 야 이 기 지 살 아 자 십 승

活我者荒野 十勝地各有其主 然 死中有生方 生中有死所
활 아 자 황 야 십 승 지 각 유 기 주 연 사 중 유 생 방 생 중 유 사 소

生死之理 由天由人
생 사 지 리 유 천 유 인

온 누리에 쌀쌀하고 매서운 가을 기운으로 12년 동안의 병란과 흉년의 운수에 어떻게 해서 삶에 이를 것인가? 나의 비결을 헛되게 하지 말라. '십승지'라고 해서 들어가지 말고 거친 들이라고 해서 버리지 말라. 나를 죽이는 자가 '십승지'요, 나를 살리는 자가 거친 들이라. 십승지에는 제각기 주인이 있다. 그러므로 죽는 가운데에서 살아나는 방도가 있고 살아나는 곳에도 죽을 곳이 있으니 살고 죽는 이치는 하늘로 말미암고 사람으로 말미암느니라.

難之難者 避難之理 末運 人君有飢渴之患 況於民乎
난지난자 피난지리 말운 인군유기갈지환 황어민호

頻見旱害 累經飢寒 擧世統入深山窮谷 相殺相食
빈견한해 루경기한 거세통입심산궁곡 상살상식

如爲常事 萬石之家 一朝 無粒穀分錢 何免土賊
여위상사 만석지가 일조 무립곡분전 하면토적

어렵고 어려운 것이 피난의 이치이다. 말운에 임금에게도 굶주리고 목마름의 환란이 있을진댄 하물며 백성들이야 어떻겠는가? 자주 가뭄의 재해를 만나고 누차 춥고 굶주림을 겪으니 세상 사람들이 거의 깊은 산중 궁벽한 골짜기로 들어가 서로 죽여서 서로 먹는 것이 예사가 되니 만석꾼의 집이 하루아침에 한 톨의 곡식도 없고 돈을 나누다 보니 어떻게 두메에서 일어나는 도둑떼를 멸할 것인가?

吾子孫汝等 入於吉地 依訣造宅 預備稻苷麥三物種
오자손여등 입어길지 의결조택 예비도감맥삼물종

三物中 有可取 可棄者 殺人稻殺人 苷殺人麥 愼之
삼물중 유가취 가기자 살인도살인 감살인맥 신지

可祥種 僅僅資生 更見聖世之昌大矣
가상종 근근자생 갱견성세지창대의

내 자손 너희들은 좋은 땅으로 들어가 비결에 의해서 집을 짓고 미리 벼·감자·보리 종자를 준비하라. 세 가지 안에 취할 것이 있고 버릴 것이 있으니 벼가 사람을 죽이게 되고 감자가 사람을 죽이게 되고 보리가 사람을 죽이게 되니 조심하라. 자상하게 씨(종자)를 선택하여 근근히 살아나갈 바탕으로 삼는다면 다시 성인의 세상으로 크게 창성함을 보게 되리라.

生活之方 非十勝地 荒野只以有智 若死若生 死中求生
생 활 지 방 비 십 승 지 황 야 지 이 유 지 약 사 약 생 사 중 구 생

先占吉地然後 宜愼行弓弓乙乙 兩者 不下十勝
선 점 길 지 연 후 의 신 행 궁 궁 을 을 양 자 불 하 십 승

생활하는 방도는 '십승지'가 아니고 거친 들에 다만 지혜가 있을 뿐이니 죽은 것 같이 산 것 같이 죽을 고비에서 한 가닥 살길을 찾으니 먼저 좋은 땅을 점찍은 뒤에 조심조심 약(弱: 弓弓乙乙)으로 행함이 마땅하니 두 가지는 십승에 못지않다.

弓弓非難 利在石井 石井非難 寺畓七斗落 山兮田兮
궁 궁 비 난 이 재 석 정 석 정 비 난 사 답 칠 두 락 산 혜 전 혜

食日寺家 天何不求哉
식 일 사 가 천 하 불 구 재

궁궁(弓弓)이 어렵지 않다. 독성의 오염이 없는 돌우물〔石井〕에 이로움이 있다. 돌우물은 어렵지 않다. 북두칠성에서 생명의 수기가 떨어지는 곳이니 산이냐 밭이냐 날로 그 기운을 먹는 집안이라면 하늘이 어찌 구하지 않으랴!

大抵避難之法 不出於驚禽之山林 强弩之末勢
대 저 피 난 지 법 불 출 어 경 금 지 산 림 강 노 지 말 세

鳥啼花落靑山夕 鵠立斜風正己身 非山非野歸何處
조 제 화 락 청 산 석 곡 립 사 풍 정 기 신 비 산 비 야 귀 하 처

弓弓乙乙待暮春 命根在鷄犬龍羊猿之間 理在如是昭昭
궁 궁 을 을 대 모 춘 명 근 재 계 견 용 양 원 지 간 이 재 여 시 소 소

欲知弓弓乙乙理 枝枝矢口還步間
욕 지 궁 궁 을 을 리 지 지 시 구 환 보 간

무릇 난(難)을 피하는 법은 놀랜 날짐승이 산과 숲에서 나오지 않고 강한 쇠뇌[4]의 끝 위력에 새가 울고 꽃이 지는 푸른 산 저녁에(처량한 말세) 고니가 비낀 바람에 서서(어려운 처지에서) 몸을 바로 잡음과 같다. 산도 아니고 들도 아니니 어디로 돌아갈꼬? 궁궁을을(십승지)에서 늦은 봄(辛卯, 2012)까지 기다려라.
목숨 뿌리가 유술진미신(酉戌辰未申) 사이이다. 진리가 이와 같이 밝고 밝아 궁궁을을의 이치를 알고자 하지만 가지가지나 화살 끝 정도의 해석에 맴돌고 구체적으로는 알지 못한다.

又鷄龍山四方三四里切勿近居 一夜之間 海潮如雲
우 계 룡 산 사 방 삼 사 리 절 물 근 거 일 야 지 간 해 조 여 운

不然 火起如風 若不先避 萬户陷燒
불 연 화 기 여 풍 약 불 선 피 만 호 함 소

또 부안(扶安) 줄포(茁浦) 앞바다에 새로 솟아나온 계룡산에서 30~40리 안에는 절대로 가까이 살지 말라. 하룻밤 사이에 (1998년 4월 30일 亥時) 지축(地軸)이 기울어 조수(潮水)가 해발 50m까지 구름같이 밀려온다. 이로 인해 낮은 들은 농작물이 망가져 거친 들이 된다. 그렇지 않은 곳은 용암(熔岩)이 내뿜어 불 바람이 일어나 만일 미리 피하

4) 쇠로 된 발사 장치가 달린 활. 여러 개의 화살을 연달아 쏘게 되어 있는 것으로, 주로 낙랑 무덤에서 나오고 있다.

지 않으면 많은 집이 타버린다.

大抵避難 爲人貧窮 一無可取 然後爲便 切勿近富
대저피난 위인빈궁 일무가취 연후위편 절물근부

自古富人 無避難 大兵小卒 皆爲索富 土賊據掠
자고부인 무피난 대병소졸 개위색부 토적거략

亦爲探富 雖隱 聞臭入故 難避也 錢反爲仇 穀反爲讐
역위탐부 수은 문취입고 난피야 전반위구 곡반위수

身命何在 莫如坎中之苗土上之熟也 積倉非也
신명하재 막여감중지묘토상지숙야 적창비야

무릇 어려움을 피함은 빈궁한 사람이 되어 하나도 취할 것이 없게 된 뒤에야 편하게 되니 절대로 부(富)를 가까이 말라. 예로부터 부자는 피난이 없느니라. 크고 작은 병졸들이 다 부자를 수색하고 토적(土賊)들도 노략할 때 역시 부자를 찾게 되니 비록 숨는다 해도 냄새와 소문을 듣고 들어오는 까닭으로 피하기 어렵다. 돈이 도리어 원수가 되고 곡식이 원수라 몸과 목숨이 어디에 있을까! 구렁 속에 식량을 묻고 구덩이 안의 모종 흙은 익히는 것이 가장 좋다. 창고에 쌓아두면 아니 된다.

以貧富二字 破辭則富字 口田冠也 世無不知人
이빈부이자 파사즉부자 구전관야 세무부지인

田已盡荒則 口亦盡亡 貧字分目八 家産有分無餘則
전이진황즉 구역진망 빈자분목팔 가산유분무여즉

別無外侵 八目賤視 亦無可取者也
별무외침 팔목천시 역무가취자야

빈부(貧富), 두 글자를 파자(破字)하면 자멸 부(富) 자는 입 구(口) 자와 밭 전(田) 자가 갓(宀)을 썼으니 세상에 모르는 사람이 없다. 논밭이 모두 거두지 않고 버려두어 거칠고 못쓰게 되었으니 인구(人口)도 모두 망하게 된다. 가난할 빈(貧) 자는 분목팔(分目八)이니 한 집안의 재산을 나누어 남는 것이 없으니 외침(外侵) 당할 것이 없다. 팔방(八方)에서 사람들의 눈이 천하게 보니 역시 취하게 될 것이 없는 자이니라.

眷多者亦無避亂 各自其心 可謂一嚬一笑之害也
권다자역무피난 각자기심 가위일빈일소지해야

嗟我後孫 修其心而顧苗裔 若無積德 雖入生地 必出死所矣
차아후손 수기심이고묘예 약무적덕 수입생지 필출사소의

한 집안의 식구가 많은 사람 또한 피난할 수 없으니 제각기 그 맘이 한편에서는 찡그리고 한편에서는 웃음으로 어렵게 함을 일컬음이라. 슬퍼라! 나의 후손은 그 마음을 닦아 후손을 돌보아라. 만일 덕을 쌓음이 없으면 비록 살 곳으로 들어가나 반드시 죽을 곳이 나온다.

是吉地 非自入也 天送其人 或智者 擇善導之人
시길지 비자입야 천송기인 혹지자 택선도지인

以入其所 天心 無惡然後 謂之吉地 余按地理則 勝地明
이입기소 천심 무악연후 위지길지 여안지리즉 승지명

人昌後之基本也
인창후지기본야

이 길한 땅은 스스로 들어가는 것이 아니라 하늘이 그 사람을 보내는 것이니 어떤 지혜로운 자는 착한 사람을 가려 인도하여 그곳으로 들어가게 되니 천심(天心)으로 악이 없어진 뒤에 길지(吉地)에 이르게 된다. 내가 지리로 살펴본즉 승지(勝地)는 밝은 사람들이 번창하여 후세의 터가 되고 근본이 된다.

夫天地之理 亂時 善者培之 惡者覆之故 地濁而受潰
부 천 지 지 리 난 시 선 자 배 지 악 자 복 지 고 지 탁 이 수 궤

天晴而施德 山明處仁 水清居智 理皆如是也 天時行然後
천 청 이 시 덕 산 명 처 인 수 청 거 지 이 개 여 시 야 천 시 행 연 후

有人事 無惡鮮明之處 人心和柔 雖窮 化而保生
유 인 사 무 악 선 명 지 처 인 심 화 유 수 궁 화 이 보 생

有惡潰濁之處 殺氣運天 天必厭之 況亂世之人惡毒者乎
유 악 궤 탁 지 처 살 기 운 천 천 필 염 지 황 난 세 지 인 악 독 자 호

天慾盡滅之耳
천 욕 진 멸 지 이

대저 천지(天地)의 진리는 어지러울 때에 착한 사람을 북돋우고 모진 사람을 엎치는 까닭으로 땅이 흐려져서 무너지고 하늘이 맑아져서 덕을 베푸니 산이 밝은 곳에 어질고 물이 맑은 곳에 지혜로운 사람이 살고 있음은 진리가 다 이와 같음이라. 천시(天時)가 운행된 뒤에 인사(人事)가 있으니 악이 없고 선명한 곳에 인심이 화하여 부드럽고 비록 궁하게 살지라도 변화되어 삶을 보전하게 되고 악이 있어 탁하고 무너질 곳에서는 살기(殺氣)가 하늘에 연이어 하늘이 반드시 싫어하니 하물며 난세(亂世)의 사람이 모질고 독하면 더 말할 나위 없다. 하늘이 모두 멸(滅)하고자 함이다.

忠臣義士入保 金城忠州月岳山達川 保寧青螺洞
충 신 의 사 입 보 금 성 충 주 월 악 산 달 천 보 령 청 라 동

全州西人不見所 龍潭南西之間 靈光佛甲山周回十里
전주서인불견소 용담남서지간 영광불갑산주회십리

茂朱朱溪山 龍城皆爲吉 雖然 非眞人 反受其災 遇杜滅
무주주계산 용성개위길 수연 비진인 반수기재 우두멸

遇金燦 遇石退矣
우금찬 우석퇴의

충신과 의사(義士)들이 들어가 보전할 곳은 금성(제천) 충주와 월악산 달천강 사이, 즉 충주댐 주변과 보령 청라동 등이다. 전주는 서인(西人)이 나타나지 않을 곳, 용담(진안) 남서(南西)의 사이 곧 용담댐 주변 영광 불갑산 두루 십 리 안 무주 주계산 용성(구례 산동) 등이 다 길하다. 그러나 참사람이 아니면 도리어 재앙을 받으니 두(杜)씨 장군을 만나면 멸하고 김(金)공을 만나면 빛나고 석(石)씨를 만나면 물러간다.

四方 無非賊窟 其生方 何以知之 欲知乙乙弓弓理
사방 무비적굴 기생방 하이지지 욕지을을궁궁리

蟲兮蟲兮松蟲兮 方四口之屈伸 鳥兮鳥兮山鳥兮
충혜충혜송충혜 방사구지굴신 조혜조혜산조혜

添四口往還 世人誰識桃源路 漁樵老夫笑風塵
첨사구왕환 세인수식도원로 어초노부소풍진

사방이 도적굴 아닌 곳이 없으니 그 생방(生方)을 어떻게 알리오? 을을궁궁(乙乙弓弓)의 진리를 알고자 하나 송충이는 솔잎을 먹고 소나무에서 살 뿐이니 네 방향으로 움츠렸다가 펼 뿐이요, 산새는 산에서 사는 것이니 사방으로 더 날아봐야 갔다가 되돌아온다. 세상 사람이 누가 우주인종(宇宙人種)의 근원지로 가는 길을 알리오? 고기 잡고 땔나무꾼의 늙은 보통 사내는 풍진(風塵)을 우습게 여긴다.

漢陽末 千里青松 一朝白立 四夷内侵 腥臭滿空
한양말 천리청송 일조백립 사이내침 성취만공

無病不居 許其肝膽 處彼憎此 輕此重彼 衣服無制度
무병불거 허기간담 처피증차 경차중피 의복무제도

虜血我胎 我血虜胎 難辨其本 穀貴錢賤 日傾西天
노혈아태 아혈노태 난변기본 곡귀전천 일경서천

虹射東山之時
홍사동산지시

한양 말에 천지의 푸른 소나무가 황산(黃酸)으로 하루아침에 희게 된다. 네 나라가 침입하니 피비린내 냄새가 허공에 가득해도 살지 않을 곳이 없어 간과 쓸개(깊이 간직한 맘)를 맡기고 저쪽에 있으면 이쪽이 미워지고 이쪽이 가벼우면 저쪽이 무거운 피해를 입는다. 의복에 제도가 없고 사로잡은 이의 피를 내게 주고 나의 피를 포로에게 주니 근본을 구별하기 어렵다. 곡식은 귀하고 돈은 천하게 되니 해가 서쪽 하늘로 기울어 어둡고 무지개가 동쪽 산에 비칠 때라.

沁曰 嗚呼 黑龍黑猿之亂 奈何 鑑曰 李氏避亂之理
심왈 오호 흑룡흑원지난 내하 감왈 이씨피난지리

有松家窮三字 松利於倭 利在松松 十八加公 人名地名
유송가궁삼자 송리어왜 이재송송 십팔가공 인명지명

虎性在山 我殺者 人邊禾女也 物名 犢也 松下止
호성재산 아살자 인변화녀야 물명 독야 송하지

이심이 말하기를, "임진(壬辰)년 임신(壬申)난을 어떻게 피할꼬?" 정감이 말하기를, "이씨 피난의 이치에 '송가궁(松家窮)' 세 자가 있으니 송(松)은 왜란(倭亂)에 이롭고 사람의 이름(李如松)과 땅의 이름(松岳)이라. 범의 성품은 산에 있으니 나를 죽이는 것은 왜(倭)이다. 물건의 이름은 송아지요. 소나무 아래에 멈춘다."

家利於胡 利在哥哥 冠下走豕 狗性在家 回簷 殺我者
가리어호 이재가가 관하주시 구성재가 회첨 살아자

雨下橫山
우하횡산

가(家)는 호란(胡亂)에 이롭고 집 가(家) 자라 개의 성품이 집에 있어 처마를 돌아오니 나를 죽이는 것은 눈〔雪〕이다.

弓利在賊 利在弓弓 窮上加草 牛性在野 物名 牝 道下止
궁리재적 이재궁궁 궁상가초 우성재야 물명 빈 도하지

殺我者 小頭無足 又云 小斗無足 不可不辨
살아자 소두무족 우운 소두무족 불가불변

궁(弓)은 이로움을 해치는 토적(土賊)이 있을 때에는 이로움이 십승지에 있다. 토실(土室)의 궁한 생활에 농사지어 식량을 비장(秘藏)해야 한다. 소의 성품이 들에 있으니 길 아래 멈춘다. 나를 죽이는 것은 재앙〔災〕이다. 아니할 도리가 없으므로 마땅히 분별하지 않을 수 없다.

大抵漢末 凶凶兵火 兵起者 田兼之餘也 大利土弓
대저한말 흉흉병화 병기자 전겸지여야 대리토궁

小利武弓 不利於山 不利於水 不深不淺 非山非野
소 리 무 궁 불 리 어 산 불 리 어 수 불 심 불 천 비 산 비 야

一片生耳之地吉處也
일 편 생 이 지 지 길 처 야

한말(漢末)에 흉흉한 것은 병화(兵火)이다. 병화가 일어나는 것은 농사가 흉년들어 먹을 것이 모자라기 때문이다. 크게는 토궁(土弓, 土室)이 이롭고 적게는 무궁(武弓, 자력방사)이 이로우니 산도 이롭지 못하고 물도 이롭지 못하다. 깊지도 않고 얕지도 않은 산도 아니고 들도 아닌 한 조각의 귀가 난 땅이 길한 곳이다.

活我者 穴躬草田 又苗閣 破辭則無頭有足 猪卽貊字貊人也
활 아 자 혈 궁 초 전 우 묘 각 파 사 즉 무 두 유 족 저 즉 맥 자 맥 인 야

穴躬草田 窮於人 人棄我取 稻苷麥 預備也 苗閣 藏食物
혈 궁 초 전 궁 어 인 인 기 아 취 도 감 맥 예 비 야 묘 각 장 식 물

之閣之所也 物名 稻下地 身兼奴僕 自來耕食 可也
지 각 지 소 야 물 명 도 하 지 신 겸 노 복 자 래 경 식 가 야

나를 살리는 것은 빈궁하게 살면서 풀 이름과 밭 이름이요, 또 종묘집이니 말씀을 파자하면 머리는 없고 발이 있다. 돼지란 곧 맥(貊)자이며 고조선(古朝鮮) 때 강원도 지방에 있던 민족이다. 가난하며 풀과 밭이니 가난한 사람은 남이 버리는 것을 내가 취하며 벼·감자·보리를 미리 갖추어 저장하는 것이다. 물건의 이름은 도하지(稻下止)라. 몸이 사내종을 겸하면서 스스로 농사를 지어 먹고사는 것이 옳으리라.

十二年兵火之間 穀種出於三豊 人種出於兩白
십이년병화지간 곡종출어삼풍 인종출어양백

十二年流血成川矣 吾雖爲蒼生指示 或爲前亂 或爲後亂
십이년유혈성천의 오수위창생지시 혹위전난 혹위후난

不知先後 入者往往破産 見不測之患則不可祥哉
부지선후 입자왕왕파산 견불측지환즉불가상재

當此之時 有智者可辨可擇 可藏 依貧依窮 免禍圖生哉
당차지시 유지자가변가택 가장 의빈의궁 면화도생재

12년 병화 사이에 곡식 종자는 삼풍에서 나오고 사람의 씨는 양백 사이에서 나온다. 12년 피 흘림이 내를 이룬다. 내가 비록 창생(蒼生)을 가리켜 보였으나 혹 앞에 난리가 되고 혹 뒤에 난리가 되는데 앞뒤를 알지 못하고 들어간 사람은 때로 파산(破産)하여 헤아리지 못했던 환란(患亂)을 보게 되니 자상하지 못했다. 이때에 지혜 있는 사람은 분별하고 가려내어 갈무리해서 가난을 의지하고 곤궁함에 의지하면 화를 면하고 삶을 도모할 수 있으리라.

鄭氏大運 太祖姓鄭氏 名糸工木兆 一名文政 字左右
정씨대운 태조성정씨 명사공목조 일명문정 자좌우

黃馬海島中平室 建國鷄龍山 神鳥霆車出後
황마해도중평실 건국계룡산 신조정차출후

彼役終之日 赤鳥飛空 白虹當路 此其受命之應也
피역종지일 적조비공 백홍당로 차기수명지응야

정씨 대운에 태조의 성(姓)은 정(鄭)씨요, 이름은 홍도(紅桃)니 일명 문정(文政)이요, 자(字)는 좌우(左右)라. 자하도(紫霞島)에 평실로 계룡산에 나라를 세우니 비행접시가 나와 저 회의의 역사(役事)를 마치는 날에 붉은 새(비행접시)가 허공을 날고 흰 무지개가 길이 되니 이는 그 명령을 받아 응함이라.

如此昇平之世咸熙之治 裵將崔士房姓牛哥卞相金公霍
여 차 승 평 지 세 함 희 지 치 배 장 최 사 방 성 우 가 변 상 김 공 곽

趙杜將 爲手爲足 奇謀智士如韓信彭越蕭何曺參之等
조 두 장 위 수 위 족 기 모 지 사 여 한 신 팽 월 소 하 조 참 지 등

又三老董公陸 生之徒經學之士 各自山中出來 衣冠彬彬
우 삼 노 동 공 육 생 지 도 경 학 지 사 각 자 산 중 출 래 의 관 빈 빈

有識者皆貴 無識者皆役
유 식 자 개 귀 무 식 자 개 역

이와 같이 태평성대에 오르니 세상이 다함께 밝고 빛나는 정치라. 배(裵)씨, 장수 최(崔)씨, 선비 방(房)씨, 우(牛)씨, 변(卞)씨, 정승 김(金)씨, 공작 곽(霍), 조(趙) 두(杜) 장수가 손과 발이 되어 신기로운 꾀와 지혜를 짜내며 한나라 초의 명장(名將) 한신(韓信), 팽월(彭越) 같고 고조(高祖)의 보좌역인 소하(蕭何), 조참(曺參) 같으며 또 세 사람의 노인 동중서(董仲舒), 공손홍(公孫弘), 육가(陸賈) 등의 배움을 겪은 선비가 계사년(癸巳年, 2011) 음력 10월〔癸亥月〕에 산중으로부터 나와 진주(眞主)를 돕는데 의관이 빛나는 유식자는 다 귀하고 무식자는 다 힘써 일하게 된다.

當此之時 人才之選 如渴赴水 稀文尚佛 此時
당 차 지 시 인 재 지 선 여 갈 부 수 희 문 상 불 차 시

求人種於兩白 求穀種於三豊 兵革小息 傷痍者甫起
구 인 종 어 양 백 구 곡 종 어 삼 풍 병 혁 소 식 상 이 자 보 기

十二年血流成川 霍將 率遼東兵 掃除客兵 鷄龍山神
십이년혈류성천 곽장 솔요동병 소제객병 계룡산신

助其罡精 遣名將 東西南北 一呼皆崩 島夷七八君 降出
조기강정 견명장 동서남북 일호개붕 도이칠팔군 강출

高掛旌旗而還萬里 驅清助明 扶鄭 李入濟州 落葉歸根
고괘정기이환만리 구청조명 부정 이입제주 낙엽귀근

이때에 인재를 고르는데, 목마를 때에 물로 찾아가듯 하나 글은 드물고 불도(佛道)를 많이 숭상하니 사람의 씨는 양백에서 구하고 곡식의 씨는 삼풍에서 구하며 병혁(兵革)은 적게 식어가나 몸을 다친 자가 크게 일어나 12년에 피 흘림이 시내를 이룰 때 곽(霍) 장군이 요동병을 이끌고 객병(客兵)을 쓸어 없앨 때 계룡산 우주인(宇宙人: 神人)이 북두성의 정기로 도와 명장을 보내니 동서남북이 단숨에 다 무너진다. 섬나라 7~8명의 정상(頂上)들이 투항하면서 정기(旌旗)를 높이 걸고 만 리를 돌아오며 중국을 몰아 정씨를 도우니 이씨 정권은 제주도로 들어가서 낙엽이 뿌리로 돌아간다.

房杜諸將 賀眞主之鄭氏 定鼎鷄龍逆龍之下 天涵地育
방두제장 하진주지정씨 정정계룡역룡지하 천함지육

四十八代八百年後 大運歸于伽倻山 神將走肖之後裔也
사십팔대팔백년후 대운귀우가야산 신장주초지후예야

방두(房杜) 및 여러 장군이 진주(眞主)인 정씨를 하례하며 동남방 내룡(來龍)이 거슬린 터를 닦으니 하늘이 적시고 땅이 길러 43대(代) 8백 년 뒤에 대운(大運)이 가야산으로 돌아가니 우주인(宇宙人) 조(趙)성을 가진 자의 후예이다.

大抵新都之初 草木蒼茂 沃野千里久爲蘆田 步步得豊
대 저 신 도 지 초 초 목 창 무 옥 야 천 리 구 위 노 전 보 보 득 풍

穀一石 價不過四五錢 以稀之所致 無城三百年
곡 일 석 가 불 과 사 오 전 이 희 지 소 치 무 성 삼 백 년

有城五百年 新化之初 國號兜堂
유 성 오 백 년 신 화 지 초 국 호 두 당

무릇 새 도읍의 처음에는 풀과 나무가 무성하고 기름진 천 리의 들이 오래도록 갈대밭이 된다. 걸음걸음에 풍작을 얻으니 곡식 한 섬 값이 불과 4~5전(錢)이라. 드물게 사는 이유로 성(城) 없이 3백 년, 성을 쌓아 5백 년 나가며 새로 되는 시초에 국호(國號)를 두당(兜堂)이라 한다.

四十八代壽域蓮花臺中 趙氏自漢陽 托根 花開鷄龍
사 십 팔 대 수 역 연 화 대 중 조 씨 자 한 양 탁 근 화 개 계 룡

結實伽倻 以伽倻山積氣 論之則降服四夷 十二國
결 실 가 야 이 가 야 산 적 기 논 지 즉 강 복 사 이 십 이 국

稽首來貢 千年續天之大地
계 수 내 공 천 년 속 천 지 대 지

48대의 늙지 않는 연화대(蓮花臺) 속에 조씨가 한양 말운에 뿌리박고 계룡에 꽃이 피고 가야에 열매를 이루니 가야산 정기로 논하자면 사방의 외세가 항복하고 12국이 머리 숙여 조공(朝貢)을 바치면서 오니 천 년을 이을 대지로다.

趙運已盡 鳳翔范氏萬頃古群山定鼎之日 七山退潮三千里
조 운 이 진 봉 상 범 씨 만 경 고 군 산 정 정 지 일 칠 산 퇴 조 삼 천 리

鳳翔東京 群山西京也 此主自海中 卒交趾南兵 水陸竝進
봉상동경 군산서경야 차주자해중 졸교지남병 수륙병진

此時 文明之氣 不下周宋 天運長長 孔孟顔程朱之群聖出
차시 문명지기 불하주송 천운장장 공맹안정주지군성출

中國天子問禮於海左 結爲兄弟之義 此運則一千三百年
중국천자문례어해좌 결위형제지의 차운즉일천삼백년

姓指者乞人 名知者乞人 以乞人得國 十五代積善之後裔
성지자걸인 명지자걸인 이걸인득국 십오대적선지후예

以下不可盡述
이하불가진술

조씨 운이 다하면 봉상(鳳翔) 범씨(范氏)가 만경(萬頃) 고군산(古群山)에 도읍하는 날에는 칠산(七山) 바다에 삼천리 조수(潮水)가 물러나고 봉상(鳳翔)은 동경(東京)이요, 군산(群山)은 서경(西京)이라. 이 주(主)는 바다 가운데로부터 갑자기 남녘 오랑캐와 교류해 남쪽 병사로 바다와 육지로 아울러 나간다. 이때는 문명의 기운이 주(周)나라나 송(宋)나라만 못지않다. 천운이 길고 길어 공자·맹자·안회(顔回)·정이(程伊)·주자(朱子) 같은 성인들이 나오고 중국 천자가 동국(東國)에 예도를 묻고 형제의 의를 맺게 되니 이 운수는 1,300년이라 범씨 성을 지목하는 자가 걸인(乞人)이요, 이름을 아는 자도 걸인이다. 걸인으로 얻으니 15대 적선(積善)한 후손이라. 이하는 기술(記述)을 다함이 불가하다.

余讒以小人 旦於潭左海 周覽 東土江山
여제이소인 단어담좌해 주람 동토강산

來脈自崑崙山六節次 三節竝四節 渡海一節
래맥자곤륜산육절차 삼절병사절 도해일절

隱後出爲白頭山 祖骨望幹 從智異山 盡氣則太白
은 후 출 위 백 두 산 조 골 망 간 종 지 리 산 진 기 즉 태 백

骨臆有甲 俗離爲命骨 德裕爲五臟 陽以爲龍 陰以爲行舟
골 억 유 갑 속 리 위 명 골 덕 유 위 오 장 양 이 위 용 음 이 위 행 주

然八公山爲西 馬耳山雙峰爲棹 故出量以推數則馬耳
연 팔 공 산 위 서 마 이 산 쌍 봉 위 도 고 출 량 이 추 수 즉 마 이

行龍 鷄鳳兩都之主
행 룡 계 봉 양 도 지 주

나의 재주로 지구의 좌해(左海)를 두루 살피니 동토 강산의 맥이 곤륜산에서 와서 여섯 마디 차에 삼절(三節)과 사절(四節)이 아울러 바다를 건너 한 마디가 숨은 뒤 나와 백두산이 되고 조골(祖骨)의 줄기를 바라보면 지리산으로 기운을 다하였은즉 태백(太白)은 가슴뼈로 껍질이 있고 속리산은 명골(命骨)이 되고 덕유산은 오장(五臟)이 되어 양(陽)으로써 용이 되고 음으로써 행주(行舟)가 되니 팔공산이 서편으로 된 행주에 마이산 쌍봉이 노〔棹〕가 되어 나왔다. 그러므로 헤아려 추수(推數)한즉 마이산 행룡(行龍)은 계룡산과 봉상산(鳳翔山) 두 도읍의 주인이다.

自海島之中出來則分其左海 鼎器無寶 亨養猶勝中原
자 해 도 지 중 출 래 즉 분 기 좌 해 정 기 무 보 형 양 유 승 중 원

然大命惟係於中原之崑崙矣
연 대 명 유 계 어 중 원 지 곤 륜 의

태양계(太陽界) 해도(海島)로부터 나온 것인즉 왼쪽 바다로 나누면 도읍터가 진짜 명당이다. 받아서 기르면 오히려 중원(中原)보다 훌륭

하다. 그러나 대명(大命)은 오직 중원의 곤륜산에 매어 있다.

量以島夷三忠 何代無不被再逢水賊之格也 陰者水以陽
양이도이삼충 하대무불피재봉수적지격야 음자수이양

陰氣察則奸臣逆賊兵殺陰徵 代代連出 以陽氣察則忠臣
음기찰즉간신역적병살음징 대대연출 이양기찰즉충신

義士英雄名賢達士 亦代代連出 不可不圖避也 又佛法
의사영웅명현달사 역대대연출 불가불도피야 우불법

何代無之 陰盛陽微 天地自然之理也
하대무지 음성양미 천지자연지리야

섬나라 삼충(三忠)을 헤아려보면 어느 대(代)에나 수적(水賊)을 다시 만나 피해를 입지 아니함이 없는 격이라. 음자(陰者)는 물〔水〕이다. 양(陽)으로 음기를 살펴본즉 간신 역적과 병살(兵殺), 음징(陰徵)이 대대로 연이어 나온다. 양기로써 살피면 충신·의사·영웅·명현·달사들이 또 대대로 연이어 나오니 불가불 피함을 도모해야 한다. 불법(佛法)도 어느 대인들 없으리오? 음이 성하면 양이 미약하게 됨은 천지자연의 이치이다.

鑑曰 盱 漢陽之末 賤人爲貴 無名之爵 多出 盜賊四起
감왈 우 한양지말 천인위귀 무명지작 다출 도적사기

偸去棺骨 四夷滿邦 國脈如縷 聖學無 私學竝起 自朝廷
투거관골 사이만방 국맥여루 성학무 사학병기 자조정

以下 無不入染 其類執政 朝不朝法不法 是以 天厭穢德
이하 무불입염 기류집정 조불조법불법 시이 천염예덕

八路蒼生 盡入釜中 智者撫腹屈指 人棄我取之時也
팔로창생 진입부중 지자무복굴지 인기아취지시야

정감이 말하기를, "한탄한다. 한양 말에 천한 사람이 귀하게 되고 이름 없는 벼슬이 많이 나오고 도적이 사방에서 일어나 널 속의 뼈를 훔쳐간다. 외세가 나라에 가득하여 국맥(國脈)이 삭은 새끼줄 같고 성인의 학문은 없어지고 사학(私學)이 아울러 일어나 조정으로부터 물들지 않은 사람이 없고 그러한 류(類)가 정치를 하니 조정이 조정이 아니고 법이 법이 아니니라. 이러므로 하늘이 더러운 덕을 싫어해 팔도 백성이 모두 가마솥에 들어가게 되니 지혜로운 자는 배를 만져 손꼽아 식량을 요량해보고 남들이 버리는 곳을 나는 취하여 갈 때이다."

當其黃鼠之年 將星入于咸陽 偉如其人 先施聖德
당 기 황 서 지 년 장 성 입 우 함 양 위 여 기 인 선 시 성 덕

牽其兵馬 山河移居 世事可知 嗟呼 萬民 擧首靑林
견 기 병 마 산 하 이 거 세 사 가 지 차 호 만 민 거 수 청 림

諸葛已死 阿斗奈何 雪月積燭 瑞雲南起 靑龍戲水
제 갈 이 사 아 두 내 하 설 월 적 촉 서 운 남 기 청 룡 희 수

赤眉張角妄動 鷄峯五雲之彩 續都 牛目難知
적 미 장 각 망 동 계 봉 오 운 지 채 속 도 우 목 난 지

眞主催步之時也
진 주 최 보 지 시 야

무자년(戊子年)에 장수별이 함양(정씨도읍)으로 들어오니 금운(金運)이 발동하게 되어 위대한 그 사람이 먼저 성덕(聖德)을 베풀고 병마(兵馬)를 거느리고 지상으로 옮겨 사니 세상일을 가히 알리라. 슬퍼라! 모든 백성이 청림(靑林: 계룡 기운)에 머리를 드니 제갈량은 이미 죽었지만 아두(阿斗)는 어찌 하리오? 눈〔目〕과 달빛에 쌓인 촛불같

이 상서로운 구름이 남쪽에서 일어나 청룡(趙氏 성을 가진 자)이 10月〔亥〕에 희롱하매 공산(共産)측 장군 장(張)씨가 망령되게 출동하나 계룡산 봉우리에 오색구름이 빛나 도읍을 이어 간다. 소의 눈으로는 알기 어려우며 진주가 걸음을 재촉하는 때로다.

漢陽百里 人影永絶 丈雪連四五日 魚肉百姓 此時
한 양 백 리 인 영 영 절 장 설 연 사 오 일 어 육 백 성 차 시

知機入吉保生者幾人 鑿地藏穀誰能知耶
지 기 입 길 보 생 자 기 인 착 지 장 곡 수 능 지 야

한양 백 리에 사람 그림자가 끊기고(1999년 10월) 한 길 눈이 4~5일 연이어 내리니 죽음의 백성이라. 이때에 기회를 알아 들어가면 길하나니 삶을 보전할 자가 몇 사람이나 될까? 땅을 뚫고 곡식을 갈무리할 줄을 누가 능히 알리오?

生旺之方 金剛腹弓園 頭流腹隱谷 智異在隱谷
생 왕 지 방 금 강 복 궁 원 두 류 복 은 곡 지 리 재 은 곡

楊州在雪鶴 稷山在鄭鑑 坡州在清平 英竹在九峰
양 주 재 설 학 직 산 재 정 감 파 주 재 청 평 영 죽 재 구 봉

豊德在萬家臺 伊川在龍海 交河在茅沙 楊州在清水
풍 덕 재 만 가 대 이 천 재 룡 해 교 하 재 모 사 양 주 재 청 수

오행으로 따져서 길한 방위는 금강산 정동(正東)엔 궁원(弓園)을 안고 있고 지리산 정남(正南)엔 우복동을 품었고 두류산 동북(東北)엔 은곡(隱谷)을 품었다. 양주(楊州) 서령산(西靈山) 아래 설학동(雪鶴洞)이 있고 직산(稷山) 북(北) 보련산(寶蓮山) 아래 정감동(鄭鑑洞)이 있고 파주 북(北) 파평산(坡平山) 아래에 청평동(淸平洞)이 있고 영죽(英竹) 백운

산(白雲山) 아래에 구봉동(九峰洞)이 있고 풍덕(豊德) 서쪽 백마산(白馬山) 아래에 만가대(萬家臺)가 있고 강원도 이천(伊川) 북쪽 광복산(廣福山) 아래에 해룡동(海龍洞)이 있고 교하(交河) 남쪽 월롱산(月籠山) 아래 모사리(茅沙里)가 있고 양주(楊州)엔 청수동(淸水洞)이 있다.

鄭鑑曰 泰仁南 任實西 淳昌北之間(雲巖댐湖畔)
정감왈 태인남 임실서 순창북지간(운암댐호반)

可活數百人處 非智者亦草女貫口之賊奈何 極難極難
가활수백인처 비지자역초녀관구지적내하 극란극란

愼之愼之 八公山周回之地(長水 鎭安間) 深見局見之處
신지신지 팔공산주회지지(장수 진안간) 심견국견지처

弓弓之人非也 龍潭南 長水北 鎭安東之間(龍潭댐湖畔)
궁궁지인비야 용담남 장수북 진안동지간(용담댐호반)

可活百萬人處 非穴躬草田人非也 貫口之賊愼之
가활백만인처 비혈궁초전인비야 관구지적신지

谷城通明山 山盡水回處(竹谷面) 有大基 通理君子二人
곡성통명산 산진수회처(죽곡면) 유대기 통리군자이인

必出 牛目難知 晋州東 咸陽西德山東(山青郡 矢川面)
필출 우목난지 진주동 함양서덕산동(산청군 시천면)

有天助之地 柱石之臣 代代不絶 亂世可避 有德可入
유천조지지 주석지신 대대불절 난세가피 유덕가입

九月山東幾里許 有萬世安過之地 牛目難知
구월산동기리허 유만세안과지지 우목난지

金剛山古寺洞下 有天藏地秘之地 鷄龍朝爲靈主
금강산고사동하 유천장지비지지 계룡조위영주

震默道僧 三人連出 元僧可知
진묵도승 삼인연출 원승가지

정감이 말하기를 "태인(泰仁) 남쪽, 임실 서쪽, 순창 북쪽의 사이(운암댐호반) 수백 사람이 가히 살아날 곳이며 남이 지은 농사나 계집을 강취하고 식사를 강요하는 해적들을 어찌하랴? 몹시 어렵고도 어렵다. 조심하고 삼가하라. 팔공산(八公山) 둘레의 땅(장수 진안간) 깊이 보아 국(局)이 보이는 곳의 궁궁의 사람이 아니다. 용담(龍潭) 남쪽, 장수(長水) 북쪽, 진안(鎭安) 동쪽의 사이(용암댐호반) 가히 수백만인이 살아날 수 있는 곳이니 궁(窮)과 초전(草田)은 사람이 아니다. 식사를 강요하는 해적들을 조심하라. 곡성(谷城) 통명산(通明山)은 산이 다하여 물이 도는 곳(죽곡면)이 매우 큰 터이며 이치를 통한 군자가 두 사람이 반드시 나올 것이니 소의 눈으로는 알기 어렵다.
진주(晋州) 동쪽, 함양(咸陽) 서쪽, 덕산(德山, 현 산청군 시천면) 동쪽은 하늘의 도움이 있는 땅이라 가장 중요한 역할을 담당할 사람이 거듭된 여러 세대를 끊이지 않고 어지러운 세상을 피할 것이니 덕이 있는 사람은 들어올 것이다. 구월산 동쪽 몇 리는 오랜 세대를 아무 탈 없이 평안하게 지낼 수 있는 땅이니 소의 눈으로는 알기 어렵다.
금강산 고사동(古寺洞) 아래는 파묻혀서 세상에 드러나지 않은 땅이다. 계룡 조정의 영주(靈主)가 되고 진묵(震默) 같은 도승(道僧) 세 사람이 연이어 나오니 높은 스님은 가히 알 것이다."

漢陽末 男賤女貴 十歲以上 盡爲出嫁 此亡徵 時事可知
한양말 남천여귀 십세이상 진위출가 차망징 시사가지

鷄龍石白 草浦行船 三老峰咸陽之間 七星共照 望氣而入
계룡석백 초포행선 삼노봉함양지간 칠성공조 망기이입

한양 말에 남자는 천하고 여자는 귀하여 열 살 이상이 모두 출가(出嫁)하니 이는 망할 징조로 세상일을 가히 알 수 있다. 계룡에 솟아나온 용마(龍馬)와 영구(靈龜)의 석산(石山)이 희어지고 초포(부안)에 배가 다니고 한라산·금강산·지리산과 도읍 사이에 칠성(七星, 昴星)이 함께 비치면 지혜 있는 자는 기를 바라보고 들어가라(1999년 음 7·8·9·10월).

鑑曰 吾子孫 勿用末世之風俗 人强吾弱 彼惡我善
감왈 오자손 물용말세지풍속 인강오약 피악아선

彼富我貧 彼棄我取 種善種德 以顧天理 豈不天助耶
피부아빈 피기아취 종선종덕 이고천리 기불천조야

然後 可生矣
연후 가생의

정감이 말하기를, "내 자손은 말세의 풍속을 쓰지 말고 남이 강하면 나는 약하고 저희가 악하면 나는 선하고 저희가 부하면 나는 가난하고 저희가 버리면 내가 취하고 착함을 심고 덕을 심어 천리로서 돌아보면 하늘이 어찌 돕지 않으랴! 그런 뒤에 살아남을 것이다."

大抵循環之理 盛則衰 衰則盛 寒盡春回之理 知之不難
대저순환지리 성즉쇠 쇠즉성 한진춘회지리 지지불난

歲災論之則旱霜風雨水 以天災論之則洋倭淸鄭之患
세재론지즉한상풍우수 이천재론지즉양왜청정지환

李亡於假鄭
이망어가정

대개 순환하는 이치는 성하면 쇠하고 쇠하면 성하나니 추위가 다하면 봄이 돌아오는 이치를 알기에 어렵지 않다. 세재(歲災)를 논하면 가뭄·서리·바람·비·물이며 천재(天災)로 논하면 서양·왜국·청·가짜 정씨의 환란이 있어 조선은 가정에게 망한다.

哀哉 九鄭共鬪之時 日月無光 天地暗冥 淫風長起
애재 구정공투지시 일월무광 천지암명 음풍장기

惡鬼啾啾 汝等 預入吉星下 勿出其時 狡兎死而走狗烹
악귀추추 여등 예입길성하 물출기시 교토사이주구팽

高鳥盡兮良弓藏 以鷄龍運 論之則其祚不少不少
고조진혜양궁장 이계룡운 논지즉기조불소불소

슬프다. 아홉 정씨가 함께 어울려 싸울 때에는 대기는 먼지와 가스로 해와 달이 빛을 잃어 천지가 어두워 음풍(陰風, 가스)이 길게 일어나고 악귀가 쪽쪽 운다. 너희들은 미리 길한 별이 비치는 곳에 들어가 그때에 나오지 말라. 간사한 토끼는 죽으며 달아나는 개는 삶게 되고 높이 나는 새가 다 잡히면 좋은 활은 갈무리하게 된다. 계룡의 운수를 논한다면 그 복이 적지 않다.

임진왜란(壬辰倭亂)

國步不行初斷絶 有女戴禾立人界 遲遲間間問童子
국보불행초단절 유여대화입인계 지지간간문동자

聊識畵虎遠顧山 蒼生殘命誰能濟 十八公山自有別
요식화호원고산 창생잔명수능제 십팔공산자유별

靑丘何目如落事 笑指黑龍變化間 若非唐木 豈可避倭
청구하목여낙사 소지흑룡변화간 약비당목 기가피왜

나라의 걸음이 나아가지 못하고 처음 끊기는 것은 왜인이 사람의 경계에 섰음이라. 느릿느릿하게 간간이(8년간) 동자(童子)에게 물어서 앎을 힘입어 범을 그리니 멀리 산을 돌아본다. 창생(蒼生)의 쇠잔한 목숨을 누가 능히 건지리까? 송(松)과 산이 스스로 분별함이 있으리라. 청구(靑丘, 동쪽나라)의 운수에 어느 눈금에 떨어짐 같은 일이냐? 웃으면서 임진년을 가리키며 그 사이에 변화하리라. 만일 당나라 여송이 아니면 어찌 가히 왜인을 피하리.

병자호란(丙子胡亂)

王事多難中途滯 山頭雨白億萬山衆 萬壑吾跡問誰家
왕 사 다 난 중 도 체 산 두 우 백 억 만 산 중 만 학 오 적 문 수 가

應知巒狗不離詹 草人生活抑何爲 應知巒狗不離詹
응 지 만 구 불 리 첨 초 인 생 활 억 하 위 응 지 만 구 불 리 첨

却把海算願言思 赤鼠爲寒尚衣簷 若不坐處 豈可避雪
각 파 해 산 원 언 사 적 서 위 한 상 의 첨 약 불 좌 처 기 가 피 설

임금 일에 어려움이 많아 길을 가는 중간에서 침체되니 눈〔山頭雨〕이 희게 억만이 산에서 무리 짓네. 일만 구렁에 내린 나의 눈 발자국에서 누군가의 집에 물으니 산봉우리의 개가 처마를 떠나지 않음을 응당 알게 되리라. 초인(草人) 생활은 문득 무엇을 하고 있을까? 시(豕)가 갓을 썼으니 한바탕 웃게 된다. 우주의 운수를 셈함을 그만두고 생각해서 말해보라. 원하니 붉은 쥐〔丙子〕가 춥게 되어 처마로 옷을 꾸미네. 만일 앉은 자리가 아니면 어찌 가히 눈을 피하리오?.

앞으로 오는 일(以後之事)

天運循環末日到 小頭無足普通行 咸陽三月家安在
천 운 순 환 말 일 도 소 두 무 족 보 통 행 함 양 삼 월 가 안 재

山鳥騎豕渡野溪 人種滔滔何處指 穴中身勢死求生
산 조 기 시 도 야 계 인 종 도 도 하 처 지 혈 중 신 세 사 구 생

十字道政問教人 笑言黑彘露紫蹄 若非背浿 豈可避黨
십 자 도 정 문 교 인 소 언 흑 체 로 자 제 약 비 배 패 기 가 피 당

하늘의 운이 돌고 돌아 주역(周易)의 마지막 날 곧 지축(地軸)이 기우는 날에 이르면 재앙(災: 小頭無足)이 널리 퍼져 통행하게 된다. 옛날 항우(項羽)가 함양성(咸陽城)에 불을 질러 석 달 동안 탔다는 고사처럼 대지가 흔들려 집이 쓰러지고 온 세상이 불바다가 되니 집이 어찌 남아 있으리오? 산에 있는 새나 우리에 매인 짐승들도 놀라 들과 시내를 건너간다. 사람의 씨는 도도히 흘러 어느 곳을 향해 갈꼬? 토굴(土窟) 신세로 죽은 가운데서 생을 구한다. 십자도의 정치가 어느 때부터 되겠느냐? 교인(教人)에게 물으니 웃으면서 말하기를 "2003년 계해월(癸亥月 음10월)부터 자하도(紫霞島)의 발굽이 드러난다는 것이다. 만일 한수(漢水)를 등지지 아니하면 어찌 가히 가정(假鄭)들을 피하리오?"

궁궁을을가(弓弓乙乙歌)

大韓天地 흘인날에 아니놀고 무엇하리
대한천지

父母恩德 입어나서 不孝하면 어이할고
부모은덕 불효

저기있는 百姓들아 弓弓乙乙 놀아보세
궁궁을을

一家中이 和睦하면 兵禍不侵 하나니라
일가중 화목 병화불침

億兆蒼生 들어보소 黑雲滿天 어이할고
억조창생 흑운만천

可憐하다 蒼生들아 엇이하면 좋탄말가
가련 창생

修身知道 하는者는 三災八難 不侵한다
수신지도 자 삼재팔난 불침

弓弓乙乙 하난者는 四海太平 하는구나
궁궁을을 자 사해태평

弓不在天 뉘가알며 乙不在地 뉘알손가
궁부재천 을부재지

---

* 『선현참서(先賢讖書)』 중에서.

山海日月 無光하니 青黃赤白 難辨이라
산해일월 무광 청황적백 난변

魑魅魍魎 헛터지니 怪疾怪病 許多하다
이매망량 괴질괴병 허다

四書三經 誦讀하야 修身齊家 하리로다
사서삼경 송독 수신제가

呼令이 秋霜같을때에 오도가도 못하리라.
호령 추상

경고(鏡古)

1. 오도자운(吳道子云)

오도자(吳道子)가 이르기를,

當五八之運 庶孽解憤 中人先貴 家有媵孽
당 오 팔 지 운 서 얼 해 분 중 인 선 귀 가 유 잉 얼

國有妖臣 明主輝文閣 上狂臣納賂於帑藏
국 유 요 신 명 주 휘 문 각 상 광 신 납 뇌 어 노 장

甲子之怒 乙子橫被 東隣之害 西隣偏被
갑 자 지 노 을 자 횡 피 동 린 지 해 서 린 편 피

갑을년과 무기년에 이르러서 서자(庶子)들의 분함이 풀리고(서자 제도의 폐지) 중인(中人)이 먼저 귀하게 되며 집에는 잉첩과 서자가 있게 될 것이다.

나라에는 요사스러운 신하가 있으나 밝은 임금이 있어 조정에 문화를 빛낼 것이다. 임금이 미친 광기(狂氣)가 있어 신하의 뇌물을 받아 내탕고(內帑庫)[1]에 감출 것이니 갑자(甲者)의 노여움이 을자(乙者)에게 피해를 입힐 것이다. 동쪽 이웃의 해로움을 서쪽 이웃에서 해를 입으리라.

民役雖均 民力倒懸 國用雖簡 國俗華靡
민 역 수 균 민 력 도 현 국 용 수 간 국 속 화 미

民無一妻之可畜 國有向壁之人
민 무 일 처 지 가 축 국 유 향 벽 지 인

백성들의 부역은 비록 고르지만 백성들 힘에 매달린 나라의 씀씀이는 간략하지만은 않을 것이다. 나라의 풍속이 사치함이 빛나니 백성들은 한 아내와 가축을 지키고 기르기가 어려울 것이며 모두 벽을 향한 사람이 나라에 있으리라.

2. 순옹결(淳翁訣)

賊來南藩 王出西塞 不立平原 以臣伐君
적 래 남 번 왕 출 서 색 불 립 평 원 이 신 벌 군

又云 李氏之末 文勝於武 兵小於士
우 운 이 씨 지 말 문 승 어 무 병 소 어 사

又云 黑鼠登山 白袍變青 兒袴女着 野無耕牛
우 운 흑 서 등 산 백 포 변 청 아 고 여 착 야 무 경 우

路多戰馬 兒失慈母 男失炊婦
로 다 전 마 아 실 자 모 남 실 취 부

又云 山地之小 幷多路傍 丁癸運逢 貴人還賤
우 운 산 지 지 소 병 다 로 방 정 계 운 봉 귀 인 환 천

1) 임금의 사사재산을 두는 곳집.

남쪽 울타리에서 적이 오니 임금이 서쪽 변방에서 나오리라. 평탄한 들판에 서지 못하니 신하로서 임금을 칠 것이다. 또 이르기를 조선 말기에 학식이 무술보다 좋을 것이니 군사가 선비보다 적도다.
또 이르기를 검은 쥐(壬子: 黑鼠)가 뫼에 오르니 흰 도포가 변하여 푸르리라. 아이의 바지를 계집이 입을 것이리라. 들에는 밭을 가는 소가 없을 것이며 길에는 전쟁에 쓰는 말이 많도다. 아이는 사랑스런 어머니를 잃으며 사내는 밥 짓는 아내를 잃었도다.
또 이르기를 산지(山地)는 작아지고 아울러 길가가 많으리라. 정년(丁年)과 계년(癸年)의 운을 만나면 존귀한 사람이 천한 사람으로 돌아가리라.

3. 의상결(義相訣)

鷄龍石白 草浦潮生 明年 安竹之間 血流成渠
계 룡 석 백 초 포 조 생 명 년 안 죽 지 간 혈 류 성 거

聖歲仁富之間夜泊千艘足不踏光羅之地
성 세 인 부 지 간 야 박 천 소 족 불 답 광 라 지 지

身不離頭流之下 木兎首亂 土羊繼
신 불 리 두 류 지 하 목 토 수 란 토 양 계

變水鷄聲惡 金虎較力 千家生魚頭 五女仰一夫
변 수 계 성 악 금 호 교 력 천 가 생 어 두 오 녀 앙 일 부

계룡의 돌이 희게 변하고 초포의 밀물이 생기고 그 다음해에 안성과 죽산 사이에 피가 흘러 도랑을 이루며 성세(聖歲) 인천과 부평 사이에 밤중에 배 천 척이 정박하게 될 것이다.
발로 광주와 나주의 땅을 밟지 말고 몸은 두류산(지리산) 자락을 떠나

지 말라.

을묘(乙卯: 木兎)년에는 난리가 시작하여 기미(己未: 土羊)년까지 이어서 변화가 있을 것이다.

계유(癸酉: 水鷄)년에 악한 소리를 듣고 경인(庚寅年: 金虎)년에 힘을 비교하리라.

일천 집에 생선〔魚〕의 머리가 생기고 다섯 계집이 한 지아비를 우러러 받들 것이다.

4. 양막금결(楊莫金訣)

華人(중국인)

力穡之家 天不能破滅 尊穰之家 鬼不敢侵犯云云
역 색 지 가 천 불 능 파 멸 존 양 지 가 귀 불 감 침 범 운 운

乙乙弓弓 田田反覆 非山非野 人心最良 人不務本
을 을 궁 궁 전 전 반 복 비 산 비 야 인 심 최 량 인 불 무 본

人心何救 季世之末 金氣得精 穀之先生 乃于人蔘
인 심 하 구 계 세 지 말 금 기 득 정 곡 지 선 생 내 우 인 삼

不問時序 早種爲可 一粒再春 二年六年 八里加粉
불 문 시 서 조 종 위 가 일 립 재 용 이 년 육 년 팔 리 가 분

日中長賑 十年疾破 仙鬚醞酒 三時不撤 十勝雖吉地
일 중 장 진 십 년 질 파 선 수 온 주 삼 시 불 철 십 승 수 길 지

莫如保心君
막 여 보 심 군

힘써 농사짓는 집은 하늘이 능히 깨뜨려 멸망하지 못하며 많은 사람이 공경하는 집은 귀신이 감히 침범치 못하리라. 이러이러하리라. 을을(乙乙)과 궁궁(弓弓)과 전전(田田)이 되풀이 되리라. 산도 아니고 들도 아니고 사람의 맘이 가장 어질지어다. 사람은 근본을 힘쓰지 아니하니 사람의 맘을 어찌 구하리오? 말세의 끝에는 금기(金氣)가 정(精)을 얻으니 곡식이 먼저 나오고 이에 인삼(人蔘)이리라. 때의 차례를 묻지 아니하니 일찍 심는 것이 좋으리라. 하나의 나락에 두 번 절구질이니 2년이며 6년이라. 팔리(八里)에다 가루를 더하니 해는 중천(中天)에 있고 사직(社稷) 제사(祭祀)를 지낸 고기가 크도다. 10년의 병든 흉터이니 술 빚기를 신선의 수염뿐이더라. 삼시(三時: 아침·점심·저녁)를 가리지 않으리라.

십승(十勝)[2]의 땅이 비록 길한 땅이나 본심(本心)을 보전하는 것만 같지 못하리라.

---

2) 풍기(豊基), 안동(安東), 예천(醴泉), 합천(陜川), 단양(丹陽), 공주(公州), 진천(鎭川), 봉화(奉化), 화개(花開), 태백(太白).

기말록(其末錄)

1. 서산대사역년기(西山大師歷年記)

庚午七月初一日 日月相戰 智者見而有變 愚者昏而
경 오 칠 월 초 일 일 일 월 상 전 지 자 견 이 유 변 우 자 혼 이

不知其變 餘無可論 至於己卯 又有大變 可勝言哉
부 지 기 변 여 무 가 론 지 어 기 묘 우 유 대 변 가 승 언 재

경오(庚午, 단기 3903, 서기 1570)년 음력 7월 1일 해와 달이 서로 싸우니 슬기로운 사람은 보면서 변(變)이 있을 것이라 하고, 어리석은 사람은 그 변을 알지 못했다. 나머지는 가히 논함이 없었다.
기묘(己卯, 단기 3912, 서기 1579)년에 또 큰 변이 있었으니 가히 말보다 낫도다.

六月十五日始雨 至八月初 鷄龍大破 山變爲谷
육 월 십 오 일 시 우 지 팔 월 초 계 룡 대 파 산 변 위 곡

谷變爲山 茲際神人告諭其變 欲免其禍 凡氓言不聽
곡 변 위 산 자 제 신 인 고 유 기 변 욕 면 기 화 범 맹 언 불 청

信稱以掛異 都入於浮水 死亡之境 嗚呼惜哉
신 칭 이 괘 이 도 입 어 부 수 사 망 지 경 오 호 석 재

6월 15일부터 비가 내리기 시작해 8월 초까지 내려 계룡산이 크게 파괴되네. 산이 변하여 골짜기가 되고 골짜기가 변하여 산이 되므로 이즈음에 신인(神人)이 그 변을 사당이나 신명(神明)에게 고하여 그 화를 면하려고 하나 대저 어리석은 백성들은 듣지 않고 믿지 않고서 도무지 괴이하다고만 일컬으니 도읍에 물이 넘쳐 들어와 죽을 경지이라. 아아! 안타깝다.

天必爲之而 誰怨誰尤乎 至于十月二十八日 雨雪交下
천 필 위 지 이 수 원 수 우 호 지 우 십 월 이 십 팔 일 우 설 교 하

至于大漲洪水汎濫山野 脫容水積凌空 人民不相通
지 우 대 창 홍 수 범 람 산 야 탈 용 수 적 능 공 인 민 불 상 통

是何故也 是何變也
시 하 고 야 시 하 변 야

하늘이 반드시 하는 것이니 남을 원망하거나 꾸짖을 것이 없지 않느냐? 10월 28일 비와 눈이 내려 물이 크게 불어나 홍수(洪水)가 되어 산과 들에 물이 넘쳐흐르고 물이 쌓여 창공을 능가하도다. 인민(人民)이 서로 통하지 못하니 이 무슨 연고이며 이 무슨 변(變)이리오?

又至辛巳大喪大興之格也 二三朔內 必有可知之事
우 지 신 사 대 상 대 흥 지 격 야 이 삼 삭 내 필 유 가 지 지 사

不啻朝家之慘而 四月初三日申時 神變行于天地之間
불 시 조 가 지 참 이 사 월 초 삼 일 신 시 신 변 행 우 천 지 지 간

人或不知又五月 初六日辰時 天動四海 又同月二十六日
인혹부지우오월 초육일진시 천동사해 우동월이십육일

四海盡紅 凡民愚魯之輩見之 難驗知之而 難覺矣
사해진홍 범민우로지배견지 난험지지이 난각의

신사(辛巳)년에 이르면 크게 잃어버리거나 크게 일어나는 격(格)이로다. 두서너 달 안에 반드시 일을 가히 알 수 있을 뿐더러 조정에는 근심이 있으며 4월 3일 신시(申時: 오후 3~5시)에 하늘과 땅 사이에 사람의 지혜로써 헤아릴 수 없는 신비로운 변화가 있으나 사람은 아마 알지 못하리라. 또 5월 6일 진시(辰時: 오전 7~9시)에 온 누리에 하늘이 요란하게 울리며 또 5월 26일에는 온 누리에 붉은빛이 있을 것이니 대저 백성 가운데 어리석고 둔한 무리들은 볼 것이나 증험하기 어렵고 아는 사람은 깨닫기 어렵도다.

徒以尋常置之 吉凶之兆 可亦信哉 又六月 水漲之際
사이심상치지 길흉지조 가역신재 우육월 수창지제

七日昏暗 至於七月念間 溪谷成海 野變爲水
칠일혼암 지어칠월념간 계곡성해 야변위수

水變爲陵 然 幼魔之事 不足憂而 又有大患恨之奈何
수변위능 연 유마지사 부족우이 우유대환한지내하

白虎白蛇 惡見竝行而 人民死亡 日益甚矣 時尤急矣
백호백사 악견병행이 인민사망 일익심의 시우급의

다만 대수롭지 않고 예사스러워 그냥 내버려두니 이것이 길(吉)하고 흉(凶)하는 조짐이니 또한 가히 믿지 않으리오? 또 6월에 물이 불을 때에 7일 동안 어두움이 있고 7월 20일에 이르러 계곡이 바다가 되고 들이 변하여 호수가 되고 물이 있는 곳이 변하여 언덕이 되었다. 그러나 작은 일은 근심이 모자란다. 또 큰 근심이 있으니 어찌 하리오? 경인(庚寅)과 신사(辛巳)에 모진 것이 아울러 행하는 것을 보니 백성이 사망함이 날마다 더해 심하도다. 때는 더욱 급하도다.

道士降天惟 欲救之愚氓無智養成 鷄犬鳴吠煩擾
도사강천유 욕구지우맹무지양성 계견명폐번요

臨門不入 欲救難得昏愚中 徜有智者則
임문불입 욕구난득혼우중 상유지자즉

怯無鳴吠之物付符讀誦 斂膝端坐 講論聖經則雖免其禍
겁무명폐지물부부독송 염슬단좌 강론성경즉수면기화

而都不信一 智者無智 愚者益愚 見其死亡 心無覺焉
이도불신일 지자무지 우자익우 견기사망 심무각언

坐而待死 莫非時運之所盡 莫非人心之巧愚也
좌이대사 막비시운지소진 막비인심지교우야

도사(道士)가 하늘 장막에 내려와 구하려고 하나 어리석은 백성들은 꾀가 없는 사람을 길러내네. 닭과 개가 우는 것처럼 번거롭고 요란스러우니 문에 다 달아서 들어가지 않고 사리에 어둡고 아주 어리석은 가운데에서 구하려고 하나 얻기 어렵네. 아마 슬기로운 사람이라면 개 짖는 것과 같은 물건을 무서워하지 않고 부적을 동쪽 벽에 붙이고 외워 읽으며 무릎을 추려 단정히 앉아 성경(聖經)을 강의하고 토론하면 곧 그 화를 면하나 어느 한 사람도 믿지 않는다. 지혜로운 사람은 꾀가 없고 어리석은 사람은 더욱 어리석게 되어 그 사망하는 것을 볼지니 맘에 깨달음이 없도다. 앉아서 죽음을 기다리니 아닌 게 아니라 시대의 운수가 다한 바는 사람 맘이 교묘하고 어리석음이라.

又 十二月初九日卯時末 黃金山主 與諸王下 人間殿座
우 십이월초구일묘시말 황금산주 여제왕하 인간전좌

需米一升七合 沐浴七番 北向淨潔之三十三拜 幸免餘禍
수미일승칠합 목욕칠번 북향정결지삼십삼배 행면여화

至于壬午 年晴明日 白虹貫日 火箭如盆 狂風大作
지우임오 년청명일 백홍관일 화전여분 광풍대작

天地震動 人間昏迷 當無時向 其日月祝手之則 似免其禍
천지진동 인간혼미 당무시향 기일월축수지즉 사면기화

又至癸未年 五月初七日 懶翁殿座 似救殘民 間於數三
우지계미년 오월초칠일 라옹전좌 사구잔민 간어수삼

朝鮮三分 兵革七年 死生存亡 尤極甚矣
조선삼분 병혁칠년 사생존망 우극심의

非民之有 異者人之俊 乂者則 況望其生道乎
비민지유 이자인지준 예자즉 황망기생도호

또 12월 9일 묘시(卯時: 오전 3~5시) 끝 무렵에 황금산(黃金山) 주인이 모든 임금과 사람이 전좌(殿座)하여 재계(齋戒)하는 쌀을 한 되 일곱 홉(合)을 모으고 목욕을 앞뒤로 3일(일곱 번)하고 북쪽을 향해 맑고 깨끗하게 33번 절을 하면 다행히 남은 화를 면하리라. 임오년(壬午年)에 이르러 맑은 날에 흰 빛 무지개가 태양의 면(面)을 뚫고 지나가 불화살 같은 동이에 미친바람이 크게 일어나니 하늘과 땅이 몹시 울려서 흔들리네. 사람이 사리(事理)에 어둡고 맘이 흐리멍텅하여 마땅히 때도 없이 해와 달을 향해 손을 비는 것은 그 화를 면하는 것 같도다. 또 계미년(癸未年) 5월 7일에 이르면 게으른 늙은이가 왕의 자리[1]에 앉아 피폐한 국민을 구하는 것 같기를 3년 동안 하나

1) 친정(親政)이나 조하(朝賀) 때에 왕이 자리에 나옴.

조선은 셋으로 나뉘고 전쟁이 7년 동안 있어 죽음과 삶과 존속함과 멸망함이 더욱 극도로 심하리라. 백성이 아닌 것이 있으니 이자(異者)[2]는 사람 가운데 호걸이며 예자(乂者: 어진 사람)는 그 살아갈 방도를 하물며 바랄 것이리라.

2. 서산장(西山章)

漢山大運 屹于五八 以孽繼本
한 산 대 운 흘 우 오 팔 이 얼 계 본

又周一甲 湖嶺半割 何難專輸
우 주 일 갑 호 령 반 할 하 난 전 수

白馬公子 起于海中 青衣將軍 出自坤方
백 마 공 자 기 우 해 중 청 의 장 군 출 자 곤 방

男嫌婦役 女效昭楮 入中華寶輸
남 혐 부 역 여 효 소 저 입 중 화 보 수

我庭十年九凶 馬食車前 百無一生
아 정 십 년 구 흉 마 식 차 전 백 무 일 생

人臥萍上 士爲釜魚 女爲沼麟
인 와 평 상 사 위 부 어 여 위 소 린

한양의 큰 운수가 갑을(甲乙)과 무기(戊己)년에 이르면 서얼(庶孽)이 본종(本宗)으로 이어가리라. 또 60년이 지난 뒤 호남과 영남이 반으로 나누어지며 오로지 옮기는 것이 어찌 어려우리오? 흰 말을 탄 귀한 가문의 어린 자제(子弟)가 바다가운데(섬)에서 일어날 것이며, 푸른

2) 재주가 신통하고 비범한 사람.

옷을 입은 장군이 북쪽에서 나오고, 남자들은 혐오하고 여자들은 부역을 할 것이며, 여자는 종이돈 밝음에 힘쓸 것이며 중국에 들어가 보배를 옮길 것이며, 나의 조정의 10년에 9년은 흉할 것이며 수레 앞에서 말이 먹이를 먹으니 백 가운데 하나도 살아남지 못하리라. 사람이 부평초(浮萍草) 위에 누웠으니 사대부는 가마솥 가운데 고기가 되었고 여자는 연못 속의 기린이라.

3. 매산장(梅山章)

李氏之末 嫡庶相爭 智士遺恩 愚夫逢滅 六十甲子
이 씨 지 말 적 서 상 쟁 지 사 유 은 우 부 봉 멸 육 십 갑 자

血流成江 衰李再花 遺民復安
혈 류 성 강 쇠 이 재 화 유 민 복 안

조선 왕조 말기에 적자손(嫡子孫)과 서자손(庶子孫)의 서로 싸우리라. 슬기로운 선비는 은혜를 남기고 어리석은 지아비는 멸망을 만나리라. 60번째 갑자년(甲子年)에 피가 흘러 강을 이루리라.
쇠한 오얏나무가 다시 꽃피었으니 살아남은 백성은 다시 편안하리라.

4. 금단결(衿丹訣) / 금모결(衿母訣)[3]

漢水之南 隋城之北 兩峰之間 白犬黑獸之際 白馬將軍
한 수 지 남 수 성 지 북 양 봉 지 간 백 견 흑 수 지 제 백 마 장 군

3) 『경고(鏡古)』에는 금단결로, 『조선비결전집』에는 금모결로 되어 있다.

白手偏將 起自凡類 折長棄短 進武斥文
백 수 편 장 기 자 범 류 절 장 기 단 진 무 척 문

頭顱 投之江流 與海浪交結 能技六甲
두 로 투 지 강 류 여 해 랑 교 결 능 기 육 갑

又云 漢都之末 僧俗不遠 牛馬相爭
우 운 한 도 지 말 승 속 불 원 우 마 상 쟁

又云 家有二姓之子 人畜不孕之婦
우 운 가 유 이 성 지 자 인 축 불 잉 지 부

한강의 남쪽과 수성(隋城)의 북쪽, 양쪽 사이에 경술(庚戌)에서 임자(壬子)에 접할 때에 백마장군(白馬將軍)이 아무 것도 없는 부장(副將, 偏將)으로 평범한 사람의 유(類)에서 스스로 일으켜 긴 것은 꺾고 짧은 것은 버릴 것이니 군사는 진보하고 학술을 물리칠 것이다. 머리의 해골을 강에 던지니 강물과 함께 흘러가고 목 졸라 바다에 던지니 물이 절절 흘러가리라. 육갑(六甲)에 능한 기술을 지니었도다. 또 이르기를 한양 도읍 말기에 승려와 속인이 멀지 아니할 것이며 소와 말이 서로 다투리라.
또 이르기를 집에는 다른 성씨의 자녀가 있으며 사람은 임신하지 아니한 아내를 기를 것이리라.

5. 초암승제법(艸菴乘除法)

二十七七九九黑猿(壬申)
이 십 칠 칠 구 구 흑 원 (임 신)

三九九九二九七火
삼 구 구 구 이 구 칠 화

年甲錄 上元三丙之後 六季初抄
년갑록 상원삼병지후 육계초초

27.799는 검은 잔나비 곧 임신(壬申).

3999297 화(火).

60갑자를 해마다 기록(記錄) 상원(上元) 셋째 병(丙)의 뒤와 육계(六季)의 초기(初期)를 베끼다.

辛未 下之下 三四五月 旱粟禾不吉 兵亂起 民多死
신미 하지하 삼사오월 한속화불길 병난기 민다사

신미년. (9등급) 3, 4, 5월은 가물어 조와 벼는 길하지 않고 병란이 일어나니 백성이 많이 죽는다.

壬申 上之上 上民不安 三四月 有病民多死 五穀豊登
임신 상지상 상민불안 삼사월 유병민다사 오곡풍등

임신년. (1등급) 사회에 있어서 지위·생활 정도·교양 등의 높은 계급들은 편안치 않고 3, 4월에 병이 있어 백성이 많이 죽고 곡식 농사지은 것은 아주 잘 되었다.

癸酉 上之中 民安 五穀豊登
계유 상지중 민안 오곡풍등

계유년. (2등급) 백성은 평안하고 오곡을 농사지은 것이 아주 잘 되었다.

甲戌 下之下 民安 五穀豊登
갑 술 하 지 하 민 안 오 곡 풍 등

갑술년. (9등급) 백성은 편안하고 오곡을 농사지은 것이 아주 잘 되었다.

乙亥 下之下 三四五月旱 男女多死 五穀成實
을 해 하 지 하 삼 사 오 월 한 남 녀 다 사 오 곡 성 실

을해년. (9등급) 3, 4, 5월 가물고 사내와 계집이 많이 죽으며 오곡은 다 자라서 열매를 맺는다.

丙子 上之上 三四五月旱 木禾大吉 五穀成實
병 자 상 지 상 삼 사 오 월 한 목 화 대 길 오 곡 성 실

병자년. (1등급) 3, 4, 5월은 가물고 목화(木禾)는 크게 길하고 오곡백과는 다 자라서 열매를 맺는다.

丁丑 中之中 五六月旱 五穀中吉 鷄狗之疫出
정 축 중 지 중 오 육 월 한 오 곡 중 길 계 구 지 역 출

정축년. (5등급) 5, 6월은 가뭄이 있고 오곡은 중간 정도로 길하고 닭과 개는 염병이 발출하리라.

戊寅 下之下 四五月旱 民少不安 五穀不吉
무 인 하 지 하 사 오 월 한 민 소 불 안 오 곡 불 길

무인년. (9등급) 4, 5월은 가물고 백성은 조금 편안하지 않으며 오곡

은 길하지 않다.

己卯 上之上 四五月旱 豆太禾中吉 粟大吉
기 묘 상 지 상 사 오 월 한 두 태 화 중 길 속 대 길

기묘년. (1등급) 4, 5월은 가물고 팥·콩·목화는 중간 정도로 길하고 조는 크게 길하다.

庚辰 下之下 五六月有雨 穀平吉
경 진 하 지 하 오 육 월 유 우 곡 평 길

경진년. (9등급) 5, 6월에 비가 있고 곡식은 별다른 재앙이나 복이 없이 편안하다.

辛巳 下之下 三四五月旱 六七月雨水 怪疾渡江 男女多死
신 사 하 지 하 삼 사 오 월 한 육 칠 월 우 수 괴 질 도 강 남 녀 다 사

신사년. (9등급) 3, 4, 5월은 가물고 6, 7월은 비가 많이 내리고 콜레라가 강을 건너와 사내와 계집이 많이 죽는다.

壬午 上之下 四五月旱 七八月民多死 木花五穀吉
임 오 상 지 하 사 오 월 한 칠 팔 월 민 다 사 목 화 오 곡 길

임오년. (3등급) 4, 5월은 가물고 7, 8월은 백성이 많이 죽으며 목화와 오곡백과는 길하다.

癸未 下之下 五穀平吉 有風災
계 미 하 지 하 오 곡 평 길 유 풍 재

계미년. (9등급) 오곡은 별다른 재앙이나 복이 없이 평탄하고 바람의 재해가 있으리라.

甲申 下之下 農失節 三四五月旱 木花吉 冬大雪
갑 신 하 지 하 농 실 절 삼 사 오 월 한 목 화 길 동 대 설

갑신년. (9등급) 농사는 계절을 잃었고 3, 4, 5월은 가물고 목화는 길하며 겨울에는 눈이 많이 내린다.

乙酉 中之上 田成畓不成 東方少有賊起
을 유 중 지 상 전 성 답 불 성 동 방 소 유 적 기

을유년. (4등급) 밭곡식은 다 자라서 열매를 맺고 논곡식은 다 자라서 열매를 맺지 못하고 동방(東方)은 도적이 일어남이 조금 있으리라.

丙戌 上之上 國家平安 怪疾略起 五穀不成
병 술 상 지 상 국 가 평 안 괴 질 약 기 오 곡 불 성

병술년. (1등급) 나라는 무사하여 맘에 걱정이 없으나 까닭을 알 수 없는 이상한 병이 약간 일어나고 오곡은 다 자라서 열매를 맺지 못하도다.

丁亥 中之上 五穀成實 五月軍北行 民多死
정 해 중 지 상 오 곡 성 실 오 월 군 북 행 민 다 사

정해년. (4등급) 오곡은 다 자라서 열매를 맺고 5월에는 군인이 북쪽으로 향해 가니 백성이 많이 죽으리라.

戊子 下之下 三四五月旱失農 君臣不安 七月水多
무자 하지하 삼사오월한실농 군신불안 칠월수다

무자년. (9등급) 3, 4, 5월 가물어 농사의 시기를 잃고 임금과 신하는 편안치 않고 7월에는 홍수가 있으리라.

己丑 中之中 萬民不安 五穀木花麻麥吉
기축 중지중 만민불안 오곡목화마맥길

기축년. (5등급) 모든 백성은 편안하지 않고 오곡과 목화와 삼과 밀은 길하도다.

庚寅 下之下 四五月旱 田畓三分一收 國有變
경인 하지하 사오월한 전답삼분일수 국유변

人病多死 八月大風火災 賊亂竝起
인병다사 팔월대풍화재 적란병기

경인년. (9등급) 4, 5월은 가물고 밭과 논이 3분의 1은 거두고 나라에는 변이 있어 사람은 병으로 많이 죽고, 8월에는 큰 바람과 불이 나는 재앙이 있고 도적과 난리가 아울러 일어나도다.

辛卯 上之上 人民不安 人無去處
신묘 상지상 인민불안 인무거처

신묘년. (1등급) 백성들은 편안하지 않으니 사람이 갈 곳이 없도다.

壬辰 下之中 田畓三分一收 人民不安 蝗起摘發
임진 하지중 전답삼분일수 인민불안 황기적발

임진년. (8등급) 밭과 논은 3분의 1은 거두고 백성들은 평안하지 않고 적이 일어나는 것이 누리가 일어나는 것 같도다.

癸巳 下之下 五穀三分一收 人病多 四五七月旱
계사 하지하 오곡삼분일수 인병다 사오칠월한

萬民婦女散發
만민부녀산발

계사년. (9등급) 오곡은 3분의 1을 거두고 사람들은 병이 많고 4, 5, 7월은 가물고 모든 백성 부인(婦人)은 흩어져 일어나도다.

甲午 下之下 四五月水災 人民散亂 田畓皆陳
갑오 하지하 사오월수재 인민산란 전답개진

갑오년. (9등급) 4, 5월에 큰물로 인한 재앙이 있고 인민들은 흩어져 어지럽고 밭과 논을 모두 묵었도다.

乙未 下之中 四海無水 賊亂人少
을미 하지중 사해무수 적란인소

을미년. (8등급) 온 누리에 물이 없고 도적의 난리로 사람이 적도다.

丙申 中之中 人民不安 四五月有水災 兵起海島
병신 중지중 인민불안 사오월유수재 병기해도

병신년. (5등급) 인민이 편안하지 않고 4, 5월은 큰물로 인한 재앙이 있고 바다 가운데 떨어져 있는 섬에서 전쟁이 일어나도다.

丁酉 中之中 民安無故 蠶賊兵起
정유 중지중 민안무고 잠적병기

정유년. (5등급) 백성은 편안하고 탈이 없으며 지렁이 같은 도적이 전쟁을 일으키도다.

戊戌 下之中 人亦不安 田畓損棄
무술 하지중 인역불안 전답손기

무술년. (8등급) 사람 또한 편안하지 않고 밭과 논은 축나서 없어지도다.

己亥 中之中 五穀不實民不安 八月大風大兵起
기해 중지중 오곡불실민불안 팔월대풍대병기

기해년. (5등급) 오곡이 다 자라서 열매를 맺지 못하고 백성은 편안하지 않고 8월에 큰 바람과 큰 전쟁이 일어나도다.

庚子 下之下 賊亂兵落 八月大風失農
경자 하지하 적란병락 팔월대풍실농

경자년. (9등급) 도적 난리가 무기가 떨어졌도다. 8월에 큰 바람이니 농사가 실패했다.

辛丑 中之上 人民生首 五穀成實
신축 중지상 인민생수 오곡성실

신축년. (4등급) 인민에 우두머리가 생기고 오곡이 다 자라서 열매를 맺도다.

壬寅 上之上 萬民安居 君臣有義
임인 상지상 만민안거 군신유의

임인년. (1등급) 온 백성은 평안히 지내니 임금과 신하 사이에 의리가 있어야 한다.

癸卯 下之中 五穀不成民不安 六七月 小災大風起 兵起
계묘 하지중 오곡불성민불안 육칠월 소재대풍기 병기

계묘년. (8등급) 오곡이 다 자라서 열매를 맺지 못하여 백성은 평안하지 않으며 6, 7월에는 작은 재앙이 있으니 큰 바람과 전쟁이 일어남이라.

甲辰 上之上 田畓豊登 六月兵起 民不安 小兒多死
갑진 상지상 전답풍등 육월병기 민불안 소아다사

갑진년. (1등급) 밭과 논은 농사지은 것이 아주 잘 되었고 6월에 전쟁이 일어나니 백성이 편안하지 않고 어린아이가 많이 죽는다.

乙巳 下之下 春大風 三四五月旱 田畓失農
을사 하지하 춘대풍 삼사오월한 전답실농

을사년. (9등급) 봄에 큰 바람이 있고 3, 4, 5월 가물고 밭과 논의 농사 시기를 잃었다.

丙午 中之中 人皆平吉
병오 중지중 인개평길

병오년. (5등급) 사람은 모두 별다른 재앙이나 복이 없이 편안하리라.

丁未 中之中 三四月旱 田畓成實木花吉
정미 중지중 삼사월한 전답성실목화길

정미년. (5등급) 3, 4월 밭과 논은 곡식이 다 자라서 열매를 맺고 목화가 길하다.

戊申 下之中 人病多死 三四五月旱 八九月水浩 家有病
무신 하지중 인병다사 삼사오월한 팔구월수호 가유병

무신년. (8등급) 사람들은 병으로 많이 죽고 3, 4, 5월은 가물고 8, 9월은 물이 질편하고 집에는 병이 있으리라.

己酉 下之中 黍粟不吉 唐稷最吉
기유 하지중 서속불길 당직최길

기유년. (8등급) 기장은 길하지 않고 중국의 피를 심음이 가장 길하다.

庚戌 下之下 人安郡國 六畜有病 虎患擾亂 七月兵起 大風
경술 하지하 인안군국 육축유병 호환요란 칠월병기 대풍

경술년. (9등급) 사람들은 편안하고 군국(郡國)[4]이 되고 육축(六畜)이 병이 있고 범이 사람과 가축에게 끼치는 해가 시끄럽고 떠들썩하며 7월 전쟁이 일어나고 큰 바람이 있다.

辛亥 下之中 田上畓中 六七月旱 人不安 八月風起兵起
신해 하지중 전상답중 육칠월한 인불안 팔월풍기병기

신해년. (8등급) 밭은 좋고 논은 중간 정도로 길하고 6, 7월은 가물고 인민이 편안하지 않고 8월에 바람도 일어나고 전쟁도 일어나리라.

壬子 下之中 豊登民安
임자 하지중 풍등민안

임자년. (8등급) 농사지은 것이 아주 잘 되고 백성이 편안하리라.

癸丑 下之下 五穀三分一收 三四月旱 麻穀吉
계축 하지하 오곡삼분일수 삼사월한 마곡길

계축년. (9등급) 오곡은 3분의 1을 거두고 3, 4월은 가물고 삼은 잘 되리라.

---

4) 군(郡)은 임금에게 직속된 영지(領地), 국(國)은 제후(諸侯)의 영지를 일컫는다.

甲寅 下之下 五穀凶 風損水損 全不食
갑인 하지하 오곡흉 풍손수손 전불식

갑인년. (9등급) 오곡이 흉하리니 바람과 물이 곡식의 수확을 덜고 온통 먹지 못하리라.

乙卯 上之上 豊登民安
을묘 상지상 풍등민안

을묘년. (1등급) 농사지은 것이 아주 잘 되고 백성이 편안하리라.

丙辰 下之下 春多雪 木花吉 其餘大凶
병진 하지하 춘다설 목화길 기여대흉

병진년. (9등급) 봄에 눈이 많이 내리고 목화는 길하고 그 나머지는 흉하리라.

丁巳 下之上 豆太吉 軍北行 北方多死
정사 하지상 두태길 군북행 북방다사

정사년. (7등급) 팥과 콩은 이롭고 군사가 북쪽으로 향해 가니 북쪽은 많이 죽으리라.

戊午 上之上 麻麥木花上 人民安
무오 상지상 마맥목화상 인민안

무오년. (1등급) 삼과 보리와 밀, 목화는 잘 되었고 인민은 편안하리라.

己未 上之中 豊登民安
기 미 상지중 풍등민안

기미년. (2등급) 농사지은 것이 아주 잘 되고 백성이 편안하리라.

庚申 下之中 三四月旱 豊登民安
경 신 하지중 삼사월한 풍등민안

경신년. (8등급) 3, 4월은 가물고 오곡은 농사지은 것이 아주 잘 되고 백성이 편안하리라.

辛酉 中之上 三四月旱 五穀豊登
신 유 중지상 삼사월한 오곡풍등

신유년. (4등급) 3, 4월은 가물며 오곡을 농사지은 것이 아주 잘 되었다.

壬戌 上之上 豊登太平
임 술 상지상 풍등태평

임술년. (1등급) 농사지은 것이 아주 잘 되고 나라와 집안이 조용하여 무사하고 평안하리라.

癸亥 下之中 三四月旱 五六月水災 五穀實
계 해 하지중 삼사월한 오육월수재 오곡실

계해년. (8등급) 3, 4월은 가물고 5, 6월은 큰물로 인한 재앙이 있으나 오곡은 다 자라서 열매를 맺으리라.

四計則 亥丑寅卯辰巳午則 相寃之地 知義君子則
사 계 즉 해 축 인 묘 진 사 오 즉 상 원 지 지 지 의 군 자 즉

東方開鼠將馬鷄出 猪聲出於松下 西南廢災死 地圖生則
동 방 개 서 장 마 계 출 저 성 출 어 송 하 서 남 폐 재 사 지 도 생 즉

大利榮貴
대 리 영 귀

더하기·빼기·곱하기·나누기 하면 해(亥)·축(丑)·인(寅)·묘(卯)·진(辰)·사(巳)·오(午)면 서로 원망의 곳이니 의리를 아는 군자면 동방엔 쥐띠의 장군이 열 것이니 오(午)년 유(酉)월에 나오며, 돼지 소리가 소나무 아래에서 나오리라. 서남쪽은 재앙으로 죽음으로 폐하니 지도가 생하면 크게 이로워 영화와 귀함이라.

6. 사십합초(四十合抄)

終知季世漢水赤 鄭起何年淸八紘
종 지 계 세 한 수 적 정 기 하 년 청 팔 굉

南渡龍須從 白蛇今安在 牛走從橫
남 도 용 수 종 백 사 금 안 재 우 주 종 횡

李氏將末 漢水赤蕩三日 血流宮中 月星相戰 十年之水
이 씨 장 말 한 수 적 탕 삼 일 혈 류 궁 중 월 성 상 전 십 년 지 수

漢江 圮入公州地 能通舟楫然後 鄭氏出於海島
한 강 비 입 공 주 지 능 통 주 즙 연 후 정 씨 출 어 해 도

[illegible]黑霧蔽天 咫尺不辨 神將走肖 自得義兵
무 폐 천 지 척 불 변 신 장 주 초 자 득 의 병

琴人奉玉璽(天冠山在 長興康津界) 朝鮮臣欲
금 인 봉 옥 새 (천 관 산 재 장 흥 강 진 계) 조 선 신 욕

言而不敢進而不能 地曠倍於前朝 文物勝於往古矣
언 이 불 감 진 이 불 능 지 광 배 어 전 조 문 물 승 어 왕 고 의

세상이 끝날 무렵 한강(漢江) 물이 붉은 것을 마침내 알 것이며, 정씨(鄭氏)가 어느 해에 일어나나 청(淸)의 온 세상일 때이다.
용이 남쪽으로 건너와 모름지기 따르니 흰 뱀(白蛇: 辛巳)은 이제는 어디에 있느냐? 소가 세로와 가로로 달리도다.
조선 말기에 한강 물이 사흘 동안 피가 흘러 붉게 움직이고 궁궐 안에는 달과 별이 서로 싸우기를 10년 하니 한강이 무너져 공주(公州)로 들어가니 배가 능히 다니고, 그러한 뒤에 정씨가 바다 가운데 섬에서 나온다.

黃霧黑雲 赤蕩三日 末乃彗星 出於軫頭 入於河鼓
황 무 흑 운 적 탕 삼 일 말 내 혜 성 출 어 진 두 입 어 하 고

犯於紫微 移於斗星之間 遷於八宿之間 與大小中偕亡
범 어 자 미 이 어 두 성 지 간 천 어 팔 수 지 간 여 대 소 중 해 망

검은 구름과 검은 안개가 하늘을 가리니 매우 어두워서 코앞도 분별할 수가 없도다. 신(神)과 같은 장수 조씨(趙氏)가 스스로 의병(義兵)을 얻으니 천관산(天冠山)[5]의 가야금을 타는 사람이 옥새를 받들더라. 조선의 신하들은 하고자 하나 말씀을 감히 하지 못하며 나아가려 하나 할 수 없도다. 영토의 넓이는 전대(前代)의 산물(産物)이 지난 옛날보다 나아졌도다. 누런 안개와 검은 구름이 붉게 사흘 동안 움직

5) 전남 장흥과 강진의 경계에 있는 산.

이더니 끝내는 혜성(彗星: 살별)이 진성(軫星: 28수의 하나)의 머리에서 나타나 은하 사이로 들어가 자미(紫微: 북두칠성의 북쪽에 있는 별)를 범하고, 두성(斗星: 북두칠성의 준말) 사이로 들어갔다가 8수(八宿: 奎星) 사이로 옮기면 중국과 한국이 함께 망할 것이다.

二月中旬 一烏喙着小冠 点落半邊月 青青三江邊
이 월 중 순 일 오 훼 착 소 관 점 락 반 변 월 청 청 삼 강 변

十月寒氣早 魚王出自尾 或者圓城中 戌卒負水火
시 월 한 기 조 어 왕 출 자 미 혹 자 원 성 중 술 졸 부 수 화

人挺出四百年之運 爾無論於加享千年之祚
인 정 출 사 백 년 지 운 이 무 론 어 가 향 천 년 지 조

吾有享於微孫 漢陽乃李氏三百年之地 在於天數其間
오 유 향 어 미 손 한 양 내 이 씨 삼 백 년 지 지 재 어 천 수 기 간

或有小運 安邊四百年 亦不可理外
혹 유 소 운 안 변 사 백 년 역 불 가 리 외

2월 중순에 한 마리 까마귀가 작은 관(冠)을 부리에 붙이니〔鳥〕 점이 반은 달 가에 떨어지고〔日〕 푸르고 푸른 세 강이라〔淸〕. 시월한기조(十月寒氣早)는 '조(朝)' 자의 파자이며, 어왕출자미(魚王出自尾)란 '선(鮮)' 자의 파자이고, 혹자원성중(或者圓城中)은 '국(國)' 자의 파자이며, 술졸부수화(戌卒負水火)란 '멸(滅)' 자의 파자이니 합자(合字)하면 결국 "조선이란 나라는 사라지도다(朝鮮國滅)."

사람이 나와 이끌기를 4백 년의 운이니 더하여 천 년을 누리는 복은 말할 것도 없으니 나의 보잘 것 없는 후손들은 누리는 바가 있다. 한양은 이씨의 3백 년의 땅이다. 하늘이 정한 운수에 있으며 그 사이 혹 작은 운수는 4백 년 정도이며, 또한 이치 밖이니 옳지 않도다.

鷄龍山乃鄭氏五百年之地 三國鼎峙 定在卯辰之年
계 룡 산 내 정 씨 오 백 년 지 지 삼 국 정 치 정 재 묘 진 지 년

太白之下 最爲强盛 經一百七十年後 終世二國
태 백 지 하 최 위 강 성 경 일 백 칠 십 년 후 종 세 이 국

或治或亂或得 但一隅 綿綿不絶 末爲奠邑 外姓所簒
혹 치 혹 란 혹 득 단 일 우 면 면 불 절 말 위 전 읍 외 성 소 찬

○三國改分 太白山下 最爲强盛 統合三姓後
삼 국 개 분 태 백 산 하 최 위 강 성 통 합 삼 성 후

鄭姓人奪其國 首向鷄龍山 ○李氏承統之人
정 성 인 탈 기 국 수 향 계 룡 산 이 씨 승 통 지 인

乃奠邑之後也 邑都於淸水山下
내 전 읍 지 후 야 읍 도 어 청 수 산 하

계룡산은 정씨가 5백 년 도읍할 땅이로다. 나라가 삼국으로 나누어 서는 일은 틀림없이 묘년(卯年)과 진년(辰年) 사이에 생길 것이다. 태백산 아래 자리 잡은 나라가 가장 강성하여 170년 뒤에 끝내 두 나라를 병합하나 이따금 잘 다스리는 세상과 어쩌다가 어지러운 세상이 있고 간간이 한 모퉁이 땅을 얻기도 할 것이다. 끊어지지 아니하고 죽 잇달아 이어져 있어 끊이지 않을 것이다. 끝내는 정씨의 외성(外姓)에게 빼앗길 것이다.

○ 삼국으로 다시 나뉘니 태백산 아래 나라가 가장 강하고 성하여 세 성씨(姓氏)를 통합한 뒤에 정씨인 사람이 그 나라를 빼앗아 계룡산으로 향할 것이다.

○ 이씨의 계통을 이을 사람은 정씨의 뒤를 이어 청수산(淸水山) 아래일 것이다.

奠邑騎牛 (一作龍 又作牛) 走肖跨牛
전 읍 기 우 (일 작 룡 우 작 우) 주 초 과 우

山隹乘龍鷄龍定都 卞相裵將 開國功臣 房姓牛哥
산 추 승 룡 계 룡 정 도 변 상 배 장 개 국 공 신 방 성 우 가

(如手如足) 國都連山 黎民得所 鷄龍石白 艸浦行舟
(여 수 여 족) 국 도 연 산 여 민 득 소 계 룡 석 백 초 포 행 주

平沙三十里 南門復開 草浦西津 舟客萬里 沙岸南洞
평 사 삼 십 리 남 문 복 개 초 포 서 진 주 객 만 리 사 안 남 동

國步千載
국 보 천 재

정(鄭=奠邑)씨가 소를 타고(용을 타고) 조(趙=走肖)씨가 소에 걸터앉으면 최(崔=山隹)씨가 용을 타고 계룡(鷄龍: 훈춘과 양평 사이)에 도읍을 정하면 변씨(卞氏) 성을 가진 정승, 배씨(裵氏) 성을 가진 장수(將帥)가 개국공신(開國功臣)이 되고 방성(房姓) 우가(牛哥)가 (손발 같이 일하리라.) 연산(連山)을 나라에 도읍으로 정하면 일반 백성들이 살 곳을 얻으리라. 계룡산의 돌이 흰빛이 되고 초포에 배가 다니고 모래벌판 30리에 남문(南門)이 다시 열리고 초포 서쪽 나루는 배 탄 손님이 만 리 정도 되고, 모래 언덕 남쪽 고을은 나라 걸음이 천 년이로다.

7. 국조진어팔임(國祚盡於八壬)

四百年後 子孫運紇 世人皆知有財物 不知有其身 然後
사 백 년 후 자 손 운 흘 세 인 개 지 유 재 물 부 지 유 기 신 연 후

有賢者 將以自貶論也
유 현 자 장 이 자 폄 론 야

4백 년 후 후손에 이르면 세상의 사람들이 모두 다 재물만 알지 그 몸이 존귀한 줄 모른다. 그런 뒤에 어진 사람이 있어 스스로 제각기 다르게 말하리라.

無學曰 三百六十年前 雖有小難
무 학 왈 삼 백 육 십 년 전 수 유 소 난

君明臣忠 禮樂彬彬可觀 其後五十六年 人民不識干戈
군 명 신 충 예 악 빈 빈 가 관 기 후 오 십 육 년 인 민 부 식 간 과

宰臣徒尙虛文 可謂農穰昇平 而方伯守令 自上剽竊
재 신 도 상 허 문 가 위 농 양 승 평 이 방 백 수 령 자 상 표 절

吏胥軍校 自下侵略 是以 民不安 野無居民
이 서 군 교 자 하 침 략 시 이 민 불 안 야 무 거 민

무학(無學) 박자초(朴自超)께서 말씀하시길, 앞의 360년은 비록 작은 어려움이 있었으나 임금이 밝고 신하가 충성스러우며 예절과 음악이 빛난 것을 볼만했고, 다만 재상(宰相)들은 헛된 글만 숭상하니 농사는 풍작이 되어 나라가 태평하니 관찰사(觀察使) 이하의 부윤(府尹)과 목사(牧使), 부사(府使), 군수(郡守), 현감(縣監), 현령(縣令)들은 위에서 도둑질하고 아전과 군교(軍校)는 아래에서 침노하여 약탈하니, 이 때문에 백성들이 편안치 못하여 들에 살지 못할 것이다.

末世之君 何難知之 父殺子 弟殺兄 聖君時作 應於嚥喉
말 세 지 군 하 난 지 지 부 살 자 제 살 형 성 군 시 작 응 어 연 후

末乃有君 鼠面虎目 尸位寶印 大歉時至 虎患害人
말 내 유 군 서 면 호 목 시 위 보 인 대 겸 시 지 호 환 해 인

魚鹽至賤 泉渴山崩 吏殺太守 無所忌憚 上下蔑裂
어 염 지 천 천 갈 산 붕 이 살 태 수 무 소 기 탄 상 하 멸 열

綱常踵出 畢竟 主少國危 孑孑之際 世祿之臣 有死奈何
강 상 종 출 필 경 주 소 국 위 혈 혈 지 제 세 록 지 신 유 사 내 하

士夫之家 亡於人蔘 仕宦之人 亡於貪利 方伯守令
사 부 지 가 망 어 인 삼 사 환 지 인 망 어 탐 리 방 백 수 령

但知有財 不知有民
단 지 유 재 부 지 유 민

말세의 우두머리는 어찌하여 어려움이 많은고? 아버지가 아들을 죽이고 아우가 형을 죽이리라. 그 당시의 거룩한 임금은 마땅히 목구멍에 침 삼키듯 하리라. 끝 무렵에 쥐 얼굴에 범의 눈을 가진 사람이 보배로운 도장을 갖고 직책을 다하지 않고 자리만 차지하여 녹만 받아먹으리라. 큰 흉년이 있으며 범의 해〔寅年〕 근심으로 사람이 다치고, 생선과 소금이 지극히 흔하며, 샘물이 마르고 뫼가 무너지며, 아전이 군수를 죽이는 데 조금도 거리낌이 없고, 위와 아래가 없어져서 삼강(三綱)과 오상(五常)이 이어서 일어날 것이리라. 마침내 임금은 어리고 나라는 위태로워진 때에 대대로 녹을 먹는 신하는 죽음이 있으니 어찌 하리오? 선비들의 집은 인삼(人蔘)으로 망하고 벼슬아치의 집들은 이익을 탐하여 망하리라. 관찰사와 군수와 현령들은 다만 재물만 알지 백성들은 생각지 않는다.

玉體有愼 如狂如醉
옥 체 유 신 여 광 여 취

權臣專政 盜弄潢池 生民塗炭 無有餘地 世家貴族
권 신 전 정 도 농 황 지 생 민 도 탄 무 유 여 지 세 가 귀 족

廢爲蓬田 下賤平品 反爲榮貴
폐 위 봉 전 하 천 평 품 반 위 영 귀

몸을 삼가함에 있어 미친 듯 술에 취한 듯하라.

권세 있는 신하가 나라의 모든 권력을 자기 뜻과 생각대로 정치하니 좁은 토지가 도둑의 골목이 되어 백성들이 몹시 곤궁에 처하지 않은 곳이 없더라. 여러 대를 이어 가며 나라의 중요한 지위에 있으면서 특전을 누리나 녹(祿)을 받은 집안과 지배층의 종족(宗族)은 무너져 쑥밭이 되고, 피지배층의 보통 사람이 도리어 벼슬이 높고 귀하게 되리라.

義相曰 女謁最力 妖尼擅兵 蘖臣分黨 擧國乘離
의 상 왈 여 알 최 력 요 니 천 병 얼 신 분 당 거 국 승 리

의상(義相)대사가 말하기를, "계집이 가장 힘이 좋아 아뢰기를 요사한 여승(女僧)이 병사(兵事)를 제 맘대로 하니 요물 같은 신하가 패를 가르며 온 나라를 모두 태워 떠나리라."

无學曰 政君王氏 末如三韓
무 학 왈 정 군 왕 씨 말 여 삼 한

무학선사가 말하기를, "바른 임금인 왕씨(王氏)가 끝 무렵에는 삼한(三韓)과 같으리라."

四百年後 七甲子 明年三月 安竹之境 積尸如山
사 백 년 후 칠 갑 자 명 년 삼 월 안 죽 지 경 적 시 여 산

驪廣之中 人影永絶
여 광 지 중 인 영 영 절

4백 년 후 일곱 갑자년 3월에 안성과 죽산 사이에 시체가 뫼처럼

쌓일 것이며, 여주와 광주 사이엔 사람의 그림자가 길게 끊어지리라.

郡守二三月間 着靑衣賊 自南來 似倭而非倭
군 수 이 삼 월 간 착 청 의 적 자 남 래 사 왜 이 비 왜

군수가 2, 3월 사이에 푸른 옷을 입은 도적이 남쪽에서 오니 중〔僧〕 같되 중이 아니니라.

聖歲八月 仁富之間 夜泊千艘 隋唐之間 鷄豚無聲
성 세 팔 월 인 부 지 간 야 박 천 소 수 당 지 간 계 돈 무 성

성인의 세상 8월에 인천과 부평 사이 밤에 천 척의 배가 머물게 되고 수원(水原: 水城)과 당진(唐津) 사이에 닭과 돼지의 소리가 없어질 것이리라.

賊民 自全州起 過湖中則 津華之間 萬艘橫江
적 민 자 전 주 기 과 호 중 칙 진 화 지 간 만 소 횡 강

전주(全州)에서 도둑이 일어나 호중(湖中)의 진(津)과 화(華) 사이로 배 1만 척이 강을 가로지를 것이리라.

大軍浮海而 西南入全州 湖中賊民聚黨於 華津之間而
대 군 부 해 이 서 남 입 전 주 호 중 적 민 취 당 어 화 진 지 간 이

兩西之人命 靡盡孑遺
양 서 지 인 명 미 진 혈 유

큰 군사가 바다를 떠서 서남쪽으로 들어오니 전주·호중(湖中) 도둑이

패를 모으면 화진(華津) 양서(兩西) 백성의 목숨이 나머지 다할 것이니라.

无學曰 國之臨亂海浪之賊 犯京作禍於 孕木之運
무 학 왈 국 지 임 란 해 랑 지 적 범 경 작 화 어 잉 목 지 운

무학선사가 말하기를, "바다 위에서 배를 습격하는 도둑 때문에 나라가 난리에 당하리니, 서울을 범하고 재앙이 일어나는 때는 목(木: 甲乙·寅卯)이 돌아오는 운이니라."

四五之春秋 讒過億萬之 寶位乃傳
사 오 지 춘 추 참 과 억 만 지 보 위 내 전

20년의 세월이 억만 년을 지난 것과 같이 보위(寶位)를 전하리라.

匈荒連綿 人民有死之心 無生之樂 是日曷喪
흉 황 연 면 인 민 유 사 지 심 무 생 지 락 시 일 갈 상

予及汝皆亡 僅保二十年 聖君出於海島後
여 급 여 개 망 근 보 이 십 년 성 군 출 어 해 도 후

衣冠文物比侔中華
의 관 문 물 비 모 중 화

흉년과 기근이 연이으니 백성들은 죽고 싶은 맘이며 도무지 살맛이 나지 않으니 '이 해가 언제쯤 사라지려나!'하며, 너와 내가 함께 망하자고 하리라. 20년을 겨우겨우 보전해나가니 거룩한 임금이 바다 섬에서 나온 뒤에 의관(衣冠)과 문물(文物)이 중국과 같으리라.

無學曰 灰於二十七年之九九也
무 학 왈 회 어 이 십 칠 년 지 구 구 야

무학선사가 말하기를, "27년 9월 9일에 재가 되리라."

庶主登位 至於三世則 孑孑獨立 內無强近之親
서 주 등 위 지 어 삼 세 칙 혈 혈 독 립 내 무 강 근 지 친

外無悍禦之臣 人皆曰 是日曷喪 朝不謀夕 專無樂生之心
외 무 한 어 지 신 인 개 왈 시 일 갈 상 조 불 모 석 전 무 낙 생 지 심

考其年數則 白猿仙人駕鶴歸 金鷄女主御龍臨
고 기 년 수 칙 백 원 선 인 가 학 귀 금 계 녀 주 어 용 림

此小運將終之時乎 其時隣里異俗 朋黨十分可慮
차 소 운 장 종 지 시 호 기 시 인 리 이 속 붕 당 십 분 가 려

巨室世族 總被殘滅 全者 十分二三 人才種種多出
거 실 세 족 총 피 잔 멸 전 자 십 분 이 삼 인 재 종 종 다 출

其於不用何哉 四百年後 人民繁盛 年年豊穰 皆爲富饒
기 어 불 용 하 재 사 백 년 후 인 민 번 성 연 년 풍 양 개 위 부 요

而武士不備 兩國侵凌 國無其人 浸浸危亂 以至六十年則
이 무 사 불 비 양 국 침 능 국 무 기 인 침 침 위 란 이 지 육 십 년 칙

唐將卯生人 將十萬兵 守鴨綠江 呑食西北凡十年
당 장 묘 생 인 장 십 만 병 수 압 록 강 탄 식 서 북 범 십 년

臨津以西鐵嶺盡爲所呑 神人自頭流山 獻遷都之計
임 진 이 서 철 령 진 위 소 탄 신 인 자 두 류 산 헌 천 도 지 계

加延二百年 國祚當是時武强文弱 可謂君不 君臣不臣
가 연 이 백 년 국 조 당 시 시 무 강 문 약 가 위 군 불 군 신 불 신

哀哉哀哉 國王着紅上下 女俗戴竹笠 有一男子
애 재 애 재 국 왕 착 홍 상 하 여 속 대 죽 립 유 일 남 자

黃華衣服對坐國王 破毀佛敎而起四方兵器申酉當起
황 화 의 복 대 좌 국 왕 파 훼 불 교 이 기 사 방 병 기 신 유 당 기

戌亥未定 子丑人移 卯生鎭十萬兵 鴨綠江頭住十年
술 해 미 정 자 축 인 이 묘 생 진 십 만 병 압 록 강 두 주 십 년

若非積善忠孝之人 難免池魚之殃
약 비 적 선 충 효 지 인 난 면 지 어 지 앙

서자(庶子)가 임금의 자리에 올라 3세(世)에 이르면 고립되어 가까이에는 종친(宗親)이 없고 밖으로는 호위(護衛)해주는 신하가 없다. 이에 사람들이 말하기를 "이 해(日)가 언제쯤 사라지려나"하며 아침에 저녁 일을 도모하지 못하니 도무지 살맛이 나지 않을 것이니라. 그 햇수를 생각해보니 백원선인(白猿仙人)이 두루미를 타고 돌아가며, 금계녀주(金鷄女主)가 용상(龍床)에 올라앉을 때이리라. 이것은 앞으로 소운(小運)이 다할 때이리라. 그때가 되면 이웃마을과 풍속이 다르며, 패거리〔朋黨〕가 몹시 근심되고 거실세족(巨室世族)이 마침내 멸망당하여 보전할 사람이 가히 열 사람 가운데 두세 사람도 되지 못할 것이리라. 인재가 때때로 많이 나오는데도 쓰지 않는 까닭은 어째서인가? 4백 년 뒤에 백성이 번성하고 해마다 풍년이 들어 모두가 넉넉해지니 무사(武士)가 양성되지 않아 두 나라로부터 침략을 받을 것이리라. 나라 안에 그만한 사람이 없으니 지낼수록 위란(危亂)을 당하여 60년에 이르면 묘년(卯年)에 태어난 중국 장수가 십만 군사를 이끌고 압록강을 지켜 서북 땅을 집어 삼키게 되고 대략 10여 년 만에 임진(臨津) 서쪽과 철령(鐵嶺) 북쪽이 모두 그에게 먹힐 것이리라. 신인(神人)이 두류산에서 도읍을 옮기는 계책을 세우고 2백 년이나 나라의 운을 연장시킬 것이다. 이때에 무(武)는 강하고 문(文)은 약하여 가히 임금이 임금이 아니요, 신하 또한 신하가 아니니 슬프고 슬프도다. 나라 임금이 붉은 옷을 위아래로 입고 계집은

대나무 삿갓 쓰는 풍속이 있으니, 노란 빛이 화려한 옷을 입은 한 사내가 있어 국왕과 마주 앉으면 불교를 파헤치려 하니 사방에서 병기(兵器)가 신년(申年)과 유년(酉年)에 일어나고, 술년(戌年)과 해년(亥年)에는 정하지 못하고, 자년(子年)과 축년(丑年)에는 사람이 떠나고 묘년(卯年)에 태어난 사람이 십만 병사를 거느리고 압록강 머리에 10년을 머물 것이다. 나라에 충성하고 어버이에 봉양하여 착함을 쌓은 사람이라야 가뭄에 연못 속의 고기의 재앙을 면할 수 있으리라.

義相曰 他國僧人 黃華衣服 國王對坐 時事可知
의 상 왈 타 국 승 인 황 화 의 복 국 왕 대 좌 시 사 가 지

漢江水赤三日 唐將卯生人 率十萬兵 住臨津江上凡十年
한 강 수 적 삼 일 당 장 묘 생 인 솔 십 만 병 주 림 진 강 상 범 십 년

子女南遷 文士北流 當此時 金壇之下有眞人出
자 녀 남 천 문 사 북 류 당 차 시 금 단 지 하 유 진 인 출

定都者聽言則 可造中興之業矣
정 도 자 청 언 즉 가 조 중 흥 지 업 의

의상대사께서 말씀하시기를, 다른 나라 중이 노란 빛의 화려한 옷을 입고 국왕과 마주 앉으면 시국에 관한 일을 가히 알 수 있으리라. 한강물이 사흘간 붉은 빛이 나면 묘년에 태어난 당나라 장수가 10만 군사를 거느리고 압록강에 10년 가까이 머물 것이니, 자녀들은 남쪽으로 옮기고, 문사들은 북쪽으로 옮겨갈 것이다. 이때에 금단(金壇) 아래의 진인(眞人)이 나와 도읍을 정하려는 사람의 말을 들으면 중흥의 업을 이룰 수 있을 것이다.

古月前期十六年 而乃魄
고 월 전 기 십 육 년 이 내 백

오랑캐는 전기(前期) 16년은 넋이 되리라.

己丑 龍飛咸池相土 逆龍之下 猶爲三傳異之後
기 축 용 비 함 지 상 토 역 룡 지 하 유 위 삼 전 이 지 후

乃有眞主出於海底村落 席卷三都 括囊兩關(尚白克靑)
내 유 진 주 출 어 해 저 촌 락 석 권 삼 도 괄 낭 양 관 (상 백 극 청)

鼎定逆龍之下 其年則 時于玉燈秋夜 白露三日前矣
정 정 역 룡 지 하 기 년 즉 시 우 옥 등 추 야 백 로 삼 일 전 의

기축년. 용비(龍飛)와 함지(咸池)가 함께 있는 땅의 주룡(主龍)이 거슬러 올라간 곳 아래 세 번을 다르게 전해진 뒤에 진주가 바다 아래 부락에서 나와 도읍을 세 번 옮기고 두 주머니를 싸서(흰 것이 푸른 것을 이김) 주룡이 거슬러 올라간 곳 아래에 도읍을 정하리니, 그 해가 옥으로 만든 등잔(甲辰·乙巳)의 가을밤 백로(白露: 양력 9월 8~9 일쯤임) 3일 전이니라.

小運似住於六七矣
소 운 사 주 어 육 칠 의

소운(小運)이 42년 머물 것 같다.

六七運衰之際 其暴不少 名人君子 不得其死
육 칠 운 쇠 지 제 기 폭 불 소 명 인 군 자 부 득 기 사

及其黃羊木牛之歲 自朝以下 豪門巨族 盡被其災
급 기 황 양 목 우 지 세 자 조 이 하 호 문 거 족 진 피 기 재

存者十常八九 人心已去 天德似厭 午酉亨通之端造金馬
존 자 십 상 팔 구 인 심 이 거 천 덕 사 염 오 유 형 통 지 단 조 금 마

石鷄而向鷄龍山去矣 若有道眼可驗於 巳亥受刑之處矣
석 계 이 향 계 룡 산 거 의 약 유 도 안 가 험 어 사 해 수 형 지 처 의

若不如是 西方錢氏金以起戈 戈以亡國 其驗則
약 불 여 시 서 방 전 씨 금 이 기 과 과 이 망 국 기 험 즉

在於東震後一辰
재 어 동 진 후 일 진

42년의 운은 쇠하는 때니 그 사나움이 적지 않고 명인(名人)과 군자(君子)가 뜻을 얻지 못하고 죽으니 기미와 을축의 해이니라. 조선으로 비롯된 세력이 있는 문벌(門閥)과 대대로 번창한 문벌이 있는 집안들은 그 재앙을 당해 보전한 자가 열 명 가운데 여덟이나 아홉 명은 죽으리라. 사람들의 맘이 이미 떠났으니 하늘의 덕을 싫어함과 같다. 오년(午年)과 유년(酉年)에는 온갖 일이 뜻대로 잘 되어가는 길이 비로소 만들어지니 금마(金馬)와 석계(石鷄)가 계룡산으로 향해 갈 것이다. 만약 도안(道眼)[6]으로 가히 경험할 것이니 사(巳)와 해(亥)는 형(刑)을 받는 곳이니라. 만약 이와 같지 않으면 서방(西方)의 전씨(錢氏) 금(金)과 창으로 일어나나 창으로써 나라가 망하니 그 영험은 동진(東震) 뒤 일진(一辰)에 있도다.

在於再空亡空亡之年矣
재 어 재 공 망 공 망 지 년 의

다시 공망(空亡)과 공망의 해가 거듭 있겠다.

---

6) 도를 깨달아 보는 슬기의 눈.

六月長霖 王室如燬 金趙之乘痕 今日秦檜羌葛之投
육월장림 왕실여훼 김조지승흔 금일진회강갈지투

便誰家之天下震木之 小運庶幾其亡 亡亡而後
편수가지천하진목지 소운서기기망 망망이후

繫于苞桑之云 亡松亡而竹枯 地墳而石步 星出南而
계우포상지운 망송망이죽고 지분이석보 성출남이

地震西三怪發作 一邪先行僧徒閉户尚有塞路 錢比寸銀
지진서삼괴발작 일사선행승도폐호상유색로 전비촌은

土價如糞 若非其人 四方響應 天鳥乃振 可見火運之
토가여분 약비기인 사방향응 천조내진 가견화운지

必然三孀行媚兩槐年 寵轉以三變 再致播遷 三門逢火
필연삼상행미양괴년 총전이삼변 재치파천 삼문봉화

一城逢賊 軍政錯訛 衆口鉗制 油然而東逝易子折骸
일성봉적 군정착와 중구겸제 유연이동서역자절해

女軍泥落 方是時也 山赤者頭流潮分 草浦古月臨望禾女怡
여군니락 방시시야 산적자두류조분 초포고월임망화녀이

非生靈之運厄乎其運 在於再空亡亡年
비생령지운액호기운 재어재공망망년

6월의 긴 장마에 임금 집안은 불이 이글이글거리고, 김(金)과 조(趙)가 틈내어 타는 것이 오늘날 진회(秦檜[7])와 강갈(羌葛)이 뉘 집에 던

---

7) 진회(秦檜, 1090~1155.10.22)는 남송 초기의 정치가로 자(字)는 회지(會之)이고, 강녕(江寧: 현재의 남경) 출생으로 1115년 진사시(進士試)에 합격하고, 1131년 이후 24년간 재상의 자리에 있었다. 그 동안 남침을 거듭하는 금군(金軍)에 대처하여, 철저한 항전을 주장하는 군벌이나 명분론·양이론(攘夷論)의 입장에서 실지(失地) 회복을 주창하는 이상주의 관료 등의 여론을 누르고, 1142년 화이허강[淮河]·친링산맥을 잇는 선을 국경으로 하여, 금과 남송이 중국을 남북으로 나누어 영유하

질까? 동남(東南)의 목(木)의 천하가 될 것이다. 소운(小運)이 그 망함이 가까우며, 망하고 망한 뒤에 '멸망하지나 않을까, 멸망하지나 않을까' 하는 그 사람이 아니면 온 누리에 응하는 소리가 있고, 하늘새가 떨치면 가히 화운(火運)을 볼 것이다. 반드시 세 과부가 아첨을 행하는 두 느티나무의 때이며, 사랑 받음이 굴러서 세 번 변하니 거듭 도읍을 옮기는 데 이르리라. 세 문에 불을 만나고 한 성에선 도적을 만나리라. 군정(軍政)을 실시하지만 어렵게 그르쳐서 민중들의 입을 막을 것이다. 그러니 동쪽으로 가면 자식이 서로 바뀌어 뼈가 부러지고, 여군(女軍)은 진흙에 떨어지니 바야흐로 이런 때이다. 지리산(智異山, 頭流山)은 붉은 흙이 되며, 초포에는 조수(潮水)가 나뉜다. 중국에 임하여 바라보니 여자가 벼를 절구질하는 것이 위태롭도다. 생령(生靈)의 운이 아니로다. 액(厄)이여, 그 운이 거듭 공망의 해에 있도다.

亂於朴 朴朴還成朴 金金片片金 餘孽終作崇 流血滿江
난어박 박박환성박 금금편편금 여얼종작숭 유혈만강

박(朴)에 난리가 있고 박박(朴朴)이 다시 돌아와 박을 이루고 금금(金金)이 조각마다 금이더라. 얼자(孽子)는 마침내 귀인이 되려고 일을 지으면 흐르는 피가 강에 가득하리라.

기로 합의했다. 그 조건으로 송나라는 금나라에 대해 신하의 예를 취하고(후에 叔姪로 고침), 세폐(歲幣)를 바쳤다. 유능한 관리였으나 정권유지를 위해 '문자의 옥'을 일으켜 반대파를 억압했으므로 민족주의·이상주의를 내세운 후세의 주자학파(朱子學派)로부터는 특히 비난을 받았다. 그의 손에 옥사한 악비(岳飛)가 민족의 영웅으로 존경받는 데 반해 그에게는 간신이라는 낙인이 찍혔다.

木子之末 軸去由而 持斤者 雖出於寶山之下
목 자 지 말 축 거 유 이 지 근 자 수 출 어 보 산 지 하

然車峴之南 逆子生長 竟不得伸怡者 老物雖如人言
연 차 현 지 남 역 자 생 장 경 부 득 신 이 자 노 물 수 여 인 언

必有愼之
필 유 신 지

이씨의 말년에 병이 가고 말미암이니 칼을 가진 사람은 비록 보산(寶山) 아래에서 나올 것이나 차령(車嶺)의 남쪽은 나라를 반역하는 사람이 나서 자라고 마침내 뜻을 펴지 못할 것이다. 위태한 사람이 늙은 물건이며 비록 사람의 말씀 같으나 반드시 삼가함이 있을지어다.

朴相趙相 時乎不利 六禮元正是豪傑
박 상 조 상 시 호 불 리 육 례 원 정 시 호 걸

박씨(朴氏) 성을 가진 정승과 조씨(趙氏) 성을 가진 정승이 때가 이롭지 못하다. 육례(六禮)가 으뜸으로 옳아야 이것이 호걸(豪傑)이다.

赤馬之年 朴人自大比田
적 마 지 년 박 인 자 대 비 전

병오(丙午)년에 박씨 성을 가진 사람이 스스로 용에 견주리라.

終於南歸於我子孫 北有馬耳 北人來侵
종 어 남 귀 어 아 자 손 북 유 마 이 북 인 래 침

마침내 남쪽의 내 자손으로 돌아올 것이며, 말의 귀를 한 사람이 북쪽에 있어 북쪽 사람이 침입해온다.

白頭之北 胡馬長嘶兩西之間 寃血漲天 臨津西北
백 두 지 북 호 마 장 소 양 서 지 간 원 혈 창 천 임 진 서 북

再作胡地 壤鏡二方 不可論保黑羊則 兩西三年之內
재 작 호 지 양 경 이 방 불 가 론 보 흑 양 칙 양 서 삼 년 지 내

千里無人煙
천 리 무 인 연

백두산의 북쪽은 오랑캐 말이 길게 울고, 황해도와 평안도 사이는 원한의 피가 하늘에 닿을 듯하며, 임진강 서북은 또다시 오랑캐의 땅이 되고, 평안도와 함경도의 보전함을 논함이 옳지 않다. 계미(癸未)년엔 황해도와 평안도가 3년 안에 천 리에 사람이 없고 연기도 없도다.

無學曰 亡也 北寇入境 北方數百里 地皆爲左衽
무 학 왈 망 야 북 구 입 경 북 방 수 백 리 지 개 위 좌 임

무학국사께서 말씀하시기를, "망한다. 북쪽의 오랑캐가 국경 안에 들어오면 북쪽의 수백 리 땅이 미개(未開)함에 이르리라."

南有終南 國終於南 入濟州 一百五十年遂亡
남 유 종 남 국 종 어 남 입 제 주 일 백 오 십 년 수 망

남쪽에는 마침내 남쪽의 끝냄이 있고 남쪽에서 나라가 끝을 지으며, 제주(濟州)에 들어가 150년 만에 망하리라.

日月亡於古月 古月亡於魚羊 一灣二公三韓四周
일 월 망 어 고 월 고 월 망 어 어 양 일 만 이 공 삼 한 사 주

명나라는 오랑캐에 망하며 오랑캐는 조선에 의해 망한다. 한 포구에 두 공자(公子)가 한(韓)나라 셋과 주(周)나라 넷이로다.

鐵馬三千自西來 鳥衣玉冠走西南
철 마 삼 천 자 서 래 조 의 옥 관 주 서 남

기차 3천이 스스로 서쪽에서 오면 새의 깃옷에 구슬 관을 쓴 사람이 서남쪽으로 달아나리라.

無學曰 亡也 有三國之分 有邪怪之事 南人竊狡
무 학 왈 망 야 유 삼 국 지 분 유 사 괴 지 사 남 인 절 교

時時侵邊 沿海邊數百里地 盡爲空虛 初被離散 再被攻戰
시 시 침 변 연 해 변 수 백 리 지 진 위 공 허 초 피 리 산 재 피 공 전

三國丘墟 嗚呼惜哉
삼 국 구 허 오 호 석 재

무학국사께서 말씀하시기를, "망함이여. 나라가 셋으로 나뉘는 것이 삿되고 괴이한 일이 있고, 남쪽 사람이 때때로 변방을 침범하고 바닷가 수백 리가 텅 비게 되며, 처음에는 흩어져 떠나고 또다시 침입할 때는 공격해 싸워 세 나라의 언덕이 빈터가 되니 아하! 아깝도다."

汝子孫殺我裔 我子孫殺我裔理也
여 자 손 살 아 예 아 자 손 살 아 예 이 야

네 자손이 내 자손을 죽이고 내 자손이 네 자손을 죽이는 이치이니라.

李運將衰 運氣湊集於鷄龍山 乃自然之理也
이운장쇠 운기주집어계룡산 내자연지리야

八百年蓍龜之策 於洪李二十朝 周邵之功 必在金鄭
팔백년시구지책 어홍이이십조 주소지공 필재김정

이씨 운이 장차 쇠하면 운기(運氣)가 계룡산에 나아가 모일 것이니 자연의 이치이니라. 8백 년 점(占: 蓍龜[8])치는 책략을 홍씨(洪氏) 성을 가진 사람과 이씨 성을 가진 사람이 20년을 힘쓰리라. 임금을 보좌[9] 하는 공(功)은 김씨 성을 가진 사람과 정씨 성을 가진 사람이다.

末世災吾且詳審
말세재오차상심

말세의 재앙을 내가 또 자세히 살피니,

辛臘壬三 無事僥倖 雖有事 朝野小安
신랍임삼 무사요행 수유사 조야소안

신년(辛年) 12월과 임년(壬年) 3월에 아무 탈 없으면 뜻밖에 얻는 행복이요, 비록 일이 있더라도 조정과 민간에는 조금 편안하리라.

---

8) 점(占)치는 데 쓰이는 톱풀과 거북. 「轉」 점(占).

9) 주(周)나라의 주공단(周公但)과 소공석(召公奭)을 일컫는다. 모두 성왕(成王)을 보좌(補佐)한 사람이다.

義相曰 六朝靖難
의 상 왈 육 조 정 난

의상(義相)대사 말씀에, "여섯 왕조(王朝)의 난리를 평정함이라."

黑猿兵熄之後 九年大歉 民人食木皮而後生
흑 원 병 식 지 후 구 년 대 겸 민 인 식 목 피 이 후 생

十里連松 一朝白立
십 리 연 송 일 조 백 립

임신(壬申)년에 전쟁이 마친 뒤 9년 동안 큰 흉년이 들어 백성들은 나무껍질로 연명(延命)하고 십 리를 이은 소나무가 하루아침에 죽어서 서 있고,

三韓之末 十年可期
삼 한 지 말 십 년 가 기

삼한(三韓)의 끝 무렵 10년 동안을 기약(期約)할 수 있도다.

四年殄氣 人命除半
사 년 진 기 인 명 제 반

4년간 기(氣)가 다하니 백성들의 목숨이 절반으로 줄더라.

國兆已盡食土生 兵事可占白雉翔
국 조 이 진 식 토 생 병 사 가 점 백 치 상

나라의 운기가 이미 다하니 흙을 먹고 살고, 흰 꿩의 날개로 전쟁임을 가히 점치리라.

義相曰 兵出湖南 大亂將興
의상왈 병출호남 대란장흥

의상대사께서 말씀하시길, 호남(湖南)에서 전쟁이 일어나면 장차 큰 난리가 일어나리라.

天兵淚臨津二百年後 張崔期在庚炎 庚辛之間
천병누임진이백년후 장최기재경염 경신지간

金水火三將 自南出 皆無名而死 改分三國
금수화삼장 자남출 개무명이사 개분삼국

하늘 병사가 눈물로 2백 년 동안 임진강(臨津江)에 머문 뒤에 장씨(張氏)와 최씨(崔氏)가 경년(庚年) 여름과 신년(辛年) 가을 사이에 나올 것이며, 금성(金姓)·수성(水姓)·화성(火姓)인 세 장군이 남쪽에서 나와 모두 다 이름 없이 죽고 다시 나라가 셋으로 나뉘리라.

乙丙隔年 槐花滿庭之月 白楊去木之日 歲値白龍人何歸
을병격년 괴화만정지월 백양거목지일 세치백용인하귀

을(乙)·병(丙)년 사이 느티나무 꽃이 뜰에 가득한 달이며 흰 버드나무가 제거되는 날이다. 경진(庚辰)년에 사람들이 어디로 돌아갈 것인가?

義相曰 南人得志 禍起蕭墻之内
의 상 왈 남 인 득 지 화 기 소 장 지 내

의상대사가 말씀하시기를, “남쪽 사람이 뜻을 얻으니 재앙이 궁중에 있으리라.”

年建蛇尾必凶殘 馬笑羊哭須煩告 苦須養筋力不失農
연 건 사 미 필 흉 잔 마 소 양 곡 수 번 고 고 수 양 근 력 불 실 농

뱀〔巳〕의 해 말에는 반드시 흉할 것이며, 말〔午〕의 해는 웃고 양〔未〕의 해는 울게 되니 모름지기 번거롭게 고(告)할 것이며, 사람이 모름지기 근육의 힘을 다하여 부지런히 힘쓰면 농사 때를 잃지 않을 것이다.

義相曰 黑羊冬末 僧人入京都 道路不通 流血淋璃
의 상 왈 흑 양 동 말 승 인 입 경 도 도 로 불 통 유 혈 임 리

老嫗定主主 夫孫小兒稱王鎭氓 草浦西津 船客萬里
노 구 정 주 주 부 손 소 아 칭 왕 진 맹 초 포 서 진 선 객 만 리

沙岸南洞 國步十載 木年木僧入得中 流血淋璃 道路不通
사 안 남 동 국 보 십 재 목 년 목 승 입 득 중 유 혈 임 리 도 로 불 통

經年兵革 老婦乃定邑 畔有人伴宛鳥 爲聖貴者賤
경 년 병 혁 노 부 내 정 읍 반 유 인 반 완 조 위 성 귀 자 천

賤者爲貴
천 자 위 귀

의상대사께서 말씀하시기를, “계미(癸未)년 겨울 끝 무렵 중들이 서

울에 들어오는데 길이 막히고, 피가 번지르르할 것이며, 늙은 할머니가 임금을 정하니 조그만 아이가 스스로 임금이라 일컬으며 백성들을 억누른다."

초포(草浦, 恩津), 서진(西津, 龍咸)에 배를 탈 사람들이 만 리까지 이르고 남쪽 고을 모래 언덕에는 국보(國步)가 10년까지 이르리라. 목년(木年: 甲乙 寅卯) 나무〔木〕 중이 들어와 힘을 얻으면 피가 번지르르하게 흐르고 한 길이 막힐 것이며, 전쟁이 몇 해 지나가니 늙은 며느리가 도읍을 정하면 조정에 나란히 서는 사람이 갑절〔倍〕이 되리라. 천한 사람들이 귀해지고 높은 사람들이 낮아진다.

猿鷄鬪處隨猛狗 赤猪蜂巢豹虎穴
원계투처수맹구 적저봉소표호혈

잔나비〔申年〕와 닭〔酉年〕이 서로 싸우는 곳에 사나운 개〔戌年〕가 따르고, 붉은 돼지〔丙戌〕가 벌집을 지으니 표범의 굴이더라.

申酉當起災 戌亥載移人 申酉兵四起 戌亥人多死
신유당기재 술해재이인 신유병사기 술해인다사

申酉之兵 五月可滅 戌亥之災 可謂尋常
신유지병 오월가멸 술해지재 가위심상

申酉之穀不能活 四海之民 戌亥之憂 只係緣食之患
신유지곡불능활 사해지민 술해지우 지계연식지환

父不知子 子不知父 國內人心 但知有財 變怪百出
부부지자 자부지부 국내인심 단지유재 변괴백출

天回不得 王宮則 風雨飄零 蔀屋則禍患 赤立馬牛
천회부득 왕궁즉 풍우표령 부옥즉화환 적립마우

襟裾淫風大作
금 거 음 풍 대 작

신유(申酉)년에 재앙이 일어나며, 술해(戌亥)년에 사람들이 실려 옮겨지리라. 신유년에는 사방에서 군사가 일어나고, 술해년에는 많은 사람들이 죽으리라.

신유년의 전쟁은 다섯 달이면 가히 멸할 수 있고 술해년의 재앙은 대수롭지 않다.

신유년의 곡식으로는 온 누리의 백성을 능히 살려낼 수 없으며 술해년의 근심은 다만 먹는 것이 근심이라. 아버지는 그 아들을 알지 못하며, 그 아들은 그 아버지를 모르더라. 나라의 인심은 재산만 알고 괴이한 변화가 많이 나오는데 다시 회복하기 어려우며 임금의 자리에 바람과 구름이 세상 떠들썩하여 복잡하고 어지럽도다.

풀로 지붕을 이은 오막살이집은 재앙과 환난(患難)이 있겠으며, 또한 오축(午丑)년에 이르면 옷섶과 옷 뒷자락에 남녀 간의 음탕(淫蕩)하고 난잡(亂雜)한 것이 성하게 일어나리라.

三分僧俗知何日 黃牛東奔白虎南
삼 분 승 속 지 하 일 황 우 동 분 백 호 남

중(僧)과 속인(俗人)이 세 갈래로 나뉘었으니 어느 날인지 알고, 누런 소〔己丑〕가 동쪽으로 분주하고 흰 범〔庚寅〕은 남쪽에 있도다.

子丑猶未定 寅卯事可知 十二仙人駕鶴歸
자 축 유 미 정 인 묘 사 가 지 십 이 선 인 가 학 귀

漢陽桃李夕陽迷 川澤魚龍皆北走 高山群鳥摠南飛
한 양 도 리 석 양 미 천 택 어 룡 개 북 주 고 산 군 조 총 남 비

子丑之年皆不識 寅卯年間始見機 寅卯聖人出於咸陽之林
자 축 지 년 개 불 식 인 묘 년 간 시 견 기 인 묘 성 인 출 어 함 양 지 림

자축(子丑)년에는 머뭇거려 안정하지 못하고, 인묘(寅卯)년에는 비로소 일을 알게 된다.
열두 신선들이 두루미를 타고 돌아오고, 한양의 복숭아와 오얏나무는 저녁 햇살에 희미하다. 배와 못에 고기와 용이 모두 다 북쪽으로 달리고, 높은 뫼의 많은 새들은 모두 남쪽으로 날아오리라. 자축의 해에는 모두 다 알지 못하고, 인묘(寅卯)의 해에는 비로소 기미를 볼 것이다. 인묘년에 함양(咸陽)의 수풀에서 성인이 나타나리라.

寄語世間獨覺者 須從白兎走青林
기 어 세 간 독 각 자 수 종 백 토 주 청 림

세상 이치를 깨달은 사람에게 말을 전하건대, 흰 토끼〔辛卯〕를 따라 푸른 숲으로 달아나리라.

辰巳聖人出 午未樂堂堂
진 사 성 인 출 오 미 낙 당 당

진사(辰巳)년에 성인이 나타나니, 오미(午未)년에 즐거움이 당당(堂堂)하리라.

鴨綠江動兵 自午未始 申酉唐僧來 戌亥載仙人
압 록 강 동 병 자 오 미 시 신 유 당 승 래 술 해 재 선 인

子丑事未定 寅卯兵還 血滿江流 辰巳聖人出 午未樂堂堂
자 축 사 미 정 인 묘 병 환 혈 만 강 류 진 사 성 인 출 오 미 낙 당 당

압록강의 군사를 움직이는 것이 오미년에 시작하며, 신유년에 중국 중이 오고, 술해(戌亥)년에 선인들이 비로소 나오고, 자축(子丑)년에 일을 정하지 못하고, 인묘(寅卯)년에 군사가 돌아오면 피가 강물처럼 흐르고, 진사(辰巳)년에 성인이 나타나니, 오미년에는 즐거움이 당당하리라.

此十年內 時事大變 壯丁盡死於邊 十女仰一夫
차 십 년 내 시 사 대 변 장 정 진 사 어 변 십 녀 앙 일 부

十家幷一牛 其時人民 乞食於頭流山下 庶可免禍矣
십 가 병 일 우 기 시 인 민 걸 식 어 두 류 산 하 서 가 면 화 의

20년 안에 세상일이 크게 변하며, 장정(壯丁)들이 몸과 맘을 다하여 변두리에서 죽음에 이르리라.
열 계집이 한 지아비를 사모하고, 열 집이 한 마리의 소를 아울러 부리리라. 그 때엔 백성들이 두류산 아래에서 빌어먹을 것이며, 서민들은 가히 재앙을 면하리라.

三申之年 鮮人盡白
삼 신 지 년 선 인 진 백

세 신(申)년에 우리나라 사람들이 흰 것이 다하며,

三庚之年 鮮人盡白
삼 경 지 년 선 인 진 백

세 경(庚)년 안에 우리나라에 흰 것이 다하리라.

義相曰 水蛇 西出白尾 南出靑頭
의 상 왈 수 사 서 출 백 미 남 출 청 두

의상대사께서 말씀하시기를, "계사(癸巳)년에 서쪽에서는 백미(白尾)가 나오고, 남쪽에서는 청두(靑頭)가 나오리라."

靑山古里 碧樹新村 十里一人 一祖十孫
청 산 고 리 벽 수 신 촌 십 리 일 인 일 조 십 손

푸른 산 옛 마을 푸른 나무 새 마을 십 리에 한 사람이요, 한 할아버지에 열 손자가 살아남네.

三王各立 萬民失巢
삼 왕 각 립 만 민 실 소

세 임금이 제각기 일어서니 모든 백성이 보금자리를 잃도다.

義相古訣 君臣三罹播遷 太白之下 當爲樂土天星一周
의 상 고 결 군 신 삼 이 파 천 태 백 지 하 당 위 낙 토 천 성 일 주

三大將出自海中 剿除奸賊 亦不得保身 厥後
삼 대 장 출 자 해 중 초 제 간 적 역 부 득 보 신 궐 후

山佳用事於戚田宛 非衣弄權於外門 三姓得窺
산 추 용 사 어 척 전 완 비 의 롱 권 어 외 문 삼 성 득 규

遠姓之李 終乃復邦
원 성 지 이 종 내 복 방

「의상고결(義相古訣)」에 임금과 세 차례나 도성을 떠나며 태백산 아래가 마땅히 즐거운 땅이 되리라. 천성(天星)이 한 바퀴 돌면 대장 세 사람이 바다 속에서 나와 간사한 도적들을 죽일 것이며, 세 사람의 대장 또한 몸을 보전할 수 없을 것이다.

그런 뒤에 최(崔)씨가 외척에서 권세를 부리고 배(裵)씨가 외방(外方)에서 군권(軍權)을 희롱하여 세 성(姓)이 저마다 틈을 노리되 멀리 있던 이(李)씨가 마침내 옛 나라를 회복하리니,

奠邑騎馬 走肖跨羊 血流千里 不可說也 木鷄聲思
전읍기마 주초과양 혈류천리 불가설야 목계성사

金虎較力 其至土猴人極矣 厠下有鐵 煽火艷妻 木兎首亂
금호교력 기지토후인극의 측하유철 선화염처 목토수란

土羊繼變 善人之血 塗于山野 國家從此南遷
토양계변 선인지혈 도우산야 국가종차남천

金馬木猴之相 水牛火龍之將 土蛇金狗之卿 共治國事
금마목후지상 수우화룡지장 토사금구지경 공치국사

昇平六十年 只恐鄭氏 木兎人再生復亂 人家凌夷不振也
승평육십년 지공정씨 목토인재생복난 인가능이불진야

정씨가 말을 타고 조씨는 양을 타고 오면 피가 천 리를 흐를 것이니 말로는 설명하지 못하리라.

을유(乙酉)년에는 은혜로운 소리가 있고 경인(庚寅)년에 힘을 겨루다가 무신(戊申)년에 이르면 재난이 극도에 다다를 것이다.

뒷간 아래 쇠〔鐵〕가 있고 아름다운 처(妻)가 불을 부채질하여 을묘(乙卯)년에 난리가 일어나고, 기미(己未)년까지 이어지다 보면 착한 사람의 피가 뫼와 들에 발리게 될 것이다. 이에 나라가 남쪽으로 옮기고 경오(庚午)·을유(乙酉)의 정승과 계축(癸丑)·병진(丙辰)의 장수와 기사

(己巳)·경술(庚戌)의 관리가 함께 나랏일을 돌보면 60년간 태평하리라. 오로지 두려운 점은 정씨 성을 가진 이가 을묘년에 다시 나서서 남의 집을 어지럽히면 나라가 점차 기울어 크게 떨칠 수가 없을 것이다.

鷄龍山下 殿基有石幢六尺埋於地中 其上 有銘
계 룡 산 하 전 기 유 석 당 육 척 매 어 지 중 기 상 유 명

四十二字露出其角 當爲金姓水生人 自西方 得於著杞叢中
사 십 이 자 로 출 기 각 당 위 금 성 수 생 인 자 서 방 득 어 시 기 총 중

雖遇金蛇勿驟除 立正宮於其上 國都太平 樂哉樂哉
수 우 금 사 물 취 제 입 정 궁 어 기 상 국 도 태 평 낙 재 낙 재

계룡산 아래 궁전의 터에 여섯 자〔尺〕 되는 돌로 만든 당간지주가 묻혀 있는데 42개 글자가 새겨져 있어 그 모습을 드러내게 될 것이다. 마땅히 금성(金姓)·수생(水生) 사람이 서쪽에서 찾아와 구기자나 무덤 풀 속에서 찾아낼 것이다. 비록 금사(金蛇)를 만날지라도 재빠르게 죽이지 말고 그곳에다 정궁(正宮)을 세우면 온 누리가 안녕하고 실로 즐겁도다.

詩曰 太祖數何盡 元是四百年 四百年以後 北狄親得傳
시 왈 태 조 수 하 진 원 시 사 백 년 사 백 년 이 후 북 적 친 득 전

시에 말하기를, 태조(太祖)의 수(數)가 언제 마치나? 본디 4백 년이다. 4백 년 뒤엔 북쪽 오랑캐에 친히 얻은 것을 전할 것이다.

又來東人害 寅卯先根源 豈忍東人害 實除人物稀
우 래 동 인 해 인 묘 선 근 원 기 인 동 인 해 실 제 인 물 희

또 동쪽 사람이 피해를 끼칠 것이니 인묘(寅卯)년에 먼저 원인이 있도다. 어찌 동쪽 사람의 해를 참는가? 실제로 제거할 인물이 드물더라.

甲乙何時到 千帆到南州 庚辛年月上 陰鬼自西來
갑 을 하 시 도 천 범 도 남 주 경 신 년 월 상 음 귀 자 서 래

갑년과 을년이 언제 이를 것인가? 천(千) 척의 배가 남쪽 물가에 이르리라. 경신년(庚辛年) 연월상(年月上)에는 음귀(陰鬼)가 스스로 서쪽에서 올 것이다.

呑盡三韓物 完山委如田 子丑年月上 南人取松都
탄 진 삼 한 물 완 산 위 여 전 자 축 년 월 상 남 인 취 송 도

삼한(三韓)의 물건을 삼켜 버리니, 온전한 뫼가 밭과 같도다. 자축(子丑)년 연월상에는 남쪽 사람이 송도(松都)를 취하리라.

茫茫滄海上 日夜浮千帆 丑寅年月上 猛虎領三韓
망 망 창 해 상 일 야 부 천 범 축 인 년 월 상 맹 호 령 삼 한

멀고 먼 푸른 바다 위에 하룻밤 사이 천 척의 배가 이를 것이다. 축년(丑年)과 인년(寅年) 세월에는 사나운 범이 삼한을 다스리게 될 것이다.

北馬起紅塵 風聲滿朝廷 先殺陰僧女 後殺十八子
북 마 기 홍 진 풍 성 만 조 정 선 살 음 승 녀 후 살 십 팔 자

북쪽 말이 홍진(紅塵)에서 일어나니 바람 소리가 조정에 가득하리라. 먼저 음흉한 중과 계집을 죽이고 뒤엔 이씨를 죽일 것이다.

山隹謀一劒 流血終三春 戊己辰巳生 飛龍起倡門
산 추 모 일 검 유 혈 종 삼 춘 무 기 진 사 생 비 룡 기 창 문

최(崔)씨가 한 칼을 꾀하면, 흘린 피로 세 달(3, 4, 5월)을 마치리라. 무진(戊辰)·기사(己巳)년에 태어난 성인이 창문(倡門)에서 일어날 것이다.

木子將軍劒 走肖大夫筆 非衣君子智 復定三韓格
목 자 장 군 검 주 초 대 부 필 비 의 군 자 지 복 정 삼 한 격

이씨 장군의 칼이요, 조(趙)씨 대부(大夫)의 붓이다. 배(裵)씨 군자의 지혜로 다시 삼한의 격식을 이루리라.

木子爲聖母 走肖日星精 惟有非衣子 栗原金城精
목 자 위 성 모 주 초 일 성 정 유 유 비 의 자 율 원 금 성 정

이씨가 성모(聖母)가 되고, 조씨는 해와 달의 정(精)이 되리라. 오직 배씨의 아들이 밤나무 언덕에 금성(金城)의 정이리라.

木子東猪下 走肖跨犬來 非衣金井子 騎牛過晩暉
목 자 동 저 하 주 초 과 견 래 비 의 금 정 자 기 우 과 만 휘

이씨 을해(乙亥)생 밑에 조씨가 개를 타고 올 것이다. 배씨는 금정(金井)의 아들이며, 소를 타고 빛을 발하며 늦게야 올 것이다.

以石覆金井 金井移都否 金井何處在 不知是誰覓
이 석 복 금 정 금 정 이 도 부 금 정 하 처 재 부 지 시 수 멱

돌로써 금정을 덮었는데, 금정으로 도읍을 옮겨서는 안 된다. 금정이 어느 곳에 있는가? 알지 못하면 이것을 그 누가 찾으리오.

金井君子眼 爲是眞金井 只恐無遲滯 唐臣願生國
금 정 군 자 안 위 시 진 금 정 지 공 무 지 체 당 신 원 생 국

금정은 군자의 눈이니, 이것은 정말 금정이다. 다만 두려운 것은 지체하지 말고 당(唐)나라 신하가 우리나라에 다시 태어나길 바랐다.

三奠三邑氏 而應滅三韓 且是二三客 能除能定止
삼 전 삼 읍 씨 이 응 멸 삼 한 차 시 이 삼 객 능 제 능 정 지

아홉 정씨가 세 나라를 없앨 것이다. 또한 이 여섯 사람이 능히 제압하고 능히 정할 것이다.

辰巳當不知 午未樂堂堂 小臣雖不肖 不能不信言
진 사 당 부 지 오 미 낙 당 당 소 신 수 불 초 불 능 불 신 언

진년(辰年)·사년(巳年)에는 마땅히 알지 못하고, 오년(午年)·미년(未年)에 즐거움이 당당하리라. 소신(小臣)[10]이 비록 못나고 어리석고 둔하다 할지라도 능력 없다고 이 말들을 믿지 않으면 아니 될 것이다.

10) 신하가 임금에 대하여 '자기'를 낮추어 일컫는 말.

不改筐有盛 改之筐有實 昭昭千載上 斬愧後世人
불 개 광 유 성 개 지 광 유 실 소 소 천 재 상 참 괴 후 세 인

고치지 않고 이대로 지켜지면 왕성함이 있을 것이고 고치게 되면 평상에 실(實)함이 있을 것이다. 밝고 밝은 천 년 후 후세 사람들에게 부끄럽도다.

歲在甲辰 議定大計遂 遷葬于香麟山名穴只一處 淵爲主穴
세 재 갑 진 의 정 대 계 수 천 장 우 향 린 산 명 혈 지 일 처 연 위 주 혈

갑진(甲辰)년에 의논해 큰 계획을 세웠으니 산소를 향린산(香麟山) 명혈(名穴)로 옮겼다. 다만 한 곳의 못이 주된 정혈(正穴)이 된다.

淵卽沁之始祖名也
연 즉 심 지 시 조 명 야

연(淵)은 심(沁)의 우두머리 할아버지의 이름이다.

是夜夢 白首仙人 贈詩曰
시 야 몽 백 수 선 인 증 시 왈

畵嶺觀牛走 離巢見鼠奔 蛇馬分三路 鷄帿列四君
화 령 관 우 주 이 소 현 서 분 사 마 분 삼 로 계 후 열 사 군

靑猪滄海溺 木羊月下芬 兎走摩尼島 鼠奔錦水春
청 저 창 해 익 목 양 월 하 분 토 주 마 니 도 서 분 금 수 춘

送主翻碁局 北始列扇蚊 今朝跨兩子 昔日碩功勳
송 주 번 기 국 북 시 열 선 문 금 조 과 양 자 석 일 석 공 훈

木之十八子 綠各海水濱 欲免斯塗炭 無如石井崑
목 지 십 팔 자 녹 각 해 수 빈 욕 면 사 도 탄 무 여 석 정 곤

이 밤 꿈에 머리 흰 선인(仙人)이 시(詩)를 주었는데 시에 이르기를, "잿마루를 그리니 달아나는 소를 보고, 보금자리를 떠나 달아나는 쥐를 본다. 사년(巳年)과 오년(午年)에 세 갈래로 나누어지고, 신년(申年)과 유년(酉年)에는 네 임금이 벌였도다. 을해(乙亥)년에는 푸른 바다에 빠지고, 을미(乙未)년은 달 아래 꽃과 같구나. 토끼는 마니섬(摩尼島)으로 달아나고 쥐는 금강(錦江)의 봄에 돌아온다. 보내는 주인이 바둑판을 뒤엎는 듯하고 북쪽은 비로소 모깃불을 피우는 듯하다. 오늘 아침에 두 아들을 타고 앉은 사람은 옛날에 공훈이 큰 사람이다. 목(木)의 이씨가 압록강과 바닷물 가에 제각기 있도다. 이 도탄을 면하는 데는 석정곤(石井崑)만한 것이 없다."

至十四代孫無故 北流以此書 示爲日後之鑑焉
지 십 사 대 손 무 고 북 류 이 차 서 시 위 일 후 지 감 언

14세대 손에 이르면 아들이 없고, 이 책이 북쪽으로 흘러가니 보이기 시작한 며칠 뒤에 거울로 삼을지어라.

無學秘書 國之臨亂 淫風大振 尊卑汚蔑 從私犯公
무 학 비 서 국 지 임 난 음 풍 대 진 존 비 오 멸 종 사 범 공

自下勝上 媵室之子 主祀宗社 以孽凌嫡 以賤淫貴
자 하 승 상 잉 실 지 자 주 사 종 사 이 얼 능 적 이 천 음 귀

蟲火燃松文弱武强 亥子卯酉之月 必有妖聞問
충 화 연 송 문 약 무 강 해 자 묘 유 지 월 필 유 요 문 문

而野無居人 山多賊藪 犯于鳳城(福州以外可居)
이야무거인 산다적수 범우봉성(복주이외가거)

犯于龍城(淳和以北漂村) 犯于沛城(龍礪珍高魚間)
범우용성(순화이북표촌) 범우패성(용여진고어간)

犯于鰲城(咸豊受殃 松沙粗安)
범우오성(함풍수앙 송사조안)

犯于光山(綾城以西 烏城以東可居)
범우광산(능성이서 오성이동가거)

犯于錦城(流連三載百里以內 存者幾稀 附賊則免 避賊則
범우금성(유연삼재백리이내 존자기희 부적즉면 피적즉

難免)
난면)

『무학비서(無學秘書)』에 이르기를, “나라의 난리에 임박하여 음란한 풍속이 크게 떨치고 지위, 신분 등의 높고 낮은 사람 모두 더럽혀지고 삿된 것이 관청 일을 침범하며, 아랫사람이 윗사람을 이기며, 잉첩의 아들이 종묘(宗廟)와 사직(社稷)을 주관하니 서자(庶子)가 적자(嫡子)를 업신여기고, 이로써 천한 것이 음란한 것을 귀하게 여기리라. 벌레불이 나무를 태우리라. 문(文)은 약하고 무(武)는 강하리라. 음력 10·11·2·8월에 반드시 요사스러운 소문을 들으리라. 들에는 사람이 살지 못할 것이다. 산이 많아 숲속에 도적이 있고, 봉성(鳳城)을 범하면 ‘안동(安東) 밖이 머물러 살 만한 곳이고,’ 남원(南原)을 범하면 ‘순화(淳化) 북쪽 표촌(漂村)이 살 만한 곳이며,’ 전주(全州)를 범하면 ‘남원(南原)·여산(礪山)·진원(珍原)·고창(高敞) 사이가 살 만한 곳이며,’ 오성(鰲城)을 범하면 ‘함평(咸平)과 무풍(茂豊)이 재앙을 받고 송사(松沙)가 조금 편안하며,’ 광산(光山)을 범하면 ‘능성(綾城) 서쪽과 오성(烏城) 동쪽이 살 곳이며,' 나주(羅州)를 범하면 '3년을 내리 흘러 백 리 안에 살아 있는 사람이 몇인가? 도적에 붙으면 곧 면할 수 있고 도적을 피하고 면하기 어렵도다.'"

朱雀西 熊山北 鷄山東 雪山東 三處則 鷄犬不驚
주작서 웅산북 계산동 설산동 삼처즉 계견불경

長沙細海 龜坪月坪 由池 靡有可匱圜 龍蛇以東 數百里
장사세해 구평월평 유지 미유가궤환 용사이동 수백리

周回之地 十歲以上 皆被刀鉅之禍 鎭龍以西 猶有餘釁
주회지지 십세이상 개피도거지화 진용이서 유유여흔

萬金平原之地 去者死 而留者生 支離六七年之後
만금평원지지 거자사 이유자생 지리육칠년지후

退保錦城 西四十里 而梢濟生 民之塗炭然 祭雪城
퇴보금성 서사십리 이초제생 민지도탄연 제설성

龍飛咸池相土 逆龍之下云
용비함지상토 역룡지하운

붉은 봉황은 서쪽에 있고 곰 산은 북쪽에 있고 닭의 산은 동쪽에 있고 눈 산은 동쪽에 있도다. 이 세 곳은 닭과 개의 소리에 놀라지 않는다.
긴 모래와 작은 바다에 거북 들과 달 들에 연못이 궤같이 둥글게 돌아 용과 뱀이 동쪽으로 둘레가 수백 리나 된다.
10세 이상은 모두가 칼로 도륙 당하게 된다. 진안과 용담의 서쪽은 외로이 남아 피해가 덜하리라. 만경 김제의 넓고 평탄한 들판의 땅이니, 가는 사람은 죽고 머물러 사는 사람은 살 수 있다. 6~7년 뒤에는 서로 갈갈이 흩어지고, 나주로 물러나 보전하며 나주 서쪽 40리 도

탄에 빠진 백성을 조금 건질 수 있다. 그러나 설악산 풀과 나무 우거진 곳에서 제(祭)를 올리고 용비(龍飛)·함지(咸池)가 서로 합해 내룡(來龍)이 거슬러 오르는 곳이더라.

기말록(其末錄)과 경고(鏡古)

1. 기말록 중의 성항장(性恒章)[1]

三角大運 至於五九 而庶孼柄國 六十年則
삼 각 대 운 지 어 오 구 이 서 얼 병 국 육 십 년 즉

可延五百年之數多髥者 簒之 女主柄政則 可促運氣
가 연 오 백 년 지 수 다 염 자 찬 지 여 주 병 정 즉 가 촉 운 기

東門之景 勝於南門 則智士可以去矣
동 문 지 경 승 어 남 문 칙 지 사 가 이 거 의

한양의 삼각산(三角山)의 대운은 무기경신(戊己庚辛)에 이르면 서얼이 나라를 잡을 것이며, 60년이 되면 5백 년이나 국운(國運)을 연장시킬 것이다. 수염이 많은 사람이 임금의 자리를 빼앗고 여자 임금이 정권을 잡으면 가히 운기(運氣)를 재촉하리라. 동문(東門)의 경치는 남문(南門)보다 나으니 슬기로운 선비는 가히 이로써 가리라.

---

1) 『경고(鏡古)』에는 성탄(性坦)으로, 『기말록(其末錄)』에는 성항장(性恒章)으로 되어 있다.

又云 五八之運 家有五子者 三子爲孽 而嫡愚孽智也
우 운 오 팔 지 운 가 유 오 자 자 삼 자 위 얼 이 적 우 얼 지 야

또 이르기를, 무기경신(戊己庚辛)의 운에 집안의 다섯 아들 가운데 세 아들은 서자(庶子)이며, 적자(敵子)는 어리석고 서자는 슬기롭도다.

松岳之來 有單脈玄武脈 故有鄭仲夫 武人之亂
송 악 지 래 유 단 맥 현 무 맥 고 유 정 중 부 무 인 지 란

至於松岳入首處 有胡僧禮佛形 故起以僧指亡僧禍案
지 어 송 악 입 수 처 유 호 승 예 불 형 고 기 이 승 지 망 승 화 안

개성(開城)의 산세(山勢)가 내려옴이 북쪽의 한 산맥이 있으니 정중부(鄭仲夫)[2]의 무인들의 난이 있었으며, 송악(松岳)의 산룡(山龍)의 맥이 혈(穴)로 들어가는 곳에 호승예불형(胡僧禮佛形)[3]이 있어 중〔僧〕의 뜻

---

2) 정중부(鄭仲夫, 1106~1179)는 고려시대의 무신으로 본관은 해주(海州)이고 인종 때 견룡대정(牽龍隊正)이 되고, 의종 초 교위(校尉)를 거쳐 상장군(上將軍)을 지냈다. 1164년(의종 18) 왕이 무신을 차별하는 데 불만을 품고, 1170년 왕의 보현원(普縣院) 거둥 때 대장군 이소응(李紹膺)이 문신 한뇌(韓賴)에게 구타당하자 격분, 문신을 죽이고 정권을 장악했다. 이어 의종을 폐하고 왕제 익양공(翼陽公) 호(晧: 明宗)를 즉위시키는 한편, 의종과 태자를 유배시켰다. 이의방(李義方)·이고(李高)와 함께 전왕의 사제(私第)를 분점(分占), 스스로 참지정사(參知政事)가 되고 벽상공신(壁上功臣)에 올랐으며, 이어 중서시랑평장사(中書侍郎平章事)·문하평장사·서북면판사·행영병마 겸 중군병마판사 등을 지냈다. 1173년 동북면 병마사 간의대부(諫議大夫) 김보당(金甫當)이 의종의 복위와 무신의 집권을 타도하려고 난을 일으키자 이를 토벌하고 의종을 살해했다. 이듬해 서경유수 조위총(趙位寵)이 난을 일으키자 토벌, 문하시중이 되고 1175년 궤장(几杖)을 하사받은 뒤 치사(致仕)하였다. 1179년 같은 무신인 경대승(慶大升)에게 일가족이 몰살되었다.

3) 오랑캐 스님이 부처님에게 겸손한 맘으로 경배하는 모양.

으로써 일어나니, 중이 망하고 재앙을 받는 공안(貢案)이 있었다.

有玉鏡粧坮貴人 故上國公主 累次來嫁 巽方有亂
유 옥 경 장 대 귀 인 고 상 국 공 주 누 차 내 가 손 방 유 란

水飛空形 故不嫌親屬之相奸
수 비 공 형 고 불 혐 친 속 지 상 간

구슬 거울에 귀인(貴人)이 단장하는 집의 모양이 있으니 중국의 공주(公主)가 여러 차례 시집을 왔고, 물이 공중에 나는 형상이 있으므로 꺼리지 아니하고 촌수(寸數)가 가까운 겨레붙이가 서로 간통(奸通)을 한다.

至於三角山行龍癸坎間 八壬氣 故宗統未過三年間
지 어 삼 각 산 행 용 계 감 간 팔 임 기 고 종 통 미 과 삼 년 간

間絶嗣枝孼入承 若凡民勿錮 則必有骨肉相爭殺之禍
간 절 사 지 얼 입 승 약 범 민 물 고 칙 필 유 골 육 상 쟁 살 지 화

故仍成庶孼禁錮之法 成國之末年則 必不可禁將 相按廉也
고 잉 성 서 얼 금 고 지 법 성 국 지 말 년 칙 필 불 가 금 장 상 안 염 야

송악(松岳)의 내맥(來脈)이 삼각산에 이르러 용이 북북동 북쪽 사이에서 북북서 쪽으로 기가 들어갔으니, 적장자(敵長子)의 계통이 임금하기를 3백 년간을 지나지 못하리라. 간간이 대를 이어갈 자손이 끊어져 가지의 서자가 뒤를 잇고, 만약 보통 백성들의 벼슬길을 막으면, 곧 반드시 부자·형제 사이에 서로 해를 끼치거나 같은 겨레끼리 전쟁하여 죽이는 재앙이 있을 것이다. 그러므로 서얼(庶孼)에게 죄과(罪過)로 인하여 벼슬에 쓰지 않는 법을 만드니, 나라를 이루는 끝 무렵(조선 초기)의 의금부(義禁府)의 지사(知事: 종2품)들이 반드시 옳지 못

하다 할 것이다. 서로 살피고 살필 것이다.

皆歸庶孽 雖欲禁之其 嫡長派無子孫 何哉
개귀서얼 수욕금지기 적장파무자손 하재

白岳爲主 木覓爲案則 雖文明安享 富貴無多年數
백악위주 목멱위안칙 수문명안향 부귀무다년수

금고법(禁錮法)이 모두 서얼(庶孼)에게 돌아가니, 비록 그것(금고법)을 하고자 하나 적장(嫡長)의 종파(宗派)에 자손이 없으니 어찌하랴? 백악(白岳)은 주산(主山), 목멱산(木覓山: 남산)이 안산(案山)이 된즉 비록 문명은 편안히 누리나 부귀가 없는 햇수가 많으리라.

又云 五八之運 家有紅白巴 人皆稱官 野有蒻笠之名
우운 오팔지운 가유홍백파 인개칭관 야유약립지명

官庭無窮理之人
관정무궁리지인

또 이르기를, 갑을년과 무기년에 집에 붉은 꽃봉오리가 있고 사람은 모두 벼슬을 일컬으니, 들에는 대껍질로 만든 삿갓을 쓴 사람이 있고, 관청에는 사물의 이치를 연구하는 사람이 없으리라.

朝士讓能於君上 經略之才 鉗口於僚下 貧風始振
조사양능어군상 경략지재 겸구어요하 빈풍시진

骨肉餓死 廉察雖存 賂門大開 力士以無用 見殺智人
골육아사 염찰수존 뇌문대개 역사이무용 견살지인

以謀國而逐出用錢 貨者父子相棄 藏穀財免 貨者隣里相
이모국이축출용전 화자부자상기 장곡재면 화자인리상

조정의 관리들은 능히 사양하기를 임금께 하리라. 나라를 경영하고 다스릴 인재는 막요(幕僚) 아래서 입을 다물고, 가난한 바람이 비로소 떨치니 골육(骨肉)이 굶주려 죽도다. 비록 감찰(監察)이 있어 살피나 뇌문(賂門)은 크게 열렸도다. 힘 있는 장사가 쓰임이 없어 슬기로운 사람을 보면 죽임으로써 나라를 도모하니 돈의 쓰임을 몰아내리라. 돈이란 아비와 아들이 서로 버리고 곡식과 재물을 감출 것이다. 돈이란 이웃 마을과 서로 참소하리라.

又云 女婚太過 男婚卑下 又云 知外家者 十分在一
우 운 여 혼 태 과 남 혼 비 하 우 운 지 외 가 자 십 분 재 일

또 이르기를 여자의 혼인이 아주 지나치니 남자의 혼사는 낮춰 내리리라. 또 이르기를 어머님의 친정에서 10분의 1을 알리라.

2. 경고 중의 옥룡자시(玉龍子詩)

庚申何歲月 陰龍從西來 甲乙何時倒 千帆逼南州
경 신 하 세 월 음 룡 종 서 래 갑 을 하 시 도 천 범 핍 남 주

경신(庚申)년은 어느 세월인고? 숨은 용이 서쪽에서 오리라. 갑년과 을년이 언제나 올 것인가? 남쪽 고을에 수많은 배가 가까이 오리라.

子丑年月 上南人聚松都 丑寅年月還 狂龍領三韓
자 축 년 월 상 남 인 취 송 도 축 인 년 월 환 광 용 영 삼 한

자년, 축년 연월상에는 남쪽 사람이 송도(松都)에 모이리라. 축년,

인년 세월이 돌아오니 미친 용이 삼한(三韓)을 호령하게 될 것이다.

戊辰己巳上 亂龍起倡家 辰巳事何如 午未樂堂堂
무 진 기 사 상 난 용 기 창 가 진 사 사 하 여 오 미 낙 당 당

무진, 기사 위에 어지러운 용이 기생의 집에서 일어날 것이다. 진년과 사년의 일은 어떠한가? 오년과 미년에 즐거움이 당당하리라.

3. 기말록 중의 용자장(龍子章)[4)]

臨津以北再作胡地 壤境二方 不可論保 南至錦江之西
임 진 이 북 재 작 호 지 양 경 이 방 불 가 론 보 남 지 금 강 지 서

賊反爲巢 東限楓岳之北 民不安土
적 반 위 소 동 한 풍 악 지 북 민 불 안 토

임진강 북쪽은 거듭 오랑캐의 땅이 되고 평안도·함경도의 두 지방에 대해서는 보신(保身)을 논할 수 없다. 남쪽으로는 금강 서쪽에 이르고 동쪽으로는 금강산 북쪽에까지 반드시 적의 소굴이 될 터이니, 백성이 편안히 한 곳에 살기가 어려울 것이다.

三南五被 青衣之賊 兩西七逢 青尾之禍 角生馬頭
삼 남 오 피 청 의 지 적 양 서 칠 봉 청 미 지 화 각 생 마 두

---

4) 『경고(鏡古)』에선 옥룡자시(玉龍子詩)이며, 『기말록(其末錄)』에선 용자장(龍子章)으로 되어 있다.

三王各立
삼 왕 각 립

삼남(三南)은 다섯 차례나 푸른 옷의 도적을 만나고, 양서(兩西: 관서·호서)는 일곱 차례나 적미(赤眉)의 도적을 만나리라. 말머리에 뿔이 돋아나면 세 임금이 저마다 왕의 자리에 오를 것이다.

南溟變淙 西獠爲藩 王母西歸 再造華邦
남 명 변 종 서 료 위 번 왕 모 서 귀 재 조 화 방

남쪽 바다가 종(淙)으로 변하고 서료(西獠)가 울타리가 되며 왕모(王母)가 서쪽으로 돌아가면, 다시 중국과 우방이 될 것이다.

星沈海水 萬姓餘一 峯巒隱溪 化爲藏身之所 太白爲上 頭流爲次 平蔚三亦吉
성 침 해 수 만 성 여 일 봉 만 은 계 화 위 장 신 지 소 태 백 위 상
두 류 위 차 평 울 삼 역 길

별이 바닷물에 잠기면 많은 성씨 가운데 한 성씨만 남을 것이고, 산꼭대기가 시내〔溪〕 속으로 숨어들게 될 것이다. 몸을 숨길 곳은 태백이 첫째이고, 두류가 두 번째이고, 평해(平海)·울진(蔚珍)·삼척(三陟)이 또한 길하다.

4. 기말록 중의 격암결(格菴訣)

漢都末 以奢爲儉 婦女無首
한 도 말 이 사 위 검 부 녀 무 수

조선 말엽에 사치로움이 검소하게 되니 지어미들의 머리가 짧아지리라.

又云 潮淺龍頭 沙退雀腦 智士藏踪 愚夫當國
우 운 조 천 용 두 사 퇴 작 뇌 지 사 장 종 우 부 당 국

또 이르기를, 조수(潮水)가 얕으니 용의 머리가 나타나고, 모래가 물러가니 참새의 머릿골이 드러나리라. 슬기로운 선비는 자취를 감추고, 어리석은 지아비는 나랏일을 맡으리라.

又云 本不勝枝 花不結子 良人賤役 龍潛水中
우 운 본 불 승 지 화 불 결 자 양 인 천 역 용 잠 수 중

또 이르기를, 뿌리가 가지를 이기지 못하고, 꽃은 씨앗을 맺지 아니하도다. 양인(良人)이 천한 부역을 하고, 용은 물속에 잠겼도다.

5. 경고 중의 상산결(象山訣)

漢都山川 來勢甚惡 必不伐而衰 不奪而失 多畜巧婦
한 도 산 천 래 세 심 악 필 불 벌 이 쇠 불 탈 이 실 다 축 교 부

野杏接李
야 행 접 이

한양의 뫼와 내의 형세가 매우 험악해 반드시 치지〔征伐〕 않아도 쇠하며, 빼앗지 않아도 잃도다. 손재주가 있는 부인을 많이 기르고, 들 살구나무에 오얏나무를 접붙이도다.

黑鼻將軍 倡言扶李 其實伐李斧子也
흑 비 장 군 창 언 부 이 기 실 벌 이 부 자 야

흑비장군이 오얏나무를 돕는다고 큰소리치나 그것은 실제로 오얏나무 씨앗을 베는 도끼니라.

6. 경고 중의 우복동(牛腹洞)

路自聞慶城內 訪隱仙庵 則山路崎嶇 或接一足
로 자 문 경 성 내 방 은 선 암 즉 산 로 기 구 혹 접 일 족

或接半足氷厓 或半里 或一里
혹 접 반 족 빙 애 혹 반 리 혹 일 리

到庵 入廚出後門 回煙突邊 上山則 有兩條路 向左手邊
도 암 입 주 출 후 문 회 연 돌 변 상 산 즉 유 양 조 로 향 좌 수 변

細路則 山上之路 石角嵯峨 若非單身 則不可行步
세 로 즉 산 상 지 로 석 각 차 아 약 비 단 신 즉 불 가 행 보

여행을 떠나 문경(聞慶: 경상북도 문경) 성 안에 이르러 은선암(隱仙庵)

을 방문하여 찾아보니 산길이 험악하기가 한 발을 디딜 정도일까? 아마 반(半)의 발을 디딜 정도의 가파른 언덕을 한 2km, 또는 4km를 지나 초막(草幕)에 이르러 부엌으로 들어가 뒷문으로 나오니 연기가 굴뚝을 빙그르르 돌더라. 산꼭대기로 오르는 길이 두 가지가 있는데, 왼쪽의 작은 길은 돌의 뿔이 불쑥 솟아 험한 모양이라 홑몸이 아니면 걸어가기 어렵다.

其間 有案乭里角乭里兩洞 而樹木參天 澗水雜流
기간 유안돌리각돌리양동 이수목삼천 간수잡류

只見天日 不見地角 如此之路 三十餘里 始得一峰俯視
지현천일 불견지각 여차지로 삼십여리 시득일봉부시

山開平陸 周回路 四五十里 其間 殘山短麓 成一別乾坤
산개평육 주회로 사오십리 기간 잔산단록 성일별건곤

而主屹山爲主 天王峰爲案 土沃泉甘 果木無數
이주흘산위주 천왕봉위안 토옥천감 과목무수

一種五穀 與世無異 居民三四十戶也
일종오곡 여세무이 거민삼사십호야

그 사이에 안돌리(案乭里)와 각돌리(角乭里)의 두 고을이 있고, 나무들이 하늘을 찌르고 도랑물에는 이것저것이 흘러가고, 다만 보이는 것은 하늘과 해며, 땅의 한 모퉁이도 보이질 않는데 이와 같은 길이 30리 남짓하다. 비로소 한 산봉우리를 굽어보니 산이 열려 평평한 뭍이 있는데 둘레가 40~50여 리라.

그 사이에는 작은 산과 짧은 산기슭이 있어 하나의 별천지(別天地)이니 주흘산(主屹山: 해발 1,075m)이 주산(主山)이 되고 천왕봉(天王峰)이 안산(案山)이 되었다.

흙은 기름지고 샘은 달아 과실나무가 헤아릴 수없이 많고 한 번

심으면 오곡 풍년이 들어 세상과 더불어 다를 바가 없이 30~40집의 백성이 살아오고 있다.

其水口則 流尙州地 所巨里 酒店 而其中 群山亂下
기 수 구 즉 류 상 주 지 소 거 리 주 점 이 기 중 군 산 난 하

衆水如流 如牛之千葉過一 麓渡一水 而回顧則 不辨云
중 수 여 류 여 우 지 천 엽 과 일 록 도 일 수 이 회 고 즉 불 변 운

그 물의 샘은 상주(尙州) 땅 소거리(所巨里)에서 시작되며 그 사이 주점(酒店)이 있고 여러 산이 어지러이 뻗어 내렸으며 여러 물이 소와 같이 천천히 흘러가나 많은 낙엽이 한 산기슭을 지나가고, 산의 지맥(支脈)이 삥 둘러 있어 본산(本山)과 서로 마주한즉 분간하지 못하겠다.

7. 기말록 중의 토정비결(土亭秘訣)[5)]

朝鮮之運 先逆克後 逆生之像 故間間 父子之變
조 선 지 운 선 역 극 후 역 생 지 상 고 간 간 부 자 지 변

有叔侄之禍 兄弟之害 不絶矣 至于季葉 逆理雖變
유 숙 질 지 화 형 제 지 해 불 절 의 지 우 계 엽 역 리 수 변

順理未回 邪氣極旺 天災時變 無年不在 無月不有
순 리 미 회 사 기 극 왕 천 재 시 변 무 년 부 재 무 월 불 유

---

5) 『경고(鏡古)』에서는 토정결(土亭訣), 『기말록(其末錄)』에서는 토정비결(土亭秘訣)로 되어 있다. 여기서는 조선 고종황제 때 쓰인 것으로 추정되는 『경고』, 『기말록』, 『조선비결전집』의 것을 정리하여 실었다.

先生天災 次生地變 草木禽獸之害 日奏時告 至于垂亡
선생천재 차생지변 초목금수지해 일주시고 지우수망

烏鵲亂躁於 宗廟之樹 孤虎酷害於 宮闕之路 殺李葉上
오작난조어 종묘지수 고호혹해어 궁궐지로 살이엽상

蟲吐讖文 王忠穀下 鳥弄嘉粒 御廚之佳 鮮生卵於草川
충토참문 왕충곡하 조롱가립 어주지가 선생란어초천

姬女美貌 盡家於路變 人孕獸 獸産人 男化女 女變男
희녀미모 진가어로변 인잉수 수산인 남화녀 여변남

當其時只論 鷄山之石白 不知仁旺之氣 黑幼明
당기시지론 계산지석백 부지인왕지기 흑유명

知草浦之潮生 亡者見漢江之沙露 隨富貴者 負薪入火
지초포지조생 망자견한강지사로 수부귀자 부신입화

從貧賤者 荷網求魚 先逆克者 運在旺宮故 在君上雖悖君
종빈천자 하망구어 선역극자 운재왕궁고 재군상수패군

亂主臨御位而能之 後逆生者 運到衰宮故 在臣民惟
난주림어위이능지 후역생자 운도쇠궁고 재신민유

不孝不忠 吝財産而亡之 西白南靑 北胡東賊 炊骨飮血
불효불충 인재산이망지 서백남청 북호동적 취골음혈

山非盡山 水非盡水 籠鳥網魚 茫茫汲汲 其將亡矣
산비진산 수비진수 농조망어 망망급급 기장망의

昔利馬竇 觀朝鮮山川 曰 山盡惡 水盡凶 若積德家反
석리마두 관조선산천 왈 산진악 수진흉 약적덕가반

(一云及) 理氣行之 子孫遠昌
(일운급) 이기행지 자손원창

又曰 南悍北巧 西强東愚 中土四病兼之 山川瘠薄
우왈 남한북교 서강동우 중토사병겸지 산천척박

無豐厚相配故 富貴相交者 不久爲仇誰 而起殺戮
무 풍 후 상 배 고 부 귀 상 교 자 불 구 위 구 수 이 기 살 육

貧賤相合者 永久爲恩德 而互救助
빈 천 상 합 자 영 구 위 은 덕 이 호 구 조

又曰 朝鮮山川 雖丈山尺水 無非雌雄故
우 왈 조 선 산 천 수 장 산 척 수 무 비 자 웅 고

上下君臣以淫風亡也 雖曰衣食之國 盡是盜賊之世
상 하 군 신 이 음 풍 망 야 수 왈 의 식 지 국 진 시 도 적 지 세

小山小水 貪生忘克故 至于季世 亡者八九
소 산 소 수 탐 생 망 극 고 지 우 계 세 망 자 팔 구

生者不過一二也 是達理之言也 李氏之末 中庶之先者
생 자 불 과 일 이 야 시 달 리 지 언 야 이 씨 지 말 중 서 지 선 자

爲新邦之宰相 胄士之不去者 爲舊國 魚肉之鼎
위 신 방 지 재 상 주 사 지 불 거 자 위 구 국 어 육 지 정

兩西無人農作 隋唐鷄不鳴晨 光羅徒有舊路
양 서 무 인 농 작 수 당 계 불 명 신 광 라 도 유 구 로

原橫只見草色 詩曰 南飛困龍無定沼 流水聲中民何生
원 횡 지 견 초 색 시 왈 남 비 곤 룡 무 정 소 유 수 성 중 민 하 생

食祿舊臣從幾人 沙金化成劍鋒金 此後十二年 分裂三方
식 록 구 신 종 기 인 사 금 화 성 검 봉 금 차 후 십 이 년 분 열 삼 방

朝得暮失 八域腥塵 萬姓骨場 天命仁聖 尊鼎新基
조 득 모 실 팔 역 성 진 만 성 골 장 천 명 인 성 존 정 신 기

唐堯卽位之古春 周武伐殷之 舊日天子
당 요 즉 위 지 고 춘 주 무 벌 은 지 구 일 천 자

錫號三方獻貢地勢 從南距北 三千餘里 衣冠文物
석 호 삼 방 헌 공 지 세 종 남 거 북 삼 천 여 리 의 관 문 물

先宋後唐 惟我子孫不離於忠慶江三道之際
선송후당 유아자손불리어충경강삼도지제

庶免魚肉之世 池魚之禍也 季世天德 在於此地故也
서면어육지세 지어지화야 계세천덕 재어차지고야

十勝之中 南牛腹 東橋內 北頭流 最勝而 初被殘害
십승지중 남우복 동교내 북두류 최승이 초피잔해

末乃有吉 惟我生民 極力搜訪仙李曆數細推究
말내유길 유아생민 극력수방선이역수세추구

大要符合高麗代 上中下元(一云雖)運朝暮
대요부합고려대 상중하원(일운수)운조모

申子辰會氣陰慘 時值黑龍黑蛇回
신자진회기음참 시치흑룡흑사회

倚負(一云猗角)爭穴(一云爭大)灾非常
기부(일운의각)쟁혈(일운쟁대)재비상

牛馬(一云牛羊)蹄間流血川 猿鷄身邊枯骨田
우마(일운우양)제간유혈천 원계신변고골전

狗尾猪頭莫問(一云言)疏 七年病中三年乂
구미저두막문(일운언)소 칠년병중삼년예

木鼠騰攘(一云搶攘)不須驚 火鼠紛紜更難求
목서등양(일운창양)불수경 화서분운경난구

牛後鷄口韓信情 烏頭馬角燕丹淚
우후계구한신정 오두마각연단누

黃猿而後出村夫 搔撓朝野日未定
황원이후출촌부 소요조야일미정

去事旣已來何事 運入下元歲下元
거사기이래하사 운입하원세하원

金鷄卵坼青鶴淚 草浦潮白黃河清
금 계 란 탁 청 학 누 초 포 조 백 황 하 청

漢水卽淺回新運 疑谷(一云穀字)方雨妖孼胎
한 수 즉 천 회 신 운 의 곡 (일 운 곡 자)방 우 요 얼 태

星日戰光暮運回 狐狗爭形亂相倫(一云非常)
성 일 전 광 모 운 회 호 구 쟁 형 난 상 륜 (일 운 비 상)

由來時值四六(一云四七)際 富不濟貧財益窮
유 래 시 치 사 육 (일 운 사 칠)제 부 부 제 빈 재 익 궁

取人不德但看勢 割胸藏珠爰未了
취 인 부 덕 단 간 세 할 흉 장 주 완 미 료

可憐今日王孫子
가 련 금 일 왕 손 자

二十七之(一云七七)九九數 胎於聖歲解聖歲
이 십 칠 지 (일 운 칠 칠)구 구 수 태 어 성 세 해 성 세

二十七之(一云七七)九九數 花開二十又二春
이 십 칠 지 (일 운 칠 칠)구 구 수 화 개 이 십 우 이 춘

狐假虎威奸雄多 俱曰我聖大臣無
호 가 호 위 간 웅 다 구 왈 아 성 대 신 무

善者愚者未分明 智士勇士各得處
선 자 우 자 미 분 명 지 사 용 사 각 득 처

馬羊(一云牛)之間機檻(一云挽提)發 遠鷄之下風雲亂
마 양 (일 운 우) 지 간 기 함 (일 운 만 제) 발 원 계 지 하 풍 운 란

黑猿平生但兩朋(一云兩友) 青蛇滋味情一盃
흑 원 평 생 단 양 붕 (일 운 양 우) 청 사 자 미 정 일 배

狗猪戰頭霜光起 鼠牛駈邊持戈隨(一云執鞭)
구 저 전 두 상 광 기 서 우 구 변 지 과 수 (일 운 집 편)

虎兎交瓜分形勢 龍蛇結要雜雌雄
호 토 교 과 분 형 세 용 사 결 요 잡 자 웅

黑馬(一云牛)奮起武始偃 玄牛(一云羊)鼓舞文方脩
흑 마 (일 운 우) 분 기 무 시 언 현 우 (일 운 양) 고 무 문 방 수

木子論筆(一云弄筆)云姓安 走肖杖劍四隅收
목 자 론 필 (일 운 롱 필) 운 성 안 주 초 장 검 사 우 수

非衣元功配太室 人王孤忠表後世
비 의 원 공 배 태 실 인 왕 고 충 표 후 세

非上非下亦非中 依仁依義莫依勢
비 상 비 하 역 비 중 의 인 의 의 막 의 세

先進有淚後進歌 白榜馬角紅榜牛
선 진 유 루 후 진 가 백 방 마 각 홍 방 우

千家求生活十人 三祖行仁遺一孫
천 가 구 생 활 십 인 삼 조 행 인 유 일 손

坐三立三玉璽移 來一去一佛頭紅
좌 삼 립 삼 옥 새 이 래 일 거 일 불 두 홍

千里萬里人煙斷 小兒(一云小鼠)大兒(一云大鼠)猿火陷
천 리 만 리 인 연 단 소 아 (일 운 소 서)대 아 (일 운 대 서) 원 화 함

山山蟄伏龍虎輩 丘丘搏翼鸞鳳類
산 산 칩 복 용 호 배 구 구 박 익 란 봉 류

千士擁衆九百全 十八(一云十人)抱子七人(一云十人)安
천 사 옹 중 구 백 전 십 팔 (일 운 십 인) 포 자 칠 인 (일 운 십 인) 안

太白聚起餓死鬼 小白横行斷頭魂
태 백 취 기 아 사 귀 소 백 횡 행 단 두 혼

白華橫禍中央(一云中末)入 德裕非災(一云九災)先後起
백화횡화중앙(일운중말)입 덕유비재(일운구재)선후기

頭流嗅起無髥賊 俗離安坐(一云屯坐)有像人(一云衆人)
두류후기무염적 속리안좌(일운둔좌)유상인(일운중인)

山北應被古月患 山南必見人委變
산북응피고월환 산남필견인위변

山山丘丘兩下山(一云沙) 姓姓族族雙通泰
산산구구양하산(일운사) 성성족족쌍통태

誰知江南第一人 潛伏山丘震丑(一云最安)間
수지강남제일인 잠복산수진축(일운최안)간

隣居山丘桃李客 結交一大(一云一人)三淸士
인거산구도리객 결교일대(일운일인)삼청사

此書(一云此世)莫知貪焚人 災及其身殃九族
차사(일운차세)막지탐분인 재급기신앙구족

(弓弓卽 高四隅兩乳之間 非山非水 不淺不深 一片生耳之地)
(궁궁즉 고사우양유지간 비산비수 불천불심 일편생이지지)

수운가사 4편(水雲歌詞四篇)

수운(水雲) 최제우(崔濟愚)는 조선 순조(純祖) 24년(甲申年, 단기 1824, 서기 1984) 음력 10월 28일 경북(慶北) 월성군(月城郡) 견곡면(見谷面) 가정리(柯亭里)에서 아버지 산림공(山林公) 최옥(崔沃)과 어머니 한씨(韓氏) 사이에서 태어났다.

초휘(初諱)는 복술(福述)이고 본명은 제선(濟宣)이며 자(字)는 성묵(性默)이고 호(號)는 수운(水雲)·수운재(水雲齋)이며 본관은 경주(慶州)이다. 7대조인 최진립(崔震立)이 임진왜란과 병자호란 때 혁혁한 공을 세워 병조판서(정2품)의 벼슬과 정무공(貞武公)의 시호가 내려진 무관(武官)이었으나 6대조부터는 벼슬길에 오르지 못한 몰락한 양반 출신이다.

어릴 때부터 총명하여 일찍부터 경사(經史)를 익혔으나 기울어가는 가세(家勢)와 함께 조선 말기 체제의 내부적 붕괴양상 및 국제적인 불안정이 유년기에 커다란 영향을 미쳤다.

13세의 나이로 울산 출신의 월성 박씨(月城朴氏)와 혼인했고 4년 뒤 아버지를 여의었다. 3년상을 마친 뒤에는 집안 살림이 더욱 어려워져

---

* 수운가사 4편, 삼연경세편(三然警世篇)·궁을전전가(弓乙田田歌)·삼경대명가(三鏡大明歌)·사십구년설법가(四十九年說法歌)는 조선 말기 동학을 창시한 최제우(崔濟愚)가 상재한 것이다.

여기저기로 떠돌아다니며 갖가지 장사와 의술(醫術)·복술(卜術) 등의 잡술(雜術)에 관심을 보였으며 서당에서 글을 가르치기도 했다.

그러다가 세상인심의 각박함과 어지러움이 바로 천명(天命)을 돌보지 않기 때문이란 것을 깨닫고 천명을 알아낼 수 있는 방법을 찾기 시작했다. 1856년(철종 7) 여름에 중과 더불어 양산(梁山) 통도(通道) 천성산(千聖山) 내원암(內院庵)에서 하느님께 정성을 드리면서 시작된 구도(求道) 노력은 그 이듬해 천성산 적멸굴(寂滅窟)의 49일 정성과 울산 유곡(裕谷) 여시바위골 집에서의 공덕 닦기로 이어졌고 1859년(철종 10) 10월 처자를 거느리고 경주로 돌아온 뒤에도 구미산 용담정(龍潭亭)에서 계속 수련했다. 이 무렵 가세는 거의 절망적인 상태에까지 기울어져 있었고 국내 상황은 삼정(三政)의 문란 및 천재지변(天災地變)으로 크게 혼란된 분위기였으며 국제적으로도 애로호(Arrow號) 사건을 계기로 중국에서는 태평천국(太平天國)의 난이 일어나고 영불연합군(英佛聯合軍)에 패배하여 텐진조약(天津條約)을 맺는 등 민심이 불안정하던 시기였다. 이러한 상황에서 하느님의 뜻을 알아내는 데 유일한 희망을 걸고 자신의 이름을 '어리석은 자를 구제한다'는 뜻의 '제우(濟愚)'라고 고치면서 구도의 결심을 나타냈다. 그러다가 철종 1년(庚申年, 단기 4193, 서기 1860) 음력 4월 5일 결정적인 종교체험을 하게 되었다. 하느님에게 정성을 드리던 중 갑자기 몸이 떨리고 정신이 아득해지면서 천지가 진동하는 듯한 소리가 공중에서 들려왔다.

이러한 종교체험을 통하여 종교적 신념은 결정적으로 확립되기 시작했고 그 후 1년 동안 '시천주(侍天主) 사상'을 핵심으로 한 '인내천(人乃天)'의 교리를 완성하고 동학을 창시했다. 천(天)·인(人)을 대도(大道)의 근원으로, 성(誠)·경(敬)·신(信)을 도행(道行)의 본체로, 수심정기(守心正氣)를 수도의 요결로 삼는 그 가르침에 마땅한 이치를 체득, 도를 닦는 순서와 방법을 만들 수 있게 되었다.

1861년 포교를 시작하여 도(道)를 천도(天道)라 하고 학(學)을 동학(東學)

이라 했는데 농민·천민·유생에 이르는 놀라울 정도의 많은 사람들이 동학의 가르침에 따르게 되었다. 동학이 세력을 얻자 기존 유림층에서는 비난의 소리가 높아져 서학(西學), 즉 천주교를 신봉한다는 지목을 받게 되었다. 또한 텐진조약 후 영불연합군이 물러가 조선침공의 위험이 없어졌다는 소식을 듣고 민심이 가라앉게 되자 조정에서는 서학을 다시 탄압하게 되었으므로 1861년 11월 호남으로 피신하게 되었다.

1862년 3월 경주로 되돌아갈 때까지의 남원의 은적암(隱寂庵) 피신생활 중 동학사상을 체계적으로 이론화했고 「논학문(論學文)」·「안심가(安心歌)」·「교훈가(教訓歌)」·「도수사(道修詞)」·「권학가(勸學歌)」 등을 지었다. 경주에 돌아와 포교에 전념하여 교세가 크게 확장되었는데 1862년 9월 사술(邪術)로 백성들을 현혹시킨다는 이유로 경주진영(慶州鎭營)에 체포되었으나 수백 명의 제자들이 석방을 청원하여 무죄방면되었다.

이 사건은 사람들에게 동학의 정당성을 관(官)이 입증한 것으로 받아들여져 신도가 더욱 증가했으며 포교 방법의 신중성을 가져와 마음을 닦는데 힘쓰지 않고 오직 이적(貽績)[1]만 추구하는 것을 신도들에게 경계하도록 했다. 신도가 늘어나자 그해 12월 각 지방에 접소(接所)를 설치하고 접주(接主)를 두어 관내의 신도를 다스리는 접주제(接主制)를 만들어 경상도·전라도뿐만 아니라 충청도와 경기도에까지 교세(教勢)가 확대되어 1863년에는 교인 3,000여 명에 접소 13개소를 확보했다.

이해 7월 제자 최시형(崔時亨)을 북접(北接) 대도주로 정하고 해월(海月)이라는 도호(道號)를 내린 뒤 8월 14일 도통을 전수하여 제2대 교주(教主)로 삼았다. 이는 관헌의 지목을 받고 있음을 알고 미리 후계자를 마련해 놓은 것이다. 이때 조정에서는 이미 동학의 교세 확장에 두려움을 느끼고 그의 체포계책을 세우고 있었는데 11월 20일 선전관(宣傳官) 정운구(鄭雲龜)와 암행어사 양유풍(梁有豊), 12월 9일 교졸(校卒) 30명에 의해 제자

---

1) 남긴 공적(功績).

23명과 함께 경주 용담정에서 체포되었다. 서울로 압송되는 도중 철종(哲宗)이 죽자 1864년 1월 6일 대구감영으로 이송되었다.

이곳에서 심문받다가 3월 10일 '혹세무민(惑世誣民) 사도난정(邪道亂正)'의 죄목으로 대구장대(大邱將臺)에서 41세의 나이로 효수형(梟首刑)에 처해졌으며 시신은 서둘러 암매장(暗埋葬)되었다. 1893년(고종 30) 그의 신원(伸寃)을 탄원하는 박광호(朴光浩) 등의 교조신원운동(敎祖伸寃運動)은 이듬해 동학혁명 발달의 계기가 되었고 1907년(융희 1)에는 죄가 용서되었다. 1912년 동학의 한 갈래인 시천교(侍天敎)에서 시신을 구미산(龜尾山) 줄기로 이장해 묘소를 꾸몄다.

본격적으로 종교 활동을 했던 기간은 득도한 이듬해인 1861년 6월부터 1863년 12월까지 약 1년 반 정도의 짧은 기간이었다. 게다가 이때는 대부분 피신하며 지낸 기간이라 안정되게 저술에 몰두할 수 없었으나 틈틈이 자신의 사상을 한문체·가사체 등으로 표현하였다.

그러다가 갑자기 처형당하자 남아 있던 신도들은 글들을 모아서 기본 가르침으로 삼게 되었는데 한문체로 된 것을 엮어 놓은 것이 『동경대전(東經大全)』이고 가사체로 된 것을 모아 놓은 것이 『용담유사(龍潭遺詞)』이다. 『동경대전』·『용담유사』에는 두 가지 신앙 대상에 대한 명칭이 나타나는데 천주(天主)와 하느님(한울님)이 그것이다. 천주 또는 하느님에 대하여 명확하게 규정을 내리지 않았기 때문에 수운의 입장을 알아보려면 간접적으로 파악해보는 수밖에 없는데 '시천주(侍天主)'에 대한 두 가지의 해석이 하나의 단서를 제공해준다.

하나는 하느님은 초월자이나 부모같이 섬길 수 있는 인격적 존재라는 것을 강조하며 다른 하나는 사람은 누구나 나면서부터 하느님을 모시고 있다는 것을 강조하는 입장이다. 따라서 수운의 하느님은 인간의 내면에 존재함과 동시에 인간 밖에 존재하는 초월자의 성격을 지니고 있다. 이러한 수운의 신관은 매우 독특한 것으로 수운의 종교 체험이 무속적인 원천에 뿌리박고 있다는 주장과 접맥(接脈)될 수 있다.

1. 삼연경세편(三然警世篇)[2)]

不然之中 其然事가 自然之理 아니던가
불연지중 기연사 자연지리

自然自然 그가운데 不然事가 其然되니
자연자연 불연사 기연

其然其然 如其然을 不然하다 不然말고
기연기연 여기연 불연 불연

不然之心 두게되면 萬事不然 不然이요
불연지심 만사불연 불연

其然之心 두게되면 萬事其然 其然이니
기연지심 만사기연 기연

不然其然 兩然中에 自然事를 깨쳐보소
불연기연 양연중 자연사

天地萬物 其然事가 莫非自然 分明하니
천지만물 기연사 막비자연 분명

化出自然 깨달아서 不然으로 生覺말고
화출자연 불연 생각

其然으로 깨달으면 天地丁靈 其然일세
기연 천지정령 기연

物有本末 못깨치면 不然인듯 하지마는
물유본말 불연

事有終始 알고보면 其然一時 丁靈토다.
사유종시 기연일시 정령

探不然而 思之者는 不然中에 不然되고
탐불연이 사지자 불연중 불연

由其然而 看之者는 其然中에 其然되니
유기연이 간지자 기연중 기연

不然其然 兩思中에 興比歌가 完然하네
불연기연 양사중 흥비가 완연

---

2) 삼연가(三然歌)라고도 한다.

陰道中에 가는사람 不然事의 暗暗하고
음도중 불연사 암암

陽道中에 가는사람 其然事가 明明하니
양도중 기연사 명명

不然其然 깨달아서 不然道로 가지말고
불연기연 불연도

其然道로 찾아오소 陰盛陽微 되는줄은
기연도 음성양미

사람마다 알지마는 어찌그리 埋沒한고
매몰

陰盛하다 陰道가면 前程暗暗 不然이요
음성 음도 전정암암 불연

陽微해도 陽道가면 前路明明 其然일세
양미 양도 전로명명 기연

其然天道 가지마는 不然地道 가는사람
기연천도 불연지도

其然天道 비웃으며 不然地道 자랑해서
기연천도 불연지도

盛盛道로 아니오고 微微道로 간단말가
성성도 미미도

이와갓치 자랑치만 내가알지 뉘가알가

그른소리 말지어라 陰氣上昇 不然되고
음기상승 불연

陽氣下降 其然되니 陰陽昇降 뉘알소냐
양기하강 기연 음양승강

微弱해도 陽天道는 次次健長 廣大하면
미약 양천도 차차건장 광대

明明天下 自然되야 布德敎化 할것이요
명명천하 자연 포덕교화

盛勢한 陰地道는 次次消滅 衰病해서
성세 음지도 차차소멸 쇠병

暗暗一世 自然되야 無形無跡 될것이니
암암일세 자연 무형무적

이내말이 헛말인가 春末夏初 當해보소
춘말하초 당

陰陽消長 大定數로 陰去陽來 無可奈세
음양소장 대정수 음거양래 무가내

陰陽理致 모른사람 不然不然 하지만은
음양이치 불연불연

天地造化 알고보면 其然其然 其然일세
천지조화 기연기연 기연

自然其然 되는運數 不然하다 陰害말고
자연기연 운수 불연 음해

來頭事나 살펴보소 春末夏初 其時오면
래두사 춘말하초 기시

不然하다 하던사람 臨死呼天 할것이요
불연 임사호천

其然하다 하던사람 命乃在天 자랑하네
기연 명내재천

不然事는 其然되고 其然事는 不然되니
불연사 기연 기연사 불연

反復之數 이아니며 開闢之運 아니던가
반복지수 개벽지운

理致二字 이러하니 盛盛하다 藉勢말고
이치이자 성성 자세

微微하다 嫌疑마소
미미 혐의

少年漸長 老人死는 天地定理 分明하니
소년점장 노인사 천지정리 분명

八陰極盛 一陽生을 不然其然 깨달아서
팔음극성 일양생 불연기연

陽長陰盛 道通하소
양장음성 도통

胞胎更生 말은해도 消長進退 알았던가
포태갱생 소장진퇴

陽胞胎는 寅申巳亥 四維坤道 丁靈하고
양포태 인신사해 사유곤도 정령

陰胞胎는 子午卯酉 四正乾道 完然하니
음포태 자오묘유 사정건도 완연

陽中陰生 깨달아서 陰中陽生 살펴보소
양중음생 음중양생

伏羲氏는 子丑胞胎 一陽始生 儒道되고
복희씨 자축포태 일양시생 유도

文王時은 午未胞胎 一陰始生 佛道나서
문왕시 오미포태 일음시생 불도

儒道佛道 陰陽路가 內外同行 昇降터니
유도불도 음양로 내외동행 승강

仙道創建 運이와서 도로子丑 胞胎하니
선도창건 운 자축 포태

八陰極盛 女子運數 一天下가 一般故로
팔음극성 여자운수 일천하 일반고

人心肴薄 暗暗无極 貪欲之心 뿐이로다
인심효박 암암무극 탐욕지심

是亦天時 無可奈라 하는道理 없다마는
시역천시 무가내 도리

一陽定位 하는때는 春末夏初 午丁時니
일양정위 춘말하초 오정시

心急之意 두지말고 以待其時 하여셔라
심급지의 이대기시

萬古以後 造化法이 有始克終 아니던가
만고이후 조화법 유시극종

庚申布德 다시되니 運自來以 復之로다
경신포덕 운자래이 복지

新元癸亥 또있으니 豈謂運兮 豈謂復고
신원계해 기위운혜 기위복

甲子所當 運이오니 有晦有暢 分明하다
갑자소당 운 유회유창 분명

洋人先行 뉘가알고 東洋西學 可畏로다
양인선행 동양서학 가외

西學中에 東學나서 奉新命而 改成하니
서학중 동학 봉신명이 개성

大運將泰 아니던가 其在主人 分明하다
대운장태 기재주인 분명

河一清於 千年만에 聖人나고 河圖나니
하일청어 천년 성인 하도

河清鳳鳴 좋지만은 三角山 漢江水라
하청봉명 삼각산 한강수

運兮運兮 이運數를 받는者가 聖人이요
운혜운혜 운수 자 성인

時云時云 이時機를 아는者가 聖人이니
시운시운 시기 자 성인

聖德主人 만나려면 子河圖를 찾아와서
성덕주인 자하도

靈符圖를 구경하고 弓乙其形 깨쳐보소
영부도 궁을기형

弓弓乙乙 無窮造化 千變萬化 丁靈하니
궁궁을을 무궁조화 천변만화 정령

弓乙理致 깨달아서 太陽太陰 罷字하고
궁을이치 태양태음 파자

太陽星은 乾日이요 太陰星은 坤月이니
태양성 건일 태음성 곤월

日月星辰 造化中에 風雲去來 道覺하소
일월성신 조화중 풍운거래 도각

日精火氣 太陽極과 月精水氣 太陰極을
일정화기 태양극 월정수기 태음극

坎水離火 살펴보면 冬至夏至 알것이니
감수리화 동지하지

震巽艮兌 昇降習道 上下三變 造化로다
진손간태 승강습도 상하삼변 조화

그理致를 圖形하니 자세자세 硏究하소
이치 도형 연구

艮坎震兌 離巽乾坤 三男三女 六合하여
간감진태 이손건곤 삼남삼녀 육합

乾坤三合 되는때니 三絶變化 三連數라
건곤삼합 삼절변화 삼연수

天下江山 神靈氣가 方位좇아 去來하니
천하강산 신령기 방위 거래

五運六氣 變化中에 男女人心 動動일세
오운육기 변화중 남녀인심 동동

水火神靈 못깨치면 天文地理를 어찌알고
수화신령 천문지리

弓步乙步 잘배와서 一里行步 丁寧하면
궁보을보 일리행보 정녕

來頭百事 億萬事가 同歸一體 分明하다
래두백사 억만사 동귀일체 분명

이와같은 天大道를 小小事로 알지말고
천대도 소소사

至極信誠 하였어라 自然有助 道通일세
지극신성 자연유조 도통

風雲大手 變化法을 器局좇아 應하리니
풍운대수 변화법 기국 응

心急之氣 두지말고 功成其日 拜面하세
심급지기 공성기일 배면

初逢初面 相逢相面 仙緣席은 好笑好言 古來事세
초봉초면 상봉상면 선연석 호소호언 고래사

淸宵明月 밝은뜻은 丁寧이도 있지만은
청소명월 정녕

不然이라 嫌意하고 陰害하니 可歎일세
불연 혐의 음해 가탄

其然時를 當한後에 眞其然이 되게되면
기연시 당 후 진기연

矯侈하온 자네마음 不及之嘆 없을소냐
교치 불급지탄

至今世上 이運數가 坤變爲乾 開闢故로
지금세상 운수 곤변위건 개벽고

虛中有實 丁靈하고 不然事가 其然되니
허중유실 정령 불연사 기연

富貴하다 자랑말고 貧賤하다 嫌意마소
부귀 빈천 혐의

卒富貴는 不祥이요 從運富貴 祥瑞로세
졸부귀 불상 종운부귀 상서

運自來而 九復되야 漢江水에 龍馬나서
운자래이 구복 한강수 용마

河圖洛書 弓乙符를 다시받아 傳하건만
하도낙서 궁을부 전

理치理字 모르고서 怨讐같이 대접하니
이 이자 원수

慶州鄕中 東學群들 無人地境 分明하다
경주향중 동학군 무인지경 분명

어진사람 있게되면 이리反對 안하련만
반대

道德二字 몰랐으니 三角山 鳳鶴聲을
도덕이자 삼각산 봉학성

누가있서 知音할까 萬端曉喩 하지만은
지음 만단효유

아니듣고 浪遊하니 運數바는 하릴없네
낭유 운수

鄕中風俗 던져두고 우리門中 可憐하다
향중풍속 문중 가련

나도또한 이世上에 分數合德 一極士로
세상 분수합덕 일극사

하나님께 分付듣고 苦海陰井 내려와서
분부 고해음정

八陰劫氣 逐送하고 一陽世界 更定하니
팔음겁기 축송 일양세계 갱정

어렵기는 어려우나 天地鬼神 助力키로
천지귀신 조력

大道大德 가는길을 一章圖에 그려내어
대도대덕 일장도

天地萬物 成就業이 莫非自然 其然키로
천지만물 성취업 막비자연 기연

말을하고 글을지니 不然其然 丁寧토다
불연기연 정령

三然歌를 지여내어 警世安心 傳해주니
삼연가 경세안심 전

似然非然 알지말고 其然其理 道通하소
사연비연 기연기리 도통

2. 궁을전전가(弓乙田田歌)

어화世上 사람들아 이내말씀 들어보소
세상

利在弓弓乙乙間에 十勝地之 完然하여
이재궁궁을을간 십승지지 완연

十勝之地 說論하니 자세듣고 破惑하소
십승지지 설론 파혹

天道十勝 一陽水와 地道十勝 二陰山을
천도십승 일양수 지도십승 이음산

人道十勝 밝혀보니 水之十勝 運이가고
인도십승 수지십승 운

山之十勝 運이와서 三十勝이 三合일세
산지십승 운 삼십승 삼합

이와같은 十勝之地 於山於水 찾지말고
십승지지 어산어수

十勝間에 찾아내어 天干十勝 밝혀보소
십승간 천간십승

밝히기만 밝혀보면 山水十勝 알으리다
산수십승

先天乾은 天地否卦 水之十勝 用事하고
선천건 천지부괘 수지십승 용사

后天坤은 地天泰卦 山之十勝 用事하고
후천곤 지천태괘 산지십승 용사

先儒들 卦象살펴 十勝之地 說論일세
선유 괘상 십승지지 설론

十二分野 살핀後에 吉星照臨 깨닫고서
십이분야 후 길성조림

山水에다 比喩하야 各處十勝 말했으나
산수 비유 각처십승

十勝之地 알고보면 十極運이 當한故로
십승지지 십극운 당 고

弓弓成道 그가운데 十極合德 一勝地니
궁궁성도 십극합덕 일승지

地非十勝 찾지말고 天之十勝 밝혀내어
지비십승 천지십승

이내腹中 있는十勝 心性弓乙 깨쳐보세
복중 십승 심성궁을

弓田乙田 變化中에 心田性田 啓明하니
궁전을전 변화중 심전성전 계명

水田火田 料擇하야 天地田田 깨쳐보소
수전화전 요택 천지전전

天田地田 깨치면은 日月田田 알것시요
천전지전 일월전전

日田月田 깨치면은 星辰田田 알것시요
일전월전 성신전전

星田辰田 깨치면은 風雲田田 알리로다
성전신전 풍운전전

風田雲田 그가운데 世上大典 이뤄내니
풍전운전 세상대전

東田西田 金木田과 南田北田 水火田을
동전서전 금목전 남전북전 수화전

中央土田 合하여서 五方田田 갈아보세
중앙토전 합 오방전전

五方世田 알려거든 河田洛田 아니보고
오방세전 하전낙전

先后天田 알수있나 河圖洛書 天地田을
선후천전 하도낙서 천지전

太極兩儀 깨달아서 四象田을 살펴보소
태극양의 사상전

伏羲氏때 河圖天田 萬世明鏡 大田이니
복희씨 하도천전 만세명경 대전

文王時代 洛書地田 萬世明鏡 大田이니
문왕시대 낙서지전 만세명경 대전

兩大田이 合德하야 靈符大典 새로나왔네
양대전 합덕 영부대전

靈符人田 알고보면 十勝田이 分明하니
영부인전 십승전 분명

心田性田 고로갈아 五穀百穀 심어보세
심전성전 오곡백곡

五穀百穀 戊己穀을 中央土田 심어놓니
오곡백곡 무기곡 중앙토전

坤山大田 적실토다 坤山中에 들어가서
곤산대전 곤산중

龍勢坐向 다시갈어 三間艸屋 지어노코
용세좌향 삼간초옥

夫妻가 마주앉아 嘆息하고 하신말이
부처 탄식

人心風俗 알까보냐 三才事가 一理오니
인심풍속 삼재사 일리

五行六甲 다시배워 十一行政 살펴보소
오행육갑 십일행정

太陽太陰 弓乙圖가 이와가치 無窮하니
태양태음 궁을도 무궁

無窮造化 알려거든 弓乙보고 道覺하소
무궁조화 궁을 도각

弓弓乙乙 八卦合德 一太極에 圖畵하야
궁궁을을 팔괘합덕 일태극 도화

三天配合 되었으니 五行六氣 아니런가
삼천배합 오행육기

如此如此 弓弓乙乙 通靈안코 어찌알고
여차여차 궁궁을을 통령

通靈通神 하는法이 一精丹心 率性이니
통령통신 법 일정단심 솔성

率性修道 入門하야 天命大德 化해보소
솔성수도 입문 천명대덕 화

敬天命而 順天理는 自古聖人 일반일세
경천명이 순천리 자고성인

古今事를 料度하면 逆天違道 할까보냐
고금사 요탁 역천위도

利在弓弓 이運數에 太陽道를 못깨치면
이재궁궁 운수 태양도

活弓文字 어찌알며 三災八難 免할소냐
활궁문자 삼재팔난 면

活弓뜻은 알려거든 靈符天圖 太極宮에
활궁 영부천도 태극궁

百拜祝願 仰告하야 利在田田 깨쳐보소
백배축원 앙고 이재전전

心田性田 弓弓乙乙 天田地田 分明하니
심전성전 궁궁을을 천전지전 분명

天地田田 河洛圖를 너의蒼生 어찌알고
천지전전 하락도 창생

암만해도 모를거니 弓弓乙乙 成道法方
궁궁을을 성도법방

誠心대로 찾아가서 節符之道 배우게되면
성심 절부지도

自然心和 道通해서 來頭運局 알것이니
자연심화 도통 래두운국

以待其時 修德하야 大業成功 하였어라
이대기시 수덕 대업성공

田田뜻도 限이없고 弓弓도 限이없어
전전 한 궁궁 한

大綱記錄 한것이와 利在石井 일렀으니
대강기록 이재석정

石井崑만 알고보면 金鼎理致 알것이니
석정곤 금정이치

寺畓七斗 石井崑을 龍潭淵源 깨달아서
사답칠두 석정곤 용담연원

龜尾春山 살폈어라 龍潭水流 깊은根源
구미춘산 용담수류 근원

龜岳春節 花開하야 枝枝葉葉 좋은景을
구악춘절 화개 지지엽엽 경

細細論說 傳해주니 자세보고 깨달아서
세세논설 전

疾病虎水 八劫患을 失數말고 避禍하소
질병호수 팔겁환 실수 피화

先天乾은 金鼎이라 火風鼎을 用事하고
선천건 금정 화풍정 용사

後天坤은 石井이라 水風井을 用法하니
후천곤 석정 수풍정 용법

此卦主爻 찾아보면 先天三水 離虛中과
차괘주효 선천삼수 이허중

後天三山 震下連을 疑心없이 깨칠터니
후천삼산 진하연 의심

先三後三 合한造化 中三山이 立德하니
선삼후삼 합 조화 중삼산 입덕

龜仁峯이 丁寧토다 築山九仞 功虧一簣
구인봉 정녕 축산구인 공휴일궤

龜岳春花 일음이니 其山上에 올라가서
구악춘화 기산상

龍潭河水 大海中에 五皇極山 第一峰을
용담하수 대해중 오황극산 제일봉

紫霞島에 묻어놓고 十字大明 하여보세
자하도 십자대명

十極天尊 六甲六將 金闕上帝 侍衛하고
십극천존 육갑육장 금궐상제 시위

天地陰陽 盛衰道를 度數대로 施行하니
천지음양 성쇠도 도수 시행

侍衛仙官 보려거든 弓山乙水 넘어와서
시위선관 궁산을수

春野到處 正大道를 一步二步 찾아오소
춘야도처 정대도 일보이보

學步漸入 此別界면 萬數仙官 만나리라
학보점입 차별계 만수선관

仙人仙女 相逢後에 不然其然 묻게되면
선인선녀 상봉후 불연기연

佛道儒道 兩路中에 遠近里數 알을게니
불도유도 양로중 원근리수

百里千里 九萬里를 瞬息間에 往來하소
백리천리 구만리 순식간 왕래

數千里 먼먼길을 縮法없이 速行할가
수천리 축법 속행

一里二里 大縮法을 弓乙數에 들었도다
일 리 이 리 대 축 법 궁 을 수

同道同德 同行하여 무한苦生 하다가서
동 도 동 덕 동 행 고 생

天運次次 밝아오니 南極法王 玉皇上帝
천 운 차 차 남 극 법 왕 옥 황 상 제

朱雀宮中 隱居하야 光中天을 도우려고
주 작 궁 중 은 거 광 중 천

自然神通 運化받아 中極配合 하는때니
자 연 신 통 운 화 중 극 배 합

疑心疑字 두지말고 至極精誠 施行하면
의 심 의 자 지 극 정 성 시 행

道成德立 그가운데 神通六藝 되려니와
도 성 덕 립 신 통 육 예

逆天違命 하게되면 運數는 길어지고
역 천 위 명 운 수

좋은것은 잠시로다 生覺고 生覺하소
생 각 생 각

玄武宮中 北極神靈 東方으로 돌아와서
현 무 궁 중 북 극 신 령 동 방

坎中連을 지켜내야 生生水를 밝혀내니
감 중 연 생 생 수

福德靑龍 이아닌가 朱雀宮中 南極神靈
복 덕 청 룡 주 작 궁 중 남 극 신 령

西方으로 돌아와서 離虛中 지켜내어
서 방 이 허 중

北極水을 밝혀내니 관미(一作龜尾)鳳凰 이아닌가
북 극 수 일 작 구 미 봉 황

白虎靑龍 兩法師가 中天上帝 侍位하고
백 호 청 룡 양 법 사 중 천 상 제 시 위

오는운수 昌하라고 日月星을 戱弄하니
창 일 월 성 희 롱

철모르는 列位星辰 或笑或歌 놀리더라
열위성신 혹소혹가

운수運字 이러하니 유복자는 시행하소
운자

그런비위 어데두고 萬古없는 無極大道
만고 무극대도

밝혀놓고 生覺하면 그아니 즐거운가
생각

九月戌精 모아다가 七政光明 이뤄놓고
구월술정 칠정광명

正月寅精 모아다가 九政光明 이룰게니
정월인정 구정광명

七九六十三卦德을 어찌알고 어찌알고
칠구육십삼괘덕

三六成道 되는날은 七丙九庚 合한造化
삼육성도 칠병구경 합 조화

明白乾坤 될거시니 火明金淸 이아닌가
명백건곤 화명금청

「一門弟子 一氣胎로 뜻도없는 凶言怪說
일문제자 일기태 흉언괴설

남보도 倍나하며 원수같이 대접하니
배

殺父之讐 있었든가 어찌그리 원수런고
살부지수

河圖洛書 밝혀내어 先王古禮 三綱五倫
하도낙서 선왕고례 삼강오륜

또다시 回復하네 그어찌 嫌意된고
회복 혐의

그도또한 운수지만 애달하기 측량없네

자네모두 出等이나 어리석기 限量없네
출등 한량

貧賤해서 乞食해도 자네富貴 붙지않네
빈천　　걸식　　　　부귀

내로라는 그사람이 무슨道覺 하였을까
　　　　　　　　　도각

이와같이 험이지만 나도 또한 사람으로

意思없이 이러할까 하느님이 주실진대
의사

聰明魯鈍 무엇이며 아니될일 무엇인고
총명노둔

그런生覺 두지말고 順受天命 하였어라
　생각　　　　　순수천명

나도또한 하느님께 九復命令 받았으니
　　　　　　　　구복명령

이런苦生 다시없네 三年風塵 무슨일고
　고생　　　　　삼년풍진

그럭저럭 安心하니 日出東方 해가뜨니
　　　　안심　　일출동방

靈台中에 해가떠서 萬物運動 되건만은
영대중　　　　　만물운동

소경같은 저사람들 빙글빙글 비웃으며

저리하면 仙藥인가 한장다오 두장다오
　　　　선약

빙글빙글 하지마는 나도 또한 하느님께

分付받아 그린 符를 不信者에 미칠소냐
분부　　　　부　불신자

이世上 風俗됨이 陰害가 主張이라
　세상 풍속　　음해　주장

勝己者를 싫어하니 此亦天地 無可奈라
승기자　　　　　차역천지 무가내

하는道理 없다마는 來頭事를 生覺한즉
도리 래두사 생각

陰去陽來 分明하니 陰害之心 쓸데있나
음거양래 분명 음해지심

運수運字 이러하니 敎訓辭를 자세보소
운 운자 교훈사

八陰先動 一陽後定 九龍弄珠 如此로세
팔음선동 일양후정 구룡롱주 여차

八蛇一龍 잘깨쳐서 弄其日月 살펴보소
팔사일룡 롱기일월

日月星合 如意珠는 天上地下 第一寶라
일월성합 여의주 천상지하 제일보

無窮造化 있거니와 萬古以後 처음이로다
무궁조화 만고이후

龜龍弄珠 하는法을 潛心해서 바라보니
구룡롱주 법 잠심

龜伏山中 太陰氣로 月光珠를 희롱하고
구복산중 태음기 월광주

龍臥水中 太陽氣로 日光珠를 희롱하니
용와수중 태양기 일광주

龍虎道士 弓乙主는 星光珠를 희롱한다
용호도사 궁을주 성광주

弓乙山水 星光主가 日月合明 하여내야
궁을산수 성광주 일월합명

三光法士 되고보니 龜龍河洛 天地圖를
삼광법사 구룡하락 천지도

一張紙에 그려내어 萬世鏡曆 遺傳하니
일장지 만세경력 유전

靈符仙藥 丁靈해서 不老不死 萬萬世세
영부선약 정령 불노불사 만만세

이와같은 三山仙藥 誠敬없이 맛볼소냐
삼산선약 성경

誠敬信 三字中에 三神合德 成道오니
성경신 삼자중 삼신합덕 성도

그길을 잃지말고 차츰차츰 들어가면

三神山이 完然해서 不死藥을 만날게이
삼신산 완연 불사약

盡心竭力 하여내어 藥을캐어 맛만보면
진심갈력 약

五色味가 分明한대 차차차차 맛을알면
오색미 분명

甘受和 白受彩라 五味五色 丁靈로다
감수화 백수채 오미오색 정령

南甘西白 分看해서 畵彩仙靈 하여보소
남감서백 분간 화채선령

仙靈敎訓 至極하면 圖寫禽獸 能히하야
선령교훈 지극 도사금수 능

善惡分看 할것이니 陰陽盛衰 이아닌가」[3)]
선악분간 음양성쇠

大丈夫 四十平生 所業없이 지낸일을
대장부 사십평생 소업

歷歷키 생각하니 得罪父母 아닐런가
역력 득죄부모

父母님을 다시모셔 呼父呼子 되온後에
부모 호부호자 후

어린자식 효유해서 가정지업 지켜보세

이와같이 탄식하고 하늘님전 아뢰오니

하늘님 하신말씀 너 亦是 四十平生
역시 사십평생

---

3) 「 」 부분은 수운가사 4편에는 없는 구절이다.

同歸一體 되는줄을 이제丁靈 깨쳤느냐
동귀일체 정령

龍馬河圖 太極八卦 내가처음 보낸거요
용마하도 태극팔괘

金龜洛書 兩儀九宮 내가두번 보낸거요
금구낙서 양의구궁

신선靈符 四象十極 내가세번 주었으니
영부 사상십극

天道地道 人道符를 儒佛仙이 合德하야
천도지도 인도부 유불선 합덕

三神仙藥 지어놓면 廣濟蒼生 自然이다
삼신선약 광제창생 자연

廣濟蒼生 하여노면 布德天下 거기있고
광제창생 포덕천하

輔國安民 자연되야 無爲而化 聖人일세
보국안민 무위이화 성인

이말씀 들은後에 一心端正 굳게세워
후 일심단정

心性田에 五百穀을 春耕夏耘 매가꾸니
심성전 오백곡 춘경하운

日就月將 크는곡식 三豊穀이 되었더라
일취월장 삼풍곡

利在田田 그文字가 이와같이 無窮하니
이재전전 문자 무궁

田田二字 깨달아서 利在弓弓 살펴보소
전전이자 이재궁궁

弓弓알면 乙乙알어 利在石井 알으로다
궁궁 을을 이재석정

「石井崑만 알게되면 一六坎水 알것시오
석정곤 일육감수

北斗七星 알거시니 寺沓七斗 이아닌가」[4)]
북두칠성 사답칠두

寺畓七斗 알았거든 太乙弓弓 살펴보고
사답칠두 태을궁궁

太乙山을 모르거든 庚申坤宮 살펴보고
태을산 경신곤궁

庚申太白 모르거든 兌金丁巳 살펴보소(庚子)
경신태백 태금정사 경자

태백漢江 龍潭水에 은근히 숨은 龍이
한강 용담수 용

修道修德 몇해던고 如意珠를 입에물고
수도수덕 여의주

五色雲中 몸이쌓여 光中天에 솟아올라
오색운중 광중천

雲行雨施 능히하니 旱天甘雨 때를맞춰
운행우시 한천감우

四野田田 심은곡식 靑靑林林 世界로다
사야전전 청청림림 세계

丁巳太乙 庚申太白 巽木星이 合德하야
정사태을 경신태백 손목성 합덕

震木星을 도와주니 鷄龍配合 弓乙일세
진목성 계룡배합 궁을

弓乙蒼生何處在 無處不臨 往來로다
궁을창생하처재 무처불림 왕래

松松家家 그時節은 虎性犬性 말했지만
송송가가 시절 호성견성

利在弓弓 田田運은 牛性在野 말했으니
이재궁궁 전전운 우성재야

牽牛織女 中斗星을 坤山中에 찾아보소
견우직녀 중두성 곤산중

羽化爲龍 上天하야 天父命令 받아다가
우화위룡 상천 천부명령

---

4) 「 」 부분은 수운가사 4편에는 없는 구절이다.

弓乙亭을 높이짓고 五色花草 심어내어
궁을정 오색화초

青林世界 이뤄놓고 龍潭水를 다시파서
청림세계 용담수

魚變成龍 度數이뤄 四海源을 定하도다
어변성룡 도수 사해원 정

畵牛顧溪 살펴보고 三千法界 들어가서
화우고계 삼천법계

黃河一清 精氣타고 沛澤龍이 되단말가
황하일청 정기 패택룡

龍潭水中 잠긴龍은 때를맞춰 昇天하면
용담수중 용 승천

世上사람 다볼거니 입에물은 太極珠를
세상 태극주

弓乙채로 놀릴적에 雷聲霹靂 내리면서
궁을 뇌성벽력

千千萬萬 變化하니 左旋右旋 順逆法이
천천만만 변화 좌선우선 순역법

萬古以後 첨이로다 上帝行次 아니런가
만고이후 상제행차

玉皇上帝 降臨인줄 뉘가알고 뉘가알고
옥황상제 강림

弓乙道人 알련마는 含口不說 누가알고
궁을도인 함구불설

어렵구나 어렵구나 만나기가 어렵구나

만나기만 만낼진댄 益을 주고 결의해서
익

朋友有信 五倫法을 金石같이 세우리라
붕우유신 오륜법 금석

어지다 世上사람 내말잠간 들어보소
세상

나도또한 하늘님께 九復神仙 奉命하고
구복신선 봉명

坊坊曲曲 다니면서 山山水水 歷歷타가
방방곡곡 산산수수 역력

故鄕生覺 다시나서 龜尾龍潭 찾아오니
고향생각 구미용담

들리나니 물소리요 높은것은 山이로다
산

松柏之心 鬱鬱氣는 긎은貞節 지켜있고
송백지심 울울기 정절

烏鵲之心 저무리는 날아들어 조롱한다
오작지심

네곡조가 좋다해도 鳳凰聲을 當할소냐
봉황성 당

金鷄鳳凰 맑은곡조 高低長短 皁白있어
금계봉황 고저장단 조백

五八音이 영영하니 六十三之律呂聲을
오팔음 육십삼지율려성

烏鵲이야 어찌알고 朝陽萬邦 하고보니
오작 조양만방

乾坤配合 太極되야 五萬年之 無窮일세
건곤배합 태극 오만년지 무궁

「그는또한 그러하나 弓乙成道 들어보소
궁을성도

乾弓坤乙 兩白되야 人之弓乙 다시나니」5)
건궁곤을 양백 인지궁을

弓乙通靈 하는성인 어찌해서 없단말가
궁을통령

그런故로 天地父母 人心靈抬 坐定하고
고 천지부모 인심령대 좌정

---

5) 「 」 부분은 『수운가사10편』에는 없는 구절이다.

隱隱聰明 내리시와 如此如此 指揮하니
은은총명 여차여차 지휘

도수따라 시행키로 弓乙圖를 그려내어
궁을도

이世上에 轉布하되 別造化를 모르리라
세상 전포 별조화

八陰中에 一陽生을 뉘가알고 뉘가알고
팔음중 일양생

塵土中에 묻힌玉石 알아보기 極難토다
진토중 옥석 극난

다른날 다시보면 三天極樂 鳥乙矢口
삼천극락 조을시구

어찌해서 三天인고 伏義時代 一陽天과
삼천 복희시대 일양천

文王時代 二陽天과 只今와서 三陽天을
문왕시대 이양천 지금 삼양천

三合成道 太極지어 一乾天에 마련하니
삼합성도 태극 일건천

一人之德 萬人福을 뉘가알고 뉘가알고
일인지덕 만인복

알기만 알고보면 五萬歲之 福祿일세
오만세지 복록

이와같이 되는운수 자세자세 들어보소

天極運도 지나가고 地極運도 지나가서
천극운 지극운

運이역시 다했든가 輪廻같이 돌린운수
운 윤회

人極仙道 創建하니 三太極이 이아닌가
인극선도 창건 삼태극

天太極은 무엇인고 龍馬河圖 一極이요
천태극 용마하도 일극

地太極은 무엇인고 金龜洛書 二極이요
지태극 금구낙서 이극

人太極은 무엇인고 三豊靈符 분명하다
인태극 삼풍영부

이와같은 三極圖를 人皆謂之 虛無하니
삼극도 인개위지 허무

可笑可嘆 이아니며 道와德이 무엇인고
가소가탄 도 덕

道成德立 하는法이 이와같이 無窮키로
도성덕립 법 무궁

天地父母 神靈께서 二十四方 餘位神將
천지부모 신령 이십사방 여위신장

天下各國 늘어세워 人心運動 시켜내니
천하각국 인심운동

可觀일세 可觀일세 알고본즉 可觀일세
가관 가관 가관

그는또한 그러하나 三神合德 들어보소
삼신합덕

北極兜率 玉皇上帝 玄武宮中 隱居하고
북극도솔 옥황상제 현무궁중 은거

中極光中 玉皇上帝 皇帝宮中 隱居키로
중극광중 옥황상제 황제궁중 은거

北極中極 配合해서 水土合德 시켜놓고
북극중극 배합 수토합덕

그런故로 天地運數 難測者는 鬼神일세
고 천지운수 난측자 귀신

鬼神之德 알고보면 陰陽理致 알것이요
귀신지덕 음양이치

陰陽正位 알고보면 弓乙理致 알것이요
음양정위 궁을이치

弓乙道 알고보면 天地造化 알것이요
궁을도 천지조화

天地水火 알고보면 江山萬物 生成理致
천지수화 강산만물 생성이치

細細明察 할것이니 道通하기 어렵잖소
세세명찰 도통

十勝田만 알고보면 天地十勝 알것이니
십승전 천지십승

男女化生 못깨칠가 男子體天 先天數가
남녀화생 남자체천 선천수

「先天道도 陰陽있고 女子體地 後天數나
선천도 음양 여자체지 후천수

后天道도 陰陽있어 先天後天 男女神靈」[6)]
후천도 음양 선천후천 남녀신령

陰陽配合 内外되니 内庭事는 女子맡고
음양배합 내외 내정사 여자

外庭事는 男子맡아 天上地下 다스리니
외정사 남자 천상지하

天地間에 있는人生 그氣運을 相應하야
천지간 인생 기운 상응

運數대로 會를짓고 器局대로 道를해서
운수 회 기국 도

陰道陽道 雙立하니 善惡분간 없을소냐
음도양도 쌍립 선악

陰惡道는 掃除하고 陽善道를 밝혀내어
음악도 소제 양선도

男女弓乙 立極하니 天地日月 明朗해서
남여궁을 입극 천지일월 명랑

星辰正位 할것이니 風雲安定 아니될가
성신정위 풍운안정

弓乙田田 이러하니 노래불러 和暢하소.
궁을전전 화창

---

6) 「 」 부분은 『수운가사10편』에는 없는 구절이다.

3. 삼경대명가(三鏡大明歌)[7]

어화世上 男女사람 三鏡歌를 자세듣고
세상 남녀 삼경가

弓弓乙乙 工夫해서 四書三經 밝혀보소
궁궁을을 공부 사서삼경

四書運이 지나가고 三經運이 돌아와서
사서운 삼경운

詩傳書傳 그가운데 周易卦를 풀어보니
시전서전 주역괘

乾天河圖 天鏡되고 坤地洛書 地鏡되야
건천하도 천경 곤지낙서 지경

天地乾坤 配合中에 人天靈符 새로나니
천지건곤 배합중 인천영부

萬歲人鏡 좋거니와 三鏡大明 完然토다
만세인경 삼경대명 완연

天文經은 周易이요 地道經은 書傳인데
천문경 주역 지도경 서전

人心經이 詩傳故로 興比歌에 傳한말씀
인심경 시전고 흥비가 전

伐柯章을 話頭삼아 陰陽盛衰 善惡事를
벌가장 화두 음양성쇠 선악사

細細說論 하셨으니 興比二字 깨달아서
세세설론 흥비이자

「興陽掌校 살펴보고 比仁郡守 깨쳐보소
흥양장교 비인군수

比仁南浦 乙乙이요 興陽安東 弓乙일세」[8]
비인남포 을을 흥양안동 궁을

---

7) 『수운가사10편』에는 '鏡'이 '警'으로 쓰여 있다.

8) 「 」 부분은 『수운가사10편』에는 없는 구절이다.

弓弓太陽 三天道와 乙乙太陰 三地道를
궁궁태양 삼천도 을을태음 삼지도

左旋右旋 合하여서 天地阿只 定했으니
좌선우선 합 천지아지 정

長男阿只 보려거든 三極거울 손에들고
장남아지 삼극

조롱하는 그애기를 疑心말고 따라가서
의심

「君師父을 묻게되면 三天鏡 내여들고
군사부 삼천경

如此如此 이를것이니 天地人을 비운後에」[9]
여차여차 천지인 후

儒佛仙을 工夫하면 日月星을 알으리다
유불선 공부 일월성

弓乙道가 이러하니 精誠대로 배워보소
궁을도 정성

造化로다 造化로다 弓弓乙乙 造化로다
조화 조화 궁궁을을 조화

天上弓弓 地下乙乙 人中弓乙 相合하야
천상궁궁 지하을을 인중궁을 상합

弓乙弓乙 成道하니 百事千事萬事知네.
궁을궁을 성도 백사천사만사지

鳥乙矢口 鳥乙矢口 이내弓乙 조을시구
조을시구 조을시구 궁을

「하늘님전 받은弓乙 萬世明鏡 조을시구
궁을 만세명경

天鏡地鏡 日月鏡을 이내눈鏡 있었으니」[10]
천경지경 일월경 경

9) 「 」 부분은 『수운가사10편』에는 없는 구절이다.

10) 「 」 부분은 『수운가사10편』에는 없는 구절이다.

天上地下 살펴보니 明鏡일세 眼鏡일세
천상지하 명경 안경

弓乙鏡이 眼鏡일세 萬古없는 萬里鏡을
궁을경 안경 만고 만리경

내가어찌 받았는고 造化로다 造化로다
조화 조화

하늘님에 造化로다 兩白精氣 모아다가
조화 양백정기

「天地거울 지어내니 三豊鏡이 完然토다
천지 삼풍경 완연

안경일세 안경일세 萬古없는 人鏡일세」[11]
만고 인경

여보시게 수도인들 前後萬古 料擇해도
전후만고 요택

사람거울 있단말을 누구누구 들었든고

天鏡地鏡 合한人鏡 玉皇上帝 人鏡일세
천경지경 합 인경 옥황상제 인경

人鏡소리 나는날은 天下江山 다들어서
인경 천하강산

英雄豪傑 모여들어 弓弓乙乙 좋은거울
영웅호걸 궁궁을을

器局대로 얻어가서 天下萬國 걸어논게
기국 천하만국

곳곳마다 거울이요 집집마다 弓乙이라
궁을

이와같은 三天거울 三神山에 藏之타가
삼천 삼신산 장지

三月好時 當한故로 이世上에 下送하네
삼월호시 당 고 세상 하송

11) 「 」 부분은 『수운가사10편』에는 없는 구절이다.

下送하신 照心鏡을 누가능히 받았는고
하송 조심경

아마도 생각건댄 받은者가 主人이니
자 주인

明鏡主人 찾아가서 정성대로 애걸하면
명경주인

大慈大悲 어진마음 誠心보와 줄것이니
대자대비 성심

아모쪼록 공경하와 眞心으로 施行하라
진심 시행

대저此道 成立法은 心信爲誠 丁靈하니
차도 성입법 심신위성 정령

의심疑字 두지말고 믿을信字 主張하소
의자 신자 주장

大丈夫의 氣凡節이 信없으면 어데날고
대장부 기범절 신

믿고서만 施行하면 誠心二字 줄것이니
시행 성심이자

정성있는 그사람은 어진사람 分明토다
분명

그런고로 弓乙경은 在誠在人 丁靈일세
궁을 재성재인 정령

誠之又誠 恭敬해서 信心으로 誠心하면
성지우성 공경 신심 성심

이와같이 좋은경을 사람마다 얻을것을

「얻어노코 자랑하면 그아니게 자한가

거울하나 못얻고서 미리나서 자랑하니」[12)]

12) 「 」 부분은 『수운가사10편』에는 없는 구절이다.

道儒心急 아닐런가 얻는다고 자랑말고
도유심급

道之主人 찾아가서 模範해다 다시지어
도지주인 모범

光中天에 높이걸고 만경打鈴 하여보세
광중천 타령

萬鏡사오 千鏡사오 萬化百鏡 어서사오
만경 천경 만화백경

天地人鏡 좋은寶배 萬古없는 無價寶라
천지인경 보 만고 무가보

銀으로도 못살거요 金으로도 못살게니
은 금

誠敬으로 사다가서 恭敬으로 살펴보면
성경 공경

믿음으로 볼것이니 信敬誠이 이아닌가
신경성

信敬하나 밝혀놓면 誠心鏡이 明明일세
신경 성심경 명명

三更明月 大道法이 三道中에 들었으니
삼경명월 대도법 삼도중

三道合德 主人찾아 萬端哀乞 하여보소
삼도합덕 주인 만단애걸

三道主는 누구신고 水雲聖師 聖靈일세
삼도주 수운성사 성령

水雲聖師 聖靈이면 어데가야 만나볼고
수운성사 성령

만나보기 어렵잔소 太極弓乙 主人찾아
태극궁을 주인

가는길을 자세묻고 路程記를 얻어다가
노정기

度數대로 가게되면 가는里數 分明하야
도수 이수 분명

三七만에 갈것이니 靑雲橋 洛水橋로
삼칠 청운교 낙수교

이리이리 찾아가면 內外水雲 만날게니
내외수운

外水雲을 가지말고 內水雲을 가게하소
외수운 내수운

內水雲을 가게되면 新元癸亥 알것이니
내수운 신원계해

癸亥水雲 陰이되고 壬子水雲 陽인고로
계해수운 음 임자수운 양

陰陽兩水 配合되야 甲子水雲 다시나니
음양양수 배합 갑자수운

靑林水雲 丁靈해서 壬子水雲 밝혀내야
청림수운 정령 임자수운

天一生水 찾아가니 壬甲子가 同德일세
천일생수 임갑자 동덕

陽中陰生 깨친후에 陰中陽生 살펴보면
양중음생 음중양생

天水雲도 알것이요 地水雲도 알으리다
천수운 지수운

陽道水雲 찾아가면 天堂에가 나설게고
양도수운 천당

陰道水雲 찾아가면 地獄에가 나설거니
음도수운 지옥

陽水雲을 만나려면 甲子水雲 찾아가서
양수운 갑자수운

壬子水雲 만나보고 癸亥水雲 물어보소
임자수운 계해수운

陰陽水雲 化生法을 分明하게 가르치네
음양수운 화생법 분명

자세자세 들어보소 天父前에 陽水얻고
천부전 양수

地母前에 陰水얻어 一六水로 化한몸이
지모전 음수 일육수 화

壬癸亥子 이아닌가 水雲聖師 聖靈根本
임계해자 수운성사 성령근본

이와같이 無窮하니 우리聖師 感化之德
무궁 성사 감화지덕

天地陰陽 一六水라 水氣타서 化한人生
천지음양 일육수 수기 화 인생

水雲之德 못깨칠가 水雲先生 聖靈으로
수운지덕 수운선생 성령

나도나고 너도날때 水氣받어 다났으니
수기

水雲天主 背反말고 敎訓施行 잘해보세
수운천주 배반 교훈시행

敎訓施行 하려거든 龍潭遺訓 違反마소
교훈시행 용담유훈 위반

龍潭遺書 보는때는 水雲先生 面對로세
용담유서 수운선생 면대

肉身은 가셨으나 靈魂은 丹에있네
육신 영혼 단

大典歌詞 無窮敎訓 秋毫라도 違反하면
대전가사 무궁교훈 추호 위반

先生弟子 될가보냐 生覺하고 生覺하소
선생제자 생각 생각

水雲化生 깨쳐보면 靈神父母 水雲이니
수운화생 영신부모 수운

萬人父母 水雲先生 聖德君이 丁靈토다
만인부모 수운선생 성덕군 정령

天道聖德 밝혀내어 地道順德 이은後에
천도성덕 지도순덕 후

人道明德 세워내어 布德天下 하여보세
인도명덕 포덕천하

三道大明 三德君은 青林道士 分明하다
삼도대명 삼덕군 청림도사 분명

須從白兎 書生後에 走從青林 道士하세
수종백토 서생후 주종청림 도사

誠心修道 그사람은 青林道士 만날게니
성심수도 청림도사

青林道士 地上神仙 人佛成道 뉘가알고
청림도사 지상신선 인불성도

人佛生佛 알고보면 人生於寅 甲寅이라
인불생불 인생어인 갑인

甲寅青龍 白龍子로 仙佛成道 하여내니
갑인청룡 백룡자 선불성도

三極道主 聖人이라 白楊無芽 數질하고
삼극도주 성인 백양무아 수

青槐滿庭 運氣받아 大道修行 하시도다
청괴만정 운기 대도수행

道를알아 德을세니 德化萬方 아니할가
도 덕 덕화만방

天德地德 그가운데 人德하나 밝혀내어
천덕지덕 인덕

人德極樂 세워놓고 地天大德 布化해서
인덕극락 지천대덕 포화

天地大道 立極하면 天地大法 아니신가
천지대도 입극 천지대법

道와德이 이렇기로 三鏡歌를 지었으니
도 덕 삼경가

새거울을 아니보고 三才事를 어찌알고
삼재사

三才天鏡 말하자면 一鏡三鏡 五鏡이니
삼재천경 일경삼경 오경

水木土가 이아닌가 二鏡四鏡 六鏡數는
수목토 이경사경 육경수

火金水가 이아닌가 七九十一 깨친後에
화금수 칠구십일 후

八十十二 잘깨처서 三九三十 數通하세
팔십십이 삼구삼십 수통

數通하면 書通하고 書通하면 射御알어
수통 서통 서통 사어

一四於四 九變數와 一千四百 四十數를
일사어사 구변수 일천사백 사십수

丁靈이도 알것이요 二四於四 九復數로
정령 이사어사 구복수

一千四百 四十數를 坤變爲乾 알것이니
일천사백 사십수 곤변위건

二千八百 八十數로 一太極이 更生하니
이천팔백 팔십수 일태극 갱생

九變九復 이아니며 九九天地 이아닌가
구변구복 구구천지

九宮에다 九宮지어 十八宮에 마련하고
구궁 구궁 십팔궁

九九宮에 九九놓아 三十六宮 지어내니
구구궁 구구 삼십육궁

四九金宮 丁靈키로 昊天金闕 일음하야
사구금궁 정령 호천금궐

乾天上帝 모셔노니 三年成道 完然하고
건천상제 삼년성도 완연

太陽仙官 分明토다 依數(疑隨)太陽 有助靈(流照影)은
태양선관 분명 의수 의수 태양 유조령 유조영

「일노두고 이르신가 太陰宮에 太陽와서
태음궁 태양

乾坤配合 되온後에 太陽太陰 罷字하야
건곤배합 후 태양태음 파자

人和世界 更定하니 水雲先生 更生이요
인화세계 갱정 수운선생 갱생

四明堂이 復活일세 天下泰平 아니될까」[13)]
사명당 부활 천하태평

가네가네 모두가네 外國兵馬 모두가네
외국병마

天運좇아 모두가서 濟人疾病 爲主하니
천운 제인질병 위주

造化로다 造化로다 하느님의 造化로다
조화 조화 조화

無窮하신 造化法을 一天三天 못깨칠가
무궁 조화법 일천삼천

九天七天 어찌알리 二地四地 깨친後에
구천칠천 이지사지 후

十地八地 다시깨쳐 五天六地 中央數를
십지팔지 오천육지 중앙수

水土起胞를 알고보면 光中天을 알이로다
수토기포 광중천

子宮에서 立極하면 辰巳宮이 五六이요
자궁 입극 진사궁 오륙

寅宮에서 立極하면 午未宮이 五六이니
인궁 입극 오미궁 오륙

子天寅天 깨달아서 天人同德 살펴보소
자천인천 천인동덕

體天行道 人極運數 仙道暢明 좋거니와
체천행도 인극운수 선도창명

仙道닦아 佛道通코 佛道通해 儒道알면
선도 불도통 불도통 유도

天地人道 가는길을 子丑寅에 깨칠게니
천지인도 자축인

子寅辰을 살펴내어 辰寅子로 道通하소
자인진 진인자 도통

---

13) 「 」 부분은 『수운가사10편』에는 없는 구절이다.

八卦六神 말하자면 無極에서 끝이로다
팔괘육신 무극

「아는사람 짐작하고 모른사람 답답하나

하날임게 福祿탈때 有無識을 定했으니」[14]
복록 유무식 정

無識해서 모르는걸 누구보고 恨嘆할가
무식 한탄

無識하다 恨嘆말고 誠敬信心 가다듬어
무식 한탄 성경신심

귀로들어 깨치면은 儒佛仙을 알것이니
유불선

알고와서 立功하면 有識者를 부뤄할가
입공 유식자

有無識이 相關없어 일꾼되면 그만일세
유무식 상관

五萬年間 道德일꾼 누구누구 參禮할고
오만년간 도덕 참례

運數대로 찾아와서 艱苦한 살림살이
운수 간고

서로相議 하여내어 晝夜耕讀 힘을쓰니
상의 주야경독

天主께 사랑해서 五萬年來 無極밭을
천주 오만년래 무극

疑心없이 내주시며 獻誠畓을 定하시네
의심 헌성답 정

寺畓七斗 일음하고 山祭佛供 힘을쓰니
사답칠두 산제불공

天地神靈 도와주사 無識하든 살림살이
천지신령 무식

14) 「 」 부분은 『수운가사10편』에는 없는 구절이다.

有識때가 되었구나 큰집살림 벌여내니
유식

三間草屋 적은집이 三十六宮 벌였더라
삼간초옥 삼십육궁

三十六宮 넓은집에 子孫奴僕 길러내어
삼십육궁 자손노복

大農家가 되었으니 天下甲富 이아닌가
대농가 천하갑부

「甲富乙富 兩富中에 丙富하나 새로나니
갑부을부 양부중 병부

人丙富가 이아닌가 丙富富字 살펴보니」[15)]
인병부 병부부자

댓쪽符字 이아니며 符적符字 이아닌가
부자 부 부자

靈符二字 잘깨처서 太極符를 알게되면
영부이자 태극부

陰符陽符 天地配合 弓乙其形 알것이니
음부양부 천지배합 궁을기형

三更明月 青林下에 萬世仙藥 먹어보자
삼경명월 청림하 만세선약

4. 사십구년설법가(四十九年說法歌)

天道乾坤 二十歲와 地道乾坤 二十歲를
천도건곤 이십세 지도건곤 이십세

四十平生 보낸後에 人道乾坤 二十數가
사십평생 후 인도건곤 이십수

15) 「 」 부분은 『수운가사10편』에는 없는 구절이다.

七八歲를 當到키로 許多한 萬卷詩書
칠팔세 당도 허다 만권시서

無不通知 하는法을 一章圖에 合해놓고
무불통지 법 일장도 합

九宮設法 하여내야 靈山世界 마련하니
구궁설법 영산세계

三神山이 分明해서 不死藥이 花開로다
삼신산 분명 불사약 화개

不死仙藥 弓乙符는 四十九之 大衍數니
불사선약 궁을부 사십구지 대연수

大淵水中 一亭閣을 太極符로 알았는가
대연수중 일정각 태극부

龍尾山에 春節와서 一樹花가 弓乙圖세
용미산 춘절 일수화 궁을도

萬世花를 모르고서 道成德立 어찌할고
만세화 도성덕립

여보시오 修道人아 道德成功 하랴거든
수도인 도덕성공

入道學德 하는法을 仔細듣고 施行하소
입도학덕 법 자세 시행

儒道佛道 오던길이 數數千年 내려오니
유도불도 수수천년

荒茂地가 되는故로 柴木柴草 茂盛하야
황무지 고 시목시초 무성

往來하기 極難키로 天地神靈 걱정하사
왕래 극난 천지신령

弓乙春皇 다시내야 新作路를 다시닦고
궁을춘황 신작로

汽車馬車 自動車로 任意往來 시키려고
기차마차 자동차 임의왕래

儒道佛道 三極路를 一大道로 마련하니
유도불도 삼극로 일대도

廣을두고 말하자면 三七萬里 分明하고
광 삼칠만리 분명

長을두고 말하자면 百五萬년 完然하다
장 백오만 완연

三才道가 合德하야 七丁으로 마련하니
삼재도 합덕 칠정

天七地七 人七故로 三七紫家(字가) 朱門(呪文)이요
천칠지칠 인칠고 삼칠자가자 주문주문

五七數로 乘之하야 三十五로 通行하니
오칠수 승지 삼십오 통행

三道三合 新作路가 百五度數 念珠로다
삼도삼합 신작로 백오도수 염주

仙道닦아 成佛자려 三七朱門 南極路를
선도 성불 삼칠주문 남극로

晝夜不息 닦아내어 字字點點 다리놓고
주야불식 자자점점

青雲橋 洛水橋를 疑心없이 往來後에
청운교 낙수교 의심 왕래후

天上三十六宮가서 天國事도 구경하고
천상삼십육궁 천국사

地下三十六宮가서 地國事도 구경하고
지하삼십육궁 지국사

人中三十六宮가서 人國事도 살핀後에
인중삼십육궁 인국사 후

天主前에 一精얻어 地主前에 一精얻고
천주전 일정 지주전 일정

人主前에 一精얻어 三精九靈 合한造化
인주전 일정 삼정구령 합 조화

儒聖大道 上元놓고 佛靈大道 中元놓고
유성대도 상원 불령대도 중원

神仙大道 下元놓아 百五珠내 合符하니
신선대도 하원 백오주 합부

百八珠가 完然해서 成仙成佛 无窮造化
백팔주 완연 성선성불 무궁조화

儒聖大明 太極道로 五萬年之 長長路에
유성대명 태극도 오만년지 장장로

長長大道 가자하면 勤苦없이 갈까부냐
장장대도 근고

一心精氣 丹束하야 山山水水 지내가서
일심정기 단속 산산수수

百八萬里 가고보면 極樂世界 거기있고
백팔만리 극락세계

蓮花坮가 거기있어 三蓮花가 필것이니
연화대 삼연화

蓮花堂室 높은집에 天然하게 높이앉아
연화당실 천연

前後三生 數를놓고 三神大德 베풀어서
전후삼생 수 삼신대덕

子女生産 시켜내면 好時節이 이아닐가
자녀생산 호시절

春三月 好時節은 이를두고 이름이니
춘삼월 호시절

好節春風 좋은때를 花扉自開 깨달아서
호절춘풍 화비자개

花開門을 찾아오소 萬花方暢 分明하네
화개문 만화방창 분명

月桂花도 피어있고 一枝梅도 피었구나
월계화 일지매

東閣雪中 一枝梅가 遍踏江山 아니하고
동각설중 일지매 편답강산

花開消息 傳하여서 李花桃花 爛發中에
화개소식 전 이화도화 난발중

牧丹花가 피었으니 黃菊蓮花 없을소냐
목단화 황국연화

西亭江上 三更月夜 三盃酒를 醉케먹고
서정강상 삼경월야 삼배주 취

五絃琴을 戱弄하니 東南風이 불어오며
오현금 희롱 동남풍

解吾民之 憂慮로다 三角山 漢江水에
해오민지 우려 삼각산 한강수

靑鶴丹鳳 높이날고 龍龜河圖 새로나니
청학단봉 용구하도

扶桑에서 해가뜨고 東嶺에서 달도떳네
부상 동령

東東三月 만난해가 春風好節 새로지니
동동삼월 춘풍호절

節數찾아 들어오면 立節奉符 못할소냐
절수 입절봉부

三月春風 가지마라 長安豪傑이 다늙는다
삼월춘풍 장안호걸

長安할줄 알았던가 뜻밖에 해가뜨면
장안

純陽之氣 쓸어지니 어찌하나 어찌하나
순양지기

陰丁氣 좋다하고 一陽보고 비웃다가
음정기 일양

長安心基 빈터되니 長安意가 虛事로다
장안심기 장안의 허사

億萬長安 道人들아 卒富貴를 자랑마소
억만장안 도인 졸부귀

浮雲같은 저富貴가 春雪같이 사라지니
부운 부귀 춘설

可憐江浦 北方水에 不見洛橋 靑雲士라
가련강포 북방수 불견낙교 청운사

馬上寒食 뉘가알고 途中暮春 그러하네
마상한식 도중모춘

喜歸吾家 알고보면 反昔事도 깨치리라
희귀오가 반석사

龍潭河圖 運이오니 反昔事가 이아니며
용담하도 운 반석사

三皇五帝 法을쓰니 舊復數가 이아닌가
삼황오제 법 구복수

九變九復 된다해도 舊復本心 모르드라
구변구복 구복본심

「本心알면 天心알어 河圖天心 萬歲鏡을
본심 천심 하도천심 만세경

先天心法 알련만은 龍潭淵源 못깨치니」[16]
선천심법 용담연원

龜岳春心 어찌알며 龜尾秋心 어찌알고
구미추심 구악춘심

龜頭龜尾 申戌法이 龍頭龍尾 辰寅되니
구두구미 신술법 용두용미 진인

龜龍合德 申戌辰寅 日月明珠 分明토다
구룡합덕 신술진인 일월명주 분명

明珠一個 얻으랴고 千萬人이 祝手하니
명주일개 천만인 축수

在誠在人 丁靈키로 그사람을 내어주니
재성재인 정령

萬古없는 弓乙珠는 酉辰相合 造化로세
만고 궁을주 유진상합 조화

金鷄聲이 자로나니 蟠龍乘天 不遠하다
금계성 반룡승천 불원

四十九年 無量法界 七七精이 如此하니
사십구년 무량법계 칠칠정 여차

南七北七 깨달아서 水火昇降 하게하고
남칠북칠 수화승강

16) 「 」 부분은 『수운가사10편』에는 없는 구절이다.

東七西七 깨달아서 龍虎合德 하게하고
동칠서칠 용호합덕

上七下七 깨달아서 百五明珠 念念하고
상칠하칠 백오명주 염염

念念在玆 그가운데 至化至氣 할것이니
염염재자 지화지기

至氣大降 至聖되면 侍天主가 丁靈해서
지기대강 지성 시천주 정령

造化更定 神通되야 萬萬事知 할것이니
조화갱정 신통 만만사지

永世不忘 无窮仙藥 弓乙靈符 得道로세
영세불망 무궁선약 궁을영부 득도

得難求難 하지만은 알고보니 非難이요
득난구난 비난

心和氣和 한다해도 春和之德 主張일세
심화기화 춘화지덕 주장

春和之德 그가운데 萬物化生 그理致로
춘화지덕 만물화생 이치

意思漸漸 廣大하야 一花二花 三花開로
의사점점 광대 일화이화 삼화개

三百六十 花開하니 一身花 一家春이
삼백육십 화개 일신화 일가춘

三十六宮 春이되야 萬國花開 太平春을
삼십육궁 춘 만국화개 태평춘

弓乙花를 뉘가알고 花字理致 알고보면
궁을화 화자이치

二七火가 花가되니 花化火德 뉘가알고
이칠화 화 화화화덕

三八木에 피는꽃은 二七火가 德이로세
삼팔목 이칠화 덕

德門열고 바라보니 鷄鳴山川 밝아온다
덕문 계명산천

때를아는 四九金鷄 日出消息 傳해주니
사구금계 일출소식 전

寅卯末 辰巳初에 奉出金盤 뉘가알고
인묘말 진사초 봉출금반

金盤玉帳 天地盤에 聖盤一介 꾸며놓니
금반옥장 천지반 성반일개

弓乙人盤 뉘가알고 五萬年之 无極盤이
궁을인반 오만년지 무극반

三年만에 太極되니 皇極大盤 조을시구
삼년 태극 황극대반

少盤老盤 合符해서 中盤仙道 지어내니
소반노반 합부 중반선도

金盤玉盤 乾坤盤이 千萬人盤 成道해서
금반옥반 건곤반 천만인반 성도

사람마다 받은밥床 天感地應 食告하니
상 천감지응 식고

日日時時 먹는飮食 至誠感神 아니될가
일일시시 음식 지성감신

聚精會神 그가운데 氣血貫通 穴脈하야
취정회신 기혈관통 혈맥

五腸六腑 平均中에 水火昇降 그造化로
오장육부 평균중 수화승강 조화

「血和氣和 春和되야 化出自然 天命敎訓
혈화기화 춘화 화출자연 천명교훈

如聞如形 그가운데 心神性靈 光明하야」17)
여문여형 심신성령 광명

難狀難見 天地事를 感觀萬千 되는바니
난상난견 천지사 감관만천

耳報口報 眼報中에 三道通靈 九宮하니
이보구보 안보중 삼도통령 구궁

---

17) 「 」 부분은 『수운가사10편』에는 없는 구절이다.

九孔相通 王大道를 鼻報없이 어찌알고
구공상통 왕대도 비보

陰陽出入 鼻中하니 鬼神中門 이아닌가
음양출입 비중 귀신중문

中門理致 알고보면 坤土艮土 中宮이요
중문이치 곤토간토 중궁

震木巽木 雙目也오 乾金兑金 兩耳也라
진목손목 쌍목야 건금태금 양이야

六甲六庚 六戊數로 六孔陰陽 定해있고
육갑육경 육무수 육공음양 정

口宮으로 살펴보니 離火坎水 맡은故로
구공 이화감수 고

水火神이 出入하야 无窮造化 이뤄내니
수화신 출입 무궁조화

言語二字 그造化는 天地陰陽 氣運이니
언어이자 조화 천지음양 기운

善氣合德 善言되고 惡氣合德 惡言되야
선기합덕 선언 악기합덕 악언

말말中에 造化나니 言中에도 有言일세
중 조화 언중 유언

无形하온 말이나마 하늘말이 丁寧하다
무형 정녕

飛龍天馬 이아닌가 无極하신 上帝탄말
비룡천마 무극 상제

보는사람 누구런고 五行之氣 깨달아서
오행지기

五色五味 아는사람 五精氣로 말을하니
오색오미 오정기

五腸六腑 通한靈言 靈馬라고 할수있네
오장육부 통 영언 영마

靈馬라서 모르거든 火午馬줄 깨쳐주소
영마 화오마

心中火德 알고보면 巳火午火 얻는바니
심중화덕 사화오화

陰火陽火 內外火와 君火相火 上下火와
음화양화 내외화 군화심중 상하화

虛火實火 主客火가 化和存性 火明해서
허화실화 주객화 화화존성 화명

金精言出 忠孝事라 事事如意 明珠로세
금정언출 충효사 사사여의 명주

五行馬도 陰陽있어 虛虛實實 두가지니
오행마 음양 허허실실

兩枝花發 들어보소 一枝陰氣 地花되고
양지화발 일지음기 지화

一枝陽氣 天花되어 青紅兩色 이뤄내니
일지양기 천화 청홍양색

青甲花는 乾天桃요 紅乙花는 坤地桃라
청갑화 건천도 홍을화 곤지도

乾乾坤坤 重桃花가 相合成道 四像하니
건건곤곤 중도화 상합성도 사상

老陰老陽 少陰少陽 老少配合 生子女세
노음노양 소음소양 노소배합 생자녀

庚申白虎 八坤母와 甲辰青龍 七艮男이
경신백호 팔곤모 갑진청룡 칠간남

申寅同坐 相議해서 巳亥大德 이뤄내니
신인동좌 상의 사해대덕

四海遺風 三綱五倫 大明天地 乾坤일세
사해유통 삼강오륜 대명천지 건곤

乾馬坤牛 兩太極이 天地萬物 精氣실코
건마곤우 양태극 천지만물 정기

儒佛仙道 三合路로 巽震宮에 돌아와서
유불선도 삼합로 손진궁

風雷二氣 다시싣고 地中六部 往來하야
풍뇌이기 지중육부 왕래

四時四德 이뤄내니 帝出于震 終于艮을
사시사덕 제출우진 종우간

道通없이 어찌알고 至誠修道 立德하라
도통 지성수도 입덕

六道六德 六六數로 三十六德 立極하니
육도육덕 육육수 삼십육덕 입극

三十六宮 都是春이 萬邦安樂 太平일세
삼십육궁 도시춘 만망안락 태평

春아春아 太平春아 四時同樂 하여보세
춘 춘 태평춘 사시동락

先天春秋 지내가고 後天夏冬 지내가고
선천춘추 후천하동

中天春秋 돌아와서 春景秋景 奇妙事를
중천춘추 춘경추경 기묘사

말을모와 글을지니 글을보고 뜻을알고

心性살펴 靈神보면 靜氣大小 알것이니
심성 영신 정기대소

精神力이 清明者는 天道地德 밝혀내어
정신력 청명자 천도지덕

聖賢二字 通靈이요 精神力이 昏濁者는
성현이자 통령 정신력 혼탁자

天地道德 못깨치고 愚蚩之心 不通일세
천지도덕 우치지심 불통

愚賢之心 알자하면 무엇보고 料擇할고
우치지심 요택

말을듣고 글을보아 三精九靈 아는바니
삼정구령

三九精靈 化한 心神 化出自然 天性말씀
삼구정령 화 심신 화출자연 천성

말씀中에 있는 造化 无窮无窮 難測일세
중 조화 무궁무궁 난측

生死吉凶 興亡事가 말가운데 있사오니
생사길흉 흥망사

말造化를 重히알어 良心正言 하여보소
조화 중 양심정언

正言正心 合한 氣運 造化變化 相化해서
정언정심 합 기운 조화변화 상화

飛龍馬가 成功되야 無形無跡 去來中에
비룡마 성공 무형무적 거래중

大德馬를 높이타고 大天道로 往來하니
대덕마 대천도 왕래

心火宮中 午丁馬라 鱗潛羽翔 飛龍되야
심화궁중 오정마 인잠우상 비룡

火龍馬가 되고보면 龍師火帝 鳥官人皇
화룡마 용사화제 조관인황

始制文字 唱韻하니 新朝好風 이아닌가
시제문자 창운 신조호풍

月星精神 佛仙으로 儒道日精 大明하세
월성정신 불선 유도일정 대명

心性言語 佛仙儒가 이와같이 无窮하니
심성언어 불선유 무궁

이말저말 깨쳐내어 心中言馬 살폈어라
심중언마

馬上寒食 非古地란 心馬두고 일렀으니
마상한식 비고지 심마

寒食말고 溫食해서 歡歸吾家 하여서라
한식 온식 환귀오가

吾家靈台 本故鄕을 天心通靈 뉘가알고
오가영대 본고향 천심통령

天心本性 大明하면 이게眞正 道德이니
천심본성 대명 진정 도덕

「遠方道德 求치말고 心性道德 밝혀보소
원방도덕 구 심성도덕

心性二字 明覺하면 天地事가 거기있네」[18]
심성이자 명각 천지사

心性七情 光明火를 七元宮에 밝혀놓면
심성칠정 광명화 칠원궁

南太北斗 化한本性 七七日月 青燈火라
남태북두 화 본성 칠칠일월 청등화

七七四十九年世界 靈山坮를 올라가서
칠칠사십구년세계 영산대

四九三十六宮春을 金闕中에 찾아보소
사구삼십육궁춘 금궐중

金闕玉坮 높은榻을 누가알고 누가알고
금궐옥대 탑

「아는君子 있게되면 弓乙天宮 찾아오소
군자 궁을천궁

弓乙宮中 앉은神靈 太極道主 分明하니」[19]
궁을궁중 신령 태극도주 분명

그道主는 七七法界 三天大天 三樂堂을(弓乙天宮 찾아보소)
도주 칠칠법계 삼천대천 삼락당 궁을천궁

三神山에 높이짓고 九天玄法 베풀어서
삼신산 구천현법

三章法文 밝혀내니 河圖洛書 靈符書다
삼장법문 하도낙서 영부서

靈符圖中 三章法士 弓乙道士 大聖이니
영부도중 삼장법사 궁을도사 대성

水雲聖師 만나랴면 弓乙宮中 찾아와서
수운성사 궁을궁중

火雲道士 만나보고 青林世界 물어보소
화운도사 청림세계

18) 「 」 부분은 『수운가사10편』에는 없는 구절이다.

19) 「 」 부분은 『수운가사10편』에는 없는 구절이다.

春末夏初 綠陰속에 芳草芳草 이때로다
춘말하초 녹음 방초방초

萬花芳草 石井室에 慇懃하게 숨은道德士
만화방초 석정실 은근 도덕사

誠心없이 만날손가 만나고져 하거들랑
성심

亥島中에 찾아가서 子水丑山 지난後에
해도중 자수축산 후

寅卯青林 幽僻處에 龜尾龍潭 坎水먹고
인묘청림 유벽처 구미용담 감수

天然하게 누운五龍 太極珠를 戲弄하니
천연 오룡 태극주 희롱

五色斑龍 올라타고 飛飛中天 높이떠서
오색반룡 비비중천

世界萬邦 살펴보소 明明心鏡 完然하네
세계만방 명명심경 완연

明兩再明 하여쓰니 良朋厥覺 조을시구
명양재명 양붕궐각

自一至九 自九至一 始一終一 中一數니
자일지구 자구지일 시일종일 중일수

三一太極 깨달아서 五一之德 밝혔어라
삼일태극 오일지덕

天道都在 七一數요 地德合在 九一數니
천도도재 칠일수 지덕합재 구일수

三宮六道 變化理를 覺來知則 道人이니
삼궁육도 변화리 각래지즉 도인

三九六八 깨달아서 乾坤大明 하게하라
삼구육팔 건곤대명

內外乾坤 三連事를 三節和中 있사오니
내외건곤 삼연사 삼절화중

誠節敬節 信節이라 三節合則 一符되고
성절경절 신절 삼절합즉 일부

三符合則 一圖되니 一圖中이 成功일세
삼부합즉 일도 일도중 성공

채지가(採芝歌)

1. 남조선 뱃노래

띄워라 배 띄워라 南朝鮮 배 띄워라
남조선

萬頃滄波 너른 바다 두둥실 배 띄워라
망경창파

日落西山 해가 지고 月出東山 달이 떴다
일락서산 월출동산

上下淸光 맑은 물결 月水世界 이 아닌가
월하청광 월수세계

天地로 배를 모아 堯舜禹湯 채를 잡아
천지 요순우탕

文武周公 돛을 달고 安曾思孟 櫓를 저어
문무주공 안증사맹 노

泛泛中流 띄워 노니 春水仙女 天上坐라
범범중류 춘수선녀 천상좌

桀紂風波 일어난들 이배 破船 어이 하리
걸주풍파 파선

「第一江山 돛대로서 都沙工이 누구신고
제일강산 도사공

世界動亂 하실 적에 全元帥가 이 아닌가」[1)]
세계동란 전원수

龍潭水流 四海春은 夫子道德 장할시구
용담수류 사해춘 부자도덕

萬億千金 쌓인 곳에 솟아나기 어렵도다
만억천금

天下節候 三變하니 그 理致를 뉘 알쏘냐
천하절후 삼변 이치

뱃노래 한 曲調에 武夷九曲 돌아든다
곡조 무이구곡

無窮無窮 저 理致를 뱃노래로 和答하네
무궁무궁 이치 화답

矢口矢口 鳥乙矢口 陽春三月 때가 왔네
시구시구 조을시구 양춘삼월

船艙 臺에 넌짓 올라 左右를 살펴보니
선창 대 좌우

많고 많은 저 사람에 누구누구 모였던고

舟中之人 많은 親舊 修身修德 하였던가
주중지인 친구 수신수덕

一心工夫하올 적에 이 배 타기 所願일세
일심공부 소원

惡毒한 이 世上에 嘲笑批評 참아가며
악독 세상 조소비평

멀고 먼 險한 길에 苦生도 지질하다
험 고생

먹은 마음 다시 먹어 쉬지 않고 나아갈제

돌아서면 冷笑하고 숙덕숙덕 批評일세
냉소 비평

---

1) 대한민국 제12대 전두환(全斗煥) 대통령을 일컫는다.

듣도 보도 못했더니 별일도 다 많더라

道通인지 먹桶인지 虛無하기 짝이 없네
도통 통 허무

저리해서 道通하면 飛上天은 내가 하지
도통 비상천

아서라 말아라 世上公論 다 버리고
세상공론

慶尙道 太白山에 도라지나 캐어보자
경상도 태백산

한두 뿌리만 캐어도 廣濟 밑천 되노라
광제

찾아가세 찾아가세 靑林道士 찾아가세
청림도사

庚申金 風磬소리 말만 듣고 찾아가니
경신금 풍경

쓰고 달고 맛을 몰라 오락가락 그뿐이라

날 버리고 가는 사람 十里 못가 發病나네
십리 발병

虛無하고 虛無하고 世上사람 虛無하다
허무 허무 세상 허무

江東弟子 八千人은 渡江以西 하올 적에
강동제자 팔천인 도강이서

沈船破船 決心해서 三日糧食 가지고서
침선파선 결심 삼일양식

百二山下 逐塵할제 八年風塵 겪어가며
백이산하 축진 팔년풍진

力拔山 氣蓋世는 楚霸王의 威風이라
역발산 기개세 초패왕 위풍

大事成功 하잤더니 天地忘我 할일 없다
대사성공 천지망아

鷄鳴 秋夜月에 玉簫聲이 요란터니
계명 추야월 옥소성

八千弟子 흩어지니 虞兮虞兮 柰若何오
팔천제자 우혜우혜 내약하

烏江亭長 배를 대고 急渡江東하였으나
오강정장 급도강동

前生事를 생각하니 억울하고 寃痛하다
전생사 원통

康衢煙月 擊壤歌 唐堯天下 頌德하네
강구연월 격양가 당요천하 송덕

萬乘富貴 어디 두고 바둑판이 웬일인고
만승부귀

紫微苑에 몸을 붙여 後天運數 期待리니
자미원 후천운수 기대

餘厄이 未盡하여 雪上加霜 되었더라
여액 미진 설상가상

할일 없다 이내 運數 至誠發願 다시해서
운수 지성발원

九天에 呼訴했더니 解寃門이 열렸구나
구천 호소 해원문

母岳山 돌아들 때 聖父 聖子 聖神만나
모악산 성부 성자 성신

无量道를 닦아 내어 彌勒殿이 높았구나
무량도 미륵전

沿海春風 띄운 배는 釋迦如來 時代던가
연해춘풍 석가여래 시대

憂變樂安 萬二千은 娑婆世界 되었구나
우변낙안 만이천 사바세계

一切衆生 건져다가 極樂世界 가게 하니
일체중생 극락세계

極樂世界 어디런고 龍華世界 이 아닌가
극락세계 용화세계

三生經 傳해 줄 때 當來佛 讚嘆歌지어
삼생경 전 당래불 찬탄가

歷歷히도 하신 말씀 이내 道德 三千年後
역력 도덕 삼천년후

龍華會 너른 道場 一萬二千 道通일세
용화회 도장 일만이천 도통

桃園結誼하실 적에 萬古大義 누구신고
도원결의 만고대의

黃金甲옷 떨쳐 입고 赤土馬上 비껴 앉아
황금갑 적토마상

秋霜같이 높은 義理 三角鬚를 거사리고
추상 의리 삼각수

人間出世하실 적에 三保朝鮮 하신다니
인간출세 삼보조선

무섭더라 무섭더라 無知한 蒼生들아
무지 창생

旿天慢神 부디 마라 先天道數 어찌하여
오천만신 선천도수

善惡區別 混雜해서 小人道長 되었으니
선악구별 혼잡 소인도장

君子道消 되었던가
군자도소

神目如電 무섭더라 暗室欺心 하지 마라
신목여전 암실기심

네 몸에 지은 罪는 네 몸에 그칠 것이오
죄

네 몸에 닦은 功德 네 몸에 福祿이라
공덕 복록

콩을 심어 콩이 나고 외를 심어 외가 나니

그도 역시 運數로서 天地人事 一般일세
운수 천지인사 일반

이 말 저 말 그만두고 뱃노래나 불러 보자

都沙工은 치를 잡고 小沙工은 櫓를 저어
도사공 소사공 노

太平洋 너른바다 둥기둥실 띄워놓으니
태평양

四海龍王 擁衛하고 五岳山王도 護衛할제
사해용왕 옹위 오악산왕 호위

天上天下 諸大神將 二十八宿 諸位神將
천상천하 제대신장 이십팔수 제위신장

前後旗幟 羅列할 때 左右劍戟 森嚴하다
전후기치 나열 좌우검극 삼엄

四十里 陵波 속에 神仙仙女 下降하고
사십리 능파 신선선녀 하강

五色彩雲 둘렀는데 琦花瑤草 爛發한대
오색채운 기화요초 난발

玉京仙樂 大風流로 風樂聲 더욱 좋다
옥경선악 대풍류 풍악성

白髮老人 青春되고 白髮老嫗 小婦되고
백발노인 청춘 백발노구 소부

흰 머리가 검어지고 굽은 허리 곧아져서

換骨脫態 되었으니 仙風道骨 完然하다
환골탈태 선풍도골 완연

衣冠文物 볼작시면 어이 그리 燦爛한고
의관문물 찬란

仙官月態 丹粧하니 神仙仙女 짝이로다
선관월태 단장 신선선녀

어깨 위에 三尺金은 御史花를 꽂았던가
삼척금 어사화

金冠玉箴 燦爛하니 天上寶貨 아니런가
금잠옥잠 찬란 천상보화

漆樑機 베틀 노래하니 仙女織錦 좋은 비단
칠양기 선녀직금

銀河水에 洗濯하여 우리 道服 지을 적에
은하수 세탁 도복

金尺玉尺 자질해서 道衣道服 마련하니
금척옥척 도의도복

奇壯하다 奇壯하다 衣冠文物 奇壯하다
기장 기장 의관문물 기장

月宮에다 줄을 걸어 廣寒殿 높이 올라
월궁 광한전

十方世界 求景할제 萬國文明 되었구나
십방세계 구경 만국문명

건져 보세 건져 보세 億兆蒼生 건져 보세
억조창생

苦海에 빠진百姓 一一이 건져 보세
고해 백성 일일

北天을 바라보니 滿天雲霧 자욱하다
북천 만천운무

東南天을 바라보니 花柳求景 더욱 좋다
동남천 화류구경

臨死呼天 하였으니 너의 蒼生 可笑롭다
임사호천 창생 가소

너의 身勢 그러하나 이내 運數 좋을시구
신세 운수

들어가세 들어가세 龍華道場 들어가세
용화도장

많고 많은 그 사람에 몇몇이나 參禮턴가
참례

시들부들하던 사람 後悔한들 무엇할까
후회

한탄한들 무엇하리 歎息줄이 절로 난다
탄식

어렵더라 어렵더라 이배 타기 어렵더라

찾아가세 찾아가세 回文村을 찾아가세
회문촌

夕陽山川 비낀 길로 저기 가는 저 사람아
석양산천

欲速不達 되었으니 前功可惜 아니련가
욕속부달 전공가석

三十平生 그만두고 이내 工夫 成功後에
삼십평생 공부 성공후

다시 보자 깊은 言約 그 동안을 못 참아서
언약

之東之西 한단말가 亂法亂道 하던 사람
지동지서 난법난도

前功은 姑舍하고 天爲神罰 없을쏘냐
전공 고사 천위신벌

坦坦大路 어디 두고 天方地軸 무삼일고
탄탄대로 천방지축

疑訝 말고 따라서라 「燈 들고 불 밝혀라
의아 등

漁舟者를 다시 만나 武陵桃園 찾아가니
어주자 무릉도원

南海南天視南地 大江鐵橋 높았구나」[2)]
남해남천시남지 대강철교

不變仙源何處尋고 桃花流水谷中天에
불변선원하처심 도화유수곡중천

---

2) 대한민국 제14대 김영삼(金泳三) 대통령 노태우 정권에서 김영삼 정부로 이어지는 대강철교(大江鐵橋)로 비유했고 남쪽 땅 남쪽 바다에 어주자(漁舟子)를 다시 만나라고 하였으니 김영삼 대통령의 출생지와 어민의 후손 중에서 대권(大權)을 이어받을 것을 예언한 것이다.

武夷方 名山中에 智異山이 높았구나
무이방 명산중 지리산

李朝開國하올 적에 不服山이 되었구나
이조개국 불복산

오는 運數 받자 하고 巽巳方을 열어 놓으니
운수 손사방

竹實里에 부는 바람 慶福春生 더욱 좋다
죽실리 경국춘색

三台三奇 應氣하니 鵲大山이 높았구나
삼태삼기 응기 작대산

右白虎에 쌓인 氣運 攀龍附鳳 그 아닌가
우백호 기운 반룡부봉

一寸光陰 虛費말고 前進前進하여 보세
일촌광음 허비 전진전진

늦어간다 늦어간다 어서 가세 바삐 가세

弱한 蒼生 건지려고 이 말 저 말 比喩해서
약 창생 비유

노래 한 章 지었으니 世上사람 傳해 주소
장 세상 전

富春山 七里灘에 五月羊裘 떨쳐입고
부춘산 칠리탄 오월양구

오는 때를 期待리니 五月清風 맑았구나
기대 오월청풍

上元甲이 지나가고 中元甲이 當해 오니
상원갑 중원갑 당

初伏 中伏 다 지내고 末伏 바라보니
초복 중복 말복

그 동안에 氣運 받아 萬國文明 되었으니
기운 만국문명

人事는 機會가 있고 天時는 때가 있어
인사 기회 천시

오는 때를 急히 마라 오게 되면 自然이라
급 자연

山을 넘고 물을 건너 山도 절로 물도 절로
산 산

水水山山 다 지내고 坦坦大路 平地되니
수수산산 탄탄대로 평지

忽然春風 天地間에 萬福開花 一時로다
홀연춘풍 천지간 만복개화 일시

2. 초당(草堂)의 봄꿈

草堂에 깊이 누워 一場春夢 깊이 들어
초당 일장춘몽

한 고을 다다르니 五仙圍碁 하는구나
오선위기

한 老人은 白碁 들고 한 老人은 黑碁들고
노인 백기 노인 흑기

한 老人은 白碁訓手 한 老人은 黑碁訓手
노인 백기훈수 노인 흑기훈수

楚漢風塵 일어나니 商山四皓 아니런가
초한풍진 상산사호

한 老人은 누구신고 主人老人 分明하다
노인 주인노인 분명

主人老人 體面보소 時節風流 그뿐이라
주인노인 체면 시절풍류

相勝相負 決定할 때 兩便訓手 못하고서
상승상부 결정 양편훈수

親家有無 供饋할 때 손님 接待할 뿐이네
친가유무 공궤 접대

數는 漸漸 높아가고 밤은 漸漸 깊어간다
수 점점 점점

遠村에 닭이 우니 兌金星이 비쳤구나
원촌 태금성

개가 짖고 날이 새니 各自 歸家하는구나
각자 귀가

主人老嫗 擧動 보소 一場春夢 깨어 보니
주인노구 거동 일장춘몽

商山四皓 네 老人은 저 갈대로 다 가고서
상산사호 노인

바둑板과 바둑돌은 主人 차지 되었구나
판 주인

堯之子는 丹朱로서 바둑板을 받을 적에
요지자 단주 판

後天運數 열렸으니 解冤時代 期待려라
후천운수 해원시대 기대

口丁口寗吩咐 이러하나 이 理致를 뉘 알쏘냐
구정구영분부 이치

五萬年의 運數로세 그 아니 壯할시구
오만년 운수 장

巡將點을 세어 보니 內八點이 되었구나
순장점 내팔점

內八點 그 가운데 太乙點이 中宮이라
내팔점 태을점 중궁

外循掌을 살펴보니 十六圖가 되었구나
외순장 십육도

三十三點 梅花點은 太極理致 붙어있네
삼십삼점 매화점 태극이치

三十六宮 되었으니 都是春이 아닐런가
삼십육궁 도시춘

三百六十 一點中에 五十土가 用事하네
삼백육십 일점중 오십토 용사

無極運이 用事하니 利在田田 이 아닌가
무극운 용사 이재전전

十十交通 되었으니 四正四維 分明하다
십십교통 사정사유 분명

利在弓弓 뉘 알쏘냐 弓弓乙乙 鳥乙矢口
이재궁궁 궁궁을을 조을시구

生死門을 열어 놓고 勝負判斷 하올 적에
생사문 승부판단

조개는 白碁 되고 차돌은 黑碁된다
백기 흑기

井池邊에 마주 앉아 天下通情 하였으니
정지변 천하통정

너도 한 點 나도 한 點 虛虛實實 뉘 알고
점 점 허허실실

楚漢乾坤 風塵中에 眞僞眞假 뉘가 알고
초한건곤 풍진중 진위진가

韓信陳平 그 때로서 賢愚優劣 몰랐어라
한신진평 현우우열

조개 理致 어떠한고 月水宮에 精氣받아
이치 월수궁 정기

五十土로 開闔하니 陽中有陰 되었구나
오십토로 개합 양중유음

魚者는 生鮮이라 生鮮腹中 裂腸이라
어자 생선 생선복중 열장

生門方을 들어가니 中央列仙 分明하다
생문방 중앙열선 분명

차돌은 바닷돌이니 東海之井石이라
동해지정석

半口在水 알련마는 어이 그리 철도 몰라
반구재수

二十九日 찾아가서 走青林은 하였어라
이십구일 주청림

開明章 나오는 날에 너의 罪를 어이할꼬
개명장 죄

믿지 마라 믿지 마라 先天秘訣 믿지마라
선천비결

先天秘訣 믿다가는 歸之虛事 되리로다
선천비결 귀지허사

大聖人의 行이신가 天地度數 바뀌었으니
대성인 행 천지도수

鬼神도 難測커든 사람이야 뉘 알손가
귀신 난측

아무리 안다 해도 道人外에 뉘 알쏘냐
도인외

傭劣터라 傭劣터라 저 사람 傭劣터라
용열 용열 용열

孔孟子를 배운다고 外面收拾하던 사람
공맹자 외면수습

점잖은 체 해쌓더니 兩班이 다 무엇인가
양반

實地工夫 모르고서 말로 하면 될까보냐
실지공부

캄캄 漆夜 어둔 밤에 燈불 없이 가는 모양
칠야 등

저 혼자 잘난 듯이 聖賢君子 혼자로다
성현군자

이리하면 正道되고 저리하면 異端인지
정도 이단

빈중빈중 말을 하니 아니꼽고 더럽더라

코를 들고 對하려니 냄새나서 못對할러라
대 대

先天運數 지나가고 後天運數 돌아올 때
선천운수 후천운수

大明日月 밝은 날에 다시 한번 對해 보니
대명일월 대

聖門夫子 一夫子는 仔細仔細 일렀으니
성문부자 일부자 자세자세

開闢理致 不遠함은 大聖人의 行爲로다
개벽이치 불원 대성인 행위

水潮南天 하올적에 水汐北地 되는구나
수조남천 수석북지

北極通開 三千里오 南海開闢 七千里라
북극통개 삼천리 남해개벽 칠천리

東海南天 바라보니 水克火가 되었구나
동해남천 수극화

風波가 切嚴하니 億兆蒼生 어이할고
풍파 절엄 억조창생

너의 蒼生 건져줄 때 이리해도 誹謗할까
창생 비방

怪이하다 怪이하다 今世風俗 怪이하다
괴 괴 금세풍속 괴

三綱五倫 變타 한들 이리하기 虛無하다
삼강오륜 변 허무

二八靑春 少年들아 虛送歲月 부디 마라
이팔청춘 소년 허송세월

科學인지 文學인지 今世風俗 怪이하다
과학 문학 금세풍속 괴

하날 쓰고 도리도니 마음대로 뛰고논다

孝子忠臣 다버리고 時俗開明 말을하네
효자충신 시속개명

똑똑하고 잘난 체로 주제넘게 배웠던가

迷信打破 한다하고 남의 祖上 어이 알리
미신타파 조상

더벅머리 홀태바지 비틀거려 걷는 樣은
양

西洋文明 이러한가 東洋文明 이러한가
서양문명 동양문명

古代衣冠 보게 되면 손질하고 辱을 한다
고대의관 욕

古來遺風 傳한 法을 본보기는 고사하고
고래유풍 전 법

叔麥 같고 迷信 같다 저의끼리 公論하네
숙맥 미신 공론

원수의 倭賊놈은 저의 神柱 위하듯이
왜적 신주

怨讐倭賊 말을 듣고 참倭는 고사하고 土倭가 무섭더라
원수왜적 왜 토왜

倭놈에게 忠臣되면 그 忠臣이 長久할까
왜 충신 충신 장구

東海浮上 돋는 해가 申酉方에 넘어 간다
동해부상 신유방

침침漆夜 닭이우니 너의 얼굴 다시보자
칠야

日暮兌宮 하였으니 三十六宮 비쳤던가
일모태궁 삼십육궁

슬기는 나중 나고 미련은 먼저 난다

우리 江山 三千里에 씨름판이 벌어졌네
강산 삼천리

天地씨름 上씨름에 大판씨름 넘어간다
천지 상 대

아기씨름 지난 後에 總角씨름 되는구나
후 총각

判씨름에 올라가니 比較씨름 되었구나
판 비교

上씨름에 판씨름은 한 허리에 달렸으니
상

술 고기나 많이 먹고 뒤전에서 잠만 잔다

肅殺氣運 일어날 때 一夜霜雪 可畏로다
숙살기운 일야상설 가외

肅殺氣運 받는 사람 가는 날이 하직일세
숙살기운

血氣믿는 저 사람아 虛火亂動 操心하라
혈기 허화난동 조심

斥神亂動 되었으니 斥神받아 넘어간다
척신난동 척신

南北風이 일어나니 萬國腥塵이 되었구나
남북풍 만국성진

一夜霜雪 하실 적에 萬樹落葉 다시나고
일야상설 만수낙엽

末年白雪 쌓일적에 綠竹蒼松 푸른亭子
말년백설 녹죽창송 정자

四時長春 不變하니 君子之節 第一일세
사시장춘 불변 군자지절 제일

黃紅黑白 五色中에 푸를靑字 으뜸이라
황홍흑백 오색중 청자

不老不死 五萬年에 萬年不變 一色일세
불로불사 오만년 만년불변 일색

三春三夏 繁盛時에 萬物繁盛 一時로다
삼춘삼하 번성시 만물번성 일시

朱門桃李 富貴花는 桃紅李白 燦爛이요
주문도이 부귀화 도홍이백 찬란

訪花隋柳 過前川은 遊客流風 壯觀이오
방화수류 과전천 유객류풍 장관

綠陰芳草 勝花時는 登山遊客 壯觀이요
녹음방초 승화시 등산유객 장관

黃菊丹楓 늦은 뒤에 詩客騷人 壯觀이오
황국단풍 시객소인 장관

이때 저때 다 지내고 白雪江山 되었으니
백설강산

萬樹綠陰 風流속에 자랑하던 富貴花는
만수녹음 풍류 부귀화

片時春夢 되었으니 春花光陰 그뿐이라
편시춘몽 춘화광음

뛰고 놀던 저 사람아 이리 될 줄 뉘가 알고

獨釣寒江 白雪中에 지난 苦生 생각난다
독조한강 백설중 고생

매몰하던 저 사람은 어이 그리 매몰한고

같이 가자 盟誓하며 眞正吐說 하였더니
맹서 진정토설

慇懃하게 귀에대고 남의 心情 빼어 보네
은근 심정

그말 저말 곧이듣고 툭툭 털어 吐說하니
토설

所謂 推理한다 하고 생각나니 그뿐이라
소위 추리

속마음 달랐던가 이제 보니 楚越일세
초월

두 눈이 말뚱말뚱 아니 속고 저 잘난체

아무리 誘引해도 내가 정말 속을 소냐
유인

한푼 두푼 모았다가 살림살이 모아보세

쓸데없이 쓰는 돈은 술 고기나 먹어 보세

이리 忖度 저리 忖度 생각나니 그뿐이지
촌도 촌도

저 사람 傭劣해서 慾心은 앞을 서고
용열 욕심

誠心은 뒤를 서서 듣고 보니 그러할듯
성심

헛일삼아 從事해서 多幸이나 어찌될까
종사 다행

託名이나 하여 놓고 좋은消息 얻을려고
탁명 소식

이달이나 저달이나 앉아 한몫 바랐더니,

이러한 줄 알았더면 나도 역시 奉揭(한몫) 할걸
봉게

後悔한들 소용없고 한탄한들 소용없다
후회

3. 달노래

달아달아 밝은 달아 李太白이 놀던 달아
이태백

보름달은 온달이오 나흘달은 半달일세
반

섣달이라 初나흘날 半달보고 절을 하네
초 반

大月이라 三十日 小月이라 二十九日
대월 삼십일 소월 이십구일

玉兎는 望明이오 白兎는 小月이라
옥토 망명 백토 소월

須從白兎 走青林은 世上사람 뉘알소냐
수종백토 주청림 세상

酉時에 해가 지고 戌時에 달이 비쳐
유시 술시

東海東天 비친달이 비친곳에 비치려만
동해동천

山陽山南 비친 달을 山陰山北 몰랐던가
산양산남 산음산북

近水樓臺 先得月은 向陽花木 易爲春이라
근수누대 선득월 향양화목 이위춘

黑雲 속에 숨은 달이 瞥眼間에 밝아질까
흑운 별안간

開闢天地 열렸으니 文明時代 되었던가
개벽천지 문명시대

玩月樓에 높이 올라 堯舜乾坤 만났던가
완월루 요순건곤

月宮仙女 丹粧할 제 廣寒殿 열어 놓고
월궁선녀 단장 광한전

丹桂枝를 꺾어들고 霓裳雨衣 노래 불러
단계지 예상우의

十方世界 洞察하니 十洲蓮花 더욱 좋다
십방세계 통찰 십주연화

金剛山이 名山이라 一萬二千 높은 峯에
금강산 명산 일만이천 봉

峯峯이도 비쳤으니 玉芙蓉을 깎아낸 듯
봉봉 옥부용

十二諸天 金佛菩薩 降臨하여 내릴적에
십이제천 금불보살 강림

열 석 자 굳은 盟誓 우리上帝 아니신가
맹서 상제

桃李春風 바라보니 何知何知 又何知라
도리춘풍 하지하지 우하지

언제 보던 그 손님인가 水原나그네 낯이 익네
수원

大慈大悲 우리 上帝 玉樞門을 열어 놓고
대자대비 상제 옥추문

大神門을 열어노니 神明시름 더욱 좋다
대신문 신명

天上功德 先靈神들 子孫찾아 내려올제
천상공덕 선령신 자손

춤추고 노래하며 나를 보고 반가와서

積善일세 積善일세 萬代榮華 積善일세
적선 적선 만대영화 적선

百祖一孫 그 가운데 子孫줄을 찾아가니
백조일손 자손

어떤 사람 이러하고 어떤 사람 저러한고

子孫줄이 떨어지면 先靈神도 滅亡된다
자손 선령신 멸망

喜喜樂樂 기뻐할제 한모퉁이 痛哭이라
희희낙락 통곡

뼈도 없고 살도 없다 靈魂인들 있을소냐
영혼

禍因惡積 되었던가 너의 運數 可笑롭다
화인악적 운수 가소

福緣仙境 되었으니 이내 運數 장할시구
복연선경 운수

子孫을 잘못 두면 辱及先祖 된다 하고
자손 욕급선조

子孫을 잘만 두면 祖上餘陰 頌德이라
자손 조상여음 송덕

天地人神 大判決은 善惡分揀 分明하다
천지인신 대판결 선악분간 분명

무섭더라 무섭더라 白布帳幕 무섭더라
백포장막

鵲大山에 달이떠서 鳳우리에 비쳤구나
작대산 봉

成住寺 늙은 중이 問安次로 내려올 제
성주사 문안차

日月袈裟 떨쳐 입고 총총걸음 바쁘도다
일월가사

蚌蛤은 조개로다 月水宮에 잠겼으니
방합 월수궁

五日三日 때를 맞춰 열고 닫고 開闔하니
오일삼일 개합

한 달이라 여섯 번씩 六六三十六을
육육삼십육

月水精氣 노니 土器金鼻 길러내어
월수정기 토기금비

後天度數 三十六에 中央 北太乙이라
후천도수 삼십육 중앙 북태을

尊周大義 높았으니 魯仲蓮의 氣像이오
존주대의 노중련 기상

採石江에 비쳤으니 李太白의 風流로다
채석강 이태백 풍류

小焉동산 赤壁江에 壬戌之秋七月 蘇東坡요
소언 적벽강 임술지추칠월 소동파

思家步月淸宵林은 杜子美의 思鄕이다
사가보월청소림 두자미 사향

秋風一夜楚兵散하니 誰識鷄鳴秋山月고
추풍일야초병산 수식계명투산월

달아 달아 밝은 달아 後天明月 밝은 달아
후천명월

4. 칠월식과(七月食瓜)

三伏蒸炎 저문 날에 北窓淸風 잠이 들어
삼복증염 북창청풍

한 꿈을 이루어 글句 한首 받았더니
귀 수

七月食瓜 글 넉 字라 解釋하라 吩咐하네
칠월식과 자 해석 분부

그 뉘신지 몰랐더니 우리 東方 先生일세
동방 선생

仔細仔細 외운 글귀 歷歷히도 생각나서
자세자세 역력

꿈을 깨서 記錄하니 이러하고 저러하다
기록

伏羲先天 어느땐고 春分度數 되었구나
복희선천 춘분도수

河圖龍馬 나설적에 天尊時代 天道로다
하도용마 천존시대 천도

乾南坤北 하올 적에 離東坎西 되었구나
건남곤북 이동감서

木神司命 하올 적에 근본 本字 봄春字요
목신사명 본자 춘자

先天八卦 羲易인데 天地否卦 되었더라
선천팔괘 희역 천지부괘

皇極運이 열렸으니 九十이 中宮일세
황극운 구십 중궁

乾坤正位 坎離用事 聖人의 命이 된다
건곤정위 감리용사 성인 명

文王八卦 夏字運數 火神司命 여름 夏字
문왕팔괘 하자운수 화신사명 하자

離南八卦 地人卦는 震東兌西 되었구나
이남팔괘 지인괘 진동태서

水火旣濟 마련하니 五十土가 中宮이라
수화기제 오십토 중궁

羲易이 周易되니 陰陽亂雜 時代로다
희역 주역 음양난잡 시대

仲尼如來 失地하고 英雄豪傑 徒位로다
중니여래 실지 영웅호걸 도위

先天運數 지나가고 後天運數 돌아오네
선천운수 후천운수

人尊時代 되었으니 周易이 正易된다
인존시대 주역 정역

地天泰卦 되었으니 金神司命 하실 적에
지천태괘 금신사명

가을 가을 노래하니 秋分度數 되었구나
추분도수

申酉金風 찬바람에 萬物成熟 되었구나
신유금풍 만물성숙

初伏中伏 다 지내고 末伏運이 이때로다
초복중복 말복운

乾南坤北 하실적에 艮東兌西 되었구나
건남곤북 간동태서

天地定位 하올적에 山澤通氣 되었구나
천지정위 산택통기

二七火가 中宮되니 五十土가 用事하네
이칠화 중궁 오십토 용사

水生火가 火生金하니 相剋이 相生된다
수생화 화생금 상극 상생

坎辰이 離亥되었으니 東이 北이 된단말가
감진 이해 동 북

戊己가 用事하니 不遷不易할 것이오
무기 용사 불천불역

丕運이 泰運 되니 無極運이 열렸구나
비운 태운 무극운

衰病死葬 없어지니 不老不死 長生일세
쇠병사장 불효불사 장생

儒佛仙이 合心하니 三人一夕 닦을세라
유불선 합심 삼인일석

여름度數 지나가고 秋分度數 닥쳤으니
도수 추분도수

天地度數 開闢할 때 五臟六腑 換腸이라
천지도수 개벽 오장육부 환장

水土腹痛 앓을 적에 臨死呼天 急하더라
수토복통 임사호천 급

九年洪水 몰아드니 몸돌릴틈 없었구나
구년홍수

利在田田 찾아가니 一間高亭 높이 짓고
이재전전 일간고정

四正四維 기둥 세워 五十土로 대공 받쳐
사정사유 오십토

井田에 터를 닦어 十十交通 길을 내고
정전 십십교통

主人첨지 누구신고 十五眞主 아니신가
주인 십오진주

여보 첨지 불러 와서 참외 한個 맛을 보세
개

이 말 듣고 일어 앉아 南海 南天 바라보니
남해 남천

夕陽은 在山하고 梧桐은 落金井이라
석양 재산 오동 낙금정

花色은 土之金精이오 瓜體는 水氣月精이라
화색 토지금정 과체 수기월정

甲寅終於 辰月이오 己巳長於 未月이라
갑인종어 진월 기사장어 미월

굵고 단 걸 따서 보니 時價金이 十五로다
시가금 십오

人口有土 앉아서 三人一夕 닦아내서
인구유토 삼인일석

右로 깎고 左로 깎고 맛을 보고 먹은 後에
우 좌 후

여보여보 僉知僉知 쓰구나 달구나
첨지첨지

첨지 허허 하는 말이 이내 말씀 들어 보소

如保如保 하였으니 赤子之如保로다
여보여보 적자지여보

僉知僉知 하였으니 萬事知僉知로다
첨지첨지 만사지첨지

쓰구나 하였으니 설立 밑에 열十字요
립 십자

달구나 하였으니 西中有一 아니런가
서중유일

率妻子 還巢之日은 己未之十月이오
솔처자 환서지일 기미지십월

乘氣運度數之節은 庚申 四月 初五日은
승기운도수지절 경신 사월 초오일

玄玄妙妙 玄妙理 有有無無 有無中이라
현현묘묘 현묘리 유유무무 유무중

좋을시구 좋을시구 矢口矢口 좋을矢口
시구시구 시구

左弓右弓 弓乙일세 弓乙보고 入道하소
좌궁우궁 궁을 궁을 입도

半口在水 알았거든 弓乙 보고 道通하소
반구재수 궁을 도통

넘고 보니 泰山이오 건너가니 大江일세
태산 대강

山山水水 다 지내고 一路通開 길이 있네
산산수수 일로통개

쉬지 않고 가다 보니 坦坦大路 여기 있네
탄탄대로

高臺春風 急히 마소 때가 되면 절로 온다
고대춘풍 급

忽然春風 吹去夜에 萬福一時 開花로다
홀연춘풍 취거야 만목일시 개화

시호시호 이내시호 不再來之 시호로다
부재래지

5. 남강철교(南江鐵橋)

正月이라 보름날은 一年에도 名節일세
정월 일년 명절

兄님 兄님 四寸兄님 놀러가세 求景가세
형 형 사촌형 구경

앞집에야 金室兄님 뒷집에야 李室兄님
김실형 이실형

새옷입고 丹粧하고 望月次로 어서가세
단장 망월차

廣寒殿이 높았으니 月宮仙女 맞이할새
광한전 월궁선녀

달 가운데 桂樹나무 上上枝를 꺾어다가
계수 상상지

머리 위에 丹粧하고 神仙仙女 짝을 지어
단장 신선선녀

昊天金闕 높은 집에 우리 上帝 玉京上帝
호천금궐 상제 옥경상제

仙童玉女 데리고서 歲拜次 올라가세
선동옥녀 세배차

많고 많은 月宮世界 兩親父母 모셔다가
월궁세계 양친부모

千年萬年 살고지고 無窮無窮 極樂일세
천년만년 무궁무궁 극락

올라가세 올라가세 다리 없이 어이 갈고

七月七夕 烏鵲橋는 牽牛織女 걷는 다리
칠월칠석 오작교 견우직녀

萬里中原 昇平橋는 文章豪傑 걷는 다리
만리중원 승평교 문장호걸

涉仙寺 廣道橋는 唐明皇의 걷던 다리
섭선사 광도교 당명황

靑雲綠水 洛水橋는 科擧 선비 걷는 다리
청운녹수 낙수교 과거

우리 다리 어디 있노 「大江鐵橋 바라보니
대강철교

이 다리가 뉘 다린가 慶尙道의 놋다리라」[3)]
경상도

놋다리는 무쇠 다리 튼튼하고 튼튼하다

兄님 兄님 四寸兄님 손길잡고 올라가세
형 형 사촌형

쇳다리는 무늬가 피니 부처님의 道術인가
도술

天地風氣 大風氣로 春旺正月 진진고대에
천지풍기 대풍기 춘왕정월

東南風 빌어다가 三離火에 불을 살라
동남풍 삼이화

金剛鐵을 뽑아낼 제 天地道士 모였던가
금강철 천지도사

우리 大將 놋大將 天地手段 손에 있네
대장 대장 천지수단

鄭첨지는 헛첨지 바람결에 돌아가고
정

활활가서 자세보니 南海 南川 무지갠가
남해 남천

天地公事 시작할 제 우물가에 터를 닦고
천지공사

---

3) 대한민국 제13대 노태우(盧泰愚) 대통령을 일컫는다.

九年洪水 막아낼 제 차돌 싸서 防川하고
구년홍수 방천

盡心竭力 지내가니 雨雨風風 苦生이라
진심갈력 우우풍풍 고생

苦生끝에 榮華되고 作之不止 君子로다
고생 영화 작지부지 군자

우리 同胞 건지려고 남 모르는 苦生 지질하다
동포 고생

너와 나와 손길 잡고 같이 가세 어서 가세

어서어서 바삐 가세 늦어가네 늦어가네

疑心말고 어서가세 一心으로 건너가자
의심 일심

이 다리는 뉘 다린고 慶尙道의 놋다릴세
경상도

우리 오빠 매몰하네 왜 이같이 못 오는가

우리 서울 새서울 이리 가면 옳게 가네

西出兩關 無故人은 한번 가면 못 오나니
서출양관 무고인

可憐江浦 바라보니 他鄕他道 가지마라
가련강포 타향타도

萬國腥塵 일어날제 다시 오기 어렵도다
만국성진

之南之北 가지 말고 앞만보고 건너가자
지남지북

子머리에 뿔이나니 쥐뿔같은 말이로다
자

하늘이 무너져도 솟을 구멍 있었구나

時呼時呼 이내시오 解寃時代 만났더라
시호시호 해원시대

世上童謠 들어 보소 徹天地 抱寃일세
세상동요 철천지 포원

알자 하니 창창하고 모르자 하니 답답하다

富하고 貴한 사람 解寃할게 무엇인고
부 귀 해원

下愚마련 된다더니 下愚로서 解寃하네
하우 하우 해원

有識하고 똑똑하면 그만해도 解寃이지
유식 해원

權이 있고 잘난 사람 그만해도 滿足하고
권 자족

말도마오 말도마오 富貴者는 말도마오
부귀자

저의 解寃 다 했으니 들을 理가 어디 있소
해원 리

하느님이 定한 運數 알고 보면 그러하지
정 운수

富하고 貴한 사람 將來는 貧賤이오
부 귀 장래 빈천

賤하고 賤한 사람 오는 世上 富貴로다
천 천 세상 부귀

괄시 마라 웃지 마라 貧賤하다 괄세 마라
빈천

고단하고 弱한 사람 道를 찾아 들어오고
약 도

가난하고 賤한 사람 道를 찾아 入道하고
천 도 입도

눈어둡고 귀먹은 사람 解寃하러 찾아드니
해원

解寃時代 만났으니 解寃이나 하여보자
해원시대 해원

제가 무엇 안다하고 요리조리 핑계타가

定한 날이 어김없이 瞥眼間에 닥쳐오니
정 별안간

닦고 닦은 저 사람은 解寃門을 열어 놓고
해원문

六府八院 上中下才 器局대로 될 것이오
육부팔원 상중하재 기국

飛將勇將 上中下才 器局대로 되는구나
비장용장 상중하재 기국

壯할시구 壯할시구 六府八院 壯할시구
장 장 육부팔원 장

氣壯하다 氣壯하다 이내 사람 氣壯하다
기장 기장 기장

飛龍上天하올 적에 風雲造化 품에 품고
비천상천 풍운조화

海印造化 손에 있네 道로 人이 往來할 때
해인조화 도 인 왕래

太平洋이 平地로다 無袖 長衫 떨쳐입고
태평양 평지 무수 장삼

宇宙中에 비껴서서 龍泉劍 드는 칼은
우주중 용천검

左手에 높이 들고 坤先蠅 놋줄일세
좌수 곤선승

右手에 갈라잡고 萬國文明 열어놀 제 禮儀文武 兼全일세
우수 만국문명 예의문무 겸전

右手에 놋줄 던져 죽는 百姓 살려 주고
우수 백성

左手에 龍青劍은 不義者를 降服받아
좌수 용천검 불의자 항복

天動같이 呼令할재 江山이 무너지고
천동 호령 강산

仁義禮智 베푼 곳에 滿座春風 和氣로다
인의예지 만좌춘풍 화기

壯할시구 壯할시구 富貴도 壯할시구
장 장 부귀 장

富貴도 壯할時여 道通인들 오죽할까
부귀 장 시 도통

좁고 좁은 道化뜰에 萬國兵馬 進退로다
도화 만국병마 진퇴

青天 같은 大同世界 花柳求景 더욱 좋다
청천 대동세계 화류구경

求景났네 求景났네 到任行次 求景났네
구경 구경 도임행차 구경

到任行次하실 적에 天地萬物 震動한다
도임행차 천지만물 진동

어떤 사람 저러하고 어떤 사람 이러한고

어제 보던 저 사람들은 不可忘身 어인일고
불가망신

이내 抱寃 어이할고 徹天地 抱寃일세
포원 철천지 포원

五萬年을 定했으니 다시 한 번 때가올까
오만년 정

웃어봐도 소용없고 울어봐도 소용없다

피를 吐하고 痛哭하니 哀痛터져 못살겠네
토 통곡 애통

徹天地 抱寃일세 다시 한번 풀어볼까
철천지 포원

그만일세 그만일세 恨歎한들 어이할까
한탄

兄님 兄님 四寸兄님 같이 가자 勸告할제
형 형 사촌형 권고

게으르다 稱탈하고 父母말 有하다 稱탈하고
칭 부모 유 칭

바쁘다고 稱탈하고 남 비웃는다 稱탈하고
칭 칭

이탈저탈 비탈인가 오늘 보니 大탈일세 사자 하니 抱寃일세
대 포원

兄님 兄님 四寸兄님 이내 八字 어이할고
형 형 사촌형 팔자

兄님 兄님 四寸兄님 이내 運數 좋을시고
형 형 사촌형 운수

우리 兩班 밭갈더니 오늘 보니 서울 兩班
양반 양반

우리 兩班 樵童牧竪 오늘 보니 御史郞君
양반 초동목수 어사낭군

우리 兩班 病든 兩班 오늘 보니 仙官일세
양반 병 양반 선관

우리 兩班 먼데 兩班 神仙되어 다시 왔네
양반 양반 신선

極樂世界 되고 보니 神明人事 一船일세
극락세계 신명인사 일반

至誠感天 아니려면 만나보기 어렵거든
지성감천

이내 誠心 至極터니 죽은나무 꽃이피네
성심 지극

부처님의 道術인가 하나님의 造化인가
도술 조화

꿈도 같고 生時도 같네 이런 일이 어디 있나
생시

天上仙官 傳한 道를 이내 노래 지어내어
천상선관 전 도

너의 蒼生 건지려고 諺文歌詞 지어내니
창생 언문가사

이내 말을 웃지 말고 仔細仔細 살펴내어
자세자세

一心工夫 하였다가 解寃이나 하여 보소
일심공부 해원

한번가면 그만이지 어느때가 다시올까

좋은 氣運을 보게 되면 너의 차례 갈까보냐
기운

손을 잡고 놓지 말고 좋은 때를 期待하세
기대

6. 춘산노인(春山老人) 이야기

天皇地皇 開闢後에 人皇時代 언제던고
천황지황 개벽후 인황시대

盤古人이 지낸 後에 三皇時代 이때로다
반고인 후 삼황시대

三皇時代 지낸 後에 五帝乾坤 어느땐고
삼황시대 후 오제건곤

五帝乾坤 지나가고 王霸時代 되었구나
오제건곤 왕패시대

王霸時代 지나가고 夷狄禽獸 運數로다
왕패시대 이적금수 운수

夷狄禽獸 지나가고 禽獸運이 이때로다
이적금수 금수운

開闢後의 몇 萬年에 禽獸時代 當했구나
개벽후 만년 금수시대 당

禽獸生活 저 사람아 精神차려 생각하고
금수생활 정신

天地間 萬物中에 가장 貴한 사람일세
천지간 만물중 귀

人事道를 닦자 하니 三綱五倫 으뜸일세
인사도 삼강오륜

三綱五倫 무엇인고 임금은 臣下의 벼리요
삼강오륜 신하

아비는 子息의 벼리요 家長은 아내의 벼리라
자식 가장

그물코가 많지만은 벼리 없이 아니 되고

나뭇가지 많은 가지 뿌리 없이 어이살리

三綱을 밝혀낼 제 五倫은 무엇인고
삼강 오륜

君臣有義 父子有親 夫婦有別 長幼有序
군신유의 부자유친 부부유별 장유유서

朋友有信 그 가운데 信字가 體가 된다
붕우유신 신자 체

水火金木 五行中에 五十土가 體가 되고
수화금목 오행중 오십토 체

나무도 흙이 아니면 어느 곳에 培養하며
배양

물도 흙이 아니면 어느 곳에 모이며

金도 흙이 아니면 어느 곳에 生成하며
금 생성

불도 흙이 아니면 어느 곳에 비치리오

仁義禮智 四端中에 믿을信字가 으뜸이라
인의예지 사단중 신자

믿을信字 없고보면 每事不成 되느니라
신자 매사불성

春夏秋冬 四時節은 天地間의 信이되고
춘하추동 사시절 천지간 신

寒來暑往 不違時는 四時節의 信用이오
한래서왕 불위시 사시절 신용

三綱五倫 行할 적에 人事道理 信用이라
삼강오륜 행 인사도리 신용

天地人이 三才 되니 참된三才 이내 몸에
천지인 삼재 삼재

天地造化 飛官하니 이내 몸도 小天地라
천지조화 비관 소천지

天地風氣 타고나서 禽獸行動 하지마라
천지풍기 금수행동

禽獸行動 어떠한고 充腹充臟 그 가운데
금수행동 충복충장

즐겁고 사랑한 것이 계집 子息뿐이로다
자식

뿌리 없는 저 나무가 枝葉이 어찌 茂盛할까
지엽 무성

根源없는 저 물줄기 乾川되기 쉬우리라
근원 건천

福祿은 雨露와 같이 위에서 내려온다
복록 우로

福祿은 물과 같이 올라오지 못 하나니
복록

先靈神을 잊지말고 父母恭敬 至誠하라
선령신 부모공경 지성

不忠不孝 저 사람아 將來希望 볼까보냐
불충불효 장래희망

家貧에 思賢妻라 어진 아내 못 만나면
가빈 사현처

너의 身勢 어이하리 너의 家庭 말 아니네
신세 가정

獰惡하고 奸詐하면 一家和睦 어이될고
영악 간사 일가화목

눈치 알고 말 잘해서 外飾體面 꾸며낼 제
외식체면

兄弟同氣 情이 뜨고 類類相從 便이된다
형제동기 정 유유상종 편

修身齊家 못한사람 道成德立 무엇인고
수신제가 도성덕립

사람이야 속지마는 神明이야 속을쏘냐
신명

至氣今至 하올적에 사람없이 公判한다
지기금지 공판

修身修德하자 하면 家庭處理 第一이라
수신수덕 가정처리 제일

一家春風 하올적에 壽命福祿 빌어보소
일가춘풍 수명복록

一家春風 아니되면 雨露之澤 못입는다
일가춘풍 우로지택

修身人事 待天命은 自古로 일러오건마는
수신인사 대천명 자고

人事道는 아니 닦고 오는 運數 苦待하니
인사도 운수 고대

닦은 功德 없었으니 바라는 것이 무엇이냐
공덕

때가 와서 當코 보면 내 차지가 얼마 되랴
당

無主空山 저문 날에 伐木丁丁 나무 베어
무주공산 벌목정정

너도 한 짐 나도 한 짐 여기저기 分置하고
분치

四正四維 터를 닦고 四正으로 기둥 세워
사정사유 사정

五十土로 大空(대들보) 받쳐 五色으로 丹青하고
오십토 대공 오색 단청

庚申金 風磬달아 金化門을 열어노니
경신금 풍경 금화문

風磬소리 요란하고 道德君子 得意로다
풍경 도덕군자 득의

堯舜禹湯 文武周公 차례차례 존공할때
요순우탕 문무주공

上中下才 마련하니 公務邪正 없을쏘냐
상중하재 공무사정

父子有親 하였으나 運數조차 有親인가
부자유친 운수 유친

同氣兄弟 一身이나 運數조차 一身인가
동기형제 일신 운수 일신

落落長松 키 큰나무 깎아야만 棟梁 되고
낙락장송 동량

荊山白玉 묻힌 玉도 갈아야만 光彩난다
형산백옥 옥 광채

萬頃千里 너른 들에 많고 많은 저 農事를
만경천리 농사

西力其重하여 갈 제 놀지 말고 어서 해서
서역기중

神農氏 遺業인가 天下太平 이 아닌가
신농씨 유업 천하태평

갈고 매고 다시 매어 쉴새없이 가꿔내어

秋成時期 當到하니 豊年農事 秋收하여
추성시기 당도 풍년농작 추수

天下群倉 쌓아놓고 八道人民 救濟할 제
천하군창 팔도인민 구제

億兆蒼生 어이하리 辛酉之穀不能活은
억조창생 신유지곡불능활

世上사람 알았거든 無窮無極 깨달아서
세상 무궁무극

鷄鳴聲 나오는 날에 歸心歸安될 것이니
계명성 귀심귀안

春末夏初 어느땐고 小滿芒種 頭尾로서
춘말하초 소만망종 두미

하느님이 定한 바라 어길 바가 없건마는
정

미련한 蒼生들아 어이 그리 몰랐던가
창생

동학가사(東學歌辭)

1. 궁을십승가(弓乙十勝家)

御化世上 사람들아 어리석은 이내사람
어화세상

알지못한 노래나마 不然其然 읊어내니
불연기연

웃지말고 比해보소 이 내 말 헛말인가
비

傳해오는 世上말에 東國讖書 傳한글에
전 세상 동국참서 전

있다하고 서로서로 일컬어서 말을하되

已前壬辰 倭亂때는 利在松松 하여있고
이전임진 왜란 이재송송

嘉山定州 西賊때는 利在家家 하여있고
가산정주 서적 이재가가

是方時節 天下紛紛 擾亂時는 利在弓弓
시방시절 천하분분 요란시 이재궁궁

했다하고 사람사람 많은사람 弓弓二字
궁궁이자

論斷하며 十勝之地 말을하나 利在弓弓
논단 십승지지 이재궁궁

알았으며 十勝之地 알았는가
십승지지

御化世上 사람들아 弓弓二字 밝혀내어
어화세상 궁궁이자

十勝之也 몰랐거든 다시生覺 깨달아서
십승지야 생각

弓弓二字 찾아가서 十勝之地 살아보세
궁궁이자 십승지지

利在弓弓 鳥乙矢口 十勝之地 더욱좋다
이재궁궁 조을시구 십승지지

利在弓弓 뜻을알고 弓弓二字 살펴내어
이재궁궁 궁궁이자

左旋右旋 陰陽造化 合해노니 버금亞字 分明하다
좌선우선 음양조화 합 아자 분명

버금亞字 奇異키로 버금亞字 찾아가서
아자 기이 아자

다시生覺 살펴보니 青天白日 應하여서
생각 청천백일 응

內有神靈 白十字 五十土를 應해있고
내유신령 백십자 오십토 응

外有八方 둘러보니 八卦定數 失數없이 應하였네
외유팔방 팔괘정수 실수 응

其理其然 理致로써 九宮八卦 宛然한대
기리기연 이치 구궁팔괘 완연

乾坤定位 德合되니 活活弓弓 넓은天下
건곤정위 덕합 활활궁궁 천하

十勝之地 게아닌가
십승지지

御化世上 많은사람 紛紛天下 此世上에
어화세상 분분천하 차세상

利在弓弓 찾아가서 十勝之地 밝혀두고
이재궁궁 십승지지

相生之理 造化따라 濟渡群生 많이하고
상생지리 조화 제도군생

나는後生 가르쳐서 無窮無窮 傳해내여
후생 무궁무궁 전

無窮한 이天地에 無窮無窮 살아보세
무궁 천지 무궁무궁

弓弓乙乙 造化中에 十勝之地 찾으려고
궁궁을을 조화중 십승지지

어리석은 이내사람 一字를 들고보니
일자

一天下之 많은사람 至極한 하나님前
일천하지 지극 전

一等좋은 好生之心 一一이 和한몸이
일등 호생지심 일일 화

一理萬生 알았으니 一以貫之 道德으로
일리만생 일이관지 도덕

一一濟世 하여보세
일일제세

一字運은 그러하나 二字를 들고보니
일자운 이자

天地兩儀 二氣中에 人間萬物 化해날제
천지양의 이기중 인간만물 화

陰陽二氣 合한몸이 陽旋陰旋 알았으니
음양이기 합 양선음선

陰陽二氣 베풀어서 二氣로써 濟世하세
음양이기 이기 제세

二字運은 그러하나 三字를 들고보니
이자운 삼자

三綱之理 더욱좋다 天地人 三才之德
삼강지리 천지인 삼재지덕

三十三天 造化로써 天上三奇 地下三奇
삼십삼천 조화 천상삼기 지하삼기

三三으로 풀어내서 許多萬物 制造하여
삼삼 허다만물 제조

不息循環 長養하니 三三理氣 베풀어서
불식순환 장양 삼삼리기

濟渡群生 하여보세 三字運은 그러하나
제도군생 삼자운

四字를 들고보니
사자

四正四維 先天太極 龍馬河圖 造化빌어
사정사유 선천태극 용마하도 조화

正陰正陽 和한몸이 四時四德 알았으니
정음정양 화 사시사덕

仁義禮智 四德풀어 四海乾坤 넓은땅에
인의예지 사덕 사해건곤

不息循環 四時時中 하여보세
불식순환 사시시중

四字運은 그러하나 五字를 들고보니
사자운 오자

天五行 地五行 兩儀五行 고루살펴
천오행 지오행 양의오행

五倫之禮 알았으니 天義五行 理致따라
오륜지예 천의오행 이치

浩浩茫茫 넓은天下 많고많은 數多사람
호호망망 천하 수다

두루두루 和하여서 五倫次序 알게하세
화 오륜차서

五字運은 그러하나 六字를 들고보니
오자운 육자

여섯六字 더욱좋다 六天干 五地支로
육자 육천간 오지지

五行六數 分明하니 天地造化 無窮토다
오행육수 분명 천지조화 무궁

三合六合 풀어내어 吉星凶星 버려두고
삼합육합 길성흉성

六六으로 풀어낼제 六甲六乙 六丙으로
육육 육갑육을 육병

六丁六戊 六己로서 六庚六辛 六壬으로
육정육무 육기 육경육신 육임

六癸天干 밝혀내어 五行之數 合해노니
육계천간 오행지수 합

六十四卦 벌려앉아 三百八十 四爻中에
육십사괘 삼백팔십 사효중

六禮를 고루갖춰 一萬八千 歲應했네
육례 일만팔천 세응

六六之理 그러하니 六六之禮 다시生覺
육육지리 육육지례 생각

깨달아서 六禮를 고루갖춰 六禮로써 濟世하세
육례 육례 제세

六字運은 그러하나 七字를 들고보니
육자운 칠자

南方七星 應하여서 七精七德 君火되어
남방칠성 응 칠정칠덕 군화

萬物和暢 더욱좋다
만물화창

御化世上 사람들아 七字運이 그러하니
어화세상 칠자운

다시生覺 깨달아서 南斗七星 和한氣運
생각 남두칠성 화 기운

서로서로 받아내어 七絃琴 줄을골라
칠현금

南風詩를 和答해서 時乎時乎 놀아보세
남풍시 화답 시호시호

七字運은 그리施行 놀려니와 여덟八字
칠자운 시행 팔자

들고보니 허허理致 鳥乙矢口 後天八卦
이치 조을시구 후천팔괘

다했던가 先天八卦 回復되어 八條目이
선천팔괘 회복 팔조목

다시神明 밝아오니 많고많은 世上사람
신명 세상

사람마다 깨달아서 八條目을 다시밝혀
팔조목

時中時中 施行하세 八字運은 그러하나
시중시중 시행 팔자운

九字를 들고보니 九變九復 此天地에
구자 구변구복 차천지

九宮馬가 當路하니 九萬里 넓은天地
구궁마 당로 구만리 천지

九宮造化 限量없어 宇宙乾坤 充滿일세
구궁조화 한량 우주건곤 충만

理致理字 그러하니 九宮理致 받은몸이
이치이자 구궁리치

九宮數를 밝혀내어 九宮造化 理致따라
구궁수 구궁조화 이치

不失時中 濟世하세 九字運은 그러하나
부실시중 제세 구자운

十字를 들고보니 天數五 地數五
십자 천수오 지수오

兩儀五行 合해노니 十勝之地 거기있고
양의오행 합 십승지지

五十五數 거기있어 無窮造化 無窮하니
오십오수 무궁조화 무궁

十勝之地 無窮造化 天地造化 分明하다
십승지지 무궁조화 천지조화 분명

허허理致 可觀일세 自古天地 많은物件
이치 가관 자고천지 물건

아무리 많다해도 十勝之地 造化로써 和해나서
십승지지 조화 화

十勝之地 造化따라 四時循環 時中하네
십승지지 조화 사시순환 시중

十勝之地 그러하니 사람사람 十勝之地
십승지지 십승지지

다시살펴 繼天立極 體天해서 無窮無窮
계천입극 체천 무궁무궁

살아보세 十勝之地 그러컨만 浩浩茫茫
십승지지 호호망망

넓은天地 많고많은 世上사람 十勝之地
천지 세상 십승지지

理致알고 失數없이 行할사람 몇몇인고
이치 실수 행

어서어서 깨달아서 어서어서 밝혀내어

敬天順天 하여보세 十勝之地 無窮造化
경천순천 십승지지 무궁조화

이러한줄 모르고서 無知한 世上사람
무지 세상

이말저말 한단말가 그말저말 다버리고

十勝之地 읊은노래 一一詳考 仔細살펴
십승지지 일일상고 자세

자네뜻에 그러할듯 싶거든 利在弓弓
이재궁궁

다시찾아 十勝之地 無窮造化 失數없이
십승지지 무궁조화 실수

아니있고 施行할가 나의敎訓 이른노래
시행 교훈

어기잖고 行해가면 子乃身數 좋거니와
행 자내신수

그리施行 않다가는 子乃사람 不知可境
시행 자내 부지가경

될것이고 生覺하고 生覺하소
생각 생각

自古明賢 傳한말씀 受命于天 받은마음
자고명현 전 수명우천

師門聖德 受學하여 心性修鍊 工夫타가
사문성덕 수학 심성수련 공부

天性之稟 깨닫고서 天地度數 盈虛之理
천성지품 천지도수 영허지리

盛衰長短 아신後에 나는後生 일깨려고
성쇠장단 후 후생

天理節文 베풀어서 賦也興也 比하여서
천리절문 부야흥야 비

一一曉諭 하온말씀 사람마다 心性修鍊
일일효유 심성수련

工夫없이 諸諸마다 얼른얼른 알까보냐
공부 제제

알지못해 갑갑거든 어서어서 師門受學 心工하소
사문수학 심공

이를生覺 깨달아서 至誠無息 心工하여
생각 지성무식 심공

하늘이 주신品性 다시찾아 回復되면
품성 회복

天理地理 自然알고 自古由來 聖賢君子
천리지리 자연 자고유래 성현군자

明賢達士 天理節文 밝혀내어
명현달사 천리절문

一一曉諭 傳한말씀 거울같이 다아느니
일일효유 전

理致理字 그런故로 聖人聖人 서로서로
이치이자 고 성인성인

傳한말씀 以待後之 君子라고 말씀하며
전 이대후지 군자

以待後之 學者라고 傳한말씀
이대후지 학자 전

一一生覺 깨달아서 스승門을 어서찾아
일일생각 문

傳授心法 받아다가 修心正氣 工夫하소
전수심법 수심정기 공부

修心正氣 工夫없이 古人遺訓 깨달을까
수심정기 공부 고인유훈

그런故로 聖賢君子 말을하나 工夫로써 聖賢이오
고 성현군자 공부 성현

明賢達士 일컬으나 工夫로써 明賢일세
명현달사 공부 명현

古今理致 다를손가 古今理致 一般일세
고금이치 고금이치 일반

古今理致 그렇컨만 애달하다 世上사람
고금이치 세상

그런理致 깨닫고서 스승門에 受學하여
이치 문 수학

工夫할맘 힘안쓰고 人間汚辱 빠진마음
공부 인간오욕

天性을 專혀잃고 自古其人 傳한말씀
천성 전 자고기인 전

工夫없이 알려고만 힘을쓰니
공부

애달하다 애달하다 저사람들 애달하다

物慾之腸 가둔맘에 天理節文 支分節解
물욕지장 천리절문 지분절해

傳한말을 勤工없이 알겠는가 勤工없이
전 근공 근공

알작시면 聖賢君子 明賢達士 어느누가
성현군자 명현달사

貴하다고 일컬어서 萬古遺傳 傳했건만
귀 만고유전 전

사람사람 이일저일 깨달아서 再思心定
재사심정

다시하와 敬天順天 工夫하소
경천순천 공부

自古由來 聖經賢傳 傳한文卷 一一曉諭
자고유래 성경현전 전 문권 일일효유

傳한말씀 天地度數 宛然하고 日月造化
전 천지도수 완연 일월조화

明明하고 四時盛衰 次序있어 明明其德
명명 사시성쇠 차서 명명기덕

하라하고 거울같이 밝혀내어 傳之又傳
전지우전

傳했건만 아는사람 몇몇이며 이를좇아
전

行할사람 몇몇인고
행

알고서 行할사람 行할지나 工夫없어
행 행 공부

모른사람 虛荒타 하리로다 그는또한
허황

그러하나 東國讖書 어진사람 깨닫고서
동국참서

紛紛時期 當하거든 失數없이 施行하여
분분시기 당 실수 시행

사람사람 살아나기 바라고서 傳했으되
전

아는사람 알았지만 世上사람 松松家家
세상 송송가가

지난後에 알았거든 亞磨道 此世上을
후 아마도 차세상

譬喩하여 傳한말씀 弓弓乙乙 利在田田
비유 전 궁궁을을 이재전전

十勝之地 말한대도 아는사람 理致알고
십승지지 이치

一一施行 하려니와 때모르는 世上사람
일일시행 세상

亞務理 생각해도 紛紛時期 지난後에
아무리 분분시기 후

알까보다 사람마다 玄機로써 傳 한 말
현기 전

알맘이야 다있지만 다 各 各 工夫대로
각각 공부

아는바니 誰怨誰咎 恨할곳이 없는걸세
수원수구 한

御化世上 사람들아 이를좇아 生覺하여
어화세상 생각

後悔없게 하자하면 聖人門下 受學하여
후회 성인문하 수학

安心正氣 修身해서 繼天立極 第一일세
안심정기 수신 계천입극 제일

사람사람 工夫힘써 繼天立極 體天되면
공부 계천입극 체천

通古今 넓은天地 어느일을 모를소며
통고금 천지

人間萬事 되는바가 陰陽二氣 造化로써
인간만사 음양이기 조화

되는바니 天地陰陽 造化로써 化한몸이
천지음양 조화 화

어느造化 모르겠나 疑心없이 다알련만
조화 의심

어찌그리 못깨닫노

애달하다 애달하다 世上사람 애달하다
세상

己前壬辰 倭亂때에 利在松松 傳했으되
이전임진 왜란 이재송송 전

松下止라 말을하고 松下에 問童子라 일렀으되
송하지 송하 문동자

紛紛世界 지난後에 世上사람 알아있고
분분세계 후 세상

嘉山定州 西賊때에 利在家家 傳해주고
가산정주 서적 이재가가 전

家下止라 말을하며 簷下에 間青尨
가하지 첨하 간청방

하라하고 일렀으되 許多만은 世上사람
허다 세상

때前에는 다모르고 때지난後 알았으니
전 후

이런일로 본다해도 利在弓弓 어찌알며
이재궁궁

利在田田 十勝之地 어찌알꼬
이재전전 십승지지

아는사람 알지만은 사람사람 世上사람
세상

心工없이 道下止를 다알소냐
심공 도하지

弓弓乙乙 間于天 하라하고 일렀으니
궁궁을을 간우천

應當이 알련만은 아는사람 몇몇인고
응당

아는사람 아는대로 不失時中 施行하여
부실시중 시행

順隨天理 하려니와 모른사람 어찌어찌
순수천리

하올런지 나는都是 모르겠네
도시

御化世上 저사람들 이말저말 是非말며
어화세상 시비

天下紛紛 疑心말고 人心淆薄 恨歎마소
천하분분 의심 인심효박 한탄

衰運이 至極하면 盛運이 오는바니
쇠운 지극 성운

疑訝歎息 하지말고 修心修德 힘을써서
의아탄식 수심수덕

聖運聖德 닦아내어 사람사람 和하여서
성운성덕 화

오는運數 다시받아 時乎時乎 昌해보세
운수 시호시호 창

그런運數 모르고서 不知虛火 亂動튼지
운수 부지허화 난동

北方玄武 强强之氣 좋아해서 血氣之勇
북방현무 강강지기 혈기지용

자랑튼지 이리저리 離間붙여 여러사람
이간

서로서로 疑心두게 磨鍊튼지 才能능광
의심 마련 재능

존재하고 無根說話 지어내어 사람사람
무근설화

誘引튼지 陰兇奸巧 謀해내어 다른사람
유인 음흉간교 모

陰害튼지 이와같이 不測之心 行한사람
음해 불측지심 행

있을진대 時乎時乎 온다해도 自作之蘖
시호시호 자작지얼

지은罪로 時乎時乎 못될테니 부디부디
죄 시호시호

生覺하고 깨달아서 自古聖人 傳한敎訓
생각 자고성인 전 교훈

一一詳考 힘써배워 道德君子 되어보세
일일상고 도덕군자

通古今 넓은천지 許多萬物 數多하나
통고금 허다만물 수다

左旋右旋 陰陽之理 弓乙二氣 받은몸이
좌선우선 음양지리 궁을이기

弓弓乙乙 理致알고 天地陰陽 造化로써
궁궁을을 이치 천지음양 조화

日月精氣 받은몸이 天地陰陽 造化之氣
일월정기 천지음양 조화지기

日月精氣 光明알고 九宮八卦 應하여서
일월정기 광명 구궁팔괘 응

六九之 造化로써 六十甲子 그가운데
육구지 조화 육십갑자

六天干 五地支로 五行六數 밝혀내어
육천간 오지지 오행육수

乾坤之道 陰陽之數 六十四卦 三百八十
건곤지도 음양지수 육십사괘 삼백팔십

四爻붙여 一萬八千歲 應해서 和한몸이
사효 일만팔천세 응 화

化生之本 九宮八卦 無窮造化 一一詳考
화생지본 구궁팔괘 무궁조화 일일상고

다시알고 四時循環 理致받아 元亨利貞
사시순환 이치 원형이정

仁義禮智 받은몸이 四時四德 迭代알고
인의예지 사시사덕 질대

三綱五倫 버리받아 和한몸이 三綱五倫
삼강오륜 화 삼강오륜

버리알고 晝夜長短 理致미뤄 寒暑飜覆
주야장단 이치 한서번복

第次알고 一一習道 힘을써서 사람사람
재차 일일습도

많은사람 사람마다 제몸一身 化生之本
일신 화생지본

秋毫一末 잃지말고 細細明察 밝혀내어
추호일말 세세명찰

至誠無息 지켜두고 一一施行 받들어서
지성무식 일일시행

敬天順天 하여보세 四海八方 넓은땅에
경천순천 사해팔방

許多많은 世上사람 사람마다 一一違其
허다 세상 일일위기

하지말고 이와같이 失數없이 施行하면
실수 시행

天地圖來 一掌中을 어느누가 모를소며
천지도래 일장중

어느누가 못行할까 理致理字 그러컨만
행 이치이자

애달할사 저사람들 제몸根本 化生之理 찾아내어
근본 화생지리

一一習道 施行않고 中無所主 그所見에
일일습도 시행 중무소주 소견

虛空의 마음떠서 魂不附身 거의되니
허공 혼불부신

不詳코 可憐하다 제一身에 있는마음
불상 가련 일신

하느님이 주신바 好生之心 찾아내어
호생지심

根本지켜 修煉聖德 아니하고 虛慾網에
근본 수연성덕 허욕망

潛心되어 前程을 못살피니 애달하다
잠심 전정

子乃사람 뜻있거든 다시生覺 깨달아서
자내 생각

나의教訓 밝혀내어 子乃몸에 比해봐서
교훈 자내 비

一一違其 아니되고 如合符節 失數없이
일일위기 여합부절 실수

맞걸랑은 夏禹씨 惜寸陰과 周公의
하우 석촌음 주공

無逸篇과 孔夫子의 韋編三絶 하던工夫
무일편 공부자 위편삼절 공부

生覺코 깨달아서 至誠無息 工夫하여
생각 지성무식 공부

天地圖來 一掌中을 疑心없이 밝혀두고
천지도래 일장중 의심

敬天順天 하여내어 明明其德 行해보세
경천순천 명명기덕 행

2. 금강산운수동궁을선사 몽중사답칠두가(金剛山雲水洞弓乙仙師 夢中寺畓七斗歌)

御化世上 사람들아 東國讖書 추켜들고
어화세상 동국참서

寺畓七斗 말을하나 理致理字 알았는가
사답칠두 이치이자

이理致를 알았거든 내말暫間 들어보소
이치 잠간

寺畓七斗 알짝시면 坎中連을 모를손가
사답칠두 감중연

坎中連를 알고보면 十方世界 모를손가
감중연 십방세계

十方世界 알고보면 利在田田 모를손가
십방세계 이재전전

利在田田 알고보면 亞字질을 모를손가
이재전전 아자질

亞字자를 알고보면 白十字를 모를손가
아자자 백십자

白十字를 알고보면 天一生水 모를손가
백십자 천일생수

天一生水 알고보면 天下萬物 되는理致
천일생수 천하만물 이치

물로되는 그理致를 어느누가 모를손가
이치

이理致를 알고보면 北斗樞星 모를손가
이치 북두추성

北斗樞星 알고보면 天地造化 모를손가
북두추성 천지조화

天地造化 알게되면 때 運數 모를손가
천지조화 운수

때 運數 알게되면 生活之計 알르리가
운수 생활지계

그理致를 알게되면 利在石井 모를손가
이치 이재석정

利在石井 알게되면 龍潭水를 안찾을까
이재석정 용담수

龍潭水를 찾아가면 飛龍上天 아니볼까
용담수 비룡상천

飛龍上天 보게되면 그아니 大夢인가
비룡상천 대몽

大夢을 깨고보면 生時에도 맞칠테니 그아니 榮貴한가
대몽 생시 영귀

그는또한 그러하나

龜尾龍潭 말한대도 龍潭도 세가질세
구미용담 용담

福德龍 잠긴龍潭 찾아가면 飛龍上天
복덕룡 용담 비룡상천

보려니와 萬一 龜尾龍潭 말만듣고
만일 구미용담

찾아가다 잘못찾아 가게되면

福德龍은 거기없고 이무기가 잠겼나니
복덕룡

이무기를 올려보고 龍인줄만 알다가는
용

自身滅亡 할것이니 그아니 可憐한가
자신멸망 가련

許多山水 흐르는물 四海에 둘렀으되
허다산수 사해

福德龍 잠긴龍潭 따로있고
복덕룡 용담

春三月 好時節에 나무나무 꽃이피니
춘삼월 호시절

열매를 맺는다 이르시되 헛꽃인들 없을손가

理致理字 그러하니 仔細살펴 찾어서라
이치이자 자세

金玉이 좋다하되 塵土中에 섞여있고
금옥 진토중

三神山 不死藥 덮을寶物 없건만은
삼신산 불사약 보물

萬和方暢 茂盛할때 雜풀속에 섞여크니
만화방창 무성 잡

知識없는 眼目으로 精誠없이 찾을손가
지식 안목 정성

精誠대로 찾았어라 精誠없는 그사람은
정성 정성

不死藥을 찾을손가 坐而待死 뿐이로다
불사약 좌이대사

精誠있어 찾는대도 萬一잘못 찾다가서
정성 만일

이무기를 만나오면 그아니 危殆한가
위태

그놈行實 보게되면 어느누가 모를손가
행실

다시앉아 生覺해서 福德龍潭 찾아서라
생각 복덕용담

福德龍 어진마음 廣濟蒼生 하시려고
복덕룡 광제창생

仁厚大德 베푸사대 無聲無臭 그가운데
인후대덕 무성무취

和流四海 造化로다 至誠至極 찾어서라
화류사해 조화 지성지극

그는 또한 그러하나 龍못된 저이무기
용

하는行實 구경하소 제가가장 龍인듯이
행실 용

때前에 먼저나서 造化도 말을하며
전 조화

升天할때 있는듯이 變化도 말을하니
승천 변화

그놈마음 兇暴하다 제아무리 그리하나
흉포

닦은功德 없었으니 제어찌 升天할까
공덕 승천

어리석은 許多고기 이무긴줄 모르고서
허다

龍인줄만 專혀알고 疑心없이 넘놀다가
용 전 의심

末에 害가미쳐 不知何境 될것이니
말 해 부지하경

그도또한 可憐하다 그놈心事 볼짝시면
가련 심사

龍의道德 모르고서 닦은功德 없었으니
용 도덕 공덕

時運時變 제알소냐 時運時變 몰랐으니
시운시변 시운시변

日日時時 하는일이 일마다 逆天일세
일일시시 역천

제어찌 逆天하고 長久할까
역천 장구

末來에 할길없어 그놈心事 擾亂하다
말래 심사 요란

仁善之心 바이없이 제權利만 자랑하고
인선지심 권리

造化존체 하다가서 어리석게 놀든고기
조화존체

乾川으로 모라노니 沒死之運 아닐런가
건천 몰사지운

그고기 沒死하니 제身數들 말할손가
몰사 신수

저도또한 닦은功力 없는故로
공력 고

때運數 모르고서 逆天逆道 하다가서
운수 역천역도

罪惡이 至重하여 自身滅亡 되는구나
죄악 지중 자신멸망

御化世上 사람들아 이일저일 살펴내어
어화세상

精誠대로 龍潭水를 찾는대도
정성 용담수

이理致를 仔細알고 찾어서라
이치 자세

잘찾으면 生活이오 잘못찾고 보게되면 沒死地니
생활 몰사지

부디부디 깨달아서 失數없게 찾아서라
실수

너는左旋 나는右旋 弓乙體로 놀아보자
좌선 우선 궁을체

3. 권농가(勸農歌)

御化世上 사람들아 時景따라 노래불러
어화세상 시경

萬人百姓 和해보세 矢口矢口 弓弓乙乙
만인백성 화 시구시구 궁궁을을

造化中에 綠樹青林 鳥乙矢口
조화중 녹수청림 조을시구

松松家家 지난後에 弓弓乙乙 때가오니
송송가가 후 궁궁을을

利在田田 밭을가세 어느밭을 가잔말가
이재전전

亞字田을 많이갈아 十勝之地 알았거든
아자전 십승지지

五穀百穀 많이심어 失時말고 勸農하세
오곡백곡 실시 권농

靑槐滿庭 때가올가 白楊無芽 其時로다
청괴만정 백양무아 기시

東風三月 御柳斜는 이때두고 이름인가
동풍삼월 어류사

春風三月 돌아오니 景槪絶勝 鳥乙矢口
춘풍삼월 경개절승 조을시구

綠樹靑林 좋은景에 千峯萬壑 저杜鵑은
녹수청림 경 천봉만학 두견

봄갈기를 재촉하니 牛性在野 때가온가
우성재야

바쁘도다 바쁘도다 밭갈기가 바쁘도다

어서바삐 밭을갈아 小滿候 前後三에
소만후 전후삼

龍潭水를 많이대어 移種하기 바쁘도다
용담수 이종

草野人民 農夫들아 農事때가 바빠오니
초야인민 농부 농사

春日에 困치마는 困한잠 깊은꿈을
춘일 곤 곤

어서어서 깨달아서 失時말고 勸農하세
실시 권농

天下大本 農事오니 다시할일 바이없네
천하대본 농사

一失農時 하게되면 秋無所拾 없을테니
일실농시 추무소습

仔細보고 勸農하소
자세 권농

이라저라 저農夫 牛性在野 알았거든
농부 우성재야

平原廣野 넓은들에 疑心말고 밭을가소
평원광야 의심

疑心않고 쉬지말고 勤耕하면
의심 근경

天時또한 때가있어 雨露之澤 나릴거니
천시 우로지택

그農事 失時할가
농사 실시

功力대로 다될테니 家産饒足 豊登일세
공력 가산요족 풍등

이런農時 모르고서 懈怠한 저사람들
농시 해태

때가는줄 모르고서 勤農않고 앉았으니
근농

애달하기 다시없네

歲月이 如流하여 秋收할때 돌아온들
세월 여류 추수

지은農事 없어쓰니 그飢寒을 免할손가
농사 기한 면

그飢寒을 못免하면 그貧賤을 어이하리
기한 면 빈천

이일저일 깨달아서 子乃身勢 生覺커든
자내신세 생각

쉬지말고 勤農하소
근농

自古理致 不勞自得 없는바니
자고이치 불로자득

勤耕않고 되올소며 懈怠하고 되올손가
근경 해태

자네사람 生覺커든 農事때를 일치말고
생각 농사

부디부디 勤農하소
근농

四月南風 좋은바람 萬物和暢 하지만은
사월남풍 만물화창

大小麥 秋收時라
대소맥 추수시

大小麥 秋收함은 큰農事의 바탕일세
대소맥 추수 농사

많고많은 저農夫들 어서어서 깨달아서
농부

大小麥을 거둬오고 큰農事를 힘써보세
대소맥 농사

이야이야 저사람들 青林世界 좋은景의
청림세계 경

높은峯과 깊은못을 意思없이 어찌알꼬
봉 의사

時運時景 둘러보니 理和道和 滿發하야
시운시경 이화도화 만발

柯枝柯枝 丹粧하니
가지가지 단장

玩花하는 저少年들 꽃을따라 놀때로다
완화 소년

많고많은 저少年들 꽃을따라 놀다가서
소년

春末夏初 때오거든 牧丹花를 구경가세
춘말하초 목단화

時維六月 三夏日에 太陽太陰 習道하야
시유육월 삼하일 태양태음 습도

다시開闢 定法하니 萬法歸一 다시되어
개벽 정법 만법귀일

是化是豊 돌아온다 矢口矢口 鳥乙矢口
시화시풍 시구시구 조을시구

勤耕하던 저農夫들 擊壤歌를 부르면서
근경 농부 격양가

含哺鼓腹 즐겨하니 太古淳風 좋은때라
함포고복 태고순풍

아니놀고 무엇하리

놀고놀고 놀아보세

4. 몽중운동가(夢中運動歌)

忽然히 잠을깨어 時局形便 둘러보니
홀연 시국형편

風塵世界 거의로다
풍진세계

洋局에 子盡안개 月峯으로 돌아드니
양국 자진 월봉

漁亭村개 짓는다
어정촌

桃島에 우는닭은 날새기를 재촉하고
도도

月下에 저원숭은 휘파람을 잘도분다
월하

北嶽에 나린黑虎 初夕에 나섰더면
북악 흑호 초석

含哺鼓腹 하올것을 積雪이 滿丈키로
함포고복 적설 만장

寒風에 怯을내어 때가는줄 잊었으니
한풍 겁

飢渴에 못이기어 새벽날 다밝은데
기갈

수풀밖에 나셨으니 殺害之心 主張하나
살해지심 주장

쓸곳이 바이없어 獵士의 밥이되네
엽사

山猪爭葛 그時節에 山鼠가 入庫로다
산저쟁갈 시절 산서 입고

牛性이 奔燕하니 楚虎가 臨吳로다
우성 분연 초호 임오

如此風波 紛擾中에 造化만은 變化龍은
여차풍파 분요중 조화 변화룡

天一生水 자아다가 三八木에 물을주니
천일생수 삼팔목

木德이 旺盛하여 靑林世界 自然일세
목덕 왕성 청림세계 자연

丹 所作 金虎書는 靑林中에 隱居하여
단 소작 금호서 청림중 은거

수조짓기 일을삼고

仙壇晝出 火龍符는 濟世蒼生 날로한다
선단주출 화룡부 제세창생

鹿失秦庭 어이할꼬 鳳鳴周室 어디메뇨
녹실진정 봉명주실

龜尾龍潭 兩太極은 先後天이 分明하니
구미용담 양태극 선후천 분명

左旋右旋 아닐런가
좌선우선

逆數順數 數質하여 左右旋을 알았으니
역수순수 수질 좌우선

弓乙其形 分明하다
궁을기형 분명

弓弓乙乙 造化따라 時運時變 處下하면
궁궁을을 조화 시운시변 처변

智士男兒 樂樂時라
지사남아 낙락시

天地造化 품어두고 無窮造化 나타내어
천지조화 무궁조화

須從白兎 走靑林을 失數없이 하오리니
수종백토 주청림 실수

廣濟蒼生 念慮하며 輔國安民 근심할새
광제창생 염려 보국안민

河圖洛書 알았으니 日月星辰 仔細살펴
하도낙서 일월성진 자세

二十四方 輪回中에 旺生따라 造化부쳐
이십사방 윤회중 왕생 조화

順數天理 하여보세
순수천리

이러하면 時中인가 敬天至道 自然일세
시중 경천지도 자연

自古理致 그러하나 아는君子 몇몇인고
자고이치 군자

많기도 많지만은 塵土中에 묻힌玉石
진토중 옥석

世上사람 어이알고
세상

有目不見 되었으니 可笑可歎 이아닌가
유목불견 가소가탄

耳聞不聽 하였으니 問東答西 제알소냐
이문부청 문동답서

深量없는 그擧動은 畵出魍魎 거의로다
심량 거동 화출망량

井底蛙 爾그所見에 바랄것이 바이없어
정저와 이 소견

하는말이 爭論일세
쟁론

自古由來 傳한말에 不勞自得 없단말은
자고유래 전 불로자득

仔細히도 들었지만 어찌그리 埋沒한고
자세 매몰

十年을 工夫하여 道成立德 되게되면
십년 공부 도성입덕

速成이라 일러시니 仔細듣고 生覺하소
속성 자세 생각

古今事를 料度한들 聖帝明王 英雄烈士
고금사 요도 성제명왕 영웅열사

心工없이 道成德立 하였던가
심공 도성덕립

이런일을 본다해도 聖運聖德 찾아들어
성운성덕

師弟之分 定한後에 傳授心法 받아다가
사제지분 정 후 전수심법

學而時習 날로하여 心性煉究 굳게하여
학이시습 심성연구

가고오는 그運數를 細細明察 하게되면
운수 세세명찰

明哲保身 알것이요
명철보신

明哲保身 알게되면 濟世蒼生 못할손가
명철보신 제세창생

그런理致 모르고서
이치

어리석은 저사람들 虛慾網에 潛心되어
허욕망 잠심

貪하나니 物慾이요 바라나니 富貴로다
탐 물욕 부귀

汚辱이 길을막아 前程을 잊었으니
오욕 전정

空中樓閣 的實하니 오는惡疾 어이하리
공중누각 적실 악질

一身保命 歎求로다 애달할사 저의擧動
일신보명 탄구 거동

盛衰之運 不同故로 恨歎한들 어이하리
성쇠지운 부동고 한탄

無可奈라 할길없다 각각明運 分明일세
무가내 명운 분명

그는亦是 그러하나 有德君子 있거들랑
역시 유덕군자

自古聖人 本을받아 어진스승 만나거든
자고성인 본

師弟之誼 맺어두고 心性煉究 工夫하야
사제지의 심성연구 공부

來頭之事 깨달아서 朋友有信 하여서라
내두지사 붕우유신

先生님 하신말씀 西邑主山 있으시니
선생 서읍주산

鄒魯之風 없을소며
추노지풍

東邑三山 볼작시면 神仙없기 怪異하다
동읍삼산 신선 괴이

이르시니 仔細보고 處卞하소
자세 처변

西出東流 흐르는물은 壬子水가 分明하니
서출동류 임자수 분명

三人木에 물이올라 花開發發 날로하야
삼인목 화개발발

成實하기 쉬우리니 이도亦是 弓乙일세
성실 역시 궁을

辰巳方에 虛火星은 艮寅方에 氣盡하고
진사방 허화성 간인방 기진

虛丑方에 斗牛星은 戌亥方에 氣盡하고
허축방 두우성 술해방 기진

一乾天 太極星은 正宮으로 運動하니
일건천 태극성 정궁 운동

八坤地 織女星은 太極星을 應하여서
팔곤지 직녀성 태극성 응

陰氣좇아 本宮으로 侍立하고
음기 본궁 시립

四九金 太白星은 辰巳로 돌아드니
사구금 태백성 진사

弱水를 免할소냐
약수 면

南方丙丁 君火星은 震木花開 도와주니
남방병정 군화성 진목화개

福德星이 造化받아 木德以旺 分明토다
복덕성 조화 목덕이왕 분명

巽木이 마주서니 그도亦是 弓乙이니
손목 역시 궁을

無窮造化 없을손가
무궁조화

輪回같이 둘린運數 陰陽迭代 한다해도
윤회 운수 음양질대

虛虛實實 두가지니 弓弓乙乙 無窮造化
허허실실 궁궁을을 무궁조화

失數없이 깨달아서 後悔없게 하여보세
실수 후회

申酉方에 돋은달이 庚申木運 올라시니
신유방 경신목운

日出消息 반갑도다
일출소식

李花落地 桃花開요 月上三更 日出東이라
이화낙지 도화개 월상삼경 일출동

5. 궁을가(弓乙歌)

大明天地 日月下에 億兆蒼生 생겨날제
대명천지 일월하 억조창생

三皇五帝 恩德으로 너도나고 나도나고
삼황오제 은덕

父母恩德 입어나니 恩大德中 泰山이라
부모은덕 은대덕중 태산

天地定位 立分後에 乾坤父母 一般이라
천지정위 입분후 건곤부모 일반

우리兒童 童蒙들아 父母恩德 갚는노래
아동 동몽 부모은덕

너와나와 불러보자 九變九復 此時天地
구변구복 차시천지

一土御土 九變九復 一千四百 四十萬年
일토어토 구변구복 일천사백 사십만년

甲子正月 初七日로 後天九復 十二會라
갑자정월 초칠일 후천구복 십이회

二十一年 甲申年에 周遊士道 太陽이라
이십일년 갑신년 주유사도 태양

太陰太陽 未定하니 外各國이 紛紛이라
태음태양 미정 외각국 분분

天時地理 尊重하니 不如人和 있었노라
천시지리 존중 불여인화

此時甲子 九復下에 太古之時 更歸로다
차시갑자 구복하 태고지시 갱귀

二十四方 誠天地에 二十四回 九復이라
이십사방 성천지 이십사회 구복

弓乙星辰 照臨하니 萬法歸定 造化로다
궁을성진 조림 만법귀정 조화

二十四回 九復하니 弓弓乙乙 成道로다
이십사회 구복 궁궁을을 성도

萬勝道士 嚴命으로 修身修道 道通이라
만승도사 엄명 수신수도 도통

廣濟蒼生 治德下에 周遊四方 으뜸이라
광제창생 치덕하 주유사방

萬壽道人 僥幸나서 暮春三月 十五日에
만수도인 요행 모춘삼월 십오일

平康太乙 神人等을 分野之內 十二國에
평강태을 신인등 분야지내 십이국

非山非野 何處聞고 非天非地 星辰이라
비산비야 하처문 비천비지 성진

十二會로 成道하니 左旋右旋 爲主로다
십이회 성도 좌선우선 위주

一天之下 大本威는 平康太乙 노래로다
일천지하 대본위 평강태을

青春少年 遊俠들아 매양風流 좋다말고
청춘소년 유협 풍류

十二會로 成道하니 다시神明 十二會와
십이회 성도 신명 십이회

神道六禮 第一이라 四書三經 많이읽어
신도육례 제일 사서삼경

修道修身 正心하여 忠孝二明 얻을때에
수도수신 정심 충효이명

남에게 積惡말고 正心하여 免厄이라
적악 정심 면액

天地明明 저弓乙을 何處蒼生 뉘알소냐
천지명명 궁을 하처창생

弓乙인들 다알소냐 惡者亡而 善者福이라
궁을 악자망이 선자복

人皆爲之 願誦하면 國泰民安 이때로다
인개위지 원송 국태민안

堯舜之風 되련만은 道人외에 뉘알소냐
요순지풍 도인

發動말고 修道하면 道下止가 이것이라
발동 수도 도하지

至誠으로 本心하면 外國病이 不犯이라
지성 본심 외국병 불범

利在田田 가지마소 東西南北 四塞이라
이재전전 동서남북 사색

道和道人 賢人君子 있기만 있을진댄
도화도인 현인군자

그곳에 疾病이없고 五穀이 登豊이라
질병 오곡 등풍

弓乙星辰 十進하니 消滅이라
궁을성진 십진 소멸

左旋右旋 習道하니 疾病憂患 근심할까
좌선우선 습도 질병우환

우리兒童 童蒙들아 弓乙歌나 불러보자
아동 동몽 궁을가

너는左旋 나는右旋 弓乙대로 놀아보자
좌선 우선 궁을

伏願天地 저弓乙을 何處蒼生 뉘알소냐
복원천지 궁을 하처창생

乾坤父母 一般이라 億兆蒼生 생겼니라
건곤부모 일반 억조창생

萬和弓乙 來臨하니 生活之方 뉘알소냐
만화궁을 내림 생활지방

人口有土 뉘알소냐 修身正道 앉을坐字
인구유토 수신정도 좌자

落盤四乳 뉘알소냐 仁義禮智 積善이라
낙반사유 인의예지 적선

天地正配 다시되어 時和年豊 이아닌가
천지정배 시화년풍

사람마다 안부르면 年年飢寒 어찌할꼬
연년기한

消災免厄 절로되니 太平聖代 이아닌가
소재면액 태평성대

사람마다 늘부르면 年年登豊 하련만은
연년등풍

晝夜不忘 늘불려서 天地恩德 갚아보자
주야불망 천지은덕

周遊周遊 萬歲周遊 좋을시구 좋을시구
주유주유 만세주유

시구시구 저百姓아 갔단말이 어인말고
백성

故國本土 다버리고 어느江山 가려느냐
고국본토 강산

扶老携幼 가지말고 太平聖代 좋을시구
부노휴유 태평성대

八皇夫地 생겨날제 一難一治 있느니라
팔황부지 일난일치

三災之禍 不犯하니 世上事가 찬란이라
삼재지화 불범 세상사

國家忠誠 孝父母면 三災八難 있을소냐
국가충성 효부모 삼재팔난

가고가는 저百姓아 一家親戚 어찌할꼬
백성 일가친척

此時九復 不遠하니 天下泰平 절로된다
차시구복 불원 천하태평

父母妻子 다버리고 吉地찾는 저百姓아
부모처자 길지 백성

自古蒼生 避難하여 幾萬名이 살았던가
자고창생 피난 기만명

仁義禮智 어진마음 傷人害物 전혀말고
인의예지 상인해물

五福이 내몸이라 吉星照臨이 어디있나
오복 길성조림

生活之方 나에게있어 父母妻子 安保로다
생활지방 부모처자 안보

저기가는 저少年아 弓乙歌를 웃지마소
소년 궁을가

四方을 成道할때 一人之和도 極難이라
사방 성도 일인지화 극난

貴運之說 노래말고 弓乙노래 불러보자
귀운지설 궁을

天地佳和 좋은노래 어느누가 안부를까
천지가화

律呂調陽 좋을시구 落落長松 노래도다
율여조양 낙락장송

弓乙불러 人和하면 災殃春消 五福이라
궁을 인화 재앙춘소 오복

富貴貧賤 願치마소 사람마다 때가있네
부귀빈천 원

欺人取物 爲主하면 그形勢 몇날인가
기인취물 위주 형세

積惡者를 죽이려 此世上이 紛紛이라
적악자 차세상 분분

男兒世上에 處하여 有現其名 根本이라
남아세상 처 유현기명 근본

남을속여 安全之樂 子孫까지 滅亡이라
안전지락 자손 멸망

父母恩德 잊지말고 恭敬父母 하여보소
부모은덕 공경부모

道路彷徨 저百姓아 男負女戴 가지마소
도로방황 백성 남부여대

天恩之德 잊지말고 報國安民 잊지마소
천은지덕 보국안민

弓之歌나 불러보소 生活之方 나에게있네
궁지가 생활지방

답답하다 저런사람 深山窮谷 찾아간다
심산궁곡

避世하여 隱匿하면 天罪者가 살아날까
피세 은닉 천죄자

가도가도 深山窮谷 어찌하여 살잔말고
심산궁곡

從天降從地出 自古없네 積惡者는 無可奈라
종천강종지출 자고 적악자 무가내

一片修道 아니하고 가고가면 살아날까
일편수도

一片陰德 전혀없이 生活之方 하는도다
일편음덕 생활지방

우습고 可笑롭다 南天北天 어인말고
가소 남천북천

分外親戚 가지마소 人義相從 根本이라
분외친척 인의상종 근본

一人之和 萬人之福이니 此時聖德 弓乙이라
일인지화 만인지복 차시성덕 궁을

修道없이 노래라도 늘부르면 人和로다
수도 인화

處處蒼生 미련하다 在家不離 避難이라
처처창생 재가불리 피난

九變九復 此時天地 人和로서 廣濟이라
구변구복 차시천지 인화 광제

不復正位 이러하니 二十餘年 紛紛이라
불복정위 이십여년 분분

春秋戰國 일어날때 天地運數 아니런가
춘추전국 천지운수

此時甲子 三月天에 太陰太陽 正配로다
차시갑자 삼월천 태음태양 정배

얼시구나 불러보자 天時不如 人和로다
천시불여 인화

國泰民安 절로되니 亂臣賊子 물러간다
국태민안 난신적자

시호시호 좋을시구 男兒得意 이때로다
남아득의

얼싸좋다 左便弓乙 四時萬物 채질한다
좌편궁을 사시만물

不伐自退 절로되니 安頓諸節 이때로다
불벌자퇴 안돈제절

弓乙歌를 지은道士 童謠歌에 處世로다
궁을가 도사 동요가 처세

얼시구나 좋을시구 蒼生塗炭 없어진다
창생도탄

三百六十 各邑太守 布德布化 하는도다
삼백육십 각읍태수 포덕포화

우리太守 두소롭다 願此求官 하였으면
태수 원차구관

國家泰平 各邑太平 이아니 좋을시구
국가태평 각읍태평

朝鮮江山 名山이라 道通君子 또났구나
조선강산 명산 도통군자

四明堂이 更生하여 昇平歲月 不遠이라
사명당 갱생 승평세월 불원

飛將勇將 나는도다 四時風塵 쓸어진다
비장용장 사시풍진

卽今天地 不幸하니 天地運數 無可奈라
즉금천지 불행 천지운수 무가내

天命없이 났을소냐 我待天命 來時로다
천명 아대천명 내시

修道하여 容身하면 風雲出水 任意로다
수도 용신 풍운출수 임의

天變萬化 弓乙일세 道通者의 造化로다
천변만화 궁을 도통자 조화

至誠者는 用和하여 天地運厄 防備로다
지성자 용화 천지운액 방비

草野에 늙은英雄 弓弓乙乙 用和로다
초야 영웅 궁궁을을 용화

九變九變 此時天地 弓弓乙乙 用和로다
구변구변 차시천지 궁궁을을 용화

利在弓弓 잊지말고 늘부르면 龍聲이로다
이재궁궁 용성

積惡者는 生和로다 善惡者를 分別하니
적악자 생화 선악자 분별

太極弓乙 神明이라 物欲之心 다버리고
태극궁을 신명 물욕지심

弓弓乙乙 돌아보자 我待天命 九復時에
궁궁을을 아대천명 구복시

弓乙道通 有現이라 大聖之和 돌아온다
궁을도통 유현 대성지화

어서바삐 불러보자 楊柳東風 三月天에
양류동풍 삼월천

다시泰平 돌아온다 孝悌忠信 禮儀廉恥
태평 효제충신 예의염치

此時聖德 更來로다 弓乙之歌 現發하면
차시성덕 갱래 궁을지가 현발

堯舜時節 돌아온다 自古太守 至今太守
요순시절 자고태수 지금태수

仁義禮智 웃을소냐 八條目이 다시나서
인의예지 팔조목

三綱五常 從事로다 此天地 弓乙歌를
삼강오상 종사 차천지 궁을가

億萬人種 뉘알소냐 人皆爲之 虛言이라
억만인종 인개위지 허언

不信者는 無可奈라 此亦天地 無可奈라
불신자 무가내 차역천지 무가내

勸道하면 들을소냐 人力으로 어찌할고
권도 인력

有福者는 神靈이라 父子兄弟 一身이나
유복자 신령 부자형제 일신

一家不信 一不孝라 千金一身 생각커든
일가불신 일불효 천금일신

弓乙道通 하여보소 弓乙인들 다알소냐
궁을도통 궁을

至誠者는 五福이라 自古以來 忠義烈士
지성자 오복 자고이래 충의열사

暖衣飽食 修道던가 世上事를 생각커든
난의포식 수도 세상사

弓乙之歌 잊지마소 治天下之 大本義는
궁을지가 치천하지 대본의

道明德化 第一이라 淸寒烈士 貧困으로
도명덕화 제일 청한열사 빈곤

一心正道 하여보소 富貴로서 廣濟할까
일심정도 부귀 광제

道通者의 無限이라 萬古聖賢 孔夫子도
도통자 무한 만고성현 공부자

德化로서 廣濟이라 이노래 한曲調에
덕화 광제 곡조

一洞中이 無故로다 仁義禮智 등진者는
일동중 무고 인의예지 자

覇道爲主 누가살고 가고가는 저百姓아
패도위주 백성

離行南天 어인일고 至誠없이 避難할까
이행남천 지성 피난

가는곳이 死地로다 앉아서 正心正氣하면
사지 정심정기

弓弓乙乙 家家户户 積惡之心 다버리고
궁궁을을 가가호호 적악지심

弓乙之歌 불러보소 南天北天 越彊하니
궁을지가 남천북천 월강

國家恩德 背叛이라 夫恩背叛 누가살고
국가은덕 배반 부은배반

가도亦是 죽으리로다 億兆蒼生 信地없이
역시 억조창생 신지

避難하러 가지마소 魚龍鳥獸 집버리면
피난 어룡조수

飛去飛來 죽느니라 童謠듣고 근심하면
비거비래 동요

一心正道 못할소냐 年呼財帛 糊口之策
일심정도 연호재백 호구지책

萬百姓의 根本이라 吉地찾아 가지말고
만백성 근본 길지

今日부터 改心하소 天生萬民 名受職業
금일 개심 천생만민 명수직업

職業을 힘쓰면서 弓乎之歌 불러보자
직업 궁호지가

弓弓乙乙 成道로다 春아春아 太平春아
궁궁을을 성도 춘 춘 태평춘

三十六宮都是春에 東園桃李片時春을
삼십육궁도시춘 동원도리편시춘

綠陰芳草 勝花時에 아니놀고 무엇하리
녹음방초 승화시

弓乙歌 부르면서 길이길이 놀아보자
궁을가

天弓天乙 司天하고 太陰太陽 司地로다
천궁천을 사천 태음태양 사지

이노래를 늘부르면 弓弓乙乙 成道로다
궁궁을을 성도

6. 임하유서(林下遺書)

天地陰陽 始判後에 四正四維 있었노라
천지음양 시판후 사정사유

無智한 世上사람 青林道覺 하여보소
무지 세상 청림도각

이도알면 살것이오 모르는사람 죽을터이니

億兆蒼生 많은사람 깨닫고 깨달을까
억조창생

東西南北 四色中에 푸를青字 으뜸이라
동서남북 사색중 청자

春夏秋冬 四時節에 수풀林者 생겨나서
춘하추동 사시절 임자

仁義禮智 四德下에 길道字 얻었으니
인의예지 사덕하 도자

東方青林 修道人을 사람마다 다알소냐
동방청림 수도인

天地陰陽 그가운데 最靈者가 사람이라
천지음양 최영자

사람이라 하는것은 五行으로 생겨나서
오행

三綱五倫 法을삼아 三綱五倫 그가운데
삼강오륜 법 삼강오륜

忠孝二明 밝혀내니 落盤四乳 그가운데
충효이명 낙반사유

믿을信字 第一이라
신자 제일

아니보면 뉘알소냐 다시배워 忠孝하소
충효

仁義禮智 法을삼아 恭敬父母 하여보소
인의예지 법 공경부모

恭敬天地 하였으면 父母恩德 갚아보소
공경천지 부모은덕

父母恩德 갚는사람 自然忠臣 되느니라
부모은덕 자연충신

그런故로 孝하면 忠하고 忠하면
고 효 충 충

孝하느니라 天地父母 一般이라
효 천지부모 일반

誠敬信 主張삼아 元亨利貞 行케되면
성경신 주장 원형이정 행

利在弓弓 알것이오
이재궁궁

利在弓弓 알게되면 青林道士 만날터이니
이재궁궁 청림도사

이글보고 入道해서 正心正氣 하여보소
입도 정심정기

正心正道 앉을坐字 人口有土 이아닌가
정심정도 좌자 인구유토

心和氣和 定할定字 足上加點 아니런가
심화기화 정 정자 족상가점

시구시구 좋을시구 矢口二字 뉘알소냐
시구이자

알기로서 다알소냐 다알기로 믿을소냐

믿기만 믿을진대 凶年怪疾 念慮할까
흉년괴질 염려

하나님만 恭敬하면 至誠感天이 아니런가
공경 지성감천

誠敬信 밝은法을 一心으로 工夫해서
성경신 법 일심 공부

一心工夫 人和하면 牛性在野 할것이오
일심공부 인화 우성재야

合其德 正其心이면 道下止가 이것이오
합기덕 정기심 도하지

須從白兎 走青林을 道入外에 뉘알소냐
수종백토 주청림 도입외

三分僧俗 안다해도 不意事를 뉘알소냐
삼분승속 불의사

狗虎已兎 마치맞게 中立者가 이대로다
구호이토 중립자

有福者는 入道하고 不入者는 無福이라
유복자 입도 불입자 무복

疑訝있는 그사람은 어찌그리 매몰한고
의아

孝悌忠信 알기로서 陰害하기 무슨일고
효제충신 음해

青年桂皮 무섭더라 天望浩浩 少不老라
청년계피 천망호호 소불노

物欲繑弊 되는사람 害人之心 두지말고
물욕교폐 해인지심

天意人心 살펴보니 活氣古今 亦然이라
천의인심 활기고금 역연

順天者는 安存하고 逆天者는 必亡이라
순천자 안존 역천자 필망

天意蒼蒼 何處在오 都在人心 아니런가
천의창창 하처재 도재인심

나도역시 사람이라 充復之臟 있었거든
충복지장

다른사람 意思없어 이러하고 이러할까
의사

逆天者가 어찌할까 우습고 우습도다
역천자

疑訝말고 修道하면 改之牛性 아니런가
의아 수도 개지우성

夜晝願誦 氣化하면 道通淵源 될것이오
야주원송 기화 도통연원

富貴榮華 되었으니 青林龍이 이아닌가
부귀영화 청림룡

高垢春風 急히마소 때있으면 오느니라
고구춘풍 급

이말저말 沸騰해도 하나님만 恭敬하소
비등 공경

제父母를 모르느니 제父母를 不孝하면
부모 부모 불효

三綱五倫 어찌알고 至誠으로 恭敬하면
삼강오륜 지성 공경

萬事知가 될것이오
만사지

惡人之事 전혀말고 一天之下 正心하라
악인지사 일천지하 정심

十二諸國 怪疾運數 積惡者가 어찌살고
십이제국 괴질운수 적악자

富貴貧賤 願치마소 사람마다 때가있네
부귀빈천 원

欺人取物 마라서라 하나님도 모를소냐
기인취물

天高地卑 무섭더라 暗室欺心 하다가서
천고지비 암실기심

神目如電 되지만은 뉘라서 分揀할까
신목여전 분간

무섭더라 무섭더라 하나님도 무섭더라

可憐하다 世上사람 修道하여 敬天하소
가련 세상 수도 경천

晝夜不忘 하는뜻은 仁義禮智 更正이라
주야불망 인의예지 경정

可憐하다 世上사람 이글보고 入敎하소
가련 세상 입교

修道하면 齊家하고 齊家하면 治天下라
수도 제가 제가 치천하

弓弓乙乙 좋을시구 시구시구 좋을시구
궁궁을을

너도得道 나도得道 暮春三月 好時節에
득도 득도 모춘삼월 호시절

먹고보고 뛰고보자 좋을시구 좋을시구

大丈夫 此世上에 해볼것이 무엇이냐
대장부 차세상

乙乙지켜 弓乙하면 이것역시 三綱이라
을을 궁을 삼강

此道外에 다시없네 이글보고 글을읽고
차도외

三綱알면 五倫이라 傷人害物 두지말고
삼강 오륜 상인해물

運數따라 修道하면 太平聖代 更來로다
운수 수도 태평성대 갱래

青槐滿庭 알지만은 白楊無芽 뉘알소냐
청괴만정 백양무아

無極大道 있지만은 無爲而化 뉘알소냐
무극대도 무위이화

無爲而化 알지만은 天意人心 뉘알소냐
무위이화 천의인심

天意人心 알았으면 世上萬事 알아보소
천의인심 세상만사

道人外에 뉘알소냐 사람마다 알게되면
도인외

죽을사람 전혀없어 天地開闢 있을소냐
천지개벽

人皆爲之 願誦하면 國泰民安 절로된다
인개위지 원송 국태민안

萬壽道人 우리兒童 神通六禮 누가누가
만수도인 아동 신통육례

有福不遠 뉘알소냐 韓信諸葛 그가운데
유복불원 한신제갈

經天緯地 風雲大水 七縱七擒 할것이오
경천위지 풍운대수 칠종칠금

飛將勇將 上中下才 器局따라 될것이오
비장용장 상중하재 기국

安心하고 修道하소 나도또한 神仙이라
안심 수도 신선

때있으면 올것이니 하나님만 信之하소
신지

天意人心 누가알고 天意人心 깨달으니
천의인심 천의인심

人心으로 보게되면 或不思然 可祥이라
인심 혹불사연 가상

無知한 世上사람 애달하고 애달하다
무지 세상

나도또한 하나님께 運數따라 吩咐듣고
운수 분부

人間百姓 허다한사람 或時若干 건지려고
인간백성 혹시약간

이글받아 이世上에 童謠같이 傳해주소
세상 동요 전

善한사람 살것이오 惡한사람 어찌할고
선 악

不知者는 死할것이나 能知者는 生할것이오
부지자 사 능지자 생

傷人害物 두지말고 修道해서 願誦하소
상인해물 수도 원송

青林道士 만날터이니 至誠으로 願誦하소
청림도사 지성 원송

남을속여 一身安은 殃及子孫 전연이라
일신안 앙급자손

天恩地德 있으리니 報國安民 하여보소
천은지덕 보국안민

善道者는 難行이오 惡道者는 易行이라
선도자 난행 악도자 이행

陰害하는 저少年아 빙글빙글 하는소리
음해 소년

저리하면 道通할까 빙글빙글 하는소리
도통

可笑切愴 아니런가 아서라 아서라
가소절창

말하자니 煩擧하고 마자하니 불쌍하네
번거

너의身勢 可憐하다 利在弓弓 몰랐으니
신세 가련 이재궁궁

너의身勢 可憐하다 利在松松 알았으면
신세 가련 이재송송

利在弓弓 알기쉽고 利在松松 몰랐으면
이재궁궁 이재송송

利在弓弓 어찌알고 弓弓善道 奇壯하다
이재궁궁 궁궁선도 기장

運數타고 入道한者 奇壯하고 奇壯하다
운수 입도 자 기장 기장

시구시구 좋을시구 네가좋지 내가좋나

男兒此時 好時節에 아니입고 무엇하리
남아차시 호시절

하나님께 不忠不孝하는 이사람을 죽이랴고
불충불효

十二諸國 病亂할때 火盛水盛 病侵이라
십이제국 병란 화성수성 병침

善한사람 몇몇인고 道人外에 누가알고
선 도인외

太平聖代 更來하니 聖賢君子 長壽하네
태평성대 갱래 성현군자 장수

保命한 이世上에 無爲化氣 弓弓이라
보명 세상 무위화기 궁궁

孝悌忠信 禮儀廉恥 堯舜之風 될것이니
효제충신 예의염치 요순지풍

草野空老 英雄兒는 修道해서 成功하소
초야공노 영웅아 수도 성공

左旋右旋에 있느니라 글을보고 道通하소
좌선우선 도통

陰陽理致 알게되면 天地正位 아느니라
음양이치 천지정위

이같이 좋은道를 人皆爲之 虛言이라
도 인개위지 허언

虛言者는 無可奈라 虛言者가 없게되면
허언자 무가내 허언자

天下之人 다알기로서 天下之人 다살리까
천하지인 천하지인

사람마다 다살리면 天地成敗 있을소냐
천지성패

이도역시 天運이라 人力으로 어찌할고
천운 인력

勸道하면 들을소냐 有福者가 절로든가
권도 유복자

父子兄弟 一身이나 運數역시 各各이라
부자형제 일신 운수 각각

千金一身 重히말고 至誠으로 修練하소
천금일신 중 지성 수련

길을찾아 가는사람 앉을座字 알아보소
좌자

앉을座字 알았으면 定할定字 行해보소
좌자 정 정자 행

알거든 願誦하소 心和氣和 되느니라
원송 심화기화

一身和氣 되게되면 一家春이 되느니라
일신화기 일가권

萬户和氣 되게되면 一國春이 되느니라
만호화기 일국권

이런일을 보더라도 覇道者가 어찌살고
패도자

有欲이면 不孝하고 不孝하면 來惡이라
유욕 불효 불효 내악

이도역시 欲心이라 欲心있고 善할소냐
욕심 욕심 선

天心戮之 무섭더라 害人之心 두지말고
천심륙지 해인지심

一心으로 人和해서 有福天下 하여보소
일심 인화 유복천하

立志青林 모르네라 山도不利 水도不利
입지청림 산 불리 수 불리

어데가면 待接할까 수풀이라 하는것은
대접

處處有之 다있는데 山수풀이 고이하다
처처유지 산

누가알고 누가알꼬 後不及恨 되느니라
후불급한

불쌍하고 可憐하다 너도또한 뜻있으면
가련

이말듣고 修道해서 後悔念定 깨닫다가
수도 후회염정

깨닫고 깨달으면 뉘아니 좋을시구

道도좋고 道도좋네 좋을시구 좋을시구
도 도

時在時在 좋을시구 芳草芳草 좋을시구
시재시재 방초방초

이같이 좋은道를 내어찌 알았던고
도

이말저말 다하자니 말도無窮 글도無窮
무궁 무궁

行해보자 比해보자 이말저말 거울이라
행 비

無窮無窮 살펴보니 無窮無窮 알았으면
무궁무궁 무궁무궁

孝도역시 無窮이오 忠도역시 無窮이라
효 무궁 충 무궁

無窮한 이天地에 無窮한 나아닌가
무궁 천지 무궁

四時四德 日月中에 木青青이 青林이라
사시사덕 일월중 목청청 청림

아는사람 짐작하소 須從白兎 走青林을
수종백토 주청림

7. 임하유서(林下遺書)

1) 지지가(知止歌)

天地陰陽 始判後의 四正四維 있었으니
천지음양 시판후 사정사유

無知한 世上사람 青林道覺 하여보소
무지 세상 청림도각

이道알면 살것이요 모른사람 죽느니라
도

億兆蒼生 많은사람 깨닫고 깨달을까
억조창생

東西南北 四色中에 푸를靑字 으뜸이요
동서남북 사색중 청자

春夏秋冬 四時元에 수풀林字 생겨나서
춘하추동 사시원 임자

仁義禮智 四德下에 길道字를 얻었으니
인의예지 사덕하 도자

東方山林 뉘알소냐 靑燈林下 修道人을
동방산림 청등임하 수도인

사람마다 다알소냐 天地陰陽 그가운데
천지음양

最靈者 사람이라 사람이라 하는것이
최령자

五行으로 稟氣해서 三綱五倫 法을삼고
오행 품기 삼강오륜 법

三綱五倫 그가운데 忠孝二字 밝혔나니
삼강오륜 충효이자

忠孝二字 밝히자니 사람마다 修身하야
충효이자 수신

안배우면 뉘알소냐 다시배워 忠孝하소
충효

落盤四乳 그가운데 믿을信字 第一이라
낙반사유 신자 제일

仁義禮智 法을삼아 恭敬父母 하여보소
인의예지 법 공경부모

恭敬天地 하게되면 父母恩德 갚느니라
공경천지 부모은덕

父母恩德 갚는사람 自然忠臣 되느니라
부모은덕 자연충신

그런故로
고

孝하면 忠이되고 忠하면 貴하나니
효 충 충 귀

傳해오는 聖人말씀 忠孝必求 孝門이라
전 성인 충효필구 효문

이런말을 듣더라도 忠孝外에 무얼할꼬
충효외

忠孝二字 밝혀내어 恭敬父母 하자하니
충효이자 공경부모

天地父母 一般이라
천지부모 일반

仁義禮智 지켜내어 元亨利貞 行케되면
인의예지 원형이정 행

利在弓弓 알것이요 利在弓弓 알게되면
이재궁궁 이재궁궁

靑林道士 만날테니 이글보고 入道하소
청림도사 입도

이글보고 入道하면 正心正氣 하여두면
입도 정심정기

앉을坐字 알것이니 人口有土 이아닌가
좌자 인구유토

心和氣和 定할定字 足上加點 그아닌가
심화기화 정 정자 족상가점

矢口矢口 鳥乙矢口 矢口二字 뉘알소냐
시구시구 조을시구 시구이자

알기로서 다알소며 다알기로 믿을소냐

믿기만 믿을진대 凶年怪疾 念慮할까
흉년괴질 염려

하나님만 恭敬하소 至誠感天 아닐런가
공경 지성감천

이글보고 改過하야 安心正氣 修身하소
개과 안심정기 수신

安心正氣 修身하여 一心工夫 人和하면
안심정기 수신 일심공부 인화

牛性在野 알것이요
우성재야

合其德而正心이면 道下止가 이것이라
합기덕이정심 도하지

須從白兎 走青林을 道人外에 뉘가알꼬
수종백토 주청림 도인외

三分僧俗 안다해도 佛爲寺를 뉘알소냐
삼분승속 불위사

九虎四兎 마치맞어 中入者가 이때로다
구호사토 중입자

有福者는 入道하고 不入者는 無福이라
유복자 입도 불입자 무복

疑訝있는 그사람은 어찌그리 埋沒한고
의아 매몰

孝悌忠信 말기로서 陰害하기 무슨일고
효제충신 음해

天必誅之 무섭더라 天網恢恢 疏不漏라
천필주지 천망회회 소불루

物慾交蔽 되는사람 害人之心 두지말고
물욕교폐 해인지심

天意人心 살펴보소 察其古今 亦然이라
천의인심 찰기고금 역연

順天者는 安存하고 逆天者는 必亡이라
순천자 안존 역천자 필망

天意蒼蒼 何處在오 都在人心 아닐런가
천의창창 하처재 도재인심

나도亦是 사람이라 衝目之杖 있었거든
역시 충목지장

다른사람 意思없어 이러하고 저러할까
의사

逆天者가 어이할꼬 우습고도 우습도다
역천자

疑心말고 修道하소 改之爲善 아닐런가
의심 수도 개지위선

晝夜願誦 氣和하면 道統淵源 될것이요
주야원송 기화 도통연원

富貴榮華 또있으니 青林道士 이아닌가
부귀영화 청림도사

苦待春風 急히마소 때가있어 오느니라
고대춘풍 급

이말저말 崩騰해도 하나님만 恭敬하소
붕등 공경

하나님을 不恭하면 제父母를 모르나니
불공 부모

제父母를 不恭하면 三綱五倫 어찌알꼬
부모 불공 삼강오륜

至誠으로 恭敬하면 萬事知가 될것이니
지성 공경 만사지

惡人之說 專혀말고 一天下之 正心하라
악인지설 전 일천하지 정심

十二諸國 怪疾運數 積惡者가 어찌살까
십이제국 괴질운수 적악자

富貴貧賤 天定이라 사람마다 때가있네
부귀빈천 천정

欺人取物 말아서라 하나님도 모를손가
기인취물

神目如電 되지마는 뉘라서 分間하리
신목여전 분간

무섭고도 무섭더라 하나님이 무섭더라

너도亦是 사람이면 修道하여 敬天하소
역시 수도 경천

晝夜不忘 하는뜻은 仁義禮智 更定이라
주야불망 인의예지 갱정

不祥하다 世上사람 이글보고 入道하소
불상 세상 입도

三人一夕 안다해도 修道修身 뉘알소냐
삼인일석 수도수신

修身하면 齊家하고 齊家하면 治天下라
수신 제가 제가 치천하

弓乙弓乙 鳥乙矢口
궁을궁을 조을시구

너도得道 나도得道
득도 득도

暮春三月 好時節에 먹고보고 뛰고보세
모춘삼월 호시절

鳥乙鳥乙 鳥乙矢口
조을조을 조을시구

大丈夫 이世上의 해볼것이 무엇인고
대장부 세상

此道外에 다시없네
차도외

이를배워 그를알고 孝를지켜 忠을하면
효 충

이게亦是 三綱이요 三綱알면 五倫이라
역시 삼강 삼강 오륜

傷人害物 두지말고 運數따라 修道하면
상인해물 운수 수도

泰平聖世 更歸로다
태평성세 갱귀

靑槐滿庭 알지만은 白楊無芽 뉘알소냐
청괴만정 백양무아

无極大道 알지만은 無爲而化 뉘알소냐
무극대도 무위이화

無爲而化 알지만은 天意人心 뉘알소냐
무위이화 천의인심

天意人心 알았으면 世上萬事 알련만은
천의인심 세상만사

道人外에 뉘알소냐 사람마다 알게되면
도인외

죽을사람 專혀없어 天地開闢 말할소냐
전 천지개벽

人皆爲之 願誦하면 國泰民安 절로된다
인개위지 원송 국태민안

萬數道人 우리兒等 神通六藝 누가누가
만수도인 아등 신통육예

六夫八元 뉘알소냐 韓信諸葛 그中에서
육부팔원 한신제갈 중

經天緯地 風雲大手 七縱七擒 할것이요
경천위지 풍운대수 칠종칠금

飛將勇將 上中下才 器局따라 될것이니
비장용장 상중하재 기국

安心하고 修道하소 나는또한 神仙이라
안심 수도 신선

때있으면 올것이니 하나님만 信之하소
신지

天地時運 뉘가알꼬 天意人心 같다하나
천지시운 천의인심

人心으로 보게되면 口不成言 可想이라
인심 구불성언 가상

無知한 世上사람 애달하고 애달하다
무지 세상

나도亦是 하나님께 運數따라 分付듣고
역시 운수 분부

人間百姓 許多사람 或是若干 건지려고
인간백성 허다 혹시약간

이글받아 이世上에 童謠같이 傳해주니
세상 동요 전

善한사람 알것이요 惡한사람 어찌하랴
선 악

不知者는 死하고 能知者는 生하려니
부지자 사 능지자 생

傷人害物 두지말고 修道하여 願誦하면
상인해물 수도 원송

青林道士 만날테니 廣行三教 濟衆하소
청림도사 광행삼교 제중

남을속여 一時安은 殃及子孫 되느니라
일시안 앙급자손

天恩地德 있으려니 輔國安民 하여보소
천은지덕 보국안민

惡道者는 易行이요 善導者는 難行이라
악도자 이행 선도자 난행

陰害하는 저少年들 빙글빙글 하는소리
음해 소년

可笑絶唱 아닐런가 아사서라 아사서라
가소절창

말하자니 煩擧하고 마자하니 不祥하다
번거 불상

너의身世 可憐하다
신세 가련

利在弓弓 몰랐으니 너의身世 可憐하다
이재궁궁 신세 가련

利在松松 알았으니 利在家家 알기쉽고
이재송송 이재가가

已往家松 알았으나 利在弓弓 어찌알리
이왕가송 이재궁궁

弓乙成道 奇壯하다
궁을성도 기장

運數따라 入한사람 奇壯하고 奇壯하다
운수 입 기장 기장

矢口矢口 鳥乙矢口 네가좋지 내좋을까
시구시구 조을시구

男兒處世 好時節에 아니배고 무엇하리
남아처세 호시절

하나님이 不孝不忠 그사람을 죽이랴고
불효불충

十二諸國 兵亂일때 水星火星 幷侵하니
십이제국 병란 수성화성 병침

生할사람 몇몇인고 道人外에 뉘가알꼬
생 도인외

泰平聖世 更來하니 聖賢君子 上中下材
태평성세 갱래 성현군자 상중하재

分明한 此世上에 無爲而化 無窮이라
분명 차세상 무위이화 무궁

孝悌忠信 禮義廉恥 堯舜之風 될것이니
효제충신 예의염치 요순지풍

草野空老 英雄들은 修道하여 恭敬하소
초야공노 영웅 수도 공경

左旋右旋 陰陽이니 弓乙보고 道通하소
좌선우선 음양 궁을 도통

陰陽理致 알게되면 天地定位 아느니라
음양이치 천지정위

이같이 좋은道를 人皆謂之 虛言하니
도 인개위지 허언

毁道者가 無可奈라 毁道者가 없게되면
훼도자 무가내 훼도자

天下之人 다살테니 天下之人 다살릴까
천하지인 천하지인

사람마다 다살진대 天地盛衰 말할소냐

천지성쇠

이도亦是 天運이라 人力으로 어찌할꼬

역시 천운 인력

勸道한들 들을소냐 有福者가 절로든다

권도 유복자

父子兄弟 一身이나 運數亦是 各各이라

부자형제 일신 운수역시 각각

千金一身 重히알고 至誠으로 修練하소

천금일신 중 지성 수련

吉地찾아 가는사람 앉일坐字 알았거든

길지 좌자

定할定字 하여보소 앉일坐字 알터이니

정 정자 좌자

알거들랑 願誦하소 心和氣和 되느니라

원송 심화기화

一心氣和 되게되면 一家春이 될것이요

일심기화 일가춘

萬户氣和 되게되면 一國春이 되느니라

만호기화 일국춘

이런일을 본다해도 悖道者가 어이살꼬

패도자

有慾하면 不和하고 不和하면 行惡이라

유욕 불화 불화 행악

이도亦是 慾心이라 慾心있고 善할소냐

역시 욕심 욕심 선

天必戮之 무섭더라 害人之心 두지말고

천필육지 해인지심

一心으로 人和해서 布德天下 하여보소

일심 인화 포덕천하

走之青林 모를러라

주지청림

山도不利 水도不利 어디가면 修道할꼬
산 불리 수 불리 수도

수풀이라 하는것이 처처유지 다있는데

山水不利 怪異하다 누가알꼬 누가알꼬
산수불리 괴이

後不及患 되느니라
후불급환

避亂가는 저사람은 離去親戚 어데간고
피난 이거친척

가는곳이 죽는곳을 이같이 몰랐으니

不祥코 可憐하다
불상 가련

너고또한 뜻있으면 내말듣고 修道하여
수도

忠孝廉貞 깨달을까
충효염정

깨닫고 깨달으면 누가아니 鳥乙矢口
조을시구

道도좋고 때도좋네 弓乙弓乙 鳥乙矢口
도 궁을궁을 조을시구

時哉時哉 鳥乙矢口 芳草芳草 鳥乙矢口
시재시재 조을시구 방초방초 조을시구

이같이 좋은道를 내가어찌 알았던고
도

이말저말 다하자니 말도無窮 道도無窮
무궁 도 무궁

賦也興也 比했으니 이말저말 거울해서
부야흥야 비

無窮無窮 살펴내어 無窮無窮 알았으면
무궁무궁 무궁무궁

孝도亦是 無窮이요 忠도亦是 無窮이라
효 역시 무궁 충 역시 무궁

無窮한 이天地에 無窮한 내아닌가
무궁 천지 무궁

四時四德 一元中에 木青青而 成林하니
사시사덕 일원중 목청청이 성림

須從白兎 走青林을 내아니면 뉘가알꼬
수종백토 주청림

2) 도성가(道成歌)

綠水青山 그가운데 혼자앉아 生覺하니
녹수청산 생각

날찾을벗 그뉠런고

青山이 許多하고 滄海가 許多한들
청산 허다 창해 허다

生門死門 뉘가알꼬
생문사문

無知한 世上사람 利在弓弓 이文字를
무지 세상 이재궁궁 문자

無心而 들었다가 이때를 當했으니
무심이 당

利在弓弓 表있으며 无極大道 表가있나
이재궁궁 표 무극대도 표

이러그러 할지음에 不意之患 아니났나
불의지환

空中에 지은집을 기둥없이 지었으니
공중

어찌그리 長久하리 그文字 孟浪하다
장구 문자 맹랑

너의所見 볼작시면 이글보고 落膽하지
소견 낙담

그러나 世上말이 空中之事 알았으니
세상 공중지사

이러므로 내말씀이 空中에 比했노라
공중 비

天皇氏 地皇氏는 開闢初 아닐런가
천황씨 지황씨 개벽초

開闢後 五萬年에 無心而 지낸말을
개벽후 오만년 무심이

世上사람 뉘가알꼬
세상

五萬年 그가운데 孔夫子 지었구나
오만년 공부자

孔夫子 어진道德 萬世에 傳했으니
공부자 도덕 만세 전

그아니 大聖人가
대성인

이같은 大聖人도 天地理致 다모르고
대성인 천지이치

生而知之 그맘으로 大綱領 하여내어
생이지지 대강령

陰陽理致 그가운데 人道를 議論하여
음양이치 인도 의논

三綱五倫 仁義禮智 細細無斷 하여두고
삼강오륜 인의예지 세세무단

春秋迭代 四時陰陽 歷歷히 하여내서
춘추질대 사시음양 역력

傳之無窮 하였으되 天地陰陽 어찌말며
전지무궁 천지음양

日月星辰 어찌알며 人生世間 어찌알꼬
일월성신 인생세간

이러므로 聖人들아 潛心推理 하여내어
성인 잠심추리

積成卷文 하여내서 次次次次 傳해주니
적성권문 차차차차 전

後生이 跋을달아 萬歲追尊 하였으니
후생 발 만세추존

그아니 天德인가 天德이 罔極한줄
천덕 천덕 망극

世上사람 뉘가알꼬 애달다 너의所見
세상 소견

이런일을 본다해도 天地理致 없을소냐
천지이치

이같이 茫茫한일 한가지도 모르고서
망망

無知한 世上말이 是方은 老天이라
무지 세상 시방 노천

靈驗도 바이없고 理致도 바이없다
영험 이치

이르고 嫌疑하니 어찌아니 切痛하랴
혐의 절통

우습다 이世上의 무엇을 成功하리
세상 성공

十年工夫 儒家書도 一心精氣 不怠하야
십년공부 유가서 일심정기 불태

書齊間 摘句해도 成功하기 어렵거든
주제간 적구 성공

하물며 无極大道 萬古에 없었으니
무극대도 만고

사람마다 옳다하며 사람마다 成功할까
성공

구름같이 모든선비 一朝에 흩어진다
일조

狂風에 누운나무 봄비온들 更生할까
광풍 갱생

可憐타 너의사람 不顧天命 애달하다
가련 불고천명

自古及今 天地運數 時乎時乎 限程없나
자고급금 천지운수 시호시호 한정

一千年 箕子때도 限程이 있었거든
일천년 기자 한정

하물며 이世上에 어찌그리 長久하리
세상 장구

日落黃昏 저믄날에 左右山川 둘러보니
일락황혼 좌우산천

月色은 皓皓하고 花草는 爛漫한대
월색 호호 화초 난만

時乎時乎 이때로다 아니놀고 무엇하리
시호시호

御化世上 사람들아 不顧天命 너의身命
어화세상 불고천명 신명

믿을곳이 어드메뇨

우리는 이世上의 믿을곳이 바이없어
세상

하느님만 믿었으니 時運이 不齊하야
시운 부제

春三月 好時節에 믿는바도 하늘이요
춘삼월 호시절

모신바도 하늘이라

永世不忘 우리身命 少無慨歎 아닐런가
영세불망 신명 소무개탄

이같이 좋은運數 사람마다 알았으면
운수

貴賤이 있을소냐
귀천

亞務커나 우리身命 苦盡甘來 아닐런가
아무 신명 고진감래

御化世上 사람들아 우리踪跡 뉘가알꼬
어화세상 종적

廣大한 이天地에 一身難藏 아닐런가
광대 천지 일신난장

亞務里 紛紛한들 生方이 없을소냐
아무리 분분 생방

生方이 許多한들 사람마다 알까보냐
생방 허다

하느님이 知導하지
지도

하느님 모신사람 사람마다 이러하며

永世不忘 하는사람 사람마다 이러할까
영세불망

鳥乙矢口 鳥乙矢口 台乃時乎 鳥乙矢口
조을시구 조을시구 이내시호 조을시구

萬頃蒼波 넓은물을 건느자니 疑心이요
만경창파 의심

層巖絶壁 높은峯을 오르자니 窘急하다
층암절벽 봉 군급

平原廣野 넓은들에 左右를 살펴보니
평원광야 좌우

하느님이 分付하되 東西南北 넓은天地
분부 동서남북 천지

갈곳이 바이없나 亞務곳을 가자서라
아무

이러고 分付하니 心中暗喜 아닐런가
분부 심중암희

슬프다 諸君들아 내말만 믿지말고
제군

하느님을 믿거들랑 나의뒤를 따라서라

靑山裏 젊은날에 누구누구 따랐던고
청산리

앞도서고 뒤도서고 두루두루 作伴하여
작반

한등넘고 두등넘어 左右山川 둘러보니
좌우산천

月色은 三更이요 時節은 三春이라
월색 삼경 시절 삼춘

이곳지나 저곳지나 忖忖前進 하다가서
촌촌전진

한곳에 다다르니

海水는 蒼蒼하고 靑山은 둘러있네
해수 창창 청산

紛紛한 이世上에 幽僻한 台乃곳을
분분 세상 유벽 이내

누굴爲해 비였던고
위

亞磨道 生覺하니 하느님의 造化로다
아마도 생각 조화

하느님 造化로서 이곳에 當했으니
조화 당

鳥乙矢口 鳥乙矢口 우리時運 鳥乙矢口
조을시구 조을시구 시운 조을시구

風塵世上 擾亂한대 우리樂地 아닐런가
풍진세상 요란 낙지

亞務커나 亞務커나 이곳에서 지내보세
아무 아무

그러그러 지내다가 億萬長安 빈터되어
억만장안

故國이 衰盡커든 世上求景 하여보세
고국 쇠진 세상구경

8. 궁을신화가(弓乙信和歌)

御化世上 사람들아 無事한 台乃사람
어화세상 무사 이내

노래한章 지었으니 仔細보고 살펴서라
장 자세

已前世上 말한대도 已前世上 다를손가
이전세상 이전세상

오는世上 말한대도 오는世上 다를손가
세상 세상

自古及今 世上事가 一般일세
자고급금 세상사 일반

理致理字 그렇기로 賦也興也 比하여서
이치이자 부야흥야 비

大綱記錄 傳하오니 웃지말고 比해보소
대강기록 전 비

옛일을 본다해도 已前世上 다를손가
이전세상

오는세상 말한대로 鹿失秦庭 紛紛世界
녹실진정 분분세계

武陵桃源 찾인사람 熙白皐世界 아닐런가
무릉도원 희백고세계

이런일을 깨달아서 紛紛天下 此世上에
분분천하 차세상

生活之方 求한後에 明哲保身 法을배워
생활지방 구 후 명철보신 법

熙白皐世界 놀아보세
희백고세계

鹿失秦庭 그時節도 武陵桃源 있었기로
녹실진정 시절 무릉도원

生活之方 말했건만 天地反復 此世上에
생활지방 천지반복 차세상

武陵桃源 또있나니 弓弓乙乙 길을잡아
무릉도원 궁궁을을

元亨利貞 가게되면 武陵桃源 自然일세
원형이정 무릉도원 자연

武陵桃源 찾아들어 熙白皐世界 좋은景概
무릉도원 희백고세계 경개

秋毫一末 어긴잖고 失數없이 깨달아서
추호일말 실수

仁義禮智 좋은길로 차첨차첨 들어가면
인의예지

道下止가 게아닌가
도하지

此時時運 그러하니 사람사람 깨달으소
차시시운

東國讖書 傳한글에 松松家家 지났으되
동국참서 전 송송가가

그때時運 어기잖고 맞췄으니 오는運數
시운 운수

안맞칠까 至今時節 오는運數 利在田田
지금시절 운수 이재전전

때가또한 돌아오니 道下止가 안맞칠까
도하지

때運數 道下止로 成功이니
운수 도하지 성공

어서바삐 깨달아서 弓乙經에 뜻을이뤄
궁을경

弓弓理致 알게되면 亞字길이 게아닌가
궁궁이치 아자

버금亞字 둘러보니 白十字가 分明하다
아자 백십자 분명

白十字를 比해보니 田田二字 彷彿하다
백십자 비 전전이자 방불

田田二字 알았으니 武陵桃源 찾아들어
전전이자 무릉도원

道和地를 안찾일까
도화지

道源道和 좋은景을 一一이 알고보면
도원도화 경 일일

乃成君子 될것이니 道成立德 못할손가
내성군자 도성입덕

道成德立 되오리니 道下止가 그아닌가
도성덕립 도하지

그런사람 運數좋아 그러하나
운수

弓弓乙乙 잘못찾고 彷徨躊躇 저사람들
궁궁을을 방황주저

道下止를 論斷하나 天弓地乙 몰랐으니
도하지 논단 천궁지을

어느길을 찾아갈고

한 그所見에 갈길이 茫然하여
소견 망연

各言各知 爭論타가 一片修心 바이없어
각언각지 쟁론 일편수심

弓弓村도 찾아가며 乙乙村도 찾아가고
궁궁촌 을을촌

田田村도 찾아가니 그아니 可憐한가
전전촌 가련

弓弓乙乙 田田利字 傳한글을 귀로듣고
궁궁을을 전전리자 전

눈으로 보았으되

理致理字 몰랐으니 어찌그리 애달한고
이치이자

鏡對佳人 語不和 되었으니
경대가인 어불화

弓乙길을 찾일소냐 道和成實 제알소냐
궁을 도화성실

元亨利貞 道德으로 仁義禮智 풀어내어
원형이정 도덕 인의예지

通運造化 벼리삼고 弓弓乙乙 길을닦아
통운조화 궁궁을을

道源勝地 들어가서 龍潭水 맑은물로
도원승지 용담수

花開成實 되게되면 柯枝柯枝 茂盛일세
화개성실 가지가지 무성

이와같은 道和地를 어찌그리 모깨닫고
도화지

저와같이 亂動하노
난동

제아무리 亂動해도 道和盛門 찾아들어
난동 도화성문

스승教訓 받아다가 修練誠心 하와여야
교훈 수련성심

道下止를 아느니라
도하지

많고많은 許多한道 道마다 오는運數
허다 도 도 운수

때를맞춰 道下止가
도하지

浩浩茫茫 넓은天地 道아무리 많다해도
호호망망 천지 도

때運數 節候맞춰 道和成實 하올道가
운수 절후 도화성실 도

따로있네

太昊伏義 先天運數 지나가고
태호복희 선천운수

文王後天 그린八卦 運이亦是 다했던가
문왕후천 팔괘 운 역시

도로先天 回復되야 木德以旺 하느故로
선천 회복 목덕이왕 고

東西南北 四色中에 木青青이 으뜸이라
동서남북 사색중 목청청

새運數 그렇기로 青林道士 出世하사
운수 청림도사 출세

受命于天 다시하야 先生教訓 奉命하고
수명우천 선생교훈 봉명

儒道佛道 거울하사
유도불도

弓乙其理 살피시고 仙道昌建 하실次로
궁을기리 선도창건 차

하느님前 分付받아 先天八卦 龍馬河圖
전 분부 선천팔괘 용마하도

다시모셔 사람사람 일깨우니

伏義時節 다시온가
복희시절

天父之形 높은形體 거울같이 모셔내어
천부지형 형체

어진사람 傳해주고
전

開闢時 局初일을 萬支長書 베푸시며
개벽시 국초 만지장서

弓弓乙乙 論斷하여 夢中같은 世上사람
궁궁을을 논단 몽중 세상

一一이 일깨시니 亞務理 生覺해도
일일 아무리 생각

順受天理 하자하니 道和地가 거기로다
순수천리 도화지

理致理字 그러하니 仔細보고 깨달으소
이치이자 자세

百家詩書 외워내어 無不通知 한다해도
백가시서 무불통지

天道時中 모르오면 도로夢中 그아닌가
천도시중 몽중

自古理致 그렇지만 어리석은 저사람들
자고이치

그런理致 모르고서 스승없이 工夫하여
이치 공부

自得道通 하려하니 애달하기 測量없다
자득도통 측량

古今事를 암만봐도 그런理致 專혀없네
고금사 이치 전

理致없는 그런道理 崇尙타가 오는運數
이치 도리 숭상 운수

때모르고

道下止를 못하오면 乃成君子 姑舍하고
도하지 내성군자 고사

一身難保 되오리니 그아니 乃恨인가
일신난보 내한

一年農事 말한대도 春耕夏耘 秋收冬藏
일년농사 춘경하운 추수동장

四時節候 때를따라 當當之事 時中커던
사시절후 당당지사 시중

하물며 天地反復 此世上에 天地時運
천지반복 차세상 천지시운

때를따라 當當正理 時中之道 아니날까
당당정리 시중지도

때運數 그렇기로 六十甲子 맑은氣運
운수 육십갑자 기운

正陰正陽 配合되어 天干地支 應하여서
정음정양 배합 천간지지 응

震木星을 돕는故로 天地時運 때를따라
진목성 고 천지시운

震方聖人 出世하사 天助時應 造化받아
진방성인 출세 천조시응 조화

時中之道 行하시니 天皇時節 이땔런가
시중지도 행 천황시절

仔細보고 깨다르소
자세

先天後天 往來之數 一一이 베풀어서
선천후천 왕래지수 일일

禍福之理 說話하니 弓弓乙乙 그아닌가
화복지리 설화 궁궁을을

弓弓乙乙 進化中에 萬物和暢 自然일세
궁궁을을 진화중 만물화창 자연

때運數 그러하니 많고많은 저사람들
운수

前前事는 姑舍하고 再思心定 다시하와
전전사 고사 재사심정

弓弓乙乙 길을찾아 師弟之誼 다시定코
궁궁을을 사제지의 정

修練誠心 工夫하야 오는運數 깨닫거든
수련성심 공부 운수

敬天順天 하여내어 道下止를 하여보세
경천순천 도하지

世上理致 來頭之事 그렇지만
세상이치 내두지사

愚昧한 저사람들 夢中같은 그所見에
우매 몽중 소견

그런理致 모르고서 스승없이 저희끼리
이치

爭論하는 그擧動을 보고나니 慨歎이오
쟁론 거동 개탄

듣고나니 애달하다

日日時時 하는말이 紛紛天下 此世上에
일일시시 분분천하 차세상

生活之計 한다하고 서로서로 하는말이
생활지계

已前일을 본다해도 紛紛世界 當하오면
이전 분분세계 당

知識있는 그사람들 避亂之方 있었으니
지식 피난지방

우리도 이世上에 已前사람 本을받아
세상 이전 본

避禍之方 안찾을까
피화지방

이와같이 말을하며 東國讖書 傳한글을
동국참서 전

已前壬辰 倭亂때에 利在松松 맞아섰고
이전임진 왜란 이재송송

嘉山定州 西賊때는 利在家家 맞았으니
가산정주 서적 이재가가

오는運數 안맞을까
운수

至今時節 때運數 利在田田 그때오니
지금시절 운수 이재전전

道下止가 안맞을까
도하지

丁寧이 맞을거니 道를해야 산다하고
정녕 도

已前사람 말을하며 生活之計 한다하고
이전 생활지계

한 그所見에 理致理字 모르고서
소견 이치이자

東西南北 四色道에 되는대로 뛰어들어
동서남북 사색도

道가都是 무엇인지 아무런줄 모르고서
도 도시

私邪慾心 못이기어 依勢부터 主張하며
사사욕심 의세 주장

자랑하니 그런道가 어디있나
도

너의사람 하는擧動 애달하기 다시없다
거동

남의道에 入參해서 스승教訓 받았거든
도 입참 교훈

修心正氣 姑舍하고 亂法이나 안했으면
수심정기 고사 난법

自作之孼 없지만은 그런줄은 모르고서
자작지얼

亂法亂道 힘을써서 스승道德 더럽히고
난법란도 도덕

오는運數 때를몰라 제身數 可憐하게 되련만은
운수 신수 가련

그런줄은 모르고서 壯談같이 하는말이
장담

때를알고 道和地를 깨달아서
도화지

生活之計 하느라고 道를한다 말을하니
생활지계 도

그런사람 運數좋아 스승없이 亂法亂道
운수 난법란도

行한대도 道和止가 되올런지
행 도화지

나는都是 모르러라
도시

四時長春 말한대도 冬節에는 雪中梅요
사시장춘 동절 설중매

春節에는 明沙十里 海棠花요
춘절 명사십리 해당화

春末夏初 牧丹花요
춘말하초 목단화

蕭蕭秋風 습습한데 水中蓮花 봄이로다
소소추풍 수중연화

그런일을 본다해도 四時春도 次序있어
사시춘 차서

때를따라 施行커든 하물며 天地反復
시행 천지반복

此世上에 元亨利貞 그가운데 道之次序
차세상 원형이정 도지차서

없을손가

仁義禮智 一般이나 當當正理 그러키로
인의예지 일반 당당정리

次序之理 分明하여 儒道佛道 다묶어서
차서지리 분명 유도불도

오는運數 때를따라 木德以旺 하는故로
운수 목덕이왕 고

弓弓乙乙 造化로서 仙道昌建 되오리니
궁궁을을 조화 선도창건

道和止가 게아닌가
도화지

時中之道 그러하니 仔細보고 깨달으소
시중지도 자세

九變九復 此天地에 時運勢變 運數따라
구변구복 차천지 시운세변 운수

修心修德 아닌사람 제어찌 살아날까
수심수덕

理致理字 그러하니 天道地理 仔細살펴
이치이자 천도지리 자세

道之次序 깨달아서 가는運數 던져두고
도지차서 운수

運數따라 오는道를 昌해보세
운수 도 창

오는道를 昌하오면 天道回復 그아닌가
도 창 천도회복

道和地가 的實하다
도화지 적실

때를따라 敬天順天 되는故로
경천순천 고

天地神靈 感應하사 無私照臨 干涉下에
천지신령 감응 무사조림 간섭하

無窮造化 받아내어 任意用之 하오리니
무궁조화 임의용지

布德天下 근심하며 渡濟衆生 근심할까
포덕천하 도제중생

道之大源 그러하니 極樂世界 그아니며
도지대원 극락세계

樂堂堂이 아닐손가
낙당당

樂堂堂이 되오리니 五萬年之 無窮일세
낙당당 오만년지 무궁

理致理字 그렇기로 어리석은 台乃사람
이치이자 이내

自古道理 玄玄妙妙 그가운데
자고도리 현현묘묘

虛中有實 깨달아서 一一詳考 比해보니
허중유실 일일상고 비

嚴肅하기 그지없고 기쁜마음 限量없네
엄숙 한량

春夏秋冬 때가있어
춘하추동

春三朔이 도라온則 木德以旺 節候따라
춘삼삭 칙 목덕이왕 절후

天地弓活 맑은氣運 仁仁之德 베풀어서
천지궁활 기운 인인지덕

一天之下 많은物件 衆生濟渡 일깨시되
일천지하 물건 중생제도

節候좇아 秋毫一末 어기잖고
절후 추호일말

誠敬信 맑은氣運 宇宙乾坤 充滿하야
성경신 기운 우주건곤 충만

不息調養 날로하고 夏三朔이 돌아온則
불식조양 하삼삭 즉

薰和之氣 듣던바람
훈화지기

때運數 氣運따라 陰陽造化 고루하야
운수 기운 음양조화

많고많은 許多物件 쉬지않고 長養하되
허다물건 장양

仁厚大德 和한氣運 天地廣闊 充滿하고
인후대덕 화 기운 천지광활 충만

秋三朔이 돌라온則 때運數 節候따라
추삼삭 즉 운수 절후

맑고맑은 그氣運이 萬物精神 다시깨워
기운 만물정신

一一成實 하는氣運 또한亦是 天地之間
일일성실 기운 역시 천지지간

充滿일세
충만

天下萬物 功力대로 失數없이 成實二字
천하만물 공력 실수 성실이자

定해노니 賞罰이 分明터라
정 상벌 분명

秋三朔이 지나가고 冬三朔이 돌아온則
추삼삭 동삼삭 즉

運數따라 行하올제 蕭蕭한 北녘바람
운수 행 소소 북

黑雲에 騰空하야 似軍伍之 嚴威定코
흑운 등공 사군오지 엄위정

霜雪을 베풀어서 萬物罰厄 내려올제
상설 만물벌액

嚴冬雪寒 찬氣運이 宇宙乾坤 가득차서
엄동설한 기운 우주건곤

嚴肅하기 限量없다
엄숙 한량

節候대로 그러하나 四時長春 君子之節
절후 사시장춘 군자지절

青松綠竹 맑은道德 그白雪을 어서따라
청송녹죽 도덕 백설

이런일을 보더라도 春夏秋冬 四時迭代
춘하추동 사시질대

玄玄妙妙 氣運따라 時中之道 못行할까
현현묘묘 기운 시중지도 행

그理致를 미루어서 天地度數 깨달으니
이치 천지도수

天地度數 一般일세
천지도수 일반

또한亦是 그렇기로 天文을 살펴보니
역시 천문

方位따라 星辰定코 星辰따라 節候定코
방위 성진정 성진 절후정

節候따라 四時되야 旺生休囚 失數않고
절후 사시 왕생휴수 실수

時中之道 施行하니 明明其德 그아닌가
시중지도 시행 명명기덕

天文이 如此키로 天文을 比하여서
천문 여차 천문 비

地理를 둘러보니 天文地理 相應되어
지리 천문지리 상응

理致理字 一般이네
이치이자 일반

그理致를 미루어서 世上理致 둘러보니
이치 세상이치

世上理致 다를손가
세상이치

天文地理 그가운데 五行之氣 바탕되어
천문지리 오행지기

三才之德 和한氣運 理致理字 다를손가
삼재지덕 화 기운 이치이자

理致理字 一般일세
이치이자 일반

理致理字 그렇기로 天地之間 많은物件
이치이자 천지지간 물건

萬物主人 사람이나 方位좇아 道德定코
만물주인 방위 도덕정

天地萬物 맡기시니 때運數 氣運따라
천지만물 운수 기운

聖人道德 아니신가
성인도덕

理致理字 그렇기로 方位쫓아 聖人나고
이치이자 방위 성인

聖人따라 節候쫓아 道德나고
성인 절후 도덕

道德쫓아 君子나고 君子쫓아 布德되어
도덕 군자 군자 포덕

浩浩茫茫 넓은天下 濟渡衆生 教育해서
호호망망 천하 제도중생 교육

天地之道 昌하나니
천지지도 창

御化世上 사람들아 天地人 三才之德
어화세상 천지인 삼재지덕

昭昭明明 밝은理致 이와같이 밝지만은
소소명명 이치

아는君子 몇몇인고
군자

나도또한 이世上에 久沈苦海 모르고서
세상 구침고해

心多忘失 하여서로 夢中같이 지나더니
심다망실 몽중

無往不復 그運數에 天地運數 때를따라
무왕불복 운수 천지운수

道覺先生 다시나서 布德天下 하시려고
도각선생 포덕천하

易卦定數 밝히시고 三皇五帝 敬天法과
역괘정수 삼황오제 경천법

時運勢變 오는運數 時中之道 베풀어서
시운세변 운수 시중지도

사람사람 敎訓키로 나도또한 스승門에
교훈 문

受學하야
수학

스승敎訓 어진말씀 作心으로 不變하고
교훈 작심 불변

一心으로 施行해서 敬天之禮 行하더니
일심 시행 경천지례 행

台乃집안 運數런가
이내 운수

이제와서 깨달으니 지난일이 可笑로다
가소

天地人 三才之德 四時盛衰 氣運따라
천지인 삼재지덕 사시성쇠 기운

歷歷히 밝은運數 이와같이 되는줄을
역력 운수

깨닫지 못하고서 철가는줄 몰랐으니

天地之道 旺生休囚 氣運알까
천지지도 왕생휴수 기운

이내마음 그렇기로 꽃이피면 春節이요
춘절

잎이피면 夏節이요 丹楓들면 秋節이요
하절 단풍 추절

北風이 蕭蕭치며 白雪이 흩날리면
북풍 소소 백설

冬節인가 하였으니 그아니 夢中인가
동절 몽중

이내마음 生覺컨대 다른사람 다를손가
생각

사람사람 많은사람 스승門에 受學없어
문 수학

배지않은 그사람 都是다 그럴거니
도시

그아니 夢中인가
몽중

이내일을 生覺하야 已前일을 譬喩해서
생각 이전 비유

오는일을 말한대도 스승門을 찾아들어
문

工夫안한 그사람 都是다 一般일세
공부 도시 일반

理致理字 그러하니 仔細보고 깨달으소
이치이자 자세

木德以旺 우리스승 때運數 氣運따라
목덕이왕 운수 기운

天助時應 받았으니 天이스승 아니신가
천조시응 천

天爲스승 삼아두고 一一教育 하는스승
천위 일일교육

그스승의 教訓받아 一一違其 하지말고
교훈 일일위기

시킨대로 施行해서 誠敬信을 잊지않고
시행 성경신

하게되면 乃成君子 다될테니
내성군자

많고많은 世上사람 어서바삐 깨달아서
세상

스승門을 찾아들어 工夫工字 힘을써서
문 공부공자

道成德立 하게하소
도성덕립

天理따라 聖人나고 聖人따라 道德나고
천리 성인 성인 도덕

道德따라 君子되어
도덕 군자

스승門을 찾아들어 工夫않고 되올소며
문 공부

工夫한다 말한대도 스승敎訓 施行않고
공부 교훈 시행

되올손가

當當正理 그러하니 스승門을 못찾아서
당당정리 문

夢中같이 있는사람 어서바삐 깨달아서
몽중

道德門 찾아들어 다시受學 하여다가
도덕문 수학

工夫工字 힘을써서 오는運數 다시받아
공부공자 운수

道和止를 하게하고 天地因緣 至重하야
도화지 천지인연 지중

스승門을 먼저찾아 已爲弟子 되온後에
문 이위제자 후

數十餘年 勤苦하야 스승敎訓 배운사람
수십여년 근고 교훈

오는運數 알았거든 스승敎訓 拒逆마소
운수 교훈 거역

이때와서 스승敎訓 拒逆하면 功虧一簣
교훈 거역 공휴일궤

되오리니

깨닫고 깨달아서 生覺하고 生覺하소
생각 생각

그는또한 그러하나 自古及今 道之大源
자고급금 도지대원

四時盛衰 往來之數 天干地支 應하여서
사시성쇠 왕래지수 천간지지 응

六十甲子 造化로서 天地八卦 應했나니
육십갑자 조화 천지팔괘 응

大定之數 그렇기로 上中下元 磨鍊하고
대정지수 상중하원 마련

上中下元 그가운데 六十甲子 次序있어
상중하원 육십갑자 차서

第次之別 定한運數 運이亦是 다하오면
제차지별 정 운수 운 역시

天地亦是 反覆되고 六十甲子 變易이네
천지역시 반복 육십갑자 변역

天地之理 그런故로 先天之數 龍馬負圖
천지지리 고 선천지수 용마부도

八卦定數 그가운데 順數따라 定한甲子
팔괘정수 순수 정 갑자

壬子水로 爲始하여 木德以旺 하던이만
임자수 위시 목덕이왕

循環之理 그가운데 逆數之運 다시와서
순환지리 역수지운

龜尾洛書 回復되니 六十甲子 變復되어
구미낙서 회복 육십갑자 변복

逆數따라 方位定코 時中따라 施行할제
역수 방위정 시중 시행

甲戌乙亥 運數좇아 爲始해서
갑술을해 운수 위시

丙午丁未 氣運따라 火德으로 昌旺하니
병오정미 기운 화덕 창왕

先天八卦 運數따라 定한甲子
선천팔괘 운수 정 갑자

壬子爲始 쓸데있나 壬子爲始 쓸데없고
임자위시 임자위시

木德以旺 어진道德 逆數之運 그가운데
목덕이왕　　　도덕 역수지운

運數따라 沈微하여 그러그러 지나드니
운수　　　침미

運自來而 復歟아 水自知而 變歟아
운자래이 부여　　수자지이 변여

도로先天 回復되어 龍馬負圖 다시나니
　　선천 회복　　　용마부도

順數八卦 그아닌가
순수팔괘

順數八卦 다시나서 運數따라 六十甲子
순수팔괘　　　　　운수　　　육십갑자

다시定코
　　정

循環之理 理致따라 새로壬子 爲始하여
순환지리 이치　　　　　임자 위시

木德以旺 때가오니 仁義道德 時中時가
목덕이왕　　　　　인의도덕 시중시

그아닌가

先天後天 말한대도 自然之理 運數따라
선천후천　　　　　자연지리 운수

往來之數 그런故로
왕래지수　　　고

逆數八卦 定한運數 六十甲子 還甲日에
역수팔괘 정　운수 육십갑자 환갑일

새로先天 回復되어 順數八卦 定하자니
　　선천 회복　　　순수팔괘 정

六十甲子 새로나서 理致따라 方位定코
육십갑자　　　　　이치　　　방위정

元亨利貞 밝혀내어 明明其德 하시려고
원형이정　　　　　명명기덕

壬子水로 爲始하여 木德以旺 定해노니
임자수 위시 목덕이왕 정

時運勢變 뉘어길까
시운세변

大定之數 살펴내어 一一거울 밝혀보니
대정지수 일일

天地五行 바탕이나 逆數順數 그가운데
천지오행 역수순수

六十甲子 造化붙여 相生相克 理致따라
육십갑자 조화 상생상극 이치

隨時變化 無窮其理 恍惚難測 難言일세
수시변화 무궁기리 황홀난측 난언

御化世上 사람들아 六十甲子 往來之數
어화세상 육십갑자 왕래지수

되는理致 이와같이 되는故로
이치 고

사람사람 많은사람 六十甲子 그가운데
육십갑자

旺生休囚 氣運따라 上中下元 第次中에
왕생휴수 기운 상중하원 제차중

聖人君子 따로있고 小人凡夫 따로있어
성인군자 소인범부

그런사람 그렇고 저런사람 저렇고나

理致理字 그렇기로 自朝廷公卿以下
이치이자 자조정공경이하

하느님前 命을받아
전 명

富하고 貴한사람 已前時節 貧賤이요
부 귀 이전시절 빈천

只今時節 貧하고 賤한사람 오는時節
지금시절 빈 천 시절

富貴되니 그도또한 變復인가
부귀 변복

六十甲子 變復되니 世上天下 어느일은
육십갑자 변복 세상천하

變復되지 않을손가
변복

天下萬事 輪回時運 運數따라 一一變復
천하만사 윤회시운 운수 일일변복

다시되어

가는운수 던져두고 오는運數 昌建되니
운수 창건

宇宙乾坤 비켜서서 世上童謠 들어보니
우주건곤 세상동요

怪異하고 怪異터라
괴이 괴이

世上사람 童謠소리 어찌그리 怪異한고
세상 동요 괴이

서로서로 노래하되 떴다떴다 높이떴다

仁義道德 時中時가 光華문이 높이떴다
인의도덕 시중시 광화

光華문이 높이떠서 이리저리 날아들어
광화

一天之下 많은사람 一一曉諭 지화하니
일천지하 일일효유

아무리 生覺해도
생각

오는運數 때를따라 道德仁義 光華門이
운수 도덕인의 광화문

열렸으니 光華之德 안났을까
광화지덕

運數따라 光華之德 났을거니
운수 광화지덕

찾아가세 찾아가세

우리亦是 이世上에 光華之德 펴는곳을
역시 세상 광화지덕

찾아가서

어진스승 다시定코 오는運數 氣運받세
정 운수 기운

허허理致 우습도다 사람사람
이치

지화지화 말은하되 道德門 찾아들어
도덕문

지화할줄 몰랐으니 之行 彷佛하다
지행 방불

지난運數 모르고서 꿈결같이 지났으니
운수

꿈을다시 깨었으니 오난運數 깨달아서
운수

지화聖門 찾아가세
성문

어드멘고 어드멘고 지화聖門 어디멘고
성문

天地廣 넓은땅에 지화聖門 찾아가기
천지광 성문

또한亦是 어렵구나
역시

天文을 다시살펴 十二分野 살펴내니
천문 십이분야

辰巳方 巽木星은 兌金丁巳 劫迫키로
진사방 손목성 태금정사 겁박

眼損方이 되었으니 그方位랑 犯치말고
안손방 방위 범

내말대로 찾아가세

十二分野 列位星辰 春末夏初 運數따라
십이분야 열위성진 춘말하초 운수

甲卯方에 震木星을 一一이 돕는故로
갑묘방 진목성 일일 고

震木星에 맑은氣運 날로漸漸 씩씩하고
진목성 기운 점점

和暢하니 그곳으로 찾아가세
화창

이와같이 노래하니 노래소리 怪異하고
괴이

怪異터라
괴이

御化世上 저사람들 그런노래 童謠듣고
어화세상 동요

때運數 仔細살펴 至和二字 깨달아서
운수 자세 지화이자

道和聖門 찾아들어 道和止를 하여볼까
도화성문 도화지

理致理字 그러하니 傳來道 隱跡庵에
이치이자 전래도 은적암

換歲次로 青鶴洞을 찾아가세
환세차 청학동

그는또한 그러하나 世上事를 둘러보니
세상사

理致理字 怪異하다
이치이자 괴이

一天下之 和한物件 各有形 各有成이
일천하지 화 물건 각유형 각유성

分明하니 어찌하야 그러한고
분명

一天之氣 雨露中에 다같이 和했건만
일천지기 우로중 화

어이하여 그러한가

大德敦化 그가운데 萬物具備 理致있어
대덕돈화 만물구비 이치

그러한가

一門下之 道德으로 愛而教之 一般되어
일문하지 도덕 애이교지 일반

同同學味 갔건만은 各各明運 分明하니
동동학미 각각명운 분명

그도또한 萬物具備 그理致ㄴ가
만물구비 이치

理致理字 그러하니 曰可曰否 그가운데
이치이자 왈가왈부

恨歎할거 없지만은
한탄

于先에 보는道理 애달하기 測量없네
우선 도리 측량

웃던사람 이러하고 웃던사람 저러한고

東南風에 和한柯枝 震木星에 得意하여
동남풍 화 가지 진목성 득의

春末夏初 그때되면 花開成實 하려니와
춘말하초 화개성실

西北風에 和한柯枝 辰巳虛火 싸잡혀서
서북풍 화 가지 진사허화

안손木이 되온中에
목 중

兌金丁巳 劫迫하니 안손方이 的實하다
태금정사 겁박 방 적실

안손方을 찾아가서 損目이 되었으니
방 손목

已前 다를손가
이전

같이 어둔마음 道德二字 제알소며
도덕이자

오는運數 알까보냐
운수

애달하다 애달하다 之行 애달하다
지행

다各其 運數지만 舜任君의 어진道德
각기 운수 순임군 도덕

一天下가 化하여서 明明其德 하였기로
일천하 화 명명기덕

이제까지 스승되어 사람사람 일깨지만

어찌 怪異하여 그런道德 모르고서
괴이 도덕

嘗欲殺舜 날로하며 그와같이 怪惡턴고
상욕살순 괴악

已前일을 譬喩하여 至今世上 둘러보니
이전 비유 지금세상

不似한 저사람들 그일저일 모르고서
불사

之行 本을받아 어진사람 害칠려고
지행 본 해

日日時時 힘을쓰니 너의運數 可憐하다
일일시시 운수 가련

天地日月 明明下에 너의心事 글렀으니
천지일월 명명하 심사

그런心事 마칠소냐
심 사

그런理致 모르고서 類類相從 作黨하여
이 치 유 유 상 종 작 당

乖理之行 꾸며내며 하는말이
괴 리 지 행

남의弟子 되어나서 弟子할일 다했다고
제 자 제 자

이와같이 말을하니 切痛하고 애달하다
절 통

너의한일 무엇이게 일다했다 말을하노

스승敎訓 다버리고 鹿失秦庭 뛰놀면서
교 훈 녹 실 진 정

그런말을 어찌하노

너의말을 들어보니 말조차 애달하다

天下萬物 限이있어 되는바라 그렇기로
천 하 만 물 한

사람으로 말한대도 많고많은 그사람들

나이또한 많게되면 更少年 못되고서
갱 소 년

年光따라 늙는거요 다살면은 죽는거요
연 광

할일또한 다했으면 그運數가 다한거니
운 수

너의말을 들더라도 너의運數 알리로다
운 수

聖人出世 하기前에 일다했다 말을하니
성 인 출 세 전

다한사람 쓸데있나

그런사람 運數또한 다했으니
운수

花開消息 어찌알까
화개소식

花開消息 모르고서 저의運數 氣運따라
화개소식 운수 기운

風雨霜雪 그가운데 갈길이 바뿌도다
풍우상설

한 그所見에 저의運數 그럴줄은 모르고서
소견 운수

師門에 없는法을 어데가서 本을받아
사문 법 본

스승形體 그려내며 聖人出世 했다하고
형체 성인출세

저희끼리 자아내어 서로서로 論斷하니
논단

너의사람 入道한 四五朔에 어찌그리 速成인고
입도 사오삭 속성

太陽之氣 높은形體 日月같이 좋은光彩
태양지기 형체 일월 광채

一天下之 많은사람 사람마다 宛然이 다알텐데
일천하지 완연

埋沒한 너의사람 어찌그리 알았던고
매몰

修道修身 姑舍하고 亂法이나 말아서라
수도수신 고사 난법

春末夏初 때가와서 聖人出世 하는날에
춘말하초 성인출세

그런사람 있게되면 또한亦是 알리로다
역시

台乃사람 이른말 때前에는 虛荒하나
이내 전 허황

時乎時乎 때가되면 너와나와 다알리라
시호시호

愚昧한 너의사람 스승敎訓 배운다며
우매 교훈

무얼보고 배웠는가

務兵之亂 三年後에 살아나는 人生들
무병지난 삼년후 인생

하나님前 福祿定코 壽命은 내게빌나
전 복록정 수명

일러있고 다시만날 그時節에 括目相對 하게하라
시절 괄목상대

明明이 일렀으니 應當이 알련만은
명명 응당

스승敎訓 덮어두고 亂法亂道 무슨일고
교훈 난법난도

그도또한 너의집안 運數런가
운수

務兵之亂 三年運數 지나가도 아니해서
무병지난 삼년운수

乖理之行 行하면서 聖人出世 했다하며
괴리지행 행 성인출세

할일없다 말을하니 다各各 運數로다
각각 운수

하는道理 없지만은 若干或是 어진사람 있거들랑
도리 약간혹시

仔細보고 깨달아서 改過遷善 하여서라
자세 개과천선

그는또한 그러하나 時乎時乎 때가오니
시호시호

儒道佛道 다묶여서 仙道昌建 때가된다
유도불도 선도창건

仙道昌建 하려하고 하느님前 造化받아
선도창건 전 조화

좋은運數 때를따라 自古聖德 거울하여
운수 자고성덕

明明其德 하여내니 天上仙官 아니신가
명명기덕 천상선관

神仙일시 分明하다
신선 분명

우리스승 傳한말씀 나도또한 神仙이라 이름해도
전 신선

이런걱정 없다하고 一一걱정 하시드니
일일

그말씀이 그말인가

古往今來 回復되어 絶處逢生 다시되니
고왕금래 회복 절처봉생

今不聞 古不聞이 아니신가
금불문 고불문

日月같이 뚜렷한몸 道德光彩 燦爛하니
일월 도덕광채 찬란

仙風道骨 鳥乙矢口 甁中의 있는仙酒
선풍도골 조을시구 병중 선주

可活百萬人 하시려고 不死藥을 兼備하여
가활백만인 불사약 겸비

품어두고 活人尺을 손에쥐고
활인척

先聖禮節 좋은衣冠 通天之傷 分明한대
선성예절 의관 통천지상 분명

五鶴을 잡아타고 十二仙官 擁衛하고
오학 십이선관 옹위

緩緩이 나오시니 今不聞古不聞之事요
완완 금불문고불문지사

今不比 古不比之法也라 하시더니
금불비 고불비지법야

그말씀을 그때가서 알으리다

御化世上 사람들아 自古로 이른말에
어화세상 자고

天上仙官 있다하고 말로는 들었지만
천상선관

어느누가 求景한가
구경

求景은 못하고서 말로만 들었더니
구경

이제와서 다시보니 天上仙官 的實하다
천상선관 적실

天上仙官 降臨하사 仙道昌建 하시려고
천상선관 강림 선도창건

神仙道德 베푸시니 道氣長存 鳥乙矢口
신선도덕 도기장존 조을시구

邪不入이 되오리니 無往不復 아닐런가
사불입 무왕불복

나도또한 이世上에 草野人民 자라나서
세상 초야인민

善心修德 모르고서 그러그러 지내다가
선심수덕

스승門에 受學하야
문 수학

닦은功德 없지마는 好作仙緣 인연마저
공덕 호작선연

神仙行道 延接하야 仙遊發達 놀아보세
신선행도 연접 선유발달

이내사람 좋은運數 다시때가 돌아온다
운수

鶴髮仙官 우리스승 至誠으로 모시고서
학발선관 지성

仙遊發達 한다해도 衣冠文物 좋은禮節
선유발달 의관문물 예절

秋毫一釐 다르고서 되올손가
추호일리

理致理字 그러하니 務兵之亂 三年運數
이치이자 무병지난 삼년운수

外各國이 모두모아 紛紛世界 擾亂태도
외각국 분분세계 요란

다른사람 어째던지 우리兒等 모든君子
아등 군자

先聖禮節 좋은衣冠 弓乙通天 깨닫고서
선성예절 의관 궁을통천

一一이 效則하소 바쁘도다 바쁘도다
일일 효칙

그일저일 오는運數 깨달으니
운수

務兵之亂 三年內에 先聖禮節 다시차려
무병지난 삼년내 선성예절

施行凡節 바쁘도다
시행범절

때運數 오는理致 弓弓乙乙 그가운데
운수 이치 궁궁을을

되는理致 그런故로
이치 고

스승敎訓 다시받아 이와같이 傳해주니
교훈 전

사람사람 많은사람 有德君子 되온사람
유덕군자

好作仙緣 하려거든 台乃敎訓 傳한말
호작선연 이내교훈 전

스승敎訓 받은바니 仔細보고 깨달아서
교훈 자세

미리알고 施行해서 때運數 氣運따라
시행 운수 기운

後悔없게 하여서라
후회

先生님 하신말씀 前萬古 後萬古를
선생 전만고 후만고

歷歷히 헤아려도 글도없고 말도없다
역력

하신말씀 때를따라 알으리다

愚昧한 台乃사람 오는運數 모르지만
우매 이내 운수

스승敎訓 받아내어 一一說話 못다하고
교훈 일일설화

大綱大綱 記錄하여 미리通奇 하는바니
대강대강 기록 통기

많고많은 諸君子들 나의敎訓 傳한말
제군자 교훈 전

못들었다 말을말고 서로서로 相傳하여
상전

스승敎訓 生覺해서 잊지말고 施行할가
교훈 생각 시행

어길수 無可奈니 어찌그리 明明한고
무가내 명명

明明其德 그렇기로 後聖스승 伏羲氏요
명명기덕 후성 복희씨

伏羲스승 龍馬河圖 되지만은
복희 용마하도

聖人마다 弟子돼야 龍馬河圖 그道德과
성인 제자 용마하도 도덕

伏義다시 밝힌道德 一一詳察 하여내어
복희 도덕 일일상찰

天道之常 밝은法을 至今까지 相傳해서
천도지상 법 지금 상전

사람사람 스승삼고 사람사람 풀어내어

以教後生 말을해서 서로서로 相傳하되
이교후생 상전

三皇五帝 宗家되어 相傳授受 하여있고
삼황오제 종가 상전수수

夏殷周 또한亦是 宗家되고
하은주 역시 종가

孔顔曾孟 宗師되여 授受相傳 師弟定코
공안증맹 종사 수수상전 사제정

至今까지 나려오니 그아니 明鑑인가
지금 명감

天地父母 明德下에 龍馬河圖 높은形體
천지부모 명덕하 용마하도 형체

天父之形 실었으되 伏義明鑑 아니시면
천부지형 복희명감

어느누가 밝혀내어 以教後生 하셨을고
이교후생

尊重하다 존중하다 伏義明鑑 尊重하다
존중 복희명감 존중

龍馬河圖 스승하사
용마하도

以教蒼生 하여내어 時中之道 하셨으니
이교창생 시중지도

어찌그리 尊重한고
존중

理致理字 미뤄내어 究其本末 깨달으니
이치이자 구기본말

明明하기 限量없고 虛荒하기 測量없네
명명 한량 허황 측량

어찌그리 그러한고 仔細보고 깨달으소
자세

明明其德 하는君子 明明하기 限量없고
명명기덕 군자 명명 한량

明明其德 못한사람 虛荒하기 測量없네
명명기덕 허황 측량

自古由來 많고많은 世上사람 虛荒明明 그렇지만
자고유래 세상 허황명명

天施敎順 깨달아서 龍馬河圖 弟子되고
천시교순 용마하도 제자

太白皐伏羲 弟子된줄 아는사람 몇몇인고
태백고복희 제자

아는사람 알지만은 그러한줄 모른사람

그아니 夢中인가
몽중

天地明德 그가운데 사람行道 明不明이 그러하나
천지명덕 행도 명불명

唐堯聖君 어진道德 治天下 하여내어
당요성군 도덕 치천하

克明峻德 하셨지만 明天이 살피사대
극명준덕 명천

행여道德 失數할까 念慮해서
도덕 실수 염려

天이다시 感應하야 草有蓂莢 풀을내사
천 감응 초유명협

旬朔을 가르치고 賢愚不肖 一一指目
순삭 현우불초 일일지목

敎訓하니 唐堯스승 蓂莢일세
교훈 당요 명협

이런일을 一一詳考 比하여서 깨닫고 깨달으니
일일상고 비

唐堯聖君 어진道德 높은스승 게뉘신고
당요성군 도덕

天地恩德 그가운데 蓂莢草가 分明토다
천지은덕 명협초 분명

理致理字 그러한줄 아는君子 몇몇인고
이치이자 군자

아는君子 알지만은 모른사람 虛荒토다
군자 허황

明明하신 그道德을 堯舜禹湯 相傳하여
명명 도덕 요순우탕 상전

明明其德 하더니만
명명기덕

日去月來 그理致로 天道夕陽 때가된다
일거월래 이치 천도석양

西王母의 回復運數 가깝던가 西候伯周
서왕모 회복운수 서후백주

文王의 明鑑으로 天道時中 伏義八卦
문왕 명감 천도시중 복희팔괘

一一이 거울하여 明明히 밝힌後에
일일 명명 후

明明하신 하느님이
명명

天地反復 되는理致 그運數를 드러내어
천지반복 이치 운수

世上사람 일깨려고 機틀부터 내노실때
세상 기

靈天靈氣 氣運모아 金龜洛書 出送하니
영천영기 기운 금구낙서 출송

周文王이 깨닫고서 後天八卦 다시그려
주문왕 후천팔괘

地道逆數 가는理致 一一詳察 하여서로
지도역수 이치 일일상찰

以待後人 教訓하니 後人스승 아니신가
이대후인 교훈 후인

그일저일 살펴보니 明明하신 周文王
명명 주문왕

높고높은 그道德 그스승이 게뉘신고
도덕

아무리 生覺해도 그스승이 金龜洛書 아니신가
생각 금구낙서

이런일을 比하와서 先天後天 往來之數
비 선천후천 왕래지수

一一詳考 다시하고 自古事蹟 살핀後에
일일상고 자고사적 후

道之大源 살펴보니
도지대원

道之大源 在天이나 浩浩茫茫 널은天地
도지대원 재천 호호망망 천지

많고많은 사람中에 道之主人 게뉘신고
중 도지주인

道之主人 聖人일네
도지주인 성인

天恩地德 밝혀내어 億兆蒼生 많은사람
천은지덕 억조창생

不失時中 教訓하니 道之主人 아니신가
불실시중 교훈 도지주인

自古理致 그러하나 사람사람 道德닦아
자고이치 도덕

聖賢君子 말을해서 授受相傳 傳해오되
성현군자 수수상전 전

龍馬河圖 先天之道 都先生 伏義氏가 아니시며
용마하도 선천지도 도선생 복희씨

金龜洛書 後天之道 都先生 周文王이 아니시며
김구낙서 후천지도 도선생 주문왕

世上天下 克明峻德 밝은禮法 道先生
세상천하 극명준덕 예법 도선생

蓂莢敎訓 받아내어 一一施行 하옵시던
명협교훈 일일시행

唐堯聖君 아니신가
당요성군

自古스승 그렇지만 많고많은 世上사람
자고 세상

天地恩德 明明하에 聖人道德 兼和하여
천지은덕 명명 성인도덕 겸화

順隨天理 時中터니 先天後天 運이亦是 다했던가
순수천리 시중 선천후천 운 역시

弓弓乙乙 造化로서 龍馬回復 다시되니
궁궁을을 조화 용마회복

어느누가 그道德을 다시밝혀
도덕

億兆蒼生 敎訓해서 布德天下 하셨을고
억조창생 교훈 포덕천하

天皇氏 木德以王 다시하니
천황씨 목덕이왕

西邑主山 있지만은 東邑三山 있는故로
서읍주산 동읍삼산 고

三八木을 應하옵셔 震方聖人 首出하사
삼팔목 응 진방성인 수출

다시天道 施行次로 弓弓乙乙 太極道
천도 시행차 궁궁을을 태극도

都先生을 우리스승 定했나니
도선생 정

天道之常 그가운데 當當正理 그렇기로
천도지상 당당정리

높고높은 우리스승 受命于天 하옵시고
수명우천

大定之數 살핀後에 弓弓乙乙 되는理致
대정지수 후 궁궁을을 이치

一一明察 하옵시고 太極弓乙 道를내사
일일명찰 태극궁을 도

天地常經 밝히시고 敬天之禮 깨닫고서
천지상경 경천지례

誠敬信을 다시定코 사람사람 修心正氣
성경신 정 수심정기

다시하여 時中之道 行케하고
시중지도 행

似是而非 功巧之術 다버리고
사시이비 공교지술

龍馬河圖 다시모셔 天父之形 傳해주고
용마하도 천부지형 전

開闢時 局初일을 一一說話 하여내어
개벽시 국초 일일설화

사람사람 敎訓하니
교훈

龍潭弓乙 太極道 都先生이 우리스승 아니신가
용담궁을 태극도 도선생

鳥乙矢口 鳥乙矢口 우리스승 道德으로
조을시구 조을시구 도덕

하느님前 造化받아 我局運數 먼저하여
전 조화 아국운수

堯舜世界 定하시고
요순세계 정

布德天下 하여내어 克明峻德 하시리니
포덕천하 극명준덕

無窮無窮 鳥乙矢口 龍潭弓乙 太極道
무궁무궁 조을시구 용담궁을 태극도

오는運數 그러하니
운수

世上天下 많은사람 弓弓乙乙 길을찾아
세상천하 궁궁을을

스승教訓 받아다가 一心으로 工夫해서
교훈 일심 공부

敬天順天 하게하소
경천순천

已前사람 보더라도 스승門을 찾아들어
이전 문

스승教訓 받아다가 一心으로 工夫하야
교훈 일심 공부

스승教訓 어기잖고 不失時中 하온사람
교훈 부실시중

聖賢君子 되셨으니 至今世上 사람들도
성현군자 지금세상

已前사람 本을받아 잊지않고 施行할까
이전 본 시행

木德以王 此世上에 弓弓乙乙 못찾으면
목덕이왕 차세상 궁궁을을

百家詩書 다안대도 時中之道 몰랐으니
백가시서 시중지도

도로無識 그아닌가
무식

理致理字 그러하니 스승門을 찾아들어
이치이사 문

弓乙其道 받아다가 修心正氣 다시하고
궁을기도 수심정기

無窮道德 닦아내어 時中之道 施行해서
무궁도덕 시중지도 시행

聖賢君子 되어보세 自古事蹟 본다해도
성현군자 자고사적

聖賢君子 되온사람 時中않고 되었던가
성현군자 시중

已前일을 譬喩해서 仔細보고 깨달으소
이전 비유 자세

나도또한 이世上에 스승門을 찾아들어
세상 문

龜尾山下 龍潭亭에 弓乙其道 받아내어
구미산하 용담정 궁을기도

一心으로 事天하며 스승敎訓 施行터니
일심 사천 교훈 시행

이제와서 깨달으니 自古由來 世上萬事 天地運數
자고유래 세상만사 천지운수

가는대로 秋毫一末 어기잖고 되는바니
추호일말

그아니 두려우며 그아니 嚴肅한가
엄숙

理致理字 그러하니 惟我同胞 많은사람
이치이자 유아동포

이일저일 깨달아서 스승敎訓 一一違其 하지말고
교훈 일일위기

거울같이 밝혀내어 順隨天理 하여보세
순수천리

어리석은 이내사람 天地之道 오는運數
천지지도 운수

되는理致 仔細알진 못하지만
이치 자세

스승敎訓 받아서로 大綱大綱 記錄하여
교훈 대강대강 기록

이와같이 傳하오니 잊지않고 施行할까
전 시행

9. 지본일신가(知本一身歌)

御化世上 사람들아 安心正氣 修身하와
어화세상 안심정기 수신

根本二字 살펴내어 一身歌를 들으시오
근본이자 일신가

八道江山 다밟아서
팔도강산

人心風俗 살핀後에 台乃一身 굽어보니
인심풍속 후 이내일신

弓乙理致 받았으나 찾아내기 어렬시라
궁을이치

胸藏弓乙 幾十年에 弓乙理致 둘러보니
흉장궁을 기십년 궁을이치

正心正氣 그가운데 一心二字 닦는사람
정심정기 일심이자

弓弓理致 알기쉽고
궁궁이치

德化萬邦 그가운데 乙乙理致 알기쉽고
덕화만방 을을이치

五腸變復 그가운데 生門死門 들었으니
오장변복 생문사문

生死門을 가려내어 살方策을 求하여서
생사문 방책 구

台乃一身 安保하고 父母妻子 救한後에
이내일신 안보 부모처자 구 후

廣濟蒼生 하여보세
광제창생

이보시오 世上사람 台乃말씀 들어보소
세상 이내

天地五行 相生相克 變化되어
천지오행 상생상극 변화

大定之數 定해두고 萬物死生 그가운데
대정지수 정 만물사생

至公無私 나타내어 善惡判斷 이때로다
지공무사 선악판단

天地運數 이러키로
천지운수

人心發動 自然되어 金木水火土 五行中에
인심발동 자연 금목수화토 오행중

十二經絡 亂動되어 一身亂離 먼저나니
십이경락 난동 일신난리

世上亂離 三災八難 어찌하여 免할손가
세상난리 삼재팔난 면

이일저일 깨달아서 世上風俗 다버리고
세상풍속

一心精氣 다시먹고 修心正氣 更定하면
일심정기 수심정기 갱정

天地萬物 그가운데 盛衰之理 알것이요
천지만물 성쇠지리

世上變復 自古興亡 거울같이 알것이니
세상변복 자고흥망

알고보면 生活之計 거기있네
생활지계

이보시오 世上사람 弓弓乙乙 찾질마소
세상 궁궁을을

天下江山 다밟아도 곳곳마다 弓乙일세
천하강산 궁을

天地五行 맑은氣運 生生之理 받아내어
천지오행 기운 생생지리

及其成物 되게되면 太極이오
급기성물 태극

太極이면 弓乙일세
태극 궁을

이와같은 弓乙太極 제一身에 있건만은
궁을태극 일신

어찌하여 못깨닫고 저와같이 不似한고
불사

胸藏弓乙 마음心字 뿐이로다
흉장궁을 심자

이보시오 저사람들 修心正氣 更定하와
수심정기 갱정

五性至理 平均하면 弓弓乙乙 알것이요
오성지리 평균 궁궁을을

弓弓乙乙 알게되면 生門死門 알것이요
궁궁을을 생문사문

生門死門 알게되면 生活之方 모를손가
생문사문 생활지방

알기만 시작하면 天地運數 時運따라
천지운수 시운

千變萬化 任意用之 못할손가
천변만화 임의용지

順隨天理 그가운데
순수천리

弓乙理致 밀어내어 活人之策 알것이니
궁을이치 활인지책

알기만 알작시면 好生之德 베풀어서
호생지덕

廣濟蒼生 하게되면 敬天順天 아닐런가
광제창생 경천순천

敬天順天 하게되면 聖賢君子 이아닌가
경천순천 성현군자

聖賢君子 되게되면 遺明萬世 할것이니
성현군자 유명만세

그런盛德 다시있나
성덕

御化世上 저사람들 어찌그리 애달한고
어화세상

弓弓乙乙 生活之方 사람마다
궁궁을을 생활지방

제一身에 있건만은 어찌그리 못깨닫고
일신

저와같이 不似한고 本心二字 못지키면
불사 본심이자

虛荒孟浪 저所見에 되는대로 發動하니
허황맹랑 소견 발동

그擧動 볼작시면 魂不附身 그아니며
거동 혼불부신

一身偶人 分明하나 그中에 하는말이
일신우인 분명 중

제所謂 推理라고 日日時時 하는擧動
소위 추리 일일시시 거동

弓弓乙乙 찾아가야 산다하고
궁궁을을

서로서로 崩騰하니 可笑絶唱 아닐런가
붕등 가소절창

利在弓弓 제게두고 어찌그리 애달한고
이재궁궁

여보시오 世上사람 造化二字 말을마소
세상 조화이자

胸藏弓乙 修煉하면 無窮造化 無窮이오
흉장궁을 수련 무궁조화 무궁

天地道德 成巧일세
천지도덕 성교

여보시오 應君子는 이런造化 다버리고
응군자 조화

어느造化 바라시오
조화

허허世上 저사람들 一心正道 다버리고
세상 일심정도

道統二字 말을하니 말은비록 반가우나
도통이자

道統二字 말할진대 在誠在人 아닐런가
도통이자 재성재인

이같이 쉬운일을 이말저말 하단말가

여보시오 應君子는 他人之說 부디말고
응군자 타인지설

一心精氣 닦아내어 天地父母 造化之氣
일심정기 천지부모 조화지기

一心二字 놓질말고 日日時時 生覺해서
일심이자 일일시시 생각

昏衢中 그가운데 完然이 살아보세
혼구중 완연

여보시오 世上사람 一身歌를 仔細히 들으시오
세상 일신가 자세

五行之氣 받은氣運 變化理致 없단말가
오행지기 기운 변화이치

이일저일 하여보니

五色彩雲 雲霧中에 明哲保身 第一일세
오색채운 운무중 명철보신 제일

明哲保身 法모르면
명철보신 법

紛紛한 이世上에 갈곳이 專혀없네
분분 세상 전

深山窮谷 들어가니 山不近이 거기있고
심산궁곡 산불근

水勢존데 찾아가니 水不近이 거기있고
수세 수불근

邑中近處 찾아가니 邑不近이 거기있고
음중근처 읍불근

富者近處 찾아가니 富不近이 거기있고
부자근처 부불근

路邊가로 찾아가니 路不近이 거기있고
노변 노불근

田田二字 찾아가니 旱不近이 거기있고
전전이자 한불근

國祿之臣 貴公子를 찾아가니
국록지신 귀공자

權不近이 거기있네
권불근

이보시오 台乃사람 仔細보고 安心하오
이내 자세 안심

아무리 살펴봐도 갈곳이 전혀없네

허허世上 저사람들 아무리 生覺해도
세상 생각

紛紛天下 此時時變 죽을謀策은 百가지요
분분천하 차시시변 모책 백

살謀策은 한가지네 그곳은 어드메뇨
모책

胸藏弓乙 마음心字 分明하다
흉장궁을 심자 분명

이내一身 둘러보니 忠不忠도 거기있고
일신 충불충

孝不孝도 거기있고 夫和婦順 거기있고
효불효 부화부순

兄友弟恭 거기있고 朋友有信 거기있고
형우제공 붕우유신

紛紛天下 此世上에 善不處下 거기있고
분분천하 차세상 선불처변

天地萬物 相對하와 細細히 살펴내어
천지만물 상대 세세

因其勢而 利導之한다해도 마음心字 그가운데
인기세이 이도지 심자

千變萬化 無窮造化 마음心字 主張일세
천변만화 무궁조화 심자 주장

血氣之勇 不測之心 妖惡雜類 다버리고
혈기지용 불측지심 요악잡류

德義之勇 仁義禮智 五倫三綱 잃지말고
덕의지용 인의예지 오륜삼강

一心修煉 다시하와 正心正氣 團束하고
일심수련 정심정기 단속

六甲六庚 六戊六己 天干地支 베풀어서
육갑육경 육무육기 천간지지

保身法을 둘러놓고 抑强扶弱 하여내며
보신법 억강부약

以德報人 하오면서 시운따라 가게되면
이덕보인

泰平聖世 거기있고 遺明萬世 또있으니
태평성세 유명만세

地上神仙 이아닌가
지상신선

허허世上 많고많은 저사람들
세상

天地本心 好生之德 사람마다 있건만은
천지본심 호생지덕

어찌그리 못깨닫고 저와같이 不似한고
불사

寒心하다 저사람들 十勝之地 찾질마소
한심 십승지지

十勝之地 말하자면 天干地支 合하여서
십승지지 천간지지 합

弓弓乙乙 마음心字 뿐이로다
궁궁을을 심자

이러한줄 모르고서 어느곳을 가단말가

어젠날 不測者도 오늘날 改過遷善 하여내어
불측자 개과천선

修心正氣 更定하면 萬世明賢 이아니며
수심정기 갱정 만세명현

道德君子 分明하니
도덕군자 분명

風塵世界 念慮하며 富貴功名 貪할손가
풍진세계 염려 부귀공명 탐

此時時變 三災八難 無爲而化 물리치니
차시시변 삼재팔난 무위이화

八不近에 犯할손가
팔불근 범

鳥乙矢口 鳥乙矢口 一心修鍊 하다가서
조을시구 조을시구 일심수련

矢口二字 알고보니 如此如此 又如此라
시구이자 여차여차 우여차

여보시오 台乃사람
이내

胸海에 얽힌근심 一時에 다버리고
흉해 일시

紛撓한 世上風俗 一一이 擺脫하고
분요 세상풍속 일일 파탈

一心二字 修鍊하와 스승敎訓 밝혀보세
일심이자 수련 교훈

이보시오 諸君子들
제군자

自古聖賢 道統法과 賢人君子 行實보면
자고성현 도통법 현인군자 행실

道統根本 모를손가
도통근본

알기만 알작시면 無根說話 있을손가
무근설화

슬프다 저사람들 陰害之說 지어내어
음해지설

남의헌談 일을삼고 物欲之心 못이기어
담 물욕지심

目厓目此之怨 각기主張 日日時時 힘을쓰니
목애목차지원 주장 일일시시

不祥코 애달하다
불상

精氣本心 五行理致 根本지켜 修鍊成道
정기본심 오행이치 근본 수련성도

五色風流 和한曲調 鳳凰이 춤을추고
오색풍류 화 곡조 봉황

鶴의소리 自然난다
학 자연

여보시오 저사람들 내말暫間 들으시오
잠간

禱山禱水 한다해도 天地亦是 鬼神이오
도산도수 천지역시 귀신

鬼神亦是 陰陽인줄 어찌그리 모르시오
귀신역시 음양

사람一身 말하자면 天地人 三才之氣 合했으니
일신 천지인 삼재지기 합

三神理致 거기있고
삼신이치

金木水火土 五行精氣 五腸經絡 君臣佐使 버려있어
금목수화토 오행정기 오장경락 군신좌사

五行神道 밝혀있고 天圓地方 應하여서
오행신도 천원지방 응

六腑八脇 肉身되어 太極成道 이아닌가
육부팔협 육신 태극성도

이理致를 깨달으면 天地合德 거기있고
이치 천지합덕

日月合明 거기있고 與鬼神合 其吉凶 거기있네
일월합명 여귀신합 기길흉

이일저일 안다해도 精氣本心 主張일세
정기본심 주장

이보시오 台乃사람 남의心事 말을말고
이내 심사

내맘工夫 修鍊하와 내앞이나 닦고나서
공부 수련

台乃마음 못닦아서 萬事知를 못하오면
이내 만사지

昏衢世界 此世上에 어찌하여 살자말고
혼구세계 차세상

부디부디 잊지말고 마음心字 잘닦아서
심자

恭順恭敬 잃지말고 사람待接 잘하시오
공순공경 대접

여보시오 教員들은 開明二字 무엇인고
교원 개명이자

明明其德 밝혀내어 至於至善 이아닌가
명명기덕 지어지선

天地같은 넓은弓乙 마음心字 變化붙여
천지 궁을 심자 변화

順理順數 하여보세
순리순수

여보시오 이世上에 저사람들 仔細히 들으시오
세상 자세

天地兩儀 그가운데 五行으로 생겨나서
천지양의 오행

本身마음 모르고서 되는대로 뛰놀다가
본신

本心마음 잃게되면 二十四會 亂動되야
본심 이십사회 난동

죽을死字 거기있어 다시回復 難得일세
사자 회복 난득

寒心하다 世上사람 天主二字 들어보소
한심 세상 천주이자

一心精氣 맑은마음 天主二字 分明하다
일심정기 천주이자 분명

이理致를 알고보면 修心修德 못할손가
이치 수심수덕

이러한줄 모르고서 마음心字 아니닦고
심자

虛慾雜類 邪氣勇猛 못이기어
허욕잡류 사기용맹

되는대로 뛰놀면서 眼下無人 橫行하니
안하무인 횡행

世上사람 可畏로다
세상 가외

하물며 이世上에
세상

사람마다 天地五行 理致받아
천지오행 이치

이世上에 나온사람 이理致를 背叛하면
세상 이치 배반

逆天之心 아닐런가
역천지심

이런理致 본다해도 誠敬二字 못지킬까
이치 성경이자

여보시오 世上사람 뛰지마소 뛰지마소
세상

되는대로 뛰지마소

무섭더라 무섭더라 天必誅之 무섭더라
천필주지

五行理致 台乃一心 順隨天理 하여보세
오행이치 이내일심 순수천리

紛紛世界 저사람들 仔細듣고 安心하소
분분세계 자세 안심

台乃一心 病勢根本 무엇인고
이내일심 병세근본

喜怒哀樂 그가운데 心腸氣傷 되게되면
희로애락 심장기상

그아니 重病인가
중병

血氣之勇 어린固執 못이기어
혈기지용 고집

五腸六腑 次序없이 뒤누우니 心念眠目 말할손가
오장육부 차서 심염면목

一身重病 모르고서 남의病을 자아내어
일신중병 병

向人說話 紛紛하니
향인설화 분분

日日時時 하는擧動 보고나니 可笑로다
일일시시 거동 가소

여보시오 台乃사람 一心精氣 天地造化
이내 일심정기 천지조화

合德하면 萬化弓乙 알련만은
합덕 만화궁을

萬化弓乙 알련만은
만화궁을

어찌그리 모르고서 自行自止 하여내어
자행자지

自恃知法 行하다가 不知何境 되는구나
자시지법 행 부지하경

사람마다 다시生覺 操心하와 誠敬二字 밝혀내소
생각 조심 성경이자

이보시오 世上사람 마음心字 病을보소
세상 심자 병

血氣之勇 뒤를따라 되는대로 亂動타가
혈기지용 난동

度數를 失節하면 經脈이 떨어진다
도수 실절 경맥

死生은 姑舍하고 困困함을 어찌할꼬
사생 고사 곤곤

一身重病 許多惡疾 모두 다 고치자면
일신중병 허다악질

스승教訓 거울하여 一心二字 닦아보소
교훈 일심이자

그른마음 처버리고 어진마음 求해내어
구

仙風道骨 求해보세
선풍도골 구

사람마다 이世上에 富貴功名 貧賤苦樂
세상 부귀공명 빈천고락

大定之數 定하여서 四柱八字 그가운데
대정지수 정 사주팔자

盛衰之運 定했으니 無可奈라 할길없네
성쇠지운 정 무가내

盛衰理致 그렇기로
성쇠이치

君子時中 저사람은 禍福은 詳考찮고
군자시중 화복 상고

修身修德 根本삼어 마음心字 닦아내어
수신수덕 근본 심자

오는富貴 自然마저 遺臭萬年 無窮道德
부귀 자연 유취만년 무궁도덕

無窮無窮 베풀어서 無窮無窮 가르치니
무궁무궁 무궁무궁

그런功德 다시있나
공덕

繼往聖開 來學을 이와같이 하여내니
계왕성개 내학

聖賢君子 이아니며 남의스승 아니될까
성현군자

萬世明賢 다시없네 天地富貴 말할손가
만세명현 천지부귀

이보시요 世上사람 이런理致 모르고서
세상 이치

順受天命 아니하고 怨한다시 하는말이
순수천명 원

天地萬物 化生中에 이내八字 奇險하여
천지만물 화생중 팔자 기험

어찌그리 困窮한고 生覺나니 그뿐일세
곤궁 생각

이런故로
고

晝夜恨歎 하는말이 어떤사람 富貴하고
주야한탄 부귀

어떤사람 奇薄하와 이와같이 奇險한고
기박 기험

一一恨歎 하다가서 넉넉잖은 그所見에
일일한탄 소견

아무쪼록 마음살펴 本心二字 지켰으면
본심이자

때가있어 오련만은 어찌그리 不及한고
불급

猝富貴 不祥이라 萬古遺傳 아닐런가
졸부귀 불상 만고유전

이런理致 모르고서 울적한맘 못이기어
이치

어찌하면 富가되고 어찌하면 貴可될까
부 귀가

虛荒浪浪 그慾心을 자아내어
허황낭낭 욕심

되는대로 뛰놀면서 攘臂大談 無數하며
양비대담 무수

順隨天理 아니하고 八字四柱 다버리고
순수천리 팔자사주

마음心字 일었으니 어느富貴 돌아올까
심자 부귀

無可奈라 할길없다
무가내

이러한줄 모르고서 自行自止 하여내어
자행자지

自恃知法 行하다가 不知何境 되오리라
자시지법 행 부지하경

天地盛衰 自然之理 四柱八字 運數따라
천지성쇠 자연지리 사주팔자 운수

마음心字 찾아내어 誠之又誠 恭敬하와
심자 성지우성 공경

順隨天理 하여보소 때아닌 富貴貪慾하면
순수천리 부귀탐욕

바라던 富貴는 아니오고
부귀

三災八難 殃禍부터 돌아오네
삼재팔난 앙화

이보시오 이내사람

때아닌 富貴 바라오지 말으시고
부귀

修心正氣 하여내어 오는富貴 받아보세
수심정기 부귀

이보시오 이내사람

恨歎마소 恨歎마소 富貴貧賤 恨歎마소
한탄 한탄 부귀빈천 한탄

是方時節 貧賤者가 오는時節 富貴로세
시방시절 빈천자 시절 부귀

富貴貧賤 恨歎말고 正心修道 至極하면
부귀빈천 한탄 정심수도 지극

天地正氣 感應하와 自然有助 될것이니
천지정기 감응 자연유조

부디부디 恨歎말고 安心安道 하여보세
한탄 안심안도

天地人 三才之理 말할진대
천지인 삼재지리

天爲五行之綱이오 地爲五行之質이오
천위오행지강 지위오행지질

人爲五行之氣라
인위오행지기

明明히 傳한敎訓 이제와 깨달아서
명명 전 교훈

一身太極 둘러보니 天地亦是 사람이오
일신태극 천지역시

사람亦是 天地로다
역시 천지

天地萬物 化生之本 五行之氣 아닐런가
천지만물 화생지본 오행지기

사람一身 議論하면 天圓地方 應하여서
일신 의논 천원지방 응

弓乙體로 生겼으되
궁을체 생

好生之德 어진마음 五行에 벼리되고
호생지덕 오행

六腑八脅 이내肉身 五行에 바탕되고
육부팔협 육신 오행

善惡間 마음用事 千變萬化 萬物制斷
선악간 용사 천변만화 만물제단

이理致를 알고보면 天地造化 無窮해도
이치 천지조화 무궁

胸藏弓乙 造化에서 더할손가
흉장궁을 조화

自古理致 이렇기로 天生聖賢 하셨으되
자고이치 천생성현

聖賢을 말하자면 上天之載라
성현 상천지재

萬古遺傳 아닐런가
만고유전

天地五行 그가운데 化生出世 하셨으되
천지오행 화생출세

그마음 生覺하면 廣하기 限量없네
생각 광 한량

이같이 無窮之心 河海같이 베풀어서
무궁지심 하해

日月같이 밝혀내어 雨露같이 내려와서
일월 우로

萬物生活 하여보세
만물생활

어리석은 저사람 天地五行 남과같이 타고나서
천지오행

이런理致 못깨닫고 不法行爲 무슨일고
이치 불법행위

自古由來 忖度하와 億兆蒼生 많은사람
자고유래 촌도 억조창생

同歸一體 되는줄을 仔細히 알고보면
동귀일체 자세

誠之又誠 절로나서 마음心字 찾아내어
성지우성 심자

修心修德 못닦을까
수심수덕

道德은 在吾하고 貴賤은 在天하고
도덕 재오 귀천 재천

能擇能修는 在吾하고 苦樂盛衰는 在天하나니
능택능수 재오 고락성쇠 재천

이런일을 본다해도 많고많은 世上사람
세상

各有其職 밝혀내어 失數없이 하와서라
각유기직 실수

貧寒苦樂 그가운데 士農工商 灑掃應對
빈한고락 사농공상 쇄소응대

進退之節 修身齊家 治產之法
진퇴지절 수신제가 치산지법

起居動靜 그가운데 無非天道 거기있네
기거동정 무비천도

千變萬化 한다해도 마음心字 主張일세
천변만화 심자 주장

任意用之 하는氣運 이는亦是 五行에 精氣로다
임의용지 기운 역시 오행 정기

이보시오 이내사람 마음心字 닦아내어
심자

父母恩德 갚아보세
부모은덕

御化世上 사람들아 天地之氣 運動하니
어화세상 천지지기 운동

人心自然 運動하와
인심자연 운동

日日時時 하는말이 亂離난다 亂離난다
일일시시 난리 난리

晝夜不忘 心足하여 亂離로 노래삼아
주야불망 심족 난리

五腸經絡 亂動하여 本心二字 잃었으니
오장경락 난동 본심이자

世上亂離 나기前에 一身亂動 어찌할꼬
세상난리 전 일신난동

그러그러 하다가서 世上亂離 나게되면
세상난리

어찌하여 살잔말고

天地開闢 人心換覆 四海八方 뒤누면서
천지개벽 인심환복 사해팔방

風雨大作 그가운데 霜雪이 내리면서
풍우대작 상설

神兵이 發動하면 뉘라서 精氣本心
신병 발동 정기본심

修鍊하와 이리저리 물리치고
수련

億兆蒼生 救해내어 遺明萬世 하여볼까
억조창생 구 유명만세

여보시오 世上사람 이러한줄 모르고서
세상

妖惡한 그맘으로 말끝마다 亂離로다
요악 난리

그말저말 하지말고 修道修身 하여서라
수도수신

正心正氣 못하고서 換心換腸 되게되면
정심정기 환심환장

一身安保 難求로다
일신안보 난구

이러한줄 모르고서 어찌그리 못깨닫고

저와같이 埋沒한고
매몰

제아무리 壯談해도 定치못한 저所見에
장담 정 소견

亂離가 나고보면 魂不附身 절로되어
난리 혼불부신

父母妻子 다버리고 逃亡逃字 뿐이로다
부모처자 도망도자

寒心하다 世上사람 晝夜不徹 亂離난다
한심 세상 주야불철 난리

서로서로 말하더니 亂離난들 어찌할꼬
난리

허허世上 世上사람 可笑로다
세상 세상 가소

이러한줄 모르고서 어찌그리 못깨닫노

아서시라 아서시라 一心修鍊 다시하와
일심수련

父母妻子 安保하고 濟世人物 하여보세
부모처자 안보 제세인물

不似한 저사람은 사람行實 아니하고
불사 행실

헛壯談만 主張일세
장담 주장

天地時運 盛衰之端 어진사람 가려내어
천지시운 성쇠지단

富貴兼全 傳하려고 一一이 가르치되
부귀겸전 전 일일

착한마음 못깨닫고 되는대로 뛰는사람

自暴自棄 되었으니 自作之孼 免할손가
자포자기 자작지얼 면

免하지 못할테니 不知何境 되오리라
면 부지하경

血氣之勇 저사람들 壯하고도 壯하도다
혈기지용 장 장

남이뛰니 나도뛴다

疑心없이 되는대로 뛰놀아서 魂不附身
의심 혼불부신

되었으니 죽을死字 이아닌가
사자

여보시오 이내사람 精氣本心 찾아내어
정기본심

天下萬物 그가운데 人物待接 잘하시오
천하만물 인물대접

人物待接 잘못하면 禽獸만도 못할시라
인물대접 금수

天地廣大 一胞中에 사람은 一般일세
천지광대 일포중 일반

이보시오 저사람들 修道修身 다시하와
수도수신

六甲六庚 天干地支 合하여서
육갑육경 천간지지 합

八八六十四卦中에 盛雲좇아 失數없이
팔팔육십사괘중 성운 실수

天理順隨 하여보세
천리순수

天開地闢 此時時變 北方水가 漲溢하와
천개지벽 차시시변 북방수 창일

三十六宮 돌아드니 그물形勢 뉘라서 當할손가
삼십육궁 형세 당

當할수 專혀없어
당 전

三八木 좋은나무 疑心없이 비어내서
삼팔목 의심

大同船을 모아내어 億兆蒼生 건저보세
대동선 억조창생

그배를 몰을적에 三綱五倫 바탕삼고
삼강오륜

仁義禮智 닻을삼아 四海八方 던져두고
인의예지 사해팔방

孝悌忠信 求해내어
효제충신

堯舜禹湯 文武周公 孔顔曾子 思孟子
요순우탕 문무주공 공안증자 사맹자

自古聖賢 다모시니 太古淳風 鳥乙矢口
자고성현 태고순풍 조을시구

惟我同胞 應君子는 安心安道 하여서라
유아동포 응군자 안심안도

子方水 發動하여 四海八方 漲溢한데
자방수 발동 사해팔방 창일

어느누가 水勢좇아 濟世人物 하여낼고
수세 제세인물

어렵도다 어렵도다 만나기도 어렵도다

貴하도다 貴하도다 사람도 귀하도다
귀 귀

九年之水 그때라도
구년지수

一天之下 많은사람 어느누가 濟世할줄 알았던가
일천지하 제세

世上사람 몰랐더니
세상

夏禹氏 어진마음 차마보지 못하여서
하우씨

三過其門 不入하사 開山斧 들러메고
삼과기문 불입 개산부

龍門山을 끌어내어 개천치기 일삼아서
용문산

濟世人物 하였으되 때前에야 게뉘라서 알았을까
제세인물 전

七年大旱 가물때에 天地萬物 枯渴되어
칠년대한 천지만물 고갈

死生不辨 거의로서 殷王成湯 어진마음
사생불변 은왕성탕

剪瓜斷髮 身纓白茅 하여내어
전과단발 신영백모

禱于果林 至極하와 大雨方 數千里를
도우과림 지극 대우방 수천리

暫時間에 빌어내어 天下萬物 濟世한들
잠시간 천하만물 제세

때前에야 世上사람 어느누가 알았을까
전 세상

世上일이 이렇기로 難之而有 易하고
세상 난지이유 이

易之而難인줄 깨닫고 깨달을까
이지이난

道覺先生 傳한말씀 運自何方 吾不知라
도각선생 전 운자하방 오부지

明明이 하신말씀 이말씀이 그말인가
명명

天地陰陽 相迫되니 世上善惡 相衝되야
천지음양 상박 세상선악 상충

人心不同 그가운데 亂離二字 붙었으니
인심부동 난리이자

亂離二字 깨달으면 死生根本 알리로다
난리이자 사생근본

이러한줄 모르고서

畵出魍魎 저人物이 그런理致 모르고서
화출망량 인물 이치

修心正氣 아니하고 남의허물 말을하니
수심정기

不祥코 애달하다
불상

남의허물 말하거든 제허물을 고쳤으면

順隨天理 되련만은 남의허물 말은해도
순수천리

제허물은 못고치니 不祥코 애달하다
불상

修人事 待天命은 仔細히도 알지만은
수인사 대천명 자세

어찌그리 埋沒한고
매몰

自古聖賢 본다해도 修心修煉 勤苦없이 成功하며
자고성현 수심수련 근고 성공

物慾除去 그가운데 功德없이 되었던가
물욕제거 공덕

이런理致 忖度하면 不勞自得 있단말가
이치 촌탁 불로자득

紛紛한 이世上도 仁義禮智 五倫三綱 밝혀내어
분분 세상 인의예지 오륜삼강

人事道理 옳게하면 生活之方 없을손가
인사도리 생활지방

이내本心 至極하면 天地神靈 感應하와
본심 지극 천지신령 감응

어진사람 因緣맺어 朋友有信 定한後에
인연 붕우유신 정 후

因人成事 되느니라
인인성사

이러한줄 모르고서

이運數가 어떠할지 託名이나 하여보자
운수 탁명

말로듣고 入參해서 입으로 呪文읽어
입참 주문

나도또한 敎員이라
교원

籍勢하며 疑心만 專혀두고
적세 의심 전

敎訓施行 아니하고 마음만 放恣하니
교훈시행 방자

世上사람 可畏로다
세상 가외

사람사람 對하여서 一一이 마음心字
대 일일 심자

勸學키는 제맘닦아 저좋으라고 勸컨만은
권학 권

그런줄은 모르고서 넉넉잖은 그所見에
소견

疑心만 專혀두고 도리어 怨望하니 不祥코 애달하다
의심 전 원망 불상

여보시오 世上사람
세상

精神차려 다시닦아 修身齊家 하여보세
정신 수신제가

修身修道 아니하고 利在弓弓 찾을손가
수신수도 이재궁궁

여보시오 이내사람 仔細보고 安心하소
자세 안심

水火星이 새로나니 堯舜之風 돌아오니
수화성 요순지풍

吉凶이 相半일세
길흉 상반

三災星이 發動하니 八陰星이 運重하여
삼재성 발동 팔음성 운중

三災八難 일어난다
삼재팔난

三災八難 그가운데 各自爲心 저사람들
삼재팔난 각자위심

順隨天理 못하고서 慾心二字 發動일세
순수천리 욕심이자 발동

때運數 이러하니 精神차려 收拾하오
운수 정신 수습

慾心二字 發動되면 敬畏之心 姑舍하고
욕심이자 발동 경외지심 고사

亂法亂道 이아닌가
난법난도

때運數 이렇기로 一一이 操心하와
운수 일일 조심

濁水中에 들지말고 龍潭水에 마음닦아
탁수중 용담수

心和氣和 되게되면 無窮造化 無窮일세
심화기화 무궁조화 무궁

龍潭水를 못깨닫고 濁水中에 修鍊타가
용담수 탁수중 수련

때運數 모르고서 되는대로 뛰놀다가
운수

濁水氣運 衰盡하면 그身數 可憐하다
탁수기운 쇠진 신수 가련

이런일을 본다해도 어리석은 저사람은

生活之策 아니하고 富貴功名 貪財虛慾
생활지책 부귀공명 탐재허욕

어찌그리 자아내노

三災八難 此時時運 모르고서
삼재팔난 차시시운

財物財字 慾心내어 저죽는줄 모르고서
재물재자 욕심

되는대로 發動하니 世上風俗 可畏로다
발동 세상풍속 가외

盛運衰運 말한대도 聖賢좇아 衰運이며
성운쇠운 성현 쇠운

時乎時乎 한다해도 惡人좇아 時乎련가
시호시호 악인 시호

여보시오 僉君子는 一一이 生覺해서
첨군자 일일 생각

聖賢教訓 指揮대로 施行하소
성현교훈 지휘 시행

坊坊曲曲 有德君子 스승教訓 좇지않고
방방곡곡 유덕군자 교훈

自行自止 하다가서 好風好俗 돌아온들
자행자지 호풍호속

括目相對 못하오면 누구보고 怨望할까
괄목상대 원망

부디부디 自尊之心 다버리고
자존지심

스승教訓 秋毫一末 잃지말고
교훈 추호일말

施行二字 잘하시오
시행이자

自古及今 萬物中에 根本없이 成就할까
자고급금 만물중 근본 성취

自古理致 이러므로 盛運盛德 저사람은
자고이치 성운성덕

教訓대로 施行해서 一心으로 敬天하고
교훈 시행 일심 경천

衰한運數 저사람은 自古聖訓 다버리고
쇠 운수 자고성훈

自行自止 날로하니 하는道理 바이없네
자행자지 도리

이일저일 兩事中에 明明其德 살펴내어
양사중 명명기덕

後悔없게 하여볼까
후회

億兆蒼生 들어보세 生活之道 難堪하네
억조창생 생활지도 난감

可憐하다 萬國風塵 三國風塵 어이할고
가련 만국풍진 삼국풍진

하지마라 하지마라 換腸하지 말어서라
환장

換腸하는 날이며는 두수없이 죽난이라
환장

漁夫詩를 擇見하고 弓乙歌로 놀아보세
어부시 택현 궁을가

一家諸族 和睦하고 朋友有信 하여보세
일가제족 화목 붕우유신

저기가는 人生들아 내말듣고 避亂하소
인생 피난

山邊水邊 居치말아 邑府市路 大患일세
산변수변 거 읍부시로 대환

五敗暗惡 不處하면 八難九惡 不侵하네
오패암악 불처 팔난구악 불침

弓乙道로 行世하면 億萬群衆 살아나네
궁을도 행세 억만군중

今年間에 不修道면 坐而待死 分明하네
금년간 불수도 좌이대사 분명

弓乙道로 行世하면 天地吉星 照臨하네
궁을도 행세 천지길성 조림

戊申年事 可憐하다 失性人은 다죽었다
무신년사 가련 실성인

水溢山頹 하는때에 魚腹埋葬 難免이라
수일산퇴 어복매장 난면

青槐滿庭 하난달에 蜂起四方 하난구나
청괴만정 봉기사방

二十走己 重易하니 赤帝行中 찾아가세
이십주기 중역 적제행중

이때를 當하여서는 弓乙道가 第一이라
당 궁을도 제일

乾坤杜破 不應하니 吉凶星이 約束한다
건곤두파 불응 길흉성 약속

積善積德 하는者는 五福星이 照臨한다
적선적덕 자 오복성 조림

渾沌天地 흘인날에 弓乙歌로 불러보세
혼돈천지 궁을가

春아春아 太平春아 弓乙歌로 놀아보세
춘 춘 태평춘 궁을가

寅申風이 往來하니 五穀災殃 許多하다
인신풍 왕래 오곡재앙 허다

寒天惡風 簫簫하니 萬國平和 할수없다.
한천악풍 소소 만국평화

可憐하다 可憐하다 念佛僧이 可憐하다
가련 가련 염불승 가련

小冠短衣 이세상에 布網白笠 貴人일다
소관단의 포망백립 귀인

皇天運에 들어보니 小頭無足 알아서라
황천운 소두무족

山野蒼生 들어보소 三國風塵 일이나네
산야창생 삼국풍진

저기가는 百姓들아 弓乙歌나 불러보세
백성 궁을가

弓弓乙乙 하는者는 萬事太平 하나니라
궁궁을을 자 만사태평

가소가소 멀리가소 己酉年도 可憐하네
기유년 가련

申酉兩年 살펴보니 水患火患 어이할고
신유양년 수환화환

雨下木目 살펴보니 未乙秋霜 可憐하다
우하목목 미을추상 가련

黃鷄黑鷄 登土時하니 人民都在 卯間일세
황계흑계 등토시 인민도재 묘간

非弓이면 어찌하며 非乙이면 難免이라
비궁 비을 난면

사지마소 사지마소 光羅州邊 사지마소
광라주변

蒼生小人 生覺하니 金木兩者 難求로다
창생소인 생각 금목양자 난구

黃猿黃鷄 重重하니 求之不得 될것이라
황원황계 중중 구지부득

金者을 解得하니 水性火性 土性이라
금자 해득 수성화성 토성

木者을 解得하니 土情木情 餘地로다
목자 해득 토정목정 여지

可憐하다 可憐하다 南北西民 可憐하다
가련 가련 남북서민 가련

關東千里 살펴보니 江陵以北 殺氣로다
관동천리 강릉이북 살기

水火萬民 돌아보소 弓乙之道 太平일다
수화만민 궁을지도 태평

東西南北 四塞하니 進退幽谷 極難이라
동서남북 사색 진퇴유곡 극난

一家十人 和樂하면 一家中이 無故하네
일가십인 화락 일가중 무고

一家中이 無故하면 一村中이 太平일라
일가중 무고 일촌중 태평

耳聾口啞 不具者는 一時妙免 하리로다
이농구아 불구자 일시묘면

邑七十里 最吉하고 市三十里 太平일다
읍칠십리 최길 시삼십리 태평

路三十里 擇居者는 兵禍不侵 妙하도다
로삽십리 택거자 병화불침 묘

弓弓을 解得해보니 震巽方이 大通하다
궁궁 해득 진손방 대통

乙乙解得 하여보니 十八之數 成圖이다
을을해득 십팔지수 성도

天地最知 巽方하니 八十八口 分明하다
천지최지 손방 팔십팔구 분명

甲乙間을 둘러보니 午未丙丁 始初로다
갑을간 오미병정 시초

丙丁甲乙 둘러보니 무지하다 申酉事라
병정갑을 신유사

庚戌辛亥 推數하니 邱壑之墳 難免이라
경술신해 추수 구학지분 난면

非山非野 擇居하야 早穀早種 할거시라
비산비야 택거 조곡조종

無計求命 可憐하다 別수없이 죽엇구나
무계구명 가련 별

道를하게 道를하게 弓乙之道 찾아하게
도 도 궁을지도

三國賊이 配立하니 南北이 分裂한다.
삼국적 배립 남북 분열

九鄭風塵 일어나니 殺氣滿世 可憐하다
구정풍진 살기만세 가련

멀리하소 멀리하소 路邊살이 멀리하소
노변

일어나네 일어나네 地火땅불 일어나네
지화

天火地火 일어나니 滅門之禍 大患일세
천화지화 멸문지화 대환

可憐하다 萬民들아 十年賊災 어이할고
가련 만민 십년적재

弓乙歌를 아니하면 滅門之禍 어찌할고
궁을가 멸문지화

無知覺者 들어보면 도리여서 우수리라
무지각자

白帝行令 하는때에 修身하니 大笑로다
백제행령 수신 대소

申子辰이 合局하니 日光渾濁 時重이라
신자진 합국 일광혼탁 시중

弓弓乙乙 하는者는 一家太平 分明하다
궁궁을을 자 일가태평 분명

交通하세 交通하세 미리交通 하여보세
교통 교통 교통

避하시오 避하시오 小頭無足 避하시오
피 피 소두무족 피

不失天心 하는者는 周遊四方 無禍로다
불실천심 자 주유사방 무화

슬프도다 百姓들아 이내말삼 들어보게
백성

玉皇上帝 下監하니 疾病矢禍 不侵일다
옥황상제 하감 질병시화 불침

妙者妙者 弓弓道여 鄭勘氏에 心誠일다
묘자묘자 궁궁도 정감씨 심성

可見兮여 無墟하니 年運첩첩 難分일다
가견혜 무허 년운 난분

弓弓八十 八人口는 乙乙一十 八之數라
궁궁팔십 팔인구 을을일십 팔지수

本義弓弓 變法者는 穴下弓身 一變也오
본의궁궁 변법자 혈하궁신 일변야

八十八者 二變也오 口口者는 三變也오
팔십팔자 이변야 구구자 삼변야

乙乙者는 十八數니 見而難見 者也니라
을을자 십팔수 견이난견 자야

봉명서(奉命書)

한용주(韓龍霔, 1844~?)가 신유(辛酉, 1861)년 지리산을 유람(遊覽)할 때 함양(咸陽) 마천(馬川)에 이르러 수운(水雲)을 만나 벽송암(碧松庵)에서 포덕(布德)의 교(敎) 대도(大道)를 전수받고 계해(癸亥, 1863)년 음력 4월 5일 비로소 성도(成道)하니 천지조화의 도이다. 이 『봉명서』는 1891년에 발행된 동학가사(東學歌詞)의 일종으로 그 후 원용문(元龍汶)에 의해 기유(己酉, 1969)년에 재발행되었다.

그러나 필자는 동강(東崗) 또는 명호산주(明好汕住) 이민제(李民濟)의 성도교(性道敎)에서 그의 제자들이 쓴 것으로 생각한다.

한용주의 본관은 청주(淸州)이고 휘(諱)는 우(盱)이며, 도호(道號)는 용주(龍霔), 또 호(號)는 봉암(鳳庵)이고, 갑진(甲辰, 1844)년 음력 3월 15일 충청남도 덕산(德山) 가야산(伽倻山)아래에서 태어났다.

1. 봉명서

曰東西一氣 同胞들아 道德眞理 들어보소
왈동서일기 동포 도덕진리

天生萬民 하온後에 道와 德이 化出하니
천생만민 후 도 덕 화출

天道地德 그가운데 億千萬物 化生일세
천도지덕 억천만물 화생

萬物化生 그가운데 唯人最靈 하온故로
만물화생 유인최령 고

三才圖에 參禮하여 五行之德 밝혀내니
삼재도 참례 오행지덕

萬物之中 貴한 것은 사람밖에 또있는가
만물지중 귀

그런故로 萬民中에 聖賢君子 首出일세
고 만민중 성현군자 수출

道德眞理 밝혀내어 五倫三綱 定해낼때
도덕진리 오륜삼강 정

元亨利貞 天道常과 仁義禮智 人性綱을
원형리정 천도상 인의예지 인성강

率性修道 正法하여 敎化萬邦 相傳일세
솔성수도 정법 교화만방 상전

相傳授受 繼繼承承 先聖後聖 道德이니
상전수수 계계승승 선성후성 도덕

道德眞理 깨달아서 天文地理 밝혀보세
도덕진리 천문지리

天文地理 人事道가 五行六甲 뿐이오니
천문지리 인사도 오행육갑

五運六氣 알았거든 天干地支 配合해서
오운육기 천간지지 배합

八卦九宮 살핀後에 十極一極 깨쳐보소
팔괘구궁 후 십극일극

十一極만 알고보면 天地造化 거기있어
십일극 천지조화

弓乙成道 하는法을 天文地户 깨칠게니
궁을성도 법 천문지호

天文弓乙 太陽星은 六六數를 脫劫하여
천문궁을 태양성 육육수 탈겁

一宮으로 돌아앉고 地户乙乙 太陰星은
일궁 지호을을 태음성

六六數를 脫劫하고 九宮으로 돌아앉아
육육수 탈겁 구궁

水火昇降 變化하니 世上事를 可知로다
수화승강 변화 세상사 가지

先天後天 河洛中에 龍馬金龜 저物形은
선천후천 하락중 용마금구 물형

甲子甲午 符頭되어 弓乙靈符 成道하고
갑자갑오 부두 궁을영부 성도

南天北天 저鸗鴻은 丙午壬子 節首되어
남천북천 연홍 병오임자 절수

陰陽之運 成道하니 弓弓乙乙 千變萬化
음양지운 성도 궁궁을을 천변만화

自古及今 내려오며 陰道陽道 뿐이로다
자고급금 음도양도

於花世上 修道人들 또한말씀 들어보소
어화세상 수도인

우리先生 傳한글에 周易卦象 大定數와
선생 전 주역괘상 대정수

大學中庸 말씀하와 先王古禮 不失차고
대학중용 선왕고례 불실

鄒魯之風 말씀하고 堯舜之風 傳했으니
추로지풍 요순지풍 전

仙佛合德 心性닦아 儒道復明 이아
선불합덕 심성 유도복명

儒道復明 하자하면 河圖洛書 天地鏡을
유도복명 하도낙서 천지경

배우지 않고 어찌알며 天地合德 그가운데
천지합덕

靈符新出 하는줄을 어찌해서 못깨칠꼬
영부신출

河圖天鏡 살핀後에 洛書地鏡 살펴보소
하도천경 후 낙서지경

靈符人鏡 깨쳐보면 三代敬天 次第禮가
영부인경 삼대경천 차제례

易卦大定 分明하니 儒佛仙이 이아닌가
역괘대정 분명 유불선

河圖儒天 人道時요 洛書佛天 地道時요
하도유천 인도시 낙서불천 지도시

靈符先天 天道時니 不失此時 하였으라
영부선천 천도시 불실차시

天道神仙 地道靈佛 人道聖人 配合해서
천도신선 지도영불 인도성인 배합

三神大德 밝혀내니 仙佛儒聖 三豐大道
삼신대덕 선불유성 삼풍대도

弓乙成道 奇壯키로 如狂如醉 彰道事를
궁을성도 기장 여광여취 창도사

知覺없이 어찌알며 信心없이 깨칠소냐
지각 신심

誠心敬心 合한造化 信心二字 뿐이로다
성심경심 합 조화 신심이자

그런故로 先生말씀 大抵此道 信心爲誠
고 선생 대저차도 신심위성

明明하게 傳하시고 以信爲幻 兩合하여
명명 전 이신위환 양합

人以言之 傳했으니 曰可曰否 料量해서
인이언지 전 왈가왈부 요량

取可退否 하온後에 再思心定 하여보소
취가퇴부 후 재사심정

大丈夫의 智慧聰明 信없으면 어데나며
대장부 지혜총명 신

仁義禮智 信인줄을 어찌해서 못깨치노
인의예지 신

不信曰信 傳한말씀 無信有信 分明하다
불신왈신 전 무신유신 분명

不信中에 有信함을 誠心大道 깨달아서
불신중 유신 성심대도

人言以成 天地道德 眞理玩味 하여보소
인언이성 천지도덕 진리완미

甁中에 有仙酒를 外表보고 웃지말고
병중 유선주 외표

心誠靈臺 一壺中에 三術酒가 있지마는
심성영대 일호중 삼술주

術主靈氣 仙佛儒를 河洛靈符 못깨치면
술주영기 선불유 하락영부

先後中天 모를거요 三道大天 못깨치면
선후중천 삼도대천

天人地人 人人께서 心性靈臺 坐定하사
천인지인 인인 심성영대 좌정

말을하고 글을주니 人以言之 그아니며
인이언지

言之其中 曰可曰否 다른理致 아니로다
언지기중 왈가왈부 이치

無極大道 成道後에 皇極成道 하는故로
무극대도 성도후 황극성도 고

五皇極이 成立하니 五倫之德 이아닌가
오황극 성립 오륜지덕

一倫之德 父子有親 二倫之德 君臣有義
일륜지덕 부자유친 이륜지덕 군신유의

三倫之德 夫婦有別 四倫之德 長幼有序
삼륜지덕 부부유별 사륜지덕 장유유서

五倫之德 朋友有信 運數故로 入於中極 成道時라
오륜지덕 붕우유신 운수고 입어중극 성도시

朋友有信 爲主故로 西北靈友 相會하여 錦繡江山
붕우유신 위주고 서북영우 상회 금수강산

이天地에 善惡判斷 公私할제 益者三友
천지 선악판단 공사 익자삼우

風雲같이 모여드니 逆數順數 弓乙道를
풍운 역수순수 궁을도

左旋右旋 設論하니 曰可曰否 이아닌가
좌선우선 설론 왈가왈부

曰可者는 陽三友요 曰否者는 陰三友니
왈가자 양삼우 왈부자 음삼우

陽三友를 말하자면 震坎艮이 陽三友라
양삼우 진감간 양삼우

三友合德 一心되면 乾三連이 分明해서
삼우합덕 일심 건삼련 분명

太陽弓中 命令이요 陰三友를 말하자면
태양궁중 명령 음삼우

巽離兌가 陰三友라 三友合德 一心되면
손리태 음삼우 삼우합덕 일심

坤三絶이 分明해서 太陰乙中 命令이라
곤삼절 분명 태음을중 명령

曰可曰否 叮嚀하니 可否損益 分看해서
왈가왈부 정녕 가부손익 분간

取可退否 하였으라
취가퇴부

各言其智 爭說하여 各自大將 자랑하나
각언기지 쟁설 각자대장

山河大運 盡歸此道 靈符亞宮 모여드니
산하대운 진귀차도 영부아궁

天地定分 누가알까
천지정분

弓弓乙乙 亞米宮은 儒佛仙靈 定位處라
궁궁을을 아미궁 유불선령 정위처

天地人神 會坐하여 萬法規定 分明하니
천지인신 회좌 만법규정 분명

다른집을 찾지말고 弓乙家中 찾아와서
궁을가중

儒佛仙師 우리先生 刮目相對 하게하소
유불선사 선생 괄목상대

서로만나 問答하면 三生事가 昭然해서
문답 삼생사 소연

先後中天 世界事를 明鏡같이 알을거니
선후중천 세계사 명경

靈符靈臺 좋은집을 疑心말고 찾아오소
영부영대 의심

오시기만 올작시면 그집景致 無限좋아
경치 무한

周文王의 靈臺靈沼 不日成之 짓는집을
주문왕 영대영소 불일성지

庶民子來 모여들어 三年三月 三日만에
서민자래 삼년삼월 삼일

河水龍潭 그가운데 洛山龜尾 터를닦아
하수용담 낙산구미

三十六宮 春和坮를 七層으로 지어내니
삼십육궁 춘화대 칠층

無極兜率 天宮이라 水雲仙宮 이아닌가
무극두솔 천궁 수운선궁

左青龍은 左輔삼고 右白虎는 右弼삼아
좌청룡 좌보 우백호 우필

朱雀案山 놓고보니 奇壯하다
주작안산 기장

三神山에 九仞峯이 分明해서 半月三坮
삼신산 구인봉 분명 반월삼대

비친조화 不老草가 茂盛하여 不老樹가 되단말가
불로초 무성 불로수

不死藥樹 一枝梅를 春外春風 얻어다가
불사약수 일지매 춘외춘풍

萬世春을 이뤄내니 一樹山鳥弄春 李花上에
만세춘 일수산조롱춘 이화상

正道花가 되었으니 桃花一枝 點點紅을
정도화 도화일지 점점홍

뉘가 알고보면 無窮하니 어서바삐 찾아와서
무궁

五萬年之 無窮花를 一根一枝 얻어다가
오만년지 무궁화 일근일지

靈臺中에 심어놓고 靈臺龍潭 六坎水를
영대중 영대용담 육감수

壬子一水 相合하여 陰水陽水 配合後에
임자일수 상합 음수양수 배합후

甲寅乙卯 三八木을 日日時時 물을주면
갑인을묘 삼팔목 일일시시

丙丁巳午 二七火가 戊己辰戌 土精받아
병정사오 이칠화 무기진술 토정

庚辛申酉 四九實을 不失天時 結子보니
경신신유 사구실 불실천시 결자

天下萬國 大甲子를 木子青林 뉘가알꼬
천하만국 대갑자 목자청림

三碧震雷 青龍木이 四綠巽風 月精얻어
삼벽진뢰 청룡목 사록손풍 월정

日月配合 雙明鏡을 靈符兩目 높이세워
일월배합 쌍명경 영부양목

茫茫大海 이天地를 十二會로 望見하니
망망대해 천지 십이회 망견

牛性在野 分明해서 丑分野가 先定일세
우성재야 분명 축분야 선정

丑元分野 다지내고 寅元分野 들어서서
축원분야 인원분야

卯元分野 日出丁을 辰元分野 成物하니
묘원분야 일출정 진원분야 성물

巳元分野 四海德이 神明天地 自然故로
사원분야 사해덕 신명천지 자연고

午元分野 五皇極은 中極中天 中宮일세
오원분야 오황극 중극중천 중궁

中央土丁 坤牛石井 龍潭寶溪 뉘가알꼬
중앙토정 곤우석정 용담보계

九岳山上 올라서서 飛龍在天 바라보고
구악산상 비룡재천

利見大人 點을풀어 句句字字 살펴보니
이견대인 점 구구자자

水雲先生 大人께서 坤土乙未 分野圖를
수운선생 대인 곤토을미 분야도

中宮에다 세는故로 率妻子 還棲日을
중궁 고 솔처자 환서일

己未十月 定해놓고 乘其大運 道受節을
기미십월 정 승기대운 도수절

庚申四月 五日數로 白虎太乙 天罡三台
경신사월 오일수 백호태을 천강삼태

三八節에 先治心法 明明하게 遺傳하고
삼팔절 선치심법 명명 유전

辛酉六月 일렀으니 金鷄半月 알았던가
신유육월 금계반월

花月은 陽月故로 丁未七情 얻어내어
화월 양월고 정미칠정

辛未四情 合해노니 丁辛老少 合한造化
신미사정 합 정신노소 합 조화

未來事가 可知로다
미래사 가지

그노래는 그러하나 또한曲調 들어보소
곡조

우리先生 教訓歌에 曰爾子姪 하신말씀
선생 교훈가 왈이자질

子姪理致 알았던가
자질이치

先天上帝 後天上帝 兄弟分配 兩儀되어
선천상제 후천상제 형제분배 양의

南極北極 各居타가 中天上帝 運이와서
남극북극 각거 중천상제 운

中宮으로 合席하니 三兄弟 上帝님이
중궁 합석 삼형제 상제

六男妹를 教訓일세
육남매 교훈

先天乾坤 二十歲를 盛門으로 지내다가
선천건곤 이십세 성문

後天乾坤 二十歲를 孤族으로 지내나니
후천건곤 이십세 고족

盛門孤族 이내집안 法數없이 지내도다
성문고족 법수

所業成功 바이없어 一喜一悲 아닐런가
소업성공 일희일비

世俗風俗 돌아보고 이내身命 돌아보니
세속풍속 신명

나이이미 四十이요 人心風俗 又如此라
사십 인심풍속 우여차

龜尾山下 龍潭水에 一亭閣 들어가서
구미산하 용담수 일정각

不出山外 盟誓하고 中天乾坤 二十歲를
불출산외 맹서 중천건곤 이십세

運氣따라 보내나니 六十癸亥 지나가고
운기 육십계해

更回甲子 成道로다
갱회갑자 성도

二十一年 甲申主星 奎星回度 太陽春을
이십일년 갑신주성 규성회도 태양춘

五星聚奎 뉘가알꼬
오성취규

五星뜻만 알고보면 百五珠數 알리로다
오성 백오주수

仙道數는 百五數요 佛道數는 百八數니
선도수 백오수 불도수 백팔수

五七斗數 깨친後에 四九太數 살펴내어
오칠두수 후 사구태수

南太北豆 水火星을 五八數로 計算하면
남태북두 수화성 오팔수 계산

四十平生 알것이니 三天用道 못지킬까
사십평생 삼천용도

三天用道 알고보면 伏羲氏의 河圖太極
삼천용도 복희씨 하도태극

八卦門을 열어놓고 文王氏때 洛書兩儀
팔괘문 문왕씨 낙서양의

九宮門을 열어놓고 水雲先生 靈符四象
구궁문 수운선생 영부사상

十極門을 열어노니 東西南北 十方世界
십극문 동서남북 십방세계

四通五達 이아닌가
사통오달

이와같이 되는運數 心學않고 어찌알꼬
운수 심학

어서바빠 心學해서 不忘其本 하였어라
심학 불망기본

本心通靈 되는날은 天心一理 아닐런가
본심통령 천심일리

天心人心 合한造化 擇善固執 至極하면
천심인심 합 조화 택선고집 지극

至於至善 아닐런가
지어지선

知止有定 安心하면 慮而能得 眞理로세
지지유정 안심 려이능득 진리

眞理眞丁 얻고보면 眞道眞德 되는바니
진리진정 진도진덕

眞道眞德 알았거던 心性水火 그가운데
진도진덕 심성수화

中心立極 하여내어 虛虛實實 水火事를
중심입극 허허실실 수화사

弓弓乙乙 깨쳐보소
궁궁을을

一六水 坎中連도 壬癸亥子 陰陽水요
일육수 감중련 임계해자 음양수

二七火 離虛中도 丙丁巳午 陰陽火니
이칠화 리허중 병정사오 음양화

陰心陰去 陽心道를 一登二登 하여내어
음심음거 양심도 일등이등

小小吟을 깨쳐보소
소소음

水火道가 泰山같아 萬壑千峰 高高하니
수화도 태산 만학천봉 고고

山外山과 水外水를 勤力其中 하여내어
산외산 수외수 근력기중

坊坊谷谷 行行하면 水水山山 알것이니
방방곡곡 행행 수수산산

松松栢栢 굳은靑節 枝枝葉葉 못깨칠까
송송백백 청절 지지엽엽

깨치기만 깨쳐보면 老鶴生子 할것이니
노학생자

乾天上帝 누구신지 癸亥宮에 살펴보고
건천상제 계해궁

坤天上帝 누구신지 庚申宮에 살펴내어
곤천상제 경신궁

乾坤合德 震天上帝 戊辰宮에 살펴보소
건곤합덕 진천상제 무진궁

震雷丁氣 얻어다가 坎水宮에 和해내어
진뢰정기 감수궁 화

艮山上에 올라서서 南辰圓滿 北河回를
간산상 남진원만 북하회

失手없이 맞춰내니 意在新元 癸亥四月
실수 의재신원 계해사월

乾天上帝 相逢하고 上帝分咐 받아내어
건천상제 상봉 상제분부

太極弓乙 靈符圖를 一張紙에 그려내니
태극궁을 영부도 일장지

五萬年之 仙藥이라
오만년지 선약

사람마다 알까보냐 어질고도 착한벗은

運數타고 參禮해서 다시그려 呑服하니
운수 참례 탄복

滿之腹中 弓乙仙酒 半醉半醒 明明키로
만지복중 궁을선주 반취반성 명명

仙佛酒를 和合해서 三春酒를 빚어내니
선불주 화합 삼춘주

其味其如 香臭味요 天下萬國 第一酒라
기미기여 향취미 천하만국 제일주

春末夏初 當한後에 天地乾坤 婚姻席에
춘말하초 당 후 천지건곤 혼인석

大事宴酒 特定일세
대사연주 특정

大事酒를 못깨치면 甲申婚禮 어찌알꼬
대사주 갑신혼례

天門開坼 地户闢은 이때가야 알것이니
천문개탁 지호벽

辛酉六月 깨달아서 良朋滿座 先定其法
신유육월 양붕만좌 선정기법

賢士問我 又勸布德 壽福更定 이때로다
현사문아 우권포덕 수복갱정

胸藏不死 弓乙仙藥 口誦長生 三七字는
흉장불사 궁을선약 구송장생 삼칠자

一番致祭 永侍後에 萬惑破去 守誠者로
일번치제 영시후 만혹파거 수성자

開門納客 傳授하여 肆筵說法 教訓하야
개문납객 전수 사연설법 교훈

東西洋 葉落中에 枯木逢春 시킬게니
동서양 엽락중 고목봉춘

衣冠整齊 하온後에 路食手後 하지말고
의관정제 후 노식수후

陰道陽德 밝혀내어 天父水雲 우리先生
음도양덕 천부수운 선생

功德碑를 세워내어 遺傳萬世 하여보세
공덕비 유전만세

松柏같은 이내節介 金石으로 세울줄을
송백 절개 금석

世上사람 뉘가알꼬
세상

乾金坤石 合한靈符 萬世天碑 뉘가알꼬
건금곤석 합 영부 만세천비

알고알고 알고보면 無窮無窮 無窮일세
무궁무궁 무궁

그는또한 그러하나 또한曲調 들어보소
곡조

三代敬天 좋은禮法 春三月로 定했으니
삼대경천 예법 춘삼월 정

好時節을 깨달아서 明好汕을 깨쳐보소
호시절 명호산

堯之日月 明字되고 舜之乾坤 好字되고
요지일월 명자 순지건곤 호자

禹之山河 汕字되어 三代政治 깨쳤으라
우지산하 산자 삼대정치

堯以傳之 舜하시고 舜以傳之 禹하시니
요이전지 순 순이전지 우

師師相授 淵源道通 敎人之禮 이아닌가
사사상수 연원도통 교인지례

三道春風 부는앞에 三更明月 더욱좋다
삼도춘풍 삼경명월

伏義河圖 一更月은 正月春이 叮嚀하니
복희하도 일갱월 정월춘 정녕

月上三更 意忽開는 이를두고 이름인가
월상삼경 의홀개

河圖洛書 天地鏡을 靈符人鏡 配合해서
하도낙서 천지경 영부인경 배합

弓弓乙乙 山水鏡을 萬里外에 던졌으니
궁궁을을 산수경 만리외

龜山龍水 日月鏡은 누가먼저 깨쳤는고
구산용수 일월경

有眸者가 生覺하여 大道如天 그려내나
유모자 생각 대도여천

脫劫灰가 極難토다
탈겁회 극난

八陰劫氣 强强하나 一陽和氣 當할소냐
팔음겁기 강강 일양화기 당

春末夏初 當해보면 八陰寒氣 消盡하고
춘말하초 당 팔음한기 소진

一陽溫氣 盛大해서 春三大德 풀어내어
일양온기 성대 춘삼대덕

萬物化生 하시도다
만물화생

一陽水雲 우리先生 二陽火雲 變化해서
일양수운 선생 이양화운 변화

三陽青春 세워놓으니 青雲橋 洛水橋에
삼양청춘 청운교 낙수교

어서어서 건너와서 立身揚名 하여보소
입신양명

三日遊科 大風流로 五音六律 仙道風과
삼일유과 대풍류 오음육률 선도풍

八音十二 鐘呂法을 儒道佛道 均合하여
팔음십이 종려법 유도불도 균합

律呂調陽 道通일세
율려조양 도통

河圖太陽 一日丁과 洛書太陰 二日丁과
하도태양 일일정 낙서태음 이일정

靈符太陽 三日丁을 乾三天에 連化해서
영부태양 삼일정 건삼천 연화

仙佛儒로 定禮하니 水雲先生 仙道法은
선불유 정례 수운선생 선도법

天皇氏로 定位하고 一位先生 佛道法은
천황씨 정위 일위선생 불도법

地皇氏로 定位하고 青林道士 儒道法은
지황씨 정위 청림도사 유도법

人極大德 正禮하니 三皇大道 밝혀내면
인극대덕 정례 삼황대도

皇極大道 이아닌가
황극대도

無極大道 天皇氏와 太極大道 地皇氏가
무극대도 천황씨 태극대도 지황씨

仙佛性心 配合하여 皇極大道 立德하니
선불성심 배합 황극대도 입덕

初天二天 깨달아서 三天大德 應照하야
초천이천 삼천대덕 응조

以助聖德 至極하면 日後幸福 無窮하네
이조성덕 지극 일후행복 무궁

이런理致 모르고서 自覺自通 한다하니
이치 자각자통

天이먼저 定한道를 사람마다 自得할꼬
천 정 도 자득

不勞自得 없는바니 順理順數 하였으라
불로자득 순리순수

自尊之心 自恃之癖 名事不及 될것이니
자존지심 자시지벽 명사불급

自暴自棄 하지말고 順受天命 하였으라
자포자기 순수천명

貧寒乞食 困困者도 天이命之 하신바니
빈한걸식 곤곤자 천 명지

何事不成 될까보냐 萬神自服 自然일세
하사불성 만신자복 자연

天地大定 理致法이 震下連이 長男故로
천지대정 이치법 진하련 장남고

自下達上 되는運數 貧寒者의 運數로다
자하달상 운수 빈한자 운수

부디부디 蔑視말고 來頭事를 두고보소
멸시 내두사

虎兎龍巳 相催世와 羊猿鷄狗 爭來日은
호토용사 상최세 양원계구 쟁래일

亥子丑宮 無極運에 午心火馬 잘깨쳐서
해자축궁 무극운 오심화마

火龍符를 굴러내면 仙母化出 隱隱聰明
화룡부 선모화출 은은총명

化出自然 알것이니 來頭百事 同歸一理
화출자연 내두백사 동귀일리

勿誠小事 하였으라
물성소사

自然有助 그가운데 風雲大手 얻어내어
자연유조 풍운대수

玄機知覺 할것이니 功成他日 時有其時
현기지각 공성타일 시유기시

好作仙緣 大好風을 好時春節 못깨칠까
호작선연 대호풍 호시춘절

三月龍山 높은靈臺 北斗天罡 太上老君
삼월용산 영대 북두천강 태상노군

九天玄女 밝혀내어 九宮八卦 七精氣를
구천현녀 구궁팔괘 칠정기

三七數를 밝혀내어 七七丙午 火德眞君
삼칠수 칠칠병오 화덕진군

兌金丁巳 配合數로 坤牛世界 못깨치고
태금정사 배합수 곤우세계

乾馬江山 어찌알리
건마강산

巽鷄震龍 風雷中에 相剋相戰 陰陽理를
손계진룡 풍뢰중 상극상전 음양리

坎豕離雉 못깨치며 艮狗兌羊 失手없이
감시이치 간구태양 실수

八卦龍澤 살펴내어 九宮龍山 깨칠손가
팔괘용택 구궁용산

八道江山 다밟아서 全羅九宮 隱寂庵에
팔도강산 전라구궁 은적암

換歲次로 消日타가 送舊迎新 하여보니
환세차 소일 송구영신

陰去陽來 그가운데 人間開闢 心性일세
음거양래 인간개벽 심성

開闢時國 初事를 潛心玩味 하고보니
개벽시국 초사 잠심완미

天地心性 萬千人物 五運六氣 動動일세
천지심성 만천인물 오운육기 동동

動動三月 이天地도 밝혀보고 地三月도
동동삼월 천지 지삼월

깨쳐보고 人三月도 맞춰내면 九月丹楓
인삼월 구월단풍

葉落時에 鳳凰曲을 破惑일세
엽락시 봉황곡 파혹

十一兄弟 大道法이 地天泰卦 分明해서
십일형제 대도법 지천태괘 분명

天地否卦 用陰道와 地天泰卦 用陽道를
천지부괘 용음도 지천태괘 용양도

體天用地 깨쳐내고 體地用天 깨달아서
체천용지 체지용천

天地相沖 照應之德 陰陽相合 깨쳐보소
천지상충 조응지덕 음양상합

亥子丑 無極運은 巳午未宮 照臨이요
해자축 무극운 사오미궁 조림

寅卯辰 太極運은 申酉戌宮 照臨이니
인묘진 태극운 신유술궁 조림

冬節春節 照臨數를 夏秋方에 살펴보고
동절춘절 조림수 하추방

巳午未 皇極運이 亥子丑宮 照臨인줄
사오미 황극운 해자축궁 조림

正正方方 깨달아서 遠不求而 修我하면
정정방방 원불구이 수아

近思近在 天國事를 어찌해서 못깨칠꼬
근사근재 천국사

天地運氣 알자하면 八卦九宮 있사오니
천지운기 팔괘구궁

八卦外城 坊坊谷谷 行行盡見 하온後에
팔괘외성 방방곡곡 행행진견 후

九宮內室 들어가서 十極天皇 다시만나
구궁내실 십극천황

三天事를 問理하면 三生法界 無窮事를
삼천사 문리 삼생법계 무궁사

三章法文 圖書符에 一一畵出 下授로세
삼장법문 도서부 일일화출 하수

圖書一章 받아내어 信以誠之 敬之하면
도서일장 신이성지 경지

道理花開 德明實이 三春氣花 發發일세
도리화개 덕명실 삼춘기화 발발

春宮桃李 夭夭德이 奇花點點 日日發을
춘궁도리 요요덕 기화점점 일일발

枝枝葉葉 萬萬節로 白白紅紅 綠綠일세
지지엽엽 만만절 백백홍홍 녹녹

西白南紅 東綠春에 水土自服 合德하여
서백남홍 동록춘 수토자복 합덕

五方五臟 均和해서 五明德化 無窮일세
오방오장 균화 오명덕화 무궁

五色心氣 和한心靈 第次行道 하는法이
오색심기 화 심령 재차행도 법

肺白虎宮 들어가서 心朱雀宮 다닌後에
폐백호궁 심주작궁 후

肝靑龍宮 돌아와서 腎玄武宮 들어가면
간청룡궁 신현무궁

水雲仙主 있을게니 仙主에게 問理하고
수운선주 선주 문리

脾黃帝宮 들어가서 黃帝軒轅 玄武法을
비황제궁 황제헌원 현무법

九天眞理 覺道하면 九天九宮 九靈事를
구천진리 각도 구천구궁 구령사

細細明明 이를게니 九宮相通 連化해서
세세명명 구궁상통 연화

六宮으로 合郡하고 六州相合 極親後에
육궁 합군 육주상합 극친후

三宮으로 合郡해서 天地人神 和親後에
삼궁 합군 천지인신 화친후

一宮으로 合國하면 太極天宮 分明하니
일궁 합국 태극천궁 분명

天君座定 아니될까
천군좌정

天道地德 如此하니 侍天主를 至極後에
천도지덕 여차 시천주 지극후

造化定을 빌고보면 永世不忘 弓乙大降
조화정 영세불망 궁을대강

萬事知로 敎訓이니 이와같이 좋은道를
만사지 교훈 도

自暴自棄 할까보냐
자포자기

自恃自尊 다버리고 至氣今至 이世上에
자시자존 지기금지 세상

願爲大降 잘빌어서 天主神靈 만나보소
원위대강 천주신령

天主神靈 만난대도 陰陽天主 分明하니
천주신령 음양천주 분명

坤母天主 陰天主는 庚申宮에 있사오니
곤모천주 음천주 경신궁

二黑道를 잘닦으면 丁巳兌女 相逢이요
이흑도 정사태녀 상봉

乾父神靈 陽天主는 癸亥宮에 있사오니
건부신령 양천주 계해궁

六白道를 잘닦으면 戊寅坎男 相逢일세
육백도 무인감남 상봉

兌女星은 艮男찾고 坎男星은 離女찾아
태녀성 간남 감남성 리녀

陰陽配合 相座하여 古今事를 說話하니
음양배합 상좌 고금사 설화

震巽乾坤 四神靈도 陰陽同宮 相生法을
진손건곤 사신령 음양동궁 상생법

어찌해서 못깨칠꼬

五臟定位 하는法이 이와같이 成道하니
오장정위 법 성도

五臟中에 있는八卦 아무쪼록 靈通하와
오장중 팔괘 영통

九宮大德 正正하소
구궁대덕 정정

九極中에 十極天尊 君子心身 되어보세
구극중 십극천존 군자심신

虛虛慾에 마음팔려 或時至誠 못찾으면
허허욕 혹시지성

小人身心 될것이니 그아니 柰恨인가
소인신심 내한

2. 난지이지가(難知易知歌)

於花世上 道人들아 노래한장 들어보소
어화세상 도인

無極心靈 料量하면 天地事가 玄黃해서 難知할 듯
무극심령 요량 천지사 현황 난지

心靈 닦아내어 太極心靈 되게되면 易知其理 分明하다
심령 태극심령 이지기리 분명

이러므로 世上事가 難知而 猶易하고
세상사 난지이 유이

易知而 難인줄을 깨닫고 깨달아서
이지이 난

明明運回 이天地에 다같이 밝혀내어
명명운회 천지

聖賢君子 筒筒되면 그아니 鳥乙소냐
성현군자 통통 조을

나도또한 이世上에 五運六氣 타고남은
세상 오운육기

다같이 一般이나 兩儀四象 稟氣해서
일반 양의사상 품기

陽明氣運 아니다고 陰暗濁氣 적음으로
양명기운 음암탁기

才勝其德 薄福해서 貧賤孤影 困難터니
재승기덕 박복 빈천고영 곤란

天運이 循環하사 明明其運 오는故로
천운 순환 명명기운 고

그氣運을 相應해서 誠之又誠 恭敬하여
기운 상응 성지우성 공경

信心行道 하옵더니 天地父母 愛恤하사
신심행도 천지부모 애휼

癸亥之年 丁巳月에 太極靈符 내리시와
계해지년 정사월 태극영부

弓弓乙乙 天地道를 乾坤配合 立德키로
궁궁을을 천지도 건곤배합 입덕

次次施行 玩味하니 弓弓之中 乙乙味가
차차시행 완미 궁궁지중 을을미

太甲仙道 分明해서 太乙佛道 穿通하니
태갑선도 분명 태을불도 천통

太丙儒道 七火丁이 北斗七星 丁寧하며
태병유도 칠화정 북두칠성 정녕

中天大神 되는故로 列位衆星 거느리고
중천대신 고 열위중성

紫微垣中 座定하여 安心慮得 造化法을
자미원중 좌정 안심려득 조화법

日丁月丁 戱弄하니 晝日夜月 去來事가
일정월정 희롱 주일야월 거래사

弓甲乙乙 子未回라
궁갑을을 자미회

子米元宮 大將星이 乾甲坤乙 内外되어
자미원궁 대장성 건갑곤을 내외

河圖洛書 天地鏡을 心性中에 비쳐주니
하도낙서 천지경 심성중

이내心性 道德富貴 與天地로 同德故로
심성 도덕부귀 여천지 동덕고

浮雲같은 世上富貴 石氏之貲 부러말고
부운 세상부귀 석씨지자

日宮月宮 兩白神靈 吾心靈臺 座定하사
일궁월궁 양백신령 오심영대 좌정

日鏡月鏡 明明性을 日新日新 傳해주니
일경월경 명명성 일신일신 전

司曠聰明 부러하며 自古以來 隱隱宿病
사광총명 자고이래 은은숙병

靈符藥을 下賜故로 一張呑服 하고보니
영부약 하사고 일장탄복

扁鵲名醫 부러할까
편작명의

富聰醫를 三合하고 世界事를 바라보니
부총의 삼합 세계사

金錢米穀 富家翁과 慾滿虛空 聰明士와
금전미곡 부가옹 욕만허공 총명사

言救蒼生 醫術人이 會會敎徒 許多하나
언구창생 의술인 회회교도 허다

眞見其理 實情하면 一無濟藥 虛張일세
진견기리 실정 일무제약 허장

虛張聲勢 저道類들 外富内貧 뉘가알꼬
허장성세 도류 외부내빈

알고보면 可笑롭다
가소

七八朔을 지낸後에 四月五日 當하거든
칠팔삭 후 사월오일 당

乘其大運 道覺하소
승기대운 도각

入道以後 四五朔에 어찌그리 速成인고
입도이후 사오삭 속성

猝富貴 不祥이라 萬古遺傳 아닐런가
졸부귀 불상 만고유전

그런生覺 두지말고 潛居抱德 至極하면
생각 잠거포덕 지극

心和氣和 天地中의 春花富貴 靈臺上에
심화기화 천지중 춘화부귀 영대상

滿腹經論 萬千尺을 衡之尺之 測量해서
만복경론 만천척 형지척지 측량

十二分野 幾萬國을 三角測量 하여내면
십이분야 기만국 삼각측량

三角山도 알것이요 漢陽邑도 알것이니
삼각산 한양읍

東邑三山 群仙事와 西邑主山 鄒魯風을
동읍삼산 군선사 서읍주산 추로풍

申酉寅卯 깨쳐내고 戌亥辰巳 밝혔으라
신유인묘 술해진사

庚申癸亥 못깨치면 後天白虎 어찌알며
경신계해 후천백호

螣蛇青龍 네알소냐
등사청룡

十二鬼神 깨달아서 吉星凶星 分看하여
십이귀신 길성흉성 분간

生門死門 살폈으라
생문사문

生死吉凶 天地事와 進退消長 陰陽이니
생사길흉 천지사 진퇴소장 음양

天地主張 陰陽理를 一掌中에 圖出하와
천지주장 음양리 일장중 도출

符以節之 하고보면 難之易知 變化로세
부이절지 난지이지 변화

難知理를 알고보면 不信中에 있는바요
난지리 불신중

易知理를 알고보면 有信中에 있는바니
이지리 유신중

未信自信 兩端中에 不然其理 깨달아서
미신자신 양단중 불연기리

興悲二字 깨쳐보소
흥비이자

春興하면 秋悲하고 陽興하면 陰悲하고
춘흥 추비 양흥 음비

日出하면 月悲하고 龍興하면 虎悲되고
일출 월비 용흥 호비

天興하면 地悲되니 迭代盛衰 大定數는
천흥 지비 질대성쇠 대정수

天地定理 아닐런가
천지정리

陰氣極盛 陽氣生을 깨닫고 깨달아서
음기극성 양기생

白虎陰中 있지말고 青龍陽中 돌아와서
백호음중 청룡양중

陽道陰德 배워보면 陽陽其德 알리로다
양도음덕 양양기덕

陰陽兩道 分看하면 吉凶星도 알것이요
음양양도 분간 길흉성

生死門도 알것이니 苦盡甘來 우습다고
생사문 고진감래

興盡悲來 무섭도다
흥진비래

世上事가 이러하니 難知로 生覺하면
세상사 난지 생각

難知가 되지마는 易知로 生覺하면
난지 이지 생각

易知가 分明토다
이지 분명

難知易知 兩知中에 萬事知가 可知로세
난지이지 양지중 만사지 가지

矢口二字 알고보면 弓弓二字 알리로다
시구이자 궁궁이자

心弓性弓 兩弓中에 甲弓乙矢 깨쳐보소
심궁성궁 양궁중 갑궁을시

有弓無矢 無用이라 甲만좋아 하지말고
유궁무시 무용 갑

乙을얻게 工夫하소
을 공부

鳥乙二字 얻은後에 羽化登仙 하는바니
조을이자 후 우화등선

羽化登仙 못깨치고 仙道彰明 말을하니
우화등선 선도창명

神仙在天 그가운데 照臨地上 아닐런가
신선재천 조림지상

山佳老鶴 깨달아서 玄鳥知主 살폈어라
산가노학 현조지주

貧亦歸兮 貧亦歸니 貧貧하다 嫌疑말고
빈역귀혜 빈역귀 빈빈 혐의

富富하다 藉勢마소
부부 자세

貧寒乞食 그사람도 무슨靈驗 알았기에
빈한걸식 영험

이러하고 이러하지 意思없이 이러할까
의사

이러하니 우습지만 웃음속에 理致있어
이치

그러하고 그런날은 修源旅가 分明하니
수원려 분명

修源旅를 恝視말고 南原主를 깨쳤으라
수원려 괄시 남원주

水源火源 主客合德 內外同等 好好字를
수원화원 주객합덕 내외동등 호호자

龍德인줄 못깨치고 鳥乙矢口 어찌할꼬
용덕 조을시구

鳥乙矢口 할려거든 坤乙牛虎 살펴내어
조을시구 곤을우호

乾甲馬龍 찾아보소
건갑마룡

古都馬龍 찾아보면 西天淸潭 寶溪水에
고도마룡 서천청담 보계수

水之淵源 살펴내어 西坎北坎 깨쳐보면
수지연원 서감북감

東坎新府 唯我故鄕 率妻子 還棲日을
동감신부 유아고향 솔처자 환서일

어찌하여 못깨칠꼬

水之淵源 찾아가서 龍師火帝 다시만나
수지연원 용사화제

鳥官人皇 되는法을 仔細仔細 묻자오니
조관인황 법 자세자세

水變爲火 大先生主 天地變化 敎訓키로
수변위화 대선생주 천지변화 교훈

大綱大綱 묻자옵고 鳳凰臺를 바라보니
대강대강 봉황대

鳳凰臺 높은塔에 鳳去臺空 하온故로
봉황대 탑 봉거대공 고

鳳凰臺가 出世하며 鳳凰臺役 하느라고
봉황대 출세 봉황대역

東西南北 奔走하니 鳳飛知主 돌아가서
동서남북 분주 봉비지주

梧桐枝上 金風中에 五音八音 좋은曲調
오동지상 금풍중 오음팔음 곡조

五八四十 平生事를 六八數로 노래하니
오팔사십 평생사 육팔수

七八朔이 거의되면 五色龍出之時라
칠팔삭 오색용출지시

杜鵑花笑 杜鵑啼는 冬三春三 夏三數로
두견화소 두견제 동삼춘삼 하삼수

九九天邊 놀아있고 鳳凰臺役 鳳凰遊는
구구천변 봉황대역 봉황유

冬一秋一 夏一數로 三三之中 놀아있다
동일추일 하일수 삼삼지중

이와같이 되는度數 靈符없이 어찌알꼬
도수 영부

南天北天 놀던鳳이 北海水中 돌아와서
남천북천 봉 북해수중

寒食陰風 하는故로 馬上寒食 非故地라
한식음풍 고 마상한식 비고지

欲歸吾家 牝牛上에 溫食陽食 하여보세
욕귀오가 빈우상 온식양식

八陰氣가 極盛하니 陰風權勢 좋지마는
팔음기 극성 음풍권세

春末夏初 돌아오면 一陽風權 當할소냐
춘말하초 일양풍권 당

理致二字 그러하니 南來赤雉 빠른行次
이치이자 남래적치 행차

風雲같이 들어올때 失手없이 맞추려면
풍운 실수

五色彩服 準備해서 好作仙緣 하게하소
오색채복 준비 호작선연

神仙變化 부처됨을 儒道聖人 아닐진댄
신선변화 유도성인

어찌해서 알까보냐

儒道聖人 靑林道士 誠敬대로 찾아가서
유도성인 청림도사 성경

仙佛大師 만나보세
선불대사

天開地闢 萬劫下에 三神如來 八像世尊
천개지벽 만겁하 삼신여래 팔상세존

米力仙佛 弓乙先生 亞米宮에 있사오니
미력선불 궁을선생 아미궁

坤石井水 찾아와서 乾金鼎을 얻어다가
곤석정수 건금정

水三火三 藥을달여 九靈仙丹 지어놓고
수삼화삼 약 구령선단

惡疾滿世 陽氣俗을 白日明明 濟渡해서
악질만세 양기속 백일명명 제도

日白月白 星白되어 三白天地 되었으니
일백월백 성백 삼백천지

人邊橫山 깨달아서 出世 살펴보세
인변횡산 출세

天仙地仙 駕鶴來로 人仙世界 更定해서
천선지선 가학래 인선세계 갱정

三仙三佛 三儒聖이 九靈道師 이아닌가
삼선삼불 삼유성 구령도사

九靈道師 알고보면 九宮主人 十尊이니
구령도사 구궁주인 십존

後天地皇 그主人을 어찌해서 못깨칠꼬
후천지황 주인

先天八卦 天皇大神 後天主人 찾아와서
선천팔괘 천황대신 후천주인

中天人道 밝혀내니 弓乙靈圖 物形符라
중천인도 궁을영도 물형부

先天五萬 내려오며 物形으로 生겼다가
선천오만 물형 생

人極運에 맞춰내어 天靈符가 되었으니
인극운 천영부

鳥乙矢口 鳥乙矢口 天地神明 鳥乙矢口
조을시구 조을시구 천지신명 조을시구

鳥乙矢口 이世上에 矢口矢口 하여보세
조을시구 세상 시구시구

九宮五矢 좋은때에 아니놀고 무엇할꼬
구궁오시

놀고놀고 놀다가서 우리先生 水雲先師
선생 수운선사

運數타고 降臨커든 虛水雲을 몰아내고
운수 강림 허수운

實水雲을 다시모셔 水龍馬圖 좋은法을
실수운 수룡마도 법

肆筵設席 하여놓고 法을定코 禮를맺아
사연설석 법 정 예

良朋賢士 가르쳐서 布德天下 하여볼까
양붕현사 포덕천하

이와같이 좋은때를 暗暗無極 앉았으면
암암무극

어느神明 예뻐해서 壽山福山 갖다줄까
신명 수산복산

不勞自得 없는바니 工夫하여 破惑해서
불로자득 공부 파혹

以助聖德 어서하여 不失天時 하게하소
이조성덕 불실천시

吾王聖德 龍山下에 歲復回於 壬丙이니
오왕성덕 용산하 세복회어 임병

時有其時 깨달아서 新朝唱韻 待好風에
시유기시 신조창운 대호풍

出世하여 있건마는 八陰中에 묻혔으니
출세 팔음중

智慧君子 아닐진댄 通理없이 어찌알꼬
지혜군자 통리

通靈通理 姑捨하고 志在賢門 必我等을
통령통리 고사 지재현문 필아등

生覺하고 生覺하여 別道通을 하지말고
생각 생각 별도통

陽道陰道 通한後에 陽道天門 깨닫거든
양도음도 통 후 양도천문

陽道天門 찾아가소
양도천문

道成德立 하는法도 天地度數 應하여서
도성덕립 법 천지도수 응

日出光明 되는대로 心火一丁 光明이니
일출광명 심화일정 광명

光明心性 이내仙藥 靈符心通 어서하소
광명심성 선약 영부심통

中心部에 있는靈符 사람마다 있것마는
중심부 영부

器局대로 通靈故로 虛虛實實 두가질세
기국 통령고 허허실실

3. 일지화발만세가(一枝花發萬世歌)

一根二枝 月桂花가 南北으로 갈라서서
일근이지 월계화 남북

東西山에 덮였으니 白楊綠楊 分明하다
동서산 백양녹양 분명

天道春風 忽然吹로 地道山川 花草開라
천도춘풍 홀연취 지도산천 화초개

水邊楊柳 先得春을 이제丁寧 알리로다
수변양류 선득춘 정녕

西天白虎 白楊木이 先得春色 자랑하며
서천백호 백양목 선득춘색

春和大德 丁寧하니 布化萬邦 하겠다고
춘화대덕 정녕 포화만방

大狂風을 이뤄내니 蕭蕭秋風 明明키로
대광풍 소소추풍 명명

春三月이 돌아오면 白楊無花 自然되어
춘삼월 백양무화 자연

綠楊東風 또나서서 三月春을 이뤄내니
녹양동풍 삼월춘

春末夏初 當해오면 青槐滿庭 分明토다
춘말하초 당 청괴만정 분명

一根一樹 一氣枝로 一枝黃葉 一枝青葉
일근일수 일기지 일지황엽 일지청엽

春秋兩色 지어내니 青玉笛 黃玉笛에
춘추양색 청옥적 황옥적

雌雄으로 陰陽되어 左旋右旋 弓乙體로
자웅 음양 좌선우선 궁을체

順數逆數 돌아가니 一盛一衰 이아닌가
순수역수 일성일쇠

여보시오 修道人들 一門同胞 弟子되어
수도인 일문동포 제자

同同學味 一般컨만 明明其運 各各인고
동동학미 일반 명명기운 각각

一枝西去 陰氣받고 一枝東去 陽氣받아
일지서거 음기 일지동거 양기

東西性이 다른故로 南北心을 各守하니
동서성 고 남북심 각수

弓弓乙乙 陰陽理氣 水火龍虎 分明하다
궁궁을을 음양이기 수화용호 분명

陰陽配合 心性德을 부디부디 各立말고
음양배합 심성덕 각립

天地日月 星辰合德 弓弓乙乙 成道하소
천지일월 성신합덕 궁궁을을 성도

弓乙成道 이運數에 君子小人 判斷이니
궁을성도 운수 군자소인 판단

子莫執中 부디말고 惟一執中 하였으라
자막집중 유일집중

立其中節 中心하고 左右節을 살펴내어
입기중절 중심 좌우절

春秋兩節 分看後에 左右心을 깨달아서
춘추양절 분간후 좌우심

夏冬兩心 料量하소
하동양심 요량

寒心熱心 그가운데 逆道順道 있는바니
한심열심 역도순도

水火性을 料量하여 炎上逆理事와 水理就下 順理道를
수화성 요량 염상역리사 수리취하 순리도

佛仙으로 分看하여 佛火性을 消除하고
불선 분간 불화성 소제

仙水性을 長養하여 水火均一 하여놓면
선수성 장양 수화균일

溫泉河水 分明하여 龍潭水가 될것이니
온천하수 분명 용담수

龍潭水에 있는青龍 雲行雨施 그造化를
용담수 청룡 운행우시 조화

六十四穴 大通하여 龜岳山에 꽃이피니
육십사혈 대통 귀악산

春三月이 分明토다
춘삼월 분명

이리되는 春三月을 捨近就遠 하여내어
춘삼월 사근취원

遠方求之 하단말가
원방구지

遠不求而 修我해서 天地陰陽 찾은後에
원불구이 수아 천지음양 후

天文地理 살펴보면 甲癸亥子 속에있고
천문지리 갑계해자

一什五六 造化오니 陰陽生生 깨달아서
일십오육 조화 음양생생

陽生陰而 陰生陽을 儒佛仙에 假量하고
양생음이 음생양 유불선 가량

天生地而 地生人을 日月星에 可量하여
천생지이 지생인 일월성 가량

東西二枝 살펴보고 南北二枝 깨달으면
동서이지 남북이지

陰陽水火 되는理致 四象八卦 못깨칠까
음양수화 이치 사상팔괘

一八二九 三十數로 四百五千 六萬되니
일팔이구 삼십수 사백오천 육만

六萬大德 神師宮에 三億大道 乾金天을
육만대덕 신사궁 삼억대도 건금천

人意中에 三合하여 三才一道 用道하소
인의중 삼합 삼재일도 용도

一德行道 못하오면 枝枝發發 피는꽃이
일덕행도 지지발발

形形色色 各各이니 一心分見 四方하면
형형색색 각각 일심분견 사방

四時德을 못볼소냐
사시덕

柯枝柯枝 많다해도 其根本은 一氣오니
가지가지 기근본 일기

一氣同胞 化生人이 君子小人 무슨일고
일기동포 화생인 군자소인

一枝向西 陰氣받아 無花果가 되는故로
일지향서 음기 무화과 고

不得種子 不傳이요 一枝向東 陽氣받아
부득종자 불전 일지향동 양기

有花果가 丁寧키로 大得種子 德氏받아
유화과 정녕 대득종자 덕씨

遺傳萬歲 天下로다
유전만세 천하

이런줄을 잘깨쳐서 西北陽氣 좋다말고
서북양기

東南陽氣 받아내어 三木七火 되어보세
동남양기 삼목칠화

三甲七丙 그가운데 太乙數를 깨쳐보소
삼갑칠병 태을수

八木二火 그가운데 七丙君火 살펴내어
팔목이화 칠병군화

五斗七星 깨쳐보소
오두칠성

太甲太乙 太丙알면 太辛太壬 太癸알아
태갑태을 태병 태신태임 태계

戊己庚을 깨쳐보니 戊己庚己 順逆中에
무기경 무기경기 순역중

己獨一白 뉘가알꼬
기독일백

一白坎水 深深淵은 三龍隱居 丁寧하고
일백감수 심심연 삼룡은거 정녕

九紫離火 高高峯은 白虎隱居 分明하니
구자리화 고고봉 백호은거 분명

於花世上 修道人들 精神차려 仔細보소
어화세상 수도인 정신 자세

離火朱雀 白六水와 坎水玄鳥 二黑山을
리화주작 백육수 감수현조 이흑산

一二相和 하여내어 六九行德 되게되면
일이상화 육구행덕

金木水가 相合해서 九二通脈 될것이니
금목수 상합 구이통맥

天火同人 그가운데 火地晉이 아니될까
천화동인 화지진

山地剝 지난後에 風地觀光 하여놓고
산지박 후 풍지관광

天地丕卦 掃除하고 天山遯을 벌려놓고
천지비괘 소제 천산돈

天風姤로 相面하니 先天後天 兩天配合
천풍구 상면 선천후천 양천배합

天之天이 丁寧해서 玉皇上帝 命令之下
천지천 정녕 옥황상제 명령지하

何物不服 될까보냐
하물불복

道之大源 如此하니 三十六天 姑捨하고
도지대원 여차 삼십육천 고사

六十四天 깨달아서 一百二十 八天數로
육십사천 일백이십 팔천수

中天에다 合해놓으니 一九二로 通해보세
중천 합 일구이 통

一壬之德 얻어다가 九庚數로 세워놓고
일임지덕 구경수

二丁通靈 하고보면 天丁地丁 그가운데
이정통령 천정지정

日丁月丁 알것이요 星丁辰丁 알것이니
일정월정 성정진정

辰丁通만 하고보면 北斗九辰 맑은精神
진정통 북두구진 정신

九靈行道 自然알아 九宮往來 通化해서
구령행도 자연 구궁왕래 통화

九靈合德 三精되고 三丁合德 太極되어
구령합덕 삼정 삼정합덕 태극

太極宮中 萬千事를 無所不通 할것이니
태극궁중 만천사 무소불통

太極宮中 皇極主를 弓乙靈圖 못깨칠까
태극궁중 황극주 궁을영도

靈圖中에 있는造化 萬千變化 無窮하니
영도중 조화 만천변화 무궁

一氣分於 兩儀하고 兩儀分於 四像하고
일기분어 양의 양의분어1사상

四像變化 八卦하고 八卦變化 六十四를
사상변화 팔괘 팔괘변화 육십사

四六數로 分和하면 二十四節 그가운데
사육수 분화 이십사절

十二符로 成道하니 分合生成 變化造化
십이부 성도 분합생성 변화조화

人人物物 生生克克 알고보니 無窮하네
인인물물 생생극극 무궁

無窮하온 天地人圖 안배우고 어찌알며
무궁 천지인도

모른다고 안배우고 헛것이라 아니보니

可笑可笑 이아닌가
가소가소

보고배우고 듣는대로 그속알기 어렵거든

배우지도않고 自通하세
자통

生而知之 한다하니 孔夫子가 몇일런가
생이지지 공부자

生而知之 모두하여 聖賢天地 되단말가
생이지지 성현천지

이런生覺 두지말고 學而知之 힘을써서
생각 학이지지

大綱大定 可量後에 시킨대로 施行해서
대강대정 가량후 시행

逆天이나 하지말고 順數天意 하였으라
역천 순수천의

알지못한 그런固執 제가모두 道通하여
고집 도통

三道合德 한다하니 三淵大德 알았던가
삼도합덕 삼연대덕

三緣其德 모르고서 三年成道 어찌알꼬
삼연기덕 삼년성도

生知學知 困知之가 及其知也 一般이니
생지학지 곤지지 급기지야 일반

알知字만 破惑하소
지자 파혹

人大口가 丁寧해서 天人大口 열고보면
인대구 정녕 천인대구

心弓性乙 쏘는화살 九宮中에 出來하여
심궁성을 구궁중 출래

飛飛往來 萬里로다 萬里로다
비비왕래 만리 만리

天形天馬 萬里로다 이말저말 모인말이
천형천마 만리

一大馬가 丁寧되어 黃河一淸 龍馬되니
일대마 정녕 황하일청 용마

龍馬心性 그린靈符 天龍馬圖 누가알꼬
용마심성 영부 천룡마도

알고보면 人大口니 天皇弓을 손에들고
인대구 천황궁

地皇矢를 쏘아내어 人皇所布 맞춰보세
지황시 인황소포

百發百中 맞는화살 九宮造化 分明하다
백발백중 구궁조화 분명

立口漢一 깨달아서 口宮造化 言馬中에
입구한일 구궁조화 언마중

吉凶生死 깨쳤으라
길흉생사

九宮出入 못깨치고 九宮往來 어찌알꼬
구궁출입 구궁왕래

六神中에 있는三神 口宮으로 出入하니
육신중 삼신 구궁 출입

六神本靈 깨쳤으라
육신본령

六神本靈 알고보면 耳目鼻가 六神이요
육신본령 이목비 육신

口宮에 太極이니 太極宮前 一口門에
구궁 태극 태극궁전 일구문

往來하는 저陰陽은 腹中天地 들어가서
왕래 음양 복중천지

八卦九宮 살핀後에 靈主靈士 問答하고
팔괘구궁 후 영주영사 문답

言馬一匹 올라타고 四肢八節 두루다녀
언마일필 사지팔절

江山景處 求景後에 松柏靑靑 春節되면
강산경처 구경후 송백청청 춘절

其松下에 집을짓고 採藥爲業 힘을쓰고
기송하 채약위업

紫木黃黃 冬節되면 主人内告 與否없이
자목황황 동절 주인내고 여부

藥囊메고 간다더라
약낭

가는때를 말할진대 後門으로 살짝가니
후문

形容없는 陰陽神을 聰明없는 그所見에
형용 음양신 총명 소견

어찌해서 볼수있나

입으로는 안나오니 恒常腹中 있다하고
항상복중

用病處에 藥請하니 天醫神師 어디가고
용병처 약청 천의신사

洋藥士가 出班奏曰 東醫寶鑑 쓸데없고
양약사 출반주왈 동의보감

單方藥이 主張이요 이말듣고 生覺하니
단방약 주장 생각

神農皇帝 내논藥方 몇날몇해 배울것있나
신농황제 약방

單方文을 잘배워서 病고치면 그만이라
단방문 병

이와같이 마음먹고 虛送歲月 浪遊타가
허송세월 낭유

大病만나 用藥하니 病은조금 差度없고
대병 용약 병 차도

아는 것이 單方이라
단방

다른方文 또모르고 默默不言 앉았은들
방문 묵묵불언

病者어찌 알수있나
병자

내病고쳐 준다니까 錦衣玉食 待接하며
병 금의옥식 대접

病낫기를 苦待하니 어리석은 저醫術이
병 고대 의술

그저있기 無味해서 이藥저藥 試驗타가
무미 약 약 시험

病만 漸漸 沈重하여 幾至死境 될지음에
병 점점 침중 기지사경

逃亡할 生覺뿐이로다
도망 생각

저 病者 擧動보소 病在頃刻 되었으니
병자 거동 병재경각

手把痛哭 한참하며 藥道士를 찾아보니
수파통곡 약도사

前日보던 漢藥生이 東醫寶鑑 안다하고
전일 한약생 동의보감

賤待받던 乞食者라
천대 걸식자

虛虛世上 기막히어 藥方文을 물어보니
허허세상 약방문

陽症陰症 傷寒熱病 肺病肝病 大風瘡과
양증음증 상한열병 폐병간병 대풍창

狂症腦病 痢腹痛과 其他各種 脹症病을
광증뇌병 이복통 기타각종 창증병

所聞대로 說明하니 無所不知 天罡數라
소문 설명 무소부지 천강수

晝夜相論 度數맞춰 三藥道로 쓰고보니
주야상론 도수 삼약도

自兒時로 있던身病 勿藥自效 神人되어
자아시 신병 물약자효 신인

止於至善 君子되니 仙藥일세 仙藥일세
지어지선 군자 선약 선약

萬古以後 仙藥일세
만고이후 선약

靈符一張 저仙藥이 萬病回春 하단말가
영부일장 선약 만병회춘

靈符一張 呑服人은 幻骨脫態 自然되어
영부일장 탄복인 환골탈태 자연

仙風道骨 되었으니 가는이 아니며 三道主人 아닐런가
선풍도골 삼도주인

世上運數 이러하니 明德門下 찾아와서
세상운수 명덕문하

聖德順德 묻게되면 兩君道德 가르쳐서
성덕순덕 양군도덕

疑心破惑 시킬테니 信字하나 얻어들고
의심파혹 신자

誠敬으로 至誠하여 찾아와서 靈符얻어
성경 지성 영부

誠之又誠 呑腹하고 天地한번 다시開闢
성지우성 탄복 천지 개벽

天地明明 日月鏡이 前後萬方 다밝힐때
천지명명 일월경 전후만방

萬古大鏡 靈符仙藥 呑腹하는 그사람은
만고대경 영부선약 탄복

聰明智慧 通靈해서 水雲神師 만나보고
총명지혜 통령 수운신사

視聽問答 할것이니 天門地戶 모를손가
시청문답 천문지호

地戶열고 들어가서 弓乙山을 다시넘고
지호 궁을산

天門열고 들어가서 弓弓水를 건너가면
천문 궁궁수

弓弓水中 青龍王이 등에태워 건널테니
궁궁수중 청룡왕

大海水中 五行山에 六道三藥 캐어다가
대해수중 오행산 육도삼약

시장커든 먹어가며 天火地火 人火나서
천화지화 인화

火光滿天 그時節에 三藥水를 풀어주어
화광만천 시절 삼약수

虛火之氣 다껴놓고 仁仁之德 밝혀내어
허화지기 인인지덕

君火將興 삼켜보세
군화장흥

君火明明 玉燈되면 靈臺中이 光明해서
군화명명 옥등 영대중 광명

天下萬國 다본다네
천하만국

이와같은 青槐實을 따먹을줄 모르고서
청괴실

白楊實만 좋아하니 蛔動함을 어이할꼬
백양실 회동

胸腹痛을 不堪하고 坐不安席 伏地한들
흉복통 불감 좌불안석 복지

楊花實에 蛔가커서 蛟蛇蛔龍 되었으니
양화실 회 교사회룡

腹痛症이 自然와서 白鷗보고 자랑하네
복통증 자연 백구

蛔氣滿腹 脹症病은 槐花實이 첫째오니
회기만복 창증병 괴화실

槐花一兩 水雲五錢 水火丸을 지어내어
괴화일양 수운오전 수화환

三時空腹 하게되면 楊梅瘡도 消除하네
삼시공복 양매창 소제

治療法은 그러하나 飮酒歌를 들어보소
치료법 음주가

術主術主 말하기에 術主뜻을 몰랐드니
술주술주 술주

術主學을 놓고보니 三水邊에 達己酉라
술주학 삼수변 달기유

三水뜻을 破占하니 天水地水 人水三合
삼수 파점 천수지수 인수삼합

三達己酉 지어내니 智仁勇에 化한닭이
삼달기유 지인용 화

金鷄星이 分明해서 飛飛上天 能히하여
금계성 분명 비비상천 능

三藥水를 얻어다가 五酉星을 지어내니
삼약수 오유성

東方에는 靑鷄울고 西方에는 白鷄울고
동방 청계 서방 백계

南方에는 赤鷄울고 北方에는 黑鷄울고
남방 적계 북방 흑계

中央에는 黃鷄울어 己酉星이 되고보니
중앙 황계 기유성

己酉合德 配合되어 四方配合 시켜내니
기유합덕 배합 사방배합

五鷄星에 化한音聲 知時唱天 이아닌가
오계성 화 음성 지시창천

己酉戊辰 化한精神 酉辰配合 巽震되어
기유무진 화 정신 유진배합 손진

風雷二丁 合德化를 人甁에다 빚어내니
풍뇌이정 합덕화 인병

三山仙酒 分明해서 酉水白酒 完然하다
삼산선주 분명 유수백주 완연

燒酒淸酒 이아닌가
소주청주

金生水로 生긴술이 東方儒術 濁酒되고
금생수 생 동방유술 탁주

西方佛術 淸酒되고 北方仙術 燒酒되어
서방불술 청주 북방선술 소주

三術合化 藥酒되니 兌金丁巳 二十數로
삼술합화 약주 태금정사 이십수

丙午七赤 合하여서 九紫火酒 지어내니
병오칠적 합 구자화주

三兌澤酒 分明하다
삼태택주 분명

三千年來 모인藥酒 一壺酒를 지어내니
삼천년래 약주 일호주

酒中天子 李太白이 明月牌를 腰帶하고
주중천자 이태백 명월패 요대

三百盃酒 三百詩를 三百宮에 풀어내니
삼백배주 삼백시 삼백궁

六百七百 八百이라
육백칠백 팔백

亥子丑에 밝혀내어 寅戌一壺 지어보니
해자축 인술일호

六曹大臣 河魁首라
육조대신 하괴수

河水龍潭 一淸水로 甲戌酒를 지어놓고
하수용담 일청수 갑술주

甲子大人 만나거든 이술주어 大醉시켜
갑자대인 대취

三年酒政 至極後에 大成萬事 하여보소
삼년주정 지극후 대성만사

甲神星의 造化였만 主星纏次 알았던가
갑신성 조화 주성전차

纏次法만 알고보면 三甲主를 알리로다
전차법 삼갑주

上元中元 下元甲이 三元大將 分明해서
상원중원 하원갑 삼원대장 분명

乾三連을 이뤄내니 下元中元 上元이라
건삼련 하원중원 상원

天氣地氣 昇降道가 三道往來 丁寧키로
천기지기 승강도 삼도왕래 정녕

三道上昇 甲子되고 三道下降 庚子되니
삼도상승 갑자 삼도하강 경자

三酉之術 깨달아서 靑鷄鳴晨 깨쳤으라
삼유지술 청계명신

日入道를 맡은故로 日出消息 傳해주니
일입도 고 일출소식 전

火中에다 取精한술 燒酒라고 말은하나
화중 취정 소주

그燒酒를 먹는法은 三夏炎天 먹는바니
소주 법 삼하염천

暑症나서 沓沓커든 燒酒家로 찾아가세
서증 답답 소주가

燒酒家를 알고보면 天父事業 밝혀내야
소주가 천부사업

弓乙靈符 三神甁에 三月春酒 빚어내어
궁을영부 삼신병 삼월춘주

天下萬國 同胞兄弟 暑症感寒 相剝할제
천하만국 동포형제 서증감한 상박

고루고루 나눠주어 濟渡生靈 하자하고
제도생령

地母主께 五行얻어 姉妹에게 六甲빌어
지모주 오행 자매 육갑

三十五斗 五方米를 十一壺에 釀出하니
삼십오두 오방미 십일호 양출

五萬年來 이仙酒는 可活天下 萬人이라
오만년래 선주 가활천하 만인

卦之秘藏 하였다가 用處運이 當到키로
괘지비장 용처운 당도

天父地母 相議하고 明好堂中 奇別하여
천부지모 상의 명호당중 기별

癸亥四月 小開해서 一呼一吸 맛좀뵈고
계해사월 소개 일호일흡

癸亥對中 三月後에 大開其封 하여내어
계해대중 삼월후 대개기봉

勤苦하던 여러道類 誠敬信을 골라내어
근고 도류 성경신

儒佛仙酒 合靈술을 第次대로 分給할제
유불선주 합령 제차 분급

上中下로 列座시켜 一盃一盃 나눠주니
상중하 열좌 일배일배

一盃酒도 좋거니와 三尺琴이 더욱좋다
일배주 삼척금

五絃琴 彈一聲에 南風詩를 和答하니
오현금 탄일성 남풍시 화답

南風之 薰薰兮여 解吾民之 憂慮로다
남풍지 훈훈혜 해오민지 우려

四時安樂 太平兮여 太古順風 更歸로다
사시안락 태평혜 태고순풍 갱귀

西天으로 가던해가 東天으로 새로뜨니
서천 동천

日明天下 明明德이 無處不臨 하시도다
일명천하 명명덕 무처불림

正午時가 되었으니 極明峻德 이아닌가
정오시 극명준덕

天下萬國 道人들이 日光珠를 얻으려고
천하만국 도인 일광주

祝天祝地 하더니만 玆到來節 하게되니
축천축지 자도래절

不待自然 來臨일세
부대자연 내림

日光珠를 살펴보니 星光月光 合하여서
일광주 성광월광 합

三光明珠 되었으니 五色影彩 玲瓏中에
삼광명주 오색영채 영롱중

儒佛仙道 三靈道師 隱然히 빛을감춰
유불선도 삼령도사 은연

天然히 坐定後에 節將符將 거느리고
천연 좌정후 절장부장

天干地支 二十二將 十一部에 設筵하고
천간지지 이십이장 십일부 설연

一步二步 進退하니 學步七星 九星步라
일보이보 진퇴 학보칠성 구성보

漸入佳境 進步하면 左右山川 陰陽局에
점입가경 진보 좌우산천 음양국

正正曲曲 弓乙되어 一八體로 作路로다
정정곡곡 궁을 일팔체 작로

四像一理 應한大道 十勝八卦 九宮이라
사상일리 응 대도 십승팔괘 구궁

八卦城을 다본後에 九宮室中 들어가서
팔괘성 후 구궁실중

十尊天皇 모시고서 古今萬事 設論하세
십존천황 고금만사 설론

龍霔先生 奉命書終
용주선생 봉명서종

布德三十二年 辛卯 九月 戊戌 初五日 戊寅 戌時 壬戌 終
포덕삼십이년 신묘 구월 무술 초오일 무인 술시 임술 종

한국요참고(韓國謠讖考)

한국의 동요(童謠)를 역사적으로 연구하고자 하면, 무엇보다도 동요의 뿌리와 줄기라 할 수 있는 이 요참을 먼저 알아야 할 것이다. 중국의 고사(故事)에서 나온 "강구(康衢)에 동요를 듣는다"는 말은 동요를 일종의 청정적(聽政的) 자료로 삼아온 기원이요, "동요란 천상(天上)의 형혹성(熒惑星)이 지상(地上)에 내려와 동자(童子)로 변성(變成)하여 노래지어 부르는 것이다"는 말은 동요를 어떤 시변(時變)의 선조(先兆)로 나타나는 것으로 알아온 민속(民俗)의 시초로서, "동요란 것은 민중의 입을 빌려 가장 정직히 발표되는 시사적(示唆的) 또는 후험적(後驗的)인 일종의 예언(豫言)"이라 할 수 있다.

이것이 고인(古人)의 동요에 대한 정의 또는 견해라고 하면 동요를 오늘날과 같이 예문(藝文)의 한 종류로 보지 않고, 다만 참위(讖緯)의 일부분으로 생각했음을 알 수 있다.

그리하여 문헌에 채록(採錄)할 때에도 동요를 천재(天災)나 지이(地異) 등의 조항에 편입하게 된 것이다. 그러면 대개 이 참(讖)이란 것은 무엇인가?

요(謠)에는 이른바 도참(圖讖), 부참(符讖), 충참(蟲讖), 언참(言讖), 시참(詩讖), 요참(謠讖) 등 그 종류가 적지 않은데, 한 가지 공통된 점은 장래 득실(得失)의 전조(前兆)를 보이는 것 곧 예언을 뜻하는 것이다.

또한 고해(古解)에 의하면 '憑虛搆辭(빙허구사)' 또는 '傳聞之未實者(전문지미실자)'라고 했으니 사실(史實)의 선정적(先定的) 유언(流言)이란 의미로 사용된 말임을 알 것이다.

그러므로 조선 중종 때 김안로(金安老)는 「용천담적기(龍泉談寂記)」에서 동요를 논하여 말하기를, "예로부터 거리의 동요가 일어나는 것이 처음에는 의의(意義)없이 무정(無情)에서 생기되, 사람이 거짓으로 속임이 섞임을 용납하지 아니하고 허령(虛靈)의 천연(天然)에 순일(純一)하여 스스로 능히 감통(感通) 전정(前定)하여 참응(讖應)이 불상(不爽)하나니라"하고, 또 연산군(燕山君) 때 동요에 대해 말하기를, "나라의 흥망이 천명(天命) 인심(人心)의 배향(背嚮)된 것이라 반드시 먼저 조짐을 보이니 이는 예로부터 그러하니라"하였으며, 또 이르기를, "하늘과 땅 사이에 일사(一事) 일물(一物)의 이루어지고 패함과 살고 죽는 것이 무릇 일컬어 되는 바에 전정 아님이 없되, 오직 현(玄)을 보고 미(微)를 참(讖)할 수 있는 선비가 된 뒤에라야 가히 앉아 헤아려 앞서 아나니, 노래의 도는 이치 또한 가히 속이지 못할 것이다"라고 하였다.

그런데 이 '참(讖)'이란 것은 크게 민심을 좌우하고, 심하게는 정권을 잡은 군주(君主), 중신(重臣)에게 미쳐 역사의 변혁을 보게까지 이른다. 삼국(三國) 말엽 신흥국 태봉(泰封)의 궁예(弓裔)가 송악(松嶽)을 버리고 부양(斧壤: 平康)에 환거(還居)함이 그 '참'으로 인함이며, 고려 의종(毅宗)이 모든 아우와 우애(友愛)를 저버린 것도 또한 그 '참'을 망령되게 믿었던 까닭이요, 이자겸(李資謙)이 불궤(不軌)를 음모하고 이의민(李義旼)이 비망(非望)을 품은 것도 다 그 '참' 바람에 어깨를 으쓱한 점이 많았기 때문이다.

어떤 사실이 있기 전에 그것을 예언하여 동요나 참류(讖類)의 도서(圖書)가 선행(先行)된다는 것을 믿음으로 말미암아 일신(一身) 또는 한 국가에 적지 않은 영향을 미친 것이 역사적으로 그 예가 많은데 그중 조선 태종(太宗) 때의 일을 예로 들어보고자 한다.

당시 예조(禮曹)에서 상원회(上元會) 악장(樂章)을 『몽금척(夢金尺)』, 『수

보록(受寶籙)』으로 수장(首章)을 삼으려 했으나 임금이 "꿈과 도참(圖讖)의 설(說)을 믿어 어찌 그런 노래를 수장으로 삼겠느냐"하면서, 『근천정(覲天庭)』『수명명(受明命)』으로 수장을 삼으니, 이는 참서(讖書)를 믿어 행여나 왕가(王家)에 해가 미칠까 근심한 데서 나온 것인 만큼, 당시의 사람이 얼마나 이 참서를 무겁게 보았는지를 짐작케 한다.

또한 태종은 이러한 우려 외에도 총명(聰明)을 미망(迷妄)하게 하는 것이란 확론(確論)을 가졌던 것으로 보인다.

「악장논총(樂章論叢)」의 교(敎)에 말하기를, "보록(寶籙)의 설(說)을 나는 믿지 않노라. 첫째는 '삼전삼읍(三奠三邑) 응멸삼한(應滅三韓)이라'하여 사람들이 말하기를, 삼정(三鄭)은 정도전(鄭道傳), 정총(鄭摠), 정희계(鄭熙啓)라 하나 정희계는 덕(德)이 없고 공훈(功勳)도 없으니 과시(果是) 때를 응(應)하여 났다 하겠는가? 또 둘째는 '목자장군검(木子將軍劍) 주초대부필(走肖大夫筆) 비의군자지(非衣君子智) 복정삼한격(復正三韓格)이라'하여 사람들이 말하기를, 비의(非衣)는 배극렴(裵克廉)이라 하나 배극렴이 재상(宰相)이 된 지 오래지 않고 보치(輔治)가 무효(無效)하니, 또한 때를 응(應)하여 났다 하겠는가?"〔『조야집요(朝野輯要)』 권2〕라 하였다. 또 하륜(河崙)이 계(啓)하되, "비기(秘記)에, 고려는 송악에 도읍하여 480년을 지낼 것이요, 조선은 한양에 도읍하여 팔천(八千) 세(歲)를 지내리라 하였사온데, 고려 역년(歷年)은 과험(果驗)하니, 비기는 가히 속이지 못하는 것이라 하노이다"함에 대하여, 다시 임금이 가로되, "태조(太祖) 개창(開創)이 천명과 인심에서 일어났으니 설사 (몽금보록의) 이(異)가 없은들 창업(創業)하지 않았겠는가?"(『조야집요』 권1)라고 한 것이라든지, 또는 이조판서 박신(朴信)이 음양가(陰陽家)에 장서이론(葬書異論)이 봉기(蜂起)함을 없애자고 주청(奏請)한 것이나, 그 밖에 태종이 명(命)하여 서운관(書雲觀)에 있는 참위서(讖緯書) 등을 전부 분소(焚燒)해버린 사적(事蹟) 등으로 보아 옛 사람들이 이 참서에 대해 얼마나 그 마음을 움직였는지, 참서란 것이 어느 정도의 세력을 가진 것이었는지를 미뤄 짐작할 수 있다.

이제 동요란 것도 단순히 그 일면인 참위(讖緯)의 일종으로 본다 하면, 혹 비결(秘訣) 혹 비기(秘記) 등과 아울러 어느 정도까지 그 규(揆)를 같이 하였다고만 보려니와, 다른 일면을 살피건대, 일반 민요 등과 같이 국가를 근심하는 충곡(衷曲), 이상을 추구하는 욕망, 혹은 정의에 불타는 홍염(紅炎)이 민중의 구단(口端)을 빌어 가장 솔직하고 활발하게 그리고 대담하고 정확하게 표현한 것이라 할 수 있다.

그러므로 이른바 고려 건국의 예언이라 할 "계림황엽(鷄林黃葉)이요, 곡령청송(鵠嶺青松)이라"는 일어(一語)도 최치원(崔致遠)의 손으로 기록된 민간 전포(傳布)의 한 민요(民謠), 참요(讖謠)일 것임이 분명하다. 도선(道詵), 무학(無學), 정감(鄭堪), 토정(土亭) 같은 민중의 표면에 드러났던 대표적인 예언자도 있었지만 거의 다 무출처(無出處), 무작자(無作者)로 나와 막지 못할 기세를 보인 예언적 동요도 있었다는 사실이다.

대개 문학적으로 고찰해보면, 민요의 한 별유(別流)요, 사회적 견지(見地)에 의거하면 민의(民意)의 한 표상(表象)이라는 이 참요는 그것이 정치상의 변혁을 예언한 것이거나 궁호중(宮壼中)의 군총(君寵) 싸움을 밝히는 것이거나 주구자(誅求者)를 원차(怨嗟)하고 침입자(侵入者)를 선시(先示)한 것이나 그 어떤 종류를 막론하고 모두 민중의 정당한 소견(所見)의 적라(赤裸)한 부화(孵化)임은 이론의 여지가 없다.

또한 민요라는 성격으로 본다 해도 낮게는 천민(賤民) 생활의 단순한 오락으로부터 높게는 정치 기운상의 복잡한 경위까지 그 세력이 결코 미미한 것이 아니었다. 위로는 고종제(高宗帝)가 남달리 이요(俚謠)를 애호(愛好)하여 한때 궐내(闕內)를 민성(民聲)의 나팔장(喇叭場)으로 삼아 「아리랑」 등 수많은 신요(新謠)의 길을 열어 놓았던 것이나, 아래로 남방(南方)의 형안사도(炯眼使徒)라 할 동학당의 최제우 등이 동민요(童民謠)를 사상 선전의 무기(武器)로 삼아 선도(先導)의 활발한 보무(步武)를 자랑한 것이 다 이를 증좌(證左)하는 사실이다.

더욱이 어떤 사실(史實)이 생기기 전에 그것을 성사시키기 위해 이 민간

(民間) 또는 요참(謠讖)의 형식을 빌려 쓰는 등 후세 혁명객(革命客)들이 많이 사용한 수단 방법이었다. 그 기원은 삼국(三國)의 고사(古史)에서부터 보는 일이니, 백제(百濟)의 「서동요(薯童謠)」가 그 적절한 예가 될 것이다.

백제(百濟) 무왕(武王, 600년 즉위)의 「서동요」는 한국 이요사(俚謠史)의 별두(鼈頭)를 장식하는 흥미진진한 일사(逸事)이자 '참(讖)'의 형식을 취했다는 점에서 한국 요참사(謠讖史)에서 중요한 의의를 갖는다.

이 「서동요」를 가장 오래된 동요로 하고, 문헌과 구비(口碑)를 통해 한국의 예언적 동요를 연차적(年次的)으로 고찰해보면 다음과 같다.

1. 백제 무왕(武王) 서동요(薯童謠)
2. 후백제 견훤(甄萱) 때의 완산요(完山謠)
3. 고려 의종(毅宗) 때의 보현찰요(普賢刹謠)
4. 고려 고종(高宗) 때의 거혜요(去兮謠)
5. 고려 충렬왕(忠烈王) 때의 만수산요(萬壽山謠)
6. 고려 충숙왕(忠肅王) 때의 묵책요(墨冊謠)
7. 고려 충혜왕(忠惠王) 때의 아야요(阿也謠)
8. 고려 공민왕(恭愍王) 때의 우대공요(牛大吼謠)
9. 고려 공민왕 때의 남구요(南寇謠)
10. 고려 우왕(禑王) 때의 목자요(木子謠)
11. 고려 우왕 때의 이원수요(李元帥謠)
12. 조선 태종(太宗) 때의 남산요(南山謠)
13. 조선 성종(成宗) 때의 망마다요(望馬多謠)
14. 조선 연산군(燕山君) 때의 노고요(盧古謠)
15. 조선 연산군 때의 수묵묵요(首墨墨謠)
16. 조선 중종(中宗) 때의 만손요(萬孫謠)
17. 조선 중종 때의 슬파계요(瑟破繇謠)
18. 조선 선조(宣祖) 때의 사월요(四月謠)

19. 조선 인조(仁祖) 때의 사혈요(蛇穴謠)
20. 조선 효종(孝宗) 때의 형장요(刑杖謠)
21. 조선 숙종(肅宗) 때의 미나리요
22. 조선 순조(純祖) 때의 이경화요(李景華謠)
23. 조선 헌종(憲宗) 때의 간드렁요
24. 조선 철종(哲宗) 때의 새야요
25. 조선 철종 때의 가보세요
26. 조선 철종 때의 대궐요(大闕謠)
27. 조선 고종(高宗) 때의 도화요(桃花謠)

이 동요들은 대개 처음엔 의미 모를 동요로 항간에 유포되었다가 그것이 후일 어떤 사실(事實)로 드러나면서 이른바 '참(讖)'이란 명칭을 얻은 것이다.

여기서 논하고자 하는 28수(首)의 동요를 통해 각각 그 시대 민물(民物)의 일단(一端)을 살펴볼 수 있어 문학적 흥미뿐만 아니라 역사적 의의, 구전(口傳)하는 다른 이요(俚謠)와는 또 다른 색태(色態) 등을 알게 된다.

한국의 동민요(童民謠)는 다른 민족의 동요처럼 단순히 원시 시형(詩型)의 일종, 민중 예술의 일문(一門)으로만 존재함이 아니라 사회적·역사적으로 서로 그 연쇄적(連鎖的) 관계가 중심(重深)한 지위를 지니고 있다는 특색이 있다.

서동요는 대개 동요의 세력 있음을 이용하여 백제의 무왕(武王, 본명은 薯童) 자신이 신라 궁중의 선화공주(善化公主)를 뺏으려고 지어 일부러 퍼뜨린 동요(童謠)이다.

善化公主主隱　선화공주님은
他密只嫁良置古　남 그으기 얼어두고
薯童房乙　서동방(薯童房)을

夜矣卯乙抱遣去如 밤에 몰래 안고 간다.

–『삼국유사(三國遺事)』

이러한 동요를 이용한 방법은 중토(中土)의 고사(故事)에 자주 보이는데, 항우(項羽)를 강동(江東)으로 쫓아 보내려고 장양(張良)이 "부귀불귀고향(富貴不歸故鄕)이면 여수의야행(如繡衣夜行)이라"는 동요를 지어 가동(街童)들에게 부르게 한 것과 흡사하다. 이것은 동요가 자연적으로 발생한 것이 아니라 그것을 이용한 한 예라 할 수 있다.

'출처(出處)도 없고, 작자(作者)도 없다'로 유포(流布)되는 동요의 기원을 찾아보면 후백제(後百濟)의 임금 견훤(甄萱, 892년 나라를 세움) 때의 완산요(完山謠)라 할 것이다.

可憐完山兒 가엾다, 완산의 아이가
가 련 완 산 아

失父涕漣濡 아버지 잃고 눈물짓네.
실 부 체 연 수

–『고려사(高麗史)』, 『문헌비고(文獻備考)』

이 동요는 일대 영웅의 말로(末路)가 적막할 것을 슬퍼하는 내용이면서 그의 아들 신검(神劍), 양검(良劍), 용검(龍劍)이 아버지를 금산(金山) 불우(佛宇)에 가두고 그 국권(國權)을 뺏었다가 고려 태조(太祖)에게 오히려 정벌당한 일로 부자간에 불리한 갈등이 있으나 도리어 비참한 최후가 있을 것이라 예언한 민중의 속임 없는 선고(宣告)였던 것이다.

동요는 이같이 영웅 일가의 변동을 말할 뿐만 아니라 크게 정치의 득실을 가장 솔직히 밝히기도 한다. 고려 의종(毅宗, 1147~1170 재위) 때의 보현찰요(普賢刹謠)를 살펴보자.

何處是普賢刹 보현사가 어느 곳인고?
하처시보현찰

隨此盡同力殺 힘써 모조리 다 죽이네.
수차진동역살

—『문헌비고』

이 동요는 고려 의종의 실정(失政)을 말한 것이다. 왕이 늘 유락(遊樂)을 일삼으며 문신(文臣)을 좋아하고 무신(武臣)을 싫어하매, 무신들의 불평이 때로 날로 쌓이더니, 의종 24년 음력 8월에 왕이 보현원(普賢院)으로 갈 때, 오문(五門) 앞에 이르러 시신(侍臣)을 불러 행주(行酒)하고, 해가 저물도록 잔치를 즐긴 후에 원문(院門)에 다다랐다. 이때 하루 종일 굶주린데다 평소의 천대(賤待)를 이기지 못한 무신 정중부(鄭仲夫), 이고(李高) 등이 난을 일으켜 호종(扈從) 문관(文官)과 대소(大小) 신료(臣僚)들을 한 칼에 다 죽이고 송도(松都)에 있는 문신들에게까지 해를 가하니, 9백여 문신의 흐르는 피가 내를 이루었다. 하지만 끝내 왕도 이의민(李義旼)의 손에 정수(定壽)를 다 마치지 못했던 일이 있었는데 이 동요는 이 보현원(普賢院)의 참극(慘劇)을 예언했던 것이다.

이 사실(史實)은 그 원인을 왕과 문신의 과도한 연락(宴樂)에 둔 채로 역사적 결과는 심히 불미(不美)하여 문학과 도의(道義)가 다 무너지고, 역신(逆臣)과 반장(叛將)이 뒤를 이어 조정 안의 정권 쟁탈은 변전(變轉) 무상(無常)했으며, 국민의 불안이 또한 대심(大甚)하였다. 정치의 문란(紊亂)이란 것이 결국 국민 전체에 그 영향이 미치는 것이니 만큼, 그것을 안타깝게 보는 것과 동시에 어떤 참극이 있을 것을 앞서 경고하는 것은 민중의 정당한 소리임이 틀림없다.

대개 정당한 안목의 소유자인 민중들은 왕정(王廷)의 문란을 통매(痛罵)할 뿐만 아니라 이어지는 관리 채용의 부정(不正)함도 풍자(諷刺)하지 않고는 견디지 못하는 것이다. 고려 충숙왕(忠肅王, 1314년 즉위) 때의 묵책요

(墨冊謠)가 정(正)히 그것이다.

用綜布 作都目 가는 베로 만든 도목(都目)[1]
용종포 작도목

政事眞墨冊 책〔冊〕이 온통 까맣구나!
정사진묵책

我欲油 기름〔油〕을 가하였더니,
아욕유

今年麻子少 올해는 깨도 적어
금년마자소

噫不得 아아! 얻을 길 없네.
희부득

—『문헌비고』 권11

이 동요는 김지경(金之鏡)이란 이가 전조(銓曹)를 맡아보는데, 서로 천거(薦擧)하고 도말(塗抹)하는 통에, 도목(都目)의 통이 주묵(朱墨)으로 발림이 되어, 당시 사람들이 '묵책정사(墨冊政事)'라고 일컬었던 일을 나타낸 것이다.

이 같은 관도(官途)의 부정사(不正事)를 허락하지 않는 민중의 마음은 군왕(君王)일지라도 그가 학정자(虐政者)일 때에는 추호도 숨김 없이 증오하고 풍자하기를 주저하지 않았다.

고려 충혜왕(忠惠王)은 충숙왕의 맏아들로서 1331년에 즉위했다가 중간에 8년을 폐(廢)한 일이 있고, 다시 복위(復位)하여 1344년에 원나라에서 죽었다.

충혜왕은 황음(荒淫) 탈재(奪財)가 무도(無度)하였는데 오히려 그것으로 역사상에 그 자취가 현저하거니와 군소(群小)는 득의(得意)하고 충직(忠直)

1) 국가 차원에서 벼슬아치의 성적이 좋고 나쁨을 적어 놓은 조목.

은 견기(見棄)하니, 이는 필경 국민 복리(福利)에 큰 관계를 가진 것이다. 민중은 그의 일거일동(一擧一動)을 그대로 보지 못하고 마침내 아야동요(阿也童謠)를 불러낸 것이다.

阿也麻古之那 아야 말구지라.
아 야 마 고 지 나

從今去何時來 아야 가면 언제 오리오.
종 금 거 하 시 래

－『고려사』 본기(本紀), 『문헌비고』 권11

『고려사』, 『문헌비고』 및 「용천담적기(龍泉談寂記)」 등에 모두 "…… 이에 이르러 사람들이 이를 해석하여 가로되, '악양망고지난(岳陽亡故之難) 금일거(今日去) 하시환(何時還)이란 뜻이라' 하더라"라고 같은 해석을 하였다. 이 주해대로 말하면, 아야마고지나(阿也麻古之那)란 말이 악양망고지난(岳陽亡故之難)이란 말인 것 같지만 이는 전회(傳會)일 뿐, 결코 한문 문자가 한국 동요가 될 수는 없다. '아야(阿也)'란 말이 '악양(岳陽)'의 음(音)에 합(合)함과 동시에, 충혜왕이 원나라 악양에서 죽은 사실이 공교(工巧)히 일치됨을 보아서 그것쯤은 용허(容許)할 수 있는 설이라 하겠으나, '마고지나(麻古之那)'를 '망고지난(亡故之難)'이라 함은 국요(國謠)가 본시 한문이 아닌 만큼, 한학가(漢學家)의 못된 작란(作亂)에 불과한 것이 너무나 요연(瞭然)한 사실이다.

분명히 해석 고증할 만한 고어(古語)의 재료를 갖지는 못했지만, 속어에 파물(破物)이 된다거나 패사(敗事)가 될 때에, "아이구, 망구지로구나!"라고 하는 것만을 등대고 아야마고지나(阿也麻古之那)란 말은 "아야, 망구지라"(다 틀렸구나)라고 역해(譯解)함이 가하지 않을까 한다.

이 같은 풍자 동요로는 연산주(燕山主, 1495년 즉위) 때에 그의 학정(虐政)을 들어 노고요(盧古謠)를 부른 것이 있다.

見笑矣盧古 웃을로고
견소의로고

仇叱其盧古 구실로고
구질기로고

敗阿盧古 패할로고
패아로고

—「용천담적기(龍泉談寂記)」

이것은 연산주의 황패(荒悖)함을 말한 것으로 남에게 조소(嘲笑)를 당하고 황란(荒亂) 부정(不淨)한 행동이 더러우며 마침내 실패하고 만다는 것을 솔직히 나타낸 것이다.

민중은 국가의 안위(安危)를 가장 직접적으로 생각하는 자이다. 정병(政柄)을 잡은 권력자들은 오히려 자신의 이익에 눈이 어두워 국가의 존망은 염외(念外)에 두는 예가 고래(古來)로 적지 않다.

그러므로 국가의 운세가 장차 기울려 할 때에도 조신(朝臣)의 직(職)에 있는 자들은 거의 자기 복리를 위해 대의(大義)를 다투어 팔되, 수만 많고 힘은 없는 국민들은 몇몇 충신(忠臣), 의사(義士)와 함께 나라를 근심하니, 불구(不久)에 전화(戰禍)가 있어 민생이 도탄에 들 것도 그들 이외에는 관심 갖는 사람이 없으니 국가는 필경 쇠운(衰運)을 면하지 못할 것이다.

동요를 통해 이러한 역사적 사실을 증좌(證左)할 수 있으니, 이에 고려 공민왕(恭愍王) 때의 '우대공요(牛大吼謠)'와 '남구요(南寇謠)' 그리고 조선 선조(宣祖) 때의 '사월요(四月謠)'를 살펴보자.

牛大吼 소가 우는데
우대후

龍離海 미리는 바다를 떠나
용리해

淺水弄淸波 얕은 물에 맑은 물결치며 노는구나.
천수롱청파

– 김안로(金安老) 「용천담적기」, 『문헌비고』

忽有一南寇 에끼, 남쪽 도적이로구나!
홀 유 일 남 구

深入臥牛峰 와우봉으로 들어오네.
심 입 와 우 봉

공민왕(恭愍王) 10년(1361), 원나라에서는 사방에서 반도(叛徒)가 봉기(蜂起)한 가운데 북방의 홍두적(紅頭賊)이 가장 세력이 강했는데, 원에게 쫓겨 그 해 10월 십만여 명이 고려로 침입했다. 홍두적이 절령(岊嶺, 현재 瑞興 慈悲嶺)을 넘자 왕이 복주(福州, 지금의 安東)로 피하니, 적들은 개경으로 쳐들어와 수개월 동안이나 분탕(焚蕩)질을 하다가 총병관(總兵官) 정세운(鄭世雲)과 도원수(都元帥) 안우(安祐) 등에게 거의 다 죽고 몇 명 남은 무리들은 압록강(鴨綠江)을 건넜으나 원에게 마저 죽어 한때의 대란(大亂)이 겨우 평정(平定)된 일이 있었다. 이 홍두적의 난(亂)에 왕이 안동(安東)으로 행(幸)하여 영호루(映湖樓)에서 연락(宴樂)할 때 어떤 사람이 그것을 보고, "예전에 그 말, 곧 이 동요를 들었더니, 이제 그 험(驗)을 보는구나!"(김안로의 「용천담적기」)하고 탄식한 일이 있었다고 한다.

우대공(牛大吼)이란 것은 공민왕 10년 홍두적의 도적이 들어온 해가 신축(辛丑) 곧 소[牛: 丑]의 해인 것을 말함이요, '용리해(龍離海)'란 것은 왕이 궁(宮)을 떠남을 일컬음이요, '천수롱청파(淺水弄淸波)'란 것은 왕이 안동 영호루에서 연락함을 가리킨 것이다.

그리고 '홀유일남구(忽有一南寇)'의 '남(南)' 자는 이른바 '동(東)은 청(靑), 서(西)는 백(白), 남(南)은 적(赤), 북(北)은 흑(黑), 중(中)은 황(黃)'이라는 설(說)을 따라 남(南)은 적색(赤色)이니 홍두적을 예언한 것이라 할 수 있다. 이 동요는 홍적란(紅賊亂)이 있을 것을 예언한 것으로 당시 나라가 자못 어지러웠던 것을 공민왕 한 사람의 불행으로만 볼 것이 아니고 실제

고려의 쇠퇴기로 인함이니 백성의 통한(痛恨)이 어찌 적은 데 그쳤으랴.

이러한 전쟁 예언의 동요는 조선 선조 때에도 찾아 볼 수 있다.

四月大月來 4월 그믐날에,
사월대월래

京畿監司雨裝直領 경기감사 비옷 곧을 가장 요긴한 곳
경기감사우장직령

–『문헌비고』

이 동요는 선조 24년(1591)에 항간에 유행하던 것인데, 그 다음 해 임진년(壬辰年)에 저 난리가 일어나 과연 사월(四月) 말일(末日)에 왕이 서행(西幸)하는데, 마침 큰비가 내리니 급한 걸음이라 우구(雨具) 준비도 없이 떠나니 경기감사(京畿監司) 권징(權徵)이 사현(沙峴)까지 따라 나와 유삼(油衫)을 드린 일이 있었다.

임진란(壬辰亂)에 대한 역사적 비평은 여기에서 논할 바가 아니거니와 조정의 대신배(大臣輩)들이 안일(安逸)에 탐(耽)했을 때, 민중들은 이러한 국가적 위급을 미리 염려했음을 이 동요를 통해서 얼마쯤 짐작할 수 있다.

한반도의 긴 역사에서 여말(麗末) 40년간만큼 우리의 주의를 끄는 시기가 드물 것인데, 그중에서도 위화도(威化島) 회군(回軍)은 특히 주목할 만하다.

고려의 영명(英明)한 공민왕(恭愍王)이 여러 차례 병란과 권신(權臣)의 전자(專恣)와 및 중〔僧〕 돈(旽)의 거용(擧用) 등으로 인해 국정(國政)을 잃다가 마침내 죽고, 우왕(禑王)이 들어앉은 때에 북방 대륙에서는 원(元)이 망하고 명(明)이 그 뒤를 차지한지라, 고려 조정에서는 국책(國策)의 의(宜)를 정하고자 의론(議論)이 분운(紛紜)하였다. 더욱이 두 중망(重望)인 최영(崔瑩)과 이성계(李成桂)의 의견이 불일(不一)하여 최영은 "요동(遼東) 정벌(征伐)로써 국운(國運)을 일신(一新)하자" 하고, 이성계는 "원(元)에 대한 구태도(舊態度)대로 명(明)을 대하자"고 주장했다.

그러나 명나라가 파저강(波豬江: 압록강 지류)가에 철령위(鐵嶺衛)를 두고 고려 국토를 해하려 하자 최영은 이에 크게 분개하여 우왕 14년(1388) 4월에 정명(征明)의 사(師)를 일으켜 팔도도통사(八道都統使)가 되어, 왕과 함께 평양(平壤)에 옮겨 앉고 조민수(曹敏修), 이성계(李成桂) 등에게 5만의 군사를 거느리고 압록강을 건너 요동을 공격하게 했다.

그러나 이성계는 다른 뜻을 가지고 있어 대군(大軍)이 압록강 위화도에 이르자, 더 진군(進軍)하지 않고 요우(潦雨)로 강을 건너기 어렵다는 구실을 들어 회군(回軍)을 결행했다가 마침내 최영을 고봉(高峰, 지금의 高陽)으로 귀양 보내고, 또 왕을 교동(喬桐)으로 내쳐 죽인 뒤에 드디어 나라를 새로 세움에까지 이르렀다. 이 회군(回軍)을 전기(前期)하여 돌던 동요가 있었다.

西京城外火色 서경 성 밖엔 불빛이요,
서경성외화색

安州城外煙光 안주 성 밖엔 연기로다.
안주성외연광

往來其間李元帥 그 사이 오가는 이원수(李元帥)여,
왕래기간이원수

願言救濟黔蒼 우리 백성 건지시오.
원언구제검창

이 동요는 위화회군(威化回軍)으로 그 험(驗)을 보았다고 하지만 이 한 사실(史實)이야말로 한국 강토(疆土) 확장, 국권(國權) 일신(一新)을 위해 얼마나 통석(痛惜)할 일인지 모른다. 이에 어찌 민중의 애원(哀怨) 일성(一聲)이 없었겠는가?

이것과 연락(聯絡)되는 같은 시기의 동요가 있다.

木子得國 나무 아들이 임금 된다.
목 자 득 국

—『용비어천가(龍飛御天歌)』

이는 우왕의 시절이 이미 고려 말엽일 뿐만 아니라 이성계의 세력이 암암리에 커져가고 있었으므로, 장차 '목자(木子)' 곧 '이(李)' 씨가 득국(得國)하리라는 조선 건국의 예언이었다.

『동각잡기(東閣雜記)』에 의하면, "이때 왕씨(王氏)는 멸(滅)하고 이씨(李氏)가 흥(興)한다는 동요가 있었으나 고려의 끝이라 숨기고 발표하지는 못할새, 상사(相師) 혜징(惠澄)이란 사람이 그윽히 일러 가로되, '아무개(곧 이성계)가 왕씨를 대신하여 반드시 흥(興)하리라' 하더라"는 것이 있고, 또『조야집략(朝野輯略)』에는 "옛 서운관(書雲觀) 소장의 구변진단지도(九變震檀之圖), 건목득자(建木得子), 조선구변도(朝鮮九變圖), 십팔자지설(十八子之說)이 있는데, 모두 단군(檀君) 때부터 있는 것이라"는 말이 있으며, 기타 이에 관계된 전설(傳說)이 수록된 문헌이 자못 하나 둘에 그치지 않는다. 한 나라의 국권이 다른 사람의 손으로 옮겨지는 것이 결코 작은 일이 아니니 이만한 대업(大業)에 대한 동요 또한 없을 수 없음이 당연하다.

참고로 한 가지 덧붙여 말하면, '목자득국(木子得國)'의 '목자(木子)'를 '나무 아들'로 풀이하는 것이 마땅하나 필자가 오래 전부터 전해들은 바에 따르면 이 동요가 처음 나올 때는 '남의 아들'이라는 뜻으로 돌던 것을 조선 건국에다 끌어 붙여, '나무 아들' 곧 '木子'로 만든 것이 아니었을까 하는 것이다. 이 '남의 아들〔人子〕'이란 것은 이 우왕의 성이 왕씨(王氏)가 아니라 신씨(辛氏)라는 설에서 나온 해석이다. 본래 공민왕이 무자(無子)한 것을 신돈(辛旽)이 반야(般若)라는 비자(婢子)를 왕에게 드려 아들을 얻게 하니 아기의 이름이 모니노(牟尼奴)였다. 이가 곧 우왕이기 때문에 그가 공민왕의 아들이 아니라 신돈의 아들이었다는 설이니, 이 신씨설(辛氏說)은 이씨가(李氏家)에서 지어낸 말이 분명하며 믿을 것이 못된다고 본다.

'나무 아들'이 아니라 '남의 아들'이었으리라는 말은 억측(臆測)일 뿐인데, 항간에 지금도 이렇게 말하는 사람이 있으므로 덧붙여 설명해둔다.

여말(麗末)의 혁명이 성취되기까지에도 그 경위가 자못 다단(多端)한 바가 있었지만 건국 후에도 소위 계사문제(繼嗣問題)로 골육상쟁(骨肉相爭)이 있던 일은 이미 잘 알려진 사실이다.

이때 이러한 사실(史實)을 노래한 동요가 있었다.

彼南山往伐石 저 남산으로 가 바위를 깨니,
피 남 산 왕 벌 석

釘無餘 정(釘)이란 남음이 없네.
정 무 여

— 김안로의 「용천담적기」

조선 태조의 전취(前娶) 신의왕후(神懿王后)의 소생 중에서 세자를 택봉(擇封)하지 않고, 후취(後娶) 신덕왕후(神德王后)의 소생 중의 방석(芳碩)을 세자로 삼자 신료들조차 다 그 세자 쪽으로 가 붙이니 대개 정도전(鄭道傳), 남은(南誾) 등이었다.

정(鄭)·남(南) 등은 신의왕후 소생인 모든 형제를 없이하여 세자의 세력을 확립하게 하고 그 여덕(餘德)을 입고자 하더니, 마침내 태종 형제와 큰 알력(軋轢)이 일어나 일야(一夜)에 형세가 역전하여 세자 형제도 죽고, 정·남 양인(兩人)까지 목숨을 잃게 되었다.

이 동요는 이 정·남 등이 죽을 것을 참(讖)한 것이니, '남산(南山)' 운운(云云)의 남(南)은 남은(南誾)을 가리킴이요, 정(釘)이란 것은 정도전(鄭道傳)의 정(鄭)과 동음(同音)임을 이용한 것이며, 또 '무여(無餘)'의 여(餘)도 우리말의 '남음'이니, 남은(南誾)과 음상사(音相似)함을 취한 것이다.

조선 시대에 이와 같은 혁명 사실(史實)에 관계된 동요가 많음은 정치와 동요가 각기 고구(考究)를 상준(相竣)하는 바라 할 것이다. 이번엔 연산주(燕山主) 때의 수묵묵요(首墨墨謠)를 살펴보자.

每伊斁可 每伊斁可 매잇가? 매잇가?
매 이 두 가 매 이 두 가

首墨墨 수먹먹
수 묵 묵

– 김안로의 「용천담적기」

이 동요는 연산주가 장차 몰려날 때 그 책수(策首)들이 어디에 있었는가를 말한 것이다. 대개 국초부터 문학을 숭상하여 일세기(一世紀)가 지나면서 자연히 거기에 한 폐단(弊端)이 일었는데, 연산주가 위(位)에 올라 전대(前代)에의 반동(反動)으로 학문을 염오(厭惡)하고 음학(淫虐)이 심하자, 마침내 박원종(朴元宗)·성희안(成希顔)·류순정(柳順汀) 등이 연산군 12년(1506년) 9월에 혁명을 일으켰다.

이 동요가 당시의 말로는 무엇이라고 하였는지 짐작하기 어려우나, 「용천담적기」의 주해(註解)에 역(斁)은 "국휘(國諱), 곧 새로 올려 세운 중종(中宗)의 휘(諱) 역(懌)의 동성(同聲)이라"고 한 것은 또 한 가지 전회(傳會)라고 보인다. 다만 "그렇습니까?"의 뜻인 "매잇가?"의 사음(寫音)으로 보아야 할 것이다. 그리고 '수묵묵(首墨墨)'이란 것은 이 반기를 든 책동자들이 그때 종남산(終南山) 아래 묵사동(墨寺洞)에 거주한다는 것을 나타낸 것이다.

이와 유사한 동요로 효종(孝宗) 때의 형장요(刑杖謠)가 있다.

신상촌(申象村)의 아들 동양위(東陽尉) 익성(翊聖)의 사위로 홍명하(洪命夏)란 사람이 있었는데, 동양(東陽)의 아들 면(冕)과 사이가 좋지 못했다.

신면(申冕)은 조년(早年)에 두 번이나 등과(登科)하고 명관(名官)을 역천(歷踐)하자, 등항(騰亢)이 일장(日長)하여 자기 집에 와 있는 홍명하를 뇌객(惱客)으로 여겨 빈척(擯斥)하더니, 효종 2년(1651)에 김자점(金自點)의 옥

(獄)이 일어났을 때, 홍공(洪公)은 지의금(知義禁)으로 있고, 신면은 자당(自黨)과 연좌(連坐)하게 되었다.

이와 동시에 중인(中人) 역관(譯官)으로 이형장(李亨長)이란 사람이 있었는데, 청나라 조정으로 출입하며 국가 사이에 공연(空然)한 말을 만들어 흔단(釁端)을 일으킨 까닭으로, 효종은 이를 궁치(窮治)하고자 했다.

이때 아래와 같은 항요(巷謠)가 있었다.

亨長(乙)杖刑(하면)　형장을 장형(杖刑)하면,
형 장 을 장 형

冕(이)免八乙所冂也　면(冕)이 면(免)할쏘냐?
면　면 팔 을 소 고 야

—『동계만록(東溪漫錄)』

홍공(洪公)이 당시의 위관(委官) 이시백(李時白)과 상의하여, "이형장만 훼고(毁拷)하고, 신면은 방면시킴이 좋겠다"고 임금에게 진달(陳達)했으나 결국 이(李)·신(申)은 함께 죽음을 면하지 못했다.

이와 같이 어떠한 혁명운동이 있을 때마다 민중 속에는 그것을 선견(先見)하는 사람이 있어 동요까지 생기게 되는 것이다.

이제는 동학혁명(東學革命)에 관한 동요를 살펴보기로 하자.

철종(哲宗) 이후로 대원군(大院君)의 폐정(弊政) 개혁이 있었으나 기우는 국세(國勢)에 이롭지 못했고, 민씨(閔氏)가 정권을 잡아 좌우하는 통에 대관(大官) 간리(奸吏)가 모두 민재(民財) 박탈만 일삼게 되고, 동시에 외국의 세력까지 반도로 밀려들어, 자못 국가의 운명이 위태롭게 되었다.

고부군(古阜郡) 향리(鄕吏)의 집에서 난 전봉준(全琫準)이란 사람은 소년 시절부터 이 부패한 국가를 일신(一新)하고자 웅도(雄圖)를 품고 있더니, 이를 실현하고자 마침내 동학당에 투신했다.

동학은 철종 11년(1867) 4월 5일에 최수운(崔水雲)이 처음으로 그 소식을 전한 이래 비밀리에 민중적으로 대결사(大結社)가 되어, 평등주의, 혁명사상을 고취하니, 전봉준은 이상(理想)을 이루고자 먼저 동학 제2세 교주 최시형(崔時亨) 문하의 신도가 되었다.

그리하여 수십 년간 동분서주하며 혁명을 경영했으나 불행히 내외의 장애를 벗지 못하고, 마침내 41세를 일기로 단두대 위에 혈루(血淚)를 뿌리고 말았다. 실로 한국 최근세사의 비분(悲憤)한 일장(一張)이다. 이때에도 유행하던 동요가 있었다.

새야 새야 파랑새야
너 어이 나왔느냐
솔잎 댓잎 푸릇푸릇키로
봄철인가 나왔더니,
백설(白雪)이 펄펄 휘날린다.
저 건너 저 청송(青松) 녹죽(綠竹)이 날 속였네.
– 구송(口誦)

이 동요는 전봉준의 실패를 조상(弔喪)함과 동시에 민중의 낙망(落望)을 우의(寓意)한 것이다. 또 이와는 좀 다른 것도 있다.

새야 새야 파랑새야
녹두(綠豆) 밭에 앉지 마라.
녹두(綠豆) 꽃이 떨어지면
청포장수 울고 간다.
– 구비(口碑)

녹두(綠豆)란 것은 전봉준이 몸집이 작아 사람들이 그의 별명을 녹두라 한 것을 이용한 것이며, 역시 그들의 실패를 앞서 말한 것이다.

또 이 당시 동요 가운데 이런 것도 있었다.

가보세 가보세.
을미적 을미적
병신되면 못 간다.
– 구비(口碑)

이는 동학란이 갑오년에 성공하지 못하고, 을미년(乙未年)을 지나 병신년(丙申年)에 다다르면 동학란은 마침내 실패할 것임을 말한 것이다. '가보세, 을미적, 병신되면'은 모두 '갑오(甲午), 을미(乙未), 병신(丙申)'과 그 음(音)이 같음을 이용한 것이다.

또한 같은 시기의 김개남(金介男)에 대한 동요도 있었다.

아랫녘 새야 웃녘 새야
전주(全州) 고부(古阜) 두도 새야
두루박 딱딱 우여어.
– 구비(口碑)

갑오 동학란에 김개남이 전봉준과 함께 기병(起兵)하여 남원 등지에 주(駐)하였다가 지리산 아래 박성인(朴姓人)에게 패할 것을 말한 것이다. '두루박' 운운은 두류산(頭流山) 곧 지리산 박씨(朴氏)라는 말이요, '우여'는 새 쫓는 소리니, 실패를 뜻한다.

전라도 한 모퉁이에서 죽창(竹槍)과 목도(木刀)로 일어날 때 누구 능히 정부가 이를 진압하지 못하고 외국에 청병(請兵)하여 자국(自國)을 제 손으로 멸망시킬 줄 알았으랴마는 진작 이 동요가 가항(街巷)에 돌던 일을 생각하면, 오히려 민중 자신들만은 이 운동에 큰 관심과 선명(先明)을 가졌음을 알 수 있다.

정치와 관련된 동요는 대개 이상과 같고 이어 군총(君寵)에 관한 동요를 살펴보고자 한다.

성종대왕(成宗大王, 1470~1494)은 총명한 군주로서 남다른 문재(文才)를 타고났으며 정치에도 구김이 없었으나 너무나 호색(好色)하여 비(妃) 윤씨(尹氏)와의 사이가 늘 불화(不和)하였다.

마침내 윤씨는 폐비가 되고 사약(賜藥)까지 하여, 후일 연산주 일대(一代)의 큰 화단(禍端)을 일으켰는데, 이때 윤씨가 폐비될 것을 예언한 동요가 유행했다.

望馬多 勝瑟於伊羅　망말다 싱싫어라.
망 마 다　승 슬 어 이 라

— 김안로의 「용천담적기」

'望馬多(망마다)'란 것은 '말다'란 말에 '마' 음(音)을 한 번 더 넣은 것이나, 『문헌비고』와 김안로의 「용천담적기」 등의 이른바 '사절지사(辭絶之辭)'이며, '勝瑟於伊羅'는 곧 '승실어이라'로 '싫어라'란 말에 'ㅅ' '시' 음 하나를 가식(加飾)한 것이니, 동(同) 문적(文籍)들의 이른바 '압각지사(壓却之辭)'이다. 이러한 첩음적(疊音的) 동요는 지금도 어린이들이 즐겨 사용하고 있다.

이런 종류의 군총에 대한 동요로 유명한 것이 있다.

장다리는 한철이나
미나리는 사철이라.
— 구비(口碑)

이는 숙종(肅宗, 1675~1720)의 궁호중(宮壺中)에 민후(閔后)와 장빈(張嬪)이 서로 그 총애(寵愛)를 다투다가 오랜 수운(愁雲)을 헤치고 마침내 승리는 민후에게 돌아갔는데 여기에는 종종(種種)의 경로(逕路)가 있기도 했으나 민간 여론의 한 측면인 이 동요의 세력도 적은 힘이 아니었던 것이다.

'장다리'란 것은 장씨의 '장' 음을 취한 것이요, '미나리'란 것은 민후의 '민' 음을 빌린 것이다. 이 동요는 이와 같이 사랑에 어두워진 왕의 눈을 열어준 것인 만큼, 그 암시의 힘이 매우 컸다.

또 고종(高宗) 때에도 한창 훼귀비(毁貴妃)가 총애를 받고 있었는데, 한번은 진연시(進宴時)에 평양기(平壤妓), '도화(桃花)'라는 미인이 있어 왕의 눈에 들게 되었다. 이것을 안 훼비는 도화를 불러들여 바늘 끝으로 그 얼굴을 갉아 종처(腫處)처럼 만들고, 왕에게는 도화가 악질(惡疾)을 지닌 모양이라고 말하여 쫓아 보낸 일을 두고, 당시 이를 가리키는 동요가 있었다.

도화(桃花)라지 도화(桃花)라지 요(謠)
네가 무삼년에 도화(桃花)냐
복숭아꽃이 도화(桃花)지.
– 구비(口碑)

이 밖에도 인조(仁祖) 때의 궁중 일을 노래한 것도 있다.

蛇穴正穴 뱀 구멍 참 구멍
사 혈 정 혈
–『문헌비고(文獻備考)』

인조 27년(1649) 5월에 왕이 승하(昇遐)하여 파주(坡州)에 수궁(壽宮)을 복(卜)할 즈음 상역(相役) 승군(僧軍)들이 달구질을 하며 이 동요를 창화(唱和)하였는데 영조 7년(1731) 능상(陵上)에 과연 사회지변(蛇虺之變)이 있단 말이 있어 대신(大臣), 예관(禮官)이 봉심(奉審)한 후 교하(交河)에다 개복(改

卜)하니, 당시의 우의정(右議政) 이준(李準)이란 사람이 "예전에 승요(僧謠)가 있더니, 이제 그것이 맞았다"하여 사람들이 다 이상하게 여겼다고 한다. 그리고 순조(純祖) 때에도 다음과 같은 동요가 있었다.

성천(成川)에 이경화(李景華)야
네 날 살리라.
– 구비(口碑)

이는 일찍이 이경화(李景華)란 명의(名醫)가 있었는데 여러 가지 일로 혹세(惑世)하는 자라는 혐의를 받아 사형을 당했다. 얼마 후에 순조의 세자 효명세자(孝明世子)가 병석에 눕자 천하의 양의(良醫)를 다 불러들여도 쾌차(快差)하지 못하고, 결국 순조 30년(1830)에 세자가 훙(薨)하고 말았다. 이 동요는 무죄한 명의를 혹세유민(惑世誘民)하는 자로 몰아 극형에 처한 그 무리(無理)를 풍자한 것이다.

그리고 헌종(憲宗)이 무자(無子)할 것이란 동요도 있었다.

간드렁 간드렁.
– 구비(口碑)

다음은 철종(哲宗) 때 유행했던 동요인데, 예언대로 고종(高宗) 2년(1855)에 경복궁(景福宮)이 중건(重建)되었다.

아랫 대궐(大闕) 웃 대궐
경복궁 새 대궐
령(令)돌아 오랍 신다.
( ) 네에.
– 구비(口碑)

국가적 혁명이나 외구(外寇)와의 전쟁이나 군왕의 폭정(暴政)과 탐관(貪官)을 풍자한 동요는 대개 이상과 같다. 이제 간계(奸計)를 부려 영행(榮幸)을 사고자 하는 사람을 용서하지 못한 민중의 정의심의 흔적을 살펴보자.

其客也耶 萬孫也哉 그 손(孫)이냐 만손(萬孫)이로구나.
기 객 야 야 만 세 야 재

– 김안로의 「용천담적기」

이 동요는 중종 때 유행했다. 연산군(燕山君)을 폐하고 중종이 즉위하자 연산주의 아들 양평군(襄平君)까지 죽임을 당했는데, 이때 만손(萬孫)이라는 자가 자칭(自稱) 양평군(襄平君)이라 하고, 조정에 자수하여 말하길, "사사시(賜死時)에 유온(乳媼)이 양가자중(良家子中) 얼굴이 비슷한 자를 대신 바치고, 나는 실상 살았노라"하였으나 험사(驗査)해본 결과, 거짓이 분명하므로 도로 주(誅)함을 입은 일이 있었다. 그야말로 이 어인 광민(狂民)이 나타나 이 동요를 맞추어 주느냐고 탄식할 만하나 이것은 조정을 속여 행여 영록(榮祿)을 얻을까 하는 간배(奸輩)를 풍자한 것으로 보면 이 동요는 의미가 있다.

이 밖에 어떤 사실(史實)과 관련이 있는 것인지 대고(對考)하지 못한 것으로 고려 고종(高宗) 26년(1249) 11월의 동요가 있다.

瓠之木枝切之一水鐥 바가지나무 가지 끊어 물 한 대야?
호 지 목 지 절 지 일 수 선

陋臺木枝切之一水鐥 느티나무 가지 끊어 물 한 대야?
누 대 목 지 절 지 일 수 선

去兮去兮遠而去兮 가세 가세 멀리 가세
거 혜 거 혜 원 이 거 혜

彼山之顚遠而去兮 저 산마루로 멀리 가세
피 산 지 전 원 이 거 혜

霜之不來 찬 서리 오기 전에
상지불래

磨鎌刈麻去兮 낫 갈아 삼 베러 가세.
마겸예마거혜

–『문헌비고』

또 조선 중종(中宗) 때의 동요도 있다.

瑟破縣 슬프군
슬파곤

– 김안로의「용천담적기」

문헌에 적히지 않고 구전(口傳) 상송(相誦)되다가 뜻과 노래를 다 잃어버린 것이 그 얼마나 많을지 미뤄 짐작해볼 수 있다.

그뿐 아니라 고려 충렬왕(忠烈王) 때의 동요도 전해진다.

萬壽山 烟霧蔽 만수산에 안개 끼었네.
만수산 연무폐

–『문헌비고』

이것은 충렬왕(忠烈王) 20년(1294) 정월(正月)에 원나라 세조(世祖)가 죽은 사실(史實)과 일치한다는 점으로 볼 때, 한국의 동요는 그 참위적(讖緯的) 종류만으로 논할지라도 내용 범위가 무척 넓어서 정치적 문제로부터 민간의 사실에까지 이르고 있다.

그리고 '아리랑타령'은 중대한 관계를 가졌던 '아라사'의 간섭을 예언한 것이라는 설에 대해 앞으로 깊은 연구가 필요할 것이다. 위입자(圍入者)의 선시(先示)로 '담바꼬타령'이 나온 것이나 주구자(誅求者)의 원차(怨嗟)로 '흥타령'이 생긴 것 등은 모두 동요·민요의 사회적 의의를 설명할 수 있는 유력한 예증(例證)이라 할 수 있다. 이와 같이 여러 종류의 요참(謠讖)을 총람(總覽)해본 결과 고음(古音)의 동요란 것은 그 어느 것을 막론하고 '민중의 정의감에서 발로(發露)되지 않은 것이 없다'는 사실을 깨닫게 된다. 필자는 한국의 예언적 동요뿐만 아니라 전래 동요가 문학사적으로 폭넓고 깊이 연구되어 한국문학의 중요한 일부를 준성하게 되기를 바란다.

해주오씨본(海州吳氏本)

우리나라의 참서(讖書)는 여럿이 있으나 그중 『정감록』과 『격암유록』이 대표적인데, 『정감록』은 필사본(筆寫本)으로 전해 와 형성 과정에 관해서는 밝혀진 바가 거의 없고 『격암유록』에 관해서는 형성 과정이 밝혀지고 있다. 이 책은 부산의 태극도(太極道)의 도인(道人) 오경석이란 사람이 소지하며 포교를 하였다 하여 일명 『오씨본(吳氏本)』 또는 『해주오씨본(海州吳氏本)』이라 일컬으며, 13개의 소제목들을 포함하여 총 13,828자로 구성되어 있다.

1. 가사총론(歌辭總論)

水火昇降變化數로 以小成大海印化라.
盤石湧出生命水는 萬國心靈 다 通하니,
不老不死陰陽道理 雙弓雙乙 造化로다.

물과 불이 오르고 내리는 변화의 셈으로 작은 것으로써 큰 것을 이루니 해인(海印)의 조화이다.
큰 바위에서 솟아 나오는 생명의 물은 온 나라 심령(心靈)을 다 통하니, 늙지 아니하고 죽지 아니하는 음(陰)과 양(陽)의 도리(道理), 두 궁(弓)과 두 을(乙)의 조화이다.

四八四乙 雙弓之中 白十勝之出現하고,
落盤四乳 黃入腹而 雙乙之中 黑十勝을,
天理弓弓 地理十處 皆曰十勝 傳햇스니,
雩霏天地 陰陽之理 書數通達 坤牛道라.

네 팔(八)과 네 을(乙)의 두 궁의 가운데 흰 십(十)의 이김이 나타나고, 소반에 떨어진 네 젖꼭지니 누런 황(黃) 글자의 배(가운데)에 들어가 있으며, 두 을의 가운데 검은 십이 이김을, 하늘의 이치인 궁궁(弓弓: 활활)은 땅의 이치인 공간과 시간의 것이니 모두 말하기를 "십승(十勝)"이라고 전했으며, 궁을은 천지이며 음양의 이치이니 글과 셈을 사무치는 땅이며 소〔牛〕의 길이다.

紫霞島中 雩霏村을 有無識間 말을하나
曲口羊角 하고보니 山上之鳥 아니롤세.
非山非野 仁富之間 奄宅曲阜 玉山邊에,
鷄龍石白 平沙福處 武陵桃源 此勝地라.

자하도(紫霞島) 가운데 궁을〔雩霏〕의 마을을 알고 또는 모르고들 말하지만 굽은 입과 양의 뿔을 하고 보니 뫼 위의 새〔崔〕가 아니던가. 뫼도 아니고 들도 아니며 어진 부잣집의 사이이며, 구불구불한 언덕의 외딴 집으로 어진이가 사는 뫼 가는, 『정감록』에서 뜻하는 "계룡산(鷄龍山) 돌이 희어지고 평평한 모래가 (몇 십 리)"인 복된 땅이며 무릉도원(武陵桃源)이며 경치 좋은 이름난 곳이라.

一片福州 安淨潔處 誰是不知 種桃人고.
不利山水 紫霞島를 平沙福處 三十里로,
南門複起 南朝鮮에 紅鸞赤霞 避亂處를,
自古至今 此世까지 儒佛仙出 各哲들이

한 조각 복된 고을 편안하고 깨끗한 곳이 이것을 알지 못하며 복숭아를 심은 사람은 누구인가?
뫼와 물이 이롭지 않고 자하도를 평평한 모래 복된 곳 30리로, 남문(南門)을 다시 세우는 남조선(南朝鮮)에 붉은 봉새와 붉은 노을이 난을 피하는 곳에서 예로부터 지금 이 세상까지 유가(儒家)·불가(佛家)·선가(仙家)의 제각기 철인(哲人)들이 나왔으며,

參禪性覺 道通으로 肉死神生 重生法과
河洛運去 末世事를 先覺無疑 知之故로
中天弓符 先天回復 四時長春 神世界라.

참선하여 성품을 깨달아 도를 통하니 육체는 죽고 정신은 살아 거듭 태어나는 방법과 하도(河圖)와 낙서(洛書)의 운이 가서 말세의 일을 먼저 깨달아 의심 없이 알므로 중천(中天)의 궁부(弓符)로 선천(先天)을 회복하여 온 때가 긴 봄과 같이 신선의 세계로다.

自古及今預言中에 多數秘文만치만은
孔孟詩書儒士들이 西瓜外啗不味內라.
儒佛運去儒佛來니 何佛去而何佛來요
兎丈水火[1]能殺我요 斥儒尚佛 是從金牛

1) 토장수화(兎丈水火)는 멸할 멸(滅) 자의 파자(破字)이며 토끼 토(兎) 자가 아니고

예로부터 지금까지 예언 가운데 수많은 비문(秘文)이 많지만 공자(孔子)의 『논어(論語)』, 맹자(孟子)의 『맹자(孟子)』, 『시경(詩經)』, 『서경(書經)』의 유가(儒家)의 선비들이 수박을 겉만 핥으니 안의 맛은 모르더라.
유교·불교의 운이 갔으나 유교·불교가 왔으니 어느 부처〔佛〕가 가고 어느 부처가 오는가?
멸함을 면하는〔免滅〕 것이 나를 죽이는 것이요, 유교를 배척하고 불교를 숭상하는 금빛 소〔金牛〕를 따라야 한다.

似人不人 從金之理 東西合運十勝出을
無無中有 有中無無 無而爲化 天運으로
雪氷寒水 解結되고 萬國江山春化來라.

사람 같으나 사람이 아닌 금(金)을 따르는 이치이며, 동양과 서양이 합하는 운에 십승이 나타난다.
없고 없는 가운데 있고, 있고 있는 가운데 없네. 없으면서 조화가 되는 천운(天運)으로, 눈과 얼음과 찬물이 다 녹아 온 나라 뫼〔山〕와 가람〔江〕에 봄이 화하여 왔다.

尙佛來運 運數조타 三聖[2]合運 一人出을
末世愚盲蠢朦朧 視國興亡如草芥로
父子爭財 夫妻離婚 情夫視射 寡婦生産
淫風大作 有夫之妻 背夫라니 末世로다

면할 면(免) 자의 오자(誤字)일 가능성이 있다. 토끼 토(兎) 자가 옳다고 하면, "토끼의 한 키 정도 물과 불이 나를 능히 죽이는 것이다"라는 뜻이 된다.

2) 삼성(三聖)을 대종교(大倧敎)로 풀면 조화신(造化神)인 환인(桓因), 교화신(敎化神)인 환웅(桓雄), 치화신(治化神)인 환검(桓儉)으로 볼 것이고, 기독교(基督敎)에선 성부(聖父)와 성자(聖子)와 성신(聖神: 聖靈)으로 볼 수도 있다.

부처를 숭상하는 운이 오니 좋은 운수로다. 유·불·선의 성인이 합하여 한 사람으로 나타난다.

끝 세상에는 어리석고 눈멀고 벌레 같은 몽롱(朦朧)한 사람들이 나라의 흥하고 망함을 작은 풀처럼 여기므로, 아버지와 아들은 재(財)를 놓고 싸우고 남편과 부인은 이혼하고, 정부(情婦)·정부(情夫)를 쏘아보고 과부(寡婦)가 생산되는 음란한 풍습이 크게 일어나며, 지아비가 있는 아낙네도 지아비를 배반하니 말세로다.

君弱臣强民嬌吏에 吏殺太守 無所忌憚
日月無光塵霧漲天 罕古無今大天災로
天邊[3]地震 飛火落地 三災八亂幷起時에
時를아노 世人들아 三年之凶 二年之疾
流行瘟疫萬國時에 吐瀉之病 喘息之疾

임금은 약하고 신하가 강하며 백성은 관리에게 아양 떨고, 관리는 시장, 군수〔太守〕를 죽이고도 꺼리는 바가 없다.

해와 달이 빛을 잃고, 짙은 연기와 안개가 하늘에 가득하고 예로부터 이제까지 없었던 하늘의 큰 재앙으로, 하늘이 변하고 땅이 떨치고 나는 불이 땅에 떨어지고, 삼재(三災)와 팔난(八難)이 아울러 일어나는 때에, 때를 아는가? 세상 사람들아! 3년간 흉년(凶年)이고, 2년간 질병으로 (봄철에) 유행하는 전염병이 온 나라에 퍼져 토(吐)하고, 설사(泄瀉)하고, 천식(喘息)한다.

黑死枯血 無名天疾 朝生暮死 十户餘一
山嵐海瘴 萬人多死 大方局手[4] 할길업서

---

3) '變'을 잘못 쓴 것이다.

五運六氣 虛事되니 無名惡疾 免할손야
當服唵嘛 常誦呪로 萬怪皆消 海印일세

피가 말라 몸이 검게 되어 죽는 이름 없는 천질(天疾) 때문에 아침에 살았으나 저녁에 죽으니, 열 집에 한 집 꼴로 살아난다.
뫼의 가득 찬 산바람과 바다의 풍토병(風土病)인 장기(瘴氣) 때문에 많은 사람이 죽게 되니 의술이 뛰어난 의원도 할 수 없고, 수(水)·화(火)·목(木)·금(金)·토(土)의 운행과 한(寒)·서(暑)·조(燥)·습(濕)·풍(風)·우(雨)가 기운이 헛된 일이 되니 이름 없는 고약한 병을 면할쏘냐!
응당 암마(唵嘛)를 늘 주문(呪文)으로 외우면 행함으로 모든 괴이한 것이 사라지는 해인(海印)이어라.

狂風淫雨 激浪怒濤 地震火災 不虞之患
毒瘡惡疾 殺人强盜 飢饉餓死 여기저기
戰爭大風 忽起하야 自相踐踏旻哭聲에
安心못할 世上일세 三人一夕 雙弓알소

미친바람과 오래 내리는 궂은비와 격하고 성난 물결에 땅이 진동(震動)하고 불의 재앙이 뜻밖에 생기는 근심 걱정 있네.
독기(毒氣)가 있는 종기(악성 부스럼), 고치기 어려운 병, 사람을 죽임, 폭행, 협박 등의 수단을 써서 남의 재물을 빼앗는 도둑 또는 그러한 행위, 먹을 양식이 없어 백성들이 굶주리고 굶어 죽음.
전쟁의 큰 바람이 갑자기 일어나서 서로 밟고 죽이는 하늘을 우러러 통곡하는 소리에 마음 편치 못할 세상이라. 삼인일석(三人一夕: 麥, 春), 궁궁(弓弓)을 알아보소.

---

4) 학문·예술·문장 등이 뛰어난 사람.

訪道君子 修道人아 十勝福地 弓乙일세
無道大病 걸인者덜 不死海印 나왓다네
和氣東風舊盡悲에 七年大旱 비나리듯
萬國勝地 江山下에 甘露喜雨民蘇生을
惡疾多死 免하라고 全世騷動海運開로
一夜千艘出航時에 漢江水를 시러가며
十勝物品海外出을 六大九月 아오리라

도를 찾는 군자와 도를 닦는 사람들아! 십승의 복된 땅이 궁을(弓乙)일세.
도가 없어 큰 병을 얻은 사람들아! 죽지 않은 해인이 나왔네. 따스하고 화창(和暢)한 일기(日氣), 봄바람에 옛날 슬픔이 다하기에 7년간의 큰 가뭄에 단비가 내리듯 세계의 여러 나라 경치 좋은 이름난 곳, 뫼와 가람에 단이슬과 기쁜 비가 내려 백성이 다시 살아남을. 고치기 어려운 병으로 많이 죽음을 면하려고 전 세계를 여럿이 법석을 떨게 하여 바다 운을 열어 한 밤에 수천의 배가 돛을 달고 떠나갈 때 한강 물을 실어 가며, 십승의 물품(物品)이 해외에 수출되는 단기 4211년(1878)부터 단기 4219년(1886)까지인 줄 알리라.

十勝云曰 일넛으되 人衆則時 物盛이요
物盛則時 地闢이며 地闢則時 苦盡甘來
地運退去 天運來로 天下靈氣 皆入勝을
南海島中 八靈山이 海島之中 아니롤세

십승을 이러이러하다고 말하였으되 사람이 많으면 절기(節期)에 따라 나오는 산물(産物)이 번성함이요, 산물이 무성하면 땅이 열리는 때이며, 땅이 열리면 이때는 고생이 다하고 즐거움이 찾아오네.

땅의 운이 물러가고 하늘의 운이 오므로 온 누리의 신령스런 기운이 모두 십승지(十勝地)로 들어오네.
남쪽 바다 섬 가운데 팔령산(八靈山, 전남 고흥군)은 바다 가운데 있는 섬이 아니로다.

萬頃蒼波 大海邊에 小産魚鹽 富饒하나
他國兵船 往來하니 弓不在水 分明하다
不利山水 非野處를 仁富平沙 桃源地로
東半島中 牛腹洞이 青鶴神靈 出入하니
人王四維 智異山이 十勝으로 暗示일세
十勝之地 出現하면 死末生初 當運이라

한없이 너르고 너른 바다〔萬頃蒼波〕 큰 바닷가에 고기〔魚〕와 소금이 조금 생산되나 풍부하고, 다른 나라 전쟁에 쓰는 모든 배〔戰船〕가 가고오니 궁(弓)은 물에 있지 않음이 분명하네.
이로움이 산도 물도 아니고 들도 아닌 곳을 어진 부자(富者) 모래펄이 속세를 떠난 별천지로 동녘 반도(半島) 안의 우복동에 푸른 두루미〔青鶴〕 신령이 들고나니, 전라(全羅: 仁王四維)도 지리산이 십승으로 암시하네.
십승의 땅이 나타나면 죽음이 끝나고 삶이 시작되는 운이네.

入山修道 念佛任네 彌勒世尊 苦待치만
釋迦之運 去不來로 한번가고 아니오니
三千之運 釋迦預言 當來下生 彌勒佛을
萬疊山中 仙人들아 山中滋味 閒寂하나
魑魅魍魎 虎狼盜賊 是亦弓不在山일세

산에 들어 도를 닦는 불교의 승려들이여! 미륵부처님을 애태우며 기다리지만 석가(釋迦)의 운이 가고 아니 오므로 한 번 가고 아니 오니, 삼천 년의 운으로 자신의 도가 끝남을 석가가 예언하였으니 말세에 응당 미륵불(彌勒佛)이 하강(下降)함을, 수많은 여러 겁 산속의 선인들아! 산속의 재미가 한가하고 고요하나 도깨비와 허깨비가 있고 범과 이리와 도적이 있으니, 궁이 산에 있지 않는 것이네.

牛性在野 勝地處엔 彌勒佛이 出現컨만
儒佛仙이 腐敗하야 아는君子 누구누구
削髮爲僧 侍主任네 世音菩薩 게누군가
侍主菩薩不覺하고 彌勒佛天을 제알손가

소의 성품은 들에 있으니 십승지엔 미륵불이 출현하건만 유교, 불교, 선교가 썩고 결딴나서 쓸모가 없게 되어 군자는 정말 드무네. 머리 깎고 중이 되어 시주(侍主)하는 분들이여! 관세음보살(觀世音菩薩) 누구인고? 시주 보살을 보지 못하고 미륵부처를 알겠는가?

阿彌陀佛 佛道人들 八萬經卷 工夫하야
極樂간단 말은하나 가난길이 希微하고
西學入道 天堂人들 天堂말은 참조으나
九萬長天 멀고멀어 一平生엔 다못가고
咏歌詩調 儒士덜은 五倫三綱 正人道나
倨慢[5]放恣 猜忌疾妬 陰邪情慾 啻일너라

아미타불(阿彌陀佛) 불도(佛道)사람들이 팔만대장경(八萬大藏經)을 공

5) 원문에는 '慢'이 '謾'으로 잘못 쓰여 있다.

부하여, 극락(極樂) 간다고 말씀은 하지만 가는 길이 희미하네.
기독교 길에 들은 천당인(天堂人)이여! 천당 말은 참 좋으나 구만리 긴 하늘 멀고도 머니 한평생에는 다 못 가네.
노래를 읊고 시(詩)를 고르는 유교의 선비들이여! 오륜(五倫)과 삼강(三綱)이 바른 사람의 길이나 거만(倨慢)하고 방자(放恣)하고 시기(猜忌)하고 음해(陰害)하고 거짓되고 정욕(情慾) 뿐이네.

人道儒와 地道佛이 日落之運 맡은 故로
洛書夜運 昏衢中에 彷徨霧中 失路로서
儒佛仙이 各分派로 相勝相利 말하지만
天堂인지 極樂인지 彼此一般 다못하고
平生修道 十年工夫 南無阿彌陀佛일세
春末夏初 四月天을 당코보니 다虛事라

사람의 도인 유도와 땅의 도인 불도는 서쪽 산에 지는 해의 운수이니 낙서(洛書)인 밤의 운으로 어두운 네거리에서 방황하기를 안개 낀 가운데에서 길을 잃었네.
유교, 불교, 선교가 제각기 나뉘어 갈라져 서로 이기고 서로 이롭지만, 천당인지 극락인지 저도 못 가고 나도 또한 못가기는 다 마찬가지이네. 평생 도 닦기를 10년 공부 '나무아미타불'일세. 늦봄 초여름 4월 하늘을 이르고 보니 모두 헛일이다.

儒曰知識平生人道 名傳千秋死後論과
佛曰知識越一步로 極樂入國死後論과
仙曰知識 又越步로 不死永生 入國論을
三聖各異 主張하나 儒佛乘運 되옴으로
河上公의 永生論을 眞理不覺 儒士덜이

異端主猖 認證하야 儒生들을 가라치니

유교는 이르기를, "일생 동안 인도(人道)를 알아 이름을 오랫동안 죽은 뒤에까지 남겨야 한다"는 이론이요,
불교는 이르기를, "한 걸음 더 건너 뒤에서 죽은 뒤에 극락(極樂)이란 세상에 들어간다"는 이론이요,
선교는 이르기를, "불교보다 한 걸음 더 건너뛰어 죽지 않고 영구히 살아 선국(仙國)에 들어간다"는 이론이라.
세 성인이 각각 다르게 주장하나 유교, 불교의 운을 타는 것이 되네.
하상공(河上公)[6]이 영생(永生)을 논하자 참된 이치임을 깨닫지 못하

6) 하상공은 '하상장인(河上丈人)'이라고도 한다. 전하는 설(說) 중 황노학자(黃老學者)들에서 부연(敷衍)하였다. 『사기(史記)』「낙의열전(樂毅列傳)」 중 태사공(太史公)이 가로되 "낙신공(樂臣公)은 황제·노자의 사상을 따라 배웠다. 그의 호(號)는 하상장인(河上丈人)이라고 한다."고 했다. 그리고 그를 한 종파(宗派)로 열전(列傳)하며 하상장인으로부터 시작하여 여섯 차례 천하여 한(漢)시대 초기 조참(曹參)까지 전했다. 이에 의하여 그는 전국(戰國)시대부터 생겼다. 그의 전기(傳記)는 제(齊)나라의 황노학자(黃老學者)가 만들었다. 한나라 문제(文帝)는 황제(黃帝)·노자(老子)·형가(刑家)·명가(名家)를 신봉(信奉)했다. 그래서 동한(東漢)시대 방사(方士)들은 『하상공전기(河上公傳記)』를 문제에게 다시 부연했다. 그 뒤 양진(兩晋)시대 갈홍(葛洪)이 『신선전(神仙傳)』의 내용을 정리했고 영보파(靈寶派)도 '태극좌선공 갈현(太極左仙公葛玄)'을 작성한 「노자도덕경서결(老子道德經序訣)」 중에 흡수했다(두 사람의 작본은 대동소이하여 거의 같다). 본 전기는 동한 시대 노자를 완전히 신화(神化)로 되며 『노자하상공장구(老子河上公章句)』 완성 후 확정했다. 도교(道敎)가 창립된 후 신선전기도 그 전기에 의거(依據)했다. 현대판 『신선전(神仙傳)』에 따르면, "하상공은 그의 이름을 아는 사람이 없었다. 한나라 효문제(孝文帝) 통치 시대에 그는 황하(黃河)가에서 짚을 묶어 지은 초라한 가옥에 살았다. 문제는 노자의 사상을 매우 신봉하여 『도덕경(道德經)』을 즐겨 읽었다. 그는 모든 왕(王)·공(公)·대신(大臣)·주목(州牧)·조정(朝廷)의 경사(卿士)들에게 열심히 공부하라고 명령했고 노자(老子)의 경(經)을 모르는 사람은 조정에 갈 수 없었다. 문제는 노자의 경(經) 중에 여러 곳에서 이해할 수 없었고 그 당시 누구도 해설하지 못했다. 시랑(侍郎) 배해(裵楷)가 상주(上奏)하여 "섬주(陝州)의 강가에 사는 사람 중 노자의

경에 정통한 분이 있다"고 하자 그는 사람을 보내 하상공에게 이해되지 않는 문제를 묻게 했다. 하상공은 ''노자의 도덕경은 지위가 존귀(尊貴)하므로 멀리서 물어 보는 것은 도리가 아니다'라고 말하여 문제가 직접 그의 집에 찾아갔으나 하상공은 방에서 마중도 나오지 않았다. 그러자 문제가 말하기를, "온 누리의 땅은 국왕의 영토이며 온 세상 안에서 그 누가 국왕의 신민(臣民)이 아닌가? 국왕은 우주만물이 이루어지는 근원으로 보는 도(道)·천(天)·지(地)·왕(王) 중 하나이다. 당신이 비록 도가 있더라도 나의 신민인데, 굴복하여 모시지 않으니 그 얼마나 오만한가? 나는 백성의 부귀(富貴)와 빈천(貧賤)을 조절할 수 있다"하니, 하상공이 이를 듣고 자리에서 뛰어 공중에 떠올라 내려보면서 대답했다. "나는 위의 하늘까지 올라갈 수 없으며 중간의 사람을 닿을 수 없고 아래의 땅을 이을 수 없으니 어떻게 신민이라고 하며 어떻게 당신이 나의 부귀 빈천을 명령할 수 있다고 생각합니까?" 라고 하니, 문제는 듣고 놀라 그가 신선이란 것을 알고 수레에서 내려 공순(恭順)하게 절을 하며 말했다. "나는 무능(無能)하여 선조(先祖)의 유업(遺業)을 계승(繼承)하니 낯이 부끄럽네. 나의 재능은 작고 책임은 커서 몹시 걱정스럽습니다. 그래서 『도덕경』에 뜻을 두고 받드나 어리석고 몽매(蒙昧)하여 모르는 곳이 너무 많으니 당신이 베풀어 가르쳐 주시길 부탁합니다." 그러자 하상공은 『노자도덕장구(老子道德章句)』 두 권을 전해주며 문제에게 말하기를, "많이 연구하고 읽으면 의문들은 자동(自動)으로 알게 됩니다. 나는 이 『도덕경』을 전해준 지 1,700여 년 동안 세 사람에게만 전했으니 당신은 네 번째입니다. 적당하지 않는 사람에게는 보여주지 마십시오"라고 하였다. 문제는 꿇어 공손하게 도덕경을 받았다. 하상공은 말이 끝나자 사라졌다. 서산(西山)의 전망대(展望臺)에 가서 봐도 다시는 볼 수 없었다. 「노자도덕경서결(老子道德經序訣)」에 일컫기를, "편자(編者)의 생각에 문제는 노자의 사상을 신봉했으며, 그 당시 세상 사람들이 그 내용을 다 소화할 수 없어서 태상도군(太上道君)이 도덕경을 전수하기 위해 신선을 세상으로 보냈다. 그리고 문제가 의심할까봐 신(神)의 변환을 보여주며 그의 믿음을 얻고 전수하였다. 그 신선의 호(號)는 하상공(河上公)이었다."
참고하건대 섬주(陝州)는 북위(北魏) 시대 후에 세운 제도(制度)였다. 현재판 『신선전(神仙傳)』에는 "세상 사람들이 그 내용을 다 알 수 없었다. …… 태상도군(太上道君) …… 갔었다" 등이다. 생각에 『신선전』의 '도군(道君)'은 영보파(靈寶派) 도사(道士)가 고쳐 작본(作本)한 것 같았다. 본 이야기를 보면 도교의 창립 전기에 일부 도사들이 전제군권(專制君權) 정치를 멸시하며 개인 자유의 정서를 동경하고 군왕의 속박에서 벗어나고 싶어하는 심정을 알 수 있다. 그래서 하상공이란 인물이 생겼다. 그 뒤 봉건전제(封建專制) 정치가 강화되면서 도사들은 하상공과 그의 사례(事例)를 더욱더 많이 평론하였다. 원나라 때 조도일(趙道一) 진인이 말하기를,

"그 뒤 문제는 공순하고 검소하게 천하(중국)를 통치했다. 후인들이 문제가 3대(하·은·주)의 풍속의 품격을 갖추었다고 평론하는 것도 하상공의 도덕사상이 아니겠는가?" 그리고 또 "하상공의 사당은 하북(河北) 쪽에 있으며 문제가 바라보는 전망대의 유적이었다"라는 전설이 있다.

도교에서는 하상공을 '하상장인(河上丈人)'이라고 숭봉(崇奉)했다. 『태극은결(太極隱訣)』의 『도덕경』을 독송(讀誦)하라는 규정이 있었다. 먼저 향에 불을 붙이고 옷을 차려입고 10번 절을 하며 현중대법사 노자(玄中大法師老子), 하상진인(河上眞人), 윤선생〔尹喜〕을 마음에 두고 「개경현온주(開經玄蘊咒)」를 소리내어 읽는다. 치아도 두드리고 침도 삼킴 등등. 갈홍(葛洪)의 『신선전』 중에는 하상공은 강가에 살았고 한나라의 문제에게 『소서(素書)』 도경(道經)을 전수했다는 기록이 있다. 『수서(隋書)』 「경적지(經籍志)」 중 도가의 노자 『도덕경』 2권에 "한 문제 시대 하상공 주석"이라고 실려 있다. "양(梁) 시대는 전국시대 하상장인은 『노자경』 2권을 짓고 사망하였다"라는 기록이 있다. 전국시대 하상장인의 『사기(史記)』 「낙의전찬(樂毅傳贊)」을 보면 실제 『노자주(老子註)』, 『한서(漢書)』 「예문지(藝文志)」에 모두 기록이 없었다. 『신선전』 중 갈홍은 그의 선조 갈선공(葛仙公)의 「노자서(老子序)」를 총결하여 도교를 정리했다는 전설을 믿지 못한다. 『사고제요(四庫提要)』에서는 『수서(隋書)』 「경적지(經籍志)」에 의거하여 하상장인과 하상공은 각각 다른 인물이었다고 한다. 두 권의 『노자경』 내용도 같지 않았다. 요진종(姚振宗)은 『수서』 「경적지」와 『칠록(七錄)』에 의해 같은 내용이라고 주장했고 하상공은 전국시대나 한나라 때 인물이기 때문에 사람들은 착오하였다. 그의 말에 "현재 보관 중인 「하상공주(河上公註)」 『신선전』 내용을 따르는 것 같아서 한 문제 시대로 기록되었고, 『칠록』에 있는 하상공주는 원씨(阮氏) 아니면 전국시대의 인물이라서 사람들이 제각기 다르다"고 했다. 육씨(陸氏) 『석문(釋文)』도 『신선전』 내용을 인용했다. 그래서 예로부터 한 시대 강가에서 사는 하상공이란 인물은 없다는 것이다(『수서』 「경적지고징」).

당(唐)나라의 사마진(司馬眞)의 『노자주의(老子註議)』 중 "하상공은 사람들이 가상으로 만들어낸 인물"이며 한나라의 역사에도 없었다. 그러나 그 주(註)에선 양신(養神)을 근본으로 하여 무위(無爲)를 주체(主體)로 했다〔『문원영화(文苑英華)』 제766권〕.

비록 한 문제 시대 하상공은 가상인물이지만 그의 전기의 정신은 도가 중에서 많이 참조했고 오늘까지 유전(遺傳)하고 있다. 동한(東漢)시대 장구(章句) 문화가 매우 성대했는데 「하상장구(河上章句)」는 바로 그 시대의 산물이다. 「하상공주」는 삼국시대부터 유행했고 이 책에 대해 갈현(葛玄), 황보밀(皇甫謐) 등도 모두 언급했다.

하상공 주해 가운데 도(道)란 천(天), 지(地)가 기본으로 시작하며 "이름이 없는 것을 일컬어 도라 하며, 도는 형체가 없기 때문에 이름은 가(可)치 않다. 시(始)란 도의 근본이다. 숨을 쉬면 허무(虛無)로 나오므로 천지(天地)의 기본부터 시작하는 것이다"(제1권 1쪽).

그의 해석 가운데 '상덕(上德)'은 "태고시대 군자는 호칭이 없었고", '하덕(下德)'은 "군자는 시호(謚號)가 있다"며 깨끗한 마음으로 백성을 통치하는 것이 최우선이다. 그의 해설은 "'가도(可道)'는 경술정교(經術政教)의 도리였으며, '상도(上道)'는 자연장생(自然長生)의 도리였다." 그는 「장구(章句)」 안에서 도의 사상으로 자신을 수양하며 나라를 건립하는 것을 앞장서서 이끌었다. "몸으로 도를 닦아 기를 사랑하고 신(神)을 기르면 수명(壽命)을 도와 오래 살 수 있고 그의 공덕(功德)으로 비로소 진인이 된다. 도를 닦는 집은 아버지는 자애롭고 자식은 효도하며, 형은 우애롭고 아우는 순종하며, 지아비는 미덥고 지어미는 올바르다. 도를 닦는 나라는 임금은 거룩하고 신하는 충성하며, 인의가 스스로 생하고 예악(禮樂)이 저절로 흥한다. 통치자가 도를 닦으면 온 누리가 말씀 없어도 순화(醇化)하고 가르치지 않아도 다스려진다."

그 이상(理想)의 통치자는 비로소 온 인류의 부모가 바로 이것이다. 백성에 이로움이 흥하고 해로움이 없어지며, 공정무사(公正無私)하고 음란함과 여색을 탐하는 것이 없어지며 화려한 옷과 고급을 마시고 먹지 않으며, 궁실과 누각과 정자와 같은 지나침이 없어진다. 그 몸을 닦는 법은 이목구비의 욕망이 없어지고 마음의 산란이 사라지며, 도를 품고 하나를 안으며 오신(五神)을 지키면 온화하여 부드럽고 자기를 낮추고 양보하여 권리에 처하지 않으며, 정(精)을 중시하여 가(加)하고 골수(骨髓)가 가득 차 뼈가 단단하게 하고 거짓이 없음을 돌이켜 순박함을 지킨다. 코와 입으로 호흡을 잠깐 돌리어 면면(綿綿: 오래 계속되는 모양)하여 미묘(微妙)하게 하고 기를 사용하여 너그럽게 펴고 마땅히 급하고 빨리 근로(勤勞)해서는 아니 된다. 요컨대 「하상공주」는 유가(儒家)의 삼강오상(三綱五常) 사상과 황로(黃老)의 청정무위(淸淨無爲)의 학설이 융합한 수련 방술(方術)이며, 『노자』를 해설하므로 실제로 도교의 중요한 전적(典籍)이다.

「하상공주」에 『노자』 경문은 『도장(道藏)』 본 외는 제(除)하였고 오히려 경룡비본(景龍碑本), 광명본(廣明本) 및 일본 천문초본(天文抄本), 용천본(瀧川本) 등을 서로 교정할 수 있다. 『경전석문(經典釋文)·서록(敍錄)』에 「하상공장구(河上公章句)」 4권이 실려 있다. 돈황본(敦煌本) 하상공(노자도덕경주)이 빠진 곳이 있는 책이 있는데(伯 2639호) 이 또한 4권이다. 『도장』본 4권은 가장 오래된 것에 가깝고 아직 당 시대의 것은 잃지 않았다. 그러나 장(章) 이름은 몰래 지어 삽입하여 본래면목(本來面目)이 아니다. 왕중민(王重民)의 『돈황고적서록(敦煌古籍敍錄)』을 대는 유교의 선비들이, 이단(異端)이라 주장하며 인증(認證)하여 유생(儒生)들을 가르치네.

坐井觀天彼此之間 脫劫重生제알손야
富死貧生 末運에는 上下分滅 無智者세
一知不二 無知者야 黑石皓를 말하지만
海印造化 不覺하고 鷄龍石白 되단말가

조하여 교정을 보면 자못 상세하여 참고로 볼 만하다. 『하상공장구』의 특징은 한대에 발달된 원기(元氣)에 의한 우주생성론을 받아들이고 몸을 닦아 양생을 도모하자는〔治身養生〕 데 주안점을 두고 있다. 『하상공장구』에서는 『도덕경』 제1장의 "道可道非常道"란 내용에 관해 다음과 같이 풀이한다.
道可道: "經術政教之道也 세상을 경영하는 치세의 도이다."
非常道: "非自然長生之道也 자연에 바탕한 장생의 도가 아니다."
이는 한나라 초기에 유행했던 정치 사상으로서의 황노학(黃老學)을 노자의 본지가 아니라고 보고 자연에 따르는 장생의 도를 참되고 영원한 도로 보는 것을 의미한다. 제 64장에 관한 주석에서는 세상 다스리는 것〔治世〕과 몸 다스리는 것〔治身〕을 더욱 분명하게 구별한다. "聖人學人所不能學 人學智詐 聖人學自然 人學治世 聖人學治身 修眞道也 성인은 사람들이 배우지 못하는 것을 배운다. 사람들은 거짓된 지혜를 배우지만 성인은 자연을 배운다. 사람들은 세상 다스리는 것을 배우지만 성인은 몸 다스리는 것을 배워 참 도를 닦는다."
『하상공장구』에서 참 도로 제시하는 치신의 목적은 앞에서 말한 바와 같이 장생불사의 선인에 오르는 것이다. 이 책의 도처에 長生之道, 長生不死, 長存不亡, 長生久壽등의 표현이 사용되고 있는 것이 그 근거이다.
『노자』「하상공장구」는 『노자』를 기수련과 관련시켜 해석한 최초의 작업으로 평가된다. "하상공은 치신양생(治身養生)의 각도로부터 출발하여, 노자 『도덕경』을 주석했다. 그의 주석은 중국 고대 기공학설의 맹아시기의 기본관점을 반영한다"(『氣功經典譯註』, 烏恩溥 注譯,吉林文史出版社, 長春, 1993: 1).
예를 들어 『하상공장구』에서는 6장의 "玄牝之門, 是爲天地根. 綿綿若存, 用之不勤"을 해석하면서 "根, 元也. 言鼻口之門, 是乃通天地之元氣所從往來. 鼻口呼吸喘息, 當綿綿微妙, 若可存, 復若無有. 用氣常寬舒, 不當急疾勤勞也"라 하였다. 그 외 10장, 55장, 59장 등의 주석에서도 유사한 언급들이 있다.
『노자』와 기공과의 관계는 『中國古代氣功與先秦哲學』(張榮明, 上海人民出版社, 上海, 1987) 134~178쪽 참조.

우물 속에 앉아 하늘을 쳐다보는 좁은 편견의 저편과 이편의 사이에 거듭 태어나 언짢고 침침한 기운이 없어지는 원리를 어찌 알 수 있겠는가?
부자는 죽고 가난한 사람은 살게 되는 말세의 운에는 위와 아래로 나누어져 지혜롭지 못한 자는 멸망하네.
하나만 알고 둘을 모르는 지혜롭지 못한 사람아! 검은 돌이 희어지는 것을 말하지만, 해인의 조화를 깨닫지 못하고 계룡의 흑석이 백석이 되는 이치를 안단 말인가?

先天秘訣 篤信마소 鄭僉只는 虛僉只세
天下理氣 變運法이 海印造化 다잇다네
地理諸山 十處에도 天理十勝 될 수잇고
天理弓弓 元勝地도 人心惡化 無用으로
弓乙福地 一處인가 好運이면 多勝地라
日中之變이 及於世界 大中小魚 俱亡으로
全世大亂 蚌鷸之勢 尚黑者는 亡하나니
愛憐如己 天心和로 人人相對 하엿세라

선천 비결을 믿지 마소. 정첨지(鄭僉知)는 허첨지(虛僉知)이네.
천하의 이(理)와 기(氣)가 변화되는 운수의 법이 모두 해인의 조화에 있네.
땅의 이치인 모든 산의 십처(十處)도 하늘의 이치인 십승이 될 수 있고, 하늘의 이치인 궁궁의 으뜸되는 명승지도 사람의 마음이 악(惡)하게 되면 쓸모없는 것으로, 궁을의 복된 땅이 어느 한 곳이겠는가? 좋은 운이면 여러 곳이 명승지요, 일본과 중국의 전쟁이 세계 전쟁으로 변화되니 세계의 대·중·소의 나라가 망하네.
온 세계 큰 난리는 조개와 도요새가 싸우는 형세이네. 검은 것[7]을 숭상하는 사람은 망하네.
내 몸과 같이 사랑하고 불쌍히 여기는 하느님 마음으로 화평(和平)으로 사람들을 서로 대하라.

2. 출장론(出將論)

運去運來 天運來로 一次二次 三次大亂
楚漢時節 天下將帥 力拔山兮 氣蓋世로
天下大將 項羽類가 東西南北 蜂起로서
奪財人命 殺害主張 無罪蒼生 可憐쿠나

운이 가고 운이 오는 (것처럼) 하늘 운이 오므로 1·2·3차의 큰 난리이네.
옛 중국 초(楚)와 한(漢) 시절의 천하 장수(將帥)들이 (그 힘은) 가히 산이라도 뽑아 던질 만하고 세상을 덮을 정도로 기력(氣力)이 웅대하므로 천하 큰 장수 항우(項羽) 같은 인물들이 동서남북에서 벌떼같이 일어나서 사람의 목숨을 죽이고 해치며 재물 빼앗기를 주장하니 죄 없는 창생(蒼生)이 불쌍하구나.

湖西白華 蘇城地에 口吐火將 白眉로써
殺害人命 主奪財로 富貴家中 屠戮時에
蘇城百里 人影永絶 血流成川 僧血로써
忠州分野 八門卦가 非吉地로 定햇스니
好運이면 僥倖이요 非運이면 狼狽로다

7) 어두운 곳 또는 자기 이익만 챙기는 것.

白華八峰 劫殺龍勢 第一尤甚 瑞泰로다

충청남북도(금강 이서 지역) 지방의 충청북도 괴산군(槐山郡) 연풍면(延豐面)과 경상북도 문경군(聞慶郡) 마성면(麻城面) 사이에 있는 백화산(白華山: 해발 1,063m) 성(城)이 소생(甦生)하는 곳에 입으로 불을 뱉는 것 같은 장군이 뛰어남으로써, 사람들을 살해하고 재물을 빼앗고 부자와 귀한 집안에 있는 사람을 죽이는 때에는, 소성(蘇城) 백리에 사람의 그림자가 영구히 끊어지고 피가 흘러 냇물을 이루니 승려의 피로써, 충주 분야가 기문(奇門) 팔문(八門)에 괘(卦)가 길한 곳이 아닌 것으로 정했으니 좋은 운이면 요행(僥倖)이요, 좋지 않으면 일이 실패로 돌아가 매우 딱하게 됨이로다.
백화산과 팔봉산(八峰山)이 겁룡(劫龍)과 살룡(殺龍)의 형세인데 가장 심한 것은 서산(瑞山)과 태안(泰安)이네.

湖南智異 青眉將軍 呼風喚雨 異跡으로
氓蚩人民 統率하야 湖南一帶 蜂起時에
嗚呼哀哉 可憐하다 未成兒童 何罪런고
男女十歲以上으로 盡被刀鋸 悲慘쿠나
南青西白 假鄭들이 掀天一世 揚揚으로
八門金蛇[8] 六花陣에 生死門이 開閉로다

호남(전라남북도)의 지리산의 청미(青眉) 장군이 바람을 부르고 비를 내리게 하는 기이한 자취로, 다른 나라나 지방에서 이주해온 어리석은 백성들을 거느리고 호남 일대에서 벌떼처럼 일어나니 아아! 슬프고도 불쌍하다. 어린아이가 무슨 죄인가?

---

8) 원문에는 '金蛇'가 '禁邪'로 잘못 쓰여 있다.

사내 계집 십 세 이상이 모두 다 저들의 칼에 찔려 비참하게 죽게 되네.
남쪽의 청미 장군, 서쪽의 백미 장군, 가짜 정씨들이 하늘 높이 우뚝 서서 한 세상을 높이 흔들어 기문의 팔문이 삿된 것을 금하는 육화진(六花陣)에 생문(生門)과 사문(死門)이 열리고 닫히네.

古月遼東 犯郭將軍 十萬大兵 統率하야
不義者를 嚴伐할제 頭上保角 愛護하며
絶長保短 善者扶支 積惡之家 無不殘滅
身不離之頭流化로 積善者는 生이로서
土室石枕 正道人들 多誦眞經 不休하소
魑魅魍魎鴨䲶鵁鶄 邪不犯正 眞經이라

오랑캐〔胡＝古月〕 요동(遼東: 랴오뚱) 땅의 범(范)과 곽(郭) 장군이 수십만 대병(大兵)을 이끌고, 의롭지 못한 사람을 엄하게 칠 때 멀리 위의 각(角)을 보전하고 사랑하고 보호하며, 잘 되거나 넉넉한 부분에서 못 되거나 부족한 것을 보충하여(긴 것을 잘라서 짧은 것에 보탠다) 착한 사람은 고생을 참고 어려운 일을 버텨 나가며 악(惡)을 쌓은 집은 남김없이 멸하니, 몸은 지리산을 떠나지 말고 착함을 쌓는 사람은 살게 되네.
토담집에서 돌베개를 베고 바른 길〔道〕을 닦는 사람들이여! 진경(眞經) 외우기를 쉬지 마소.
온갖 도깨비와 허깨비 압병무정(鴨䲶鵁鶄)이 바르지 못한 것이 바른 것을 감히 범하지 못하는 진경(眞經)이네.

北海出世 走肖神將 風雲造化 任意用之
義兵用事 善惡判端 高山流水 물밀 듯이

南伐梳踏 하올적에 哀悽롭다 人生이여
逢則殺之 하고보니 何處保命 岩穴인가

홋카이도〔北海島〕에 출세한 조(趙=走肖)씨 장군이 바람과 구름을 뜻대로 조화를 부려 의병을 일으켜 선악을 판단하고 높은 산에서 물이 흐르듯이, 남쪽으로 쳐내려오니 슬프도다. 인생(人生)이여!
만나면 죽임을 당하니 어느 곳이 생명을 보존할 바위굴인가?

北海島出 馬頭人身 氣體青色 八尺長身
口吐火噴 怪術로서 惑世誣民 賣人心에
天下紛紛 이러나니 無道者가 었지살며
風浪劫海 當到하니 道德船을 急히타소

홋카이도에서 나온 말의 머리에 사람의 몸, 기력(氣力)과 체후(體候)가 청색이고 팔 척의 긴 키에, 입으로 불을 토하는 괴이한 술(術)로써 사람을 속여 미혹시키고 세상을 어지럽히고 사람의 마음을 사며, 천하가 시끄러워지니 도가 없는 사람은 어찌 살겠는가? 바람과 물결이 큰 바다에 닥치니 도덕선(道德船)을 급히 타소.

嶺北喬桐 蝸身人首 遁甲藏身 奇事로써
自相踐踏 混沌起로 終亡其國 妖物일세
可憐하다 無道者들 幻劫濫心 虛榮으로
妖物諸去 天神이라 入生出死 哀妻롭다

영북(嶺北) 교동(喬桐: 경기도 강화군 교동면)에 달팽이 몸과 사람의 머리로 둔갑하여 몸을 숨기는 기이한 일이 일어나네.
서로 짓밟아 혼돈이 일어나니 끝내는 나라를 망하게 하는 요사스런 물건이네.
가련하다, 무도자(無道者)가 크게 미혹(迷惑)하고 헛된 영화(榮華)로 진심을 넘치니 요물(妖物)을 모두 없애는 것이 천신(天神)이네. 들어가는 사람은 살고 나가는 자는 죽으니 슬프고 가엾다.

西湖出世 眞人으로 神聖諸仙 神明들이
各率神將 統合하야 天降諸仙 風雲化로
惡化爲善 하고보니 永無惡臭 神化世에
衰病死葬 退去하니 地上仙國 基礎地세

서쪽 호숫가에서 진인이 세상에 나오니, 거룩한 사람〔聖人〕과 모든 선인(仙人)과 신명(神明)들이, 제각기 신장(神將)을 거느리고 통합하여 하늘에서 내려온 모든 신선들의 바람이나 구름의 변화로, 악(惡)한 것이 착하게 되고 보니 영구히 악한 숨이 없는 신의 세계로 변화하네. 늙고 병들고 죽고 장례 지내는 것이 물러가고 땅 위에 신선의 나라 기초가 되는 땅이네.

天文術數 從何處고 黃房杜禹 出沒時라
雷震電閃 海印造化 天地混沌 무서워라
忍耐者는 勝世로서 天地之理 反復化에
富貴貧賤 後臥하나 拒逆者들 어이할고

천문(天文) 술수(術數)는 어느 곳을 따라야 하는가? 황(黃)·방현령(房玄齡)·두여회(杜如晦)·우(禹)가 나타났다 숨었다 하는 때이네.
우레·천둥·번개가 번쩍이는 해인의 조화로 말미암아 하늘과 땅이 혼돈하니 무서워라.
참는 사람은 세상을 이겨 하늘과 땅의 이치가 반복되니 부귀와 빈천

이 뒤로 눕네. 어기는 사람들 어이할꼬?

너의 行함 報應으로 公正無邪 밧고보니
天堂地獄 兩端間이 不再來時 好運이라
以上出將 何時인고 알고보니 九鄭八李
千祖一孫 아니되면 百祖一孫 갈대업서

저의 행한 대로 대갚음으로 공정(公正)하고 사사로움이 없음을 받고 보니, 천당(天堂)과 지옥(地獄), 양단간(兩端間)이 다시 오지 않는 좋은 운이네.
위와 같은 장군들이 나오는데 어느 때인가? 알고 보니 아홉 명의 정씨와 여덟 명의 이씨들, 천 명의 조상 가운데 하나의 자손만이 살아남지 않으면, 백 명의 조상 가운데 하나의 자손이 살아남네.

誰知烏之 雌雄으로 皆曰預聖 誰可知오
忘動마라 저日兵들 何得코저 再出인가
最後勝利 알고보니 所得함이 死亡이라
大亂之中 避亂民들 男負女戴 가지말고
一心合力 全家族이 弓乙村을 차저보소
牛聲之村 見不牛로 人言一大 尺八寸을

누가 까마귀의 암컷과 수컷을 구별하겠는가? 모든 사람들이 말한 예정된 성인을 누가 알겠는가?
망령되이 움직이지 마라. 저 일본 병정(兵丁)들 무엇을 얻으려고 다시 오는가?
가장 끝에 승리, 알고 보니 얻는 것이 죽음이네.
큰 난리 가운데 피난민들, 사내는 짐을 지고 계집은 짐을 이고 도망가

지 말고, 한마음으로 힘을 합쳐 온 가족이 궁을촌(弓乙村)[9]을 찾아보소. 소 울음소리가 나는 마을에 소가 보이지 않는 신천촌(信天村)[10]을.

恨心하다 草露人生 弓乙村을 모르거든
呼父村을 先尋後에 呼母村을 更問하소
父母村을 모르거든 三人一夕雙弓道에
至誠感天 天神化로 武陵桃源 차자보자

한심하다, 풀잎에 이슬과 같은 인생들이여! 궁을촌을 모르거든 아버지를 부르는 마을을 먼저 찾은 다음에 어머니를 부르는 마을을 다시 물어 보소.
어버이 마을을 모르거든 삼인일석(三人一夕: 麥 또는 春) 두 활〔弓弓=활활〕의 길에 정성이 지극하면 하늘이 감동하여 천신으로 변화되어 무릉도원을 찾아보소.

修道先出 容天福[11]에 天崩地坼 素砂立을
青鶴福處 牛腹洞이 三峯山下 半月有로
深藏窟曲 囊中世界 靈泉水가 恒流로다
青榭古里 碧山新村 非山非野 十勝處라

도를 닦고 먼저 출현하면 하늘의 복을 용납하여 하늘이 무너지고 땅이 터져도 솟아날 수 있네.
청학동과 우복동이 삼봉산(三峰山) 아래 반달 형상인 마음 심(心) 글

9) 하늘과 땅을 믿는 마을.

10) 하느님을 믿는 마을.

11) '朴'은 오자이다. '福'을 행서(行書)한 것을 전사(傳寫)한 사람이 오기(誤記)한 것이다.

자이네.
깊이 숨어 있는 구불구불한 굴 같은 주머니 세계로 신령한 샘물이 늘 흐르네.
푸른 정자(亭子)가 있는 옛 고을과 푸른 산의 새로운 마을이 산도 아니고 들도 아닌 십승의 곳이네.

海印龍宮 閑日月이요 木人神幕 別乾坤을
風驅惡疾 雲中去요 雨洗寃魂 海外消라
別有天地 非人間이요 武陵桃源 紫霞島를
畵牛顧溪 活命水는 牛姓村에 隱潛하니

바다 도장〔海印〕 용궁(龍宮)은 해와 달이 한가롭네. 목인(木人)이 거하는 신막(神幕)은 별천지(別天地)[12]이네.
바람을 몰아 악한 질병을 구름 속으로 보내고, 비로 원한 맺힌 영혼(靈魂)을 씻어 바다 밖으로 사라진다.
별다른 천지가 있으니 인간 세상이 아닌 무릉도원인 자하도(紫霞島)[13]를, 그림 속의 소가 시내를 돌아보며 목숨을 살리는 물은 우성촌(牛性村)[14]에 숨어 있네.
水昇火降[15] 隱妙法을 無智者가 었지알고

---

12) 속된 세상과는 아주 다른 세상. 딴 세상. 별세계(別世界), 별천계(別天界), 별건곤(別乾坤), 별유천지(別有天地)라고도 한다.

13) 보랏빛의 안개로 선궁(仙宮)에 낀 안개라고 하여 신선이 사는 곳을 일컫는다.

14) 소의 성품은 들〔野〕에 있으므로 시골을 뜻한다.

15) 콩팥〔腎臟〕에 수기(水氣)가 오르고 염통〔心臟〕에 화기(火氣)가 내려와 수화(水火)가 서로 합하는 수화교구(水火交媾)이며, 화수미제(火水未濟)가 수화기제(水火旣濟)가 되어 시간적으로는 사시장춘(四時長春)이요, 공간적으로는 천지회춘(天地回春)이다.

天牛耕田 田田理로 寺畓七斗 作農일세
巨彌하다 牛性村의 一心修道 심었더니
甘露如雨 循環裡에 日就月長 結實하니

물이 오르고 불이 내리는 숨은 묘한 법을 슬기롭지 못한 사람이 어찌 알겠는가?
하늘 소〔牛〕가 밭을 가니 단전(丹田)·심전(心田)의 이치로 마음의 일곱 구멍을 여는 일이네.
크고 크도다. 우성촌(牛性村)의 한마음으로 도를 닦았더니, 비와 같이 향기로운 옥로(玉露)가 돌고 도는 가운데 나날이 새롭게 열매 맺네.

三旬九食 不飢穀은 穀種求於 三豊일세
盤石湧出 生命水로 天下人民 解渴하니
弓乙十勝 易理法이 死中救生 天恩일세
畵牛顧溪 十勝法이 巽震鷄龍 青林인줄

30일 동안 9번 먹으니 배고프지 않은 곡식의 씨앗은 정(精)·기(炁)·신(神)인 삼풍(三豊)일세.
매우 견고한 곳에서 솟아나는 생명수로 온 누리 사람들의 메마름을 풀어주니, 궁(弓: 天)과 을(乙: 地), 그리고 일음(一陰)과 일양(一陽)이 합한 십(十)이 이기는 역(易)의 이치 법이 죽음 가운데에서 다시 살아나는 하늘의 은혜이네.
그림 속의 소가 시냇물을 돌아보는 십승의 법이 동방의 청림(青林)[16]

---

16) 『겸암비결(謙菴秘訣)』 안의 무림시구(茂林矢口) 곧 무림지(茂林知)에서 연원(淵源)한다. 동학교주(東學敎主)였던 김주희(金周熙, 1860~1944)의 자(字)는 경천(敬天)이고, 호(號)는 삼풍(三豊)이며, 존호(尊號)는 청림선생(青林先生)이고, 본관은 경주(慶州)로 경신(庚申)년 음력 10월 3일 충남 공주군 신상면(新上面) 달동

인 것이다.

自古由來 儒士들이 通理者가 누구누구
鷄龍鄭氏 海島眞人 易數不通 모르오니
十年工夫 修道者들 前功可惜 哀悽롭다

예로부터 지금까지 유교의 선비들이 이치를 통한 사람은 누구인가? 동방의 정씨는 바다 섬 진인으로 역리(易理)와 수리(數理)를 통하지 못하면 모르나니 10년간이나 공부한 수도자들의 전(前)의 공(功)이 아깝고 슬프고 가엽다.

3. 십승론(十勝論)

兩白三豊 十勝論을 更解하야 이르리라
黃入腹而 在生也니 天理十勝 차자볼가
天文地理 鄭堪先師 天理論을 푸러보세

양백(兩白: 두 눈)·삼풍(三豊: 精·炁·神)·십승(十勝: 신의 세계)론을 다시 풀어 말하리라.

(達洞)에서 태어났다.

1920년 김상설(金相卨)에 의해 설립된 청림교(青林教)를 말한다. 그 당시 청림(青林)을 자처했던 인물이 매우 많다. 갑산(甲山)의 이백초(李白初), 삼도봉(三道峰)의 윤청림(尹青林), 대흥(大興)의 김청림(金青林), 계룡산의 한청림(韓青林), 호서(湖西)의 임청림(林青林)·태청림(太青林), 묘향산(妙香山)의 박청림(朴青林)이 그들이다. 모두 수운(水雲) 최제우(崔濟愚)의 유훈(遺訓)으로 알려진 '수종백토주청림(須從白兎走青林)'이란 문자와 최제우가 해월(海月) 최시형(崔時亨)에게 도통을 전할 때 사용한 '북접주인(北接主人)'이란 모호한 명칭에서 배태(胚胎)된 것이다.

황(黃) 글자의 뱃속〔田→十〕에 들어감이 생명을 보존함이니 하늘의 이치인 십승을 찾아볼까?
천문과 지리에 밝은 정감선사의 하늘의 이치론을 풀어 보세.

十勝之人 箇箇得生 天理十勝 傳햇스니
九宮八卦 十勝大王 靈神人士 眞人으로
弓字海印 降魔之道 弓乙之間 十勝地를
諸山之中 넘나들며 不求山中 찻지말고
三峯山下 半月仙抬 極求心中 차자보소

십승의 사람이 낱낱이 삶(목숨)을 얻는 하늘의 이치인 십승을 전했으니 구궁(九宮)과 팔괘(八卦)의 십승 대왕(大王) 영(靈)과 신(神)의 인사(人士)인 진인(眞人)으로, 궁(弓) 글자가 해인으로 마귀를 항복의 길이며, 궁을(弓乙)의 사이에 십승지가 있음을, 모든 산속을 넘고 들어가고 산속에서 구하지 말고 찾지도 말라.
삼봉산 아래 반달 신선의 집을 마음속에서 지극히 찾아보소.

地理十處 不入하라 殺我者가 十勝일세
白轉身이 必死연만 諸山中에 찻단말가
山不近而 丁寧으로 山嵐毒霧 多死로다
天驅萬姓 暴殺地요 生靈蕩除 劫氣地라

지리(地理)의 십승지에는 들어가지 말라. 나를 죽이는 것이 십승이네.
흰 백(白) 글자가 구르니 입산(入山)이라. 산에 들어가면 반드시 죽는데 모든 산속을 찾는다 말인가?
산을 가까이 하지 말라 했는데 정녕 산바람 독(毒)한 안개에 많이 죽는구나. 모든 성씨들을 하늘이 쫓고 난폭하게 죽이는 땅이요, 생령

(生靈)이 쓸어 없애 기를 뺏는 곳이니라.

百萬鳩衆 財貨로써 以授后生之理로다
漢都之末 蒙昧之輩 若入于此十勝이면
一無保命之地라고 編覽論에 傳햇다네
陽來陰退 天來地去 黃極仙道 明朗世에
地運退去 天運來니 不顧地理 天顧生을

모든 비둘기 떼와 같은 재화(財貨)로써 후생(後生)의 이치를 받은 것이다.
한양 도읍의 끝 무렵에 어리석고 어두운 무리들이 이 십승지로 들어갈 것 같으면, '한 사람의 목숨도 보존하지 못하는 곳'이라고 『편람론(編覽論)』에 전했다네.
양이 오고 음이 가는, 하늘이 오고 땅이 가는 황극선도(皇極仙道)의 명랑(明朗)한 세상이니 지운(地運)이 물러가고 천운(天運)이 오니, 지리를 돌아보지 말고 하늘을 돌아보아라.

4. 양백론(兩白論)

人種求於 兩白[17]也니 兩白理를 仔細알소
兩白之間 避居之人 箇箇得生 傳햇으니
天兩白을 모르고서 地兩白을 찻단말가
先後天地 兩白數를 先後中天 易理數로

17) 왼쪽 눈〔日〕과 오른쪽 눈〔月〕.

사람의 종자를 양백에서 구하니 양백의 이치를 자세히 알아보소. 양백 사이에 피해 사는 사람은 낱낱이 삶(목숨)을 얻는다고 전했으니, 하늘 양백(日月, 해와 달)을 모르고서 땅 양백(兩白, 소백산과 태백산)을 찾는다는 말인가?

河洛聖人 誕生하니 人間超越 靈人이라
生子女를 養育하야 仙國世界 天民化를
天國神民 되자하면 心淨手淨 行動淨에
八物長生 扶人救命 人間積德 하올세라

선천지(先天地)[18]와 후천지(後天地)[19] 양백의 셈〔數〕을 선천·중천·후천의 역의 이치의 셈으로, 하도와 낙서의 복희씨(伏羲氏)와 우임금(禹王)이 탄생하니 인간을 초월한 신령스런 사람이다.
자녀를 낳아 길러 신선나라〔仙國〕 하늘 백성으로 화(化)하여 하느님이 있다는 나라[20]의 신선 백성이 되려면 마음이 깨끗하고 손도 깨끗하고 행동도 깨끗하여, 여덟 사물이 오래도록 살고 사람을 돕고 목숨을 구하려면 사람들에게 덕을 쌓아라.

衣白心白 天心化로 이도亦是 兩白일세
朝鮮民族 患難時에 天佑神助 白衣人을
河洛天地 六一水로 兩白聖人 出世하야
十勝大船 지여노코 苦海衆生 拯濟로서
先天河圖 右太白과 後天洛書 左小白數

---

18) 생성되기 이전의 천지.
19) 생성되기 이후의 천지.
20) 신선 부처님이 있다는 이상(理想)세계.

左右山圖 雙弓之間 白十勝이 隱潛하냐
山兮田兮 田兮山兮 兩白之間 十勝일세

옷이 희고 마음이 희어 하늘 마음으로 변화하니 이것도 또한 두 가지 흰 것〔兩白〕이라.
우리나라의 재앙 또는 병란(兵亂) 때에 흰 옷 입는 사람을 하늘과 신령이 돕는 것을, 하도·낙서의 천지에 육일(六一)은 물로 육백과 일백의 거룩한 사람이 세상에 나와 십승이라는 큰 배를 만들어 놓고 이 세상의 괴로움과 근심이 그치지 않는 많은 생명 있는 것들을 건져줌으로써, 선천 하도의 오른쪽 태백(太白)과 후천 낙서의 왼쪽 소백(小白)의 셈〔數〕으로, 왼쪽과 오른쪽 산에 두 궁(弓)의 사이에 백십승(白十勝)이 숨어(남모르게) 잠겼으니 왼쪽과 산이여! 전궁(田弓)이며 밭이여! 산궁(山弓)이니 양백의 사이가 십승이네.

河圖洛書 理氣靈山 世上四覽 몰랐으니
本文之中 七十二圖 仔細穹究 하여보소
先後天地 兩白理를 易數出聖 靈王으로
兩白十勝 傳햇스니 人種求於兩白일세

하도와 낙서가 이기(理氣)가 깃들어 있는 신령스런 산임을 세상 사람이 몰랐으니, 본문 가운데 72궁(宮)의 그림을 자세히 연구하여 보소. 선천지와 후천지의 양백이 이치를 역수(易數)로 출현하는 거룩한 사람〔聖人〕은 신령한 왕으로, 양백과 십승으로 전했으니 사람의 씨앗은 양백에서 구하는 것이네.

天兩白을 아렀으니 地兩白을 다시알소
太白聚起 餓死鬼요 小白橫行 斷頭魂을

先師分明 傳햇스니 白兮白兮 白而不生
地理兩白 無用으로 天理兩白 生이라네
天地合德 兩白聖人 禮法更定 先聖道로
敎化萬方 廣濟時에 三豊道師 風飛來라

하늘의 양백을 알았거든, 땅의 양백을 다시 알아보소.
태백은 굶어 죽은 귀신이 모여드는 곳이고, 소백은 머리 잘린 혼이 거리낌 없이 제멋대로 행동하는 곳임을, 옛날 스승이 분명하게 전했으니 하얗고 하얗도다. 하얗기에 살지 못하네.
지리(地理)의 양백(兩白: 태백산과 소백산)은 쓸모없고 천리(天理)의 양백이라야 살 수 있네.
하늘과 땅이 합하여 덕이 되니 양백 성인이 예법을 다시 고쳐 선성(先聖)의 도로서, 온 누리에 널리 백성을 가르쳐서 착한 사람이 되게 하고 널리 구제할 때 삼풍도사(三豊道師)가 바람에 날아오네.

5. 삼풍론(三豊論)

穀種求於 三豊也니 三豊論을 覺知하소
先天河圖 後天洛書 中天海印 理氣三豊
三天極樂 傳한法이 兩白弓乙十勝理로
少男中男 兩白中에 人白長男 出世하니
三白化而三豊으로 乾金甲子 成道로다

곡식의 씨앗은 삼풍에서 구함이니 삼풍론(三豊論)을 깨달아서 아시오.
선천하도(先天河圖)와 후천낙서(後天洛書)와 중천해인(中天海印)의 이기(理氣)가 삼풍이네.

선천·중천·후천에 극락(極樂) 전한 법이 양백과 궁을이니 십승의 이치로 소남(少男, 艮, ☶) 과 중남(中男, 坎, ☵)의 양백 가운데에 사람의 백(白)인 장남(長男, 震, ☳)이 숨었던 사람이 세상에 나오니, 소남·중남·장남 삼백(三白)이 삼풍으로 변화함으로 건금(乾金) 갑자(甲子)로써 도를 이루네.

天地兩白 우리先生 人道三豊 化해나니
十皇兩白 弓乙中에 三極三豊 火雨露로
兩白道主 十坤이요 三豊道師 三乾일세
坤三絶과 乾三連을 兩白三豊 傳햇으니
無穀大豊 豊年豊字 甘露如雨 三豊이라

천지 양백인 우리 선생이 인도 삼풍으로 변화했으니 십황(十皇)·양백(兩白)·궁을(弓乙) 안의 삼극(三極: 無極·太極·皇極)·삼풍(三豊: 精·炁·神)이 화(火)·우(雨)·로(露)로, 양백 도의 주인이 십곤(十坤)이요, 삼풍 도의 스승이 삼건(三乾)이네.
곤삼절(坤三絶: ☷)과 건삼련(乾三連: ☰)을 양백과 삼풍으로 전했으니, 곡식 없이 큰 풍년인 풍년 풍(豊) 글자에 비와 같은 단이슬〔甘露: 玉露, 玉液〕이 삼풍이네.

三旬九食 三豊穀을 宮乙之中 차저보세
第一豊에 八人登天 惡化爲善 一穀이요
第二豊에 非雲眞雨 心靈變化 二穀이며
第三豊에 有雲眞露 脫劫重生 三穀이라

한 달(30일)에 아홉 차례 먹는 삼풍 곡식을 궁을 안에서 찾아보세.
첫 번째, 풍(豊)에 불이 하늘에 오르니 악한 것이 착하게 되니 첫째 곡식이요, 두 번째, 풍에 구름 아닌 참비〔眞雨: 콩팥의 기〕가 내려 심령(心靈)이 변화되니 둘째 곡식이네.
세 번째, 풍에 참이슬〔眞露〕이 구름에 있어 많은 사람들의 언짢고 침침한 기운이 없어지나니 셋째 곡식이네.

三豊三穀 世無穀은 十勝中에 出現하니
鄭氏黎首之民으로 兩白三豊 일넛다네
末世大歉 飢死之境 拯濟萬民 天穀으로
和氣東風 久盡悲에 天下蜂蝶 呼來하니
不死消息 永春之節 廣濟蒼生하여보세

삼풍 삼곡 세상에 없는 곡식은 십승 안에 나타나서 보이니, 정씨의 백성으로 양백과 삼풍을 가르쳤다네.
말세에 큰 흉년에 굶어 거의 죽게 된 지경을 마음과 힘을 다해 모든 백성을 구제하는 하늘 곡식이네.
온화한 기운 동쪽에서 불어오는 바람에 오랫동안의 슬픔과 괴로움이 모두 사라지고 온 누리의 벌과 나비가 춤추며 오네.
죽지 않는 소식을 영구(永久)한 봄에 많은 사람들은 널리 구해 보세.

天理三豊 아러거든 地理三豊 아올세라
三豊之理 基延豊을 地理三豊 傳햇스니
三豊論에 一曰豊基 最高福地 三豊인가
耕者不獲 獲者不食 엇지하야 福地이며
食者不生 塵霧漲天 穀種三豊 었지될고

하늘의 이치인 삼풍을 알았거든 지리 삼풍을 알아보소.
삼풍의 이치를 풍기(豊基), 연풍(延豊), 풍천(豊川)의 지리 삼풍으로 전했으니, 『정감록』에서 삼풍을 논함에 첫째는 풍기가 가장 좋고 복된 땅인 삼풍인가?
밭갈이 하는 자가 얻지 못하고 얻은 자가 먹지 못하니 어찌하여 복된 땅이며, 먹는 것은 생기지 아니하고 먼지와 안개가 하늘에 가득하니 곡식 씨앗인 삼풍이 어찌 되겠는가?

豊基茂豊 延豊으로 地理三豊 傳햇스나
天理三豊 出世로서 地理三豊 不利로다
豊兮豊兮 無情之豊 非三豊이 아니든가
秘文隱理 推算法을 式모르고 엇지알고

풍기(豊基)·무풍(茂豊)·연풍(延豊)으로 지리삼풍(地理三豊)을 전했으나 천리삼풍(天理三豊)이 숨었던 것이 세상에 나오니 지리삼풍은 이치가 아니네.
풍년이여, 풍년이여! 정(情) 없는 풍년이니 비삼풍(非三豊)이 아니던가? 비밀 글월의 숨은 이치를 짐작으로 미루어 셈하는 방법과 푸는 방식을 모르고는 어떻게 알까?

兩白三豊 非吉地를 浪仙子의 明示로서
三豊海印 亦一理니 海印造化 無爲化라
四覽四覽 天心化로 不入中動 일치마소
七年大旱 水限境에 三豊農事 지여보세
十皇兩白 弓乙中에 三極三乾 三豊道師
坤三絶化 乾三連卦 兩白三豊 아올세라

양백·삼풍이 길한 곳이 아님을 낭선자(浪仙子)[21]가 분명하게 보여주네. 삼풍과 해인이 또한 한 이치이니 해인의 조화가 자연스럽게 이루어지네.
사람마다 하느님 마음으로 중심이 움직이는 곳은 들어가지 마소.
7년간 크게 가물어 물이 한정 있는 경지(境地)에 삼풍 농사를 지어 보세.
십황·양백·궁을 가운데 삼극(三極)·삼건(三乾)·삼풍에 도사(道師)가 있네.
곤삼절(坤三絶: ☷)이 건삼련(乾三連: ☰)의 괘(卦)로 변화되는 양백·삼풍을 알아보소.

6. 계룡론(鷄龍論)

鷄龍俗離之間에는 村村旺氣 傳햇스며[22]
智異德裕之間에는 谷谷吉運 아니든가[23]
智異聽明 慧睿者로 德裕之人 四覽四覽
坊坊曲曲 吉運으로 死中救生 되여나리

계룡산과 속리산 사이의 마을마다 왕성한 기운이 있고, 지리산과 덕유산 사이의 골짜기마다 좋은 운이 있네.

---

21) 성명은 어무적(魚無迹)이고 자(字)는 창파(滄波)이며 조선 태종 때 사람이다. 『경고』의 「낭거선(浪居仙)」 가운데 "또 이르기를 명승(名勝)의 땅은 먼저 가혹한 재앙을 입는다"(又云 名勝之地 先被酷禍). 이문당 판(以文堂版) 『정감록』 5. 「낭선자결(浪仙子訣)」에는 "名勝之地(명승지지) 先被酷禍(선피혹화)"로 나와 있어 대동소이(大同小異)하다.

22) 『정감록』의 「이토정비결(李土亭秘訣)」 가운데 "鷄龍俗離之間(계룡속리지간) 村村旺氣(촌촌왕기)"라고 쓰여 있다.

23) 『정감록』의 「이토정비결」 가운데 "智異德裕之南(지리덕유지남) 谷谷吉運(곡곡길운)"이라고 쓰여 있다〔남(南)은 간(間)을 잘못 실음〕.

세상의 지혜와는 다른 총명함을 지닌 혜예자(慧睿者)로 덕이 넉넉한 사람 사람 사람이네. 마을마다 좋은 운수로 죽음 가운데 삶을 구하게 되었네.

日月仙運 巽震으로 巽鷄震龍 雙木運에
理氣和合 하고보니 青林道士 鷄龍鄭氏[24]
利涉大川 木道乃行 天運仙道 長男女라[25]
勿思世俗 離脫하고 不顧左右 前進하자

해와 달이 신선 운수로 손(巽: ☴)과 진(震: ☳)으로 손이 닭이고 진이 용으로 동방목(東方木)인 오행(五行)으로 쌍목운(雙木運)에, 이와 기가 화(和)하여 합하고 보니 청림도사(青林道士)가 계룡정씨(鷄龍鄭氏)이네. 큰 냇물을 건너는 것이 이롭다고 한 것은 나무로 만드는 도가 바로 행하는 것이다. 천운(天運)인 선도(仙道)의 진(震: ☳)은 장남(長男)이요 손(巽: ☴)은 장녀(長女)이다.[26]
세상을 생각지 말고 속세를 벗어나 좌우를 돌아보지 말고 앞으로 나아가소.

俗離者生 鷄龍入에 仙官仙女 作配處요
鷄龍石白 武器故로 田末弓者 田鎌이라

---

24) 『정감록』 「오백론사비기(五百論史秘記)」에는 "寄語人間超道士(기어인간초도사), 須從白兎走青林(수종백토주청림)"이라 쓰여 있고, 「칠언고결(七言古訣)」에는 "寄語人間獨覺士(기어인간독각사), 須從白兎(辛卯)走青林〔수종백토(신묘)주청림〕"이라 쓰여 있고, 『경고』 「추별(追別)」에는 "須從白兎走青林是也(수종백토주청림시야)"라고 쓰여 있다.

25) 『주역(周易)』 「십익(十翼)」 단사(彖辭) 익괘(益卦) 가운데 "利涉大川(이섭대천)은 木道乃行(목도내행)이라"고 쓰여 있다.

26) 팔괘(八卦)를 가족 구성원에 대입(代入)함.

平沙三里 福地로서 非山非野 傳햇스며[27]
人民避兵之方이라 三災不入 仙境故로
入壬亂於朴이라고 十勝之人 傳해오니[28]
武陵桃源 種桃處가 淨土福地 아니든가

세속을 떠난 자는 살고 계룡에 들어오니 선관(仙官) 선녀(仙女)가 짝을 짓는 곳이요, 계룡의 백석(白石)이 무기(武器)이니 전(田)의 끝이 궁할 궁(窮)이란 밭의 낫〔鎌〕이네.
평평한 모래 세 마을〔三里〕은 복된 땅으로써 뫼도 아니고 들도 아닌 곳으로 전했다네.
인민이 전쟁을 피할 수 있는 곳이라, 세 가지 재앙이 들어오지 않는 선경(仙境)이므로 1962년 임인년(壬寅年)에 난리를 평정하고 박씨가 들어온다고 십승의 사람 곧 정감(鄭堪)이 전한다. 무릉도원인 복숭아를 심은 곳이 깨끗한 땅이요, 복된 땅이 아니던가?

仙道昌運時來故로 鷄龍鄭氏 傳햇다네
人間滋味 幸樂으로 世脫俗離 不入生을
理氣靈山 十勝運에 地理諸山 合當할고
智異德裕 非吉地라 智者豈入 傳해잇고
鷄龍俗離 非吉地라 切忌公州 鷄龍일세

---

27) 『정감록』 「비지론(秘知論)」과 『감인록(鑑寅錄)」의 "鄭曰(정왈) 鷄龍山(계룡산) 自古平沙三十里(자고평사삼십리) 南門複起(남문복기)…"를 풀어 보면 '계룡산은 예로부터 평평한 모래 30리에 남문(南門)이 다시 일어나면…', 『정감록』 「감결(鑑訣)」에 "계룡석백(鷄龍石白) 평사삼십리(平沙三十里)…", 『경고』 「이정문답록(李鄭問答錄)」에 "鷄龍山(계룡산) 白沙三十里(백사삼십리) 南門複起(남문복기)…"
28) 『정감록』 「감결」의 "國祚盡於入壬亂於朴(국조진어입임란어박)"을 풀어 보면 "국운(國運)이 팔임(八壬)에 다하고 박(朴)에 난리가 있고".

李氏將末 理氣靈理 移入鷄龍 何者인고
青鶴抱卵 入于鷄龍 豈有世上之理乎아

선도(仙道)가 번창하는 운이 때를 찾아오니 계룡 정씨라고 전해 왔네. 인간의 재미와 낙을 즐김으로 세속을 벗어 버리지 못하니 세상을 떠나 들어가지 않으면 살게 되네.
이(理)와 기(氣)가 영산(靈山) 십승의 운에 지리의 모든 산이 알맞겠는가?
지리산과 덕유산은 길지(吉地)가 아니라면 지혜로운 사람(토정 이지함)이 어찌 들어가라고 전했겠는가?
계룡산과 속리산은 길한 곳이 아니네. 공주(公州)에 있는 계룡산은 절대로 꺼려야 할 땅이네.
조선 왕조 전주이씨가 장차 끝날 때 이(理)·기(氣)·영(靈)의 진리가 옮겨 계룡산으로 들어간다는 말씀이 무엇인가?
푸른 두루미〔青鶴〕가 알을 품고 계룡산에 들어가는 것에 어찌 세상의 이치가 있는가?

7. 송가전(松家田)

鄭李問答 三秘文을 大綱푸러 이르리라
自古至末世까지 三數秘로 맛치엿네
浮木節木 虎運에도 似草不草 傳햇스며
女人戴禾 殺我者로 兵在其中 人不矢口

정감(鄭鑑)과 이심(李沁)이 묻고 답한 『정감록』의 세 가지 비밀을 큰 줄거리를 풀어 말씀하리라.

예로부터 말세에 이르기까지 세 가지 운수로 마쳤네.
부목절목(浮木節木) 호운(虎運)의 임진왜란 때에는 풀과 비슷하나 풀이 아닌 송(松) 글자가 피난처임을 전했네.
왜(倭)와 우리를 죽이는 것이며 전쟁을 일으키는 그 가운데 있고 사람인 것을 몰랐네.

畵虎顧松 如松之盛 二才前後 從木生을
虎性在山 十八加公 水龍一數 當運이라
人口有土 殺我理로 重山深谷 依松生을
見人猖獗 見山卽止 畵犢卽音 松下止라

그림 속의 범이 소나무를 돌아보니 이여송(李如松)이 번창하는 것이니 목(木)을 따라야 산다는 말씀일세.
범의 성품은 뫼에 있으니 십팔가공(十八加公)은 송(松) 글자요, 수룡(水龍)은 임진(壬辰)이니 첫 번째의 운수에 당하리라.
인구유토(人口有土)는 앉을 좌(坐) 글자이니 앉아 있는 것은 우리를 죽인다는 이치로 집에서 나와〔重山＝出〕 깊은 골짜기의 소나무에 의지하면 살게 되네.
사람들이 미쳐 날뛰는 것을 보면 산을 본즉 멈추네. 그림 속의 송아지는 소리로는 송하지(松下止)이네.

初亂已去 再胡亂에 人心幻劫 暫間일세
浮土溫土 狗運에도 似野不野 傳햇스며
雨下横山 殺我者로 裏在其中 天不矢口

처음 난(亂[29])이 이미 지나가고 다시 오랑캐의 난(亂[30])이 일어나니 인심이 변하고 빼앗는 것은 잠시 동안이네.

떠 있는 흙〔壁〕 따뜻한 흙(방바닥, 온돌, 구들장)이며 병자호란 운에는 들 같으면서도 들이 아님을 전했으며 눈(雪=雨下横山)이 나를 죽이는 것으로 하늘 가운데 있는 것을 알지 못한다.

畵狗顧簷 家給千兵 兩上左右 從土生을
狗性在家 豕上加冠 火鼠再數 當運이라
重山不利 殺我理로 人口有土 樑底生을
見雪猖獗 見家卽止 畵犬卽音 家下止라

그림의 개〔狗〕가 집 처마 끝을 돌아본다. 천 명의 군사를 받은 것이니, 방안에 앉아〔坐=兩上左右〕 온돌을 따르면 사는 것을, 개의 성품은 집〔家=豕上加冠〕에 있으며, 두 번째 운수는 병자(丙子: 火鼠)년이니 그 해가 해당하는 운이라.
집에서 나가면〔出: 重山〕 이롭지 못하니 집에서 나가는 것이 곧 우리〔我〕를 죽이는 진리이다. 집안의 대들보 밑에 있으면 산다.
눈〔雪〕을 보면 미쳐 날뛰는 것〔狗〕을 보면 곧 집에서 발걸음을 그치라. 그림 속의 개의 소리가 강아지(家下止)다. 집 아래에 있어야 한다.

雜枰世上 當末運에 不毛地獸 丁寧하다

29) 조선 선조 25년(1592)부터 31년(1598)까지 2차에 걸쳐서 우리나라를 침입한 일본과의 싸움을 이른다. 해상에서의 이순신의 활약에도 불구하고 육상에서 이일, 신립 등이 계속 패배함으로써 선조는 의주로 파천했으며 뒤에 명나라의 원병과 권율 등의 반격으로 일단 화의가 되었으나 일군(日軍)은 선조 30년(1597)에 재침했다가 31년에 물러갔다.

30) 조선 인조 14년(1636)에 청나라가 침입한 난리이다. 청나라에서 군신(君臣) 관계를 요구한 것을 조선이 물리치자 청나라 태종이 20만 대군을 거느리고 침략했다. 이에 인조는 삼전도에서 항복하고 청나라에 대해 신(臣)의 예를 행하기로 한 굴욕적인 화약(和約)을 맺었다.

浮金冷金 牛運에도 似人不人 傳햇스며
八卦陰陽 相配故로 相生之理 禮儀로서
八卦磨鍊 義易理法 四時循環되옴으로
胞胎養生 春生發芽 衰病死葬 不免이요

뒤섞이고 얇은 세상 말운에 만나면 털 없는 짐승이 확실하고 틀림없다. 떠 있는 쇠〔火中金: 眞陰, --〕 차가운 쇠〔水中金: 眞陽, —〕이며 사람 같으면서도 사람이 아님을 전했으며, 팔괘(八卦)는 음양으로 서로 짝을 지으니 서로 살리는 진리이며 예의로서 팔괘가 마련된 것이 태호복희씨(太昊伏羲氏) 역(易)의 진리(眞理) 방법으로 봄, 여름, 가을 겨울이 돌고 도는 것으로, 포(胞)·태(胎)·양(養)·생(生)으로 봄에 태어나 싹이 나지만 쇠(衰)·병(病)·사(死)·장(葬)을 면하지 못한다.

喜怒哀樂 四時循環 一去一來 躔次로다
中男中女 后天洛書 周易理氣 變化法이
佛道正明 地屬하야 五百羅漢 阿彌陀佛
離南坎北 八卦로서 火水未濟 夏長之氣
八卦陰陽 錯亂하야 相生變爲 相克이라

기쁨〔喜〕·성냄〔怒〕·슬픔〔哀〕·즐거움〔樂〕·봄〔春〕·여름〔夏〕·가을〔秋〕·겨울〔冬〕이 돌고 돌아 한 번 가고 한 번 오며 다시 돌아오는 차례로다. 곧 궤도(軌道)에 따라 운행한다.
중남(中男)은 감괘(坎卦: ☵)이며 중녀(中女)는 이괘(離卦: ☲)로 후천(後天) 낙서(洛書)이니 곧 가정의 차남(次男)과 차녀(次女)와 같으며 이것은 수화(水火) 감리(坎離) 괘(卦)이고 『주역』에서는 완성인 수화기제(水火旣濟) 괘에 해당한다. 『주역』의 음양변화법(陰陽變化法)이 불도(佛道)는 공명정대(公明正大)하여 땅의 도리에 속하여 5백 나한(羅漢)

과 아미타불(阿彌陀佛)을 배출하고, 이괘(離卦: ☲)는 남쪽이고 감괘(坎卦: ☵)는 북쪽인 팔괘로 수화미제(水火未濟) 괘이며 여름에 성장하는 기이고, 팔괘와 음양이 뒤섞여 어수선하고 상생(相生)이 변하여 상극(相剋)이 된다.

八卦磨鍊 周易法이 四時動作 一般으로
欲帶冠旺 夏長之氣 衰病死葬 如前으로
小頭無足 殺我者로 化在其中 鬼不矢口
畵牛顧溪 奄宅曲阜 一八于八 從金生을
牛性在野 三人一夕 水兎三數 終末일세

팔괘로 마련한 주역법(周易法)이 봄·여름·가을·겨울이 같은 모양으로 움직이므로 욕(欲)·대(帶)·관(冠)·왕(旺)의 여름의 긴 기이며, 쇠(衰)·병(病)·사(死)·장(葬)하는 것이 앞과 같음으로 재앙〔災=小頭無足〕이 우리를 죽이는 것으로 변화하는 그 가운데 있으니 음귀(陰鬼)인 줄 알지 못한다.
그림에서 소가 시내를 돌아보고 있다. 구불구불한 언덕의 외딴 집이며, 금(金=一八于八)이니 금을 따라야 산다는 것을, 소의 성품은 들에 있으며, 보리〔麥〕 또는 봄〔春〕이며 계묘(癸卯, 2023)년이 세 번째의 운수로서 종말(終末)일세.

六角八人 殺人理로 弓弓十勝 天坡生을
見鬼猖獗 見野卽止 畵豕卽音 道下止라
風紀紊亂 雜糅世上 十勝大道 아러보소
易理乾坤 循環之中 三變九復 도라오네

천화(天火=六角八人)가 우리를 죽이는 이치로 궁궁(弓弓: 闖闖) 십승의 하늘 언덕이라야 산다.
음귀(陰鬼)가 미쳐 날뛰는 것을 보면 들에서 곧 멈추고 그림 속의 돼지〔豕〕이니 곧 소리〔音〕로는 도하지(돼지: 道下止)니 도로가 아닌 곳으로 다녀라.
풍기(風紀)가 어지러워 섞이고 휘어진 세상에 십승 대도(大道)를 알아보소.
역의 진리로 하늘(天, 乾)과 땅(地, 坤)이 돌고 도는 가운데 세 번 변하고 아홉 번 돌아오네.

儒佛仙三 理氣妙法 易理로써 出現하니
少男少女 先天河圖 羲易理氣 造化法에
儒道正明 人屬하야 七十二賢 詠歌詩調
乾南坤北 天八卦로 天地否卦 春生之氣

유도·불도·선도 셋은 이와 기의 묘한 법이 역의 진리로써 출현하니, 소남(少男)은 간괘(艮卦: ☶), 소녀(少女)는 태괘(兌卦: ☱)로 산과 못이 서로 기운을 통해 나온 선천(先天) 하도(河圖)이며 태호복희씨(太昊伏羲氏)가 만든 역의 이기조화법(理氣造化法)에, 유도(儒道)가 정대(正大)하고 공명(公明)하여 사람의 도리를 밝히며 사람에 속하여 공자께서 72현인(賢人)을 배출하여 일가(一家)를 이루었고 노래를 읊고 시(詩)를 익혔노라.
건(乾: 하늘 ☰)이 남쪽에 있고 곤(坤: 땅 ☷)은 북쪽에 있는 팔괘로 천지부괘(天地否卦: ☰☷)이며 봄에 (만물을) 살리는 기이다.

溫熱凉寒 四時到來 晝夜長短 躔次로다
後天洛書 又已去로 中天印符 更來하니
長男長女 印符中天 正易理氣 造化法이

仙道正明 天屬하야 一萬二千 十二派로
坤南乾北 人之八卦 地天泰卦 人秋期라

봄에는 따뜻하고 여름에는 뜨겁고 가을에는 서늘하고 겨울에는 차갑고, 봄·여름·가을·겨울이 닥쳐오니 밤과 낮이 길고 짧은 것을 반복하여 되돌아오는 것이로다.
후천 낙서 또 지나가고 중천(中天) 인부(印符)가 다시 오니, 장남인 진괘(震卦: ☳)와 장녀인 손괘(巽卦: ☴)인 해인 천부(天符) 가운데『정역(正易)』에 이기의 조화법이 선도(仙道)가 정대하고 공명하여 하늘의 이치를 밝힘으로 1만 2천 도통한 진인(眞人)·선인(仙人)·지인(至人)을 배출하고 12파(派)로, 곤괘(坤卦: 땅: ☷)가 남쪽인 아래에 있고 건괘(乾卦: 하늘: ☰)는 북쪽인 위에 있는 사람의 팔괘로 지천태괘(地天泰卦: ☷☰)이며 인종(人種)은 가을에 해당하는 때이다.

八卦陰陽 更配合에 相克變爲 相生일세
八卦變天 正易法이 四時循環 永無故로
浴帶冠旺 人生秋收 衰病死葬 退却이라
不寒不熱 陽春節에 夜變爲晝 晝不變을

팔괘 음양이 다시 합하여 짝이 되니 상극이 변하여 상생이 되었네.
팔괘가 변한『정역』법은 봄·여름·가을·겨울이 쉬지 아니하고 연하여 도는 것이 영구하여 그침이 없으니, 욕(欲)·대(帶)·관(冠)·왕(旺)으로 인생(人生)을 추수(秋收)하니 쇠(衰)·병(病)·사(死)·장(葬)이 물러가리라. 춥지도 않고 덥지도 않는 따뜻한 봄철에 밤이 변해 낮이 되고 낮이 변치 않는 것을,

長男長女 仙道法은 四時循環 无轉故로

胞胎養生 올수업고 衰病死葬 갈수업서
浴帶冠旺 永春節에 不死消息 반가워라
儒佛仙合 皇極仙運 手苦悲淚 업섯스며
衰病死葬 一杯黃土 此世上에 잇단말가

장남인 진괘와 장녀인 손괘의 선도법(仙道法)은 봄·여름·가을·겨울이 쉬지 아니하고 연하여 도는 것이 없으니 포(胞)·태(胎)·양(養)·생(生)이 올 수 없고 쇠(衰)·병(病)·사(死)·장(葬)이 갈 수 없으며, 욕(浴)·대(帶)·관(冠)·왕(旺)의 영구한 봄에 죽지 않는 소식 반가워라.
유·불·선이 합한 황극(皇極) 신선운〔仙運〕은 수고롭고 슬퍼서 눈물을 흘리는 일이 없었으며, 쇠(衰)·병(病)·사(死)·장(葬)하여 한 줌의 누런 흙으로 돌아가는 이 세상에 있단 말인가?

女上男下 鷄(龍)[31]之運 男女造化 一般이라
海印三豊 亞米打불 佛道昌盛 이안인가
新運紳運 更神運에 先後過去 中天來라

곤괘(坤卦: ☷)가 위에 있고 건괘(乾卦: ☰)가 아래에 있는 지천태괘(地天泰卦: ☷☰)인 계룡의 운에는 남녀 조화가 한결같음이라.
해인·삼풍 아미타불(亞米打, 阿彌陀佛) 불도가 창성하는 것이 아닌가? 새로운 운이 새롭게 다시 펴는 신의 운에 선천과 후천은 지나가고 중천이 오는 것이라.

萬病回春 海印大師 病入骨髓 無道者들
不死永生식히랴고 河洛理氣 海印妙法

31) 원문에는 '龍' 자가 빠져서 보충했다.

萬世先定 隱藏터니 東西各國 除外하고
禮儀東方 槿花國에 紫霞島로 건너와서

모든 병을 다 고치고 다시 젊어지게 하는 해인대사(海印大師)는 병이 뼈골에 들어 있는 도가 없는 사람들을 죽지 않고 영구히 살게 하려고 하도와 낙서의 이기(理氣) 해인의 묘한 법으로, 오랜 대를 이어 먼저 정한 것을 숨기고 감추더니 동양·서양 각국을 제외하고, 동방예의지국인 무궁화가 피는 나라 대한민국에 자하도로 건너와서,

南之朝鮮先定하야 朴活의게 傳하사
無價之寶 傳컨만은 氓蚩不識 不覺하야
倨慢放恣 猜忌嬌心 坐井觀天 知識으로
不顧左右 自欺로서 眞理不通 彷徨霧中

남조선(南朝鮮)을 먼저 정하여 사람 살리는 박(朴)에게 전하고 대가(代價) 없는 보배를 전하였건만 어리석은 인민이 깨닫지 못하고 거만하고 방자하여 시기와 질투와 교만한 마음으로 우물 안에 앉아서 하늘을 쳐다보는 지식으로 좌우를 돌아보지 않고 자신을 속이므로 진리는 통하지 못하고 안개 가운데 헤매는 것이다.

天地循環 往來하야 運去運來 終末日에
不入中動 無福者로 未及以死 可憐쿠나
海印三豊不覺하고 十勝弓乙獲得하라

천지가 쉬지 않고 연하여 돌아 오고가고 운이 가고 운이 오는 마지막 끝나는 날에 가운데에서 움직여 들어가지 않은 복 없는 사람들로 죽음밖에 미치지 못하니 불쌍하구나.

해인 삼풍 깨닫지 못하고 십승 궁을을 얻어 가져라.

須從白兎走靑林은 西氣東來仙運바다
滿七加三避難處로 鷄龍白石傳햇스나
先后到着秘文妙法 隱頭藏尾混難하야
秩序判端不覺故로 日去月諸不顧로다

반드시 흰 토끼〔辛卯〕를 따라 푸른 숲으로 달아나 서쪽의 기를 갖고 동쪽으로 온 신선의 운을 받아 십(十=滿七加三)이 난을 피하는 곳으로 계룡 백석(白石)을 전했으나 앞뒤가 엇갈리는 비결의 글월의 묘한 법이 머리를 숨기고 꼬리를 감추어 섞이고 어려워서 차례(次例)를 판단하여 깨닫지 못하므로 날이 가고 달이 가도 모두가 돌아보지 않는다.

泛濫者는 無味하고 深索者는 有味故로
天藏地秘秘文法을 日月量解되고보니
靈坮中에 有十勝을 捨近取遠하엿구나

분수에 넘치는 사람들은 맛이 없고 깊이 탐구하는 사람들은 맛이 있는 까닭으로, 하늘에 감추고 땅에 숨긴 비결의 글월법을 해와 달을 헤아려 풀이하고 보니, 영대(靈臺)[32] 가운데 십승이 있는 것을 모르고 가까운 것을 버리고 먼 곳에서 취하였구나.

龍馬河圖 先天儒와 金龜洛書后天佛이

32) 신령스러운 곳이라는 뜻으로 '마음'을 이르는 말. 두 눈 사이 전칠후삼(前七後三)인 곳으로 본성(本性)의 자리.

夕陽日落 終運故로 弓符海印中天牛佛
神仙世界 도라오니 相克陰陽 猜忌嫉妬
天鷄聲에 除去하고 相生之理 無爲化로
奇事異跡 出現하니 日出東方 光明世라

용마(龍馬) 하도(河圖) 선천(先天) 유교와 금구(金龜) 낙서(洛書) 후천(後天) 불교가 석양에 해가 지니 운이 끝마치는 까닭으로 궁부(弓符) 해인(海印) 중천(中天) 소 부처〔佛〕 신선 세계가 돌아오니 음양이 상극하여 시기와 질투가 하늘 닭 소리에 없어지고 상생의 진리로 제3의 물리적 힘을 가하지 않고 자연 그대로의 상태로 변해가는 조화로 기이한 일과 자취로 나타나니 동방에 해가 비추어 밝고 환한 빛의 세상이라.

발가온다 발가온다 鷄龍無時 未久開東
仙運日月 摧捉하니 槿花江山 발가온다
빗어오네 빗어오네 昏衢長夜 朝鮮땅에
人增壽와 福滿家로 仙國瑞光 빗어온다
萬邦父母 槿花江山 擇名됴타 無窮花라

밝아 온다 밝아 온다 계룡에 시간이 없어 머지않아 동쪽이 열린다.
신선의 운이 해와 달을 꺾어 잡으니 무궁화 금수강산(錦繡江山)이 밝아 온다.
비쳐 오네. 비쳐 오네. 어둡던 긴 밤의 조선 땅에, 사람의 목숨이 길어지고 집집마다 복이 가득 찬 신선의 나라에 상서로운 빛이 비쳐 온다.
모든 나라의 어버이 나라인 무궁화 가람과 뫼에 가려 뽑은 이름이 좋다. 무궁화(無窮花)라.

可憐하다 百姓들아 八鄭七李 蜂起時에
豫曰皆聖 出名將에 誰知烏之 雌雄으로
千鷄之中 有一鳳에 어느聖이 眞聖인고
眞聖一人 알랴거든 牛聲入中 차자들소

불쌍하다, 백성들아! 여덟 정씨와 일곱 이씨가 벌처럼 일어날 때에, 예언서에 이르기를 다 성인이고 명장(名將)이니 누가 까마귀의 암컷과 수컷을 구분할 것이며, 일천 마리 닭 가운데에서 한 마리 봉(鳳)이라, 어느 성인이 진짜 성인인가?
하나 뿐인 진짜 성인을 알려거든 소 울음소리 나는 가운데로 찾아드소. 곧 들이 피난처임을 암시한 것이다.

陷之死地 嘲笑中에 是非만은 眞人일세
三人一夕 双弓十勝 人口有土 알자서라
鷄龍白石 勝武器로 山魔海鬼 隱藏일세
一心修道 眞正者는 海印仙藥 바더살소

빠지면 죽음의 땅이라는 비웃음 속에 옳고 그름 많은 진인일세.
봄〔春=三人一夕〕이니 두 궁(弓, 활) 가운데 백십승(白十勝)인 일양일음(一陽一陰)인 도에 앉아〔坐=人口有土〕 있어라.
계룡 백석(白石)의 십승 무기로 뫼의 악귀와 바다의 귀신을 숨어 버리게 하는 것일세.
한 마음으로 정도(正道)를 수련하는 참되고도 바른 사람들은 해인선약(仙藥)을 받아 생명을 가지라.

无所[33]不能 海印化로 移[34]山渡海 變天地를
先后中天 海印仙法 長男長女 맡은故로

震巽兩木 末世聖이 風雷益卦 鷄龍으로
利涉大川 木道乃行 天道仙法 出現하니
女上男下 地天泰로 兩白三豊 傳햇다네

능통하지 않는 해인의 조화로 산을 옮기고 바다를 건너고 천지를 변화시킴을, 선천·후천·중천의 해인 선법(仙法)이 장남인 진(震: ☳)과 장녀인 손(巽: ☴)으로 『주역』의 풍뢰익괘(風雷益卦: ☴☳)를 맡았으므로 진(震: ☳)과 손(巽: ☴) 두 나무〔林〕가 말세에 성인이 풍뢰익괘(☴☳)로 계룡으로, 큰 내를 건너는 것이 이로우니 어진 진리(眞理, 木道)를 행하는 것이며, 천도 선법이 나타나니 여자가 위로 가고 남자가 아래에 있는 지천태괘(地天泰卦: ☷☰)로 양백(兩白, 왼쪽 눈과 오른 쪽 눈)과 삼풍(三豊: 先天精·先天炁·先天神)을 전했다네.

辰巳聖君 正道靈이 金剛山精 運氣바더
北海道의 孕胎하야 東海島에 暫沈터니
日出東方 鷄鳴聲에 南海島로 건너와서
天受大命 指揮故로 紫霞島에 定座하사

무진(戊辰)·기사(己巳)년에 나오는 성군(聖君)인 정도령(正道靈)이 금강산 정기를 받아서 홋카이도에서 잉태하여 동해 섬에 잠시 머물더니, 해 뜨는 동방 닭 우는 소리에 남해 섬으로 건너와서 하늘에서 내려 준 큰 명령으로 지시하므로 자하도에 자리를 정하시고,

盡心竭力 修道中에 寅卯時에 心轉하야

---

33) 원문에는 '神'으로 잘못 쓰여 있다.
34) 원문에는 '利'로 잘못 쓰여 있다.

日月山上 높이올나 焚香再拜 一心으로
天井水에 祝福하고 聖神劒을 獲得守之
丹書用法 天符經에 無窮造化 出現하니

마음과 힘을 있는 대로 다 모아 수도하던 중에 인묘(寅卯, 丙寅, 丁卯)년에 활연관통(豁然貫通)하여 산 위에 높이 올라 해와 달을 향해 향(香)을 사르고 거듭 절하며 한마음으로 하늘이 내린 정화수(井華水)에 복을 빌고 성스러운 신의 칼을 얻어 지니고 붉은 글씨를 사용한 『천부경(天符經)』에서 무궁한 조화가 나타나니,

天井名은 生命水요 天符經은 眞經也며
聖神劒名 掃腥塵에 無戰爭이 天下和라
在家無日 手苦로서 諄諄敎化 가라치니
天下萬方 撓動하야 是是非非 相爭論에
訪道君子 先入者들 曰可曰否 顧後로다
十年義兵 天受大命 逆天者는 亡하나니
是是非非 모르거든 衆口鉗制 有福者라

천정(天井)의 이름은 생명수요, 『천부경』은 진경(眞經)이며, 성스러운 신검(神劍)의 이름으로 더러운 티끌을 다 쓸어버리며 전쟁도 없이 천하는 화평(和平)하리라.
집에 있는 날이 없이 손수 고통을 받으며 타이르고 가르치니, 온 누리와 만방(萬方)이 흔들려 움직이고 옳다 그르다 서로 말 다툼을 하는지라. 도를 찾는 군자 먼저 들어온 사람들이 옳다 그르다하며 서로 돌아본다.
십 년 의병은 하늘에서 받은 큰 명령이요 하늘을 어기는 것들은 망하나니, 옳고 그름을 모르거든 억눌려 구속당하는 뭇입〔衆口〕들이

복 있는 사람이라.

8. 승운론(勝運論)

兵事起는 申酉當運 無兵接戰 兵事起요
人多死는 戌亥當運 魂魄多死 人多死요
猶未定은 子丑當運 世人不覺 猶未定이요
事可知는 寅卯當運 四海覺知 事可知요

병란이 일어나는 해는 신(申)년과 유(酉)년이 만나는 운인데 군사 없이 맞붙어 싸우는 병란이 일어나는 것이요, 사람이 많이 죽는 해는 술(戌)년과 해(亥)년으로 이때는 넋〔魂魄〕이 많이 죽고 사람도 많이 죽는다.
오히려 정하지 않는 해는 자(子)년과 축(丑)년에 당하는 운이며 세상 사람들이 깨닫지 못하고 있으니 마땅히 정하지 못하는 것이다.
일을 가히 아는 것은 인(寅)년과 묘(卯)년에 해당하는 운이며 온 누리에서 깨달아 일을 알게 될 것이다.

聖人出은 辰巳當運 似人不人 聖人出이요
樂堂堂은 午未當[35]運 十人皆勝 樂堂堂을
白虎當亂 六年起로 朴活將軍 出世하야
死亡權勢 破碎코저 天下是非 이러나니
克己又世忍耐勝은 永遠無窮大福일세

---

35) 원문에는 '當'이 '堂'으로 잘못 쓰여 있다.

성인이 나오는 것은 진(辰)년과 사(巳)년에 만나는 운으로 사람 같으면서도 사람이 아닌 성인이 나오는 것이요, 집집마다 즐거운 때는 오(午)년과 미(未)년에 당한 운인데 십승에 사는 사람들은 다 이겨 집집마다 즐거움이라.

경인(庚寅: 白虎, 6·25전쟁)은 6월에 일어나 박 장군이 세상에 나타나므로 죽음의 권세를 깨부수고자 천하의 옳고 그름이 일어나니, 자신을 이기고 또 세상을 참고 견뎌 얻은 승리는 영원히 한량(限量)없는 큰 복일세.

皇城錦城 王宮城에 四十里로 退保定에
塗炭百姓 拯濟코저 血流落地 手苦로다
龍山三月 震天罡에 超道士의 獨覺士로
須從白兎 西白金運 成于東方 青林일세

황성(皇城)이며 금성(錦城)인 임금이 있는 궁성(宮城)에 40리를 물러나 정하여 보호하니 도탄에 빠진 백성들을 다 구제하고자 피땀을 흘려 땅에 떨어지는 수고로움일세.

용산 3월 천강(天罡)이 떨치니 세상을 초월한 도사의 홀로 깨달은 사람으로, 반드시 흰 토끼를 따라 서쪽의 백(白)이며 금운(金運)으로 동쪽에서 이루는 청림(青林)일세.

欲識青林道士여든 鷄有四角邦無手라
西中有一鷄一首요 无手邦이 都邑하니
世人苦待 救世眞主 鄭氏出現 不知런가

청림도사(青林道士) 알고자 하면 정(鄭=鷄有四角邦無手)씨라.

닭〔酉=西中有一〕으로 닭 한 마리요, 방(邦)에 손 수(手)가 없는 읍(阝:

邑) 이 도읍(都邑)하니, 세상 사람들이 고대하는 구세주인 참 주인이라. 그런데도 정씨 출현을 알지 못할 것인가?

一鮮成胎 四角虧에 三八運氣 眞人으로
辰巳午生 三運바더 三聖一人 神明化의
四夷屈服 萬邦和요 撫萬邦의 帝業昌을
生而學而 不知故로 困而知之 仙運일세

하나의 조선이 태(胎)를 이루어 십(十=四角虧)에 3과 8의 목(木)의 운기를 받은 진인으로, 진(辰)·사(巳)·오(午) 생(生)이 세 운을 받아 세 성인이 한 사람의 신명(神明)으로 화하여, 사방의 오랑캐를 굴복시키며 모든 나라를 화평이요, 모든 나라를 어루만지며 제국의 창업을 이루는 것을, 배우지 않아도 스스로 알게 되는 것이 있는가 하면 배워도 알지 못하는 것이 있으니 고생 끝에 어렵게 알게 되는 것이 신선의 운일세.

儒佛道通 難得커던 儒佛仙合 三運通을
有無智者 莫論하고 不勞自得 될가부냐
四月天의 오는 聖君 春末夏初 分明하니
罪惡打破 是非中의 紅桃花를 苦待하네

유·불·도가 통하여 얻기가 어렵거든 유·불·선이 합한 세 운이 통함을 아는 사람과 모르는 사람 논하지 말고 노력하지 않고 스스로 얻을 수가 있겠는가?
4월 하늘에 오는 성군(聖君)이니 늦봄에서 초여름 사이가 분명하다. 죄악을 물리치고 옳고 그름을 가리는 중에 붉은 복숭아꽃을 몹시 기다리네.

海島眞人 鄭道仁과 紫霞眞主 鄭紅桃는
金木合運 東西로서 地上仙國創建이라
先出眞人 後降主로 無事彈琴 千年歲라

한반도에 강림한 진인은 인자한 정도령과 무지개 가운데 진주(眞主)인 정홍도(鄭紅桃)는 서양으로부터 온 금(金, 酉)과 동양에 있던 목(木, 卯)의 운을 합함으로써 지상에 신선의 나라가 처음 세워지네.
먼저 나온 진인이 뒤에 강림한 구세주로 아무런 일 없이 거문고 타는 소리가 천 년 세월을 이어지네.

紅鸞赤霞 紫雲紅과 武陵仙桃 桃源境을
八卦六十四爻數로 易理出現 紅桃花요
易經靈化 變易妙理 鄭道仁을 아올세라

붉은 난새〔鸞〕의 저녁노을, 붉게 물든 노을은 신선이 사는 집인 구름으로 상서로운 무지개와 무릉도원, 복숭아꽃이 물에 흘러가는 별천지의 아름다운 선경(仙境)이라.
팔괘(八卦)[36] 64괘로 『주역』의 이치가 출현하니 홍도화(紅桃花)요, 『역경(易經)』의 신령함과 역이 변화하는 신묘한 이치를 정도인은 알 것이다.

---

36) 역(易)을 구성하는 64괘의 기본이 되는 8개의 도형(圖形). 건(乾: ☰)·태(兌: ☱)·이(離: ☲)·진(震: ☳)·손(巽: ☴)·감(坎: ☵)·간(艮: ☶)·곤(坤: ☷)을 말한다. 괘(卦)는 걸어 놓는다는 괘(掛)와 통하여 천지만물의 형상을 걸어 놓아 사람에게 보인다는 뜻으로, 그 구성은 음효(陰爻: --)와 양효(陽爻: —)를 1대 2, 또는 2대 1 등의 비율로 셋이 되게 짝지어 이루어진다. 『사기』「삼황기(三皇紀)」에 보면, 팔괘는 중국 최고(最古)의 제왕 복희(伏羲)가 천문지리를 관찰해서 만들었다고 하며, 뒤에 이 괘 두 개씩을 겹쳐 중괘(重卦) 64괘(六十四卦)를 만들어 사람의 길흉·화복(禍福)을 점치게 되었다.

天上姓名 隱秘之文 人之行路 正道也요
五常中의 首上仁을 易理속에 秘藏文句
不勞自得 彼此之間 无知者가 알게되면
勝己厭之 此世上에 眞人出世 못한다네

하늘의 성명(姓名)과 감춰진 비밀의 글월은 그 사람이 행하는 길이며 바른 길〔正道〕이고 오상(五常)[37]가운데 인(仁)이 첫 번째인 것을 역의 이치 속에 비밀이 감추어져 있는 것이라.
너와 나 사이에 노력하지 않고 얻으려고 하며 알지 못하는 사람들이 알게 되면, 자기보다 나은 사람을 싫어하는 이 세상에서 진인은 출세하지 못한다네.

是故古訣 豫言論이 隱頭藏尾 錯亂하야
上下秩序 紊亂키로 有智者게 傳햇스니
無智者는 愼之하라 識者憂患 되오리라
天生有姓 人間無名 鄭氏로만 볼수있나

그러므로 옛 비결(秘訣)에 예언에 대해 말하기를, '머리는 숨기고 꼬리를 감추어 어긋나 혼란하게 하며, 아래위의 어순(語順)을 어지럽게 하여 슬기로운 사람에게 전했으니'라고 했으니 슬기롭지 못한 사람은 삼갈 것이라. 아는 것이 병이 되도다.
하늘이 태워 준 성(姓)이 있는 인간을 이름 없는 정씨로만 볼 수

37) 유교에서 말하는 인(仁)·의(義)·예(禮)·지(智)·신(信)의 5가지 기본적 덕목(德目)이다. 즉, 사람이 항상 지켜야 할 5가지 도리를 말하며, 오륜(五倫)과 함께 유교윤리의 근본을 이룬다. 한대(漢代)의 동중서(董仲舒)가 앞서 맹자(孟子)가 주창한 인·의·예·지에 신의 덕목을 보태어, 이 5가지에 의해 모든 덕을 집약한 것으로, 이것이 오상의 덕이라고 불리는 부동(不動)의 설이 되었다.

있나?

鄭本天上雲中之神 再來春日 鄭氏王을
無后裔之子孫으로 血流島中 天朝하내
天縱之聖 鄭道令은 孑孑單身 无配偶라

정(鄭)의 근본은 하늘 위 은하계 가운데 신이며 봄날에 다시 오는 정씨 왕을, 정몽주(鄭夢周)[38] 선생께서 후손이 없다 하나 천조(天朝)[39]에 일이 있을 때 섬 가운데에 자손을 남겨 두었네.
제왕의 성덕을 갖추고 하늘에서 내려온 성인 정도령은 의지할 가지 없는 외로운 홀몸으로 배우자가 없음이라.

何姓不知 天生子로 無父之子 傳햇스니
鄭氏道令 알야거든 馬枋兒只 問姓하소
鷄龍都邑 海島千年 上帝之子 无疑라네
双弓双乙 矢口者生 訪道君子 不知인가

어떤 성씨인 줄 알지 못하는 하늘에서 태어난 아들로서 아비 없는 아들이라 전했으니 정씨 도령 알려거든 말 망아지 성(姓)을 물어 보소 계룡도읍(鷄龍都邑) 우리나라 일천년 상제(上帝)의 아들 의심할 것 없다 하네.

---

38) 고려 말기의 충신이며 유학자(1337~1392)이다. 초명은 몽란(夢蘭)·몽룡(夢龍)이고 자는 달가(達可)이며 호는 포은(圃隱)이다. 오부 학당과 향교를 세워 후진을 가르치고, 유학을 진흥하여 성리학의 기초를 닦았다. 명나라를 배척하고 원나라와 가깝게 지내자는 정책에 반대하고, 끝까지 고려를 받들었다. 문집에 『포은집(圃隱集)』이 있다.

39) 천자(天子)의 조정(朝廷)을 제후(諸侯)의 나라에서 일컫는 말.

약(弱=双弓双乙)을 알아야만 살 수 있고 도를 찾는 군자들은 알지 못함이라.

弓弓之間 背弓理로 불亞倧佛 傳햇스니
驀忽佳氣 背占數에 頂上出現 彌勒化라
落淚血流 四海和로 死之征服 解寃世라

궁궁(弓弓)의 사이 백십자(白十字)의 이치로 상고(上古) 신인(神人)이 미륵불에게 전했으니, 홀연히 아름다운 기가 많은 등〔背〕에 지키는〔占〕 수를 세어 보니 정수리 위에 출현하는 미륵불이라.
피눈물이 떨어져 흘러가니 온 누리가 평화로워지고 죽음을 정복하니 분풀이하는 세상이 된다.

9. 도부신인(桃符神人)

十勝道令出世하여 天下是非紛紛이라
克己魔로 十變勝이 不俱者年赤猴로다
松柏之化一人으로 列位萬邦玉無瑕을
世上罪惡擔當코저 双犬言中空城人이
晝夜跪坐望問天의 一心祈禱血淚和라

십승 도령이 세상에 나오니 천하에 시비(是非)가 어지러워진다.
자신의 마(魔)를 극복하고 십승으로 변하니 다 갖추지 못한 병신(丙申: 赤猴)년이로다.
소나무, 잣나무가 화하여 한 사람이 모든 나라의 왕이 되어 다스림을, 세상의 죄악을 담당하고자 옥(獄=双犬言) 가운데 성이 쓸쓸하게

서 있는 사람이 무릎을 꿇고 밤낮으로 하늘에 소망을 물으며 한 마음으로 피눈물의 화평(和平)을 빌라.

寃讐恶讐救援코저 紛骨碎身忍耐中의
一天之下登兄弟로 一統和가 되단말가
末世死運 當한者들 疑心말고 修道하소

원수(怨讐)와 악수(恶讐)를 구원하고자 목숨을 내걸고 있는 힘을 다하여 참고 견디는 가운데 한 하늘 아래에 형제로 오름으로 화목(和睦) 하나로 핏줄〔血統〕이 된단 말인가?
말세에 죽을 운을 당한 사람들 의심 말고 수도(修道)하소.

乾牛坤馬双弓理로 地上天使出現하니
見而不識誰可知오 弓弓隱法十勝和라
非山非野不利水에 天神加護吉星照로
東西運行往來하니 太白金星曉星照라

하늘의 소, 땅의 말 백십자(白十字)의 진리로 지상에 천사가 나타나 보이니 보아도 알지 못하는데 누가 알리오? 궁궁〔亞〕의 숨은 법은 십승이 화(和)하는 것이라.
산도 아니고 들도 아니고 물도 이롭지 못하니 천신이 보호해주고 길한 별이 비치므로 동서(東西)로 운행하며 왕래하니 태백(太白) 금성(金星)인 새벽 별이 비치는 곳이라.

伽倻靈室桃源境은 地上仙國稱號로써
最後兩弓木人으로 十八卜術誕生하니
三聖水源三人之水 羊一首의 又八일세

가야(伽倻) 영실(靈室) 무릉도원이란 곳은 지상 선국(仙國)의 칭호로 가장 뒤의 활활〔弓弓〕한 나무 사람으로 기문둔갑(奇門遁甲)의 18국(局)으로 점치는 술(術)이 생기니, 유(儒)의 공자, 불(佛)의 석가모니, 선(仙)의 노자, 예(倪)의 그리스도는 물의 샘과 같으며 세 사람은 물과 같아 지극히 선(善)하셨네.

修道先出容天福을 世人不知모르거든
天崩地坼素砂立을 十勝人게 問疑하소
萬邦之中避亂處로 萬歲先定하여두고
白面天使黑鼻公子 嶺北出人大將으로

도를 닦으면 먼저 하늘이 천복(天福)을 허용함을 세상 사람들이 알지 못하고, 모르거든 하늘이 무너지고 땅이 꺼져도 솟아날 구멍이 있음을 십승 진인에게 의심나는 것을 물어 보소.
모든 나라 가운데 피난할 곳으로 만 년 동안 먼저 정해 두고 흰 얼굴의 천사(天使)와 검은 코를 한 공자(公子)로서 영북(嶺北)에서 출생한 대장(大將)으로

三聖一合神人動作 任意出入一天下에
石白海印天權으로 天下消蕩降魔世를
世人嘲笑譏弄이나 最後勝利弓弓일세

유불선의 성인이 하나로 합하여 신 같은 사람의 움직임으로 뜻대로 천하를 들고나고 나오고 들어가니, 흰 돌 해인의 천권(天權)으로 천하 마귀를 항복받아 쓸어 없앰을 세상 사람들은 비웃고 희롱하고 나무라지만 마지막의 승리는 활활〔弓弓〕이네.

彌勒世尊无量之意 宇宙之尊彌天이요
着金冠의 馬首丹粧 飛龍馬의 勒馬로서
儒佛仙運三合一의 天降神馬彌勒일세
馬姓鄭氏天馬오니 彌勒世尊稱號로다

미륵(彌勒) 세존(世尊)의 헤아릴 수 없는 뜻은 우주에서 높은 두루 하늘이요, 금관(金冠)을 쓰고 말 머리에 단장(丹粧)하고 용마가 하늘을 나는 늑마(勒馬)로서 유불선의 운, 셋이 합하여 하나가 되어 하늘에서 내려온 신마(神馬)가 미륵이네.
말구유에서 태어난 정씨가 천마(天馬)이니 미륵 세존의 칭호로다.

天縱大聖鷄龍으로 蓮花世界鄭氏王을
平和相徵橄柹字요 柹謀者生傳햇다네
暮春三月龍山으로 四時不變長春世라
鄭氏國都何處地가 鷄鳴龍叫新都處요

하늘의 성품을 갖추고 한반도(韓半島: 鷄龍)에 내려온 훌륭한 성인으로 연화세계(蓮花世界)의 정씨 왕을, 평화를 서로 구하는 영화로움인데 영화로운 현실을 꾀하는 사람은 삶의 길을 전했다네.
저무는 봄 3월 용산으로 봄·여름·가을·겨울이 변하지 않는 긴 봄의 화창한 세상이라.
정씨의 나라 수도가 어느 곳인가? 닭 울고 용이 울부짖는 새로운 도읍(都邑)이네.

李末之後鄭都地는 清水山下千年都라
物慾交蔽訪道君子 井中之蛙智識으로
天鷄龍은 不覺하고 地鷄龍만 찻단말가

조선의 이씨가 끝나고 그 뒤 정씨의 도읍지는 맑은 물 아래 천 년의 도읍이라.
물욕(物慾)에 눈이 가려진 도를 찾는 군자들, 우물 안 개구리의 지식으로 천계룡(天鷄龍)은 깨닫지 못하고 땅의 계룡만 찾는단 말인가?

弓弓乙乙修道人아 運去運來循還也니
天鷄龍을 先覺後에 地鷄龍은 再尋處라
天十勝을 先覺后에 地十勝은 再尋地라
天兩白을 先覺后에 地兩白은 后尋處라
天三豊을 先覺后에 地三豊은 後尋處

약(弱=弓弓乙乙)한 도를 닦는 사람아!
하늘 계룡을 먼저 깨달은 뒤에 땅의 계룡은 다시 찾는 곳이라.
하늘 십승을 먼저 깨달은 뒤에 땅의 십승은 다시 찾는 곳이라.
하늘 양백을 먼저 깨달은 뒤에 땅의 양백은 다시 찾는 곳이라.
하늘 삼풍을 먼저 깨달은 뒤에 땅의 삼풍은 다시 찾는 곳이다.

天弓弓을 先覺后에 地弓弓은 后尋處라
天理田田 先覺后에 地理田田은 後尋處
天石井을 先覺后에 地石井은 後尋處
天耕農을 先作后에 地耕田은 后作하라

하늘 궁궁(弓弓)을 먼저 깨달은 뒤에 땅의 궁궁은 뒤에 찾는 곳이라.
하늘의 이치 전전(田田)을 먼저 깨달은 뒤에 땅의 이치 전전은 뒤에 찾는 곳이라.
하늘 석정(石井)을 먼저 깨달은 뒤에 땅의 석정은 뒤에 찾는 곳이라.
하늘 농사 밭갈이를 먼저 지은 뒤에 땅 농사 밭갈이를 뒤에 지어라.

天農穀은 不飢穀이요 地農穀은 飢死穀을
天陽地陰丁寧커든 鬼神陰陽不判할가
天金剛과 地金剛이 陰陽兩端갈나있고
山金剛과 海金剛이 鬼神兩端갈나거든
一心修道弓弓人들 十字陰陽判端하소

하늘 곡식 풍년은 굶주리지 않는 곡식이요, 땅 곡식 풍년은 굶어죽는 곡식이라.
하늘은 양이고 땅은 음인 것이 확실하건대 귀(鬼)와 신(神), 음과 양을 판단하지 못할까?
하늘 금강(金剛)과 땅의 금강이 음과 양, 두 쪽으로 갈라져 있고, 뫼 금강과 바다 금강이 귀와 신을 양쪽으로 갈라놓았거늘, 한마음으로 도를 닦는 활활〔弓弓〕한 사람들, 하나의 음(陰: 一)과 하나의 양(陽: 丨)의 열 십(十)으로 음과 양을 생각하여 판가름하시오.

天神地鬼 分明하고 男尊女卑 分明커든
天地理氣 엇지하여 反覆稱號 뜻을아노
神鬼라고 아니하고 鬼神이라 稱號이요
外內라고 아니하고 內外라고 엇지하노

하늘은 신(神)이고 땅은 귀(鬼)가 분명하고 남자는 높고 여자는 낮은 것이 흐리지 않고 똑똑한데 하늘과 땅, 이(理)와 기(氣)를 어찌하여 반대로 뒤집어 부르는지 그 뜻을 아십니까?
신귀(神鬼)라 아니하고 귀신(鬼神)이라 부르는 것이요, 외내(外內)라 아니하고 내외(內外)라고 어찌합니까?

天地相爭 混沌時에 天神負이 地鬼勝을

此然由로 因하여서 勝利者의 노름으로
天地反覆 하릴업서 地上權을 이럿다네

하늘과 땅이 서로 다투어 하늘과 땅이 아직 나뉘지 아니한 상태일 때 하늘의 신이 지고 땅의 귀가 이겼으니, 이러한 이유로 승리한 것의 놀음으로 하늘과 땅이 뒤집혀지니 할 수 없이 땅 위의 권한을 잃었다네.

鬼神世上되엿으니 神鬼라고 할수업고
男陽女陰分明치면 陰鬼發動 此世故로
男負女勝奪權으로 鬼勝神負할길업서
陽陰이라 못하고서 陰陽으로 되얏으며

귀신(鬼神) 세상 되었으니 신귀(神鬼)라고 할 수 없고, 남자는 양이고 여자는 음이 분명하지만 음귀(陰鬼)가 발하여 움직이는 세상이므로 남자는 지고 여자가 이기는 권한을 뺏으므로 귀(鬼)가 승리하고 신(神)이 패하여 할 수 없어 양음(陽陰)이라 못하고 음양(陰陽)으로 되었으며,

男外女內 分明치면 內外라고 稱號로써
陰盛[40]陽衰 되옴으로 掀天魔勢死亡權을
이럼으로 因하여서 先奪十字鬼勢오니

남자를 밖〔外〕이라 하고 여자를 안〔內〕이라 하는 것이 분명하지만 내외(內外)라고 일컬어 음(陰)은 성(盛)하고 양(陽)이 쇠(衰)하므로 하

40) 원문에는 '盛'이 '勝'으로 잘못 쓰여 있다.

늘에 높이 솟는 마귀(魔鬼)의 권세가 죽이는 권한을 갖게 되었으므로 먼저 빼앗은 십자(十字)는 귀(鬼)의 세력이오니,

先入者는 陰氣바더 從鬼者가 될것이요
中入者는 陽氣바더 從神者가 될것이니
八陰先動 愼之하고 三陽中動 차지들소

먼저 들어온 사람들은 음의 기운을 받아 귀(鬼)를 따르는 사람들이 될 것이요. 중간에 들어오는 사람들은 양의 기운을 받아 신(神)을 따르는 사람이 될 것이니, 팔음(八陰)이 먼저 움직이는 것을 삼가하고 삼양(三陽)이 중간에 움직이는 것을 찾아드소.

三陽神은 三神이요 八陰鬼는 八魔鬼라
先動修道陰十字요 中動修道陽十勝을
陰鬼十은 黑[41]十字요 陽神十은 白十勝을
陰陽分解모르고서 十勝仙道차질소냐

삼양(三陽)의 신은 삼신(三神)이요, 팔음(八陰)의 귀(鬼)는 여덟 마귀(魔鬼)라.
먼저 움직이는 수도(修道)는 음(陰) 십자(十字)요, 중간에 움직여 수도하는 것은 양(陽) 십승을 음귀(陰鬼)의 십(十)은 흑십자(黑十字)요, 양신(陽神)의 십(十)은 백십승(白十勝)인 것을 음과 양이 나뉘어 헤어짐을 모르고서 십승 선도(仙道) 찾을쏘냐.

清水名[42]山蓮花坮의 十二穴脈蓮花穴로서

41) 원문에는 '黑'이 '墨'으로 잘못 쓰여 있다.

十二神人先定后에 各率一萬二千數로
七寶之中玉蓮發이 大聖君子二尊士로
青雲東風久盡悲에 兩木合一青林일세

맑은 물 유명한 산 연화대(蓮花臺)의 12혈맥(十二穴脈) 연꽃 혈(穴)로써 12신인(神人) 먼저 정한 뒤에 각각 일만 이천 수(數)를 거느리고, 칠보(七寶) 가운데 옥(玉) 연화(蓮花) 피는 곳이 훌륭한 성인과 큰 군자 두 선비로 푸른 구름 동쪽 바람 슬픔이 오래되어 다함에 두 나무〔木〕가 합하여 푸른 수풀〔林〕일세.

奇岩怪石雲霄峯에 峯峯이 燈燭달고
昏[43]衢長夜발켜주니 日月無光不夜城에
十二神人蓮花台上 空中樓閣寶玉殿에
雲霧屛風靈理化의 雲梯乘天白玉樓를

기이한 모양을 한 바위, 기괴하게 생긴 돌, 높은 봉우리마다 등촉(燈燭) 달고, 어두운 네거리에 긴 밤을 밝혀주니 해와 달의 빛이 없어도 밤이 없는 도성(都城)에 열두 신인이 연화대 위의 공중 다락집인 신의 옥 궁전에 구름 안개의 병풍이 둘러친 신령한 진리 조화의 구름다리로 하늘에 올라 옥황상제의 궁(宮)[44]에

42) 원문에는 '名'이 '各'으로 잘못 쓰여 있다.
43) 원문에는 '昏'이 날 일(日)이 변(邊)에 있는 '昬'으로 잘못 쓰여 있다.
44) 당(唐)나라 시인(詩人)인 이하(李賀)가 죽을 때에 천사(天使)가 와서 "천제(天帝)의 백옥루(白玉樓)가 이루어졌는데, 그대를 불러 그것을 기록하게 하려 하노라" 라고 말했다는 고사(故事)에서 온 말로 문인(文人)·묵객(墨客)이 죽은 뒤에 간다는 누각(樓閣)을 이른다.

倒山移海海印用事 任意用之往來하며
无爲理化自然으로 白髮老軀无用者가
仙風道骨更少年에 二八靑春妙한態度
不老不衰永春化로 極樂長春一夢인가

산을 뒤집고 바다를 옮기는 해인을 사용하는 일을 왕래하며 뜻대로 사용하여 힘들이지 않고도 저절로 변하여 이루어지게 하므로 백발(白髮) 노구(老軀) 쓸모없는 사람이 신선의 풍채(風采)와 골격(骨格)의 소년으로 다시 돌아오니 이팔청춘 묘한 태도가 늙지도 않고 쇠하지 않는 영구한 봄으로 변화하니 극락(極樂) 속의 하나의 긴 봄꿈인가!

病入骨髓不俱者와 北邙山川閑臥人도
死者回春甦生하니 不可思議 海印일세
六年修道通理說로 來世分明 傳햇스니
極樂論에 琉璃世界 蓮花坮上일넛스며

병이 골수(骨髓)에 들어 있는 불구자(不具者)와 북망산천(北邙山川)[45]을 바라보며 누워 있던 사람이라도 죽은 것이 다시 살아나는 불가사의(不可思議)[46] 해인일세.
6년 수도하면 이치에 통한다는 설로 오는 세상에 분명히 전했으니, 극락론(極樂論)에 유리세계(琉璃世界) 연화대 위에 일렀으며,

三百修道通理說로 克己死亡 傳햇스니

45) 묘지(墓地)가 있는 곳. 사람이 죽어서 가는 곳을 일컫는 말이다.
46) 말로 표현하거나 마음으로 생각할 수 없는 오묘한 이치 또는 가르침을 뜻하며 언어로 표현할 수 없는 놀라운 상태를 일컫기도 한다.

逆天逆理脫劫重生 永生論을 傳햇스니
上古先知預言論을 어느누가 信任했노
中興國의大和門은 始自子丑至戌亥로
十二玉門大開하고 十二帝國朝貢일세

3백 일 도를 닦아 진리를 통한다는 설로 자기를 이기고 사망했으니, 하늘을 어기고 진리를 거슬리는 겁기(劫氣)를 벗고 다시 태어나는 영생론(永生論)을 전했으니, 아주 오랜 옛날 먼저 아는 사람은 예언론을 어느 누가 신임하였나?
중흥(中興)한 나라의 대화문(大和門)은 자(子)에서 시작하여 축(丑)·인(寅)·묘(卯)·진(辰)·사(巳)·오(午)·미(未)·신(申)·유(酉)·술(戌)·해(亥)까지로 12옥문(玉門) 크게 열어 놓고 12제국이 조공을 바치는 것일세.

華城漢陽松京까지 寶物倉庫아니던가
造築金剛石彫城은 夜光珠로端粧하니
鷄龍金城燦爛하야 日无光이 无晝夜를[47]

경기도 화성에서 한양, 경기도 개성〔松京〕까지 창고에 보물이 쌓였으니 금강석(金剛石)으로 성을 쌓아 짓고 밤에도 빛나는 진주로 단장

47) 又云, 人人有卷無字經 不用紙筆墨寫成 展開原來無一字 晝夜四時放光明 又云 幻身雖少配週天 說與知音仔細參 三藏歸來十二部 盡在(晝夜)人身內外安.
또 이르기를, "사람마다 무자경(無字經) 한 권이 있는데, 종이와 붓과 먹으로 쓰여 만들어진 것이 아니다. 펴서 열면 본디 한 글자도 없지만 밤낮 봄·여름·가을·겨울로 밝은 빛을 낸다." 또 이르기를, "덧없는 몸이 비록 작지만 주천(週天) 조화에도 어울릴 수 있으니 도리(道理)와 소리를 분간하여 알아듣고 자세히 참구(參究)하라. 삼장(三藏)에 걸친 12부(部) 경전(經典)은 모두 다 사람의 몸의 안과 밖에 안배(按配)되어 있다." 『달마보전(達磨寶典)』, 국제도덕협회 편, 明仁壇, 122쪽은 晝夜로 실려 있음; 『달마보전』 연화장세계(蓮花藏世界), 162~163쪽 참조.

하니, 계룡의 황금성이 번쩍번쩍하여 햇빛이 없어도 밤이 낮처럼 밝게 빛나고

城内中央大十勝에 四維十勝列位하니
利在田田秘文으로 田之又田 田田일세
一百四十四肘高城 忠信義士入金城에
彈琴聲이 藉藉하니 不知歲月何甲子고

성 안 중앙에 큰 십승이 있고 동서남북에 십승이 여럿 자리 잡으니, 이로움이 밭에 있다는 비결의 글로 밭의 또한 밭이니 마음의 밭과 본성의 밭일세.
144척(尺)의 높은 성에 충성스럽고 믿음 있고 의리 있는 사람들은 금성에 들어오니, 거문고 타는 소리가 자자(藉藉)하여 지나가는 세월을 알지 못하니 어느 갑자(甲子)인고.

東西金木相合之運 地上仙國福地로세
開闢以後初有之時 前無后之長春世라
天上玉京弩弓火를 橄樹油에 불을켜서
弓乙仙人相逢하야 不死消息 다시듯고

동(東)의 목(木)과 서(西)의 금(金)이 서로 합하는 운 지상의 선국(仙國)으로 복지(福地)로다.
개벽(開闢) 이후 처음 있는 때로 이전에도 없었고 이후에도 없는 긴 봄의 세상이라.
하늘 위 옥경(玉京)의 옥황상제가 주재하는 불로써 감람나무의 기름으로 불을 켜서 궁을 선인을 서로 만나 죽지 않는 소식 다시 듣고,

風浪波濤 빠진百姓 生命線路 건질적에
紛骨碎身될지라도 不遠千里 머다마소
亞宮理를 先察하야 仙源宮을 急히차자
三峯山下 半月船을 銘心不忘 急히타소

풍랑(風浪)과 파도에 빠진 백성, 생명의 길로 인도할 적에 뼈가 가루가 되고 몸이 깨어지도록 노력할지라도 천 리를 멀다 하지 마소. 아궁이 속을 먼저 살펴 신선의 도원(桃源) 궁전을 빨리 찾아 삼봉산(三峰山) 아래 반월선(반月船)을 잊지 말고 마음에 아로새겨 급히 타소.

10. 성운론(聖運論)

時되엿네 仙運와서 天上諸仙 出世하니
三之諸葛八韓信이 三八青林運氣바더
十勝大王 우리聖主 兩白聖人出世시고
彌勒世尊三神大王 三豊道師出現하고

때 되었네. 선도(仙道)의 운이 와서 천상의 모든 신선들이 출세하니 제갈량 같은 분, 세 사람과 한신 같은 분, 여덟 사람이 동방의 푸른 숲 운기 받아 무극(無極)의 대왕이며 우리 성군(聖君)이 양백 성인 출세하시고 미륵 세존이며 삼신 대왕이신 삼풍도사 출현하고

西氣東來 白兎運에 青林道士出世시고
木兎再生 鄭姓으로 血流道中 우리聖師
鷄龍三月 震天罡에 三碧眞人出現하고
金鳩木兎雙弓理로 三八之木 仙運바더

서쪽 기가 동쪽으로 와서 흰 토끼〔白兎: 辛卯〕 운에 청림도사 나오시고 류(柳=木兎)가 다시 태어난 정씨 성으로 피가 흐르는 도 가운데 우리 성사(聖師)라.
계룡 3월 천강(天罡)이 권위를 떨치니 삼벽(三碧) 진인이 나오시고 서쪽의 비둘기와 동쪽의 토끼 두 궁의 이치로 3(三)과 8(八)의 목(木)의 신선의 운을 받아

四綠徵破 四月天의 東方一人出世시고
少[48]木多積 萬姓處에 市場木의 得運하야
白面天使黑鼻將軍 執衡按察 人心和로
心中善惡判端하니 毫釐不差 隱諱할가

동남쪽〔四綠〕 징파(徵破) 4월 하늘에 동방의 한 사람이 출세하시고, 작은 나무가 많이 쌓여 있고 많은 성씨가 있는 곳에 시장의 목(木)이 운을 얻어 흰 얼굴의 천사와 검은 코의 장군이 저울대를 잡고 낱낱이 살피며 사람의 마음을 화(和)하여 마음속의 선과 악을 심판하니 털끝만큼도 숨길 수가 있을까?

甘露如雨 寶惠大師 正道靈이 飛[49]出하야
雷聲霹靂 電閃迅에 一次二次再三次로
紫霞黃霧 火燃中에 救世主가 降臨하니
三八數定 諸神明이 各率神兵 摠合하야

단이슬 같은 비에 보혜대사(寶惠大師) 정도령이 날아오니, 천둥소리

48) 원문에는 '小'가 '少'로 잘못 쓰여 있다.
49) 원문에는 '飛'가 '蜚'로 잘못 쓰여 있다.

벼락이 치고 번개가 번쩍하는 것과 같이 빠르게 한 차례 두 차례 다시 세 차례로 자줏빛 무지개 노을과 누런 안개가 불타는 가운데 구세주가 내려오시니, 삼팔(三八)의 수로 정하여 모든 신명(神明)이 제각기 신병(神兵)을 거느리고 모두 합하여

儒道更正仙儒佛로 天下文明始於艮에
禮儀東方湖南으로 人王四維全羅道를
道通天地无形外라 三人一夕 脫劫일세
天文術數 從何處요 黃房杜禹 出沒時라

유교의 도리가 다시 올바른 선도·유교·불교로 천하의 문명이 간방(艮方)에서 비롯하여 동방예의지국의 호남(湖南)으로 전라(全羅=人王四維) 전라도(全羅道)를 도가 통하니 형상(形狀)이 없는 밖이라, 마음을 닦는〔修=三人一夕〕 사람은 나쁜 기운이 사라질 것이니, 천문 술수에서 어느 곳을 따를 것인가? 황(黃)·방(房)·두(杜)·우(禹)가 나타났다 없어졌다 하는 때이라.

一心和合是非眞人 末復合一 眞人일세
訪道君子修道人아 地鷄龍만 찻단말가
寒心하다 世上事여 死末生初此時로다
陽來陰退 仙運에는 白寶座의 神判이라

'진인이 맞다, 아니다' 해도 한마음으로 화합하여 끝에 가서는 다시 하나로 합하는 진인일세.
도를 찾는 군자와 도 닦는 사람아! 땅의 계룡산만 찾는단 말인가?
한심하다, 세상에 일이여! 죽음의 끝이 삶의 시작이 되는 때가 이때로다.

어둠이 가고 밝음이 오는 선도의 운에는 백보좌(白寶座)의 신이 판가름이라.

非禮勿視 非禮勿聽 行住坐臥端正하소
先聖預言明示하라 逆天者는 亡하리라
陰陽木田鷄水邊에 脫退冠家三十日草
愛好者는 亡하나니 末世君子銘心하소

예의가 아니면 보지를 말고 예의가 아니면 듣지도 말라. 가고 머무르고 앉으나 눕거나 단정하소.
먼저 성인의 말씀을 명시(明示)하라. 하늘을 거슬리는 것은 망하느니라.
음양 나무 밭에 색(色)과 술〔酒=鷄水邊〕과 돼지고기와 연초(煙草)를 사랑하고 좋아하면 망하나니 말세에 군자들은 마음에 아로새길 것이라.

无勿不食 過去事요 食不食의 來運事라
從鬼者는 負戌水火 眞逆者는 禾千里라
送舊迎新此時代에 天下萬物忽變化로
天增歲月人增壽요 春滿乾坤福滿家며

먹어서는 아니 되는 것을 말리지 않는 것은 과거의 일이요, 먹지 못하는 것을 먹는 것은 오는 운의 일이라.
귀신을 따르는 것은 멸(滅=負戌水火)하고 참〔眞〕을 거슬리는 것은 추수기(秋收期)에 잘려 나간다.
옛 것을 보내고 새로운 것을 맞이하는 이 시대에 천하 만물이 홀연히 변화로 하늘의 세월이 더하니 사람들의 수명이 더하며, 하늘과 땅 사이에 봄이 가득하니 집안에 복이 가득하며,

願得三山不老草와 拜獻高堂鶴髮親에
堂上父母千年壽요 膝下子孫萬歲榮을
立春大吉傳햇스나 建陽多慶모르리라
惡化爲善 되는日에 天受大福 立春일세

바라옵건대 한라산(漢拏山: 瀛洲山)·지리산(智異山: 方丈山)·금강산(金剛山: 蓬萊山)의 불로초(不老草)를 얻어서 흰머리〔白髮〕인 부모님께 절하며 드리고 싶다.
당상(堂上)의 부모님은 천 년 동안 장수하시고, 슬하의 자손들은 만세토록 성하라.
'봄을 세우니 크게 길하다'고 전했으나 '양(陽)을 세우니 경사(慶事)가 많으리라'를 모르리라.
악이 변화하여 선이 되는 날에 하늘에서 큰 복을 주시니 입춘(立春)일세.

老少男女上下階級 有無識을 莫論하고
生命線路 喜消息을 不遠千里 傳하올제
自一傳十 十傳百과 百傳千의 千傳萬을
天下人民 다傳하면 永遠无窮榮光일세
鳥乙矢口十方勝地 擧手頭足天呼萬歲

늙은이, 젊은이, 사내, 계집, 위와 아래 계급, 유식과 무식을 논할 것 없고 생명의 길의 기쁜 소식을 천 리 먼 길을 멀다 여기지 않고 전할 때에 한 사람이 열 사람에게 전하며 열 사람이 천 사람에게 전하며 천 사람은 만 사람에게 전하여 천하 인민에게 다 전하면 영원히 한량없는 영광일세.
좋을 시구〔鳥乙矢口〕 십방(十方) 승지(勝地) 손과 머리를 들고 발까지 하늘을 향하여 만세를 부른다.

11. 말초가(末初歌)

隆四七月李花落에 白狗身의 蟬鳴時요
尺山度地三角天에 分州合郡處處로다
非僧非俗哀此物이 無君無父何處生고
燭抬바지短衫으로 似人不人볼수업네

융희(隆熙) 4년 7월에 조선이 그치니 경술(庚戌: 白狗)년 매미 우는 때이다.
삼각대(三角臺)로 산을 재고 땅을 제도(制度)하니 큰 고을〔州〕은 나누고 작은 고을〔郡〕은 합침이 곳곳이로다.
스님도 아니고 속인도 아닌 애통한 이 물건이 임금님도 없고 아버지도 없으며 근본도 없이 어디에서 나왔는가?
촉대(燭臺)바지 짧은 홑저고리를 입어 사람 같으나 사람이 아니니 볼 수가 없네.

頹敗倫常하고보니 舊學撤蔽新樹立을
無面相語萬國語는 金絲千里人言來요
東北千里鐵馬行은 三層畵閣人坐去라
空中行船風雲捷은 赤旗如雨白鶴飛라

인륜의 상도(常道)인 풍속·도덕·문화 같은 것이 쇠퇴하여 문란하고 보니 구학(舊學)을 철폐하고 신학(新學)을 새롭게 수립하여 얼굴도 서로 보지 않은 채 모든 나라 말이 철사 줄을 통하여 서로 주고받아

사람의 말씀이 천 리를 오고간다.
동북 천 리에 철마가 달리고 그림 같은 3층 다락집에 앉아 사람이 간다.
하늘에 떠 있는 배(비행기)는 구름 속으로 바람처럼 눈 깜짝할 사이에 다니며 붉은 깃발을 달고 비를 뿌리며 날아가는 흰 두루미와 같은 것이라.

三十六年無主民이 皆爲僧孫不知佛을
日本東出西山沒에 日中之變이 及於世界
午未生光申酉移로 日色發光日暮昏을
靑鷄一聲半田落에 委人歸根落望故로
兩人相對河橋泣에 牽牛織女相別일세

36년 동안(1910~1945) 주권(主權) 없는 백성이 될 줄을 스님의 후손이 부처를 모두 알지 못하는 것을 해는 동쪽에서 떠서 서쪽 산으로 지는데 일본과 중국(당시는 청나라)의 변함이 세계에 미치도다.
오미(午未)에 빛이 나와 신유(申酉)로 옮기면서 일본의 색(色)이 빛을 발하더니 일본이 저물어 어두워지고 푸른 닭〔靑鷄: 乙酉〕이 한 차례 우니 일본(日本: 半田=日)이 몰락하고 왜(倭=委人)가 희망을 잃어 고향으로 돌아간다.
두 사람이 마주 대하는 오작교(烏鵲橋)에 떨어지는 눈물은 견우(牽牛)와 직녀(織女)가 서로 이별함이네.

女人戴禾猴兎歸로 六六運去乾坤定에
乙矢口나 槿花江山 留支함이 天運이라
朝鮮民族生日로써 天呼萬歲處處起세

왜(倭=女人戴禾)가 갑신월(甲申月) 을묘일(乙卯日, 1945년 양력 8월 15일, 음력 7월 7일 칠석)에 돌아가고 6×6=36년의 운은 천지가 정함에 을시구나. 무궁화 피는 금수강산 유지함이 천운일세.
조선 민족의 생일로써 곳곳마다 일어나 하늘을 향해 만세 부르세.

正當之事人道연만 人人相伴暗殺陰謀
上下反復不法盛에 足反居上非運으로
智將勇退登畔閣에 富不謀身沒貨泉을
當世欲知生話計댄 速圖二十八分前을

정정당당(正正堂堂)의 일이 사람의 길이련만 사람사람이 서로 짝을 지어 암살과 음모를 꾀하나니 아래위 뒤집기를 되풀이하며 불법이 성한데 아래가 될 것이 위가 되어 거꾸로 뒤집힘〔足反居上〕은 불행으로 용감하고 슬기로운 장수는 물러나고 친일파가 각료에 오르며 부자는 몸을 도사리지 않으며 돈과 재물을 숨기기에 바쁘다. 마땅한 세상이 이러하니 장차 살아남는 방법을 알려거든 급히 서둘러 28분(分) 앞을 도모하라.

白虎三望 世混沌에 三月三時 何知人고
八金山下 安心地는 虎患不犯 傳했다네
人心洶洶 患亂中에 米穀大豊 여기저기
虛火亂動 뛰지마소 虛榮心에 精神가면
日去月諸 길을사록 本心찾기 어렵도다

경인(庚寅: 白虎, 1950)년 음력 3월에 세상이 혼돈하니 3월 아침 점심 저녁을 어찌 사람이 알겠는가?
부산(釜山=八金山)이 안심할 수 있는 곳으로 범의 재란이 범하지 못한다고 전해 왔다네.

인심은 흉흉(洶洶)하고 환란 가운데 미곡이 크게 풍년이 들어 여기저기 흩어져 있으니 허화(虛火, 虛熱) 문란하게 행동하여 뛰지 말라. 허영을 좇아 들 뜬 마음에 정신이 나가면 세월이 갈수록 본래의 마음을 찾기 어렵다.

白梳猶留餘生虱에 莫作群中最大名을
白狗六六青鷄喜聲 鷄三三后黑蛇運에
朝輝光을 모르거든 日月明을 이롤세라
白羊依水未越卯止 子商孫讀運來로다

빗으로 백 번을 힘들여 빗어도 살아 있는 이〔虱, 蝨〕는 남아 머무르니 무리 가운데 으뜸〔大〕가는 이름을 짓지 말라.

경술(庚戌, 1910)년 국치(國恥)로부터 6×6=36년이 되는 푸른 닭〔乙酉: 青鷄, 1945〕의 기쁜 소리 36만에 해방이 되니 을유(乙酉: 鷄酉)년 다음 9년(九=三三) 뒤 계사(癸巳: 黑蛇, 1953)년 운에 조선의 영광을 모르거든 해와 달의 밝음을 알라.

신미(辛未: 白羊)년에 의지한 양(羊: 未)을 넘지 못하고 묘(卯)에 그치고 아들은 장사를 하고 손자는 글을 읽는 운이 왔네.

青鷄之聲喜消息에 南渡困龍无政治事
新增李氏十二年에 流水聲中 人何生고
天地運數定理法이 暫間暫間 循環故로
分列三方朝得暮失 貪祿舊臣從幾人고

을유(乙酉: 青鷄)년의 기쁜 소식에 남쪽에서 건너온 갇힌 용은 정치하는 일에는 무관심하네.

새로 늘린 이씨 12년에 흐르는 물소리 가운데 사람이 어떻게 살아갈 것인가?
천지 운수가 정해진 이치의 법이 잠시 잠깐 순환하기 때문에 세 방(方)으로 나누어 벌어지니 아침에 얻고 저녁에 잃는다. 녹(祿)을 탐하던 옛 신하가 따를 사람이 몇이나 되는가?

可憐今日王孫子는 困龍之後代續으로
花開二十又二春을 法모르고 解得할고
二十二春 不知커든 卄二眞人 覺知하소

지금의 왕손과 왕자들은 불쌍하다. 통하지 않는 임금〔龍〕의 뒤를 대신하여 잇게 하므로 꽃피는 4월 춘(春)을 파자법(破字法)을 모르고 어찌 풀이할 것인가?
22춘(二十二春)을 모르거든 입이(卄二) 진인을 깨달아 보시오.

老鼠爭龍木子退로 隱然自出牛尾入을
張趙二姓自中之亂 庚辰辛巳傳햇스니
此后之事逆獄蔓延 慶全蹶起先發되여
馬山風雨自南來로 態澤魚龍從此去오

경자(庚子: 老鼠, 1960)년에 이(李=木子)가 물러나고 은연한 윤(尹=牛尾)이 스스로 나타나 들어온다.
장씨와 조씨 두 성씨가 자기네 패 속에서 일어나는 싸움질이 경진(庚辰)년과 신사(辛巳)년이라고 전했으니, 이 뒤에 일은 배신과 분열과 반정(反正)으로 옥사(獄事)가 널리 뻗어서 퍼지므로 경상도·전라도가 먼저 궐기하여 경상남도 마산에 비바람이 스스로 남쪽에서 오니 못 속에 있던 작은 물고기들이 용을 따라 나간다.

坊坊曲曲能坊曲이요 是是非非足是非라
合해보세 天干地支 四九子丑 아니던가
四九辰巳革新으로 三軍烽火城遇賊을
軍政錯亂衆口鉗制 口是禍門滅身斧

전국 방방곡곡이 능히 방곡(坊曲)이요, 시시비비는 족히 시비(是非)라. 합하여 보세. 천간(天干)과 지지(地支)니 경자(庚子)·신축(辛丑)〔四九:庚辛〕이 아니던가?
4.19(庚子)와 5.16(辛丑)의 혁신으로 육군·해군·공군이 봉화(烽火)에 불을 붙이고 성 안에 도적들을 군의 통치로 입을 다물게 하고 무력으로 억제하며 말을 듣지 않고 순종하지 않는 사람들은 입이 곧 재앙의 문이며 몸을 찍는 도끼라.

善法이면 好運時요 不法이면 惡運時라
末世出人 攝政君들 當當正正 일치마소
阿差한번 失法하면 自身滅亡 敗家로서
全世大亂 飛相火로 天下人民滅亡일세

바른 법이면 좋은 운 때이고 바르지 못한 법이면 나쁜 운 때로다. 말세에 나온 정치 권력자들은 정정당당(正正堂堂)을 잃지 말라. 아차 한 번 실수하여 법을 그르치면 자신과 가문이 패가(敗家)로서 전 세계에 대란이 일어나고 나는 불로 천하의 인민이 멸망하네.

12. 말중운(末中運)

欲識推算末運世運 兩人相爭 長弓射요

二十九日疾走者는 仰天痛哭 怨無心을
失路彷徨 人民들아 趙張낫다 絶斷일세
訪道君子 修道人들 高張낫네 避亂가자

말운(末運)과 세운(世運)을 미루어 헤아려보니 두 사람이 서로 싸우다 장씨가 활을 쏘니 조씨는 앓다가 하늘을 우러러보고 통곡하다가 죽는다.〔死＝怨無心〕
길을 잃고 어정거리는 인민들아！ 조와 장이 서로 잘났다며 끊어졌네. 도를 찾는 군자와 수도하는 사람들, 고와 장이 나왔네. 피난가자.

不知時勢蒼生들아 時運不幸疾亂일세
處處蜂起 假鄭들아 節不知 發動인가
白面天使 不覺故로 所不如意 絶望일세
黑鼻將軍 扶李事로 刈棘反復開運이라

어떤 형세인지 알지 못하는 창생(蒼生)들아！ 시운(時運)이 불행으로 질병의 난이네. 곳곳에서 벌 떼처럼 일어나는 가짜 정도령들아！ 철모르는 발동인가?
흰 얼굴의 천사(天使)가 깨닫지 못하니 뜻한 바가 같지 않아 절망일세. 검은 코 장군은 이씨를 도운 일로 가시나무를 베어 되돌아 열린 운이라.

伐李之斧 天運으로 逆天者는 할길업서
死人失衣 暗暗理로 怨無心을 所望也요
惡性者亡 憎聖者滅 害聖者는 不生이라

도끼로 오얏나무〔李〕를 찍어내는 천운(天運)으로 하늘을 거슬리는 자는 갈 길이 없다.
옷을 잃고 죽은 사람이 캄캄한 이치로 죽음〔死=怨無心〕이요, 모진 성품인 사람은 망하고 성인을 미워하는 사람은 사라지고 성인을 방해하는 사람은 태어나지 않는다.

長弓勝敗 白金鼠牛 中入正當 되오리니
失路彷徨 不法하고 不失中入 차자들소
辛臘壬三 退脚[50]하면 幸之幸運 僥幸일세
呼來逐出 眞人用法 海印造化 任意라네

장(張)이 한 번 승리하고 한 번 패배한 뒤 경자(庚子)·신축(辛丑)년 중간에 들어가는 것이 바르고 마땅하다.
길을 잃고 어정거리다가 법에 어그러지고 가운데로 들어오는 것을 잃지 말고 찾아 들어오소.
신축(辛丑, 1961)년 섣달〔臘月〕부터 임인(壬寅, 1962)년 음력 3월까지 물러가면 다행 중 다행이니 요행(僥倖)일세.[51]
부르면 오고 쫓으면 가는 진인의 사용하는 법인 해인 조화를 뜻대로 함이라네.

先天秘訣 篤信마소 鄭僉知는 虛僉知라
從風已去사라지고 天下諸聖靈神合에
蓮花台上 神明世界 正道靈이 오신다네
都是天運 不避오니 生命路를 차질세라

50) 원문에는 '却'이 '脚'으로 잘못 쓰여 있다.
51) 1962년은 1월 1일에는 서기(西紀, 太陽曆)를 공용으로 정하고 6월 10일에는 10:1의 화폐 개혁이 이루어졌고 12월 26일에는 제5차 개헌이 이루어진 해이다.

선천 비결을 믿지 마소. 정 첨지는 허 첨지라.
바람 따라 이미 사라지고 천하의 모든 성인이 영(靈)과 신(神)이 합하여 연화대 위의 신명 세계로 올바른 도의 영이 오신다네.
모두 이것이 천운을 피할 수가 없으니 살길을 찾을세라.

鄭堪預言 元[52]文中에 利在田田弓弓乙乙
落盤四乳[53]아럿던고 可解하니 十勝道靈
畵牛顧溪 道下止를 奄宅曲阜 傳햇지만
自古前來 儒士들이 可解者가 幾人인고
道下止를 解文하니 覺者들은 銘心하소

정감이 예언한 원문 가운데 이로움은 전전(田田)과 약(弱=弓弓乙乙)함에 있다.
낙반사유(落盤四乳) 알았던가? 풀어 보니 십승의 도의 영(靈)이요, 그림 속의 소가 시내를 돌아보고 있으니 길 아래에 멈춰라. 구부러진 언덕에 외딴집이라고 전했지만 예로부터 지금까지 유교의 선비들이 풀 수 있는 사람이 몇 사람인가?
도하지를 글월을 풀이하니 깨달은 사람들은 마음에 새기게 하소.

先知人惠無心村에 有十人이 全消하고
次知曲目首上角에 三人卜術知識으로
三知人間千人口로 以着冠을 自覺하면
弓乙田田道下止가 分明無疑十勝일세

52) 원문에는 '原'이 '元'으로 잘못 쓰여 있다.
53) 쌀 미(米) 자에 사유(四乳)가 떨어지니 열 십(十) 자이다.

먼저 알 것은 '인혜무심촌(人惠無心村)'[54]에 열 사람이 있어 모두 사라지고 다음 알 것은 '곡목수상각(曲目首上角)'[55]에 삼인복술(三人卜術) 지식이고 세 번째는 '인간천인구(人間千人口)'[56]로 이착관(以着冠)을 스스로 깨달으면, 선지(先知)의 '전(傳)'과 차지(次知)의 '도(道)'와 삼지(三知)의 '관(舘)'이 합하니 전도관(傳道舘)이다. 곧 도를 전하는 장소를 뜻한다.
궁을(弓乙) 전전(田田) 도하지(道下止)가 의심할 것 없이 분명 십승일세.

吉星所照 入居生活 終爲公卿 子孫으로
无誠无智 難得處요 百无一人保生者라
无病長壽安心處를 아니찻고 어듸찻노
非山非野仁富之間 弓弓吉地傳햇지면
小木多積 萬姓處를 无德之人獲得하랴

길한 별이 비치는 곳에 들어가 살아가니 마침내 높은 벼슬한 자손으로 정성이 없고 슬기롭지 못하면 얻기 어려운 곳이요, 백 명 가운데 한 사람도 생명을 보존하는 사람이 없어라.
질병도 없이 오래 사는, 안심할 수 있는 곳을 아니 찾고 어디를 찾는가?
산도 아니고 들도 아닌 인천과 부평의 사이에 궁궁 길지(吉地)를 전

---

54) 사람 인(亻) 변(邊) 다음 혜(惠) 자에서 심(心) 자를 없애고, 촌(村) 자에서 목(木)을 없애고 마디 촌(寸) 자를 붙인 전(專) 자에 다시 합자(合字)하면 亻+專=傳 전할 전(傳) 자이다.

55) 머리 수(首) 자의 측자(測字)이며 삼인복술(三人卜術)은 삼인복(三人卜) 쉬엄쉬엄 갈 착(辵: 辶)의 파자(破字)이다. 辶변(邊)과 수(首)를 합자하면 길 도(道) 자가 된다.

56) 千+人+口=舍는 집 사(舍). 여기에 이착관(以着冠)하니 관(官)이 되고 합자하여 보니 舍+官=舘으로 객사 관(舘) 글자이다.

했지만 작은 나무가 많이 쌓인 많은 성씨가 있는 곳을 덕이 없는 사람이 얻을 수 있겠는가?

天路一坼 天鼓再鳴 呼甲聲이 들여온다
時運時運時運이라 中入時末 分明쿠나
黑虎以前 中入之運 訪道者게 傳햇지면
不散其財 富饒人과 不退其地 高貴들이
時勢不覺 不入으로 下愚不已后從하니
氓蚩人民 殺我者는 富饒貴權아니든가

하늘 길이 한 차례 터지면 하늘의 북소리가 다시 울릴 때, 갑(甲)을 부르는 소리가 들려온다.
그 때의 운수(運數)가 시대의 운수라. 가운데 들어가는 시기의 끝이 분명하구나.
임인(壬寅: 黑虎)년 이전에 가운데 들어갈 운인 것을 도를 찾는 사람에게 전해지면 그 재물을 흩어 버리지 않는 부자로 배불리 먹는 사람과 그 지위에서 물러나지 않는 높고 귀한 사람들이 세상의 형편을 깨닫지 못하고 들어가지 아니하고 어리석게도 지나간 뒤에도 좇아오지 않으니 어리석은 백성들이라. 우리를 죽이는 것은 재물이 넉넉하고 신분이 높고 권세가 있는 사람들이 아니던가?

富貴財産掀天勢로 活人積德못하고서
自欺自己不覺하야 人命殺害 네로구나
來日모레두고봐라 天地反覆運來하면
善惡兩端되는日에 何意謀로 堪當할고

재산이 많고 지위가 높아서 하늘을 뒤흔드는 기세로 사람 살리는 덕을 쌓지 못하고 자기 자신을 스스로 속이는 것인 줄 깨닫지 못하여 사람 목숨을 죽이고 훼방하는구나.

내일 모레 두고 봐라. 천지가 뒤집히는 운이 오면 선과 악이 두 쪽으로 갈라지는 날에는 어떤 뜻과 꾀로 감당할까?

天神下降 終末日에 岩隙[57]彷徨 네로구나

張氏唱義 北先變에 白眉作亂 三國鼎峙

五卯一乞末版運이 卯辰之年 運發하리

漢陽之末 張氏亂后 金水火之 三姓國을

太白山下 三姓后에 鄭氏奪合 鷄龍일세

천신이 내려와 임하는 마지막 날에 바위틈에서 헤매는구나.

장씨가 정의를 부르짖고 북쪽이 먼저 변하여 여럿 가운데 뛰어난 사람이 난을 일으켜 세 나라가 솥발처럼 버티었네.

윷놀이할 때 다섯 묘(卯)에 하나의 걸(乞)로 마지막 판의 운이 묘(卯)년과 진(辰)년에 운이 발하리라.

한양 도읍의 끝, 장씨의 난 뒤에 금(金)·수(水)·화(火)[58]의 세 성씨가 나라를 태백산(太白山) 아래 세우고 세 성씨 이후 정씨가 빼앗아 계룡에 합하네.

青龍黃道 大開年이 王氣浮來 太乙船을

青槐萬庭之月이요 白楊無芽之日이라

青龍之歲 利在弓弓 白馬之月 利在乙乙

---

57) 원문에는 '隙'이 좌부방(左阜傍) 곧 부(阝)가 빠진 자로 쓰여 있다.

58) 금성(金姓)은 전(全)을 뜻하고 수성(水姓)은 박(朴)을 뜻하며 화성(火姓)은 노(盧)이다.

黑虎證河圖立이면 青龍濟和元年이라

청룡(青龍) 황도(黃道)가 크게 열리는 해는 임금이 나올 징조로 태을선(太乙船)이 떠서 오니 갑인(甲寅: 青槐)월 봄〔春＝萬庭之月〕이요, 신묘(辛卯: 白楊)일[59]이라.
청룡(青龍: 甲辰)의 해에는 이로움이 궁궁(弓弓: 闊闊)에 있고 백마(白馬: 庚午)의 달에는 이로움이 을을(乙乙: 새새)에 있다.[60]
임인(壬寅: 黑虎)에 증명하는 하도가 바로 서면 갑진(甲辰: 青龍)년은 제화(濟和)의 원년(元年)이라.

无窮辰巳 好運으로 三日兵火 萬國統合
四十五宮 春秋壽는 億萬年之經過로
死亡征服 永生者는 脫劫重生 修道者라
忠信義士 入金城에 眞珠門이 玲瓏일세

한량없는 무진(戊辰)·기사(己巳)년의 좋은 운이니 삼일전쟁(三日戰爭)으로 모든 나라를 통합하네.
45궁(宮)의 나이 장수(長壽)는 억만 년의 지나감으로 죽음을 이기고 영구히 사는 것은 언짢고 침침(沈沈)한 기운이 없어지고 영적(靈的)으로 다시 새 사람이 되는 도를 닦는 것이라.
충성(忠誠)·신의(信義)·정의(正義)로운 사람이 금성(金城)에 들어오니 진주문(眞珠門)이 아롱아롱 환한 모양일세!

蓬萊水溢 吉地라고 長砂之谷清水山下

59) 무진(戊辰, 2048)년 양력 3월 22일 음력 2월 9일.
60) 갑진(甲辰, 2024)년 음력 5월(庚午)에는 약(弱＝弓弓乙乙)함이 이롭다.

蓮花抬上 千年歲에 穀種三豊 알이로다
好運이면 適合이요 非運이면 不幸이라
隨時多變되오리니 絶代預定될수업네

금강산(金剛山: 蓬萊山) 물이 넘치는 길한 곳이라고 긴 모래밭의 맑은 물이 흐르는 산 아래 연화대 위에서 천 년 세월에 곡식 씨앗인 삼풍을 알리로다.
좋은 운이면 알맞게 들어맞음이요, 나쁜 운이면 운수가 언짢음이라.
때를 따라 변화가 많게 되니 절대로 미리 정할 수가 없네.

兩虎三八 大開之運 清兵三萬 再入亂에
黑雲滿天 呼哭聲中 自相踐踏 可憐하다
无渡洛東 初入之亂 八金山下 避亂地요
无渡錦江 再入之亂 人口有土 安心處며
无渡漢水 三入之亂 十勝之地 避亂處라

두 범이 삼팔(三八)이 크게 열리는 운이니 청나라 군사 3만이 다시 들어오는 난에 검은 구름이 하늘에 가득하고 울며 부르짖는 소리 나는 가운데 자연히 서로 밟아 죽이니〔骨肉相爭〕 가히 불쌍히 여기다.
낙동강을 건너 처음 들어오는 난리는 부산(釜山=八金山)이 피난지요, 두 번째 들어오는 난은 금강을 건너지 못하니 집안에 앉아 있는 것〔坐=人口有土〕이 안심할 곳이며, 세 번째 들어오는 난은 한강을 건너지 못하니 십승지가 난을 피하는 곳이라.

三數論을 磨鍊하니 好運所謂이름일세
非運이면 狼狽오니 修道先入 天民들아
不撤晝夜 哀痛하며 一心祈禱 退却하소

肇判以后 初有大亂 无古今의 大天灾라

세 수(水)로 논함을 마련하니 좋은 운이라는 것이라.
나쁜 운이면 낭패(狼狽)오니 도를 닦고 먼저 들어오는 하늘 백성들아! 밤낮을 가리지 아니하고 몹시 슬퍼하며 한마음으로 기도하고 물러나라.
하늘과 땅이 비로소 판가름한 이후 처음으로 가장 큰 난(亂)이 있으니 예나 이제나 없는 큰 하늘의 재앙이라.

擇善者를 爲하여서 大患이 滅除되리
好運受人 人心和면 百祖一孫退去로써
鼠女隱日 隱藏하니 三床后臥 사라지고
修道天民 一心和면 三豊之穀 豊滿故로

선(善)을 고른 사람들을 위해 큰 근심을 덜게 될 것이니 좋은 운을 받은 사람들이 인심이 화목하면 일백 명의 조상에 한 명의 손(孫)이 남게 되는 것이 물러감으로써 섣달 그믐날〔鼠女隱日〕 숨어 감추니 세상이 뒤집힘〔三床后臥〕은 사라지고 수도하는 하늘 백성, 한마음으로 합치면 삼풍의 곡식 풍성하여 가득하므로

辛臘壬三 虛事되니 百祖三孫 虛送하고
壬臘癸三 運이오면 百祖十孫 好運으로
見不牛이 奄麻牛聲 天下萬方 遍滿하야
勝利凱歌雲霄高에 오는風波 十日之亂

신유(辛酉, 2041)년 섣달부터 임술(壬戌, 2042)년 3월까지 전쟁이 헛된 일이 되니 일백 명의 조상에 세 명의 손이 살아남는 것을 헛되이

보내고 임술(壬戌, 2042)년 섣달부터 계해(癸亥, 2043)년까지 운이 오면 일백 명의 조상에 열 명의 손이 살아남는 좋은 운으로 소는 보이지 않는데 '엄마(奄麻)'하는 소 울음소리가 온 누리에 두루 미치니 승리의 함성 노래가 구름과 하늘 높이 울려 퍼지니 다가오는 세찬 바람과 험한 물결 십 일의 난리이네.

一天下之天心和로 十日之亂 不俱로서
世上征服하고보니 青龍白馬 三日亂에
龍蛇交爭 好運으로 十祖一孫 되올 것을
彼此之間不利로서 聖壽何短 不幸으로

천하가 천심(天心)으로 합쳐 십 일의 전쟁도 다 갖추지 못하고 세상을 정복하고 보니 갑진(甲辰: 青龍, 2024)년 음력 5월 3일의 난에 용과 뱀이 서로 싸우나 좋은 운으로 열 명의 조상에 한 명의 손이 살아남게 되는 것을 서로 간에 이롭지 못함으로서 운수가 언짢으므로 성인의 수명이 어찌하여 짧은가?

天火飛落 燒人間에 十里一人 難不見과
十室之內 无一人에 一境之內 亦无一人
二尊士로 得運하니 鄭氏再生 알이로다

하늘에서 불이 땅에 떨어져 인간들을 불태우니 십 리에 한 사람도 찾아보기 어렵네. 열 개의 방 안에 한 사람도 없으며 한 경내(境內)에 또한 한 사람도 없네.
존경 받는 두 선비가 운을 얻으니 정씨가 다시 태어남을 알리로다.

白馬公子 得運으로 白馬場이 이름인가

白馬乘人 后從者는 仙官仙女 天軍이라
鐵馬三千 自天來는 烏衣烏冠 走東西를

백마(白馬: 庚午) 공자(公子)가 운을 얻으므로 백마장(白馬場)이 이름인가?
흰 말 탄 사람의 뒤를 따르는 사람들은 선관(仙官)과 선녀(仙女)로 천군(天軍)이네.
철마(鐵馬) 삼천(三千)이 스스로 하늘로부터 오고 새의 옷과 새의 관(冠)을 쓰고 동쪽과 서쪽으로 달리네.

六角千山 鳥飛絶에 八人萬逕 人跡滅을
嗟呼萬山 一男이요 哀哉千山 九女로다
小頭無足 飛火落에 千祖一孫 極悲運을
怪氣陰毒中病死로 哭聲相接 末世로다

하늘(天=六角)에 솟은 일천(一千) 산에 새가 날아다니는 것이 끊어지고 불〔火=八人〕이 떨어지니 일만(一萬) 좁은 길에 사람의 자취가 없어지네.
아! 슬프도다. 일만 산에 한 사내요, 아! 불쌍하다. 일천 산에 아홉 계집이로다.
재앙〔災〕 나는 불이 떨어질 때 천 명 조상에 한 손만이 살아나는 슬픈 운을 괴이한 공기와 음독(陰毒)[61]으로 질병을 얻어 죽게 되며 우는 소리가 서로 부딪히는 말세로다.

无名急疾 天降灾에 水昇火降모르오니

---

61) 병독(病毒)이 몸속에 모여 목이 아프고 살빛이 검푸르게 되는 병.

積尸如山 毒疾死로 塡於溝壑 无道理에
努殼喊聲 混沌中에 修道者도 하일업서
五運六氣 虛事되니 平生修道 所望업네

이름도 모르는 급한 질병이 하늘에서 내려온 재앙에 수승화강(水昇火降)[62] 모르오니 시체가 산처럼 쌓이고 독질(毒疾)[63]로 죽으므로 죽은 시체가 도랑이나 골짜기를 메우는 도리 밖에 없고 힘써 북을 치고 함성(喊聲)으로 혼돈(混沌)[64] 중에 수도자도 어찌할 수 없어서 오운육기(五運六氣)[65] 한방 치료법은 헛일되니 평생 동안 도 닦는 것이 바랄 바가 없네.

水昇火降 不覺者는 修道者가 아니롤세
多誦眞經 念佛하야 水昇火降 아러보소
无所不通 水昇火降 兵凶疾에 다通하니
石井崑을 모롬으로 靈泉水를 不尋이요

수승화강을 깨닫지 못한 사람들은 도 닦는 사람이 아니로세.
진경(眞經)을 많이 외우고 염불(念佛)[66]하여 수승화강을 알아보소.

---

62) 성령(聖靈)의 불이 내려오고 성수(聖水)가 올라가는 곳이 마음자리(가슴)이다. 중궁(中宮)에 염통〔心臟〕의 화기(火炁)는 내려오고 콩팥〔腎臟〕의 수기(水炁)는 올라와서 중단전(中丹田)에서 수화(水火)가 교구(交媾)하여 현주(玄珠)·단(丹)·환(圜)·사리(舍利)가 이루어진다.

63) 악성(惡性)의 병.

64) 사물의 구별이 판연(判然)하지 않고 애매모호(曖昧模糊)한 상태.

65) 수(水)·화(火)·목(木)·금(金)·토(土)의 운행(運行)과 천지간 여섯 기운인 한(寒)·서(暑)·조(燥)·습(濕)·풍(風)·우(雨).

66) 육념(六念)의 하나로 아미타불(阿彌陀佛)이란 명호(名號)를 부르며 부처의 상호(相好)·공덕(功德)을 억념(憶念)하는 일.

통하지 않는 곳이 없어 물이 오르고 불이 내려오는 전쟁·흉년·질병에 다 통하니 석정곤(石井崑, 돌우물 산)을 모르므로 영천수(靈泉水, 신령한 샘물)를 찾지 못하네.

心泉顧溪 모름으로 地上顧溪 찻단말가
水昇火降 不覺하니 石井崑을 엇지알며
石井崑을 不覺하니 寺畓七斗 엇지알며
寺畓七斗 不覺하니 一馬上下 엇지알며

마음의 샘 고개〔顧溪〕를 모르고서 땅 위의 샘 고개를 찾는단 말인가?
수승화강을 깨닫지 못하니 석정곤을 어찌 알며, 석정곤을 깨닫지 못하니 사답칠두(寺畓七斗)[67]를 어찌 알며, 사답칠두를 깨닫지 못하니 한 마리의 말 위 아래를 어찌 알며[68],

馬上下路 不覺하니 弓弓乙乙 엇지알며
弓弓乙乙 不覺하니 白十勝을 엇지알며
白十勝을 不覺하니 불亞倧佛 엇지알며
불亞倧佛 不覺하니 鷄龍鄭氏 엇지알며

말이 위아래 다니는 길을 깨닫지 못하니 약(弱=弓弓乙乙)을 어찌 알며, 약을 깨닫지 못하니 백십승(白十勝)을 어찌 알며[69], 백십승을 깨

67) 절논 일곱 마지기. 사람의 몸도 하늘에 매여 있어 북두칠성(北斗七星)의 영향(影響)을 받는다. 사람 몸 안에 마음에도 일곱 구멍이 있으니 서로 통해야 한다. 자급자족(自給自足)하라는 뜻도 있다.

68) 경오(庚午=白馬, 2050)년 임금(王=上下)이 나타남.

69) 궁(弓)을 등〔背〕을 지면 가운데 백십자(白十字)가 생기고 을(乙) 글자도 겹치면

닫지 못하니 불알〔睾丸〕이 상고(上古)의 신인과 부처임을 어찌 알며, 불알이 상고의 신인과 부처인 것을 깨닫지 못하니 동방의 정씨를 어찌 알며,

鷄龍鄭氏 不覺하니 石白海印 엇지알며
石白海印 不覺하니 穀種三豊 엇지알며
穀種三豊 不覺하니 兩白聖人 엇지알며
兩白聖人 不覺하니 儒佛仙合 엇지알며

동방의 정씨를 깨닫지 못하니 흰 돌과 해인을 어찌 알며, 흰 돌과 해인을 깨닫지 못하니 곡식의 씨앗을 삼풍에서 찾으라는 것을 어찌 알며, 곡식의 씨앗을 삼풍에서 찾으라는 것을 깨닫지 못하니 양백 성인 어찌 알며, 양백 성인을 깨닫지 못하니 유불선이 합하는 것을 어찌 알며,

儒佛仙合 不覺하니 脫劫重生 엇지알며
脫劫重生 不覺하면 鄭道令을 알엇스랴
非鄭爲鄭 非范[70]氏요 非趙爲趙 非王氏라
鄭趙范王 易理王을 易數推算 아러보소

유불선이 합하는 것을 깨닫지 못하니 언짢고 침침(沈沈)한 기운이 없어져 영적으로 다시 새 사람이 되는 것을 어찌 알며, 언짢고 침침한 기운이 없어져 영적으로 다시 새 사람이 되는 것을 깨닫지 못하니 정도령을 알겠는가?

만(卍) 글자가 생긴다. 곧 일양일음(一陽一陰)으로 도(道)를 나타냄이다.

70) 원문에는 '范'이 '犯'으로 잘못 쓰여 있다.

정씨가 아닌 사람이 정씨가 되고 범씨도 아니요, 조씨가 아닌 사람이 조씨가 되고 왕씨도 아니다.
정(鄭)·조(趙)·범(范)·왕(王)은 역의 이치의 임금을 역수(易數)로 미루어서 셈하여 알아보소.

河洛圖書 九宮加一 仙源十勝 아오리라
一心正道 修身하면 水昇火降 四覽四覽
耳目口鼻 身手淨에 毫釐不差 无欠으로
天賦之性[71] 好生之德 多誦眞經 活人說에
博愛萬物 慈悲之心 愛憐如己 내몸갓이
天眞스런 婦女子가 너도나도 되자구나

하도와 낙서에서 구궁에다가 하나를 더하여 신선의 근원인 십승을 알 수 있네.
한마음으로 정도를 수신하면 수승화강 사람사람 귀·눈·입·코·몸·손을 깨끗이 함에 털 끝 만큼도 어긋나지 않고 모자라지도 아니하므로
하늘이 준 성품은 호생지덕(好生之德[72])이며, 진경을 많이 외우고 사람을 많이 살리리라.
만물을 박애(博愛)와 자비(慈悲)의 마음으로 내 몸 같이 사랑하여 아끼라.
천진(天眞[73])스런 아낙네가 너도 나도 되어보세.

---

71) 원문에는 '性'이 '姓'으로 잘못 쓰여 있다.
72) 사형에 처할 죄인을 특별히 사면(赦免)하여 목숨을 살려 주는 제왕의 덕.
73) 세파(世波)에 젖지 아니한 자연 그대로의 참됨. 불교에서는 불생불멸(不生不滅)의 참된 마음을 뜻한다.

13. 격암선생갑을가(格菴[74]先生甲乙歌)

伽倻伽倻 趙氏伽倻 鷄龍伽倻 聖室伽倻
靈室伽倻困困立에 困而知之女子運을
女子女子非女子 男子男子非男子라
弓矢弓矢竹矢來 九死一生女子運

가야 가야 조씨 가야, 계룡 가야 성실 가야.
신령한 집을 가야(伽倻)에 몹시 곤란하게 세우고 고생하여 공부한 끝에 지식을 얻으니 좋은〔女子＝好〕 운을 여자 여자 여자가 아니며, 남자 남자 남자가 아니라.
활〔弓〕과 살〔尸〕 활과 살 대나무 살〔矢〕이 날아오네. 구사일생(九死一生)의 좋은 운이네.

何年何月何日運 是非風波處處時
避亂之方何意謀 默默不答不休事
甲乙相隔 龍蛇爭 雲中茅屋 雲霄高
時乎時乎不再來 忍耐忍耐又忍耐

어느 해 무슨 달 어떤 날의 운이냐고 옳고 그름, 바람과 물결이 곳곳에서 일어날 때 난을 피하는 방법에 어떤 계략이 있냐고 뜻을 물으니 고요하게 대답하지 않고 쉬지 않고 일을 하네.
갑진(甲辰, 2024)년과 을사(乙巳, 2025)년에 서로 쳐서 싸우니 구름 가운데 띠 집〔茅屋〕이 하늘 높이 있네.
이때로다. 이때로다. 다시 오지 못할 이때로다. 참으며 견뎌라. 참으

74) 원문에는 '菴'이 초두머리가 빠진 '奄'으로 잘못 쓰여 있다.

며 견뎌라. 또 참고 견뎌라.

甲乙龍蛇已過後 時乎時乎男子時
百祖一孫男子運 百祖十孫女子運
天崩地坼素砂立 靈室伽倻女子時
不然不然非女子 女子中出男子運

갑진(甲辰)년과 을사(乙巳)년이 이미 지난 뒤 이때로다, 이때로다. 남자의 때로다.
일백 명의 조상 가운데 한 자손이 살아남는 남자의 운이고 일백 명의 조상 가운데 열 명의 자손이 살아남는 여자의 운이네.
하늘이 무너지고 땅이 갈라져도 솟아〔素砂〕날 수 있고 신령한 집으로 가야(伽倻) 여자의 때이다.
그렇지 아니하고 그렇지 않으면 여자가 아니며 여자 가운데에서 남자가 나오는 운이네.

女子出世矢口知 女子運數烏乙矢口
當運出世謀謀人 運數時來善事業
甲乙已過前事業 不然以後狼狽時
一字縱橫十勝運 鷄龍出世伽倻知

여자가 출세한 것을 알 것이며, 여자 운수가 좋을시구〔烏乙矢口〕!
운을 만나 출세하는 아무개 아무개 사람, 운수가 때가 오니 자선(慈善) 사업이며, 갑과 을이 지나기 이전의 사업이라. 그렇지 아니하면 이후에 낭패(狼狽)한 때이라.
일(一) 글자가 가로세로 십승의 운이며 계룡에 출세하려면 가야지(伽倻知).

一字縱橫六一出 自身滿滿不成事
衆人寶金一脫世 非善事業可憐好
暗暗成事大事業 時至不知无所望
風風雨雨粉粉雪 甲乙當運勝敗時

일(一) 글자가 가로세로한 십(十)에서 수(水: 六一)가 나오니 자기가 부족함이 없이 아주 넉넉한 모양이나 일을 이루기 어렵다.
많은 사람 보물과 금은 세상을 빛나가고 벗어나는 선하지 못한 사업은 불쌍해도 좋다.
몰래 숨어서 이루는 큰일과 큰 사업은 때가 이르러도 모르니 소망이 없네.
바람이 불고 비가 내리고 눈발이 날리는 갑과 을에 해당한 운이 이기고 지는 때이다.

八陰先動失情心 三陽中動還本心
好事多魔同療輩 遲速箏鬪是是非
速人謀事非女子 遲人謀事非男子
彼此之間 聖事業 遲速關係各意思

팔음(八陰)이 먼저 움직인 것은 잃은 마음이고 삼양(三陽)이 중간에 움직인 것은 본심(本心)이 돌아온 것이다.
좋은 일에 마(魔)가 많은 것은 동료(同僚) 무리이네.
빠른 사람이 꾀하는 일은 여자가 아니며, 느린 사람이 꾀하는 일은 남자가 아니네.
너와 나 사이의 거룩한 사업의 느림과 빠름의 관계는 각각 뜻과 생각이라.

遲謀者生百祖十孫 速謀者生百祖一孫
遲謀事業鷄龍閣 速謀事業郇山屋
一字縱橫鷄龍殿 鷄龍山上伽倻閣
甲乙當運矢口知 郇山牛腹此後論

천천히 꾀하는 사람은 일백 조상 가운데에 열 후손이 살아남고 빠르게 꾀하는 사람은 일백 조상 가운데에 한 후손이 살아남네.
더디게 꾀하는 사업은 계룡의 문설주〔閣〕요, 빠르게 꾀하는 사업은 순산(郇山)의 집〔屋〕이네.
일(一) 글자가 가로세로하여 열 십(十) 글자의 계룡에 전(殿)이요, 계룡산 위 가야(伽倻)의 문설주이네.
갑과 을에 해당하는 운을 알라. 순산의 우복동에 대해서는 이후에 논하여 보세.

俗離山上郇山城 龍蛇當運不失時
智異青鶴誰可知 俗離牛腹不失時
遲速兩端生死判 遲速生死時不知
慾速不達男子運 遲遲徐行女子運

속리산 위 순산의 성이며, 진(辰)과 사(巳)에 해당하는 운이며 때를 잃지 말라.
지리산 청학동을 누가 알리오? 속리산 우복동은 때를 잃지 말라.
더디고 빠름의 두 끝이 살고 죽음을 판가름하고, 더디고 빠름은 살고 죽는 때를 알지 못하네.
일을 속히 하려고 하면 도리어 이루지 못하는 것이 남자의 운이고 느리고 느리게 천천히 행하는 것이 여자의 운이네.

女子受運多人和 男子受運小[75]人和
遲人成事鷄龍立 速人成事俗山臥
鷄龍建立非紫霞 俗離建立紫霞島
平沙鷄龍再建屋 夜泊千艘仁富間

여자가 받는 운은 많은 사람을 합치게 하고 남자가 받는 운은 적게 합친다.
느리게 하는 사람은 일을 성공하여 계룡을 세우고 빠르게 하는 사람은 일을 성공해도 순산에 누워 자네.
계룡산에 이룩하여 세우는 것이 자하(紫霞)가 아니며 속리산에 이룩하여 세우는 것이 자하도이네.
평평한 모래 위에 계룡이 다시 집을 세우니 밤중에 천 척의 배가 정박(碇泊)하는 인천과 부평 사이네.

三都並立積倉庫 世世人人得生運
靈魂革命再建朴 漢水灘露三處朴
森林出世天數朴 三處朴運誰可知
柿從者生次出朴 天子乃嘉鷄龍朴

세 도시가 나란히 세운 창고에 세상 사람들이 삶을 얻는 운이네.
영혼의 혁명을 다시 일으키는 박씨가 있네. 한강 여울에 순박(淳朴)하여 꾸밈없는 것이 드러난 경기도·강원도·충청북도가 합해진 곳 빽빽한 수풀 속에서 하늘의 운수로 세상으로 나오는 박씨이고, 세 곳 박씨[76]의 운을 누가 알리오?

---

75) 원문에는 '少'가 '小'로 쓰여 있으나 '多'와 대(對)가 되려면 '少'가 옳다.
76) 사주(四柱)에 사맹(四孟)인 인신사해(寅申巳亥)를 지니고 태어난 고(故) 박정희(朴

감나무를 따르는 사람들이 태어난 다음에 태어난 사람이며, 천자(天子)가 비로소 훌륭하니 계룡(鷄龍: 우리나라)의 박씨이네.

世人不知鄭變朴 鄭道令之降島山
迅速降出俗離山 先入者死速降運
遲速徐行降鄭山 先中末運三生運
好事多魔忍不耐 三生得運誰可知

세상 사람들이 알지 못하는 정(鄭)이 박(朴)으로 변한 것을 정도령이 한반도 산에 내려 왔네.
날쌔고 빠르게 내려오니 속리산이며 먼저 들어가면 죽으니 빨리 내려오는 운이네.
더디고 빠르면서 천천히 행하는 강정산(降鄭山)이며 먼저〔先〕·가운데〔中〕·끝〔末〕의 운이 세 번 사는 운수이네.
좋은 일에는 마(魔)가 많으니 참고 견디지 못하면 세 번 사는 운을 얻는 것을 누가 알리오?

孼離矢口節矢口 孼蛇登登廼思嶺
先入十勝行事權 勢不得而墮落者
先入者反男子運 中入者生女子運
先入者運混亂時 后入者死分明知

얼리시구 절시구나! 얼사등등 내 사랑이네.77)

正熙) 대통령, 신앙촌(信仰村)을 건설한 천부교(天父敎)의 고(故) 박태선(朴泰善), 태극도(太極道)에서 나와서 대순진리회(大巡眞理會)를 이룩한 고(故) 박경호(朴景浩), 일명 박한경(朴漢慶)을 세상에서 삼박(三朴)으로 일컫는다.

77) 첩(妾)의 자식이 떠난 것을 알 것이며, 철〔季節〕을 알라. 여화(女禍)의 자손이

먼저 십승에 들어가서 권리를 행사하고도 세력을 얻지 못하니 타락한 사람들이네.
먼저 들어간 사람들은 반대로 남자의 운이고 가운데에 들어간 사람들은 사는 여자의 운이네.
먼저 들어간 사람들의 운수는 혼란의 때이며 뒤에 들어간 사람들은 죽는 것을 분명히 알라.

中入者生忍耐勝 先人者落耐忍勝
矢矢不顧忍耐勝 衆口不答剋己時
甲乙當運回來時 先入脱權墮落坐
有口無言人人啞 先動者反中入運

가운데에 들어간 사람들은 참고 견디면 승리할 것이며, 먼저 들어간 사람들은 타락해도 견디고 참으면 승리할 것이네.
비난의 화살이 수없이 날아와도 돌아보지 않고 참고 견디면 승리하며, 여러 사람의 말에 대답하지 말고 자기를 이기는 때이다.
갑과 을에 해당하는 운이 돌아올 때, 먼저 들어간 사람들은 권(權)에서 벗어나 타락하여 앉아 있네.
입이 있어도 변명할 말씀이 없으니 사람들이 벙어리라. 먼저 움직이는 것은 돌이켜서 가운데로 들어가야 하는 운이네.

時至不知無知者 後悔莫及可憐坐
節不知而先入者 世界萬民殺害者
殺害人生先入者 所望斷望何望入
物慾交蔽目死者 非先入者可憐誰

넘고 넘어 아리랑 고개를 넘어온 그들을 생각하라.

때가 이르러도 알지 못하는 무지한 사람들은 잘못된 뒤에 아무리 후회해도 어쩔 수가 없어서 불쌍히 앉아 있네.
철모르고 먼저 들어간 사람들은 세계 만민을 살해하는 사람들이네.
사람의 생명을 살해하는, 먼저 들어간 사람들의 소망은 끊어진 소망이라 어떤 소망으로 들어가도 재물 욕심에 눈이 가려진 사람들은 죽는 자이며, 먼저 들어간 자가 아니면 불쌍한 것은 누구인가?

庚子閣蔽甲乙立　亞裡嶺有停車場
苦待苦待多情任　亞亞裡嶺何何嶺
極難極難去難嶺　亞裡亞裡亞裡嶺
亞裡嶺閣停車場　鷄龍山上甲乙閣

경자(庚子)의 문설주〔閣〕를 가리고 갑과 을이 서는 아리령(亞裡嶺)에 있는 정거장(停車場)에 고통을 이겨내며 기다리던 다정한 님〔任〕은 아아리령(亞亞裡嶺)을 왜 고개〔嶺〕라 하는가?
몹시 어렵다, 몹시 어렵다. 숨 고개 넘어 가기 어렵다. 아리 아리 아리령.
아리령 고개에 있는 정거장은 계룡산 위의 갑을각(甲乙閣)이네.

俗離山上鷄龍閣　乙矢口耶　所望所望
人間生死甲乙耶　生死結定龍蛇知
甲乙當運出世人　敍者亡而屈者生
自己嬌慢滅身斧　危險千萬十字立

속리산 위 계룡 문설주에 을시구야! 소망 소망은, 인간의 생사가 갑과 을에 달린 것이냐! 생사를 결정하는 진(辰)과 사(巳)를 알라.[78]
갑과 을에 해당한 운수에 세상에 나오는 사람들은 꼿꼿이 펴면 망치는 것이요, 굽히면 살아남네.
교만한 것은 도끼로 자기의 몸을 찍어 없애는 것이며, 위험하기 그지없는 십(十) 글자를 세움이라.

人人敍敍自身亡 去嬌慢心揚立身
屈之屈之人人屈 名振四海十字立
甲乙當運不失時 愼之愼之又愼之
再建再建又再建 四海八方人人活

사람 사람마다 펴고 펴는 것은 자신의 몸을 망치는 것이며, 교만한 마음을 버리면 세상에서 지위를 얻을 것이네.
굽히고 또 굽혀서 사람과 사람 사이에 굽히면 이름이 온 누리에 떨치고 십(十) 글자를 세운다.
갑과 을에 해당한 운을 잃지 않으려면 삼가고 삼가고 또 삼가라.
다시 세우고 다시 세우고 또 다시 세우라. 온 누리 팔방의 많은 사람을 살리리라.

十字立而重大事 衆人寶金相議成
暗暗謀事再建人 十八卜術立耶眞人
兩人謀事勝敗知 四九金風庚辛運
三八木人甲乙起 時乎時乎不再來

십(十) 글자를 세우는 것은 중대한 일로 여러 사람의 정성을 모아 서로 계획하여 성공하는 것이다.
몰래 숨어서 일을 꾀하며 다시 세우는 사람은 열여덟 가지 점(占)치

---

78) 갑진(甲辰, 2024)년과 을사(乙巳, 2025)년에 생사(生死)를 결정한다는 뜻이다.

는 것[79]을 세우는 진인(眞人)이네.
두 사람이 꾀하는 일의 승패(勝敗)를 알게 되는 것은 사구(四九) 금(金)의 바람인 경(庚)과 신(辛)의 운이네.
삼팔(三八) 목(木)의 사람은 갑과 을에 일어나며, 이때로다 이때로다. 다시 못 올 이때로다.

時來甲乙出世者 銘心不忘愼愼事
高山漸白甲乙運 寅卯始形計劃一
死者回生此事業 無碍是非先進耶
刈莿刈莿忍耐中 右爾事業完成就

때가 되어 갑과 을에 세상에 나오는 사람들은 마음에 아로새겨 잊지 말라. 삼가고 삼갈 일이라.
높은 산에 차차 희어지는 갑과 을의 운이며, 인(寅)과 묘(卯)년에 비로소 하나를 계획하네.
죽은 사람이 다시 살아나는 이 사업은 시비와 방해 없이 먼저 나아감이라.
풀 가시를 베고 풀 가시를 자르며 참고 견디는 가운데 위쪽(오른쪽)과 같은 이 사업을 완성하여 성취하는 것이다.

世事熊熊思 我心蜂蜂戰
修道先入墮落者 國家興亡如草芥
倒一正一六一數 易數不通我不知

---

79) 태을(太乙)·기문(奇門)·육임(六壬)·명리(命理)·작명(作名)·자미두수(紫微斗數)·관상(觀相)·육효(六爻)·상택(相宅: 陰宅, 陽宅)·측자파자(測字破字)·하락리수(河洛理數)·매화역수(梅花易數)·구성학(九星學)·궁합(宮合)·월영도(月影圖)·초씨역림(焦氏易林)·범위수(範圍數)·철판신수(鐵板神數).

世上事業有先後 先覺虛榮虛榮歸

세상일을 곰곰이〔熊熊〕 생각하니, 내 마음이 벌벌〔蜂蜂〕 떨린다. 먼저 들어간 수도한 자는 타락한 사람이며, 나라의 흥하고 망하는 것은 지푸라기와 같다.
거꾸로 하나〔一〕 바르게 하나〔一〕 육일(六一)의 수(數)이며, 역(易)의 수리(數理)를 통하지 못하면 나를 알지 못하는 것이네.
세상 사업이 먼저 할 것과 나중에 할 것이 있으며, 허영(虛榮)을 먼저 깨달으니 허영으로 돌아가네.

足前之火甲乙運 寸陰是競邁流世
一思狼狽三思意 先覺事業甲乙閣
暗暗謀思數年間 人人成事養成立
哲學科學硏究者 一朝一夕退去日

발 등에 떨어진 불은 갑과 을의 운이며, 촌각(寸刻)을 다투는 세상이 흘러 지나가네.
한 번 생각하면 낭패요, 세 번을 깊이 생각하라. 먼저 깨달은 사업은 갑을각(甲乙閣)이네.
남몰래 꾀하는 생각은 여러 해 동안 하였네. 사람마다 일을 이루기 위해 인재를 양성하는 학교와 연구원을 세웠네.
철학·과학을 연구하는 사람들이 하루아침 하루저녁에 물러가는 날이네.

疑問解結落心思 如狂如醉虛榮心
世上萬事細細察 眞虛夢事去無跡
高抬廣室前玉畓 空手來世空手去

人生一死不歸客 一杯黃土歸可憐

의문을 해결하지만 바라는 대로 일이 이루어지지 않아 생각이 풀어지며 미친 듯이 술에 취한 듯 허영심만 있네.
세상 모든 일을 세밀히 살펴보면 진실로 허망한 꿈속의 일이라 자취도 없이 가버리네.
굉장히 크고 좋은 집과 집 앞 가까이에 있는 좋은 논도 빈손으로 왔다가 빈손으로 가게 되니, 인생 한 번 죽으니 돌아올 수 없는 나그네요, 한 줌의 황토로 돌아가니 불쌍하다.

此事彼事忘世事 前進前進新建屋
心欲花花守 言何草草爲
鷄龍山上甲乙閣 重大責任六十一
六十一才三五運 名振四海 誰可知

이 일 저 일 세상일을 잊고 앞으로 나아가고 앞으로 나아가서 새로 집을 세우네.
마음은 꽃꽃〔花花〕하게 지키고, 말씀은 어찌 풀풀〔草草〕히 하는가?
계룡산 위의 갑을각에는 중대한 책임이 육십일(六十一)이네.
61세(歲)가 되면 15운으로 온 누리에 이름을 떨치는 것을 누가 가히 알리오?

鷄龍山上甲乙閣 紫霞貫日火虹天
六十一才始作 走肖杜牛自癸來
左衝右突輔眞主 所向無敵東西伐
沙中紛賊案今安在 落落天賜劍頭風

계룡산 위의 갑을각에는 자하(紫霞)가 해를 꿰뚫으니 하늘에 홍붉은 무지개가 뜨네.

61세에 시작하니 조(趙=走肖)씨, 두(杜)씨, 우(牛: 禹)가 북쪽에서 스스로 올 것이다.

이리 저리 마구 찌르고 다닥뜨리며 진주(眞主)를 도와 동서로 쳐서 향하니 대적(對敵)이 없네.

갑오(甲午), 을미(乙未)년에 어지러운 도둑은 이제 어디 있느뇨? 하늘 높은 곳에서 칼머리에 바람을 주었구나![80]

天門開户進奠邑 地闢草田退李亡
人皆弓弓去[81] 我去矢矢來
先天冷覺甲乙閣 時乎時乎不再來
木子論榮三聖安 走肖仗劍回禍收

천문(天門) 출입구를 여니 정(鄭=奠邑)씨요, 땅은 초전(草田)이 열렸으니 물러난 이씨가 망하도다.[82]

사람들은 모두 활활〔弓弓〕 가나, 나는 가서 살살〔矢矢〕 오리라.

선천을 냉정히 깨달으니 갑을각이요, 이때로다, 이때로다, 다시 오지 않는 좋은 때로다.

이씨 논하면 영(榮)하여 세 성인이 편안하고 조씨의 검(劍)으로 호위

---

80) 토정 이지함의 『토정가장결(土亭家藏訣)』에 실려 있는 시구(詩句)이며, 60갑자(甲子) 납음(納音)으로 갑오(甲午) 을미(乙未)는 사중금(沙中金)으로 인하여 이렇게 풀이한다.

81) 『격암유록』(국립중앙도서관 청구기호 古 1496-4)에는 '去'가 '亦'으로 쓰여 있다.

82) 토정 이지함의 『토정가장결(土亭家藏訣)』 안에 실려 있는 시구이며, 천개금포진정역(天開錦浦進鄭域), 지벽화산퇴이망(地闢華山退李亡)으로 『요람(要覽)』에는 실려 있다.

(扈衛)하여 돌아오는 재앙을 거두네.

非衣元功配太廟 人王孤忠哀後世
非上非下亦下外 依仁依智莫依勢
先進有淚後進歌 白榜馬角紅榜牛
坐三立三玉璽移 去一來一金佛頭

배(裵=非衣)씨의 개국 일등공신으로 태조(太祖) 사당에 배위(配位)되고, 전(全=人王)씨가 홀로 외로이 충성을 바치며 후세 사람들 슬퍼하네. 위도 아니고 아래도 아닌 또한 바깥도 아닌 인(仁)에 의지하고 지(智)에 의지하고 권세(權勢)에 의지하지 말라.
먼저 나가면 흘린 눈물이 있고 뒤에 나가면 노래 부른다. 흰 망아지가 뿔이 나서 붉은 송아지로 변하네.
앉은 셋과 세운 셋이 전(田)으로 옥새(玉璽)를 옮길 때, 한 번 가고 한 번 오는 금(金)의 부처 머리다.

俗離安坐有像人 德裕喚起無鬚賊
山北應被古月患 山南必有人委變
誰知江南第一人 潛伏山頭震世間
其竹其竹去前路 前路前路松松開

속리산에는 편안히 앉아 있는 모습의 한 사람이 있고, 덕유산에는 불러일으키는 수염 없는 도둑이네.
태백산 북쪽은 응당 오랑캐〔胡=古月〕의 환란을 입고, 태백산 남쪽은 반드시 왜놈〔倭=人委〕의 변란(變亂)이라.
강남 제일의 사람을 누가 알리오? 산꼭대기 숨어서 외부에 나오지 않다가 세상을 움직이네.

그대로 그대로 가는 그대로, 앞길이 앞길이 솔솔 열리네.

名振四海六十一 立身揚名亦後臥
非三五運雲霄閣 六十一才無前程
可憐可憐六十一 反目木人可笑笑
六十一才成功時 大廈千門建立匠
自子至亥具成時 原子化變爲食物

61세에 온 누리에 일을 떨치니 출세하여 자기의 이름을 세상에 드날리네. 15(十五)의 운이 아니면 높은 지위의 집에서 61세에 앞길도 없게 되네. 61세가 불쌍하고 가련하네. 목인(木人)을 반목(反目)[83]하여 가소롭다 웃는구나!
61세에 공(功)을 이룬 때에 천 개 문의 큰 집을 세우게 되네.
자(子)에서부터 시작하여 해(亥)에 이르기까지 이와 같은 것이 완성될 때면 원자(原子)가 변화되어 식물(食物)이 되네.

14. 가(歌)

大聖紀元 二九時에 走青林이 寸土落을
運有其運 時有其時하니 不失此時 섬마섬마
衆人寶金 守保財物 運霧中의 一脫世로
活人積德 하라하나 主人몰나 불亞불亞

큰 성인의 기원은 목(木=十八, 二九)의 때에 푸른 숲으로 달아나 절

83) 서로 못 사귀어 미워함.

(寺=寸土)에 그칠 것을 운은 그 운이 있고 때는 그 때가 있으니 이때를 잃지 않기를 따로따로 따따로.

많은 사람들은 보배로운 금과 재물을 지키고 보존하니 구름과 안개 속에 하나의 세상을 벗음으로 사람의 목숨을 살리고 은혜를 많이 베풀어 덕을 쌓으려고 하나 주인은 한심하구나.

人王四正餘三數로 彼此一般合意事로
時至不知할 터인가 天眞愛滿[84]眞道理
嗟呼時運 느저간다 蛇奪人心 十八卜術
彌勒佛을 不覺인가 頂上血汗 崑指崑指

인왕(人王)의 자(子)·오(午)·묘(卯)·유(酉) 곧 북쪽의 현무(玄武), 남쪽의 주작(朱雀), 동쪽의 청룡(靑龍), 서쪽의 백호(白虎)이니 남은 세 수로 서로(이것과 저것) 뜻이 합하니 때가 이르러도 모른 체 할 것인가? 거짓이나 꾸밈없이 순수한 참된 도리를 따지다가 아아! 슬프다. 운의 때가 늦어 간다. 뱀에게 빼앗긴 사람의 마음이 기문둔갑(奇門遁甲)의 18국(局)의 술(術)로 미륵불을 깨닫지 못함인가? 정수리 위에 피와 땀이 곤지곤지[85]

龍蛇當運 何時런고 遲離歲月 길다마소
貴여웁다 우리阿只 十八抱子 達穹達穹
六十一才 白髮이야 知覺事理 靑春일세
容天劍을 가젓스면 均一平和 主仰主仰

84) 원문에는 '滿'이 '蒲'로 잘못 쓰여 있다.
85) 곤륜(崑崙) 꼭대기 가리키며 또 곤륜(崑崙) 꼭대기 가리키며.

진(辰)년과 사(巳)년에 해당하는 운은 어느 때인가? 지루하던 오랜 세월 길다고 하지 마라.
귀하다. 우리 아기 목(木=十八) 아들 품에 안고 달궁달궁[86]
61세가 백발(白髮)인가! 사리를 깨달아 아는 것은 청춘(青春)일세.
하늘에서 허용한 검을 가졌으면 한결같이 고르게 하고 평화롭게 하여 주앙주앙[87]

三共和合 何時時고 可憐時事 慘酷하다
通合通合 天下通合 作掌作掌 作掌穹을
人王四維 윈말인가 光明世界 明朗하다
孝當竭力 忠則盡命 表彰門이 直界直界
擲柶大會하고보니 無才能이 分明하야
五卯一乞檀東佛出 길나라비 潤潤道飛

삼공(三共)의 화합(和合)은 어느 때인가? 시사(時事)가 가련하고 참혹하다.
통하여 합하고 통하여 합하고 천하가 통하여 합하니 작궁작궁 자작궁[88]
전라도(全羅道, 全羅=人王四維)가 웬말인가?
모든 힘을 다하여 효도하고 목숨을 다하여 충성하면 표창(表彰)하는 문을 직계지계[89]
윷놀이 대회를 하고 보니 재능이 없는 것이 분명하여 다섯 모(卯)

86) 하늘을 통하고 또 통하니.
87) 우리 주(主) 우러러보고 우러러본다.
88) 손바닥을 마주친다.
89) 곧게 하고 또 곧게 한다.

한 번에 걸(乞)로 한 동(東)으로 붙혀〔부처: 佛〕나니 길나라비 활활 도(道)가 난다.

부록

1. 기말록(其末錄) 목록

① 이정문답록(李鄭問答錄)
② 성항장(性恒章)
③ 초암장(艸菴章)
④ 서산장(西山章)
⑤ 격암장(格菴章)
⑥ 상산장(象山章)
⑦ 매산장(梅山章)
⑧ 금단장(衿丹章)
⑨ 옥룡자장(玉龍子章)
⑩ 정북창비기편년(鄭北窓秘記編年)
⑪ 낭선비결(浪仙秘訣)
⑫ 토정비결(土亭秘訣)
⑬ 숙묘조몽작절구(肅廟朝夢作絶句)
⑭ 용자장(龍子章)
⑮ 초암승제법(艸菴乘除法)
⑯ 우복동(牛腹洞)
⑰ 사십합초(四十合抄)
⑱ 국조진어팔임(國祚盡於八壬)
⑲ 승지부지(勝地附地)
⑳ 서산대사역년기(西山大師歷年記)

※ 저자미상(著者未詳), 필사본(筆寫本), 편년미상(編年未詳) 35장. 25.3×17cm, 국립중앙도서관, 한-19-42. 朝鮮總督府圖書館, 昭和 6年(1931) 5月 5日, 古8394.

2. 경고(鏡古) 목록

① 옥룡자문답(玉龍子問答)
② 오도자운(吳道子云)
③ 정순옹(鄭淳翁)
④ 초암결(草庵訣)
⑤ 격암결(格菴訣)〈남사고(南師古)〉
⑥ 상산결(象山訣)
⑦ 옥룡자시(玉龍子詩)
⑧ 우(又)
⑨ 의상결(義相訣)〈이씨말운(李氏末運)〉
⑩ 낭거선(浪居仙)
⑪ 성탄(性坦)
⑫ 순옹결(淳翁訣)
⑬ 금단결(衿丹訣)
⑭ 숙묘조몽중시(肅廟朝夢中詩)
⑮ 토정결(土亭訣)
⑯ 정북창동량기(鄭北窓棟梁記)
⑰ 태조여함부림정도전문우무학(太祖與咸傅霖鄭道傳問于無學)
⑱ 이심여정감문답(李沁與鄭堪問答)
⑲ 사실(事實)
⑳ 십승지(十勝地)

㉑ 무학산처(無學山處)

㉒ 역대기수본궁음양결(歷代氣數本宮陰陽訣)

㉓ 최고운결(崔孤雲訣)

㉔ 추별(追別)

㉕ 양막금결(楊莫金訣)〈화인(華人)〉

㉖ 오백사론(五百史論)

㉗ 산수론(山水論)

㉘ 조선역대왕재위년(朝鮮歷代王在位年)

㉙ (연평 : 年評)

㉚ (연역평 : 年易平)

※ 저자미상(著者未詳), 편년미상(編年未詳), 사본(寫本), 58장. 국립중앙박물관 한-19-20, 조선총독부도서관. 소화(昭和) 3年(1927) 7月 10日, 古3111.

3. 참서유취(讖書類聚) 목록

① 옥룡자문답(玉龍子問答)

② 오도자비결(吳道子秘訣)

③ 정순옹결(鄭淳翁訣)

④ 초암결(草庵訣)

⑤ 격암비결(格菴秘訣)〈남사고(南師古)〉

⑥ 상산결(象山訣)

⑦ 태조여함부림정도전문우무학(太祖與咸傅霖鄭道傳問于无學)

⑧ 토정비결(土亭秘訣)

⑨ 우(又) 요결(要訣)

⑩ 숙묘조 분중시(肅廟朝分中詩)

⑪ 성탄(性坦)

⑫ 순옹비결(淳翁秘訣)

⑬ 금단결(衿丹訣)

⑭ 의상결 이씨말운(義相訣李氏末運)

⑮ 옥룡자 오언시(玉龍子五言詩)

⑯ 우(又) 비전(秘傳)

⑰ 낭선비결(浪仙秘訣)

⑱ 정이문답(鄭李問答)

⑲ 십승지(十勝地)

⑳ 격암결(格庵訣)

㉑ 무학 추론부(無學追論賦)

㉒ 용자전기운(龍子傳記云)

㉓ 동국팔도요결(東國八道要訣)

㉔ 서왕비결(西王秘訣)

㉕ 동국분야기(東國分野記)

㉖ 연평(連評)

㉗ 남사고 십승지론(南師古十勝地論)(연역평 : 年易平)

㉘ 옥룡자기운(玉龍子記云)

㉙ 팔역문(八域門)

㉚ 삼대지 팔명당(三大地八明堂)

⑳ 대평시(大評詩)

⑲ 류겸암 문답(柳謙菴問答)

⑱ 논승지록(論勝地錄)

⑰ 정옹비결(鄭翁秘訣)

※ 단기 4209년(1876) 겨울 동현정사(銅峴精舍)에서 춘봉(春峰)이 씀.

원본 소장처 : 일본(日本) ; 동양문고(東洋文庫) VII-3-114.

서울 국립중앙도서관 1993년 복사, 고전운영실 古.149-7. 저자미상(著者未詳), 사본(寫本), 편년미상(編年未詳). 55장(張) 무계(無界), 11행(行) 16자(字) 주쌍행(註雙行). 24.6cm×17.2cm

4. 조선비결전집(朝鮮秘訣全集) 목록

① 일행사설(一行師說)

② 무학연대(無學筵對)

③ 현지선견(玄知先見)

④ 정순옹결(鄭淳翁訣)

⑤ 초암결(草庵訣)

⑥ 격암결(格菴訣)

⑦ 정이문답(鄭李問答)

⑧ 사실(事實)

⑨ 토정역대비기(土亭歷代秘記)

⑩ 토정결(土亭訣)

⑪ 낭선결(浪仙訣)

⑫ 옥룡자시(玉龍子時)

⑬ 의상결(義相訣)

⑭ 상산결(象山訣)

⑮ 정북창동기(鄭北窓棟記)

⑯ 금모결(衿母訣)

⑰ 역년도(歷年圖)

고참(高讖)

고결문(高訣云)

⑱ 하산지리산청학동(河山智異山青鶴洞)

⑲ 류겸재일기(柳謙齋日記)

⑳ 옥룡자청학동결(玉龍子靑鶴洞訣)

㉑ 오백론사비기(五百論史秘記)

㉒ 도선비결(道宣秘訣)

㉓ 남사고비결(南師古秘訣)

㉔ 서산대사비결(西山大師秘訣)

㉕ 두사총비결(杜師總秘訣)

㉖ 이서계가장결(李西溪家藏訣)

※ 프린트본, 미농판지철(美濃判紙綴), 97쪽. 규문각(奎文閣), 1966년 10월 15일 인쇄, 1966년 10월 20일 발행.

5. 정감록(鄭堪錄)·부제가비결(附諸家秘訣)

• 정감록(鄭堪錄)

• 제가비결(諸家秘訣)

① 삼한산림비기(三韓山林秘記)

② 옥룡자결(玉龍子訣)

③ 무학결(無學訣)

④ 토정가장결(土亭家藏訣)

⑤ 낭선자결(浪仙子訣)

⑥ 서창동량기(西窓棟梁記)

⑦ 허암결(虛庵訣)

⑧ 동노년기론(東老年記論)

⑨ 동옹론(東翁論)

⑩ 양호론(兩湖論)

⑪ 서암결(西庵訣)

⑫ 격암결(格庵訣)

⑬ 오도인결(吳道人訣)

⑭ 농아옹결(聾啞翁訣)

⑮ 정순옹결(鄭淳翁訣)

⑯ 정류문답(鄭柳問答)

⑰ 두사충비결(杜師忠秘訣)

⑱ 숙묘몽중시(肅廟夢中詩)

⑲ 서계이선생가장결(西溪李先生家藏訣)

⑳ 구궁변수법(九宮變數法)

㉑ 팔역문(八域門)

㉒ 제결해(諸訣解)

※ 나기다 멘치오(柳田文治郎) 편집, 이문당(以文堂), 70쪽, 대정(大正) 12년 (1923) 3월 30일 재판 발행.

참고문헌

참서류(讖書類)

1. 『鄭鑑錄』, 편자 미상, 刊年未詳, 서울大學校 奎章閣圖書館 12371番, 복사본.
2. 『道宣秘訣』, 玉龍子, 記年未詳, 2장: 4쪽, 서울大學校 奎章閣圖書館 12373番, 복사본.
3. 『無學秘訣』, 朴自超, 記年未詳, 4장: 7쪽, 서울大學校 奎章閣圖書館 12372番, 복사본.
4. 『北窓秘訣』, 鄭磏, 記年未詳, 2장: 3쪽, 서울大學校 奎章閣圖書館 12374番, 복사본.
5. 『南師古秘訣』, 南師古, 記年未詳, 4장: 7쪽, 서울大學校 奎章閣圖書館 12375番, 복사본.
6. 『西山大師秘訣』, 淸虛(休靜), 記年未詳, 1장: 1쪽, 서울大學校 奎章閣圖書館 12376番, 복사본.
7. 『土亭家藏訣』, 李之菡, 記年未詳, 25쪽, 서울大學校 奎章閣圖書館 12379番, 복사본.
8. 『杜師聰秘訣』, 杜師聰, 記年未詳, 4장: 8쪽, 서울大學校 奎章閣圖書館 12377番, 복사본.
9. 『西溪家藏訣』, 李得胤, 記年未詳, 14쪽, 서울大學校 奎章閣圖書館 12378番, 복사본.
10. 『鑑寅錄』, 편자 미상, 記年未詳, 63장: 125쪽, 釜山大學校圖書館, 복사본.
11. 『秘訣輯錄』, 편자 미상, 記年未詳, 46장: 91쪽, 서울大學校 奎章閣圖書館 7568番, 복사본.
12. 『鄭鑑錄』, 1913, 아유가이 후사노신(鮎貝房之進) 藏本, 國立中央圖書館 古1496-30番, 복사본.
13. 『鄭勘秘錄』, 편자 미상, 記年未詳, 22장: 44쪽, 서울大學校 想白古133J459番, 복사본.
14. 『鏡古』, 편자 미상, 記年未詳, 116쪽, 필사본, 國立中央圖書館 古19-20番, 복사본.
15. 『其未錄』, 편자 미상, 記年未詳, 71쪽, 인쇄본, 國立中央圖書館 古19-42番, 복사본.
16. 『徵秘寶藏』, 징비록(徵秘錄), 편자 미상, 1858, 30쪽, 인쇄본, 복사본.
17. 『讖書類聚』, 丙子(병자) 冬〔겨울〕 春峰(춘봉)이 銅峴精舍(동현정사)에서 書〔씀〕, 107쪽, 원본은 일본, 東洋文庫(동양문고) 所藏, 國立中央圖書館古149-7番.
18. 『蕉窓錄』, 저자 미상, 刊寫者未詳, 9쪽, 1961, 필사본, 國立中央圖書館 古1496-54, 복사본.

19. 『紅袖誌』, 저자 미상, 刊寫者未詳, 5쪽, 刊寫年未詳, 필사본, 國立中央圖書館 古1496-43番, 복사본.
20. 『華山訣』, 華潭 徐敬德, 7쪽, 記年未詳, 필사본 원본.
21. 『龍虎道士弓乙歌』, 16장: 31쪽, 記年未詳, 國立中央圖書館 古1496-21番, 복사본.
22. 『紅綠誌』, 저자 미상, 刊寫年未詳, 6쪽, 丙辰年 음력 정월 26일, 복사본.
23. 『謙菴秘訣』, 저자 미상, 刊寫年未詳, 刊寫年未詳, 1563. 1. 30(음) 획린(獲麟), 필사본, 5쪽, 원본.
24. 『蕉窓訣』, 저자 미상, 刊寫年未詳, 刊寫年未詳, 필사본, 23쪽, 원본.
25. 『秘覽(聽流堂陰晴錄)』, 저자 미상, 刊寫者未詳, 刊寫年未詳, 필사본, 22쪽, 원본.
26. 『秘藏』, 저자 미상, 刊寫者未詳, 刊寫年未詳, 필사본, 14장, 원본.
27. 무제(無題)『黃牛童子秘訣』, 저자 미상, 刊寫者未詳, 刊寫年未詳, 필사본, 13장, 원본.
28. 『鄭邯錄』, 저자 미상, 刊寫者未詳, 刊寫年未詳, 필사본, 33쪽, 庚寅 臘月(陰12월) 初八日, 필사본 원본.
29. 『鄭賦·沁與勘長歎賦』, 저자 미상, 刊寫者未詳, 刊寫年未詳, 필사본, 3쪽, 원본.
30. 『鄭公李沁問答』, 저자 미상, 刊寫者未詳, 刊寫年未詳, 필사본, 13面, 원본.
31. 『天道弓乙篇』, 天道敎, 64쪽, 필사본, 國立中央圖書館 古朝, 22-23, 복사본.
32. 『神敎叢話』, 편자 미상, 23張: 46쪽, 1893, 인쇄본, 복사본.
33. 『神敎叢話』(신교총화), 50쪽, 개마서원, 영인본 발행, 원본.
34. 『河圖理記』(一夫先生商世歌), 저자 미상, 刊寫者未詳, 刊寫年未詳, 필사본, 16쪽, 원본.
35. 『雜書訣』, 저자 미상, 刊寫者未詳, 刊寫年未詳, 필사본, 23장, 원본.
36. 『年事錄』, 刊寫者未詳, 刊寫年未詳, 필사본, 12쪽, 원본.
37. 『朝鮮秘訣全集』, 97쪽, 奎文閣, 1966, 프린트본, 원본.
38. 『水雲歌詞 四篇』, 柳泰光 지음, 67쪽, 1979, 필사본, 복사본.
39. 『水雲歌詞 四篇』, 李民濟 지음, 64쪽, 필사본, 복사본.
40. 「蘭史秘訣」, 金基郁 지음, 6쪽, 필사본, 원본.
41. 「洞林秘訣」, 柳誠菴 지음, 3張, 記年未詳, 필사본, 복사본.
42. 『見聞生聞聲從說(附 春心解錄)』, 52쪽, 更定儒道會, 인쇄본, 원본.
43 『三易大經』, 東崗 李民濟 지음, 77쪽, 필사본, 복사본.
44. 『三易大經(附 歌詞)』, 李容儀 지음, 104쪽, 石인쇄본, 侍天敎性理修養院, 1935, 원본.
45. 『決疑』(초창결), 芝崗 지음, 戊戌(무술) 陽月(양월)(음력 10월) 旬二(12일), 필사본, 11쪽, 원본.

46. 『馬上錄』(마곡사본), 치고노 시비뿌(智鴻始芼) 지음, 5쪽, 1950, 복사본.
47. 『馬上訓』(太極道本), 鼎山 趙哲濟, 17쪽, 1951, 복사본.
48. 『馬上錄』(大巡眞理會本), 22쪽, 1968, 복사본.
49. 『南格菴馬上錄(論理)』, 草菴 柳錫求 謄抄, 1961, 복사본.
50. 「紅袖誌」(마곡사 본), 치고노 시비뿌(智鴻始芼) 지음, 3쪽, 1950, 복사본.
51. 『蕉窓錄(古今相準錄)』, 필사본, 36面, 원본.
52. 『先賢讖書』, 洪龍曾 님 從兄, 金佑鉉, 38쪽, 필사본, 1986, 복사본.
53. 『河洛要覽』, 耕田 趙聖紀 지음, 62쪽, 필사본, 編年未詳, 복사본.
54. 『南氏文獻錄』 卷之三(紅綠誌), 8~9쪽, 1914, 복사본.
55. 『南格菴先生甲乙歌』(오씨본), 48쪽, 펜글씨본, 복사본.
56. 『格菴遺錄』, 필사본, 桃隱 李庸世 複寫, 117쪽, 國立中央圖書館古1496-4, 1977년 2월 21일 기증, 1977년 6월 7일 날인, 복사본.
57. 『格菴錄』,(격암유록 初記本), 96쪽, 펜글씨본, 복사본.
58. 『山水評章』,(격암유록 初記本), 78쪽, 펜글씨본, 복사본.
59. 『要覽』(이토정가장결), 牧皐, 28쪽, 필사본, 壬辰 槐夏(음력 4월), 원본.
60. 『蕉窓錄』(古今相準), 15쪽, 필사본, 원본.
61. 『東國要覽』, 37쪽, 필사본, 원본.
62. 表題 『海東地理(附鑑錄)』, 39쪽, 펜글씨본, 원본.
63. 『堪學読記』, 金勝權, 48쪽, 펜글씨본, 1949, 앞부분 落張, 원본.
64. 『磻溪公 蕉窓父子問答·鄭勘錄』, 33쪽, 필사본, 원본.
65. 『채지가』(태극도 판), 1964, 복사본.
66. 『채지가』(대순진리회 판), 1978, 대순진리회 교무부, 원본.
67. 『춘산채지가』, 증산도본부 연구부 엮음, 50쪽, 증산도 본부, 1998, 원본.
68. 『東方天步訣』, 고재익 지음, 38쪽, 복사본.
69. 無題〔鄭鑑錄의 最古本〕, 44쪽, 조선 영조 때, 필사본, 원본.

정감록(鄭鑑錄)

70. 『鄭鑑錄』(五. 東車訣, 六. 鑑訣), 金用柱, 1923, 복사본.
71. 『鄭鑑錄』, 金用柱 지음, 1923, 朝鮮圖書株式會社, 1) 徵秘錄, 12쪽. 2) 運奇龜策, 13쪽. 3) 要覽歷歲, 22쪽. 4) 東世記, 11쪽. 5) 東車訣, 22쪽. 6) 鑑訣, 38쪽. 7) 鑑寅錄, 52쪽, 원본.
72. 『眞本 鄭堪錄』, 야나기타 분지로(柳田文治郎) 편저, 35장, 以文堂, 1923, 원본.

73. 『批難 鄭鑑錄 眞本』, 槿花社, 100쪽, 1923.
74. 『批難鄭鑑錄眞本』, 雲汀道人 지음, 100쪽, 世昌書館版, 刊年未詳, 원본.
75. 『批難鄭鑑錄眞本』, 玄丙周 엮음, 100쪽, 永昌書館, 1921, 원본.
76. 『鄭鑑錄』, 호소이 하지메(細井肇) 지음, 113쪽, 東京, 自由討究社, 1923, 복사본.
77. 『鄭鑑錄』, 호소이 하지메(細井肇) 지음, 113쪽, 1923, 복사본.
78. 『朝鮮叢書』 제3권 「鄭鑑錄」, 호소이 하지메(細井肇) 지음, 113쪽, 1936, 복사본.
79. 『鄭鑑錄』, 편자 미상, 목차 3쪽, 원문 77쪽, 연활자본(鉛活字本), 刊年未詳, 원본.
80. 『鄭鑑錄 解說』(이서계가장결), 申鉉彰, 16쪽, 新世界社, 1946, 원본.
81. 『鄭鑑錄에 對한 社會的 考察』, 崔守正 지음, 55쪽, 서울, 解放書林, 1948, 원본.
82. 『鄭鑑錄; 원본해설』, 編輯部 엮음, 66쪽, 서울, 昌新文化社, 1955, 원본.
83. 『韓國의 慧眼』秘訣選集解說, 權容斗 지음, 100쪽, 서울, 世光出版社, 1962, 원본.
84. 『元本 鄭鑑錄解說』, 오륜출판사, 1969, 원본.
85. 『鄭鑑錄』, 金水山 엮음, 217쪽, 弘益出版社, 1970, 원본.
86. 『鄭鑑錄』, 金水山 엮음, 217쪽, 明文堂, 1972, 원본.
87. 『鄭鑑錄集成』, 安春根 엮음, 870쪽, 亞細亞文化社, 1973, 원본.
88. 『朝鮮四千年秘史』, 車相瓚 지음, 401쪽, 서울, 賢明書林, 「新解鄭鑑錄」 277~281쪽, 1979, 복사본.
89. 『鄭鑑錄集成』, 安春根 엮음, 871쪽, 亞細亞文化社, 1981, 원본.
90. 『鄭鑑錄』, 李民樹 역주, 206쪽, 홍신문화사, 1985, 원본.
91. 『鄭鑑錄 원본해설』, 정다운 지음, 376쪽, 밀알, 1986, 원본.
92. 『鄭鑑錄』, 백운항 엮음, 246쪽, 일광사, 1986, 원본.
93. 『偉大한 教育名文選集』 5, 「內訓·鄭鑑錄」, 黃吉顯 역해, 225쪽~400쪽, 大韓書籍, 1989, 원본.
94. 『鄭鑑錄』, 하명중 편저, 241쪽, 삼원출판사, 1989, 원본.
95. 『정도령은 말한다(정감록 正解說)』, 朴僉知 지음, 245쪽, 동신출판사, 1992, 원본.
96. 『현장風水』, 최어중 지음, 272쪽, 동학사, 1992, 원본.
97. 『新譯 鄭鑑錄』, 李民樹 역주, 홍신문화사, 206쪽, 1993년 7월 25일
98. 『한민족의 秘書』, 다물민족연구소, 1993, 원본.
99. 『鄭鑑錄 解說』, 莫大氣·朴僉知 지음, 264쪽, 明文堂, 1994, 원본.
100. 『鄭鑑錄秘訣』, 범우사 편집부, 168쪽, 1997, 원본.
101. 『십승지』, 이태희 지음, 301쪽, 참나무, 1998, 원본.
102. 『現代青年修養讀本』 10 「鄭鑑錄の檢討」, 호소이 하지메(細井肇) 지음, 113쪽, 일본 동경, 自由討究社, 1923, 영인본, 1998, 國立中央圖書館 청구기호 XH192-2.마이크

로필름 출력본.
103. 『鄭鑑錄』, 朴靑元 지음, 359쪽, 삶과꿈, 2005.
104. 『정감록』, 김탁 지음, 373쪽, (주)살림출판사, 2005, 원본.

택리지(擇里志)

105. 『擇里志』, 盧道陽 옮김, 280쪽, 사단법인 韓國自由敎養推進會, 1968, 원본.
106. 『택리지』, 노도양 옮김, 119쪽, 사단법인 한국자유교육협회, 1974, 원본.
107. 『擇里志』, 李重煥 지음, 李泳澤 역주, 330쪽, (주)三中堂, 1977, 원본.
108. 『擇里志』, 盧道陽 옮김, 119쪽, 사단법인 한국자유교양추진회, 1985, 원본.
109. 『擇里志』, 李重煥 지음, 李燦 엮음, 94쪽, 다락원, 1985, 원본.
110. 『擇里志』, 李重煥 지음, 李翼成 옮김, 370쪽, 乙酉文化社, 1988, 원본.
111. 『擇里志』, 李重煥 지음, 李翼成 옮김, 294쪽, (주)을유문화사, 1994, 원본.

중국의 예언서(豫言書)

112. 『推背圖』, 李淳風 지음, 72쪽, 香港文英出版社出版, 원본.
113. 『中國預言七種』, 96쪽, 臺灣東方書店出版, 1960, 원본.
114. 『鄭玄之讖緯學』, 呂凱 撰王壽南·陳水逢 엮음, 265쪽, 臺灣 商務印書館, 1982, 원본.
115. 『中國豫言八種』, 補註者 海甯 朱肖琴, 105쪽, 集文書局, 1984, 복사본.
116. 『中國豫言之謎』, 林宜學 지음, 342쪽, 龍吟文化, 1992, 복사본.
117. 『中國古代大預言』(上·下), 德林 지음, 海南出版社, 1993, 원본.
118. 『劉佰溫燒餅歌』, 劉伯溫 지음, 瑞成書局, 1995.
119. 『中國預言七種』, 唐 袁天罡, 李淳風 등 지음, 146쪽, 武陵出版有限公司, 1995.
『中國二千年豫言』, 唐 袁天罡, 李淳風, 明 劉佰溫 지음, 104쪽, 宏業書局, 1995.
121. 『讖緯神學與古代社會預言』, 易玄 지음, 478쪽, 已蜀書社, 1999, 원본.
122. 『추배도』, 노성호 엮음, 271쪽, 동연, 펴낸날 1997년 9월 30일, 원본.
123. 『易緯』, 東漢 鄭玄 주, 常秉義 집주, 241쪽, 新疆人民出版社, 2000, 복사본.
124. 『中國預言七種』, 李淳風 지음, 146쪽, 臺灣, 武陵出版有限公司, 1995, 원본.
125. 『天地人系統預測與對策』, 劉波·黃賓·唐華 지음, 410쪽, 安徽教育出版社, 2002, 원본.
126. 『讖緯文獻與漢代文化構建』, 徐興光 지음, 307쪽, 中華書局, 2003, 원본.

127.『燒餠歌與推背圖』, 劉伯溫·袁天罡 등 지음, 張英基 등 옮김, 282쪽, 2004, 원본.

『격암유록(格菴遺錄)』 해설 도서

128.『韓國名著大典集』「格菴遺錄·三易大經·大巡典經·採芝歌·東學歌辭」, 합본 1집, 趙聖紀 주해, 656쪽, 부록 12쪽, 太宗出版社, 1977, 원본.
129.『三人一席』, 李錫萬 편저, 262쪽, 太平社, 1982, 원본.
130.『한국 예언문학의 神話的 解釋』, 유경환 지음, 625쪽, 대한출판공사, 1986, 원본.
131.『격암유록 ①』, 辛侑承 해독, 372쪽, 세종출판공사, 1987, 원본.
132.『격암유록 ②』, 辛侑承 해독, 401쪽, 세종출판공사, 1987, 원본.
133.『격암유록 ③』, 辛侑承 해독, 363쪽, 세종출판공사, 1987, 원본.
134.『正道靈Ⅰ』, 金恩泰 편저, 406쪽, 海印出版社, 1988, 원본.
135.『正道靈Ⅱ』, 金恩泰 편저, 447쪽, 海印, 1990, 원본.
136.『正道靈Ⅲ』, 金恩泰 편저, 487쪽, 海印, 1991, 원본.
137.『正道靈Ⅳ』, 金恩泰 편저, 368쪽, 부록 131쪽, 1993, 원본.
138.『靈』, 鄭喆模 편역, 211쪽, 南師古原文, 96쪽, 지성기획, 1988, 원본.
139.『三豊』, 한림 지음, 금홍수 대필, 343쪽, 한림서원, 1990, 원본.
140.『南師古豫言書』, 田東憲(炳甲) 편저, 150쪽, 天鼓社, 1991, 원본.
141.『正道靈출현』, 이규호 지음, 114쪽, 石國出版社, 1991, 원본.
142.『地上天國建設經』, 임태우 편저, 330쪽, 東信出版社, 1991, 원본.
143.『格菴遺錄의 現代的 照明』, 具成模 역해, 243쪽, 미래문화사, 1991, 원본.
144.『氣界(弓乙篇)』, 남상천 지음, 281~741쪽(격암유록), 세명문화사, 1991, 원본.
145.『종말로 부터의 구원』, 박순용 지음, 413쪽, 한문화, 1991, 원본.
146.『격암유록—천상의 풍경소리—』, 강덕영 해역, 496쪽, 동반인, 1991, 원본.
147.『格菴遺錄』, 鄭駿容 해설, 123쪽: 부록 81쪽, 鮮進, 1994, 원본(原 148.『마침내 解明되었다. 1999년』, 다까사까 미쓰도메(高坂滿津留) 지음, 197쪽, 光信社, 1994, 일본어판, 원본.
149.『격암유록(풀어쓰기)』, 김일중 지음, 자존명가, 1995, 복사본.
150.『격암유록』, 崔秉鮮 편저, 207쪽, 동양프로세스, 1995, 복사본.
151.『위대한 가짜 예언서 격암유록』, 김하원 지음, 294쪽, 만다라, 1995, 원본.
152.『神秘 天藏地秘經典』, 422쪽, 동양프로세스, 1995, 복사본.
153.『격암유록의 올바른 풀이 ①』, 444쪽, 眞陽 풀이, 계룡문화사, 1995, 원본.
154.『세계적인 민족의대예언서이다!』, 眞陽 편저, 334쪽, 계룡문화사, 1995, 원본.

155.『天理十勝』(격암유록), 李士業 옮김, 180쪽, 필사본, 1995, 원본.
156.『天理十勝』(격암유록), 李士業 옮김, 92쪽, 필사본, 1996, 원본.
157.『예언서 격암유록』 2권, 眞陽 편저, 467쪽, 계룡, 1996, 원본.
158.『예언서 격암유록』 3권, 眞陽 편저, 374쪽, 계룡, 1996, 원본.
159.『남사고(南師古)의 마지막예언』, 박순용 지음, 276쪽, 삼한, 1996, 원본.
160.『진리로 밝힌 격암유록, 白石 朴憬眞 지음, 284쪽, 治國平天地事, 1996, 원본.
161.『秘傳』, 金恩泰 편역, 505쪽, 다물, 초판 발행, 1997, 원본.
162.『絶對 豫定된 하나님 役事』, 崔錫重 편저, 해인, 148쪽, 부록 1 격암유록 원문 98쪽 부록 2 미륵하생경 원문 16쪽, 1998, 원본.
163.『격암유록(格菴遺錄)』, MBC PD수첩, 1995, 녹화본.
164.『格菴遺錄의 이해를 위한 書』, 유성만 옮김, 63쪽, 성민출판, 1998, 복사본
165.『韓國의 秘書解說』, 남사고 지음, 구성모 역해, 550쪽, 가교, 1999.
166.『새하늘 새땅』, 張英姬 지음, 419쪽, 새세상, 1997, 원본.
167.『天命』(上), 權五秀 지음, 383쪽, 格菴遺錄 원문 119쪽, 亞南精舍, 1999, 복사본.
168.『계명』, 고기운 지음, 491쪽, 1999, 원본.
169.『놀라운 비밀』(넷째권), 춘추당 장영희 지음, 새세상, 1999, 원본.
170.『해월유록』(상), 李泰沿 지음, 558쪽, 해원문화사, 1999, 원본.
171.『해월유록』(하), 李泰沿 지음, 1,097쪽, 해원문화사, 1999, 원본.
172.『韓國의 秘書解說』, 남사고 지음, 구성모 역해, 550쪽, 가교, 1999, 원본.
173.『군화대개벽과 생명재창조 완성』, 金自然 편저, 454쪽, 무극대도, 454쪽, 2000, 원본.
174.『땡땡땡』, 심광대사 편저, 창조출판사, 2,012쪽, 2000, 원본.
175.『격암유록』(남사고비결 천부수리 해설) (上), 김현두 지음, 309쪽, (주)阿那, 2001, 원본.
176.『격암유록』(남사고비결 천부수리 해설) (下), 김현두 지음, 291쪽, (주)阿那, 2001, 원본.
177.『眞經』, 고재익 해설, 209쪽, 2001, 원본.
178.『땡땡땡』, 심광대사, 창조출판사, 2,012쪽(제3권 격암유록 ; 127～276쪽), 2000, 원본.
179.『격암유록』(上), 김순열 지음, 대산, 2002, 원본.
180.『격암유록』(下), 김순열 지음, 대산, 385쪽, 2002, 원본.
181.『남사고 예언의 백마공자』, 방진용 지음, 선경, 2002, 복사본.
182.『末世에 李氏亡 鄭氏興』, 백행웅 주해, 403쪽, 2002, 원본.

183. 『조선의 이사야』 격암유록의 기독교적 해석, 임성남 편역, 262쪽, 세계로미디어, 2003.
184. 『민족경전』(산수평장), 김수경, 유경환, 서태훈 공저, 248쪽: 한문 원본 100쪽, 대한출판공사, 2003.
185. 『민족경전』(격암결), 김수경, 유경환, 서태훈 공저, 481쪽, 한문 원본 111쪽, 대한출판공사, 2003.
186. 『격암유록, 무엇을 예언했는가』, 정호 파역, 정덕희 옮김, 509쪽, 2003, 원본.
187. 『天降秘書(천강비서)』, 신주태 편저자, 444쪽, 한빛출판사, 2003, 원본.
188. 『新 격암유록』, 유석만 해독, 536쪽, 한솜미디어, 2004, 원본.
189. 「격암유록」 이용세 본의 저본(底本)들에 관한 소고, 최중현·선문대 지음, 『新宗教研究』 第10輯, 연구논문, 109~135쪽, 원본.
190. 『격암유록은 가짜 정감록은 엉터리 송하비결은?』, 김하원 지음, 인언, 2004, 원본.
191. 『海州吳氏本』, 최중현 엮음, 82쪽, 선문대학교 출판부, 2005, 원본.
192. 『山水評章 펜글씨본』, 최중현 엮음, 선문대학교 출판부, 2005, 원본.
193. 『격암유록』에 보이는 갱정유도의 영향, 최중현 지음, 선문대학교, 『종교학과 문화콘텐츠』 135~152쪽, 총 328쪽, 한국학중앙연구원(대학원 합동강의실), 2006, 한국종교학회 주최, 원본.
194. 『소 울음소리』, 이건우 지음, 305쪽, 가림출판사, 2006, 원본.
195. 『예언의 원리 그 신비를 찾아』, 李完教 해독, 423쪽, 한솜미니어, 2006, 원본.

『격암유록』을 인용 또는 언급하고 있는 도서

196. 『韓民族의 뿌리思想』, 宋鎬洙 지음, 345쪽, 인간연합, 1983, 원본.
197. 『동학가사의 배경사상 연구』, 류경환 지음, 대한출판공사, 1983, 복사본.
198. 『동학가사의 심층연구』, 류경환 지음, 대한출판공사, 1985, 복사본.
199. 『이것이 개벽이다』(上), 安耕田 지음, 344쪽, 大原出版社, 1985, 원본.
200. 『한반도의 神秘의 未來像』, 金永燮·金岩山 계시수록, 297쪽, 仁川文化社, 1986, 원본.
201. 『八字』, 尹太鉉 지음, 385쪽, 행림출판, 1986, 원본.
202. 『鄭鑑錄 원본해설』, 정다운 지음, 376쪽, 밀알, 1986, 원본.
203. 『八字 2』, 尹太鉉 지음, 300쪽, 행림출판, 1986, 원본.
204. 『天民의 나라』, 金栢滿 지음, 330쪽, 明文堂, 1987, 원본.
205. 『鄭道令』(八字3), 尹太鉉 지음, 409쪽, 신원문화사, 1987, 원본.

206. 『여성 바이블』, 류경환 지음, 대한출판공사, 1988, 복사본.
207. 『田福의 家寶』, 田福 崔官洪 편저, 112쪽, 1991, 복사본.
208. 『天人地』, 한영필 지음, 316쪽, 금강선원, 1992, 원본.
209. 『소설 격암유록 乾坤 ①』, 김수용 지음, 265쪽, 현일사, 1993, 원본.
210. 『소설 격암유록 乾坤 ②』, 김수용 지음, 302쪽, 현일사, 1993, 원본.
211. 『소설 격암유록 乾坤 ③』, 김수용 지음, 306쪽, 현일사, 1993, 원본.
212. 『소설 아! 대한민국』 제1권, 이광구 지음, 279쪽, 다산, 1995, 원본.
213. 『소설 아! 대한민국』 제2권, 이광구 지음, 287쪽, 다산, 1995, 원본.
214. 『가위 바위 보 ①』(소설 격암유록), 김수용 지음, 253쪽, 현일사, 1996, 원본.
215. 『가위 바위 보 ②』(소설 격암유록), 김수용 지음, 268쪽, 현일사, 1996, 원본.
216. 『가위 바위 보 ③』(소설 격암유록), 김수용 지음, 252쪽, 현일사, 1996, 원본.
217. 『소설 격암유록 하늘땅 ①』, 김수용 지음, 265쪽, 현일사, 1996, 원본.
218. 『소설 격암유록 하늘땅 ②』, 김수용 지음, 306쪽, 현일사, 1996, 원본.
219. 『소설 격암유록 하늘땅 ③』, 김수용 지음, 306쪽, 현일사, 1996, 원본.
220. 『천부경의 예언론』, 최동환 지음, 266쪽, 三一, 1993, 원본.
221. 『성자들의 예언』, 류인학 지음, 304쪽, 자유문학사, 1995, 원본.
222. 『風水大豫言』, 다까사까 미쓰도메(高坂滿津留) 지음, 183쪽, 光信社, 1995, 원본.
223. 『충격대예언』, 안영배 지음, 336쪽, 둥지, 1995, 원본.
224. 『숨겨진 예언』, 김상운 지음, 340쪽, 다리, 1996, 원본.
225. 『正道令 思想』, 徐輔睦 편저, 465쪽, 해인, 1997, 원본.
226. 『冬至始原 夏至始原』, 춘추당 장영희 지음, 90쪽, 동서예언서연구회 엮음, 새세상, 1998, 원본.
227. 『甑山眞法經』, 단도문화원 학술부 펴냄, 758쪽, 1998, 원본.
228. 『현대종교』 357호, 2004년 5월호, 153쪽, 현대종교사, 「문선명과 『격암유록』」, 108~117쪽, 2004.

노스트라다무스의 예언

229. 『노스트라다무스의 大豫言』, 고토고지마 쓰도무(五島勉) 지음, 金景來 편역, 252쪽, 金蘭 出版社, 1977, 원본.
230. 『노스트라다무스의 大豫言 Ⅱ』, 고토고지마 쓰도무(五島勉) 지음, 金景來 편역, 277쪽, 金蘭出版社, 1980, 원본.
231. 『인류 멸망의 날—1999년 7월』, 고도 벤 지음, 姜殷馨 옮김, 282쪽, 東湖書館,

1980, 원본.
232. 『實話 大豫言』, 고토고지마 쓰도무(五島勉)·니씨마루 후루야(싱야)(西丸震哉) 지음, 任栽 環 옮김, 202쪽, 한섬사, 1981, 원본.
233. 『인류 최후의 날』, 고도우 벤 지음, 鄭在鎬 옮김, 349쪽, 大一書館, 1981, 원본.
234. 『세계대예언』, 나카오카 도시야 지음, 윤철모 옮김, 283쪽, 가나출판사, 1988, 원본.
235. 『지구대멸망 Ⅰ』, 고도벤 지음, 박성민 편역, 355쪽, 중원문화, 1990, 원본.
236. 『지구대멸망 Ⅱ』, 고도벤 지음, 박성민 편역, 367쪽, 중원문화, 1990, 원본.
237. 『지구대멸망 Ⅲ』, 고도벤 지음, 박성민 편역, 279쪽, 중원문화, 1990, 원본.
238. 『노스트라다무스 새 예언』, 노스트라다무스 예언연구회 편저, 255쪽, 하늘, 1991, 원본.
239. 『1995년 7월』(完譯合本), 고도벤 지음, 姜殷聲 옮김, 548쪽, 고려문화사, 1991, 원본.
240. 『노스트라다무스 최후의 예언 ①』, 노스트라다무스 예언연구회 편저, 255쪽, 하늘, 1991, 원본.
241. 『예언자 히틀러』, 노스트라다무스 예언연구회 편저, 222쪽, 하늘, 1991, 원본.
242. 『노스트라다무스의 1000년 예언』, 죤·호그 지음, 조경철 옮김, 208쪽, 大光文化社, 1992, 원본.
243. 『대예언 Ⅰ』, 노스트라다무스·五島勉 지음, 李相韓 옮김, 337쪽, 一信書籍出版社, 1993, 원본.
244. 『대예언 Ⅱ』, 노스트라다무스·五島勉 지음, 李相韓 옮김, 375쪽, 一信書籍出版社, 1993, 원본.
245. 『소설 노스트라다무스』, 크누트 뵈져 지음, 이소영 옮김, 292쪽, 도서출판2000, 1994, 원본.
246. 『노스트라다무스의 遺書』, 安東民 지음, 459쪽, 聖音閣, 1994, 원본.
247. 『노스트라다무스 '최후의 대예언'』, 노스트라다무스연구회 편역, 255쪽, 하늘출판사, 1995, 원본.
248. 『노스트라다무스』, 존 호그 지음, 이인철 옮김, 223쪽, 디자인하우스, 1995, 원본.
249. 『노스트라다무스 운명의 초법칙』, 고토 벤 지음, 유기천 옮김, 210쪽, 정신세계사, 1995, 원본.
250. 『노스트라다무스 '1999년 그날 이후'』, 노스트라다무스연구회 편역, 264쪽, 하늘출판사, 1996, 원본.
251. 『소설 노스트라다무스』, 이소영 지음, 350쪽, 글담, 1996, 원본.
252. 『노스트라다무스 새로운 예언』, 장샤를 드 퐁브륀 지음, 김남주 옮김, 315쪽, 1996,

원본.
253. 『노스트라다무스 세기말 대예언』, 에티엔느 메조 지음, 강주헌 옮김, 462쪽, 넥서스, 1996, 원본.
254. 『노스트라다무스 '종말 대예언', 고도 벤 외(外) 지음, 노스트라다무스연구회(문용수) 편역, 255쪽, 비상구, 1999, 원본.
255. 『노스트라다무스와 파티마예언』, 아더 크로켓 지음, 편집부 편역, 263쪽, 출판시대, 1999, 원본.
256. 『노스트라다무스가 예언한 21세기 대충돌』, 강주헌 엮음, 178쪽, 나무생각, 2001, 원본.
257. 『노스트라다무스의 진실』, 앨런 홀 지음, 윤규상 옮김, 189쪽, 들녘, 원본.

진 딕슨과 에드가 케이시

258. 『第三次大戰을 豫言한다』, 루스 몽고메리 지음, 鄭東勳 옮김, 靑山文化社 1973, 원본.
259. 『에드가 케이시』, 토머스 서구루 지음, 조의래 옮김, 380쪽, 동쪽나라, 1994, 원본.
260. 『대예언 1998년』, 제스 스턴 지음, 鄭鳳和 옮김, 287쪽, 자유시대사, 1990, 원본.
261. 초능력의 세계, E. 케이시의 예언탐구, 월간 『역학』 1997년 5월호(통권 83호), 36~41쪽, 원본.
262. 『파티마·제3의 비밀』, 고도벤 지음, 姜殷馨 옮김, 252쪽, 東湖書館, 1982, 원본.
263. 『파티마의 예언』, 제임스 패터슨 지음, 김수미 옮김, 355쪽, 시학사, 1995, 원본.

요한계시록

264. 『요한계시록』 神學校 教本, 金麟瑞 지음, 28쪽, 釜山神學校版, 1962, 원본.
265. 『啓示錄講解』, 趙世光 박사 지음, 趙東震 목사 옮김, 269쪽, 크리스챤新聞社 출판국, 1966, 원본.
266. 『계시록종합강해』, 백인석 목사 편저, 642쪽, 거문사, 영주복음선교회, 1969, 원본.
267. 『地上最後의 날』, 게리·G·코렌 지음, 李相吉 옮김, 251쪽, 1979, 원본.
268. 『계시록』 신약성서 주해 제12권, 增田譽雄·村瀨俊夫·山口 昇 엮음, 박영철·고영민 옮김, 293쪽, 기독교문사, 1975, 원본.
269. 『인류 종말의 시작』, 팀라하이 지음, 권명달 옮김, 289쪽, 보이스사, 1980, 원본.
270. 『人類最後의 날』, 게리 G 코헨 博士 지음, 李相吉 옮김, 민들레, 269쪽, 원본.

271. 『聖經大豫言』, 金星郁 지음, 300쪽, 金蘭出版社, 1980, 원본.
272. 『지구의 종말을 아는가?』-요한의 계시록-, 박성범 지음, 358쪽, 창학사, 1980, 원본.
273. 『요한계시록』, 윌렴·헨드릭슨 지음, 김영익·문영탁 옮김, 262쪽, 아가페, 1981, 원본.
274. 『계시록의 대예언』, 페닉스 노아 지음, 崔鉉 옮김, 172쪽, 汎友社, 1981, 원본.
275. 『1980년대 아마겟돈 폭발』, 홀린세이 지음, 김용순 옮김, 278쪽, 보이스사, 1981, 원본.
276. 『요한계시록 해석』, 李鍾祐 牧師 지음, 460쪽, 지구문화사, 1981, 원본.
277. 『요한계시록』, 정봉조 목사 지음, 313쪽, 생명말씀사, 1982, 원본.
278. 『대심판』, 신옥자 지음, 245쪽, 학구사, 1983, 원본.
279. 『666, 육백 육십 육』, 살렘 키르반 지음, 권명달 옮김, 417쪽, 보이스사, 1983, 원본.
280. 『현실로 나타난 666』, 서달석 목사 지음, 298쪽, 생명의 서신, 1988, 원본.
281. 『대심판』, 신옥자 지음, 245쪽, 학구사, 1983, 원본.
282. 『聖經속의 꿈해석』, 韓建德 지음, 394쪽, 新紀元社, 1986, 원본.
283. 『재림과 종말』, Robert L.saucy H. 던칸와, homer Duncan, David Allan Hubbard 지음, 223쪽, 기독지혜사, 1986, 원본.
284. 『세계독재자와 666』, 메어리·S·렐프 지음, 장인순 옮김, 286쪽, 문진당, 1987, 원본.
285. 『요한계시록 해석 (上) 평강과 영생의 세계』, 박무해 지음, 321쪽, 미래문화사, 1987, 원본.
286. 『요한계시록 해석 (下) 평강과 영생의 세계』, 박무해 지음, 311쪽, 미래문화사, 1987, 원본.
287. 『요한계시록 강해』, 박조준 목사 지음, 628쪽, 한길, 1987, 원본.
288. 『성서 대예언의 비밀』, 나비 나이또 원저, 전준식 옮김, 144쪽, 마라다나, 1988, 원본.
289. 『인류의 종말과 그리스도의 재림』, 쿠르트 코호 지음, 이중환 옮김, 191쪽, 예루살렘, 1988, 원본.
290. 『요한계시록 주해』, 이상근 지음, 271쪽, 聖燈社, 1988, 원본.
291. 『계시록—그 웅대한 절정은 가까왔다!』, 사단법인 워치 타워 성서 책자 협회·돈알드 엘. 스틸 지음, 319쪽, 사단법인 워치 타워 성서책자 협회, 1988, 원본.
292. 『지상천국의 이념』, 김진혁 지음, 287쪽, 한국 인간문화 연구회, 1988, 원본.
293. 『통일로 가는 길』, 안부섭 지음, 229쪽, 생명의 샘터사, 1988, 원본.
294. 『시편에 숨어 있는 예언』, J.R 쳐치 지음, 서달석 목사 옮김, 467쪽, 생명의 서신,

1988, 원본.

295. 『경고의 나팔』, 이장림(李長林) 지음, 다미 선교회출판부, 1989, 원본.
296. 『다가올 미래를 대비하라』, 이장림(李長林) 지음, 250쪽, 다미 선교회 출판부, 1989, 원본.
297. 『요한계시록』, 마이클 윌콕 지음, 정옥배 옮김, 283쪽, 두란노서원, 1989, 원본.
298. 『요한계시록 要解』, 靑基弘 목사 지음, 316쪽, 한국문서선교회, 1989, 원본.
299. 『구약예언서』(증보판), 신학박사 원용국 지음, 374쪽, 지혜문화사, 1989, 원본.
300. 『성경속의 대예언』, 우노 마사미(宇野正美) 지음, 김진욱 옮김, 230쪽, 아사야 법조각, 1990, 원본.
301. 『때가 임박했다』, 모리야마 사도시(森 山著 諭) 지음, 김기호 옮김, 309쪽, 한국문서선교회, 1990, 원본.
302. 『요한계시록』(나침반-정선주석), G.캠벨몰강 반 하르팅 스펠트 지음, 김부성 옮김, 218쪽, 1990, 원본.
303. 『말씀이 한국에 오시다』, 김제원·김명희 편저, 210쪽, 계성출판사, 1990, 원본.
304. 『코헨의 계시록 연구』, 게리G.코헨 주석·샐럼커반 배경, 전을표 옮김, 380쪽, 함께사, 1990, 원본.
305. 『종말복음』, 종말복음교재편찬위원회 지음, 599쪽, 밝은빛 출판사, 1990, 원본.
306. 『대환란(제2권 피난처)』, 송기호 지음, 422쪽, 노인·청소년출판사, 1990, 원본.
307. 『성경과의 만남 10』(히브리서~요한계시록), C.반더발 지음, 김경신 옮김, 156쪽, 나단출판사, 1990, 원본.
308. 『1992년의 열풍』, 이장림 목사 지음, 237쪽, 광천, 1990, 원본.
309. 『요한계시록으로 본 재림시대』, 김일환(金一煥) 지음, 293쪽, 참글문화사, 1990, 원본.
310. 『요한 묵시록』, 페데리꼬 바르바로 신부 지음, 김창수(바오로) 옮김, 351쪽, 크리스챤, 1991, 원본.
311. 『요한계시록 해석』, 메릴 C.테니 지음, 김근수 옮김, 246쪽, 기독교문서선교회, 1991, 원본.
312. 『다가올 종말』(말세에 나타난 여러 징조들), 김성일 外 25인 지음, 319쪽, 國民日報社, 1991, 원본.
313. 『요한계시록 강해』, 김영상 목사 지음, 225쪽, 예루살렘, 1991, 원본.
314. 『보혜사』(도우시는 성령), 케트린마샬 지음, 권명달 옮김, 324쪽, 보이스사, 1991, 원본.
315. 『인류 역사와 종말론』, 김영화 지음, 274쪽, 창우사, 1991, 원본.

316. 『종말과 준비』, 조규식 목사 설교집, 보이스사, 312쪽, 1992, 원본.
317. 『성서적 계시론』, 크립톤 엘·포워러 지음, 정학봉 옮김, 333쪽, 성광문화사, 1992, 원본.
318. 『종말과 계시』(다니엘과 요한계시록 연구와 설교), 강성두 지음, 352쪽, 기독교문사, 1992, 원본.
319. 『요한계시록 강해』, 김명길 목사 설교집 제2권, 293쪽, 선린출판사, 1992, 원본.
320. 『眞實의 書』, 클로드 보리롱 '라엘' 지음, 裵貴淑 펴냄, 메신저, 1993, 원본.
321. 『과연 성경은 종말에 대하여 어떻게 예언하는가』, R.러드윗스 지음, 이세구 옮김, 229쪽, 아가페출판사, 1993, 원본.
322. 『7년 대기근과 7년 대환난』, 趙明來 지음, 330쪽, 작은책, 1993, 원본.
323. 『당신은 확실히 준비하십니까?』 요한계시록 강해, 김상복 지음, 246쪽, 나침반社, 1993, 원본.
324. 『바울의 종말론』, 게할더스 보스 지음, 이승구·노강만 옮김, 453쪽, 엠마오, 1993, 원본.
325. 『(대지별 분석에 따른)요한계시록 강해』, 김상배 목사 지음, 335쪽, 1994, 원본.
326. 『요한계시록』, 존 왈부드 지음, 장동민 옮김, 154쪽, 두란노, 1994, 원본.
327. 『요한계시록 공부』, 민병석 지음, 270쪽, 신생출판사, 1994, 원본.
328. 『요한계시록 강해』, 최대광(상순) 목사 지음, 153쪽, 새일중앙교회, 1994, 원본.
329. 『예언서 연구』, 반 게메렌 지음, 김의원·이명철 옮김, 801쪽, 엠마오, 1994, 원본.
330. 『쎄븐싸인』, W·W 위키트·죠지 캐플란 지음, 권형만 옮김, 262쪽, 은광사, 1994, 원본.
331. 『보병궁 시대는 이제 시작되었다』, 최상렬 엮음, 395쪽, 한솔미디어, 1994, 원본.
332. 『요한계시록』, 조용기 지음, 286쪽, 서울서적, 1995, 원본.
333. 『요한계시록에 나타난 일곱 인의 비밀과 선교사명』, 고원용 지음, 251쪽, 알돌기획, 1995, 원본.
334. 『요한啓示錄 특별강해 제14권』, 임정직(재근) 목사 지음, 366쪽, 代書출판사, 1995, 원본.
335. 『예언서 배경 연구』, 정종호 목사 지음, 394쪽, 한글, 1997, 원본.
336. 『요한계시록 강해』, 이상열 목사 지음, 한글.
337. 『예언 성취의 아마겟돈』, 189쪽, 채윤진 지음, 베드로 서원, 1997.
338. 『바이블 코드』, 마이클 드로스닌 지음, 형선호 옮김, 309쪽, 황금가지, 1997, 원본.
339. 『하늘을 연 백마Ⅱ는 누구』, 조갑기 지음, 202쪽, 美文社, 1997, 원본.
340. 『요한계시록 연구 1·2』, 전정권 엮음, Ⅰ, 115쪽. Ⅱ, 129쪽, 시조사, 1997, 원본.

341.『요한계시록 강해』 5권, 리종우 목사 지음, 368쪽, 백합화, 1999, 원본.
342.『요한계시록 신해(개정 증보판)』, 김철손 지음, 386쪽, 대한기독교서회, 1999, 원본.
343.『예언 1999』, 윤요한(석윤) 지음, 187쪽, 학예원, 1999, 원본.
344.『묵시록의 대예언』, 강봉수 지음, 434쪽, 민성사, 1999, 원본.
345.『豫言者와 弱者』, J. 림버그 지음, 이군호 옮김, 148쪽, 대한기독교출판사, 1999, 원본.
346.『새 하늘과 새 땅 지상 천국은 재림예수교회에서 이루어진다』, 재림 예수의 제자 최총일 선지자, 622쪽, 성광출판사, 1999, 원본.
347.『성경의 예언 세상의 종말』, 고훈석 지음, 357쪽, 예수님 출판사, 1999, 원본.
348.『요한계시록의 비밀』, 제라르 보드송 지음, 권지현 옮김, 318쪽, 1999, 원본.
349.『하나님의 섭리로본 남북통일』, 세계평화통일가정연합 엮음, 958쪽, (주)성화사, 1999, 원본.
350.『재림(再臨)의 그리스도는 꼭 이렇게 오신다.』, 申鉉植 지음, 114쪽, 永遠한福音宣敎院, 2000, 원본.
351.『세계 역사는 성경의 예언대로 진행된다』, 고훈석 지음, 187쪽, 예수님출판사, 2000, 원본.
352.『투탕카멘의 예언』, 모리스 코트렐 지음, 양은모 옮김, 406쪽, 한국방송출판, 2001, 원본.
353.『성경 종말론, 조직론』, 이광복 목사 지음, 81쪽, 흰돌, 2001, 원본.
354.『요한계시록 강해 및 설교집』, 김관호(金寬浩) 목사 지음, 556쪽, 삼육대학교 신학연구소, 2001, 원본.
355.『이사야의 예언—온 인류를 위한 빛 Ⅱ』 대형판, 511쪽, 워치 타워 聖書 冊子 協會, 2002, 원본.
356.『지구의 종말, 어디까지 왔나』, 전선교 지음, 591쪽, 계시록출판사, 2003, 원본.

기타 참고서

357.『朝鮮學報』第一卷, 第一號, 朝鮮學會 編修, 朝鮮學報社, 「李朝初期の建都問題(一)」, 李丙燾, 63~78쪽, 1929, 복사본.
358.『朝鮮學報』第一卷, 第一號, 朝鮮學會, 朝鮮學報社, 「李朝初期の建都問題(二)」, 李丙燾, 61~77쪽, 1930, 복사본.
359.『震檀學報』, 李丙燾(이병도) 지음, 震檀學會, 1~18쪽, 「圖讖에 對一二의 考察(一)」, 1939, 복사본.

360. 『五千年 朝鮮史話集』, 王明 지음, 朝鮮出版社, 1946, 「高麗太祖 와 僧道詵」 45~47쪽, 복사본.
361. 『家庭寶鑑(가정보감)』, 金赫濟 지음, 明文堂, 176쪽, 鄭鑑錄秘訣出, 134~135쪽, 1951, 원본.
362. 『우리나라 近代化史論攷』, 金義煥 지음, 161쪽, 三協出版社, 1964, 원본.
363. 『朝鮮基督敎及外交史』, 李能和 지음, 278쪽, 서울, 學文閣, 1968, 影인쇄본, 복사본
364. 『基督敎와 韓國思想』, 尹聖範 지음, 273쪽, (財)大韓基督敎書會, 1969, 199쪽~212쪽, 「메시아니즘과 終末論」
365. 『韓國福音化論』, 羅雲夢 지음, 137쪽, 서울, 愛鄉塾出版社, 1971, (제12장 「메시야」 待望의 信仰的 共通性, 52~63쪽, 國立中央圖書館, 청구기호: 1809-193=2.)
366. 『韓國固有信仰硏究』, 張秉吉 지음, 237쪽, 서울大學校 文理科大學 東亞文化硏究所, 1973, 원본.
367. 『韓國文學의 樂園思想硏究』, 金錫夏 지음, 325쪽, 日新社, 1973, 원본.
368. 『東學入門』, 洪又 지음, 159쪽, 一潮閣, 1974, 복사본.
369. 『韓國思想史의 主流』 韓國思想 第13輯, 韓國思想硏究會 엮음, 「高麗時代의 圖讖思想」, 李丙燾, 景仁文化社, 1975.
370. 『위대(偉大)한 예언자(預言者)들』, 김동기 편역, 706쪽, 시조사(時兆社), 1976, 원본.
371. 『성봉 김성배 박사 회갑기념 논문집』, 성봉 김성배 박사 회갑기념 논문집 간행위원회 엮음, 880쪽, 형설출판사, 1977, 원본. 「예조담·금기담에 대하여」, 玄容駿. 861~878쪽.
372. 『朝鮮四千年秘史』, 車相瓚 지음, 401쪽, 서울, 賢明書林, 1979. 「新解鄭鑑錄」 277~
373. 『인류 최후의 전쟁 아마겟돈』, 빌리그래함 지음, 全敏植 옮김, 285쪽, 學一出版社, 1981, 원본.
374. 『거짓 예언자 咸錫憲』, 조순명 지음, 339쪽, 합동출판사, 1982, 원본.
375. 『朝鮮後期社會變動硏究』, 一潮閣, 333쪽, 1983.
376. 『東方의 한나라』 合卷, 羅雲夢 지음, 愛鄉塾出版部, 605쪽, 1983, 원본
377. 『東學과 農民蜂起』, 韓沽劤 지음, 一潮閣, 228쪽, 1983, 원본.
378. 崇山 朴吉眞博士 古稀紀念 『韓國近代宗敎思想史』, 「近代韓國의 圖讖思想」, 梁銀容 지음, 81~102쪽, 崇山 朴吉眞博士 古稀紀念事業會 편찬, 1984.
379. 『한반도의 神秘의 未來像』, 金永燮·金岩山 계시수록, 297쪽, 仁川文化社, 1986, 원본.
380. 『천군비상계엄과 남북통일』, 金永燮·金岩山 계시수록, 156쪽, 仁川文化社, 초판발행

1987. 7. 1., 원본.

381.『천군비상계엄과 남북통일』, 金永燮·金岩山 계시수록, 256쪽, 天開社, 1988, 원본.

382.『聖山聖地한반도』, 金永燮·金岩山 계시수록, 298쪽, 天開社, 1988, 원본.

383.『밀양의 10대천비해설』(사랑의 行路 증보판), 金永燮·金岩山 계시수록, 297~ 381쪽, 1990, 원본.

384.『세계역사의 대심판』(上), 金永燮·金岩山 계시수록, 461쪽, 남궁문화사, 1994, 원본.

385.『역사의 대혁명』(下), 金永燮·金岩山 계시수록, 399쪽, 남궁문화사, 1995, 원본.

386.『韓國彌勒思想硏究』, 東國大學校 佛敎文化硏究院 엮음, 465쪽, 東國大學校 出版部, 1987, 원본.

387.『새 영도자 정도령은 누구인가?』, 정다운 지음, 87쪽, 1987, 원본.

388.『종말론의 신학적 조명』, 전준식 편역, 188쪽, 마라나다, 1988, 원본.

389.『통일로 가는 길』, 안부섭 지음, 229쪽, 생명의 샘터사, 1988, 원본.

390.『민족이여 통일이여Ⅱ』, 279쪽, 류청하 외, 풀빛, 1988, 원본.

391.『기독교사 자료집 Ⅱ권』, 鄭鑑錄的의 迷信을 打破하라, 611쪽~, 유광렬, 한국종교사회연구소, 고려한림원.

392.『기독교사 자료집 Ⅳ권』, 鄭鑑錄의 立場에서 본 韓國의 歷史觀, 89쪽~, 윤성범, 한국종교사회연구소, 고려한림원.

393.『다가올 미래를 대비하라』,, 이장림(李長林) 지음, 250쪽, 다미 선교회 출판부, 1989, 원본.

394.『朝鮮後期社會變動硏究』, 一潮閣, 333쪽, 1990, 원본.

395.『1992년의 열풍』, 이장림(李長林) 지음, 237쪽, 광천, 1990, 원본.

396.『道敎와 科學』,「圖讖風水思想」, 都珖淳 엮음, 313~318쪽, 1990, 원본.

397.『世界名著大事典』, 高麗出版社,「鄭鑑錄」1,585~1,586쪽, 1992, 복사본.

398.『歷史學의 諸問題』, 何石金昌洙敎授華甲紀念史學論叢刊行委員會 엮음, 748쪽, 범우사, 1992, 원본.「正祖朝 鄭鑑錄 관련 逆謀事件에 대하여－이경래·문인방 사건을 중심으로」, 高成勳, 355~376쪽, 원본.

399.『재미있는 종말론 이야기』, 윤여창·문경빈 지음, 288쪽, 서울미디어, 1992, 원본.

400.『종말론, 그 5,000년의 역사』, 유리 루빈스키·이안 와이즈먼 지음, 김진경·허영주 옮김, 252쪽, 명경, 1992, 원본.

401.『韓國宗敎思想史Ⅰ』, 鄭柄朝·李錫浩 공저, 302쪽, 1992, 원본,「地理圖讖說」255~261쪽.

402.『금역진리』上, 박홍래 편저, 276쪽, 東信出版社, 1993, 원본.

403.『달아 달아 밝은 달아』, 박홍래 설법, 290쪽, 東信出版社, 1993, 원본.

404. 『心』, 崔鳳秀 지음, 469쪽, 成均館, 1986, 원본.
405. 『未來世界와 韓國의 使命』, 崔鳳秀 편집, 143쪽, 眞理科學硏究會, 1990, 원본.
406. 『통일·통일·통일 1998』, 최봉수 지음, 317쪽, 心學堂, 1994, 원본.
407. 『미리 보는 코리아 2000』, 최평길 지음, 348쪽, 장원, 1993, 원본.
408. 『천상의 예언』, 제임스 레드필드 지음, 김옥수 옮김, 415쪽, 한림원, 1994, 원본.
409. 『鷄龍山誌』, 충청남도 문화체육과 편집, 충청남도 발행, 1994, 「鷄龍山의 圖讖·風水地理的 考察」 511~571쪽, 복사본.
410. 『한반도 통일로 가는 길』, 니콜라스 에버스타트 지음, 朱明甲 옮김, 261쪽, 韓國經濟新聞社, 1994, 원본.
411. 『간추린 한국인명사전』, 정용두 엮음, 성광문화사, 1994.
412. 『보병궁 시대는 이미 시작되었다』, 최상렬 엮음, 395쪽, 한솔미디어, 1994, 원본.
413. 『韓國의 名著 2』, 朴鍾鴻 외 집필, 玄岩社, 「鄭鑑錄」 180~196쪽, 1994, 원본.
414. 『韓國思想史學』 第6輯 『彌勒思想의 本質과 展開』, 韓國思想史學會 엮음, 瑞文文化社, 455쪽, 1994, 원본.
415. 『韓國思想史學』 第7輯, 韓國思想史學會 엮음, 瑞文文化社, 363쪽, 「韓國佛教와 海印信仰」 117~160쪽, 金鐸, 「彌勒信仰에 나타난 韓·日의 比較」雲井昭善」, 263~277쪽, 1995, 원본.
416. 『2001년 3월 18일』, 김윤렬 지음, 428쪽, 신문고, 1995, 원본.
417. 『마을로 간 미륵 1』, 주강현 지음, 330쪽, (주)대원정사, 1995, 원본.
418. 『마을로 간 미륵 2』, 주강현 지음, 410쪽, (주)대원정사, 1996, 원본.
419. 『어문연구』 26집, 어문연구회, 「구전 예언의 문학적 고찰」, 신동흔, 17쪽.
420. 『충격대예언』, (주)비엠 인터내셔날, 1995, 비디오.
421. 『충격대예언 2』, (주)비엠 인터내셔날, 1995, 비디오.
422. 『神이 선택한 여자』, 심진송 지음, 257쪽, 백송, 1995, 원본.
423. 『흑담사』, 정와룡(정영광) 지음, 294쪽, 장백산, 1995, 원본.
424. 『숨겨진 예언』, 김상운 지음, 340쪽, 다리, 1995, 원본.
425. 『전설로 배우는 풍수』, 임학섭 편저, 218쪽, 문예산책, 1996, 원본.
426. 신선이 남긴 동양화』(正統花鬪神書 1), 정영모 지음, 340쪽, 한솔미디어, 1996, 원본.
427. 『신선이 남긴 동양화』(正統花鬪神書 2), 정영모 지음, 325쪽, 한솔미디어, 1996, 원본.
428. 『신선이 남긴 동양화』((正統花鬪神書 3), 정영모 지음, 328쪽, 한솔미디어, 1996, 원본.

429. 『대운(大運)』(신선이 남긴 동양화 1), 정영모 지음, 328쪽, 한솔미디어, 1996, 원본.
430. 『대박(大搏)』(신선이 남긴 동양화 2), 정영모 지음, 325쪽, 한솔미디어, 1996, 원본.
431. 『대명(大名)』(신선이 남긴 동양화 3), 정영모 지음, 328쪽, 한솔미디어, 1996, 원본.
432. 『대권(大權)』(신선이 남긴 동양화 4), 정영모 지음, 316쪽, 한솔미디어, 1997, 원본.
433. 『대망(大望)』(신선이 남긴 동양화 5), 정영모 지음, 317쪽, 한솔미디어, 1997, 원본.
434. 『미래는 어떻게 오는가』, 레오 호우·알렌 웨인 엮음, 김동광·과학세대 옮김, 254쪽, 민음사, 1996, 원본.
435. 『귀신잡는 남자』, 박용운 지음, 291쪽, 자유문학사, 1996, 원본.
436. 『메시아 스톤』, 어빙 베닉 지음, 강유구 옮김, 380쪽, 1996, 원본.
437. 『지구의 파멸 인류의 멸종』, 손석우 지음, 344쪽, 1996, 원본.
438. 『국운』, 오재학 지음, 255쪽, 책만드는집, 1996, 원본.
439. 『21세기 대사상』, 장화수 지음, 382쪽, 혜화출판사, 1996, 원본.
440. 『북한이 붕괴한다 중국이 분열한다 한국이 위험하다』, 하세가와 게이타로·사토 가츠 미 공저, 인능원 번역실 옮김, 224쪽, 인능원, 1996, 원본.
441. 『대권천명(大權天命)』, 박영창 편저, 359쪽, 천마, 1996, 원본.
442. 『열 번째 예언』, 제임스 레드필드 지음, 김훈 옮김, 317쪽, (주)고려원, 1996, 원본.
443. 『神이 선택한 남자』, 조자룡(도깨비장군) 지음, 278쪽, 백송, 1996, 원본.
444. 『예언의 날 1』 장편소설, 김준일 지음, 283쪽, 창공사, 1996, 원본.
445. 『神은 알고 있다』, 옥보살(송경숙) 지음, 294쪽, 한뜻, 1997, 원본.
446. 『國運 나라의 운세』, 김봉준 지음, 289쪽, 삼한, 1997, 원본.
447. 『지구 대폭발』, 필립M.도버·리처드A 멀러 지음, 황도근 옮김, 338쪽, 1997, 원본.
448. 『인간은 미래를 어떻게 상상해 왔는가』, 크리스토프 칸토·오딜 팔리우 지음, 김승욱 옮김, 252쪽, 자작나무, 1997, 원본.
449. 『노래하는 작두도령』, 김무호 지음, 259쪽, 한솔미디어, 1997, 원본.
450. 『천기누설 1997년 대통령』, 김찬동 지음, 259쪽, 한뜻출판사, 1997, 원본.
451. 『예언성취의 아마겟돈』, 채윤진 지음, 189쪽, 베드로 서원, 1997, 원본.
452. 『제2의 6·25징조 열 가지』, 이용 지음, 348쪽, 정보여행, 1997, 원본.
453. 『원효결서 1』, 金重泰 지음, 316쪽, 화산문화, 1997, 원본.
454. 『원효결서 2』, 金重泰 지음, 351쪽, 화산문화, 1997, 원본.
455. 『바이블 코드』, 마이클 드로스닌 지음, 형선호 옮김, 황금가지, 1997, 원본.
456. 『서울대지진』, 작가 정형근 지음, 333쪽, (주)디킴스기획, 1997, 원본.
457. 『하늘을 연 백마Ⅱ는 누구』, 조갑기 지음, 202쪽, 미문사(美文社), 1997, 원본.
458. 『예언되지 못할 미래는 없다』, 김근영 지음, 341쪽, 태일출판사, 1997, 원본.

459. 『정도령(正道令)은 어디에 있는가』, 맹관호 지음, 303쪽, 예진, 1997, 원본.
460. 『대예언』, 이춘영 지음, 319쪽, 베스트셀러, 1997, 원본.
461. 『正道令 思想』, 서보목(徐輔睦) 편저, 465쪽, 해인, 1997, 원본.
462. 『'때'』, 홍윤홍 지음, 대홍기획, 1998, 원본.
463. 『역(易)이 밝힌 21세기 대예언』, 정숙 지음, 300쪽, (주)고문사, 1998, 원본.
464. 『仙學筆帖』, 高岩 金正筆 엮음, 291쪽, 一心一仙政會, 1998, 원본.
455. 『그는 누구인가?』, 구성모 편저, 148쪽, 생각하는 백성, 1998, 원본.
466. 『명성황후 神의 여인』, 정정희 지음, 194쪽, 인앤비, 1998, 원본.
467. 『붓다의 대예언』, 정목(正牧) 스님 지음, 256쪽, 출판시대, 1998, 원본.
468. 『21세기 위대한 한국 예언, 2012년』, 현홍균 지음, 265쪽, 유림, 1998, 원본.
469. 『1999년 운세와 예언』, 수경 최전권 지음, 286쪽, 아선문화사, 1998, 원본.
470. 『지구변동과 인류의 재앙』, 柳旺圻 지음, 222쪽, 144~176쪽, 「한국의 미래」, 리민족사 연구회, 1999, 원본.
471. 『文藝春秋』 1999년 2월호, 소우 마사루(相馬 勝) 지음, 92~100쪽, 米國, 北朝鮮侵攻作戰, 1999, 원본.
472. 『공포의 대왕 하늘을 내려오다』 ②, 강형원 지음, 299쪽, 초록배, 1999, 원본.
473. 『지구인의 운명과 자구화』, 이남 지음, 316쪽, 미래한국, 1999, 원본.
474. 『새로운 천년시대의 예언들』, 태드 만 지음, 강주헌 옮김, 252쪽, 문예마당, 1999, 원본.
475. 『놀라운 비밀』(첫째권), 춘추당 장영희 지음, 32쪽, 새세상, 1999, 원본.
476. 『놀라운 비밀』(둘째권), 춘추당 장영희 지음, 17쪽, 새세상, 1999, 원본.
477. 『놀라운 비밀』(셋째권), 춘추당 장영희 지음, 30쪽, 새세상, 1999, 원본.
478. 『해월(海月) 선생의 시문(詩文)』, 황여일 원저, 김류나 편저, 509쪽, 해원문화사, 1999, 원본.
479. 『正道令(참부모) 出現』, 趙珖鎬 지음, 81쪽, 翰林, 1999, 원본.
480. 「18~19세기 『정감록』을 비롯한 각종 예언서의 내용과 그에 대한 당시대인들의 해석」 《震檀學報》 제88호, 265~290쪽, 진단학회, 1999.
481. 『소설 정도령』 (上), 임창석 지음, 320쪽, 유림, 1999, 원본.
482. 『밀레니엄 세계대백과사전』, 「미래와 사회」, 338~348쪽, 범한, 2000, 복사본.
483. 『神의땅』, 예언가 임선정 지음, 296쪽, 대자원, 2000, 원본.
484. 『남북 통일 2015』, 박용구 지음, 364쪽, 지성문화사, 2000, 원본.
485. 『해인의 비밀』1 氣의 회로를 찾아라, 최현규 지음, 310쪽, 정신세계사, 2000, 원본.
486. 『소설 도선비기』, 이우영 지음, 일송미디어, 2000, 원본.

487. 『종교학대사전』, 종교학사전 편찬위원회 엮음, 한국사전연구사, 2001, 복사본
488. 『미가608』 제1편 이 나라의 제일 큰 도둑을 잡아서 새 인물을 만들자!, 김옥순·이승재 편집, 407쪽, 미가, 2001, 원본.
489. 『미가608』 제2편 바보들이 사는 세상, 바보들이 사는 천국, 김옥순·이승재 편집, 526쪽, 미가, 2001, 원본.
490. 『미가608』 제3편 새 정책(政策), 새 정치(政治), 김옥순·이승재 편집, 286쪽, 미가, 2001, 원본.
491. 『미가608』 제4편 온 세상을 떠들썩하게 한 테러범을 잡아라, 김옥순·이승재 편집, 226쪽, 미가, 2002, 원본.
492. 『미가608』 제5편 온 백성은 정치개혁과 종교개혁의 참뜻을 아느냐?, 김옥순·이승재 편집, 226쪽, 미가, 2002, 원본.
493. 『구세주 미륵진경』, 갑성(강일선) 선생님 편저, 169쪽, 정령출판사, 2001, 원본.
494. 『한국의 전통문화』, 임영정, 아름다운세상, 303쪽, 「풍수지리설과 도참설」, 129~149쪽, 2002, 원본.
495. 「후천개벽과 진인(眞人)의 출세」, 정산(精山) 王義善(왕의선) 발표, 진리의 광장, 2001.
496. 『2015년 그 해에는?』, 박영구(朴煐九) 지음, 286쪽, (주)커뮤니케이션, 2002, 원본.
497. 『이긴 자』, 전관(全寬) 지음, 291쪽, 창해, 2002, 원본.
498. 『정감록과 정도령』, 연관자: 연인 김문기, 영매: 김문기 후손의 부인, 기록 장소: 인터넷 웹사이트, A4용지 10쪽, 기록날짜: 2002년경.
499. 『한국은 그 시작부터 잘못됐다.』, 申奭淳 각본, 朴喜昌 지음, 158쪽, 2002, 원본.
500. 『하늘의 도』 1, 2, 서천석 지음, 1권 424쪽, 2권 432쪽, 광성출판사, 2003, 원본.
501. 『한국비결연구』, 高山 강일명 지음, 143쪽, 아이올리브, 2004, 원본.

예언 연구의 참고서

502. 『鷺山文選』, 李殷相 지음, 551쪽, 永昌書舘, 1954, 원본, 「韓國讖謠考」, 471~504쪽.
503. 『高麗時代의 硏究』 韓國文化叢書 第4輯, 李丙燾 지음, 460쪽, 乙酉文化社, 1954, 원본.
504. 『감람나무와 동방一人에 대한 해설』, 기드온文化社, 60頁.
505. 『社會惡과 邪教運動』-朴泰善集團의 解剖-, 金景來 지음, 182쪽, 基文社, 1957, 원본.

506. 『朴泰善 僞師를 옛 教友들에게 보내는 公開書翰』, 기드온文化社, 72쪽, 1957, 원본.
507. 『歷史와 終末論』, 루돌프 불트만 지음, 徐南同 옮김, 200쪽, 大韓基督教書會, 1958, 원본.
508. 『韓國思想』강좌 1·2合本, 총 186쪽, 「鄭鑑錄의 思想的 影響」 上-그 著者와 年代考-, 申祯庵, 124~134쪽, 고구려문화사, 韓國思想編輯委員會 엮음, 1959, 원본.
509. 『末世와 예수의 再臨』, 金應祚 牧師 지음, 128쪽, 基督教大韓聖潔教會出版部, 1962, 원본.
510. 『末世秘密講解』, 李琉性 지음, 126쪽, 末世秘密福音宣揚會, 1963, 원본.
511. 『末世論研究』, 金允燦 牧師 지음, 79쪽, 慧星文化社, 1964, 원본.
512. 『第三次戰을 豫言한다』, 루스· 몽고메리 지음, 趙逸 옮김, 290쪽, 希望出版社, 1966, 원본.
513. 『妙淸』, 朴容九 지음, 528쪽, 1967, 원본.
514. 『미륵성전』, 李鍾益 편저, 301쪽, 1968, 원본.
515. 『韓半島의 未來』, 李承雨 지음, 201쪽, 三光出版社, 1971, 원본.
516. 『종말론』, 임종만 지음, 262쪽, 기독교문사, 1976, 원본.
517. 『日本列島, 沈沒하다』, 고마쓰 사꼬오(小松左京) 지음, 安東民 옮김, 520쪽, 徽文出版社, 1973, 원본.
518. 『流言蜚語의 社會學』, 기요미즈 기꾸따로(清水幾太郎) 지음, 李孝成 옮김, 206쪽, 青藍, 1977, 원본.
519. 『東學歌辭』 I II, 韓國精神文化院 古典資料編輯室, I 권 577쪽, II 권 451쪽, 부록 135쪽, 1979, 원본.
520. 『豫言과 政治』, 金燦國 지음, 96쪽, 正宇社, 1978, 원본.
521. 『大豫言者의 秘密』, 다카기 아기미쯔(高木彬光) 지음, 350쪽, 일본, 光文社, 1979, 원본.
522. 『종말론 예시강해』, W·헛셀포드 지음, 이상길(李相吉) 옮김, 146쪽, 크리스챤비젼사, 1981, 원본.
523. 『1980년대 아마겟돈 폭발』, 홀린세이 지음, 김용순 옮김, 278쪽, 보이스사, 1981, 원본.
524. 『유대인의 세계정복강령』, 우정출판사편집부, 180쪽, 우정출판사, 1981, 복사본.
525. 『預言者的 構想力』, W.브루지만 지음, 金快相 옮김, 201쪽, 大韓基督教出版社, 1981, 원본.
526. 『천국의 비밀 계시』, 신기태 목사 지음, 214쪽, 전국사, 1982, 원본.

527. 『인류의 종말』, 살렘 키르반 지음·권명달 옮김, 보이스사, 271쪽, 1982, 원본.
528. 『眞實의 書』, 클로드 보리롱 "라엘" 지음, 398쪽, 메신저, 1983, 원본.
529. 『지구촌의 대이변』, 李泰祐 편역, 266쪽, 學究社, 1983, 원본.
530. 『民族·外勢·統一의 변증법』, 黃性模 지음, 348쪽, 大邦出版社, 1983, 원본.
531. 『人類의 未來』, E. 피에스 편저, 南貞祐 옮김, 304쪽, 現代思想社, 1983, 원본.
532. 『러시아 革命의 敎訓』, 볼린 지음, 河岐洛 옮김, 344쪽, 世音社, 1983, 원본.
533. 『成己集』, 李丙燾 지음, 318쪽, 「圖讖思想의 發展－韓國側面史, 84～123쪽, 正和出版文化社, 1983, 원본.
534. 『예언자 연구』, 김철현 지음, 305쪽, 以文出版社, 1984, 원본.
535. 『流言蜚語論』, 元佑鉉 엮음, 308쪽, 청람문화사, 1985, 원본.
536. 『國運의 輪廓』, 曺淮煥 지음, 192쪽, 文園, 1985, 원본.
537. 『종말론과 오늘의 세계』, 정용석 지음, 374쪽, 弘盛社, 1985, 원본.
538. 『韓半島의 統一展望』, 金漢教·高秉喆·李晚雨·徐大肅·丁世鉉·李埰畛·河萬璟·金學俊·金鍾益·林觀河 지음, 529쪽, 慶南大學校出版部, 1986, 원본.
539. 『韓國新興宗教』, 柳炳德 지음, 412쪽, 시인사, 1986. 100～117쪽.
540. 『韓國宗教研究 3』, 尹以欽 지음, 343쪽, 집문당, 1991, 원본. 「韓國秘訣信行」 308쪽～312쪽.
541. 『韓國新興宗教』, 柳炳德 지음, 圓光大學校出版局, 1992, 원본.
542. 『우주의 종말』(現代科學新書 124), 리차드 모리스 지음, 한명수 옮김, 239쪽, 電波科學社(倫), 1986, 원본.
543. 『예언자들 (상)』, 아브라함 요수아 헤셸 지음, 이현주 옮김, 293쪽, 종로서적, 1987, 원본.
544. 『유태인 議定書』, 야지마 다까지(矢島鈞次) 지음, 鄭性鎬 옮김, 339쪽, 동아서원, 1987, 원본.
545. 『세계경제 대예언』, 후지이 노보루(藤井 昇) 지음, 金光濟 옮김, 201쪽, 자유문고, 1987, 원본.
546. 『세계의 대예언』, 나가오카 도시야 지음, 윤철모 옮김, 283쪽, 가나출판사, 1988, 원본.
547. 『종말론의 신학적 조명』, 전준식 편역, 188쪽, 마라나다, 1988, 원본.
548. 『종말에 되어질 사건』, 강종수 지음, 148쪽, 교회교육연구원, 1988, 원본.
549. 『남북통일 이론의 새로운 전개』, 양성철 엮음, 557쪽, 경남대학교 극동문제연구소, 1989, 원본.
550. 『노아의 홍수는 역사적 사실인가?』, 노희천 박사 글, 임수 그림, 153쪽, 두란노서원,

1989, 원본.
551. 『종말을 사는 신앙』, 박희소 목사 지음, 202쪽, 보이스사, 1989, 원본.
552. 『彌勒思想의 現代的 照明』, 俗離山法住寺 엮음, 280쪽, 부록 113쪽, 1990, 원본.
553. 로큰롤에 나타난 666의 메시지 『도그시나타스』, 야곱 아란자 지음, 강승현 옮김, 194, 문진당, 1990, 원본.
554. 『朝鮮의 占卜과 豫言』, 무라야마 지준(村山智順) 지음, 金禧慶 옮김, 573쪽, 東文選, 1900, 원본.
555. 『미륵의 세상 꿈의 나라』, 김성동 지음, 242쪽, 청년사, 1990, 원본.
556. 『지구의 마지막 선택』, 스튜아트 보일·존 아딜 지음, 김영일 옮김, 304쪽, (주)동아출판사, 1991, 원본.
557. 『대예언, 지구의 종말은 오는가』, 페닉스 노아·고도 벤 지음, 최현 옮김, 306쪽, 범우사, 1991, 원본.
558. 『지구를 살리는 마지막 메시지』, 오쇼 라즈니쉬 지음, 이영주·권희순 옮김, 223쪽, 명상, 1991, 원본.
559. 『東學文明』(增補版), 洪又 지음, 369쪽, 學硏社, 1991, 원본.
560. 『종말론(終末論) Ⅰ』, 李鍾聲 지음, 435쪽, 大韓基督教出版社, 1991, 원본.
561. 『北方領土論』, 兪政甲 지음, 339쪽, 法經出版社, 1991, 원본.
562. 『예언의 성취자』, 나선철 목사 지음, 285쪽, 보이스사, 1991, 원본.
563. 『한국의 스승』(수운, 해월, 증산, 소태산, 정산), 최준식 편저, 341쪽, 窓, 1991, 원본.
564. 『朝鮮의 占卜과 豫言』, 무라야마 지준(村山智順) 지음, 鄭鉉祐 옮김, 592쪽, 明文堂, 1991, 원본.
565. 『종말에 관한 하나님의 계획 때가 차매』, 한태희 목사 지음, 132쪽, 요단출판사, 1991, 원본.
566. 『이이화 역사인물 이야기』, 이이화 지음, 321쪽, 역사비평사, 1991, 원본.
567. 『인류 역사와 종말론』, 김영화 지음, 274쪽, 창우사, 1991, 원본.
568. 『文化人類學』, 林惠祥 지음, 崔茂藏 엮음, 253쪽, 三文, 1992.
569. 『韓國史 市民講座』 제10집(특집 韓國史上의 理想社會論), 241쪽, 一潮閣, 1992, 원본.
570. 『빛을 발하는 통일대한민국 1』, 윤교백 지음, 세광문화사, 1992, 원본.
571. 『이지함 토정비결』(소설), 朴正烈 지음, 283쪽, 고려출판문화공사, 1992, 원본.
572. 『지구 대파국』, 후까노 가즈유끼(深野一幸) 지음·김신일 옮김, 227쪽, 江川, 1992, 원본.

573.『한반도 국운론』, 조회한 지음, 227쪽, 전예원, 1992, 원본.
574.『甲午農民戰爭原因論』, 具良根 지음, 500쪽, 亞細亞文化社, 1993, 원본.
575.『현대를 살고 있는 대예언자』, S·오스트랜더, L. 슈러더 지음, 조항래 옮김, 조선문화사, 1993, 원본.
576.『比較民俗學』第10輯, 330쪽,「天地開闢과 終末論」崔吉城, 207~219쪽, 比較民俗學會, 1993, 원본.
577.『지구는 멸망할 것인가』, A. 베리 지음·이흥렬 옮김, 朝鮮, 1993, 원본.
578.『토정가장결』(1·2·3·4), 尹太鉉 지음, 産泉, 1993, 원본.
579.『예언서 해석의 원리』, 장두만 박사 지음, 253쪽, 1993, 원본.
580.『어떻게 예언서를 읽을 것인가?』, 죠엘 그린 지음, 한화룡 옮김, 167쪽, 한국기독학생회 출판부, 1993, 원본.
581.『핵전쟁은 한반도에서 시작된다』, 히야마 요시아끼 지음, 이송희 옮김, 278쪽, 문학사, 1993, 원본.
582.『韓國史市民講座』 제14집, 특집-한국의 風水地理說, 224쪽, 一潮閣, 1994.
583.『동방의 등불 한국』, 金三龍 지음, 468쪽, 행림출판, 1994, 원본.
584.『인류가 겪은 대재앙』, 319쪽, (주)동아출판사, 1994, 원본.
585.『한반도 통일로 가는 길』, 니콜라스 에버스타트 지음, 朱明甲 옮김, 261쪽, 韓國經濟新聞社, 1994, 원본.
586.『기적과 예언』, 스튜어트 로브 지음, 안동민 옮김, 瑞音出版社, 1994, 원본.
587.『흡수통일 금세기 가능한가』, 유종렬 지음, 251쪽, 민예사, 1995, 원본.
588.『천상의 예언』, 제임스 레드필드 지음, 김옥수 옮김, 411쪽, 한림원, 1994, 원본.
589.『종말론』, 밀라드 J.에릭슨 지음, 이은수 옮김, 181쪽, 기독교문서선교회, 1994, 원본.
590.『삶으로서의 민족통일』, 박희택 지음, 284쪽, 만다라, 1994, 원본.
591.『돌 속에서 나온 미륵진경』, 河南 스님 지음, 용화출판사, 126쪽, 부록 10쪽, 1995, 원본.
592.『숨겨진 예언』, 김상운 지음, 340쪽, 다리, 1995, 원본.
593.『쇼킹북 대예언 샤바샤바』, 장석준 엮음, 172쪽, 밝음, 1995, 원본.
594.『統一韓國의 비젼』, 이훈 지음, 415쪽, 세훈, 1996, 원본.
595.『韓國樂園小說研究』, 張良守 지음, 387쪽, 文藝出版社, 1996, 원본.
596.『朝鮮時代 思想史研究論文』, 韓沽劤 지음, 一潮閣, 411쪽, 1996, 원본.
597.『열 번째 예언』, 제임스 레드필드 지음, 김훈 옮김, 317쪽, 고려원, 1996, 원본.
598.『세기말 대예언』, 에티엔느 메조 지음, 강주헌 옮김, 넥서스, 1996, 원본.

599. 『예언의 날 1』, 김준일 지음 283쪽, 창공사, 1996, 원본.
600. 『혼돈과 파천황』, 최동환 지음, 408쪽, 삼일, 1997, 원본.
601. 『미국은 한국의 다음 대통령이 누구인지 알고 있다』, 이용수 지음, 199쪽, 知識工作所, 1997, 원본.
602. 『유적에 나타난 북두칠성』, 노중평 지음, 343쪽, 백영사, 1997, 원본.
603. 『無의 기적과 그 신비』, '한'세계 인류 성도종 지음, 422쪽, 鷄龍紒氤昇, 1997, 원본.
604. 『종말의 시작』, 존해기 지음, 이영훈 옮김, 351쪽, 국민일보사, 1997, 원본.
605. 『지구 대폭발』, 필립 M. 도버·리처드 A. 멀러 지음, 황도근 옮김, 338쪽, 자작나무, 1997, 원본.
606. 『천기누설 1997년 대통령』, 김찬동 지음, 259쪽, 한뜻출판사, 1997, 원본.
607. 『동서양의 과학전통과 환경운동』, 金明子 지음, 424쪽, 두산동아, 1997, 원본.
608. 『世紀의 終末은 오고 있는가』, 崔允植 지음, 207쪽, 서울스코프, 1997, 원본.
609. 『한반도 200시간』, 쓰게 히사요시 지음, 이강굉 옮김, 299쪽, 청담문화사, 1997, 원본.
610. 『지구의 운명과 인류의 미래』, 후나이 유키오(船井幸雄) 지음, 한기욱 옮김, 289쪽, (주)고려원, 1997, 원본.
611. 『현대 한국 종교의 역사이해』, 권정안 지음, 309쪽, 한국정신문화연구원, 1997, 원본.
612. 『한국병 북한병』, 시게무라 도시미쓰(重村智計) 지음·강수웅(康秀雄) 옮김, 249쪽, 집영출판사, 1997, 원본.
613. 『통일로 가는 길』, 윤성식 지음, 303쪽, 세훈, 1997, 원본.
614. 『한국 고대 미륵신앙 연구』, 장지훈 지음, 282쪽, 집문당, 1997, 원본.
615. 『한국의 전통문화』, 임영정 지음, 303쪽, 아름다운세상, 1998, 원본 「풍수지리설과 도참설」, 129~149쪽.
616. 『1999』, 세기말연구소 엮음, 김은주 옮김, 한뜻, 231쪽, 1998, 원본.
617. 『종말은 예언처럼 오는가』, 정건섭 지음, 272쪽, 한송, 초판1쇄 발행·1998, 원본.
618. 『봉인된 예언서의 비밀』, 나미키 신이치로 지음, 김임경 옮김, 211쪽, 다리미디어, 1998, 원본.
619. 『종말론이야기』, 유리 루빈스키·이안 와이즈먼 지음, 김진경·허영주 옮김, 247쪽, 명경, 1999, 원본.
620. 『예언의 허와 실』, 유동근 지음, 376쪽, 대유학당, 1999, 원본.
621. 『지구의 운명과 지구화』, 이남 지음, 316쪽, 미래한국, 1999, 원본.

622.『1999+2 지구 대변혁』, 鄭仁明 지음, 327쪽, 용화세계(龍華世界), 1999, 원본.
623.『새로운 천년시대의 예언들』, 태드 만 지음, 강주헌 옮김, 252쪽, 문예마당, 1999, 원본.
624.『지구백서 2033년』, 지장경 지음, 311쪽, 눈빛한소리, 2000, 원본.
625.『지봉유설精選』, 李睟光 지음, 丁海廉 역주, 563쪽, 現代實學社, 2000, 원본.
626.『예언과 역사』, 엘렌 G. 화잇 지음, 장영철 편역, 693쪽, 시조사, 2000.
627.『미래의 충격』, 앨빈 토플러 지음, 張乙炳 옮김, 402쪽, 범우사, 1991, 원본.
628.『민란의 시대』, 고성훈·이상태·고혜령·김용곤·이영춘·김현영·박한남·유주희 지음, 346쪽, 가람기획, 2000, 원본.
629.『지워진 이름 정여립』, 신정일 지음, 382쪽, 가람기획, 2002, 원본.
630.『천수영보·미륵진경』, 강일선 편저, 480쪽, 2003, 원본.
631.『國學硏究』 第9輯, 국학연구소(國學硏究所), 2004, 원본.
632.『安東 河回마을』(한국의 民家 3), 金容稷 글, 權富問 사진, 118쪽, 悅話堂, 1986, 원본.
633.『鷄龍山』, 이길구 지음, 354쪽, 대문사(大文社), 1996, 원본.
634.『청학동 가는 길』, 이림천 지음, 85쪽, 정신세계사, 1998, 원본.
635.『지리산에 가련다』, 김양식 지음, 317쪽, 한울, 1998, 원본.

측자(測字)와 파자(破字)

636.『破字占』, 14쪽, 필사본, 원본.
637.『破字占書』(附 相字秘法), 玄丙周 지음, 43쪽, 永昌書館, 복사본.
638.『제갈량 神書』(수시운세편), 兪惪善 지음, 335쪽, 綠苑出版社, 1989, 원본.
639.『측자파자』, 신유승 지음, 322쪽, 시간과공간사, 1993, 원본.
640.『한자비밀』, 유덕선 지음, 465쪽, 동반인, 1994, 원본.
641.『破字이야기』, 홍순래 편저, 347쪽, 학민사, 1995, 원본.
642.『측자파자 성명학』, 민승만 지음, 474쪽, 文昌星, 1998, 원본.
643.『한자수수께끼』, 홍순래 지음, 287쪽, 생각하는백성, 2001, 원본.
644.『卜易拆字秘傳』, 96쪽, 中國 瑞成書局印行, 1957, 원본.
645.『謝石·程省測字秘訣』, 海虞丁氏藏版, 102쪽, 원본.
646.『測字全書』, 35쪽.
647.『測字玄譚』, 宋湊雲 지음, 57쪽.
648.『測字秘訣』, 風雲子 지음, 202쪽.

649. 『測字精通』, 陳詔埕 지음, 156쪽, 武陵出版有限公司.

참고문헌

650. 『正本周易』, 德興書林, 446쪽, 1953, 원본.
651. 『韓國野談史話全集 5』, 車相瓚 지음, 東國文化社, 1959, 원본.
652. 『大東野乘』 Ⅵ, 민족문화추진위원회, 1971, 원본.
653. 『鳳庵遺錄』, 金大顯 지음, 319쪽, 昌震社, 1973, 원본.
654. 『達摩寶傳』 上·下, 214쪽, 明仁壇, 복사본.
655. 『達摩寶傳』 上·下, 214쪽, 國際道德協會, 1973, 원본.
656. 『達摩寶傳』, 299쪽, 蓮花藏世界, 1997, 원본.
657. 『謙菴集』, 韓國學文獻硏究所 엮음, 676쪽, 亞細亞文化社, 1981, 원본.
658. 『海東異蹟』, 洪萬宗 지음, 李錫浩 옮김, 257쪽, 乙酉文化社, 1982, 원본.
659. 『五洲衍文長箋散稿』, 李圭景 편저, 明文堂, 1982, 원본.
660. 『燃藜室記述』 Ⅲ·Ⅳ, 민족문화추진위원회, 1988, 원본.
661. 『백두산족 단학지침』, 권태훈 구술, 정재승 엮음, 296쪽, 정신세계사, 1985, 원본.
662. 『韓國道敎史』, 李能和 지음, 489쪽, 東國大學校, 1959, 원본.
663. 『朝鮮道敎史』, 李能和 편저, 李鍾殷 역주, 511쪽, 普成文化社, 1986, 원본.
664. 『道心發書』, 宋野人 지음, 238쪽, 정음사, 1989, 원본.
665. 『韓國奇人傳·靑鶴集』, 李錫浩 역주, 418쪽, 明文堂, 1990, 원본.
666. 『朝鮮의 占卜과 豫言』, 무라야마 지쥰(村山智順) 지음, 金禧慶 옮김, 573쪽, 東文選, 1990, 원본.
667. 『海東傳道錄·靑鶴集』, 李鍾殷 역주, 282쪽, 普成文化社, 1998, 원본.
668. 『芝峰遺說』, 李睟光 지음, 南晩星 옮김, 乙酉文化社, 1994, 원본.
669. 『수도에서 득도까지』, 一友 裵承煥 지음, 463쪽, 구도(求道)의 길, 1994, 원본.
670. 『道敎思想의 韓國的 展開』, 韓國道敎思想硏究會 엮음, 亞細亞文化社, 684쪽, 1989, 원본.
671. 『道敎와 科學』, 都珖淳 엮음, 比峰出版社, 435쪽, 1990, 원본.
672. 『매화역수』, 김성욱 지음, 518쪽, 신지평, (부록—난세(亂世)의 국운 대예측 2010년까지: 477~518), 2000, 원본.
673. 『국역 파한집』, 이인로 지음, 이태길 옮김, 241쪽, 문성출판사, 1980, 원본.
674. 『破閑集』, 汎友 小說文庫 66, 李仁老 지음, 張德順 옮김, 1991, 원본.
675. 『破閑集』, 李仁老 지음, 柳在泳 옮김, 287쪽, 一志社, 1992, 원본.

676. 『한국민족문화대백과사전』 22, 한국정신문화연구원, 90쪽, 靑丘秘訣.
677. 『學易綜述』, 장봉혁(張俸赫) 지음, 570쪽, 학고방(學古房), 1999, 「易緯 篇目考」 375~421쪽, 원본.

사전류(辭典類)

678. 『韓國人名大事典』, 韓國人名大事典編纂室, 新丘文化社, 1967, 원본.
679. 『韓國故事大典』(朝鮮人名辭書), 金舜東 지음, 回想社, 1969, 원본.
680. 〈증보판〉『새 우리말 큰사전』, 신기철·신용철 편저, 1981, 원본.
681. 『中央大百科』, 中央日報社, 1986, 원본.
682. 『漢韓家庭大玉篇』, 啓蒙書籍, 1,006쪽, 1987, 원본.
683. 『世界大百科事典』, 1,771쪽, 一中堂, 1988, 원본.
684. 『漢韓大辭典大字源』, 張三植 지음, 2,214쪽, 三省出版社, 1992, 원본.
685. 『최신 인명사전』, 민중서관 편집국, 1,007쪽, 민중서관, 1992, 원본.
686. 『국어대사전』, 금성출판사, 1993, 원본.
687. 『국어대사전』, 李應百 外 감수, 教育圖書, 1993, 원본.
688. 『佛教辭典(불교사전)』, 耘虛 龍夏 지음, 978쪽, 부록 106쪽, 東國譯經院, 1993.
689. 『中文大辭典』 1~10권, 中國文化大學出版部, 1993, 원본.
690. 『한국사대사전』 上·下, 李弘稙 博士 엮음, 教育圖書, 1994, 원본.
691. 『東亞漢韓中辭典』, 동아출판사 편집국, 1,459쪽, (주)동아출판사, 1995, 원본.
692. 『故事成語辭典』, 1,238쪽, 故事成語辭典刊行會, 明文堂, 1994, 원본.

족보류(族譜類)

693. 『豊川盧氏世譜』 卷之上, 13.
694. 『豊山柳氏世譜』 卷之二, 1~11.
695. 『文化柳氏世譜』 卷之三, 76쪽, 回想社.
696. 『廣州李氏族譜』 卷之一上, 17장.
697. 『德水李氏世譜』, 14장.
698. 『眞城李氏上溪剡村派譜』, 3~4.
699. 『韓山李氏世譜』 卷之一, 6~7.

삼략육도도(三略六韜圖)와 삼역천도(三易天圖)

삼역대경(三易大經)은 고종 43년(丙午年, 단기 4239, 서기 1906, 광무 10)에 이용구(李容九)가 창립한 동학의 한 분파(分派)인 시천교(侍天敎) 경전의 하나로 명호산주(明好汕住) 이민제(李民濟)가 짓고 원호당(元好堂) 이진우(李鎭宇)가 편집, 춘뢰(春雷) 이정욱(李正旭)이 교열하여, 소화 10년(乙亥年 단기 4268 서기 1935) 11월 30일에 시천교성리수양원(侍天敎性理修養院)에서 발행했다. 이호당(利好堂) 정동식(鄭東軾)이 서문(序文)을, 원호당 이진우가 발문(跋文)을 썼고, 총 104쪽이다. 필사본에는 목자 명호산주 이민제의 서문이 실려 있고, 인쇄본에는 음양귀신풍운거래지도(陰陽鬼神風雲去來之圖)와 사예불곤장(事豫不困章)이 빠져 있다.

인쇄본 삼역대경 목록

서문

1. 선천지선천하도(先天之先天河圖) 선천지후천낙서(先天之后天洛書)
2. 후천지선천하도(后天之先天河圖) 후천지후천낙서(后天之后天洛書)
3. 중천지선천하도(中天之先天河圖) 중천지후천낙서(中天之后天洛書)
4. 삼천합부도(三天合符圖)
5. 선후천합부영대도(先后天合符靈臺圖)
6. 삼신영대로정도(三神靈臺路程圖)
7. 삼신산불사약수도(三神山不死藥樹圖)
8. 삼합태극도(三合太極圖)

가사(歌詞) 부록

발문(跋文)

삼략육도(三略六韜)에서 삼략(三略)은 선천(先天)·중천(中天)·후천(後天)을 뜻하는 것으로 우주가 완성되는 변환 과정의 이치를 세 단계로 분류한 것이다.

일략(一略)이란 선천하락용귀지도(先天河洛龍龜之圖)로 일도(一韜)와 이도(二韜)를 포함한다.

이략(二略)은 후천하락음부도장(後天河洛陰符圖章)으로 삼도(三韜)와 사도(四韜)를 포함한다.

삼략(三略)은 중천하락양부도장(中天下陽符圖章)으로 오도(五韜)와 육도(六韜)를 포함한다.

육도(六韜)란 선천(先天)·후천(後天)·중천(中天) 시대를 이끌어갈 대표적인 여섯 명의 인물이 출현하는 이치를 표현한 것이다.

일도(一韜)란 갑자(甲子)요 선천지선천용마하도(先天之先天龍馬河圖)이다. 삼십육궁(三十六宮)의 주인공이 복희(伏羲)임을 나타낸 것이다.

이도(二韜)란 갑술(甲戌)이요 선천지후천영귀낙서(先天之后天龜洛書)이다. 사십오궁(四十五宮)의 주인공이 문왕(文王)임을 나타낸 것이다.

삼도(三韜)란 갑신(甲申)이요 후천지선천신선하도(後天之先天神仙河韜)이다. 오십사궁(五十五宮)의 주인공님을 나타낸 것이다.

사도(四韜)란 갑오(甲午)요 후천지후천신선낙서(後天之后天神仙洛書)이다. 육십삼궁(六十三宮)의 주인공님을 나타낸 것이다.

오도(五韜)란 갑진(甲辰)이요 중천지남자선신령하부(中天之男子仙神靈河符)이다. 칠십이궁(七十二宮)의 주인공님을 나타낸 것이다.

육도(六韜)란 갑인(甲寅)이요 중천지여자선신령낙부(中天之女子仙靈洛符)이다. 팔십일궁(八十一宮)의 주인공을 나타낸 것이다.

일략(一略): 선천하락용귀지도(先天河洛龍龜之圖)

갑자(甲子) 일도(一韜) 선천지선천용마하도(先天之先天龍馬河圖)

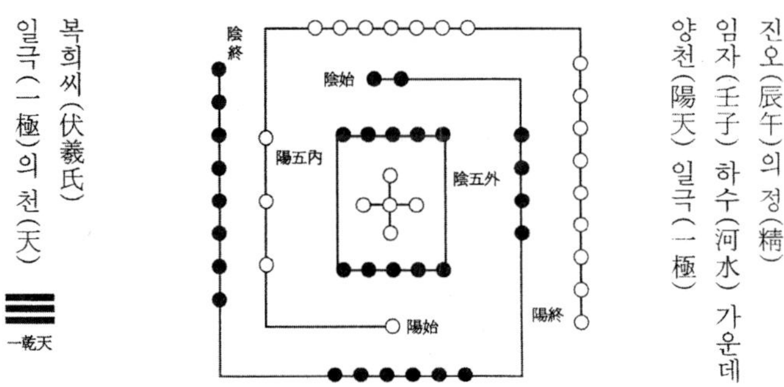

무형(無形)의 안에 유형(有形)이 생기니 이것이 태극(太極)이 된다. 태극 안에 양의(兩儀:陰陽)와 사상(四像; 少陰 · 太陰 · 少陽 · 太陽)과 팔괘(八卦: 乾 · 坤 · 坎 · 離 · 震 · 巽 · 艮 · 兌)를 이루어 음양귀신(陰陽鬼神)의 도(道)와 일월성신(日月星辰)의 진퇴성쇠(進退盛衰)의 덕(德)이 밝은 모양으로 이 그림이 안에 나타나 보인다.

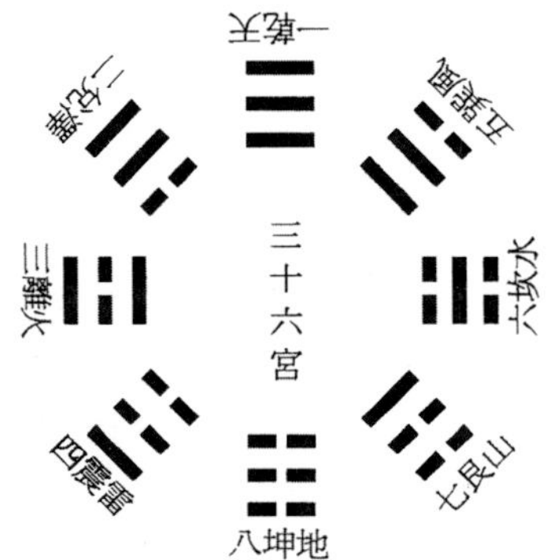

갑술(甲戌) 이도(二韜) 선천지후천영귀낙서(先天之后天龜洛書)

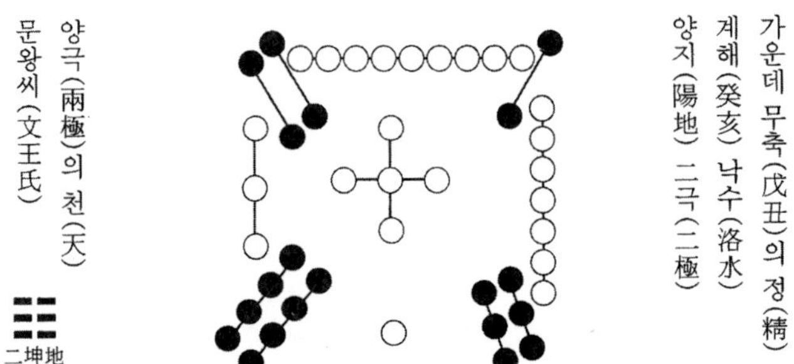

2음(二陰)이 10음(十陰)에 이르고 1양(一陽)이 9양(九陽)에 이른다. 음양(陰陽)이 서로 극(極)인 까닭으로 나뉘어 갖추었고, 양의(兩儀; 음 · 양)의 덕(德)을 이루었다. 5양(五陽) 그 가운데 3×5=15의 역수(易數)가 있고, 대정수(大定數)로 15를 설정하니 한 말씀으로 천지만물(天地萬物)의 형(形)을 정하였다.

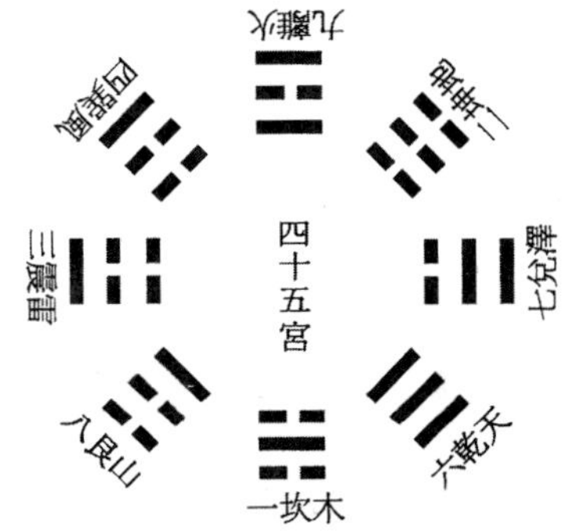

이략(二略): 후천하락음부도장(後天河洛陰符圖章)

갑신(甲申) 삼도(三韜) 후천지선천신선하도(後天之先天神仙河韜)

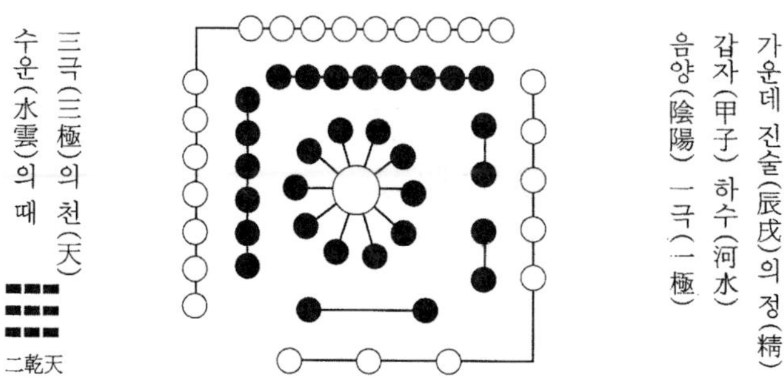

10음(十陰)이 1양(一陽)을 임신하니 어미와 자식이 같이 한 집에서 사는 형(形)이다. 반드시 영녀(靈女)와 영자(靈子)의 생산이 있는 상(像)이다. 음(陰) 안에 양(陽)이 있고 양(陽) 밖에는 태음(太陰)이 있어 을을(乙乙)(달[月]이 지는 뜻이다.

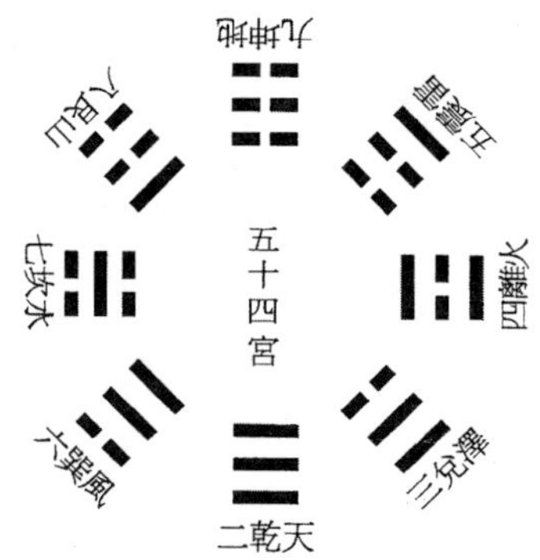

갑오(甲午) 사도(四韜) 후천지후천신선낙서(後天之后天神仙洛書)

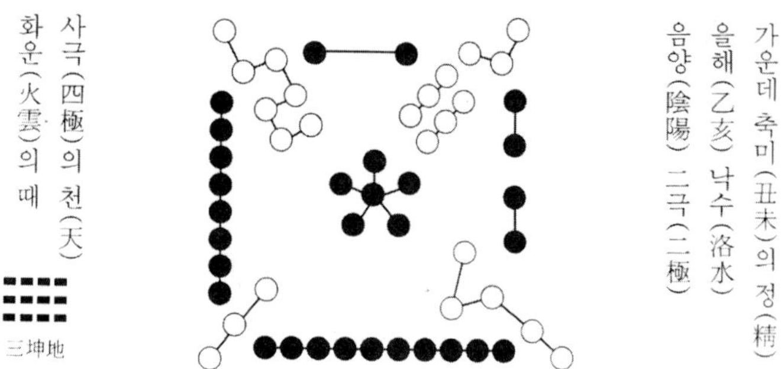

3양(三陽)이 9양(九陽)에 이르고 2음(二陰)이 10음(十陰)에 이른다.
가운데의 6음(六音)은 3×6=18국(局)의 대정원수(大定元數)이다.

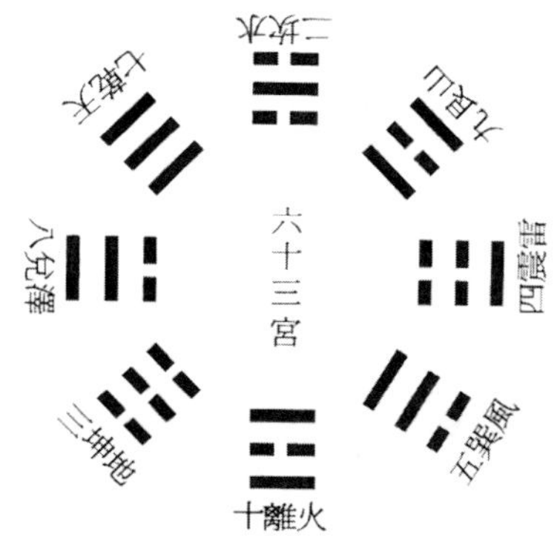

삼략(三略): 중천하락양부도장(中天下陽符圖章)

갑진(甲辰) 오도(五韜) 중천지남자선신령하부(中天之男子仙神靈河符)

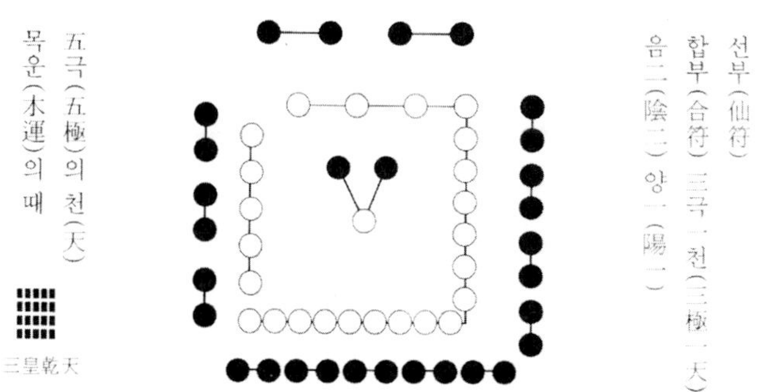

1양(一陽)이 2음(二陰)을 짝하니 부부(夫婦)가 합하여 혼인의 형(形)이다. 반드시 새로운 터를 출산(出産)하는 상(像)이다. 음(陰)은 밖에 있고 양(陽)은 안에 있어 태양(太陽)이 뜨는 상(像)이다.

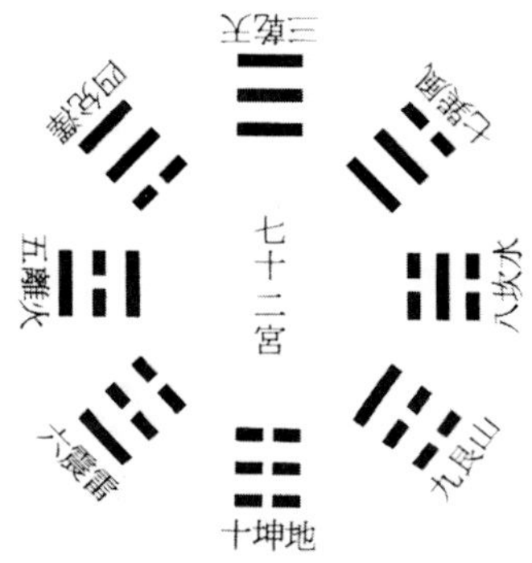

갑인(甲寅) 육도(六韜) 중천지여자선신령낙부(中天之女子仙靈洛符)

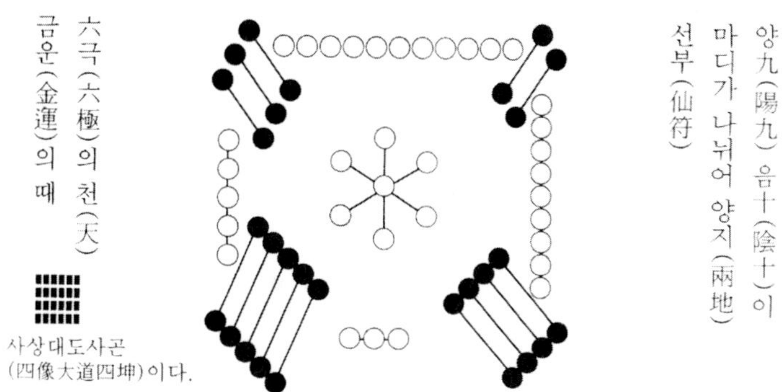

3양(三陽)이 11양(陽)에 이르고 2음(二陰)이 10음(十陰)에 이른다. 가운데 7양(陽)은 3×7의 양(陽)이 11양(陽)에 이른다. 2음(二陰)이 10음(十陰)에 이른다. 가운데 7양(陽)은 3×7의 양(陽)이다. 21의 역괘(易卦)를 대정수(大定數)가 선생(先生)의 주문(呪文)이 3×7자(字) 만사지(萬事知)의 수(數)가 상(像)에 나타난다.

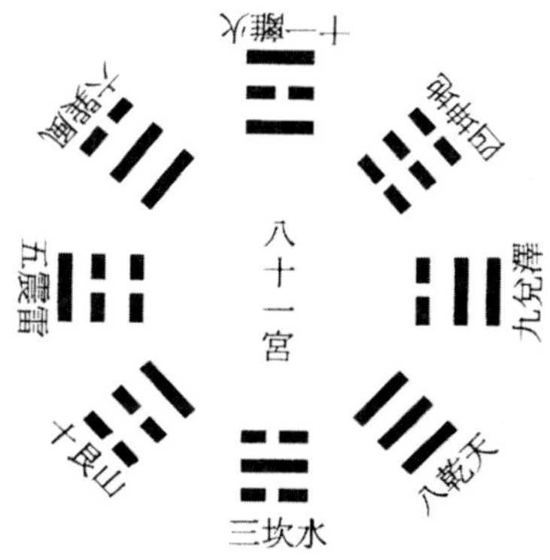

삼천태극일부도(三天太極一符圖)

영부인(靈符人) 중천(中天)의 천(天)이다.

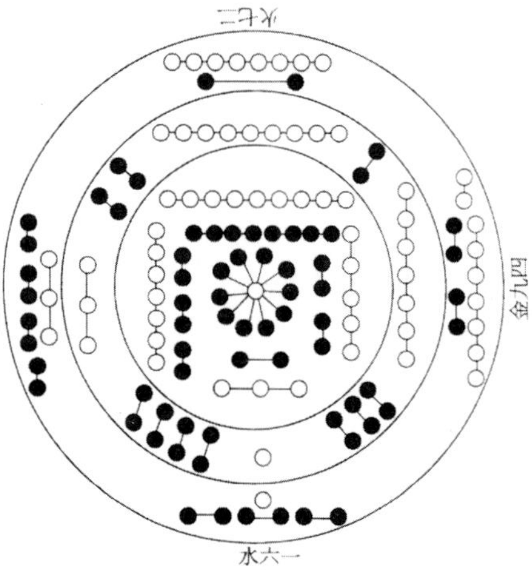

영부(靈符) 가운데 만상물형신부(萬像物形神符)가 있다.
선천(先天) 하도(河圖)·천(天)의 천(天)이다.
하도(河圖) 가운데 낙서(洛書)가 있고 낙서(洛書) 가운데 영부(靈符)가 있고

火七二
金四九
木八三
水六一

九극(九極)의 천(天) [illegible] 이다。 남진원만건천(南辰圓滿乾天)
토운(土運)의 때는 七극(七極)의 천(天) 선천(先天) 하락(河洛)이 합하면

삼신영대노정기(三神靈臺路程記)

다시 합하지 못하니 一부(一符)가 가운데 있다.
영대(靈臺)를 찾아 들어가는 노정(路程·거쳐 지나는 길이나 과정)이다.
하늘이 처음 물[水]을 낳으니 이르기를 「성리(性理)」이다.

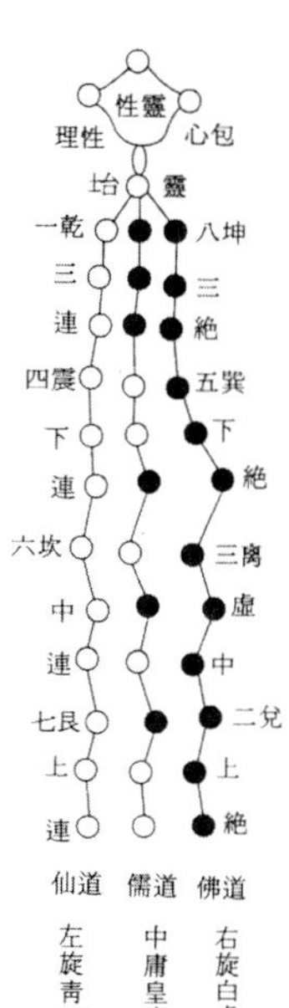

정월(正月) 해(亥) 등명(登明)
12월 자(子) 신후(神后)
11월 축(丑) 대길(大吉)
10월 인(寅) 공조(功曹)
9월 묘(卯) 태충(太沖)
8월 진(辰) 천강(天正)
7월 사(巳) 태을(太乙)
6월 오(午) 승광(勝光)
5월 미(未) 소길(小吉)
4월 신(申) 전송(傳送)
3월 유(酉) 종괴(從魁)
2월 술(戌) 하괴(河魁)
1월 해(亥) 등명(登明)
으로써 12달 월장(月將)
행보(行步)이다.

삼신산불사약수도(三神山不死藥樹圖)

안에는 양백(兩白)이 있고 밖에는 삼풍(三豊)이 있고 가운데에는 십승(十勝)이 있다.
땅[地]은 하늘 다음으로 생기어 불[火]을 낳으니 심정(心情)이다.
오황극(五皇極) 십방세계(十方世界)

(弓弓) 안에는 양백(兩白)이 있고
(乙乙) 밖에는 삼풍(三豊)이 있다.

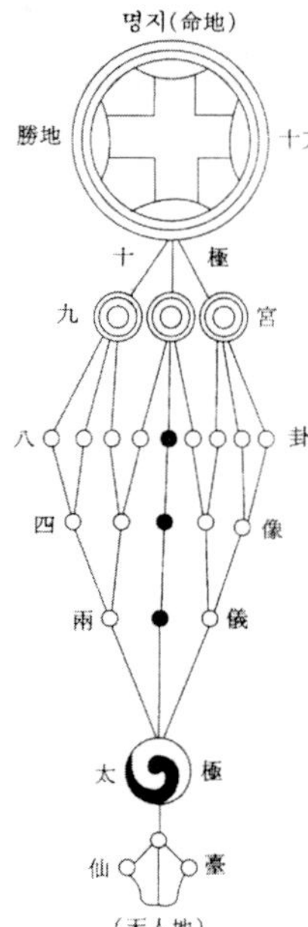

기축(己丑) 귀신(鬼神)
정사(丁巳) 등사(騰蛇)
병오(丙午) 주작(朱雀)
을묘(乙卯) 육합(六合)
무진(戊辰) 구진(句陳)
갑인(甲寅) 청룡(靑龍)
무술(戊戌) 천공(天空)
기미(己未) 태상(太常)
경신(庚申) 백호(白虎)
임계(壬癸) 현무(玄武)
신유(辛酉) 태음(太陰)
계해(癸亥) 육후(六后)
로써 12 귀신(鬼神)이
입덕(立德)하다.

선후천음양분합(先後天陰陽分合)의 그림

백(白)으로써 양(陽)을 정하고 흑(黑)으로써 음(陰)을 정하니
양5(陽五)의 수(數)가 25이고 음5(음五) 수(數)가 30이다.

무극(無極)이 태극(太極)을 낳고 태극이 양의(兩儀 : 陰陽)를 낳고 양의가 사상(四象)을 낳고
사상이 팔괘(八卦)를 낳고 팔괘가 팔번 변하여 六十四괘(卦)를 낳고 六十四괘가
한번 변하여 三八四효(爻)를 낳고 三八四효가 十八번 변하여 一괘(卦)를 이룬다.

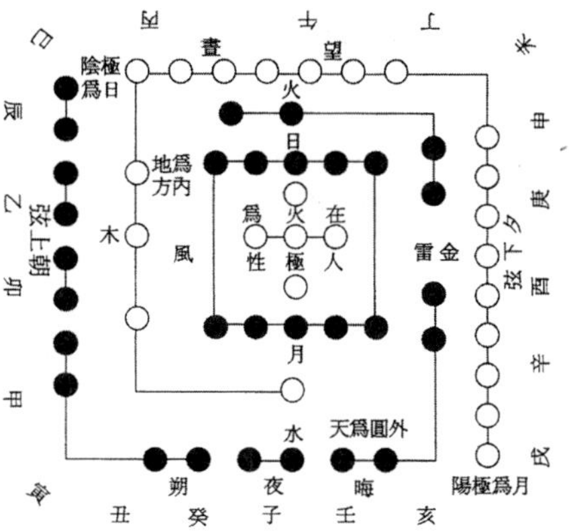

양의(兩儀)가 다시 나뉘어 사상(四像)이 되었고 사상이 또 나뉘어 팔괘(八卦)이다.
一、三、七、九로써 五행(五行)의 도(道)요 二、四、六、八로써 十입덕(十立德)이니 흑백(黑白)

음양귀신풍운거래(陰陽鬼神風雲去來)의 도(道)

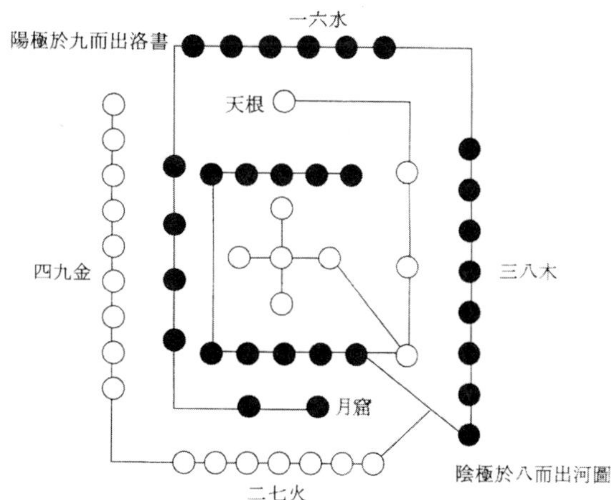

인천궁을영부(人天弓乙靈符)의 그림

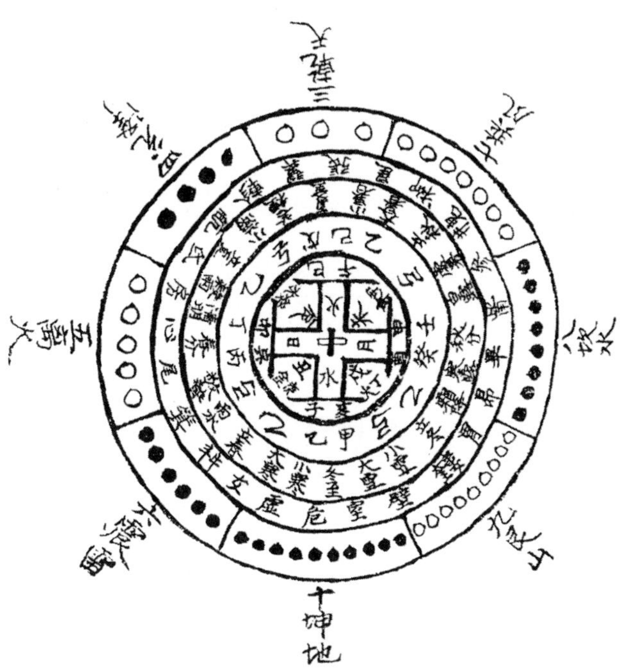

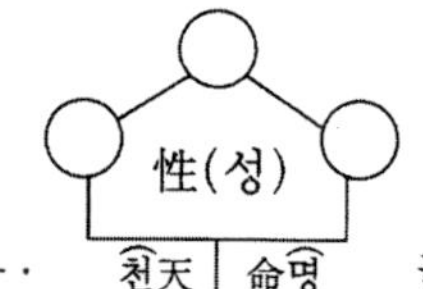

줄이면 어짐·옳음·예의·슬기가 된다.

천天 기氣 | 命명 理리

늘이면 기쁨·성냄·즐거움·사랑·미움·욕심이 된다.

情(정)

밥을 먹고자 하는 것이 사람의 맘이다.

의리(義理)와 합한 것을 도(道)라 한다.

성(性)이 피는 것이 뜻(意)이며

意(의)

맘(心)이 피는 것이 뜻(意)이다.

하늘이 처음 물을 만들었으니 이것을 성(性)이라 감(坎)속에 하나의 양(陽)이다.

뜻(意)이 그 정(情)에 인한 뒤에 모든 일이 합한다.

맘이 바르면 하늘에 명(命)으로 도(道)를 이뤄 온누리를 가르친다.

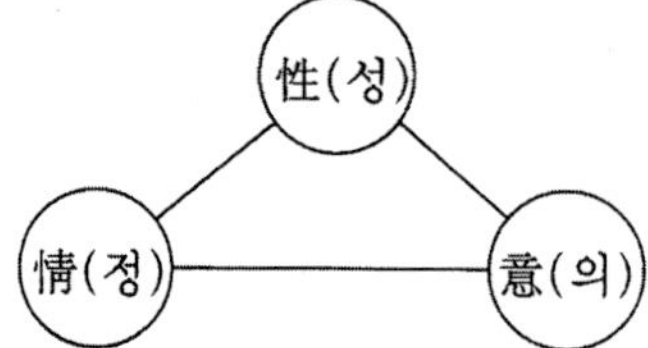

팔괘 가운데 리(離)가 세번째로 화(火)이며 삼리화(三離火)가 해(日)의 정(精)이나 곧 심령(心靈)이다. 하늘·땅·사람인 삼재(三才)가 정사(情思)이다. 병화(丙火) 칠정(七情)이 양기(陽氣)이다.

맘이란 이(離)의 허한 가운데의 화덕(火德)인 까닭으로 그 성질이 불꽃의 위로 향하는 것이며, 허령(虛靈)은 푸르고 푸르다. 푸르고 푸른 사이에 그 지각(知覺)을 얻으면 곧 도(道)와 덕(德)이 있도다.

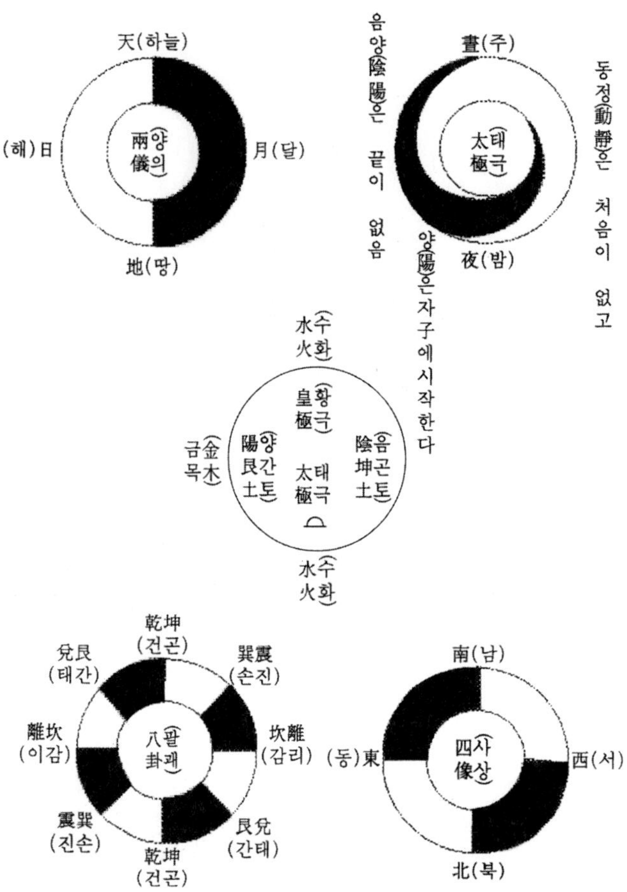
天(하늘)
(해)日
兩儀(양의)
月(달)
地(땅)
음양(陰陽)은 끝이 없음
晝(주)
太極(태극)
夜(밤)
동정(動靜)은 처음이 없고
양(陽)은 자子에서 시작한다
水火(수화)
皇極(황극)
陽艮土(양간토)
太極(태극)
陰坤土(음곤토)
금목(金木)
水火(수화)
乾坤(건곤)
兌艮(태간)
巽震(손진)
離坎(이감)
八卦(팔괘)
坎離(감리)
震巽(진손)
艮兌(간태)
乾坤(건곤)
南(남)
(동)東
四像(사상)
西(서)
北(북)

선후천합부영대도(先後天合符靈臺圖)

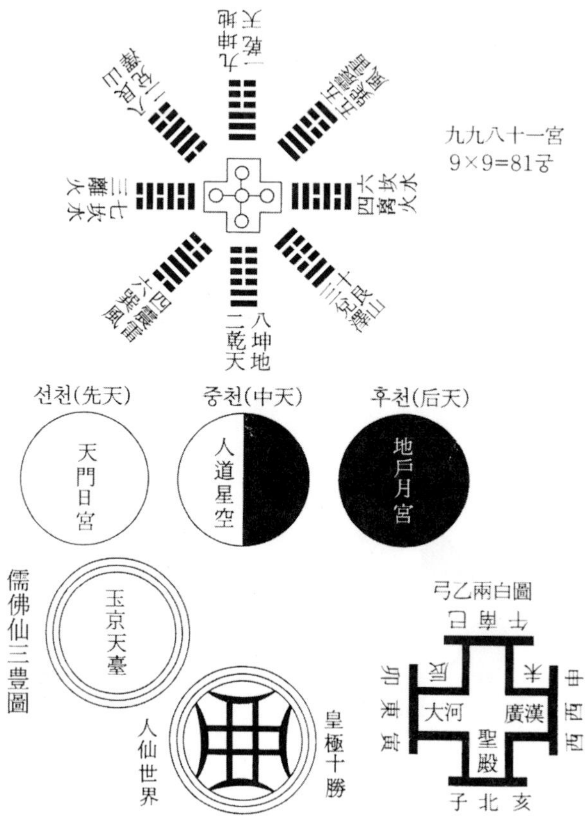

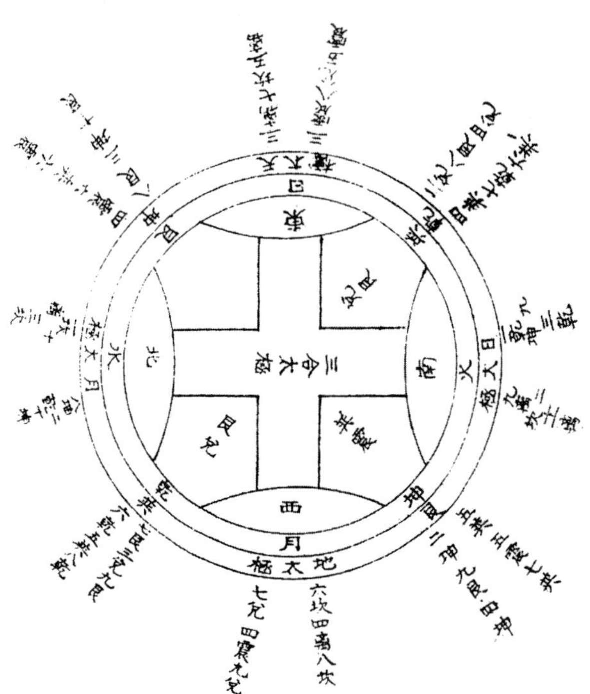

하락팔괘사상양의일극(河洛八卦四像兩儀一極)의 정신(精神)

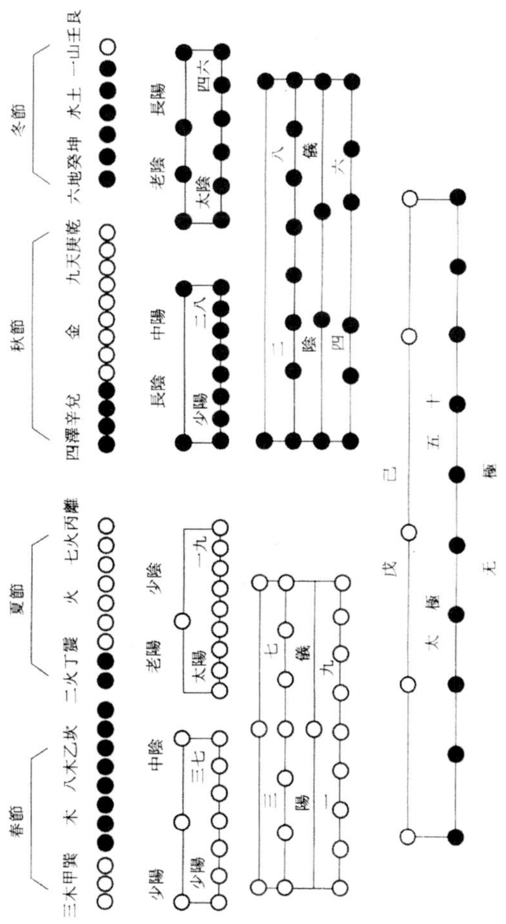

지은이

류정수(柳定秀)

1960년 2월 19일, 강원도 원주시 봉산2동 1144-1번지에서 출생, 경기도 광주군 오포읍 양벌리 740번지에 본적을 두다. 어려서부터 기이(奇異)하고 신비(神秘)한 것과 산천(山川)을 좋아하였다. 초·중·고를 검정고시로 통과, 현재 한국방송통신대학교 중어중문학과에 재학 중이다.

13세인 1972년부터 야인(野人) 송영식(宋榮植) 종문(從門)에서 사사(師事)하였고, 16세인 1976년에 지리산에서 여문업(呂門業) 존사(尊師)의 사사로 마음장상(馬陰藏相)에 이르렀다. 1986년 연정원 단학회에 7기로 등록하여 70기로 수료하였다.

1989년 도서출판 동서문화사 편집부 근무
2004년 다음카페 예언서전자도서관(cafe.daum.net/myomyodan) 카페지기
2005년 차류대종회 중앙총본부 문화부장
2006년 덕화동양학자료연구원 개설
2007년 문화류씨 하정공파 고양공종중회 주간(主幹)

저술: 『六神通變과 十二運星』(옮김, 1985).
『陰符經』(역주, 2001).
『천부경과 신교총화』(편저, 2006).

한국의 예언

편 역 | 류정수
펴낸이 | 김종수
펴낸곳 | 도서출판 한울

편집책임 | 김현대

초판 1쇄 인쇄 | 2007년 7월 20일
초판 1쇄 발행 | 2007년 7월 30일

주소 | 413-832 파주시 교하읍 문발리 507-2(본사)
121-801 서울시 마포구 공덕동 105-90 서울빌딩 3층(서울 사무소)
전화 | 영업 02-326-0095, 편집 02-336-6183
팩스 | 02-333-7543
홈페이지 | www.hanulbooks.co.kr
등록 | 1980년 3월 13일, 제406-2003-051호

Printed in Korea.
ISBN 978-89-460-3757-1 03100

* 가격은 겉표지에 표시되어 있습니다.